家族と倒産の未来を拓く

木内道祥先生　古稀・最高裁判事退官記念論文集

一般社団法人金融財政事情研究会

揮毫　島田信治

木内道祥先生近影——最高裁判事執務室にて

発刊の辞

木内道祥先生は、平成三〇年一月一日に最高裁判所判事を定年退官され、同月二日に古稀を迎えられた。

木内道祥先生は、我が国の判例と法律学に大きな功績を残された。いただいたご指導に感謝申し上げ、また最高裁判所判事の重責を務められたことに敬意を表し、加えて古稀を祝賀いたしたく、薫陶を近くに受けてきた者が編集委員および編集事務局として本記念論文集を企画した。

木内道祥先生は、家族法と倒産法の領域に、とくに多くの功績を残された。このことは、この二つの領域の重要な委員会の要職を務められたご経歴からも窺い知ることができる。ご担当された数多くの判決の中から、例えば家族法関係と倒産法関係を概観してみると、社会の変化に伴う、法の舵取りの軌跡を読み取ることができる。

家族法関係の判例は以下のように整理することができる。

まず最決平二五・一二・一〇（民集六七巻九号一八四七頁）がある。これは男性への性別の取扱いの変更の審判を受けた者の妻が非配偶者間人工授精（ＡＩＤ）によって婚姻中に懐胎し出産した子の父子関係に関する事例である。「民法七七二条の規定により夫の子と推定されるのであり、夫が妻との性的関係の結果もうけた子であり得ないことを理由に実質的に同条の推定を受けないということはできない」旨を判示している。多数意見に対する補足意見を述べられ、親子法の分析から子の利益にまで触れ、特例法と民法の観点から分析し、理論をより深められている。

平成二六年には、最判平二六・一・一四（民集六八巻一号一頁）で、真実に反することを知りながらした認知を、認知者自らが真実に反していると主張できるかについて、「認知者は、民法七八六条に規定する利害関係人に当たり、自らした認知の無効を主張することができ、この理は、認知者が血縁上の父子関係がないことを知りながら認知をした場合においても異ならない」旨を判示している。この多数意見に、婚姻を伴わずに出生した子の父子関係は遺伝的な真実を基礎に据えて論を深める補足意見を付加されている。

また、最判平二六・二・二五（民集六八巻二号一七三頁）では、委託者指図型投資信託の受益権と個人向け国債の相続に関して、共同相続された委託者指図型投資信託の受益権と共同相続された個人向け国債は、相続開始と同時に当然に相続分に応じて分割されることはない旨を判示されている。これは、後述平成二八年の銀行預金に関する最高裁大法廷決定の伏線となる判決である。

平成二七年には、いわゆる再婚禁止期間に関する憲法違反に係る最大判平二七・一二・一六（民集六九巻八号二四二七頁）がある。再婚禁止期間を定める民法七三三条一項に関して、一〇〇日を超えて再婚禁止期間を定める部分は、平成二〇年当時においては、憲法一四条一項、二四条二項に違反するに至っていたと、憲法違反の判決をしている。その結果、民法の同条は改正された。一〇〇日を超える期間に合理的な根拠があるのかどうかの分析をして、多数意見に補足意見を付加されている。

同じく最大判平二七・一二・一六（民集六九巻八号二五八六頁）では、夫婦の同氏を規定する民法七五〇条が憲法に違反しないとの多数意見と憲法判断を異にし、「民法七五〇条の憲法適合性という点からは、婚姻における夫婦同氏制は憲法二四条にいう個人の尊厳と両性の本質的平等に違反すると解される」と述べ、違憲との意見付加をされている。氏を多角的に検討し、夫婦同氏に例外のないことの合理的な意味を問うている。

平成二八年には、認知症となった高齢者の監督義務者に関する事件がある（最判平二八・三・一民集七〇巻三号六八一頁）。民法七一四条一項の「責任無能力者を監督する法定の義務を負う者」に、同居する高齢の配偶者と、近隣に自分の妻を住まわせて介護の補助をさせていたが自分は二〇年以上同居していない長男が当たるとは言えないとした判決である。ここでは補足意見付加をされている。配偶者や後見人の監督責任に関して、我が国の法律の変遷を詳細に分析し、成年後見人であることをもって民法七一四条の監督義務者として法定されたと言うことはできないとされた上で「法定監督義務者以外に民法七一四条の損害賠償責任を問うことができる準監督義務者は、その者が精神障害者を現に監督しているかあるいは監督することが可能かつ容易であるなどの客観的状況にあるものである必要があり、そうでない者にこの責任を負わせることは本人に過重な行動制限をもたらし、本人の保護に反するおそれがある」と述べ、監督責任の本質を見据えた理論を展開されている。

また同じく平成二八年には、大法廷決定で、銀行預金が遺産分割の対象となると判示している（最大決平二八・

一二・一九民集七〇巻八号二一二一頁)。ここでも補足意見付加をされている。額面額をもって実価と見ることができない可分債権は、一般的に評価が困難であり、これを遺産分割の対象とすると他の相続財産についての遺産分割の審判も困難になるおそれがあり遺産分割の対象とならないが、「これに対して、預貯金債権の場合、支払の確実性、現金化の簡易性等に照らし、その額面額をもって実価(評価額)とみることができるのであるから、上記可分債権とは異なり、これを遺産分割の対象とすることが遺産分割の審判を困難ならしめるものではない。したがって、預貯金債権は、共同相続人全員の合意の有無にかかわらず、遺産分割の対象となると解するのが相当である」と述べられている。実務的な視点が加味された補足意見付加である。

平成二九年には、節税目的とされた養子縁組であっても、直ちに当該養子縁組について民法八〇二条一号にいう「当事者間に縁組をする意思がないとき」に当たるとすることはできないと判示されている(最判平二九・一・三一民集七一巻一号四八頁)。

ご担当された親族法、相続法の領域の判決には、そのほとんどに補足意見を付加されており、これらの領域に対する、より強い思い入れを感じる。親族法の領域の判例を概観すれば、先生の最高裁判所判事の時代に、日本の家族も大きな変遷を迎えていることが理解できる。男女の関係の多様化、子の利益という視点の重要性、そして高齢者の問題に直面しており、シャープな分析力と統合力でもって、重要な判断をなさっている。相続法の分野でも同様である。そのいずれもが、社会の現実に目を配り、歴史的な考察を加え、現在の位置付けを丁寧に行っていることが理解できる。ここに真の法律家の歩みを見ることができる。ご担当された判例や補足意見のすべてが重要であり、後の世にも引用されるものであり、未来を拓く原動力を有するものであると思われる。

続いて、倒産法関係の判例は以下のように整理することができる。

最判平二六・一〇・二八（民集六八巻八号一三二五頁）は、公序良俗に反する無効な出資と配当に関する契約により給付を受けた金銭の返還について、当該給付が不法原因給付に当たることを理由として拒むことは信義則上許されないとした事案である。木内道祥先生は、補足意見において、破産法の目的（同法一条）から破産管財人の役割を説き起こし、当該給付の返還が直ちに破産者の債務の消滅に結び付くものではなく、本件返還請求が、反倫理的な事業を行った破産者に法律上の保護を与えることにはならず、損失を受けた会員を含む破産債権者など利害関係人の権利関係を適切に調整するためのものであるとした。管財人に「非難性の要素」を認めず、独自の立場での不当利得返還請求権行使を許容した点で、その法的地位に関する理論に一石を投じるものである。

最決平二九・九・一二（民集七一巻七号一〇七三頁）は、破産債権者が破産手続開始後に物上保証人から債権の一部の弁済を受けた場合に、破産手続開始時の債権の額を基礎として計算された配当額が実体法上の残債権額を超過するときも、その超過部分は当該債権について配当すべきであるとし、債権者が実体法上の債権額を超過する額の配当を受けるという事態を許容した事案である。この論点は、現行破産法の立法段階から、それに関与した有力な研究者・実務家によっても論じられ、見解の統一を見なかったものであるが、木内道祥先生は、その補足意見において、超過配当を是認する根拠を論じられた。破産債権者表の確定債権額としての記載には確定判決と同一の効力があり、それを変更する手段は破産手続内に存在しない、ということが論拠の根幹となっている。こうして、超過部分をめぐる争いは、債権者と手続開始後に一部弁済をした求償権者が破産債権者に対し不当利得返還請求権を主張できるかという問題へと進展し、倒産実務と理論からなお熱い注目を集めている。

最決平二九・一二・一九（金法二〇八二号六頁）は、小規模個人再生手続における住宅資金特別条項を定めた再生計画について、民事再生法二〇二条二項四号の不認可事由の有無が争われた事案である。再生債務者が、実際には存在しない貸付債権を意図的に債権者一覧表に記載するなどして本件再生計画案を可決に至らしめた疑いがあるとして、最高裁は、信義則違反について調査を尽くすべく、原々決定を取り消し、差し戻した原審の判断を是認した。木内道祥先生は、その補足意見において、信義則違反の判断に際し、個人再生手続におけるいわゆる手続内確定の意味を明らかにしつつ、債権者が虚偽債権に対して債権調査で異議を述べたか否かは斟酌されるべきでない点を、再生計画の取消し（民再一八九条一項一号等）、破産免責における不許可事由（破産二五二条一項七号）に言及されながら、論じられた。破産債権者表への記載が実体的確定であることを論じた前掲最決平二九・九・一二とは対照的であり、興味深いものと言える。

ほかにも、過払金が発生している継続的な金銭消費貸借取引の当事者間で成立した特定調停は公序良俗に反しないとした最判平二七・九・一五（裁判集民事二五〇号四七頁）、航空会社の会社更生事件に関連し、更生管財人が行った客室乗務員に対する整理解雇の無効を主張し上告された事件を不受理とした最決平二九・六・六（労働経済判例速報二三二〇号四八頁）、および、第三債務者が差押債務者に対する弁済後に差押債権者に対してしたさらなる弁済は、差押債務者が破産手続開始の決定を受けた場合、破産法一六二条一項の規定による否認権行使の対象とならないとした最判平二九・一二・一九（裁判所時報一六九〇号一七頁）に関与された。

倒産法領域において木内道祥先生が論じられた補足意見は、そのいずれにおいても、法制度の根幹から出発しつつ、精密な理論構築が企図されている一方、それが単なる形式論理の探求に終わるのではなく、社会正義や公正・衡平な手続の実現に配慮されている点で、法律家としての優れたバランス感覚を体現したものであった。それらの意見は、既存の論点について一定の解決を導くとともに、将来にわたる議論の基点を構築されたと位置付けることができよう。

木内道祥先生は、その温厚なお人柄ゆえ、周りには人の輪が絶えない。また後輩への指導も細やかで、裁判官や弁護士のみならず、法曹を目指す学生そして学者への指導にも大きなものがある。学者を中心とした学会にも、木内道祥先生をお見かけすることが多くあった。自ら学ぶという姿勢も常に生き生きとされており、その姿勢が判決にも脈打っている。

また先生は、ことのほかおしゃれで、ソフト帽がよくお似合いである。常にセンスよく颯爽とされている。また聞くところによれば、フランス文化にも造詣が深く、度々、フランスに足を運んでおられるということである。フランスのボーヌの Hôtel Dieu（病院）の絵はがきをいただいたことがある。これはかなりフランス通でいらっしゃると感じた。

木内道祥先生は、家族法と倒産法に、とくにご興味を持たれて、大きな功績を残された。このような先生の歩みに敬意を表して、本記念論文集では、家族法の領域と倒産法の領域を中心にして論考を束ねている。ご論文をお寄せ下さった方々に、感謝申し上げたい。なお、本「発刊の辞」の倒産法関係の判例分析は、藤本利一教授にご執筆いただいた。また前一般社団法人金融財政事情研究会理事の大塚昭之氏と一般社団法人金融財政事情研究会理事の堤英紀氏には出版に際して格別のご配慮をいただいた。重ねてお礼申し上げたい。

今後、倒産法理論の相続法への応用など、まだまだ木内道祥先生には探求していただきたいことや、ご指導願いたいことがある。ご健康にご留意の上、ますますのご活躍を願い、敬意と感謝を込めて、木内道祥先生と木内淳子夫人に謹んで本書を捧げたいと思う。

平成三〇年二月

編集委員を代表して　松　川　正　毅

編集代表　松川　正毅

編集委員　松川　正毅
山本　和彦
林　　圭介
中井　康之
片山登志子

編集事務局　増田　勝久
阿多　博文
藤本　利一
野村　剛司

目　次

家事

民事

倒産

商　事

その他

執筆者一覧

阿多　博文　弁護士
阿部　　潤　東京高等裁判所判事
石井　教文　弁護士
石川　貴康　弁護士
大川　友宏　弁護士
大谷美紀子　弁護士
大森　啓子　弁護士
岡　　正晶　弁護士
籠池　信宏　弁護士
片山登志子　弁護士
加藤　祐司　弁護士
河合　裕行　大阪高等裁判所判事
桐山　昌己　弁護士
黒木　和彰　弁護士
小久保孝雄　広島大学法務研究科顧問教授
小林　信明　弁護士

新宅　正人　弁護士
杉本　純子　日本大学准教授
棚村　政行　早稲田大学教授
谷　　英樹　弁護士
富永　浩明　弁護士
中井　康之　弁護士
永井　裕之　宮崎地方・家庭裁判所長
中嶋　勝規　弁護士
中西　　正　神戸大学名誉教授・同志社大学教授
二宮　周平　立命館大学教授
野村　剛司　弁護士
橋本　都月　大阪家庭裁判所判事
林　　圭介　学習院大学教授・弁護士
林　　　潤　福井地方裁判所判事
林　　道晴　東京高等裁判所長官
藤本　利一　大阪大学教授

本間　靖規　早稲田大学教授
牧　真千子　大阪家庭裁判所判事
増田　勝久　弁護士
松川　正毅　大阪大学名誉教授・大阪学院大学教授
宮本　圭子　弁護士
森　恵一　弁護士
森　純子　大阪地方裁判所判事
森　宏司　関西大学大学院法務研究科教授
山本　和彦　一橋大学教授

※平成三〇年二月一五日現在。

凡　例

1　法令等

一般社団財団法人法　一般社団法人及び一般財団法人に関する法律
会更　会社更生法
会社　会社法
家事法　家事事件手続法
家事規　家事事件手続規則
旧家審法　（旧）家事審判法
旧家審規　（旧）家事審判規則
旧人訴法　（旧）人事訴訟手続法
憲　憲法
個人情報保護法　個人情報の保護に関する法律
裁　裁判所法
商登規　商業登記規則
人訴法　人事訴訟法
仲裁　仲裁法
任意後見法　任意後見契約に関する法律
破産　破産法
非訟法　非訟事件手続法
不登規　不動産登記規則
民再　民事再生法
民再規　民事再生規則
民執法　民事執行法
民訴法　民事訴訟法
民調法　民事調停法

2　判例集

民　録　大審院民事判決録
民　集　大審院民事判決集・最高裁判所民事判例集
新　聞　法律新聞
判決全集　大審院判決全集
家　月　家庭裁判月報

3 法律雑誌

金判	金融・商事判例
金法	金融法務事情
銀法	銀行法務21
債管	事業再生と債権管理
自正	自由と正義
ジュリ	ジュリスト
曹時	法曹時報
手研	手形研究
判時	判例時報
判タ	判例タイムズ
法協	法学協会雑誌
法時	法律時報
民商	民商法雑誌
民訴	民事訴訟雑誌

最高裁裁判官の家族観
―補足意見、意見、反対意見から―

立命館大学教授　二宮周平

目次

一　はじめに

木内道祥氏が最高裁裁判官に就任された二〇一三年四月二五日から今日（二〇一七年一〇月）まで、家族法に関して違憲判決・決定、判例変更など重要な最高裁判決・決定が続いた。それぞれに、法廷意見では尽くせない理由付け、派生する論点や課題、法廷意見への反論など、補足意見、意見、反対意見が付されており、今後の法解釈、立法への貴重な示唆に富む。事案によっては、そこに最高裁裁判官の家族観が表れることがある。本稿では、この間に判断された婚外子差別、親子関係の成立、女性のみの再婚禁止期間と夫婦同氏強制について、何が議論され、何を解決し、何を立法課題としたのかを整理し、密接に関連する最高裁裁判官の家族観を論じてみたい（注1）。

二　婚外子差別

1　婚外子の相続分差別

婚外子の相続分を婚内子の二分の一とする民法九〇〇条四号ただし書前段について、【1】最大決平二五・九・四（民集六七巻六号一三二〇頁）は、一九四七年の民法改正時から現在に至るまでの間の社会の動向、家族形態の多様化やこれに伴う国民の意識の変化、諸外国の立法の趨勢および日本が批准した条約の内容と国連各権利委員会からの懸念の表明や改善勧告、嫡出子と嫡出でない子の平等化を進めた法制、大法廷および小法廷における度重なる問題の指摘などを総合的に考察すれば、「家族という共同体の中における個人の尊重がより明確に認識されてきたことは明らかであるといえる。そして、法律婚という制度自体は我が国に定着しているとしても、上記のような認識の変化に伴い、上記制度の下で父母が婚姻関係になかったという、子にとっては自ら選択ないし修正する余地のない事柄を理由としてその子に不利益を及ぼすことは許されず、子を個人として尊重し、その権利を保障すべきであるという考えが確立されてきているものということができる」とし、遅くとも本件相続が開始した平成一三年七月当時において、「立法府の裁量権を考慮しても、嫡出子と嫡出でない子の法定相続分を区別する合理的な根拠は失われていたというべきである」として、一四名全員一致で憲法一四条一項違反として、同規定を違憲とした。

補足意見（岡部喜代子）は、婚姻の尊重とは嫡出子を含む婚姻共同体の尊重であるが、「婚姻共同体のみを当然かつ一般的に婚姻外共同体よりも優遇することの合理性、ないし、婚姻共同体の保護を理由としてその構成員である嫡出子の相続分を非構成員である嫡出でない子の相続分より優遇することの合理性を減少せしめてきたものといえる」とする。

2　出生届の区別記載

「嫡出子」、「嫡出でない子」をチェックする出生届の様式の根拠規定となっている戸籍法四九条一項について、【2】最一小判平二五・九・二六（民集六七巻六号一三八四頁）は、法律婚主義の制度のもとにおける身分関係上の差異を前提とする戸籍処理上の扱いであり、本件規定によって法的地位に差異がもたらされるものとは言えないこと、戸籍事務管掌者の事務処理の便宜に資するものであることは否定し難いことなどから、不合理な差別的取扱いを定めたものとは言えないとして、合憲とした。

補足意見（櫻井龍子）は、出生届の記載の仕方という子本人の意思では左右し難い事情に起因する無戸籍状態のために、子自身に種々の不利益や不便さを生じるという事態は、確実に避けられるべき事態と言え、こうした問題の発生を極力避けるためには、出生届に関する戸籍法の規定を含む制度のあり方について、しかるべき見直しの検討が行われることが望まれるとして、立法課題を明示した。

3　差別に対する認識

【1】は、法定相続分という権利に関する差別的取扱いであり、子にとっては自ら選択ないし修正する余地のない事柄を理由（注2）として不利益を及ぼすべきではないという、子を個人として尊重する視点に立って違憲判断をした。これに対して、【2】は、区別記載によって子の法的地位に差異をもたらすものではないことが指摘され、差別として認められなかった。

しかし、差別の根源には、法的レベルにおける市民としての地位そのものの格下げがあり、それが具体的に顕在化して、諸々の権利・利益の系統的な制限・剥奪という現象となる。したがって、権利・利益の分配のレベルに視座を限定するのでは不十分であり、地位の格下げ、スティグマの押し付けの害悪をも考慮の中に入れることによって初めて、問題の全体像は把握される（注3）。相続分差別がなくなったにもかかわらず、そして、出生届の区別記載は事務処理の便宜に資する程度のものであるにもかかわらず、本件規定を維持し、出生届の区別記載をさせ続けることは、市民としての地位の格下げそのものであり、法律婚の優位性を示す象徴である。差別的メッセージ性はより強いものとなる（注4）。

大法廷【1】が「本件規定（引用者注：婚外子相続分差別規定）の存在自体がその出生時から嫡出でない子に対する差別意識を生じさせかねない」として、規定の象徴的差別性に着目しながら、直後の小法廷【2】が区別記載の差別性を論じなかったことは、一貫性に欠ける（注5）。岡部補足意見が言及した法律婚主義の相対化を踏まえれば、区別記載の象徴的差別性が認識できたのではないだろうか。判決日が近接していたとはいえ、貴重な補足意見が反映されなかった。

三　親子関係の成立

1　嫡出推定の排除事由

判例は、妻の懐胎期間中に事実上離婚や遠隔地居住など外観上夫婦の同居が存在しない場合には、民法七七二条の嫡出推定規定を適用しない。外観説と言われている。妻の懐胎時期には、夫婦としての実態があったが、その後、離婚して妻は子とともに、血縁上の父と同居している場合でも、嫡出推定規定は適用されるのかが問題となった。

【3】最一小判平二六・七・一七（民集六八巻六号五四七頁）は、「夫と子との間に生物学上の父子関係が認められないことが科学的証拠により明らかであり、かつ、夫と妻が既に離婚して別居し、子が親権者である妻の下で監護されているという事情があっても、子の身分関係の法的安定を保持する必要が当然になくなるものではないから、上記の事情が存在するからといって、同条による嫡出の推定が及ばなくなるものとはいえず、親子関係不存在確認の訴えをもって当該父子関係の存否を争うことはできないものと解するのが相当である」として、子からの親子関係不存在確認の訴えを認めなかった。

反対意見（金築誠志）は、血縁関係にあり同居している父（C）とそうでない父（B）が現れている場面では、Cの父子関係の方がより安定的、永続的と言ってよく、Bが実質的に子の養育監護に関与することは事実上困難であること、Bとの法律上の父子関係が解消されない限り、子はCとの法律上の父子関係を構築することができず、父を求める権利を奪っているという面があることから、①夫婦関係が破綻して子の出生の秘密が露わになっており、かつ、②生物学上の父との間で法律上の親子関係を確保できる状況にあるという要件を満たす場合には、外観説の例外を認める。

補足意見（山浦善樹）は、ＤＮＡ検査等により生物学上の父子関係の不存在が明らかであっても、口頭弁論終結時に①、②の要件事実が認められない場合には、親子関係不存在確認の訴えが認められず、プライバシーと家庭の平和が侵害されたという結果のみが残ること、①の要件を満たすために当事者が意図的に家庭崩壊を試みる場合もあり得ないわけではないこと、②の要件については評価的要素が多く、男女の関係は変わり得るもので、判決後に事情が変動しないという保障がないこと、法律上の父と母の間で離婚ないし婚姻破綻の経緯にまつわる感情的対立が続いている状態で、子の意思を確認することもなく、その父子関係を決めるのは適切ではないこと、子が成長し判断能力を備えたときには、自ら父子関係を訴訟において争う機会を設けることも考えられるが、解釈の枠を超えた立法論になることを挙げる。

2　不実認知

男性が婚外子のいる外国人女性と婚姻し、子を日本に呼び寄せるために、実の子でないことを知りながら認知したが、婚姻が破綻したことから、認知無効を主張した事案で、いわゆる不実認知の効力が問題となった。

【4】最三小判平二六・一・一四（民集六八巻一号一頁）は、「血縁上の父子関係がないにもかかわらずされた認知は無効というべきであるところ、認知者が認知をするに至った事情は様々であり、自らの意思で認知したことを重視して認知者自身による無効の主張を一切許さないと解することは相当でない。…認知者は、民法七八六

条に規定する利害関係人に当たり、自らした認知の無効を主張することができるというべきである。この理は、認知者が血縁上の父子関係がないことを知りながら認知をした場合においても異なるところはない」とし、認知を受けた子の保護の必要性がある場合には、具体的な事案に応じて権利濫用の法理などにより認知無効の主張を制限することも可能であるとしたものの、本件にはそのような事情はないとして、認知無効を認めた。

補足意見（木内道祥）は、不実認知をした者に無効主張を許さないことは、子から法律上の父を奪わないという意味で子の福祉に資することを認めるが、他の利害関係人からの無効主張によって父を奪う可能性を否定できず、期間制限なくこれを認める現行法は、認知について血縁関係との乖離を基本的に認めない趣旨であるとする。

意見（寺田逸郎）は、民法七八六条の立法趣旨、嫡出性を承認した後は否認権を行使できなくなる民法七七六条や養子縁組との比較から、血縁関係がないことを承知の上で認知した者の認知無効を否定するが、本件の場合の特殊性（フィリピン家族法に基づき、当該子には法律上の父がいること）から、父が重複していることを理由として認知無効を主張できるとする。

反対意見（大橋正春）は、本件は、子その他の利害関係人が無効主張をしない場合に、不実認知をした者が無効主張ができるかという限定された問題であり、問われているのは、認知者の意向によって被認知者の地位を不安定にすることを許してよいかであるとし、条文の文言解釈から認知者の無効主張を認めない。とくに本件の場合には、認知無効が認められると、子が日本国籍を失い、フィリピンに強制送還されるおそれがあり、子の地位が認知者の意思によって不安定になることを具体的に指摘する。

3　性別取扱い変更者の婚姻と嫡出推定

性別違和（性同一性障害）で女性から男性へ性別取扱いを変更した者（以下「変更者」という）が婚姻し、妻が提供精子によって懐胎・出産した。法務省は、戸籍の記載から夫の子でないことは明らかだから、民法七七二条による嫡出の推定を受けないとして、子の「父」の欄を空欄とし、母の長男とする戸籍記載を指示した。

【5】最三小決平二五・一二・一〇（民集六七巻九号一八四七頁）は、性同一性障害者の性別の取扱いの特例に関する法律（特例法）四条一項は、性別の取扱いの変更の審判を受けた者は、民法その他の法令の適用については、法律に別段の定めがある場合を除き、その性別に変わったものとみなしており、したがって、男性への性別の取扱いの変更の審判を受けた者は、以後、男性とみなされるため、民法の規定に基づき夫として婚姻することができるだけではなく、婚姻中に妻が懐胎したときは、民法七七二条の規定により、当該子は当該夫の子と推定されると言うべきであるとし、性別の取扱いの変更の審判を受けた者に「婚姻することを認めながら、他方で、その主要な効果である…嫡出の推定についての規定の適用を、妻との性的関係の結果もうけた子であり得ないことを理由に認めないとすることは相当でない」とし、民法七七二条を適用し、当該夫の子として推定されるから、戸籍事務管掌者による当該戸籍記載は法律上許されないとした。

補足意見（寺田逸郎）は、特例法四条が変更者について、民法の適用全般について変更した性別となったものとみなし、嫡出子の規定を排除していないことは、婚姻が夫婦間に生まれた子をその嫡出子とする仕組みと強く結び付いていることを踏まえてのことであるとし、民法が、嫡出推定の仕組みを一般の夫に適用してきた以上、変更者で夫となった者についても、特別視せず、その適用を認めることこそ立法の趣旨に沿うものであるとする。

反対意見（岡部喜代子）は、嫡出子の解釈について、本来夫婦間の婚姻において性交渉が存在し、妻が夫によって懐胎した結果生まれた子であるとし、嫡出推定が排除される場合に関する判例の外観説について、「夫婦間に性的関係を持つ機会のなかったことが明らかであるなどの事情」とし、変更者の場合は、これに該当するから、嫡出推定は及ばないとする（大谷剛彦も同旨）。補足意見（木内道祥）は、これに反論し、判例の外観説とは、夫婦の実態が失われ、または遠隔地に居住していたなど第三者にとって明らかであることを嫡出推定を排除する理由としたものであり、変更者の元の性別は第三者にとって明らかなものではないのだから、排除理由には該当しないとする。

4　夫・認知者の意思と子の意思の非対等性

【3】では現実の子の養育環境を安定させる点で、反対意見が、【4】では子の法的地位を安定させる点で、反対意見が、【5】では人工授精で生まれた子を自分たちの嫡出子として育てたいという父母双方の意思を尊重する点で、法廷意見が子の利益に資する。【5】岡部反対意見は、嫡出子について、夫婦間の婚姻において性交渉が存在し、妻が夫によって懐胎した結果生まれた子と解釈し、嫡出推定を自然生殖を前提にした制度と捉え、当該子を嫡出子とすることに反対するが、【5】は、嫡出推定制度が法律婚の主要な効果であることを理由に、夫婦の嫡出子とした。また、【3】では、子の身分関係の法的安定性を強調して、嫡出推定をそのまま維持した。【3】、【5】とも、婚内子の場合には、血縁がなくても法律上は親子であることを示しているが、【3】と【5】では、その持つ意味は大きく異なる（注6）。

他方、【4】は、婚外子の場合、血縁がなければ法律上は親子ではないことを示す。しかし、【3】で強調された子の身分関係の法的安定性は、【4】でも同じはずである。木内補足意見もこれを認めるものの、親子関係は一義的・一律に定められるべきという立法上の要請を重視し、婚外子の場合には、血縁の有無を基準にすることから、不実認知をした者の無効主張を認める。その結果、子は日本国籍を失い、日本での生活を維持できなくなる。

法律上の親子関係は子の養育者の確保と養育環境の安定化のために存在するとすれば、法律上の親子関係の成否が夫・認知者の意思に依存する現行制度は、子の利益に反する事態を防げない点で問題があると言える。【3】によれば、外観説に当てはまる事情がない限り、夫が否認権を行使しないまま出訴期間を経過すれば、法律上の父子関係が確定する。【3】金築反対意見が指摘するとおり、子は血縁上の父を法律上の父とする機会を奪われてしまう。子の利益は夫の意思に左右される。【4】では、子が認知者との法律上の父子関係の維持を望んでいても、認知者は認知無効の訴えを起こすことができる。【4】大橋反対意見が指摘するとおり、子の法的地位は認知者の意思に左右される。夫・認知者の意思と子の意思は対等に扱われていない。この非対等性を踏まえ、子の意思、利益を優先する解釈をすれば、【3】、【4】では、反対意見が法廷意見になるべきである（注7）。

四　女性のみの再婚禁止期間と夫婦同氏強制制度

1　女性のみの再婚禁止期間

【6】最大判平二七・一二・一六（民集六九巻八号二四二七頁）は、一〇〇日の再婚禁止期間は、父性の推定の重複を回避し、父子関係を早期に定めて子の身分関係の法的安定を図る趣旨から、立法裁量の範囲内であるとして合憲としたが、一〇〇日を超える期間は、父性の推定の重複を回避するために必要な期間とは言えないこと、

医療や科学技術の発達から見て、一定の期間の幅を設けることを正当化することは困難であること、再婚件数の増加から再婚の制約はできる限り少なくするという要請があること、各国で廃止し、再婚禁止期間を設けない国が多くなっていることから、合理性を欠いた過剰な制約であり、合理的な立法裁量の範囲を超え、立法目的との関連において合理性を欠くとして、憲法一四条一項、二四条二項違反とした。

共同補足意見は、一〇〇日以内の部分でも、父性推定の重複を回避する必要がない場合には、適用除外を認めることを許容しているものと解して、具体例を挙げ、とくに女性が前婚の解消時点で懐胎していない場合について医師の証明書の必要性などを指摘する。

意見（鬼丸かおる）は、父性の推定の重複については父を定める訴えの規定が類推適用できること、父性の推定の重複を回避する必要の全くないきわめて多数の女性に対し、再婚禁止期間を設けていることは過剰な規制であることから、一〇〇日の再婚禁止期間についても違憲とした。反対意見（山浦善樹）も、DNA検査の利用により、簡易に低廉な費用で正確な父子判定ができること、手段として再婚禁止期間を設ける必要性は完全に失われていること、父性の推定が重複する子が生まれる可能性があるが、そのような子を出産する女性の割合はごくわずかであること、父を定める訴えに大きな負担は伴わないし、その間、子は各種の行政サービスを受けることができること、しばらくの間、父未定とされるけれども、その子にとって合理的な手続で真実の父を定めることに比して、再婚禁止期間を設けることでどれだけ子の利益になるのか疑問であること、国連自由権規約委員会・女性差別撤廃委員会からの是正勧告があり、諸外国で廃止されていることは、男女平等の理念に反することを基礎付ける社会状況の変化を示す重要な事実であることから、違憲とし、さらに国家賠償請求も認容した。

2　夫婦同氏強制制度

夫婦同氏強制制度を違憲とは判断しなかった【7】最大判平二七・一二・一六（民集六九巻八号二五八六頁）について、氏と家族観に関する法廷意見と意見の理由付けを紹介する。

法廷意見は、第一に、家族は社会の自然かつ基礎的な集団単位であるから、氏をその個人の属する集団を想起させるものとして一つに定めることにも合理性があること、氏が、親子関係など一定の身分関係を反映し、婚姻を含めた身分関係の変動に伴って改められることがあり得ることは、その性質上予定されていることなどから、婚姻の際に「氏の変更を強制されない自由」が憲法上の権利として保障される人格権の一内容であるとは言えないとして、憲法一三条に違反しないとする。

第二に、とくに婚姻の重要な効果として夫婦間の子が夫婦の共同親権に服する嫡出子となるということがあるところ、嫡出子であることを示すために子が両親双方と同氏である仕組みを確保することにも一定の意義があると考えられること、夫婦同氏制のもとにおいては、子の立場として、いずれの親とも等しく氏を同じくすることによる利益を享受しやすいと言えること、婚姻に伴う改姓による不利益は、通称使用が広まることにより一定程度は緩和され得るものであることなどを挙げ、直ちに個人の尊厳と両性の本質的平等の要請に照らして合理性を欠く制度であるとは認めることはできないとして、二四条二項にも違反しないとする。

これに対して、意見（岡部喜代子、櫻井龍子・鬼丸かおる・反対意見山浦善樹が同調）は、九六％が夫の氏を称することは、「その意思決定の過程に現実の不平等と力関係が作用している」のであり、「その点に配慮をしないまま夫婦同氏に例外を設けないことは、多くの場合妻となった者のみが個人の尊厳の基礎である個人識別機能を損ねられ、また、自己喪失感といった負担を負うこととなり」、二四条二項に立脚した制度とは言えないこと、氏の家族の呼称としての意義を強調することは、全く例外を許さないことの根拠になるものではなく、家族形態の多様化している現在、そうした意義や機能をそれほどまでに重視することはできないこと、通称は便宜的なもので、公的な文書には使用できない場合があり、「通称使用は婚姻によって変動した氏では当該個人の同一性の識別に支障があることを示す証左」であることを挙げて、二四条に反し違憲とする。

意見（木内道祥）は、夫婦同氏制度において問題となる合理性とは、「夫婦が同氏であることの合理性ではなく、夫婦同氏に例外を許さないことの合理性」であり、同氏の利益は、「第三者に夫婦親子ではないかとの印象を与える、夫婦親子との実感に資する可能性があるとはいえる」いう程度にとどまり、「同氏でない婚姻をした夫婦は破綻しやすくなる、あるいは、夫婦間の子の生育がうまくいかなくなるという根拠はない」のだから、「夫婦同氏の効用という点からは、同氏に例外を許さないことに合理性があるということはできない」として、二四条に反し違憲とする。

3　二つの最高裁大法廷判決の意義と限界

【6】は、法規定上の嫡出推定の重複を避けることで、子の利益が守られると考え、一〇〇日に短縮するものの、女性のみの再婚禁止期間を維持する。しかし、離婚から一〇〇日以内に、事実上の再婚があり、子が出生した場合、出生は離婚から三〇〇日以内だから、前夫の子と推定され、前夫から嫡出否認の訴えをしてもらうか、外観説が適用されることを証明した上で親子関係不存在確認の訴えを提起しなければ、後夫の子とすることができない。父子関係を改めるための手続、時間、費用の負担を考慮すれば、鬼丸意見、山浦反対意見が指摘する父を定める訴えを利用する方がはるかに子の利益にかなう（注8）。【7】は、氏の変更を強制されない権利（人格権）

よりも、所属する家族集団が同一の呼称を用いることの合理性を肯定し、氏に関する制度を重視する。とくに両親双方と氏を同じくする嫡出子の利益を強調する。

いずれも、制度上の子の利益、嫡出子の利益を、女性の再婚の自由、氏の変更を強制されない権利と対峙させ、後者の自由、権利を制限する。制度の維持が人権保障より優先する。この背景には、制度を守れば、子の利益が守られるという、法律万能主義があるように思われる。しかし、事実を踏まえない制度は現実を規律することができず、人々の信頼を失う結果となる。私見は、事実に即した【7】の二つの意見を支持する。

その上で、【7】の問題点は、法廷意見も意見も、憲法一三条を規範として作動させなかったことである。違憲とする意見も憲法一三条には言及しなかった。【1】も、「個人の尊重」を何度も判決理由中で繰り返したが、憲法一三条を引用しなかった。氏名に関する人格権の制約として、個人の尊厳を明記する憲法二四条二項に照らして本件規定の違憲性を根拠付けることができるとしても、氏名が人格権であることを根拠付けるのは一三条ではないだろうか（注9）。【6】、【7】は、「個人の尊重」という憲法的価値が、戦後七〇年経過した今なお、司法に、社会に根付いていないことを示すものである（注10）。

五　裁判官の家族観

【1】は、「子を個人として尊重し、その権利を保障すべきであるという考えが確立されてきているものということができる」としたが、【2】の象徴的差別には反映されなかった。

子を個人として尊重するならば、法律上の親子関係も子への配慮を優先すべきである。【5】のように人工授精で生まれた子を夫と妻が嫡出子として育てることを望んでいる場合には、その意思を尊重し、夫と妻、父と母との間に子育てを共同する意思が一致していない場合には、【3】では、子の養育環境保障を優先して夫との法律上の親子関係を否定し、【4】では、不実認知をした者の認知無効の主張を否定する方向が望ましい。しかし、【5】では、嫡出子とすることに反対する意見があり、【3】では、父子関係を否定する反対意見、【4】では、認知無効を認めない反対意見があり、いずれも僅差の法廷意見だった。

その背景には、親子関係の成否を婚姻と関係付ける論理がある。嫡出推定を婚姻の主要な効果とし、血縁がなくても法律上は親子とすることで子の保護を図るのに対して、婚外子の場合には、父母の共同生活が前提とされていないことから、認知については、血縁の有無を基準にする。個別事案では、この建前が妥当性を持つ場合と持たない場合がある。【3】、【4】はその典型であり、裁判官の判断は分かれ、結論は揺れる。

婚姻と子を結び付ける家族観は、【6】、【7】にも影響する。【1】で強調された子を個人として尊重することは、再婚する女性も、自己の氏を称したいという男女も、個人として尊重されることにつながる。したがって、再婚の自由、氏の変更を強制されない権利が保障されなければ、一貫性を欠く。しかし、婚姻と出産を不可分と捉えれば、子の父性推定の重複を避けるために、出産の可能性のないカップルも含めて一定期間の再婚制限は合理的とされ、婚姻家族は夫婦同氏、親子同氏により、一つの氏を称して家族の一体性を保持することが合理的とされる。本来は、再婚の自由、氏の変更を強制されない権利という平等や人権の課題が、家族観、家族のあり方論で論じられ、法律婚尊重と子の権利を両立可能とした【1】の論理を展開することができない。

ところで、経済成長を果たし、個人の尊重と男女の平等が制度上、規定されている諸国では、離婚後の子も婚外子も共同親権（親責任）が原則であり、法律上の親子関係の成否についても、婚外子と婚内子を可能な限り同じ仕組みで対応する。日本でいう認知無効の主張にも期間制限と訴権者を限定するなどである。婚姻を介さず、成長発達する子ども自身の権利を直接保障する方向である（注11）。人を「個人」として尊重する家族観のもとでは、子は平等であり、親が婚姻しているかどうかを問わない権利保障がなされる。

裁判官が、夫婦と子どもからなる標準的家族像から解放されなければ、【2】の象徴的差別、【3】、【4】、【5】の親子関係の成否、【6】の再婚の自由、【7】の氏の変更を強制されない権利について、最高裁が司法積極主義（注12）の立場から判断することは難しい。標準的家族像は、離婚して親子の氏が異なる家族、婚外子の家族を排除するおそれもある。家族に関する法制度のグローバル化（国際結婚・離婚）は、国際人権規約、女性差別撤廃条約、子どもの権利条約の遵守義務、各権利委員会の総括所見における改善勧告に対応することを要請する。家族観や家族のあり方論から人権保障、平等原則へ視点を転換することが司法には求められているのである。

（注1）その他、家族に関する事案として、認知症高齢者の鉄道事故に関する最三小判平二八・三・一（民集七〇巻三号六八一頁）、預貯金債権の遺産分割対象性に関する最大決平二八・一二・一九（民集七〇巻八号二一二一頁）がある。

（注2）日本人父と外国人母の婚外子について、父の認知後、父母が婚姻した場合にのみ日本国籍取得を認める旧国籍法三条一項を違憲とした最判平二〇・六・四（民集六二巻六号一三六七頁）も、「父母の婚姻により嫡出子たる身分を取得するか否かということは、子にとっては自らの意思や努力によっては変えることのできない父母の身分行為に係る事柄である」ことを指摘していた。

（注3）杉原泰雄編集代表『体系憲法事典〔新版〕』四五〇頁～四五四頁〔安西文雄〕。

（注4）山本龍彦「戸籍法四九条二項一号と憲法一四条一項」ジュリ一四六六号一八頁。

（注5）　二宮周平「戸籍法四九条二項一号の規定のうち出生の届出に係る届書に嫡出子又は嫡出でない子の別を記載すべきものと定める部分と憲法一四条一項」民商一五一巻四・五号四〇六頁。

（注6）　【3】が前夫と子との父子関係不存在を否定したことが誰の利益にもならなかったことを指摘するものとして、二宮周平「判決により法律上の父と認められた夫と子の面会交流」現代民事判例研究会編『民事判例14』一一〇頁以下。

（注7）　二宮周平「法律上の父子関係と血縁―ジェンダー平等の視点と子の福祉の観点から」ジェンダーと法一三号三五頁以下。

（注8）　父を定める訴えであれば、子、母、母の配偶者（後夫）に当事者適格があり（人訴法四三条）、DNA鑑定により決着がつくので、山浦反対意見が指摘するように、子にとって合理的な手続で真実の父を定めることができる。確かに父を定める訴えの結論が出るまでは父未定だが、この訴えの方が手続、時間、費用においてはるかに負担が少ない。

（注9）　二宮周平「家族法における憲法的価値の実現～家族法改正と司法判断（2）3　氏名権と夫婦同氏強制制度～憲法における人権保障（1）」戸籍時報七二八号二五頁～二七頁。

（注10）　一九五三年に刊行された憲法の注釈書は、「この憲法の使命の一つは、従来の個人軽視の傾向を打破して人権の確立をはかることにあるので、以下本章に具体的な各種の権利自由を掲げるに先立って、まず本条（引用者注：一三条）において個人の尊重、その生命・自由及び幸福追求という個人の人格的生存に欠くべからざる権利を一般的に宣命したものである。公共の福祉の実現を任務とする国家も、これらの権利に最大の尊重を払うべきことを要求しているのである。その根底には、個人のそのような権利は、いわば天賦自然法的なものであって、国家はこれを確認し保護すべきものとする思想が存すると考えられる」としていた（法學協會編『註解日本國憲法上巻』三三七～三三八頁）。

（注11）　こうした方向性が、日本家族〈社会と法〉学会シンポジウム（二〇一六年一一月五日、六日）で具体的に提案

された（二宮周平「出生による親子」家族〈社会と法〉三三号二三頁以下）。

（注12）　最高裁の判断は、立法、行政に大きな影響を与える。【1】を受けて、二〇一三年一二月五日、民法の相続分差別規定を削除する民法改正がなされ、【5】を受けて、法務省は、当該子の出生についてまだ戸籍に記載されていない場合は、嫡出子としての出生届を受理する、既に嫡出でない子として戸籍に記載されている場合は、届出人に対し、戸籍記載に錯誤があること等を通知し、嫡出子としての記載に訂正する、子が変更者の養子あるいは特別養子となっている場合も、嫡出子としての記載に訂正することができる、という通達を出し（法務省平二六・一・二七民一第七七号民事局長通達）、【6】を受けて、二〇一六年六月七日、再婚禁止期間を一〇〇日に短縮する民法改正がなされた。最高裁の司法積極主義に関しては、二宮周平「家族法に関する司法積極主義の意義と限界〜二〇〇〇年代以降の判例を中心に」市川正人ほか編著『日本の最高裁判所──判決と人・制度の考察』七〇頁以下。

家事調停の制度と運用
―家事事件手続法による変化―

弁護士　大森啓子

目　次

一　初めに

家事事件手続法（以下、「家事法」という）が成立したのは平成二三年五月、施行されたのは平成二五年一月一日である。昭和二二年の制定以後大きな改正のなかった家事審判法（以下、「旧法」という）を全面的に見直し新法制定という形で家事法が誕生した。

家事事件は、離婚、離縁、面会交流、遺産分割等、家族や親族にまつわる紛争等に関する類型であり、その意味で司法手続の中でも国民にとって身近な存在である。また、家事調停は、家族や親族間の紛争を審判等の裁判所（当事者にとっては第三者となる）の判断によるのではなく、当事者の合意によって解決を図る手続として、その意義、重要性はこれまでも十分に指摘されてきており、今も色褪せるどころかますます重視される状況にあると感じている。

こうした点から、本稿では、家事法制定の背景として家事調停をめぐる状況がどのようなものであったのか、そうした状況に対応するため家事法ではどのような規定、制度が設けられたのか、そして、家事法施行から約四年半が経過する中でニーズにかなった制度運用がなされ、その結果調停手続が従前とどう変化しているのかを家事調停にフォーカスし、具体的な制度等を通しながら考察することとした。併せて、各地の家庭裁判所では家事法の趣旨にかなった家事調停の実現を目指し、様々な運用（双方当事者立会説明など）が実践されている。本稿ではそうした運用等についても考察を試みたい。

二　家事事件をめぐる状況（家事法制定に至る背景）と家事法における制度・規定

1　家事事件をめぐる状況

家事事件の事件数は増加あるいは高止まりしていると言ってよい。司法統計によると、家事調停事件の新受件数の総数は、平成一七年が一二九、八七六件、家事法が法制審で議論されていた平成二三年が一四〇、五五七件、そして最新の統計である平成二七年が一四〇、八三〇件と増加傾向を示している。とくに、別表第二事件（旧法下では乙類事件）の新受件数は、平成一七年が五三、四三八件だったのに対し、平成二三年は六七、〇三四件、平成二七年は七八、九一四件と増加率が高い（注1）。

また、事件数だけでなく、家事事件ではその内容においても、関係者の利害が激しく対立し解決困難なものが増えていると指摘されている（注2）。その背景として挙げられるのは、家族をめぐる社会状況の変化やそれに伴う意識の変化、当事者の法意識等である。例えば、高度成長期だった昭和三〇年から四〇年代にかけて以降はいわゆる母性優先の考えが支配的であったのに対して、近年は離婚件数が平成八年に年間二〇万件を突破する中、少子化、共働家庭の増加や父親の育児に対する関心の高まりなど社会状況の変化が生じており、こうした変化が離婚の際の子の監護や親権等をめぐる熾烈な対立の一因になっている。また、当事者の法意識、権利意識の高まりも家事調停の現状の根底に大きく横たわっている。法意識としては、例えば、昔からＤＶケースは存在していたが、法意識の高まりを背景にいわゆるＤＶ防止法が制定されたことなどが挙げられる（注3）。他方で、権利意識の強い当事者が増えていることも事実であり、この点については裁判官が、「自己により有利な成果を得るために、当事者から様々な主張がされるようになる」（注4）、「面会交流事件でも、当事者双方が自己の立場に固執してゆずらず、子の福祉の観点からどのような交流が適切かといった観点からの調整が困難な事案が増えてきている」、「相手方がどのように主張しているのか知りたいという要望も強い。他方で、（中略）この主張や事実は相手方当事者には言わないで欲しい、この資料は相手方にみせてもらいたくないという要望が出てくることが非常に多い」などと述べているが（注5）、代理人の立場でもこれらは決して誇張されたものではないと認識している。

2　家事法の理念と家事調停

(一)　家事法の理念

旧法下でもこのような現状に対応すべく、当事者等の手続保障に配慮した運営が工夫されてきたが、裁判所の広範な裁量に委ねられているため限界もあった。

家事法では、①当事者等（注6）の手続保障を図るための制度の拡充、②国民が家事事件の手続を利用しやすくするための制度の創設・見直し、③管轄・代理・不服申立て等の手続の基本的事項に関する規定の整備を柱とし、諸規定が置かれた（注7）。とりわけ、前記1で述べた家事事件をめぐる状況を踏まえると、家事法の理念として重要視されるのは当事者等の手続保障であろう。

ところで、家事調停に関して家事法で見直された規律は、審判手続と比べると限定的である。しかし、その理由として、家事調停が当事者の話合いにより解決することを目的とする手続であるところ、多様な事案に対応できるよう手続の柔軟性を維持することは重要であるとの観点があったことは否定できず、裁判所が、家事調停をめぐる状況を踏まえて、家事法の理念に基づき、複雑困難な家事調停事件の解決に向けた運用を創意工夫していくことは積極的に求められていると言ってよい。

(二)　家事調停における手続保障とは

家事事件における手続保障は攻撃防御方法を尽くすなど民事訴訟等における手続保障と同一ではない。家事事件における手続保障は、当事者の法意識、権利意識の高まり、関係者の激しい利害対立等を背景として、当事者が適切に相手方当事者の主張等を把握し、資料提出とともに自らの主張・反論を行うなど手続に主体的に関わる機会を保障し、もって結果について当事者等の納得を得られるようにすることだと言える。

そして、上記手続保障は家事調停においても妥当する。すなわち、家事調停は単なる当事者間の話合いの場ではなく、司法機関である家庭裁判所が関与し、事実の調査等の権限を有し（家事法二五八条一項、五六条ないし六二条、六四条）、さらに成立した際の調書の記載は裁判と同じ効力が与えられている（家事法二六八条一項）点で、裁判の性質も有している（注8）。こうした両面を有していることを踏まえると、家事調停における手続保障としては、当事者が話合いの対象となっている事項について、正確な状況（仮に話合いが不成立となった場合の見通しも含め）を把握し、適切に自らの意見を検討・判断することが求められていると言ってよい。そのためには、正確に相手方当事者等の主張内容やその根拠等を把握することが不可欠であり、いわゆる正確な情報の共有が欠かせない。

三　家事法の制度、規定の運用

1　申立書の定型書式化

家事法は家事調停の申立書の写しを原則として相手方に送付すると定め、家事調停手続の円滑な進行を妨げるおそれがあると認められるときは例外として申立てがあった旨を通知することと定めている（家事法二五六条一項）。旧法下では送付の有無は裁判所の裁量に委ねられていたが、相手方が申立ての内容を了知した上で手続活動を進めることにより、家事調停手続の充実および早期解決が図られるとの観点から原則送付との規律を設けたものである。もっとも、当該規律は当事者の手続保障に資する点からも重要である。すなわち、相手方が申立人が何を求めて申立てを行っているのかについての情報を把握し、それを踏まえて自身の考えを検討したり資料等の準備をしたりした上で第一回期日に臨むことは、前記二2で述べた家事調停における手続保障にかなう。家事調停手続の冒頭からこのような手続保障に資する手続を行うことは、当事者の家事調停に対する信頼につながるものとも言えよう。

ところで、実務では、家事調停事件のうち主要な事件類型（夫婦関係調整事件、婚姻費用分担事件、面会交流事件等）の申立書について定型書式化され、事情説明書等申立書以外の書面と併せて使用する運用となっている。すなわち、相手方の手続保障や早期解決の要請の一方で、手続の円滑な進行の要請もあることを踏まえ（注9）、申立書においては、申立てに必要十分な項目についてチェック方式を中心に記載してもらう書式とし、このような言わばコンパクトな申立書を前提しつつ、申立書では足りない情報については相手方に送付されない申立書以外の書式を用意するという運用を行っている（裁判所が事案を理解し審理の方向性を検討するのに必要な主張や情報を記載する「事情説明書」、要警備事件か等適切な手続運営のために必要な情報を記載する「進行照会回答書」等が使用されている）。当事者間の対立が激しいという家事調停をめぐる状況からすると、必要以上に感情のもつれを引き起こすことは避ける必要がある。こうした配慮から、申立書については申立人が何を求めているのかといった結論や同居・別居の時期、婚姻費用の支払や面会交流の実施状況などといった最低限の情報についての記載にとどめることは一定程度理解できる。もっとも、前述した原則の趣旨からすると感情のもつれを意識しすぎて過度に記載事項を制限することは適切ではない。その点で、夫婦関係調整調停事件の申立書は、申立ての趣旨において求める結論をチェックさせるほか、申立ての理由では、同居・別居の時期と申立ての動機（記載されている項目のうち該当するものに○をつける）を記入する欄しかなく、相手方に前もって知らせておくべき申立人の考えや当該事案に関する情報等としては不十分感は否めない。多種多様な事案があることを踏まえると、定型書式を最低限の情報を記載したものと捉え、必要に応じて、別紙を作成するなどして補うことを積極的に検討、実施することが必要と思われる。

2　電話会議システム等

家事法では当事者が遠隔地に居住しているときその他相当と認めるとき電話会議システムまたはテレビ会議システムを利用できる制度が創設された（家事法五四条、二五八条一項）。この制度導入によって当事者の一方または双方が遠隔地に居住している等の事情により調停期日への出頭が難しかった場合にも対応することができるようになり、当事者の便宜、手続保障に資することとなった。

ところで、当事者から事情や考えを聴取する、また調停委員会から相手方当事者の考えあるいは調停委員会の考え等を伝えるなどといった調停の進行は、当事者の表情や態度等を見ながら進めることが望ましく、そうした点で、電話よりもテレビ会議システムの方が活用することが望まれる。しかし、実際は、機器の設置状況等の事情により圧倒的に電話会議システムの利用の方が多い。今後はテレビ会議システムの積極的な利用拡大を進めることが必要と考える。

なお、家事法施行時にはＤＶ案件など遠隔地に居住している場合以外の利用についても議論があったが（注10）、そうした事案にこの制度を利用したというケースは聞かれない。もっとも、それは、出頭する時間をずらす、待合室のフロアをずらすなど他の運用の工夫により対処されており（注11）、電話会議システム等以外に対応する方法がないというケースがまだ出ていないからだと思われる。また、高齢社会が進むに従い、当事者が施設入所しているなど遠隔地ではないものの裁判所に出頭することが困難なケースも今後増えてくることが予想されるところ、今後はそうした場合への対応も検討する必要が出てくると思われる。

3 調停に代わる審判

㈠ 旧法下では乙類審判事件（別表第二事件）は調停に代わる審判の対象とされていなかったが、家事法で対象に含まれることとなった（家事法二八四条一項）。実際、家事法施行後、調停に代わる審判の件数は飛躍的に増加しているところ、同制度は別表第二事件に限られずそれまで対象となっていた一般調停事件についても広く積極的に活用されている（注12）。家事調停官としての経験上からも、調停に代わる審判の活用の幅は大きく、今後も利用拡大が期待されると感じている。

調停に代わる審判の活用類型としては、⑴合意型、⑵欠席型、⑶不一致型に分類される。

㈡ 合意型

合意型は、電話会議システム等を利用し合意に達している場合、遺産分割事件など当事者が多数の事案において一部の当事者しか期日に出席していないが実質的には当事者全員の合意ができている場合などのケースであり、家事法施行の当初から活用が想定されていた類型である。当事者の利用しやすい家事手続の実現との家事法の理念からすれば、合意型は電話会議システム等と相まって、今後も最も多く活用がなされると想定される。

㈢ 欠席型

欠席型は、①欠席当事者の意思が不明な場合（相手方が手続に全く応答せず申立人の求める内容に賛成、反対の意向すら不明の場合）、②欠席当事者が答弁書等で反対の意思を表明している場合（婚姻費用や養育費について支払う意思はないなど）がある。どちらの場合も出頭勧告（①の場合は意向調査も併せて行う場合もある）を行い、相手方の出頭や意向の確認等に努めるが、出頭等に応じない場合が多い。こうした場合でも、出席当事者の主張や提出資料等について事実の調査を行い、当該事案の事実関係に基づいて調停に代わる審判を行うケースが増えている。従前は一方当事者が欠席している場合は調停不成立となり、審判手続あるいは訴訟手続となっていたのが、事案によっては調停に代わる審判を行うことができ、早期解決とともに当事者の負担軽減も図られている。

他方で、欠席型の場合については、家事法が当事者の手続保障を重視しているにもかかわらず、欠席当事者の手続保障に反するのではないかとの懸念もありそうである。しかし、出頭勧告や意向調査等を行っており、欠席当事者には出頭の機会や意見表明の機会は前もって与えられている。また、別表第二事件の場合、調停に代わる審判がなされなければ審判移行するところ、審判手続においても欠席を続け（その中には家事事件の手続について理解が十分でなかったり、あるいは意欲が乏しかったりする場合が少なくない）、ある日審判書が送達され、この時点で慌てて即時抗告するようなケースもある。これに対し、調停に代わる審判の場合は、欠席当事者が届いた審判書を見て異議を出せば、審判手続となるのであり、第一審の審理が充実するとともに、欠席当事者も第一審から対応できる点でむしろ手続保障に資する（注13）。

もっとも、欠席型の場合は、出席当事者の主張や提出する資料など判断材料が限られ偏りがあることに加え、調停手続における事実の調査や証拠調べにも限界がある。そうした観点から、調停に代わる審判とするかどうかや、どこまで主文に盛り込むかは慎重な判断を要する。例えば、夫婦関係調整調停事件において、中立人の主張に沿う形で離婚を認める旨の調停に代わる審判を出すのか、あるいは不成立とするのかという判断（離婚事由についてどこまで判断できるか）は微妙な場合もあるし、離婚を認める場合でも財産分与や慰謝料等については一方当事者の主張、提出資料のみでは判断できない場合が多いと思われる。

㈣　不一致型

不一致型は、当事者間の感情的な対立から合意することに抵抗感が強く調停成立できない場合、基本的な方向性については一致しているものの細部で双方の主張が強く対立し合意できない場合、養育費等の支払について相手方が単に払いたくないと正当な理由なく拒否しているなど当事者の一方の主張が正当でないことが明らかな場合などがある。当事者の主張が一致せず合意できない場合、審判手続あるいは訴訟手続において審理を尽くし判断を仰ぐのが本来の姿ではあり、そうなるケースも少なくない。

もっとも、調停に代わる審判では、審判手続や訴訟手続を経ない点で紛争の早期解決を果たすとともに、当事者の負担も軽減される。また、審判手続における審判や訴訟の主文は法定の判断事項に限られるのに対し、調停に代わる審判は法定の判断事項に限定されず、「当事者双方のために衡平に考慮し」、「職権で、事件の解決のため必要な審判をすることができる」（家事法二八四条一項）として当該事案の具体的事情に応じた審判を行うことができ、柔軟な解決を行うことができる。例えば金銭の支払を求める場合も状況に応じて分割払いの審判を行うことも可能であるほか、法定事項以外の事項について、確認条項、約束条項等を入れたり、遺産分割事件において当事者の合意がなければ遺産の範囲に含まれない財産（例えば相続開始後の賃料等）を分割の対象としたりするなど、調停で現れた事情を考慮した条項を盛り込むことが可能となる。さらに、調停に代わる審判においては、主文と併せて理由において裁判所の判断が示される。そのため、当事者は、対立している論点について、調停期日において調停委員会からあらかじめ法的枠組みや裁判所の考え等を示されているものの、調停に代わる審判がなされると審判書という書面で改めて裁判所の判断を把握することになる。その結果、その内容を検討し納得する当事者もいるほか、仮に納得できず異議を出した場合であっても、そうした裁判所の判断を踏まえ審判手続あるいは訴訟手続においてポイントを絞って主張立証活動を行うことが期待できる（なお、これらの長所は欠席型においても妥当する）。

こうした長所にかんがみ、不一致の場合であっても、いたずらに不成立とするのではなく、調停に代わる審判を積極的に試みてもよいと思われる。とくに、当事者の権利意識の高さなどから当時者が細部においてもこだわりを見せ、譲歩の姿勢を相手方当事者に示すことを拒み、合意に達することが困難な事案が散見される。そうした場合に、安易に不成立とし審判手続や訴訟手続で解決を求めるのは、訴訟経済的にも当事者の負担においても妥当でない。

しかし、調停に代わる審判は正式な審判手続を経たものではないにしても、裁判所の判断として示すものであるから、当然、調停に代わる審判を行うにあたっては、調停手続の中で当事者から十分に主張内容を聴き、また必要な資料提出を求めることが不可欠である。また、調停に代わる審判を出す前に、審判の見通しを踏まえた当事者への説明と理解を求め、合意による解決を模索する努力を行うことも必要である。さらに、欠席型で述べたように、調停手続における事実の調査や証拠調べには限界があることから、例えば離婚するか否かなど基本的なところで当事者が激しく対立しているような場合は、調停に代わる審判は適さないと言え、そうした事案の見極めが必要となる。

4　子どもの利益の実現

冒頭で述べたとおり、親権や監護権、面会交流など子どもを巡る紛争はとくに増加している傾向であり、かつ、当事者の対立も激しく解決困難なものが多い。そのような状況において、家事法が子を独立の権利主体として手続保障を図ったことは、子どもの権利条約一二条一項の意見表明権を具体化したものと言え、家事法制定の中でも非常に重要な点である。また、実体法である民法においても、平成二三年改正において、監護者指定や面会交流など監護に関して定める際は、「子の利益を最も優先して考慮しなければならない」との文言が追加されており（民法七六六条一項）、調停手続においても子どもの利益の実現の観点で調整を図り、子どもの手続保障を図った上での解決を目指すことが求められる。

当事者は上記で述べた意識を持って解決に向き合うことが必要であるところ、裁判所においても自らその観点を忘れず調停手続を遂行するとともに当事者がそのような意識に向かうよう尽くすことが求められる。

例えば、積極的な調査官の関与、また子どもの手続参加および手続代理人の積極的活用が課題となる。子どもの監護をめぐり当事者が対立する事案においては、原則として調査官を期日に立ち会わせることとし、当事者が上記観点を持てるよう説明や助言を行うなどを実施してもよいと思われる。また、意向調査は基本的に一回しか行われないが、子どもの考えは状況や年齢等に応じて揺れ動くことが通常であり、事案に応じて複数回実施することも検討してよいと思われる。さらに、子どもに寄り添い、手続の内容や見通しを説明し、調停の進捗状況等も踏まえた子どもの意見を適時に調停の場に明らかにし、子どもの利益を軸にした解決を目指すという点で子どもの利害関係参加と手続代理人の活用も非常に重要であり、今後の利用拡大が望まれる。

また、当事者が子どもの利益の観点で紛争解決を検討することを理解するため、大阪家裁や京都家裁など各地で当事者にＤＶＤ視聴や調査官からの解説等を行うなどの取組みがなされている。こうした工夫もさらに推進していくことが望まれる。

さらに、子どもをめぐる紛争、とくに面会交流などでは、履行勧告、再調停となる事案も少なくない。こうした事態の大きな要因として、調停で当事者の納得や理解が十分得られないまま安易に成立を進めたことが指摘できよう。一度成立した内容が実行されないとなると、それまで以上に当事者間に不信感が募り感情的対立が深刻で再調停において非常に困難な調整を強いられる場合も少なくない。こうした点からも、面会交流などの事案では、とくに当事者の心情や子どもの意思、状況等に配慮した丁寧な調停運営が求められる。

四　家事法の趣旨に即した運用

1　双方立会手続説明

家事法施行を機に、東京家裁を皮切りに、各期日の開始時および終了時に、調停委員会から、手続の説明や期日の進行・方針、当該期日で議論した内容、対立点、次回までの課題等の説明を行う双方立会手続説明が実施、運用されている。これは手続や進行予定、相手方当事者の主張や資料の内容、対立点等を的確に理解し、裁判所および相手方当事者と認識を共有すること、これに基づいて当事者が主体的に判断し合意形成を目指す機会が得られること、裁判所の公正、中立性を当事者に示すことができることなどを目的としている（注14）。

当事者の対立の激化、権利意識の高さ、そうした現状を踏まえて家事法では当事者の手続保障を柱の一つとしたことにかんがみれば、こうした取組みはまさに家事法の理念を実現する実務の取組みの一つと言えよう。導入時には、ＤＶなどにより当事者が顔を合わせることが適切でない事案もあることから、実施の当否を柔軟に判断することを議論されたが（注15）、実際も実施することについての支障の有無について当事者に確認するなどして柔軟に対応しており、特段大きな問題が生じているとは聞いていない。

もっとも、上記理念を実現するために、さらなる工夫の余地は感じる。例えば、第一回期日の冒頭における調停手続の説明等の際に、聴取する時間もなるべく同じようにしたいことに理解を求めること（なお、状況によっては多少ずれることもあらかじめ告げておく）、相手方当事者の考えを伝えることがあるが、必ずしも裁判所も同じ意見だということで伝えるわけではないこと（この点を取り違えて受け止めてしまう当事者もいる）、当事者の合意によって解決することが基本であり当事者自らが主体的に判断してもらう必要があること（裁判所に任せる、あるいは裁判所のせいにする当事者もいる）などの留意事項も告げておいた方がいいと思われる。細かい点かもしれないが、このような点でいたずらに対立感情が激化し解決困難となるケースは少なくないからである。

また、第一回以降の期日においても、通常双方立会手続説明で確認されるのは対立点や課題等の結論部分だけである。しかし、期日間に代理人同士で直接やり取りすると、前提となる部分について認識に食い違いがあることや、主張内容が正確に伝わっていなかったことが判明することがある。その結果、本当は対立点ではなかったり、あるいは真の対立点が他にあることが判明したりすることも出てくる。こうした齟齬が生じないためには、例えば、当事者の一方または双方に手続代理人が選任されているケースにおいては、期日の終了時に形式的に結論を確認するだけではなく、重要な対立点の調整場面で、双方の代理人だけ、あるいは代理人と他方の当事者本人が同席の上、互いの主張内容を確認し調整するような場面を積極的に作ること、ホワイトボード等を活用して視覚化するような工夫を行うことなどを積極的にしていく必要があると感じている。

2　情報の共有

家事法では、審判手続における記録の閲覧・謄写の許可申立てを原則認める一方で、調停手続における記録の閲覧・謄写に関しては「相当と認めるとき」に許可すると規定している（家事法二五四条三項）。もちろん、高度なプライバシーに関する事項や当事者の感情をいたずらに刺激するような書面等、相手方当事者に開示することが望ましくない場合もあり、裁判所の裁量に委ねる必要性はある。

しかし、前記二2で述べたとおり、当事者の手続保障や、正確な情報に基づいた適正な解決を果たす観点から、当事者が認識や情報を共有することは重要である。そのため、あらかじめ、当事者にその点を説明して理解を求めた上で、主張書面や収入、資産に関する資料等は直送するなどして共有することを積極的に行うことが適切であるし、実際にもそのように運用されている。

ところで、収入あるいは資産に関する資料等の開示を拒む当事者も少なくない。家事法では、調査嘱託の規定を調停手続にも準用しているが（家事法二五八条一項、六二条）、実際に調査嘱託を行っている例は家事法施行後も聞かれない。その理由は判然としないが、調査嘱託は当事者が主張立証を行い裁判所が判断を行う審判手続や訴訟手続でなされるべきであり、話合いによる合意を目指す調停手続になじまない点と考えられているのかもしれない。しかし、調停手続は家庭裁判所でなされる解決である以上、合意内容が適切であるか明らかにするためにも必要な資料を踏まえる要請は決して低くない。また、当事者への適切な情報の開示、共有が不可欠であることはこれまで述べてきたとおりである。さらに、不一致型の場合にも調停に代わる審判を活用しているように、当事者が合意を拒否しているからと言って安易に調停を不成立にして審判手続や訴訟手続に委ねるのではなく、調停で解決する術を尽くすことも実際に行われている。こうした点にかんがみれば、調停手続においても、事案に応じて調査嘱託を積極的に活用する試みを行ってもよいように思われる。

五　裁判所の態勢、弁護士の研鑽

最後に、家事調停を運営する家庭裁判所の体制や手続代理人として関与する弁護士の研鑽等について論じたい。

1　裁判所の体制等

これまで論じてきた家事法を踏まえた実務の様々な取組み、工夫は、家事法の理念に基づいた調停手続、紛争解決の実現のためのツールとしていずれも非常に有益で重要なものである。しかし、こうしたツールを適切に使いこなし、目的を達するためには、裁判所の体制を整えることが不可欠である。例えば、テレビ会議システムの設置、支部・出張所における調停手続などの物的基盤の整備は今後も推進される必要があると言えよう。

また、研修等を踏まえた調停委員の質の向上も引き続き求められるほか、弁護士調停委員のさらなる活用も検討する余地があるように思われる。さらに、調停に代わる審判や子の利益実現、情報共有など論じてきた内容を踏まえると、調停手続への裁判官の積極的関与の必要性は家事法施行後ますます高まっていると言わざるを得ない。これに対し、前記二で述べた件数の増加や事案の複雑困難化から、家庭裁判所の裁判官（実際は裁判官に限られず書記官・調査官等の職員も同様である）は事件処理に多忙を極めているのが現状であり、人的基盤整備が十分とはとうてい言えないように感じる。そのため、裁判官（および書記官・調査官等の職員）の増員とともに、家事調停官の積極的登用、活用も望まれる。家事調停官は、法曹一元化の観点から取り入れられた制度であるが、各家事調停官が独自の工夫や試行錯誤をしながら（もちろん担当裁判官等と議論検討しながらではある）、事前評議を積極的に行ったり期日に立ち会ったりするなど担当事件へ積極的に関与している。そのような家事法の理念を実現すべく調停手続を主宰した経験を持つ家事調停官が増えることは、手続代理人である弁護士にもそうした意識が広がっていくことをも意味し、法曹一元の理念にかなうことにも繋がる。

2　弁護士の研鑽等

他方、弁護士においても、家事事件に携わるにあたり、手続の基本的知識や裁判所の運用を把握し、家事法の理念を正確に理解することが不可欠である。同時に、家族の紛争を解決するという視点、子の利益など言わば公益的観点も要するという視点を忘れてはならない。中には、依頼者の主張を声高に繰り返す代理人、民事訴訟と同じような感覚で勝ち負けという言い方をしたり、相手方当事者の心情等への配慮を欠く書面を書いたりする代理人もいるが、こうした弁護士には上記の視点がやや欠けているように思われる。そうではなく、積極的に研鑽や検討を深め、依頼者を含めた当該家族の事件の解決として目指す姿について真摯に、ときに謙虚に検討し活動することが肝要である。

（注1）　さらに事件別の内訳を見ると、婚姻費用分担事件が平成一七年は八、七九七件であったのに平成二二年は一四、二二二件、平成二七年は二〇、三一五件となり一〇年で約二・三倍、子の監護に関する処分事件が平成一七年は二一、五七〇件だったのに対し平成二二年は二八、一八〇件、平成二七年は三四、二二五件と一〇年で約一・五八

倍となっている。なお、遺産分割事件も平成一七年は一〇、一三〇件だったのが平成二二年は一一、四七二件、平成二七年は一二、九七一件と増加傾向にある。

（注2）金子修編著『一問一答家事事件手続法』三頁。

（注3）婚姻費用分担事件の申立件数の増加なども法意識の高まりの微表と言えよう。

（注4）この背景にはインターネット等の発達により様々な情報が氾濫していることも無関係ではないと思われる。

（注5）清水研一＝小田正二「裁判官の立場から」法律のひろば六四巻一〇号一六頁。

（注6）当事者以外にも参加人や子の監護に関する処分における子なども含まれる。

（注7）金子編著・前掲注2二五頁。

（注8）家事調停の本質として、当事者の自由な意思決定に求めるか（合意斡旋説）、調停委員会の相当性の判断に求めるか（調停裁判説）の対立があるが、いずれかを選択するのではなく、この両面があることを踏まえ、事案に応じてバランスよく両立させていくことが重要である。

（注9）家事法が手続の円滑な進行を妨げるおそれがあると認められるときは例外として申立書の写しを送付しない旨を定めたのは（家事法二五六条一項ただし書）、申立書の写しの送付により申立人と相手方の感情のもつれが一層激しくなり、自主的な話合いが不能になるようなこともあることを考慮したものである。

（注10）小田正二「東京家裁における家事事件手続法の運用について—東京三弁護士会との意見交換の概要と成果を中心に」判タ一三九六号四〇頁。

（注11）手続代理人を選任している場合は、当該代理人のみが出頭するケースもある。

（注12）東京家裁の家事法施行直前の調停に代わる審判の件数は、平成二二年三件、同二三年六件、同二四年八件であったのに対し、家事法施行後の件数は、平成二五年一一八件（別表第二事件八二件、一般調停事件三六件）、同二六年二七四件（別表第二事件二一五件、一般調停事件五九件）となっている（矢尾和子＝船所寛生「調停に代わる審判の活用と合意に相当する審判の運用の実情」曹時六六号一二巻二九頁）。

（注13）　矢尾ほか・前掲注12三七頁。
（注14）　本多智子「家事調停の一般的な審理—夫婦関係調整（離婚）調停を中心に—」曹時六六巻五号四七頁。
（注15）　小田・前掲注10三四頁。

未成年の子どものいる夫婦の離婚関連調停に望まれること
―子どもの養育支援につながる調停を―

弁護士　片山登志子

目次

一　離婚がもたらす子どもへの影響を最小限にとどめることの大切さ

1　親の離婚紛争を経験する子どもの心情

離婚は、夫婦にとって、婚姻生活が様々な事情で継続することが困難になったときに、家族のより良い新たな関係を再スタートさせるための一つの選択である。その選択に際して大切なことは、子どもの心情に夫婦や周囲の大人がしっかりと寄り添い、離婚による未成年の子どもへの影響を最小限にとどめることである。

離婚は、現実の問題として、子どもに多種多様な影響をもたらす。両親と一緒に何の不安もなく過ごしていた当り前の日常生活が、両親の不和によって少しずつ崩れ、ある日突然、一方の親との別居や離婚を告げられる。子どもの年齢にもよるが、離婚は子どもの生活環境も大きく変化させる。転居や転校によって自らの友人関係を失うなど子どもにとって何よりも大切な生活環境の変更を余儀なくされる場合もある。しかし、子どもは、これから自分の生活がどうなっていくのか自ら予測することもできず、また自分のことで両親にこれ以上けんかをしてほしくないという思いもあって、自身の不安を両親に伝えることをためらい心の中に抱え込む子どもも少なくない。さらに両親の離婚後も両親の葛藤や紛争が続く中で、同居親と非同居親のそれぞれに対する複雑な思いをずっと持ち続ける子どももいる。離婚をめぐるプロセスの中で、子どもは自分の力ではどうしようもない事態に直面し、理不尽だと思いつつもそうした不安や哀しみの感情を両親にぶつけることもできず、長い時間をかけて環境の変化に対応しようと努力している。そのことを、両親はもとより離婚紛争に様々な形で関与する私たち大人は常に意識していなければならない。

２　日本の離婚の現状

日本の離婚件数は、平成二八年は二一万六七九八件（平成二八年の人口動態調査の結果）であった。近時は、その約六〇％に未成年の子がいて、ほぼ毎年約二四万人の子どもが親の離婚を経験し、その約八割は親権者である母親と生活していると報告されている。他方、平成二八年度全国ひとり親世帯等調査の結果では、母子世帯は一二三万一六〇〇世帯と推計されているところ、集計対象となった母子世帯（二〇六〇世帯）のうち七九・五％は離婚によって母子世帯になっており、そうした離婚母子世帯（一六三七世帯）および未婚母子世帯（一八〇世帯）合計一八一七世帯のうち養育費の取決めをしているのは四二・九％にすぎず、養育費の取決めの有無にかかわらず現在も養育費を受給している世帯は二四・三％、過去に受けたことがある世帯が一五・五％、受けたことがない世帯が五六％となっている。また、面会交流についても、取決めをしているのは二四・一％と低く、面会交流の取決めの有無にかかわらず現在も面会交流を行っている世帯は二九・八％、過去に行ったことがある世帯が一九・一％、行ったことがない世帯が四六・三％となっている。

こうした調査結果からは、両親の離婚を経験した子どもたちの多くが、非同居親との円満な親子関係を継続できないまま、非同居親の愛情を感じることもできず、経済的にも精神的にも厳しい生活を余儀なくされていることが推測される。

３　離婚後の子どもの養育支援につながる家事調停の大切さ

未来を担うすべての子どもたちが安心して心豊かな生活を送り、健全に成長していけるように支援することは社会全体の責任でもある。しかし、両親の離婚を経験した子どもたちの多くは、前記の現状からもわかるように、多かれ少なかれ様々な課題に直面している。また、離婚紛争の渦中にある両親自身も、それまでの婚姻生活の中で生じた配偶者との葛藤によって様々な感情に縛られている上、別居や離婚後の生活に対する不安を抱え、自分たちの努力だけでは冷静に子どもの心情に寄り添い子どもの利益を優先した対応をすることが難しい。

私たちは、こうした離婚をめぐる親子の困難な状況に真摯に向き合い、両親の離婚後も子どもが安心して笑顔で過ごせるよう、社会の仕組みとして、離婚後の子どもの健やかな成長に向けた養育を支援するシステムを、司法、行政、民間の様々な場で速やかに構築することが求められる。なかでも、離婚紛争の司法的解決の最初の場であり、かつ、夫婦とその間の未成年の子どもに直接的に関与して調整的機能を発揮しつつ当事者の自主的な合意による解決を目指すことのできる家庭裁判所の離婚調停が果たすべき役割は非常に大きいと考える。

そこで、本論考では、子どもの養育支援につながる家庭裁判所の調停のあり方（離婚調停のみならず、養育費や面会交流の調停にも当てはまる）とその意義を考えてみる。

二　子どもにとって良好な養育環境とは何か

1　子どもの最善の利益とは

離婚後の子どもの養育を支援するためには、まず、何が子どもの最善の利益にかなうことであるのかを理解しておくことが重要である。これまで「子どもの福祉」という表現が多く用いられ、その判断の基礎となる経験則についても実証的な研究が積み重ねられてきている（注1）。

子どもの福祉の判断基準は時代によって変化しているが、最近の研究の中で抽出されている経験則において共通して指摘され、かつ筆者自身が弁護士として三〇年離婚紛争に関与する中で、子どもの福祉を実現する上での重要な要素と考えているのは、次の四つの要素である。

① 双方の親との愛着（アタッチメント）
② 監護者の良質な養育
③ 経済状況や転居を含めた養育環境の安定性
④ 両親間の争いや暴力からの保護

離婚を選択する夫婦には、この四つの要素を満たす離婚後の養育環境を整えるために、どのように協力していくのかを話し合って取り決め、そして離婚後は、離婚を選択した親の子どもに対する責任として継続して実行していくことが求められる。

平成二四年四月一日から民法等の一部を改正する法律が施行された。この改正後の民法七六六条一項では、夫婦が協議離婚をする際に協議で定める事項として、「非監護親と子どもの面会交流」および「養育費の分担」が明確に規定され、さらにこれらを定めるにあたっては、子の利益を最も優先して考慮しなければならないとされている。これは、離婚がもたらす子どもへの影響を最小限にとどめるために、離婚を選択する父親と母親には、少なくとも面会交流および養育費の分担について子どもの利益を最も優先して協議をし、これを定めることが求められるという理念が示されたものと言える。面会交流と養育費の分担は、正に前記の四つの要素を満たすために不可欠の事項である。両親がこれを話し合うにあたっても、「子の利益」、すなわち前記の四つの要素を真に実現することを目指し、かつ重要なことは、子どもが成人するまで継続して実行するという強い意思のもとで納得して合意されることである。

2　両親間の争いからの保護は、両親の真の理解と協力なくして実現しない

とりわけ、①双方の親との愛着（アタッチメント）および④両親間の争いや暴力からの保護は、子どもの健全な成長に欠かせない要素であり、かつ両親の協力なくしては実現し得ないものである。それだけに、離婚に際しては、夫婦が「子どもの利益」を将来にわたって実現することの大切さを真に理解した上で、何よりも子どもを両親間の紛争から解放し保護するために自分たちは何をしないといけないのかを話し合うことが求められる。そして、この「子どもの利益を優先した両親間の話合いと合意」を支援すること、これこそが離婚関連調停の大切な役割である。

三　離婚調停における子どもの養育支援につながる適切な合意の重要性

離婚関連調停において最も重要なプロセスは、個々のケースにおける一人一人の子どもの意思・心情をありのままに把握し、それを当事者である父母が真摯に受け止めて、子どもの心情に寄り添った離婚後の子どもの養育環境のイメージを主体的に見出し、父母ともに離婚後の子どもの養育を協力して実施することへの意欲を持ち、納得して面会交流および養育費支払の合意に至ることである。

しかし、離婚に直面している父母と子どもそれぞれの心情は複雑に交錯している。前述のとおり、離婚紛争の渦中にある両親は、それぞれが相手に対する怒りや家族を失う喪失感、将来への不安などを抱え、非常に厳しい心理状態にあるため、なかなか子どもの心情や意思に冷静に向き合い、それを受け止めることができない。

父母は、夫婦としての感情の激しい対立の中で子どもの気持ちを自分の感情と切り離して客観的に見ることが

できなくなっている場合が多く、ともすれば、子どもは自分と同じように相手（他方の親）を否定的な気持ちで見ていると思い込んでしまう。しかし、子どもは父母の離婚紛争をどちらの親とも違う目で見、違う感じ方で受け止めている。のみならず、冒頭で述べたように、両方の親への配慮からどちらの親に対しても自分の不安や哀しみを素直に吐露することができなくなっている場合が少なくない。

神戸親和女子大学発達教育学部の教授であった棚瀬一代氏は、平成二二年七月五日に大阪で開催された第五六回全国家事調停委員懇談会のパネルディスカッション「子どもを主役に、子どもの目線で面会交流を考える～子どもの言動を通して成長する親～」でパネリストとして次の趣旨の発言をされた（注2）。①子どもと親の気持ちというものは非常に大きくくずれている。子どもは虐待を受けたというような特別な事情がない限り、たとえ両親が非常に激しく夫婦けんかをしているような場合であっても親には離婚をしてほしくないと思っている。子どもたちの思いに共通しているのは強い「和解幻想」であると思う。②離婚後は、夫婦関係と親子関係というものをしっかりと分けて考えていかないといけない。③親は、自分とは異なる子どもの思いを受け入れようという考えで進んでいくことが大切であり、それは離婚を選択した大人の責任である。

夫婦が子どもの心情に寄り添い、「子どもの利益」を最も優先して話合いをするためにまず理解しないといけないことは棚瀬一代氏が指摘された前記の三点であろう。

しかし、実際には、前記の①ないし③の理解が不十分なまま、場合によっては、「とにかく離婚をしたい」という思いから離婚後の子どもの養育について何らの合意もしないままに協議離婚をしているケースも少なくない（注3）。他方で、子どもの養育について一定の合意をしているものの、親の感情を優先して、実際には履行が困難と思われるような高額な養育費や無理な面会交流を相互に要求して合意をし、合意どおりに履行されないことが離婚後の父母の新たな紛争につながっているケースも見受けられる。また、逆に、実際には適正な養育費の支払や面会交流が実現できるにもかかわらず、それを下回る金額や制約的な面会交流方法を相手に認めさせる形で合意をし、合意はしたものの離婚当初から相互に相手に対する強い不満を持ち続けているケースもある。これでは子どもは、離婚後もいつまでも両親間の争いから保護されることがなく、上記で述べた良質な養育環境が実現されないままとなってしまう。

筆者が関与した離婚事件でも何度も経験したことであるが、離婚当初は実施できていた面会交流が途中で継続できなくなるケースとして次の四つのパターンが挙げられる。①父母やその周囲の親族（主に子どもの祖父母）等の感情的対立が根本的に解決していなかった場合（このパターンの原因として、離婚に至るまでの相手に対する不満がきちんと相手に理解されていないと感じている場合が多い。調停で話合いをしたものの離婚条件だけが話し合われたため、相手に対する不満や批判的感情が解消せずに心の中に残っている場合もある）、②面会交流の意義が十分に理解されておらず、面会交流方法についての意見の相違が根本的に解決しないままとりあえず合意をした場合、③子ども自身に心身の不安定や面会交流に対する拒否的感情が生じてくる場合（その背景には①の父母間の葛藤の継続が影響していることが多い）、④同居親もしくは別居親が再婚し諸事情が変わってしまった場合。

④の同居親もしくは別居親の再婚に伴う諸事情の変化の中で、子どもと双方の親とのアタッチメント（愛着）をどのように継続していくかという点は、少し他の三つとは異なる難しい問題状況をはらんでいる。しかし、①、②、③のパターンについては、離婚関連調停手続における合意に至るプロセスにおいて、以下に述べるような当事者を支援することを強く意識した手順が丁寧に行われることによって、父母が冷静に親としての視点を取り戻す契機となり、それによって適正な合意を父母が主体的に見出し、父母にも子どもにもストレスのかからない円

滑な面会交流の自立的な継続実施と養育費の継続的な支払の実現に繋がることが期待できるものと考える。

四　両親が子どもの気持ちに寄り添って離婚後の子どもの養育を考える場としての調停を目指す

1　親ガイダンスの充実

適切な面会交流の合意と円滑な継続実施、そして養育費の継続的支払の基礎となるのは、離婚紛争中や離婚後の子どもの心情、あるいは子どもにとって良好な離婚後の養育環境の整備、子どもの利益の考え方について、何よりも父母が共通の理解と知識・認識を持つことである。現在、大阪家庭裁判所本庁では、未成年の子どもがいる夫婦から夫婦関係調整調停の申立てがなされた場合には、父母に向けたガイダンス「お子さんに配慮した話合いに向けての説明会」が実施されている。参加は任意で、調停期日とは別の期日に集団的に実施されており、現状ではほぼ三割の当事者が参加しているとのことである。また、京都家庭裁判所および大阪家庭裁判所堺支部においても、親ガイダンスが実施されている。いずれも、京都家庭裁判所や大阪家庭裁判所堺支部で独自に作成された親ガイダンスＤＶＤを、基本的には第一回調停期日の最初の聴取がなされた後の待ち時間を利用して、各当事者ごとに個別に実施されている。

こうした親ガイダンスによって両親がともに子どもの利益の基本的な考え方を理解する機会を持つことは、同居親・別居親のいずれにも重要である。たとえ調停における離婚合意のプロセスにおいて直ちに効果が見られない場合があったとしても、離婚後の子どもの養育過程において良い影響が生じてくるものと思われる。親ガイダンスが実施されている家庭裁判所においては、その検証を通じてさらに充実した親ガイダンスのシステムを創り上げていただきたい。と同時に、すべての家庭裁判所でこうした親ガイダンスの取組みが実施されることを望みたい。

2　調停等における子どもの意思・心情の把握の重要性

㈠　家庭裁判所調査官による子どもの意思や心情についての調査

父母が高い葛藤状況にあり、子どもの意思や心情についての認識が異なっていたり子どもの気持ちに冷静に向き合えないような場合には、離婚調停等の早期のタイミングで、家庭裁判所調査官によって子どもの心情や意思を丁寧に把握し、それを父母および調停委員会等で真摯に共有すること、それこそが、子どもの将来にわたる養育環境を良好なものにする上で必須のプロセスであると考える。また、家庭裁判所調査官による子どもの心情や意思の調査のプロセスは、父母から離婚についての客観的な情報を与えられていない中で不安を感じている子どもにとっては、事実を知り、自分の意思や気持ちを整理して表明し、それを家庭裁判所調査官を通して両親に受け止めてもらえる大切な機会でもある。子どもが辛い経験を克服し父母との関係を考える上でも重要なプロセスと考えられる。

したがって、家庭裁判所においては、未成年者のいる夫婦の離婚調停手続には可能な限り家庭裁判所調査官を関与させ、必要に応じて早い時点で調査を通じて子どもの心情や意思を把握し、父母が子どもの心情や意思を真に理解して納得の上で離婚後の養育環境を合意できるよう、調停における丁寧な当事者支援を望みたい。

ただ、子どもの生活状況や心情等の調査を実施するにあたっては、両親、とくに同居親が子どもの心情に影響を与えがちであること、そのために子どもが調査によって新たなストレスを感じたり、改めて忠誠葛藤に直面させられることのないよう、慎重に配慮することが求められる。子どもが家庭裁判所調査官の調査において、子ども自身が経験していない事実を挙げて、まるで同居親の代弁者のように別居親への批判を語るケースも見受けられるが、このようなケースでは、子どもの同居親に対する強い忠誠心を理解するとともに、子どもの心の中に隠された別居親に対する複雑な思いにも両親が素直に目を向けられるよう、家庭裁判所調査官には、子どもから様々な心情を引き出していただくことを期待したい。

それとともに、調査の結果見えてきた子どもの心情や子どもが感じている不安、不満、負担感を両親が冷静な気持ちで真摯に受け止められるよう、調査報告書の記載方法にも工夫をしていただくとともに、調停において当事者に対し、調査報告書の内容が正確に理解されるように働きかけることも、家庭裁判所調査官の重要な役割であると感じる。

㈡　家庭裁判所における試行的面会交流の実施

また、子どもの意思や心情を理解する上では、家庭裁判所において家庭裁判所調査官が関与して実施される試行的面会交流もきわめて有効なプロセスである。家庭裁判所における試行的面会交流は、家庭裁判所調査官によるきめ細かい配慮と工夫がなされた運営のもとで実施されることから、子どもにとっても両方の親にとっても不安感やストレスが小さい。また、試行的面会交流の様子をハーフミラー等を通して同居親も見ることができるような面会交流室が設けられていることが多いが、別居親との試行的面会交流の中で子どもが示した表情や言動、発言は、ときとして両親が想定していたものとは異なり、同居親は、子どもが別居親に対して、自分が思い込んでいたのとは別な気持ちを有していることに気付く場合もある。さらに、試行的面会交流を実施した後の期日では、別居親、同居親の双方が、それぞれに家庭裁判所調査官や調停委員と、試行的面会交流時における子どもの表情や言動を通じてどのような子どもの心情を受け止めたかについて話合いをすることになるが、こうした機会を通じて、いずれの親も子どもの心情を素直に受け止め、子どもの心情に寄り添った解決を目指したいという思いを持つようになることが多い。調停委員も含め、このように試行的面会交流の機会を通じて直接に子どもの言動に触れ、その心情を真摯に受け止めて、両親が子どもの視点に立って話合いができるように支援することは、離婚後の子どもの長い人生を両親の愛情を感じて豊かな気持ちで過ごせるようにするための大切なプロセスであると考える。

3 調停・審判手続における試行的面会交流を含めた支援機関の活用と連携

また、面会交流については、上記のようなプロセスを経て納得の上で合意に至ったとしても、合意を実際に実施する上では、日程調整、面会交流時の引渡し、面会交流の過ごし方など、父母にとっても子どもにとってもストレスを伴うことが多く、父母も子どもも不安を感じるケースが少なくない。合意の過程において父母間の葛藤が高い等、父母や子どもにストレスが生じるおそれがあると思われる場合には、第三者の専門的面会交流支援事業を活用することが望まれる。

第三者による専門的な面会交流支援は、単にその時その時の面会交流の円滑な実施をサポートするだけではなく、継続的な支援を通じて父母は専門家である支援者から様々なアドバイスを受けることで親意識を涵養し、自立した面会交流の実施や養育協力へつながっていくケースも少なくない。

また、面会交流時における支援者の存在は、子どもにとっては安全と安心を確保してもらいつつ両親との関係についての様々な思いを受け止めてもらえる相談者としての機能も持っており、子どもの成長を支える役割も果たしている。筆者自身も、これまで離婚事件に関与する中で、同居親あるいは別居親の代理人弁護士であった者として離婚後の面会交流に継続的に付き添った経験があるが、子どもは、どちらの親にも告げられない、あるいは告げても素直に受け止めてもらえない思いを、泣きながら筆者に告げてきたことがあった。子どもは、そうした親とは別の立場にある第三の大人との交流を経験することによっても成長していくものであることを実感している。

ただし、第三者による専門的面会交流支援が適切にその機能を発揮するためには、前述の調停におけるプロセスとの連携、さらには、面会交流支援機関が行う面会交流支援の理念や方法についての当事者の正確な理解と納得が重要である。

したがって、家庭裁判所におかれては、それぞれの地域において面会交流支援機関が実施している面会交流支援事業の内容について正しく認識し、支援を必要とする当事者に対して支援機関が適切な支援を実施することが可能となるよう、平素からの連携および、個々のケースにおける支援機関が実施している試行的面会交流支援の活用を通じた連携などを、システムとして構築していただくことを望みたい。

面会交流の支援を含めた離婚後の子どもの養育支援は、子どもの健やかに成長する権利を保障するものである。家庭裁判所、行政そして民間の支援団体の連携・協力によってさらに多様な支援のあり方が模索され、実現されることを強く望みたい。

五　調停における夫婦の自主的な合意による離婚紛争解決の促進も、子どもを両親の紛争から保護することにつながる

1　両親が、子どもの「親」としての視点を持って納得できる合意へ至るために必要な働き掛け

子どもを、両親の離婚にまつわる紛争から保護するためには、既に述べたように、両親が自身の考えや感情と子どもの気持ちが異なることを理解し、子どもの気持ちにしっかりと目を向けて、子どもの最善の利益を考えた将来の生活ビジョンを前向きに具体的に考えられるようになることが必要である。そのためには、調停においても、両親から離婚紛争の解決に向けた前向きな意欲を引き出すよう支援することが求められる。「子どもの親という立場で、離婚後、両方の親が子どもとどういう関わりを持ってやっていけるか、そのことを本当に決められるのはあなた達しかいない。子どもの親であるあなた達が、子どもの気持ちや成長を考えて、今きちんと話し合って決めておかないといけない」というように、将来のビジョンの大切さを示していくことによって、当事者の具体的な解決に向けた気持ちと合意のイメージを引き出すことができるように思われる。

2　離婚調停において、当事者の解決に向けた意欲と主体的関与をいかにして引き出すか

調停の運営方法については、家事事件手続法のもとでシステムとして様々な改善がなされてきている。しかし、真に当事者の紛争解決に向けた意欲を引き出し主体的な合意を促進するには、実際の調停の場における調停委員による調停運営のあり方がきわめて重要である。そのポイントとして、次のようなことが挙げられる。

㈠　当事者との信頼関係を築くこと

第一に挙げられるのは、調停を運営する裁判所および調停委員会と、当事者あるいはその代理人弁護士との間の信頼関係である。家庭裁判所の調停を利用する当事者が、この調停という手続の中で紛争を解決しようという意欲が持てなければ調停での解決には至らない。その前向きな意欲を引き出すためには、調停手続に対する信頼が不可欠だからである。

では、当事者の調停に対する信頼はどうすれば得られるのか。調停委員会は、まず、当事者がどういう心理状態でその調停に臨んでいるのか、なぜ離婚調停に至ったのか、問題点は何かという事案や紛争の全体像を調停委員会として正確に把握することである。ともすれば、調停では、離婚に合意しているのか、親権者指定は合意できているのか、養育費や財産分与・慰謝料といった経済的給付についての双方の主張にどれほどの隔たりがあるのかという結論にばかり目が向けられ、その背後にある紛争の背景や経緯、当事者の気持ちが置き去りにされてしまう。しかし、大切なことは、「何に困っているのか、何を相手方に認めてほしいのか、それはどういう気持ちから生じているのか、当事者はこの調停で何を一番に実現したいのか」という、当事者の気持ちをきちんと理解することであり、そのために、紛争の全体像を的確に把握することである。

㈡　調停への信頼構築のためには、当事者への共感が必要

調停委員の心得として、当事者の話を傾聴する、当事者に寄り添って話を聴くことが大切であるとよく言われるが、筆者は、「傾聴」した上で当事者の心情に「共感」すること、すなわち、当事者の主張や考え方を、とにかく最初から批判をせずに、その当事者の考えをありのまま受け止めて、なるほどそのような気持ちや考えを持っているのだと理解することが大切であると考えている。ありのままの当事者の心情を理解しようという気持

ちを持って当事者の話を傾聴することができれば、当事者の聞き手に対する信頼は大きく変わってくる。

離婚紛争の当事者は、混乱した心理状態の中で自分に対する自信を失い、一時的に自己防衛的反応から相手に対し攻撃的になったり、他者に依存的になったりという状況に陥りがちである。しかし、調停委員に批判されずに話を聞いてもらいありのままの自分を理解してもらえたという安堵感が持てると、自己を肯定する気持ちや自分への自信を取り戻す。そして、そのことを契機に自分を客観視することができるようになり、解決に向けた意欲や能力が飛躍的に出てくるように思われる。筆者は二年間、家事調停官を経験し、約二〇〇件の調停に立ち会って調停における当事者の変化を目の当たりにしたが、何回かの調停期日を経た時点で突然、当事者が積極的に将来のことを考えようと前向きな気持ちに変化するケースを数多く経験した。それはおそらく、自分を解放したというか、自分がなぜこういう厳しい生活の中で頑張ってきたのかということを客観的に理解し納得することによって、そうした過去の生活に捉われない新たな自分を発見でき、「こういう生き方もできますよね」というように違う自分をもう一度立て直そうという新しいパワーが生まれてくるからではないかと考えられる。調停委員が当事者の話を傾聴し当事者をありのままに受け止め理解してサポートする中で、本人の主体的な紛争解決力を引き出すこと、それが調停の大切な役割であると思われる。

㈢　両親の解決意欲の向上は、子どもの利益を考えた合意、そして離婚後の子どもの養育支援につながる

このように双方の当事者に紛争解決に向けた前向きな意欲が現れてくると、冷静に子どもの心情に目を向けることも可能となり、子どもの最善の利益を考えた主体的な合意による解決は決して難しいものではなくなってくる。

調停において、両親がこうしたプロセスを経て離婚紛争を自ら真に解決し得た場合には、離婚後は子どもも両

親の紛争から解放され保護された状態のもとで成長していくことが可能となるであろう。

3　離婚後の両親と子どもの未来を最善のものにするために、調停のさらなる充実を求めたい

離婚紛争は、当事者にとっても子どもにとっても、今後の人生を左右する重大な問題である。だからこそ、離婚紛争を乗り越えて両親と子どもが自信をもって新たな一歩を踏み出せるようにし、その未来を最善のものにすること、これこそが未成年の子どものいる離婚関連紛争調停の目指すべきところと考えられる。両親が、自らと子どもの未来のために、子どもの良質な養育環境を整え、これと密接不可分に関連している夫婦の精神的・経済的な紛争を主体的に真に納得して解決できるよう、当事者代理人としても家事調停のさらなる充実と子どもの養育支援の方策を考え続けていきたい。

（注1）　小澤真嗣「家庭裁判所調査官による「子の福祉」に関する調査―司法心理学の観点から」家月六一巻一一号を参照。同論考には、両親の離別を経験した子どもにとって必要なものが何であるかについて、専門的な分析が具体的詳細に述べられている。

（注2）　パネルディスカッションの詳細は、ケース研究三〇六号に掲載されている。

（注3）　平成二八年度全国ひとり親世帯等調査の結果によれば、母子世帯の母の養育費の取決めをしていない最も大きな理由として、①相手に支払う意思や能力がないと思った（三八・六％）、②相手と関わりたくない（三一・四％）が挙げられている。なお、前回平成二三年度の調査では、相手と関わりたくないを最も大きな理由とした人の率は二三・一％であった。

家事事件手続における意見を聴かれる子どもの権利の保障

弁護士　大谷　美紀子

目次

一　初めに

家事事件手続法においては、子の意思の把握および尊重が一般的に明記され、また、子どもの手続代理人制度が新設されるなど、子が影響を受ける家事事件手続において、子どもの権利に関する条約（以下「子どもの権利条約」という）（注1）一二条に定める意見を聴かれる子どもの権利の実現が拡充・強化された。

具体的には、同法は、意思能力のある子には、基本的に子が影響を受ける家事事件において自ら手続行為をすることを認め、子が自ら申立てまたは参加できることとした（家事法一五一条二号、一六八条等、一一八条）。また、相当な場合には、子を職権で手続に参加させ（家事法四二条三項、二五八条一項）、弁護士を子の手続代理人に選任することが可能である（家事法二三条）。子が手続に参加していない場合であっても、子から陳述の聴取をしなければならない事件類型を定め（家事法一五二条二項、一六九条等）、さらに、一般的に子の意思の把握に努め、その意思を考慮することを定めている（家事法六五条、二五八条一項）。

これらの規定は、子どもの権利条約一二条の子が意見を聴かれる権利（注2）に沿った内容であると説明されている（注3）。日本は、一九九四年に同条約を批准しており、「締約国は、この条約において認められる権利の実現のため、すべての適当な立法措置、行政措置その他の措置を講ずる」と定める同条約四条に基づき、一二条の権利の実現のために必要な立法措置を講ずる義務を負う。しかしながら、日本は、子どもの権利条約の批准に際し、同条約一二条の実施のための立法措置は取らなかった。当時の旧家事審判法および旧家事審判規則のもとでも、家庭裁判所（以下「家裁」という）は、子の意見の聴取も事実の調査に含まれるとして、直接または法定代理人を通じて審問により行うほか、家庭裁判所調査官（以下「調査官」という）に命じて行うものとされていた（旧家審規七条、七条の二、一三七条）。このように、家裁実務では、子の年齢に応じた配慮をしながら、調査官の専門的な手法に従って子の意思を調査することが定着していたため、日本政府は、子どもの権利条約一二条の実施のために、法改正等の立法措置は必要はないとの見解を採っていたためである（注4）。

この点、二〇一一年の家事事件手続法の制定によって、初めて、子どもの権利条約一二条の権利の実施のための立法措置が図られ、国内法の中に明確に規定が置かれたと言うことができる。そこで、同条約一二条の実施という観点から見たとき、家事事件手続法の規定やその運用は十分と言えるのか、本稿において改めて検討を試みたい。

二　子の意見の聴取・尊重および手続参加に関する家事事件手続法の規定

一で概略した子どもの権利条約一二条の趣旨に沿った内容とされる家事事件手続法の規定は、子の意見の聴取・尊重に関する規定と、子の手続への参加に関する規定とに分けることができる。

1　子の意見の聴取・尊重に関する規定

(一)　子の意思の把握および考慮

家事事件手続法は、六五条において、家事審判の手続における子の意思の把握および考慮について、「家庭裁判所は、親子、親権又は未成年後見に関する家事審判その他未成年者である子（未成年被後見人を含む。以下この条において同じ。）がその結果により影響を受ける家事審判の手続においては、子の陳述の聴取、家庭裁判所調査官による調査その他の適切な方法により、子の意思を把握するように努め、審判をするに当たり、子の年齢及び発達の程度に応じて、その意思を考慮しなければならない」と定める。同条の規定は、同法二五八条一項により、家事調停の手続における子の意思の把握等について準用される。

前述のとおり、旧家事審判法下における家裁実務においても、子の意見の聴取が必要と判断された場合には、事実の調査の一内容として調査官による子の意見の聴取が行われていた。しかし、家事事件手続法六五条は、家裁が、子が影響を受ける家事審判および調停手続において、子の意思の把握に努めなければならないことと、審判および調停にあたっては、子の年齢および発達の程度に応じて、その意思を考慮しなければならないと定めた点に意義がある。

(二) 子の陳述の聴取

前記の家事事件手続法六五条は、子の意思の把握の方法として、子の陳述の聴取、調査官による調査、その他の適当な方法を挙げているが、家事事件手続法は、とくに、一定の審判事件については、子が一五歳以上の場合には、必ず、子の陳述の聴取をしなければならないと規定する。これは、裁判所が、家事審判事件を処理するにあたり、その結果により影響を受ける子に当該家事審判事件について意見を述べる機会を与えるとともに、子の認識を事実認定上の資料としたり、子の意思や意向を最終的な判断にあたって考慮する必要があるからであると説明されている（注5）。

子の陳述の聴取が義務的とされる事件の範囲は、具体的には、子の監護に関する処分の審判（子の監護に要する費用の分担に関する処分の審判を除く。家事法一五二条二項）、親権喪失、管理権喪失または親権停止の審判およびこれらの審判の取消しの審判（家事法一六九条一項一号および二号）、親権または管理権を辞するについての許可の審判（同項三号）、親権または管理権を回復するについての許可の審判（同項四号）、未成年後見人または未成年後見監督人の選任の審判（家事法一七八条一項一号）である。

旧家事審判法のもとでも、子の監護に関する審判においては、一五歳以上の子については、陳述を聴取すべきことが定められていたが（旧家審規五四条）、家事事件手続法は、子の陳述を聴取すべき審判事件の範囲を、旧家事審判法より拡張し、家事審判に子の意思をより反映させることができるようにしたものである（注6）。

なお、子の陳述の聴取が義務付けられる子の範囲を、一五歳以上の子と規定した理由については、子の陳述を聴取するためには、子が自らの認識を表現し、または意見や意向を表明することができる能力があることが前提になり、また、子の心情への配慮から、一定の発達程度に達した子が陳述の聴取の対象になるところ、陳述の聴取の対象者を法律で定めるにあたっては、子の発達の程度についての個人差を考慮することはできず、明確な基準によることが必要であるため、一五歳を基準にしていた旧家事審判法にも一定の合理性があると考え、これに倣うことにしたと説明されている（注7）。しかし、一方で、子の意思の把握および尊重について規定する家事事件手続法六五条は、子の年齢に関係なく適用されることから、子が一五歳未満であっても、裁判所は、子の利益の観点から、相当と認める方法で子の意思の把握に努めなければならない。実際、家裁実務では、年齢や発達の程度等を考慮して、事案の性質にかんがみて、陳述の聴取をすることを相当と認めるときは、一五歳未満の子であっても、陳述の聴取が行われることがある（注8）。子の監護に関する処分の審判事件では、子が一〇歳前後であれば、さらに、事案によっては、より低年齢の子についても、調査官による子の意向の調査が行われることがあるというのが実態であるように思われる。

陳述の聴取は、家事事件の手続の期日において口頭で認識等を述べるのを裁判官が直接聴く手続である審問とは異なり、その方法にとくに制限はない。裁判官の審問によるほか、調査官による調査、裁判所が尋ねたい事項について書面に記載して提出することを求めたり、質問事項を記載して回答を求める書面照会等の方法がある。

しかし、子の陳述の聴取は、実務上、調査官による調査、または、書面照会の方法によって行われることが多いようである。

2　子の手続への参加に関する規定

家事事件手続法は、子の監護に関する処分の審判事件（家事法一五一条二号、一一八条）、親権喪失、親権停止または管理権喪失の審判事件（家事法一六八条三号、一一八条）、親権者の指定または変更の審判事件（家事法一六八条七号、一一八条）等、子の身分関係に影響が及ぶような一定の家事事件においては、未成年者である子も意思能力があれば、自ら手続行為をすることができることとした。

また、同法は、子が家事事件の結果により直接の影響を受ける場合において、意思能力があれば手続行為をすることができるときは、家裁の許可を得て、家事審判手続に利害関係人として参加し有効に手続行為をすることができる（家事法四二条二項）ほか、家裁は、相当と認めるときは、職権で子を利害関係人として家事審判手続に参加させることができると規定する（家事法四二条三項）、ただし、子が自ら参加することが、子の利益を害すると認めるときは、家裁は、参加の申出等を却下しなければならないと規定する（家事法四二条五項）。これらの子の手続への参加および排除の規定は、家事調停手続にも準用される（家事法二五八条一項）。

さらに、以上の規定に基づき、家事事件において子が自ら手続行為をすることができる場合にも、親権者または後見人は子の法定代理人として子を代理して手続を行うことができると定めるほか（家事法一八条）、裁判長が申立てによりまたは職権によって、弁護士を手続代理人に選任することができるようにした（家事法二三条）。

三　「意見を聴かれる子どもの権利」の具体的内容

1　子どもの権利条約一二条

子どもの権利条約一二条一項は、「締約国は、自己の意見を形成する能力のある子どもがその子どもに影響を及ぼすすべての事項について自由に自己の意見を表明する権利を確保する。この場合において、子どもの意見は、その子どもの年齢及び成熟度に従って相応に考慮されるものとする」と定め、同条二項は、「このため、子どもは、特に、自己に影響を及ぼすあらゆる司法上及び行政上の手続において、国内法の手続規則に合致する方法により直接に又は代理人若しくは適当な団体を通じて聴取される機会を与えられる」と定める。

意見を聴かれ、かつ真剣に受け止められるすべての子どもの権利は、それ自体が一つの権利であると同時に、子どもの権利条約の基本的価値観の一つを構成する重要な原則でもある。

2　子どもの権利委員会の一般的意見一二号

子どもの権利条約の締約国による同条約の実施状況を監視するために同条約に基づき設置された子どもの権利委員会は、同条約の特定の条項やテーマについて、締約国による実施のための指針として一般的意見を採択してきた。同委員会は、一二条の意見を聴かれる子どもの権利について、二〇〇九年に一般的意見一二号を採択している（注9）。そこで、家事事件手続法の子の意思の把握・尊重および参加に関する規定が一二条の意見を聴かれる子どもの権利の実現のために十分なものであるかを検討する上で、一般的意見一二号の内容を、理解することが重要であるため、その主要な点を以下に紹介する（注10）。

㈠　子どもの年齢

一般的意見一二号は、「一二条では子どもの意見表明権に何らの年齢制限も課されていないことを強調するとともに、締約国に対し、法律または実務において、自己に影響を与えるすべての事柄について意見を聴かれる子どもの権利を制約するような年齢制限を導入しないよう奨励する」とする。「調査研究の結果、子どもは、たとえ言語で自らを表現できない時期であっても、もっとも幼い年齢のころから意見をまとめられることがわかっている」からである。「一二条を全面的に実施するためには、遊び、身振り、表情およびお絵描きを含む非言語的コミュニケーション形態を認識しかつ尊重することが必要である。非常に幼い子どもたちも、このような手段を通じて理解、選択および好みを明らかにする」（二一項）。

㈡　意見を聴かれることに困難のある子どもへの配慮

一般的意見一二号は、「締約国には、自己の意見を聴いてもらううえで困難を経験している子どもたちを対象としてこの権利の実施を確保する義務もある」と述べ、そのような子どもとして、障害のある子どもや、移住者の子どもを挙げる（二一項）。

㈢　権利を行使しない権利

「子どもにはこの権利を行使しない権利がある。意見の表明は子どもにとっては選択であり、義務ではない」（一六項）。

㈣　自由に自己の意見を表明する権利

「「自由に」とは、子どもは圧力を受けることなく自己の意見を表明でき、かつ意見を聴かれる権利を行使したいか否か選べるということである。「自由に」とはまた、子どもは操作または不当な影響もしくは圧力の対象にされてはならないということも意味する。「自由に」とはさらに、子ども「自身」の視点と本質的に関連するものである。子どもには、他人の意見ではなく自分自身の意見を表明する権利がある」（二二項）。

㈤　自由な意見表明を確保するための条件

「締約国は、子どもの個人的および社会的状況を考慮した意見表明の条件と、子どもが自己の意見を自由に表明する際に尊重されておりかつ安心できると感じられる環境を、確保しなければならない」（二三項）。「子どもの「聴取」は困難なプロセスであり、子どもに対してトラウマをもたらすような影響を与える可能性がある」（二四項）。そして「自己の意見を表明する子どもの権利を実現するためには、その事柄、選択肢、ならびに、子どもの意見を聴く担当者および子どもの親または保護者が行なう可能性のある決定およびそれがもたらす結果について、子どもに情報が提供される必要がある。子どもにはまた、どのような条件下で意見表明を求められるかについての情報も提供されなければならない。情報に対するこのような権利は、それが子どもが明快な決定を行なうための前提であるだけに、必要不可欠である」（二五項）。

㈥　司法的・行政的手続における子の意見の聴取

司法的または行政的手続で決定を行う者が、子どもの意見がどの程度考慮されるのかおよび子どもにとってどのような結果が生じるのかおよび子どもにとってどのような結果が生じるのかを説明することを要求する、立法上の措置を導入するよう奨励される（三三項）。

「畏縮をもたらすような環境、敵対的な環境、配慮のない環境または子どもの年齢にふさわしくない環境では、子どもから効果的に聴聞することは不可能である。手続は、アクセスしやすく、かつ子どもにとってふさわしいという両方の条件を備えていなければならない。子どもに理解しやすい情報の提供および伝達、子どもがみずから権利擁護を行なうための十分な支援、適切な訓練を受けたスタッフ、法廷の設計、裁判官および弁護士の服装、視覚の遮蔽設備ならびに独立した控え室に対してとくに注意を払う必要がある」(三四項)。

(七) 代理人を通じての意見の聴取

「子どもの聴聞が代理人を通じて行なわれるときにもっとも重要なのは、代理人が、子どもの意見を意思決定担当者に正確に伝達することである。…代理人は、意思決定プロセスのさまざまな側面に関する十分な知識および理解ならびに子どもとの活動経験を有していなければならない」(三六項)。「子どもの意見を代弁するために任命される代理人を対象とした行動規範が策定されるべきである」(三七項)。

(八) 意見を聴かれる子どもの権利を実施するための五つの段階的措置

(1) 準　備

「子どもの意見を聴く責任者は、子どもには自己に影響を与えるあらゆる事柄について、および、とくにいかなる司法的および行政的意思決定プロセスにおいても意見を表明する権利があることに関して、および、表明された意見が結果にどのような影響を及ぼすかに関して、当該の子どもが知らされることを確保しなければならない。子どもに対してはさらに、やりとりは直接にまたは代理人を通じて行なう選択肢がある旨の情報も提供されなければならない。意思決定担当者は、聴聞がどのように、いつおよびどこで行なわれるかならびに誰が参加するかについて説明することにより子どもが十分な心構えを持てるようにするとともに、この点に関わる子どもの意見を考慮しなければならない」(四一項)。

(2)　聴　聞

「意見を聴かれる権利を子どもが行使する際には、意見を表明しやすい、励ましに富んだ環境が用意されなければならない。子どもが、聴聞の責任者であるおとなは自分が伝えようと決めたことに耳を傾け、かつそれを真剣に考慮することに対して積極的であると確信できるようにするためである。子どもの意見を聴く者としては、子どもに影響を与える事柄に関与しているおとな（たとえば教員、ソーシャルワーカー、ケアワーカー等）、機関の意思決定担当者（たとえば機関の長、管理職、裁判官等）または専門家（たとえば心理学者や医師）などが考えられる」（四二項）。

(3)　子どもの力の評価

「子どもの意見は、個別事案ごとの分析によりその子どもに自己の意見をまとめる力があることが示されたときは、正当に重視されなければならない。子どもに合理的かつ独立に自己の意見をまとめる力があるときは、意思決定担当者は、問題の解決における重要な要素のひとつとして子どもの意見を考慮しなければならない。子どもの力の評価に関わる望ましい実践を発展させていく必要がある」（四四項）。

(4)　子どもの意見がどの程度重視されたかに関する情報（フィードバック）

「子どもは自分の意見が正当に重視される権利を享有しているので、意思決定担当者は、子どもに対してプロセスの結果を知らせ、かつ子どもの意見がどのように考慮されたかを説明しなければならない。このようなフィードバックは、子どもの意見が形式的に聴かれるだけではなく真剣に受けとめられることの保障である。このような情報がきっかけとなって、子どもはあくまで自己の意見を主張し、同意しもしくは別の提案を行なうか、司法的・行政的手続の場合には上訴もしくは不服申立てを行なう可能性もある」（四五項）。

(5) 苦情申立て、救済措置および是正措置

「意見を聴かれ、かつそれを正当に重視される権利がないがしろにされかつ侵害された場合の苦情申立て手続および救済措置を子どもたちに提供するための立法が必要とされる」(四六項)。「意見を聴かれる子どもの権利が司法的および行政手続との関連で侵害されたとき(第一二条第二項)は、子どもは、権利侵害に対する救済措置を提供してくれる異議申立ておよび苦情申立ての手続にアクセスできなければならない」(四七項)。

(九) 別居および離婚に関する司法手続において意見を聴かれる子どもの権利

「別居および離婚の事案において、当該関係のもとにある子どもが裁判所の決定の影響を受けることは明白である。子どもの養育費ならびに監護権および面会交流の問題は、審判において、または裁判所が主導する調停を通じて、いずれにせよ裁判官によって決定される。多くの法域では、その法律に、関係の解消と関わって、裁判官は『子どもの最善の利益』を至高の考慮事項としなければならない旨の規定を置くようになっている」(五一項)。「このような理由から、別居および離婚に関するあらゆる立法には、子どもが意思決定担当者によっておよび調停手続において意見を聴かれる権利が含まれていなければならない。法域によっては、政策上または立法上の問題として、子どもに自己の意見を表明する力があるとみなされるいずれかの年齢を定めることが望ましいとされている場合もある。しかし委員会は、この問題が個別事案ごとに決定されることを期待するものである。これは年齢および成熟度に関わる問題であり、そのため子どもの能力を個別に評価することが必要だからである」(五二項)。

四　家事事件手続法の規定および実務の検証

家事事件手続法の規定および実務を、一般的意見一二号が詳しく示した子どもの権利条約一二条の権利の内容の実施という観点から検証した場合、次のとおりの評価ないし問題点の指摘が可能である。

第一に、家事事件手続法は、前述のとおり、陳述の聴取を義務的とする手続を限定し、対象となる子の年齢を一五歳以上としているが、陳述の聴取に限定されない適切な方法による子の意思の把握および考慮は、広く子がその結果により影響を受ける家事審判および調停手続全般に及び、かつ、対象となる子の年齢を限定していない点で、子どもの権利条約一二条の規定に沿うものと言うことができる。しかしながら、実務では、子の監護に関する処分の審判手続においては、調査官による調査等の方法により、一般に子の意思の把握と考慮が行われているものの、調停手続においては、必ずしも常に子の意思の把握と考慮が確保されていないように思われる。子どもの権利条約一二条の実施という観点からは、調停手続において、子の両親の合意によって、子に影響する決定がなされる場合にも、子が意見を聴かれる権利は尊重されるべきである。

第二に、家事事件手続法の規定に基づく子の陳述の聴取や、調査官の調査等の方法による子の意思の把握にあたり、子に対し、意見を聴かれる権利についての説明、この権利を行使しない権利があることの説明、表明された意見が裁判所の決定においてどのように扱われるかについての説明、子が意見を表明するための前提となる情報の提供が、子の年齢および発達度に応じ、子にわかりやすい方法で行われているか等の点について、同法の施行から既に約五年が経過した現在、実務の検証が必要であるように思われる。筆者が代理人として関与した事件での経験では、調査官による子の意向調査に際し、準備として子に対し調査についての説明の手紙が送られている場合もあったが、手紙の内容や調査官による説明が、一般的意見一二号が求める子どもの権利条約一二条の権利の実施として適切十分なものか、すべての調査官による調査や陳述の聴取において、子に対する説明が適切に行われているかについて、検証の必要がある。とりわけ、家事事件手続法においては、子の意見が意思決定においてどの程度考慮されたのかについてのフィードバックが必ず行われる仕組みにはなっておらず、今後、運用で改善を図ることができるかは、検討課題である。この点、子について手続代理人が選任される場合には、手続代理人の活動の内容として、子が表明した意見が手続においてどの程度考慮されたのかを手続代理人が説明することが期待される。

五　今後の展望および課題

両親の別居および離婚に伴う子の監護事件における子が意見を聴かれる権利の実現については、日本の家裁調査官による調査やこれに類似した心理士やソーシャルワーカーによる調査、子どもの代理人制度、裁判官が直接子に面接する方法等、各国において様々な方法が用いられている。しかし、子の意見の聴取の適切なあり方、子が表明する意見が親の不当な影響を受けたものではないかの判断や、表明された子の意見を子の年齢および成熟度に従って相応に考慮すること等は、制度や方法の差異を越えて、すべての国にとって共通の課題である。

この点、日本が二〇一四年に加盟した国際的な子の奪取の民事上の側面に関する条約において、子の異議が返還拒否事由の一つとして規定されている（条約一三条二項）ことから、日本における同条約の実施・運用にあたり、同条約の他の締約国における子の意思の把握と考慮についての法制や実務に対する関心が高まり、情報が紹介される機会が増えたことは、一般の国内家事事件の手続における子の意思の把握・考慮のあり方について他国の例を参考にする上でも役立つ。

今後も、子どもの権利条約一二条の意見を聴かれる子どもの権利が、日本において、子どもに影響を及ぼす家事事件手続の中で確実にかつ適切に実現されるよう、他国の法制度・実務の研究や、関係者の交流やネットワークの構築、研修の強化等がより一層進むことを望む。

（注1）　政府訳では、child の訳語として「児童」が用いられているが、本稿では、「子ども」と表記する。

（注2）　子どもの権利条約一二条が定める「意見を聴かれる子どもの権利」について、日本では、「子どもの意見表明権」という呼び方が一般に用いられているが、本稿では、同条の権利をより正確に表すために、本文において後述する子どもの権利委員会の一般的意見一二号の表題に従い、適宜、「意見を聴かれる子どもの権利」を用いる。

（注3）　金子修編著『一問一答家事事件手続法』（商事法務、二〇一二年）三四頁。

（注4）　二宮周平＝渡辺惺之編著『離婚紛争の合意による解決と子の意思の尊重』（日本加除出版、二〇一四年）七頁〔二宮〕。同著に引用の、石川稔＝森田明編『児童の権利条約―その内容・課題と対応』（一粒社、一九九五年）二三三頁〔石川〕、同七八頁〔小川秀樹（当時、法務省民事局付検事）〕、深見玲子「子どもの意見表明権―家事事件手続との関係など―」家族〈社会と法〉一〇号一八六頁。

（注5）　金子・前掲注3三五頁。

（注6）　金子・前掲注3三三頁。

（注7）　金子・前掲注3三五頁。

（注8）　金子・前掲注3三五頁。

（注９） CRC/C/GC/12（2009）.

（注10） 日本語訳は、平野裕二氏の訳を参照しつつ、適宜、修正を加えた。https://img.atwikiimg.com/www26.atwiki.jp/childrights/attach/22/2/GC12　意見を聴かれる子どもの権利.pdf

家事事件における子どもの手続代理人の役割と課題

弁護士　谷　英樹

目次

一　初めに

家事審判と家事調停の手続を定めていた旧家事審判法（以下、単に「旧法」という）が全面的に改められ、新しく定められた家事事件手続法が施行（二〇一三年一月一日）されて既に五年が経過した。この新しい家事事件手続法では、これまで必ずしも明確でなかった手続に関する準則を明らかにするとともに、当事者の手続上の権利も明確にされたが、その中でも特筆すべきは、これまでの調停・審判の実務で認められることのなかった制度が新たに設けられたことであった。子どもが直接の影響を受ける場合や当事者となる資格を有する場合に、子ども自身が手続に参加し（家事法四二条二項）、または裁判所によって参加させた（家事法四二条三項）上、子ども自ら、または手続代理人を選任して手続行為を行い、あるいは、裁判所によって（注1）手続代理人が選任される（家事法二三条一項・二項）という制度である（注2）。

監護者の指定や面会交流などの子の監護に関する処分や離婚調停における親権者の指定などにおいては、子どもの法的地位に重要な影響を及ぼす内容が定められることとなるが、旧法のもとでは、一定の場合に子の陳述を聴かなければならないとされ、家庭裁判所調査官による調査などによって意向を聴取されていたが、子どもの立場を代弁するような仕組みや子ども自身が主体的に手続に関与する制度は設けられていなかった。

そのため、立法過程では、子どもの代理人という特別の制度を設け、子どもの意思や利益を手続に反映させる制度の導入が提案され、活発に議論された。結果としては、子どもに特化した代理人の制度は導入されなかったが、子の意思の把握に努め、その意思を考慮しなければならないとの一般的な規定（家事法六五条、二五八条一項）を置くとともに、子の意向聴取の範囲を拡大し、さらに、上記のような手続への参加と手続代理人選任の制度が設けられた。旧法下では認められなかった子ども自身の手続への主体的な関与と手続代理人による援助の仕組みが整えられたのであり、画期的な制度が実現したものと考えられる。

しかし、立法にいたる過程では、根強い反対があった。これらの反対論は、旧法下での実務の実情を反映するとともに、子を手続上どのように関与させることが必要か、あるいはそもそも関与させる必要はないのではないかという本質的な見解の対立を示すものであった。結果としては、子ども自身が手続代理人を通して手続の主体として関与する制度が実現したのであるが、立法の過程でこれらの反対論を踏まえてどのような議論がなされ、いかなる理由のもとに現在の制度が導入されたのかを整理しておくことは、新しい制度のもとでの実務のあり方を考える上でも大きな意味があると考えられる。

そこで、本稿では、このような立法過程における議論状況を振り返り、反対論が立法とその後の運用においてどのように克服されたかを振り返るとともに、現在の実務においていかなる点が課題となっているのかを明らかにし、その解決の方向について考察する。

二　導入にいたる議論

1　法制審議会にいたるまでの議論

(一)　家事事件（注３）においては、両親の離婚に伴う親権者の指定や変更、監護者の指定や面会交流の定めなど、子の地位ないし法律関係、さらには生活状況に大きな影響をもたらす手続が多い。これらの手続はもともと子に関わる法律関係の形成や変更そのものを目的とするものであるから、子に影響をもたらすことは当然の帰結とも言い得る。

ところが、旧法のもとにおいては、一定の事件について子が一五歳以上であるときには子の陳述を聴かなければならないとする（旧家審規五四条、七〇条、七二条）ほかは特段の規定はなく、実際上も家庭裁判所調査官によって子の意向などが調査される（注４）にとどまることがほとんどで、それ以外に子の意向を反映させる仕組みはとくに存在しなかった。また、子自身が手続に関与するという仕組みもなかった。

このようなあり方については、長らく特段の問題として指摘されることもなかったが、今回の見直しの議論に先立ち、子どもの意見を手続に反映させることやそのための制度の整備の必要性が主張されるようになった。その背景には、職権主義のもとでの手続保障についての問題意識の高まりや意見表明権を保障した子どもの権利条約の批准（一九九四年）、さらにはフランスやドイツをはじめとする諸外国の制度に子どもの意思を反映される仕組みがあることが紹介されるなどして、子の意思の反映や手続への関与の必要性が意識されるようになっていったという事情があったものと考えらえる。

㈡　ところで、子の陳述の聴取を義務付ける旧家事審判規則の規定については、その範囲拡張の必要性が様々な論者によって主張されていた（注5）。しかし、それは、陳述聴取の対象範囲を広げるというにとどまり、子どもが手続に主体的に関与することを目指すものではなかった。

そうした中で、子の陳述を聴取する義務を拡張するとともに、申立権・承諾権・抗告権を保障すべきであるとの主張が現れた。具体的には、一五歳以上の子には、一定の事項について「家庭裁判所への申立権を認め、以後の手続を、家裁自身が後見的立場から進めたり、適宜代理人を選任して遂行させる」というものであり、さらに家庭裁判所の判断に不服な場合があり得るから、抗告権を保障するとする（注6）。この見解は、手続を開始させるための申立権を子ども自身に認めるというものであって、従前の議論のような子どもを陳述聴取の対象として、その範囲を拡大するというにとどまらず、手続に主体的に関与することを目指すものにほかならない。

その後、ドイツやアメリカ、イギリスなどにおいて子どもの意思を手続に反映させるための代理人などの制度が存在することやその実情が紹介される（注7）などして、日本でも同様の制度が必要ではないかとの議論が深まりを見せていった（注8）。また、弁護士の中からも、諸外国の制度に倣い、子どもの代理人制度を創設すべきであるとの主張がなされるようになった（注9）。これらの主張は、両親など他の者によって開始された手続に、子どもを代理ないし代弁する者を関与させるなどして、子どもの意思を手続に反映させようとするものである。こうした議論が展開されていく中で、二〇〇五年一二月、非訟事件・家事審判手続研究会が設置され、子どもの代理人についても検討の対象となったのである。

㈢　一方、このような子どもの代理人制度を導入すべきとする主張に対しては、反対論も根強く主張されることとなった（注10）。上記の非訟事件・家事審判手続研究会は二〇〇九年一月に報告書を取りまとめ、「子ども代理人（手続保護人）については、引き続き検討するものとする」とした（注11）が、その中で賛成論と反対論を整理している（注12）。

これによると、論点の一つは、子どもの意思・意見を表明させ、反映させることの必要性やその方法などに関する認識である。賛成論は子どもの運命に直接的に関わる重大な事項については子どもの意思・意見を表明させ、反映させることが必要であり、子どもの権利条約一二条の意見表明権もこれを求めているとし、他方、反対論は、子どもの代理人制度を設けると、親権者の指定等を子どもの判断に委ねることになり、子どもに負担を強いるという。この点に関する代表的な議論によると、賛成論の立場からは、父母の離婚紛争における攻撃・防御の関係、あるいは当事者の利害を中心とする紛争を子の利益を実現する手続に変えることが子ども代理人の存在意義であり、必要性であると論じられた（注13）。他方、反対論は、「子どもに将来に向けてどのような生活を望むかの選択を促し、子どもの意向を前面に押し出す制度となる点で、子どもの自己責任論に通じることになろう」と主張した（注14）。

二つ目は、家庭裁判所調査官との関係であり、賛成論は、調査官と子どもの代理人とでは立場や役割に違いがあり、調査官とは別に子どもの意思を代弁する役割の代理人が必要であるとし、反対論は、調査官が適切に子どもの主観的意思等を把握しており、専門性の点からも、これに代えて子どもの代理人を設ける必要はないとする。この論点に関しても、賛成論は、調査官による調査は事実の調査の一部を担い、職権探知の作用として行われるものであって、子どもの手続代理人とは本質的に異質であると論じた（注15）。反対論は、「子ども代理人が調査官と並行して活動することは、屋上屋を重ねることになる可能性があるとともに、子どもに複数回の調査を強いることにならないか疑問である」とした（注16）。

三つ目は、費用の問題であり、反対論は、子どもの代理人の費用を当事者（親）または国が負担するものとすることは、国民の理解を得ることができないという。

これ以外にも、子どもの代理人の権限や役割（子の主観的意思を代弁するのか、客観的利益を反映させる役割か）、資格要件（弁護士とするか、心理学や社会学の知見を有する者とするか）など、論点は多岐にわたり（注17）、いずれも上記の論点に関連するものであるが、子どもの代理人そのものについての賛否に関する論点という点では、上記の三つが議論の中心となった。

そして、研究会においては、子どもの代理人についての本質的な見解の対立があり、議論はまとまらず、法制審議会に引き継がれることとなった。

2　法制審議会での議論とその結果

㈠　法制審議会では、非訟事件手続法家事審判法部会が設置され、二〇〇九年三月一三日から審議が開始され、子どもの代理人制度についても審議の対象となった。

この審議においても、上記の研究会で示された論点での対立が議論の中心となり、賛成の立場からは、具体的な制度についての提案もなされ、活発に議論が行われた（注18）。二〇一〇年八月には「非訟事件手続法及び家事審判法の見直しに関する中間試案」が取りまとめられ、この中で、「子が影響を受ける事件において、裁判所が、子のために、子の意思を代弁する者又は子の客観的利益を主張する者を選任することができるものとすることについては、なお検討するものとする」として、検討課題に盛り込まれ（注19）、意見募集（パブリックコメント）に付された。これに対しても、賛否両論の意見が寄せられ（注20）、反対論は、その理由として、必要性や法的性格等が明らかでない、専門的知見・技術を有する適格者の確保が困難である、報酬を国庫負担とすれば国民の理解が得られるか疑問であり、当事者負担とすれば資力に乏しい当事者に酷な結果となり得る、子が意思能力を有し、自ら主体的に手続に参加することを希望するのであれば、利害関係参加をし、代理人を選任して臨めば足りる（いずれも裁判所の意見）などの点を挙げた（注21）。

㈡　こうした審議の結果、二〇一一年一月二八日の第三三回部会において「非訟事件手続法及び家事審判法の見直しに関する要綱案」が取りまとめられたが、結論としては、子どもに特化した代理人制度を設けるのではなく、意思能力のある子どもが自らまたは裁判所の判断によって当事者参加ないし利害関係参加し、子ども自身が代理人を選任し、もしくは裁判長が弁護士を手続代理人に選任すべき旨を命じ、または職権で弁護士を手続代理人に選任することができるとの制度を導入することにより、子ども自身が主体的に手続に関与することができる制度が構想された。最終的には、これが法制審議会の答申となり、その後、家事事件手続法としてこの答申に沿う立法がなされた。

3 評価

㈠ このように、最終的に実現した立法では、現行の制度にはない新たな手続上の仕組みを導入するのではなく、当事者参加や利害関係参加によって手続に関与することを前提に、子ども自身が弁護士を手続代理人に選任し、または裁判長が選任するという、言わば現行の制度を拡張する形での制度構築がなされた。現行制度とも接続性があり、実務のあり方に大きな変動をもたらさない制度が実現したものと評し得る。

しかし、そのような制度でも、手続への参加によって、子ども自身が主張や証拠を提出し、審問等に出席することができ、また、記録の閲覧等も当事者と同様に認められることとなる。これまで子どもは、調査の対象となり、また意向を聴取されるだけであったのが、手続に主体的に関与できることとなった。これによって、子どもが継続的に手続に関与し、その中で何が問題となり、どのような手続が行われているのか、両親の主張やこれらを裏付ける証拠はどのようなものかを認識し、これらに対する対応、すなわち、争いとなっている点についてどう考えるか、その考えをどのようにして手続に反映させるかなどについて自ら、または代理人とともに考え、現実にこれを手続に反映させる手段を得ることとなったのである。また、調停や和解など両親の合意形成にあたっても、その協議に関与し、自己の意向を反映させる条件ができたのであって、その意義は大きいものと考えられる。これをもって、当初から主張されていた子どもの代理人の制度が、全面的ではないにせよ、実現したものと評価し得る（注22）。

㈡ しかし、一方では、子ども自身が当事者または利害関係人として手続に参加することが前提となっていることから、意思能力を有する者であることが必要とされる。そのため、事案にもよるが、少なくともおおむね小学校高学年以上でないと参加が認められないと考えられ（注23）、それより年少の子どもについては、この仕組みによる関与が認められない。

また、手続代理人に関する費用の手当てが全くなされておらず、子ども自身が選任するにせよ、裁判長が選任するにせよ、費用の点が問題となることが想定された。

そして、このような背景のもとで、とくに裁判所による参加や裁判長による手続代理人の選任が消極的になるのではないかとの懸念も考えられた。

このように、子ども自身が手続代理人を通じて手続に関与することができる制度が実現したという点では大きな意義があるものの、制度の仕組みにはなお大きな限界があるというのが率直な評価であろう。

三　活用の実情と課題

1　制度に照らした子どもの手続代理人の役割

㈠　このようにして、子どもの手続代理人の制度を盛り込んだ家事事件手続法は二〇一三年一月一日に施行された。

この施行にあたり、子どもの手続代理人を担う弁護士において課題として意識されたのが、検討段階での論点、すなわち、子どもの手続代理人の役割をどう考えるか、家庭裁判所調査官との役割や立場の違いをどう考えるか、また、選任された手続代理人は子ども本人とどのように接し、それをどのようにして手続に反映させるかという点であった。こうした課題については、日本弁護士連合会子どもの権利委員会を中心に検討され、その検討結果を取りまとめた「子どもの手続代理人マニュアル」が作成された。

ここでは、まず、家庭裁判所調査官との異同について、「家庭裁判所調査官による調査は、裁判官の命令により、審判に供する基礎資料の収集を目的として子どもの意思の把握をするものであり（六五条等）、そこでは子どもは調査の客体」であるのに対し、「子どもの手続代理人制度は子どもの意見表明の実質的保障のための制度」であり、「あくまで子どもが一人の主体として意見表明するのを援助することが役割」であるとした（注24）。また、「家庭裁判所調査官が子どもの側から質問・相談を受けることや、家庭裁判所調査官側から子どもの意見形成に必要な情報提供を行うことなどは、本来的には想定されていない」が、子どもの手続代理人は、「子どもの意見表明を援助することが職責」であり、「それに関わる質問や相談を受けることは、むしろ本来的役割」であるとして、「子どもが自らの意見を形成するために必要な情報、例えば、手続の現状、今後の見通し、さらにそれらを前提とした結果の見込み等についても自由に情報提供することができ」るとしている（注25）。その上で、具体的な活動の方法や、子どもとの面会にあたっての留意点などを示している（注26）。

ここに示された見地は、子どもの手続代理人が子ども本人に必要な情報を提供して意見形成と表明を援助し、これを手続に反映させるという独自の役割を明確に示すものであり、子どもの手続代理人の役割や家庭裁判所調査官との立場や役割の異同といった検討段階からの論点について重要な回答を示したものと考えられる。

(二) そして、このような子どもの手続代理人の役割は、公刊物にも紹介されている活動の実例にも表れている。それによると、母が親権を有する九歳の子どもが母宅を家出して、父と居住を始めたのに対し、母が子の引渡しを求めたという事案において、子どもの手続代理人が子どもの意向を確認し、これを母に伝えることによって、子どもも落ち着きを取り戻し、子どもの意向に沿ったリードにより、問題となっていた子どもの就学についての合意が父母間に成立し、最終的には子どもの意思を尊重して母が申立てを取り下げたということであった（注

27）。この事例では、継続的に子どもに接し、その意向を聴取して、これを代弁しただけではなく、就学に関する様々な課題についても父母間のやりとりに関与するなどしたことにより子どもの信頼、父母の信頼を得ることにつながり、任意の解決に導くことができたと評価されている（注28）。このような子どもの手続代理人の活動は、その役割や有用性についての一つのモデルとなるものであり、また、子どもの手続代理人が家庭裁判所調査官と異なる役割を果たすものであることを示したものと言うことができる。

2　活用に向けた新たな動き

このように、子どもの手続代理人は具体的な活動事例を積み重ねているが、選任される件数は必ずしも多くはない状態が続いている。

こうした中で、二〇一四年九月、日本弁護士連合会と最高裁判所事務総局の間で、民事司法改革に関する協議が開始され、その一つに、「子どもの手続代理人制度の充実」部会が設けられ、協議がなされることとなった（注29）。これは、子どもの手続代理人の制度が導入されたものの、活用される件数が多くはなく、充実を図る必要があるとの認識を背景にするものであった（注30）。

この協議においては、家庭裁判所調査官と手続代理人との担当職務の分担の整理や、手続代理人の資格（要件）、さらには手続代理人の選任が有用な事案の類型化の検討（注31）など、子どもの手続代理人の活用の現状と問題点について実情に即した意見交換がなされ、日弁連と最高裁の間で認識の共有が図られた。この結果は、二〇一五年七月、日弁連において、「子どもの手続代理人の役割と同制度の利用が有用な事案の類型」として取りまとめられ、全国の弁護士会に周知されるとともに、最高裁においても、日弁連がこのような周知を図ることを全国の家庭裁判所に通知した（注32）。

この「有用な事案の類型」によると、まず、子どもの手続代理人の役割として次のように整理がなされた。

① 子どものための主張および立証活動
② 情報提供や相談に乗ることを通じて、子どもの手続に関する意思形成を援助すること
③ 子どもの利益に適う合意による解決の促進
④ 不適切な養育等に関する対応

そして、子どもの手続代理人制度の利用が有用な事案の類型として、次の類型が示された。

① 事件を申し立て、または手続に参加した子どもが、自ら手続行為をすることが実質的に困難であり、その手続追行上の利益を実効的なものとする必要がある事案
② 子どもの言動が対応者や場面によって異なると思われる事案
③ 家裁調査官による調査の実施ができない事案
④ 子どもの意思に反した結論が見込まれるなど、子どもに対する踏み込んだ情報提供や相談に乗ることが必要と思われる事案
⑤ 子どもの利益に適う合意による解決を促進するために、子どもの立場からの提案が有益であると思われる事案
⑥ その他子どもの手続代理人を選任しなければ手続に関連した子どもの利益が十分確保されないおそれがある事案

ここに示されているのは、子どもの利益を実現するために子どもの意向を手続に反映させる必要性が高い類型

であり、このような事案において、子ども自身が手続代理人を通じて必要な情報を得て、意思形成の援助を受け、その意思をどのようにして手続に反映していくかという点についての議論の深まりである。これらの点についての認識が日弁連と最高裁事務総局で共有することができたというのは、今後の子どもの手続代理人の展開において、重要な意義があるものと考えられる。この認識に従って、活用が図られることが求められる。

四　結びに代えて──子どもの手続代理人制度の充実のために

家事事件手続法で導入された子どもの手続代理人の制度は、これまで見てきたように、紆余曲折を経て実現したものであり、大きな限界を持つものではあるが、立法後の検討や実際の活動事例を通じて、導入の際の議論で論点とされた子どもの代理人の役割や家庭裁判所調査官との異同などについても、議論が深化し、関係者間での共通の認識ができつつある。今後は、活用事例を積み重ねるとともに、これらの議論をより深めることによって、さらなる活用を図ることが求められる。

併せて、子どもを含む当事者の負担とされている費用についても、国費による負担を含めて改善の方策が図られる必要があるし、また、意思能力が認められない年少の子どもについても範囲を拡大するなど、立法論的な制度改善も検討を継続することが必要である（注33）。

（注1）　手続代理人の選任権限は裁判長にあるが、ここでは、本人ではなく、裁判機関によって選任されるという意味で、「裁判所によって」とした。

（注2） 旧法においても、利害関係を有する者が審判手続に参加する制度はあったが、家庭裁判所の許可が必要であり（旧家審規一四条）、裁判所によって代理人を選任する制度はなかった。また、人事訴訟においても、訴訟の結果について利害関係を有する子は、未成年であっても、意思能力を有する限り（人訴法一三条一項）、自ら訴訟に参加することができ（民訴法四二条）、訴訟代理人を選任し、または、裁判長が訴訟代理人を選任することができる（人訴法一三条二項・三項）が、その例はほとんどないと考えられる。

（注3） 家事事件には広義では人事訴訟も含まれるが、本稿では、とくに断りのないかぎり家事事件手続法に定められている家事審判と家事調停を考察の対象とする。

（注4） 実務上は、一〇歳前後から、家庭裁判所調査官による調査の活用によって子の意向が考慮されていたと言われている。家庭裁判所調査官研修所編『家事事件の調査方法について（上）』四六三頁、日本弁護士連合会家事法制委員会編『家事事件における子どもの地位―「子ども代理人」を考える―』七頁〔若林昌子〕。

（注5） 石川稔ほか編『家族法改正への課題』二九五頁以下〔若林昌子〕、深見玲子「子どもの意見表明権―家事事件手続との関係など」家族〈社会と法〉一〇号一八五頁など。

（注6） 二宮周平「家族法と子どもの意見表明権」立命館法学二五六号一九三頁～一九四頁。

（注7） 岩志和一郎「ドイツの家庭裁判所」家族〈社会と法〉二一号二三頁、同「ドイツにおける「子どもの代弁人」」判タ一二〇八号四〇頁、山口亮子「アメリカにおける子どもの代理人制度―監護権訴訟と子どもの保護手続の場合」判タ一二〇八号三三頁、南方暁「イギリスの家事事件処理手続と担い手の構成」家族〈社会と法〉二一号三八頁、許末恵「英国における子どもの手続上の代理」法時八一巻二号三三頁、小川富之「オーストラリアにおける子どもの手続上の代理人」同三九頁など。

（注8） 野田愛子「子どもの代理人制度」民事法情報二五一号一頁、若林昌子「親権・監護紛争における子どもの手続上の代理人―実務の視点から」法時八一巻二号一四頁など。また、離婚訴訟に関するものであるが、野田愛子＝梶村太市総編集『新家族法実務大系5』四六七頁〔犬伏由子〕。

（注9）日弁連法務研究財団離婚後の子どもの親権及び監護に関する比較法的研究会編『子どもの福祉と共同親権』一六四頁～一六五頁〔増田勝久〕、日本弁護士連合会家事法制委員会編・前掲注4二五頁以下〔増田勝久〕。

（注10）代表的な反対論は、金澄道子「子ども代理人制度への疑問」自正六一巻四号六一頁。

（注11）非訟事件手続法及び家事審判法に関する調査研究報告書一三九頁。

（注12）前掲注11一四一頁。

（注13）日本弁護士連合会主催のシンポジウム「家事事件における子どもの地位」（二〇〇九年一二月五日）における若林発言（日本弁護士連合会家事法制委員会編・前掲注4七七頁）。

（注14）金澄・前掲注10六二頁。

（注15）若林・前掲注8一九頁。

（注16）金澄・前掲注10六四頁。

（注17）これら制度上の論点については、前記シンポジウムにおいて詳しく検討された。その内容は、日本弁護士連合会家事法制委員会編・前掲注4七五頁以下にまとめられている。

（注18）子ども代理人制度に関する審議の経過については、角田光隆「子ども法―児童の権利条約と子ども手続代理人―」信州大学法学論集一八号八七頁に詳しく紹介されている。

（注19）「非訟事件手続法及び家事審判法の見直しに関する中間試案」（http://www.moj.go.jp/content/000051792.pdf）六九頁。

（注20）法務省民事局参事官室「「非訟事件手続法及び家事審判法の見直しに関する中間試案」に関する意見募集の結果について」（http://search.e-gov.go.jp/servlet/PcmFileDownload?seqNo=0000069948）一六頁。

（注21）「「非訟事件手続法及び家事審判法の見直しに関する中間試案」に対して寄せられた意見の概要（その2―家事事件手続に関するもの）」（http://www.moj.go.jp/content/000057164.pdf）五〇頁。

（注22）高田裕成ほか「《研究会》家事事件手続法（02）裁判所・当事者」論究ジュリ二号二一三頁〔窪田充見発言〕は、

子どもの代理人の制度を導入したと評価することは可能だろうとする。

（注23）増田勝久「家事事件手続法における「子どもの代理人」」戸籍時報六七六号一〇頁、深見・前掲注5一八六頁。

（注24）日本弁護士連合会子どもの権利委員会『子どもの手続代理人マニュアル』一七頁。

（注25）前掲注24一八頁。

（注26）前掲注24一九頁以下。

（注27）二宮周平＝渡辺惺之編『離婚紛争の合意による解決と子の意思の尊重』八六頁以下〔池田清貴〕。このほかにも二つの事例が紹介されており、いずれも子どもの手続代理人の継続的な関わりにより、適切な調整が行われている。

（注28）二宮＝渡辺編・前掲注27八七頁。

（注29）古賀和孝「民事司法改革に関する日弁連の取組と最高裁との協議について」自正六七巻四号三八頁。

（注30）池田清貴「子どもの手続代理人制度の充実」自正六七巻四号五八頁。

（注31）日弁連新聞四九三号、池田・前掲注30五九頁以下。

（注32）日弁連新聞五〇〇号。「有用な事案の類型」の全文は、池田・前掲注30六〇頁以下。

（注33）山本和彦「非訟事件手続法・家事事件手続法の制定の理念と課題」法時八三巻一一号九頁。

面会交流についての一考察

大阪家庭裁判所判事　牧　真千子

目　次

一　はじめに

私がここに文章を書くことになった理由は、大阪家庭裁判所遺産分割部にある。私がかつて平成一八年四月から三年間、大阪家庭裁判所遺産分割部に在籍していたときに、木内先生が家事調停委員としておられ、一緒に調停委員会を構成して、遺産分割調停事件を担当していた。木内先生が担当しておられた調停事件が不成立になり、審判移行したときに、木内調停委員から寄与分や特別受益についての認定、判断を記載したメモをいただいたことがあるが、それはそのまま審判書の理由となるような立派なものであり、今でも忘れられない思い出である。

平成二六年一月から三年数か月は、神戸家庭裁判所において、遺産分割事件のほか、離婚等の一般調停事件、婚姻費用、養育費等の別表第二の調停、審判事件等を担当してきたが、最近は子の監護者の指定、子の引渡しのほか、面会交流などの子どもに関する事件が非常に増加している。とくに、面会交流事件については、当事者間の対立が激しいものがあり、悩ましい事件も多い。

そこで、今回は、面会交流事件について、こんなことを考えながら事件処理をしてきたという一端をご紹介することにした。あくまで私個人のやり方であることをお断りするとともに、家庭裁判所調査官の調査に関する部分も、私個人の認識に基づくものである。

二　面会交流についての基本的な考え方

昨今、家庭裁判所の面会交流についての「原則実施論」が問題であると主張されることがある。
面会交流については、平成二四年四月一日施行の民法等の一部を改正する法律（平成二三年法律第六一号）により、民法七六六条一項に「父母が協議上の離婚をするときは、子の監護をすべき者、父又は母と子との面会及びその他の交流、子の監護に要する費用の分担その他の子の監護について必要な事項は、その協議で定める。この場合においては、子の利益を最も優先して考慮しなければならない」と、二項に「前項の協議が調わないとき、又は協議をすることができないときは、家庭裁判所が、同項の事項を定める」と定められた。この民法改正には、子と非監護親との面会交流が子の成長にとって重要であり、父母は夫婦の問題と子の幸せを区別して、子の福祉の観点から面会交流の合意形成を促進すべきことが表されていると言われている。

これを踏まえ、家庭裁判所では、父母が離婚または別居しても、子にとって親であることに変わりはなく、非監護親からの愛情も感じられることが子の健全な成長のために重要であり、一般的には非監護親との接触が継続することが望ましく、可能な限り家庭裁判所は親子の面会ができるように努めるべきであるとの立場で実務が運用されている。

しかし、実際には面会交流を実施することが子の福祉に反する場合もあり、実務においても、面会交流の実施がかえって子の福祉を害すると言える特段の事情（これを「禁止・制限事由」という）が認められる場合には、面会交流を禁止または制限している。そのため、調停、審判で扱う事案のうち、一定の割合でこの面会交流の禁止・

制限事由の有無が大きな争点となる事案が存在する。

実務において、面会交流の禁止・制限事由としてよく主張されるものには、次のようなものがある。

① 子の連れ去りのおそれ

非監護親が面会交流の際に子を連れ去ると、子の生活環境を大きく変えることになり、子に大きな動揺を与えることになるため、基本的に子の福祉に反することが多い。したがって、過去に連れ去りの事実があった場合など、非監護親が面会交流の際に子を連れ去るおそれが高い場合には、基本的に面会交流の禁止・制限事由があると認められることが多い。

② 非監護親による子の虐待

同居中に非監護親が子を虐待していた事実がある場合には、面会交流の場面での虐待のおそれがあったり、子が非監護親に恐怖を抱いており、面会させることによってさらに精神的ダメージを受けるおそれがあるとして、面会交流の禁止・制限事由が認められることが多い。しかし、そもそも同居中の虐待の事実の有無が争いとなることが多く、当事者双方から資料を提出してもらったり、家庭裁判所調査官（以下「調査官」という）による調査を実施したりして、認定することになる。

③ 監護親が非監護親からDVなどを受けていた場合

監護親が非監護親から子の面前で暴力などを受けていた場合で、それが子に対しても精神的なダメージを与え、現在も子がそのダメージから回復できていない場合や、監護親が非監護親からのDVによってPTSDを発症し、面会交流を行うと症状が悪化して子に悪影響を及ぼすと認められる場合には、禁止・制限事由ありと認められる。

しかし、監護親が非監護親から暴力等を受けていた場合であっても、子がそれによってとくに影響を受けていないと認められる場合や、子が非監護親との面会を望んでいる場合もあり、そのような場合には、どのようにして面会交流をさせるかを検討することになる。

④　子の拒絶

面会交流において、子の意思は尊重されるべきであり、子の年齢、発達程度、非監護親との従前の関係、拒絶の理由などの事情を考慮し、子が真意から面会を拒絶していると認められる場合には、禁止・制限事由があると認められる。ただし、子が表明した言葉をそのまま採用するのではなく、子がどのような状況で拒絶の意思を示しているのか等を慎重に見極める必要があり、調査官による調査が行われることも多い。とくに、子の年齢が高くなるにつれ、子が面会を拒否している場合にはその意思を無視することはできなくなる。

⑤　非監護親の問題行動

非監護親が面会交流の際に監護親のことを激しく非難して子の精神的安定を害するような行為を行うことが明らかな場合や、ルールに従った面会交流の実施が期待できないと認められる場合には、禁止・制限事由ありと判断されることがある。

実際の事件処理においては、面会交流の禁止・制限事由がある場合に、それがきちんと主張立証されれば、無理な面会交流を命じられることはなく、間接的な交流が可能な場合には、直接の面会交流に代えて、手紙や写真の送付等の間接的な交流が命じられるケースもある。もちろん、監護親自身がとても会わせられないと感じている事案であっても、第三者から見ればそのようには評価できず、結果的に面会交流が命じられることもある。

なお、面会交流の禁止事由が認められて、面会交流の申立てを却下した審判例を実際に目にすることは少ないのではなかろうか。それは、審問の結果によって禁止事由が認定されたり、調査官による調査報告書が提出された段階で禁止事由ありとの結論がうかがえる場合には、申立人があえて却下審判を受けることを望まず、申立てを取り下げる例が多いからである。また、前述のとおり、直接的な面会交流が困難であるとしても、間接的な交流が可能な事案については、間接交流の形で面会の実施を命じる審判がなされることもある。

三　面会交流事件はまず調停から

面会交流は、子の利益を優先して考慮し、柔軟に対応することができる条項に基づき、監護親と非監護親の協力のもとで実施されることが望ましい（最判平二五・三・二八民集六七巻三号八六四頁）ことから、面会交流事件が申し立てられたときは、審判事件での申立てであっても、特別の事情がない限りは調停に付して、話合いでの解決を目指している。

多くの場合、非監護親が申立人となって、監護親に対し子との面会を求めてくる。そこで、調停の最初に、監護親に申立人である非監護親と子を面会させることができるか否かを尋ねるが、監護親が何らかの理由により、申立人と子との面会交流を拒否した場合には、面会交流を禁止・制限すべき事由があるか否か、面会交流の実施を阻害する要因が何であるかを当事者双方から丁寧に聞き取ることになる。この時点での聞き取りがその後の調停・審判の方向を見定めるのに重要である。

弁護士が手続代理人（以下「代理人」という）としてついている場合には、この禁止・制限事由の有無や面会交流を阻害する要因について、主張書面によって、これまでの事実経過なども含め具体的に明らかにすべきである。また、とくに面会交流の禁止・制限事由があると主張する場合には、それを裏付ける資料を速やかに提出すべきである。実務において、とくに調停段階では、代理人が「同居期間中に配偶者暴力があったから、会わせられない」と言うのみで、何らの主張書面や資料を提出しないことがある。その場合、他方当事者が暴力は振るっていないと否定すると、調停委員会としては暴力があったという前提でその後の話を進めることは難しくなる場合が多いが、監護親からはどうして裁判所はわかってくれないのですかと言われてしまう。配偶者暴力があり、保護命令の申立てをしたような事案であれば、少なくともその申立書の写しや陳述書の写し、写真、診断書、決定の写しなどを提出することは可能ではないかと思われるが、調停段階ではこれらを提出せず、審判段階に至ってようやく提出する当事者や代理人がいる。調停段階で面会交流の禁止・制限事由や阻害要因についての裏付け資料が提出されない場合には、申立人は「会わせろ」、相手方は「会わせられない」の対立で終始し、具体的な調整等を行うことができずに調停不成立となり、審判移行することになる。

調停委員会において、監護親が面会交流を拒否する理由とそれに対する相手方の主張を資料等に基づいてきちんと把握できた場合には、その事情に応じて、必要であれば調査官による調査を行ったり、調停委員から当事者双方への働きかけや当事者間の調整を行うことができる。

早期に争点が明確になり、これについて調停委員会と当事者双方とが共通認識を持つことができれば、水掛け論的な調停期日を重ねることによる当事者双方（ひいては未成年者）のストレスを軽減することができる。また、面会交流の阻害要因がある場合にも、これを早く確定できれば、それに対する解決方法もみんなで考えることができる。調停において早期に双方の主張を整理し、争点を明確化できれば、紛争の深刻化、拡大化を防止することにもつながるのである。

四　調停段階での働きかけ

離婚することになった夫婦の間に未成年の子がいる場合、離婚後に親権者とならない親と子との面会交流をしようという話になることは多い。

しかし、「子のための面会交流」がどのようなものかということについてきちんとしたイメージを持っている当事者は少なく、裁判所では面会交流のDVDを見てもらうなどして、留意点などについて理解してもらうよう努めている。当事者の中には、裁判所のDVDの内容は理想像であって、あのような配慮をできる夫婦であれば、裁判所には来ないと述べる者もいるが、父と母の双方に面会交流をするときに気をつけるべき点についてのイメージを持ってもらうには有用だと考えている。

面会交流の実施には、監護親と非監護親との間に最低限の信頼関係が必要である。しかし、家庭裁判所に面会交流の申立てをする当事者は、離婚を経ていたり、離婚に向けての協議中、準備中の者がほとんどであり、当事者双方の不信感が強いケースが多い。面会交流の禁止・制限事由がなく、面会すること自体に争いのない場合においても、具体的な面会交流の日時や方法を決める段になると、もめることが多く、そのような場合には、調停期日において、調停委員が間を取り持って、次回調停期日までの間の具体的な日時、場所を定めて、当事者間で面会交流を実施してもらうことにし、その実施に向けて、調停委員あるいは調査官から面会の際のルールや気をつけるべき点などについてアドバイスをすることもある。

また、幼い子と同居していない父親、あるいは同居中子育てにあまり関与していなかった父親が子と面会交流をする場合、子との関わり方等について具体的イメージを持っておらず、心配なことがある。その場合には、監護親である母親から子の状況と面会の際に気をつけるべき点等を聞き取って伝えたり、調停委員や調査官から父親に子どものように接するかを具体的にイメージするよう促すなどのアドバイスをする。実際に調停の期日間に当事者間で面会を実施してもらい、出てきた問題点への対応を調停で話し合うこともある。

このように調停においては、面会交流に際しての最低限のルールや注意点を具体的に指摘し、当事者双方に理解してもらいながら、当事者間での面会交流実施のルールを作り上げていく。双方に代理人がついている場合には、初回は代理人事務所で面会を行ったり、代理人立会いのもとで面会を実施することもあり、代理人の協力を得ることにより、当事者の不安を取り除いたり、軽減したりして、面会交流実施につなげることも多い。

五　調査官の関与

最近は、面会交流事件で当事者間の対立が大きい場合には、審判段階はもとより、調停段階においても、調査官による調査を行うことが多い。子が面会交流を拒んでいるとの主張がある場合に、子の意向、心情調査を行うのがその例である。ただし、子がどのような状況において「会いたくない」、「今は会わなくていい」などの意思を表明しているのかを検討するために、事前に監護親、非監護親と面接することも多い。子の年齢によっては、調査官は子の意思を確認する調査の準備として、子に手紙を出したり、家庭訪問を行ったりして、まずは子と調査官とが顔なじみになり、話をしてもらいやすくなるよう、心を砕いている。子は父母の争いの中に置かれ、子どもなりに状況を認識し、あるいは感じ取り、それぞれに思いを抱いているが、それを誰にも（監護親にも）言えず、抱え込んでいることもある。そのような思いをなるべくすくいとり、紛争を激化させない形で当事者双方に提示して理解してもらい、解決の一つの材料としてもらいたいと考えている。

面会交流の禁止、制限事由は認められないものの、これまで当事者間において面会交流を実施したことがないケースや長期間面会が実施されていないケース等においては、調停中あるいは審判手続中に「試行的面会交流」を実施することがある。非監護親と子の関係、非監護親の子への接し方、子の状況等の情報を収集し、面会交流を実施する上での問題点の有無やその程度を検討し、具体的にどのような面会交流とするのがよいかを判断する材料にする。試行的面会交流を実施したところ、子が大変楽しそうに、また和やかに非監護親と面会することができ、それを見た監護親もその後は安心して面会交流を実施する方向での条件の検討に応じられるようになったことがある。

六　実施要領の作成

調停において面会交流の実施要領を定める場合には、当事者双方に必要な情報を確認しながら話を詰めていけばよい。

審判において面会交流の実施要領を作成するためには、監護親、非監護親と未成年者の生活状況をきちんと確認しておく必要がある。親の勤務態勢や休日、未成年者が乳幼児で昼寝をする習慣がある場合にはその時間帯、未成年者が習い事をしていたり、塾に行っていたり、スポーツクラブ等に入っている場合にはその曜日や時間など聞いておく。

当事者双方から得た情報を基に非監護親と未成年者との面会についてのイメージを思い浮かべ、どのような形にするのが未成年者の福祉にかなう面会になるのかを考える。面会の頻度、時間、子の引渡し場所、監護親と非監護親が直接に引き渡すことができるか否か、宿泊付きの面会の可否、学校行事への参加の可否等、事案に応じて具体的に検討する。

例えば、これまで同居したことのない親子の場合は、一から親子関係を構築しなければならないため、短時間から始めたり、子の年齢に応じて段階的に面会交流の内容を変えることもある。

また、当事者のいずれかが面会交流について心配をしている事項については、実施要領の中で、あるいは審判書の理由中において、当事者に対する注意事項や当事者双方の約束事項として記載することもある。

未成年者は日々成長しており、面会交流も未成年者の成長、あるいは当事者双方の状況の変化に合わせて、変更していくべきものであると考えている。

裁判所が審判で面会交流の実施要領を作成する場合、これまでおよび現在の当事者双方と未成年者の状況をもとに判断するのであり、遠い将来の予測には困難が伴う。したがって、例えば、未成年者が保育園、幼稚園児である場合には小学校入学までとし、小学校低学年である場合には、小学校卒業まで、あるいは四年生終了時までとし、小学校四年生以上である場合には小学校卒業までというように、数年間の実施要領とし、期間経過後には当事者間で改めて協議するなり、調停を申し立てるものとすることもある。

七　最後に

以上、見てきたように、面会交流事件においては、法的判断枠組みをベースにするものの、具体的事案の解決のためには、当事者双方および未成年者の状況、意向、彼らを取り巻く環境等にきめ細かに配慮する必要がある。「子の福祉」を常に意識し、どうすればその子が幸せになれるかを考えながら判断をする。

面会交流事件においては、調停段階で調停委員や調査官から当事者に働きかけを行い、審判段階では裁判官による審問の際や、調査官による調査において、当該事案における面会交流のあるべき姿について告げるなどした上で、審判書を作成する段階に至る。対立の激しい事案においては、裁判官は、審判書が当事者への最後の働きかけの機会であるとして、裁判所の思いが当事者双方へ届くようにとの気持ちを込めて理由中の判断を書くこともある。したがって、この文章の副題は「審判書に愛をこめて」としたい。

家事事件においては、審判等によって事件が終了したとしても、当事者同士が家族であって、その後も何らかの関係が継続することが多い。そのため、審判書では当該事件を解決するために必要な範囲で問題点を指摘し、あるいは認定するようにし、それ以上に家族関係を毀損するような表現はなるべく避けたいと考えている。とくに面会交流事件では、子は監護親と非監護親の双方に存在の根拠がある場合がほとんどであり、一方を否定することは、子の半身を否定することにつながりかねない。

全国の家庭裁判所のすべての裁判官が私と同じような仕事の仕方をしているとは思わないが、多くの裁判官は、子あるいはその家族が幸せになれるようにとの思いを持ちながら、仕事をしているものと思っている。そして、家事事件に真摯に取り組んでおられる代理人弁護士にも同じような思いを抱きながら仕事をしておられる方は多いと思う。

ここに述べたことは、家事事件を担当している裁判官や弁護士にとっては、とりたてて目新しいものではないと思うが、それ以外の方々に家庭裁判所の仕事の一端を理解していただく一助になればと思う次第である。

第三者の監護者指定の可否について

早稲田大学教授
棚　村　政　行

目　次

一　初めに

全国の家庭裁判所における子の監護に関する新受事件がこのところ急増している。例えば、二〇〇五年の審判申立事件は四一五八件、調停申立事件が二万一五七〇件だったのが、二〇一四年の審判申立事件は九〇三四件、調停申立事件は三万二五六九件と（注1）、ここ一〇年で一・六倍も増加した。二〇一五年の子の監護に関する審判申立事件は九二一六件、調停申立事件は、三万四二二八件とさらに増加しており（注2）、一・七倍にまで増加している。子の監護に関する事件の内訳としても、養育費（監護費用）は、二〇一五年には一万七七八四件で五一・九％を占め最も多く、次いで面会交流は一万一一一七件で三二・五％となり、子の引渡しは二三〇六件で七％、監護者の指定が三〇四三件で九％を占めていた（注3）。一〇年以上前は、養育費が七五％近くを占め、面会交流は二五％前後だったが、最近は、面会交流や子の引渡し・監護者指定事件が増加しているのが特徴的であると言ってよい。

また、家庭裁判所での離婚の調停や調停に代わる審判事件のうち、二〇一五年には、一万九八三六件の総数で、父親が親権者となったのが一九四七件で一割未満であり、母親が親権者になったのが一万八四一六件で九二・八％と圧倒的に多く、親権と監護権が分属して母親が監護者になったのが九五件、父親が監護者になったのが一七件ときわめて少なかった。なお、ここでの総数は親権者ごとの子の数であるために、事件数と必ずしも一致していない。「定め無し」も四四件あり、父母以外の指定もあり得るかも知れない（注4）。とくに、最近は、少子高齢化や離婚や再婚の増加に伴い、父母以外の親族、祖父母などが子の監護に関する事件に登場することも一段と増加してきた。

そこで、本稿では、まず、初めに、離婚後の単独親権の原則と子の監護者制度の沿革・意義や共同親権・共同監護の主張などについて触れ、次いで、親権と監護権の分離・分属の可否について検討する。さらに、監護者指定や子の引渡しの関係、父母以外の第三者の監護者指定の可否をめぐる家裁実務や近時の審判例や学説の動向について取り上げるとともに、諸外国での第三者の親権・監護権の付与をめぐる国際的な潮流を概観することで、日本におけるこの問題の解釈論・立法論に関し若干の展望を試みることにしたいと思う。

二　離婚後の単独親権の原則と子の監護者制度の意義

成年に達しない子は、父母の親権に服し（民法八一八条一項）、婚姻中は、父母は子の親権を共同して行う（民法八一八条三項本文）。明治民法は、家制度のもとで、婚姻中であるか否かを問わずに、原則として未成年の子の親権者として「家ニ在ル父」と定め（明治民法八七七条）、親権者は子の監護および教育をなす権利義務を有すると定めていた（明治民法八七九条）。家制度下での父権的な親権制度を本則としていたが、例外的に父が知れないとき、死亡したり、去家したときに、母も親権者になれるとした（明治民法八七七条二項）。そして、父母の離婚の際に、その協議で、子の監護者を指定できるが、定めないときは監護は父に属するものとしていた（明治民法八一二条一項）。親権者とは別に子の監護者制度を置いたのは、父親の意思が優先するものの、母親が実際に子育てや世話をし、誰に監護を託すかを決めるにあたり柔軟に母にも託せるようにしたと解されている（注5）。

これに対し、親権者については、戦後の民法改正では、親権における父母の平等性を確保するため、婚姻中の父母の共同親権行使を原則化した。しかしながら、父母が協議上の離婚をするときは、その協議で父母の一方を親権者と定めなければならないと規定した（民法八一九条一項）。離婚後の単独親権の原則を採ったのは、離婚した父母は事実上生活を共にしないため、親権の共同行使が困難であったり、不可能であることが多く、子の利益にもならないからだと説明されてきた（注6）。子の監護者制度も、人事法案などの影響を受けて、父母の協議で決めるが、協議ができないときは家庭裁判所がこれを定め、子の利益のために必要なときは家庭裁判所が変更や相当な処分ができるものとした（民法七六六条）。戦後も、子の監護者制度を存置したことについては、親権者が事実上の監護の適任者とは限らないから、子の実質的な保護のために設けたとか、財産管理と身上監護で適任者が異なるとか、父母以外の者を監護者に指定する便宜を図るために必要であるなどとその根拠が説かれることもあった（注7）。なお、家制度が廃止され、親権における父母の平等が実現された現行民法では、親権者とは別に監護者を認める制度を導入する必然性はなかったし、旧来の制度を無批判的に受け継いだものという痛烈な批判もある（注8）。

もっとも、離婚後の単独親権の原則を批判し、子どもの幸福追求権を根拠に、離婚後の共同親権の立法提案をする立場もあった（注9）。最近では、諸外国での動向に合わせて、離婚後の共同養育責任、親権共同行使の原則を採用するべきであるとの立場も有力に主張されている（注10）。これに対して、離婚後の共同親権について、子の福祉の観点から慎重に検討すべきとの立場（注11）、現在の離婚後の単独親権制を維持しながら、共同化の選択肢を採れるような法改正の提案をする立場も主張されている（注12）。

三　親権と監護権の分離・分属の可否

ところで、親権と監護権とはどのような関係にあるのか、また親権と監護権は分離することはできるのだろうか。離婚後、父母の間で親権と監護権を分離分属させることができるかどうかについては争いがある。消極説は、親権の本質は子の監護教育にあるから監護適任者を親権者に指定すべきで、親権と監護権を旧法のように分離させるべき必要性はないこと、父母の争いを調整する手段として親権と監護権を分属することは子の利益にならないこと等を論拠とする（注13）。これに対して、積極説は、離婚に際しての父母の親権争いで、妥協的調整的措置として利用できること、離婚による混乱の中で落ち着くまで便宜的暫定的に父母間で親権と監護権を分ける実益があることを主張する（注14）。

しかしながら、近時は妥協的調整的手段として親権と監護権の分離を考えるのではなく、離婚後も父母が子の養育に共同で関与し、離婚後の単独親権の原則の弊害を是正する意味で子の監護者制度を位置付けようとする積極説も有力である。このような立場では、親権と監護権の分属により、父母双方が子の養育についての共同責任を負担していることを自覚させ、子の福祉の観点から、父母の監護養育責任と協力の必要性を強調することにより、離婚後の共同監護の可能性を模索しようとすることになろう（注15）。

もっとも、父親と母親との間で父が度々暴力を振るい、母親も被害者意識を強めて、お互いの不信感は高まり、離婚するに至ったもので、子どもたちの不登校などの問題行動は、父親から母親に対する暴力を伴う家庭不和に大きく影響されたものと考えられ、未成年者の健全な人格形成のために父母の協力が十分可能な場合には、親権と監護権を父母で分属させることも適切な場合があると説示し、本件のように、父母の間で父親に親権・監護権を分属させることは適当であるとは認め難いとして、長女（当時九歳）と長男（当時七歳）の親権者を父親に、また二女（四歳）の親権者を母親に指定した原審判を取り消して、三名の親権者を母親として指定し、父親を監護者に指定することは相当ではないと判断したケースもある（注16）。

なお、離婚訴訟の係属中の夫婦において、それに先立って監護者の指定の審判を求めることができるのは、子の福祉の観点からして早急に監護者の指定をしなければならず、離婚訴訟の帰趨を待っていることができない場合に限られるとする裁判例もある（注17）。また、六歳の長女と三歳の長男につき、親権者を父親として協議離婚したものの、離婚後も母親が監護養育しており、二審では親権者変更申立てには監護者指定の申立ても含まれると解して、親権者変更は却下しつつも、子の情緒の安定や父親との面会交流が期待できるとして、父親を親権者、母親を監護者として分属を認めた事例もある（注18）。さらに、離婚後に、非親権者であり監護者でもあった母親からの親権者変更申立てに対して、母親の金銭管理能力に不安や問題があるとして、親権者を父親に、監護者は母親と定めた事例がある（注19）。さらに父母の間で、長男が生まれてから双方で子育てに関わり、子との実質的な関わりを持ってきたところ、離婚後親権者となった母親が調停で定められた面会交流を子供自身が拒絶していると応じず、試行的面会交流の際も、母親のいないところでの父子の交流は順調であったにもかかわらず、母親が「ママは、見ていたわ」と子供に言った途端、長男が調査官に暴力を振るうなどした場合に、母親のマイナスの評価と子の引込みを認定し、親権者を父親、監護者を母とする親権と監護権の分属を認めた事例もある（注20）。

四　監護者指定と子の引渡しの関係をめぐる家裁実務の展開

既に述べたように、離婚の際に、父母は協議で未成年子の親権者を定めることになるが（民法八一九条一項）、これとは別に、子の監護者、面会交流、監護費用（養育費）その他の監護に必要な事項を定めることができる（民法七六六条一項）。しかしながら、監護者指定が争われるのは、協議離婚の際だけではなく、婚姻中の夫婦が別居していて子どもの監護が争われて子の引渡しを求めている場合（注21）、事実上の単独監護を追認してもらう場合（注22）、監護養育の妨害排除や意に反する居所指定権の行使を禁止したりすることを求める場合（注23）、子の連れ去りの現状回復や事実上の単独監護状態を解消して共同監護状態に戻したい場合（注24）、親権者の変更が求められてこれに伴い監護者が指定される場合（注25）、監護者の指定と子との引渡しが同時に求められる場合（注26）などかなり多様な類型で利用がなされている。

民法七六六条は、既に見た通り沿革的にも、明治民法での父親の絶対的な親権制度のもとでの母が子を引き取って世話したり育てる場合の法的根拠を与えるという程度の意義しかなかった。しかし、本条は、戦後の民法改正においても、明確な位置付けを与えられないまま、旧来の制度がそのまま踏襲されてしまったと言わざるを得ないものだった。婚姻中の父母の子の監護に関する条文が民法にないことからも、民法七六六条、家事事件手続法別表第二の三を類推適用して対処するか、それとも民法七五二条、家事事件手続法別表第二の一を類推適用して夫婦の協力扶助に関する審判事件として処理するかでも争いがある。もっとも、実際の監護者指定は、子の引渡しを同時に求めたり、単独監護を実現するため、事実上の共同監護を実現するため、離婚までの暫定的な監護状態を基礎付けるため、あるいは親権者の指定や変更に付随する調整手段として用いられるなど、きわめて多彩な利用が展開している（注27）。

これまでの家庭裁判所実務では、民法七六六条の文言である「父母が協議上の離婚をするときは」についても、別居中の共同親権者間での父母の監護紛争の解決のためにも、本条文および家事事件手続法別表第二の三（旧家審法九条一項乙類四号）が類推適用されて家庭裁判所の調停・審判が認められてきた（例えば、最近のものでも、さいたま家裁川越支審平二四・四・二六は、別居中の父母につき監護者の指定および子の引渡しが命じられた）（注28）。日本では、離婚の際の子の監護に関する規定はあるが、共同親権行使中の婚姻中の夫婦の子の監護に関する紛争を適切に解決するための規定を欠くため、夫婦間の同居協力扶助義務の規定（民法七五二条）か、協議離婚の際の子の監護に関する処分事件の規定を類推適用するしかなく、家庭裁判所実務は、これを認め、最高裁も肯定する判断を下してきた（注29）。つまり、婚姻中の父母間の紛争についても、民法が別居についての適切な規定を欠いているから、申立てを認めないという扱いをしてこなかった。

また、祖父母等の第三者からの民法七六六条の類推適用ないし準用による申立てについても、親の親権行使が著しく欠けるところがあり、親権者に親権行使をさせることが子の福祉を不当に阻害するような特段の事情がある場合（注30）、離婚に際して、親権者であった父親が死亡した後に、母親から親権者の変更が求められたケースで、実際に子を監護養育してきた父方祖父からの子の監護に関する処分の申立てに対して、これを認め、未成年者らの親権者は母親に変更するものの、未成年者らが長年父方祖父のもとで安定した生活を送ってきており、母親と別居して五年間が経過し親近感に欠けるところがあることから、直ちに母親と生活をさせるより、祖父との生活を継続させ、母親と円滑に同居ができるような機会を持つことが未成年者らの福祉に合致するとして、未成年者らの親権者を母に変更した上で、監護者を父方祖父として命じた例がある（注31）。このように、家庭裁判所実務としては、民法の規定の欠缺や条文の不存在を理由に、家庭裁判所の審判・調停から外すことなく、第三者の監護者指定についても子の福祉に沿った弾力的かつ妥当な解釈運用を図ってきた。

五　近時の第三者への監護者指定の裁判例の動向

ところで、近時、児童を事実上養育している里親らからの監護者指定の申立てを棄却した審判が公表されている。事件本人である児童の実母（父は未認知）が、事件本人について里親委託を受け、約三年七カ月にわたって里親として養育してきた申立人らに対して、事件本人の引渡しを求めたのに対し、申立人ら里親が自分たちを事件本人の監護者として指定するよう求めた事案であった（山形事件）。

原審では、民法七六六条の趣旨を離婚による単独親権への移行による未成年者の監護状態への変動に対応するための規定と捉え、実母からの引取請求により子の監護状態が変動する本件では、民法七六六条の趣旨を類推適用して解決を図る必要があるとして、事実上の監護者である申立人らの申立権を肯定した。そして、それぞれの当事者の状況を検討した上で、原則として親権者から未成年者を監護する第三者に対して未成年の引渡請求が行われた場合にはこれを認めるべきであるが、例外的に、未成年者の引渡しを認めることが未成年者の福祉に明らかに反するといった特段の事情がある場合には、未成年者の引渡しを拒絶し、未成年者を事実上監護する第三者を監護者として指定できると説示し、実母からの引渡請求を却下し、里親らを監護者として指定している（注32）。

これに対して、抗告審である仙台高裁は、民法七六六条一項および旧家事審判法九条一項乙類四号の規定の構造からして、「家庭裁判所に対して子の監護者の指定の審判の申立てをすることができる者が協議の当事者である父又は母であることはいうまでもない」とし、このような協議のできない場合に「家庭裁判所は、いわば父母に代わって子の監護者を定める」ことが同条の趣旨であるとした上で、第三者である里親らに親権者以外の監護者の指定の申立権はないとして、里親らの申立てを却下した（注33）。ただし、実母からの引渡請求自体は、行政処分としての児童相談所の一時保護処分を家庭裁判所で争うことはできないとの理由から棄却されている。

また、両親が不仲で暴力を伴う争いを繰り返しているため祖母のところに預けられた満一一歳と一〇歳の姉妹について、父親の暴力行為や性的虐待の可能性があることを理由に監護者の指定を申し立てた事件で、福岡家裁久留米支部は、親権者が親権をその本来の趣旨に従って行使するのに著しく欠けるところがあり、親権者である父母にそのまま親権の行使をさせると子の福祉を不当に阻害する特段の事情があるとまでは認められないと申立てを却下した（注34）。これに対して、祖母から保護の緊急性、保全の必要性があるとして即時抗告。福岡高裁は、父親の暴力や性的虐待の可能性が高く、親権行使が子の福祉を害する蓋然性があり、姉は一時保護された児童相談所から逃走して抗告人のもとに匿われている状況にあり、早急な生活の安定を図るためにも抗告人の監護に法的根拠を付与することが必要であるとして、姉については申立てを認めた。しかし、妹については相手方と生活しており、正確な実情把握が困難で、児童相談所や家庭裁判所の手続を検討して解決を図るのが相当として申立てを却下した原審を支持する判断を下した（福岡事件）（注35）。

さらに、未成年の子の母方の祖母が子を虐待するなど実父母が監護に著しく欠けるところがあるとして、一年半にわたり同居し面倒を見てきた未成年者の監護者の指定を求めたケースで、金沢家裁七尾支部は、父母が子の監護権に関する合意を適切に成立させることができず子の福祉に著しく反する結果をもたらしている場合には、家庭裁判所の権限につき民法七六六条を、請求権者（申立人）の範囲につき民法八三四条をそれぞれ類推適用し、子の親族は子の監護に関する処分事件の申立権を有し、同申立てに基づいて、家庭裁判所は、家事事件手続法別表第二の三（旧家審法九条一項乙類四号）により子の監護者を定めることができるものとして、また父母にそのまま親権を行使させると子の福祉を不当に阻害する特段の事情がある場合は、父母の意思に反しても父母でない者を監護者に指定できると説示した上で、実父は一歳一一カ月の二女を虐待して死亡させており、実母は未成年者を自分で判断して生活していけるようになるまで祖母に預けるという念書を交付し、子どもが「パパに何も食べさせてもらえなかった」など好感情を有していないことから、祖母を監護者に指定した（金沢七尾事件）（注36）。

また、二歳の頃に父母が離婚して親権者となった母親が実家に近いところに転居し、母方祖父母のもとで預かっていたところ、金銭トラブルや付き合っている男性のことで感情的にも対立するようになり、母親から人身保護法による子の引渡し、祖父母から民法七六六条に基づく監護者の指定が求められたケースで、東京高裁は、次のように説示して、祖父母からの監護者指定を認め親権者である母からの引渡請求を却下した原審判（さいたま家裁）を取り消した（さいたま事件）。

すなわち、「相手方らは抗告人の両親であり、本件未成年者の祖父母であって本件未成年者を現に監護する者であるが、未成年後見人その他の法令に基づく権限を有する保護者ではないことが認められる。家事審判法第九条第一項乙類第四号は、その文言（「民法第七六六条第一項又は第二項（これらの規定を同法第七四九条、第七七一条及び第七八八条において準用する場合を含む。）の規定による子の監護者の指定その他子の監護に関する処分」）及びその趣旨によれば、民法の上記各規定が、未成年の子の父母が離婚その他婚姻関係を解消するに際し、両者の間の未成年の子の監護者を指定し、及び監護に関する処分をするについて家庭裁判所がこれを定める旨を規定していることを受け、上記のとおり審判事項を定めているというべきであるから、本件のように、未成年の子に父母があり、その一方が親権者として定められている場合に、未成年の子の父母以外の親族が自らを監護者として指定することを求めることは、家事審判法第九条第一項乙類第四号（筆者注：現家事事件手続法別表第二の三）の定める審判事項には当たらないというべきである。その他、同法その他の法令において上記の場合に未成年の子の父母以外の親族が自らを監護者として指定することを求めることを家庭裁判所の審判事項として定める規定はない。したがって、相手方らの本件申立ては、法により家庭裁判所の審判事項として定められていない事項について家庭裁判所の審判を求めるものというほかはないから、不適法として却下すべきである」とした（注37）。

母親が育児ノイローゼと診断され精神的に不安定で、父親との夫婦関係も良くなかったために、生まれて間もなく母方祖父母のもとで監護養育され、母親死亡後は、父親から監護養育を委託されてきた五歳の男児につき、父親による子どもへの暴力の疑いもあって、母方祖父母が実父を相手に自分たちを監護者に指定することを求めた事案で、横浜家裁川崎支部は、東京高裁平成二〇年一月三〇日決定を引用して、母方祖父母は、民法七六六条の類推適用により監護者の指定を求めることはできないとされ、きわめて形式的な理由で申立てを却下してしまった（注38）。

これらの下級審裁判例や家庭裁判所実務を見る限りでも、山形事件の仙台高裁決定、さいたま事件の東京高裁決定、横浜家裁川崎支部平成二七年審判のみが祖父母等の申立資格を否定しているにすぎず、すべて一審の家庭裁判所レベルでは、妥当な紛争解決のニーズから、申立資格は認容している。このように見ると、仙台高裁や東京高裁など一連の消極的判断は、きわめて形式的な文理解釈でもって、子の監護養育に実質的関係を持ち、現に監護を継続して、未成年子との深い愛着と信頼関係を築く祖父母や里親などに、申立資格や手続的な地位を認めなかった。これらは、これまでの家庭裁判所実務を無視した判断と言うほかない。

六　学説の展開

学説では、親権者・監護者でない祖父母や里親、事実上の養親、継親など第三者からの監護者の指定や面会交流、子の引渡しなどは、「その他の子の監護について必要な事項」として子の監護に関する処分事件の申立権を有するかどうかでは積極説・消極説の対立があった。消極説が従来の多数説であって、民法七六六条の申立権者は、協議の当事者である父母であり、親権者・監護者から監護を委託され、または養子縁組を前提として子を預かり事実上の監護をしている第三者には申立権は存在しないと解している（注39）。事実上の監護者にまで申立権を認めることは、本条の文言や立法趣旨を大きく離れ、既に解釈論の限界を超えるものであり、親権者や監護者の権限に対する第三者からの不当な干渉ともなりかねないとする。

これに対して、祖父母や里親など事実上の監護者も本条での申立権を有すると解する積極説も近時有力化してきた（注40）。この説は、事実上の監護者についても、本条は当事者の協議に代わる処分として、家庭裁判所に育ての親としての最適任者を選任したり、監護費用分担額を定めたり、面会交流義務を形成したり、子の引渡義務を形成したりする積極的な権限を付与した趣旨の規定であると解する。したがって、ここでは、子の監護者としての適否ひいては子の利益の考慮が中心的な判断事項となり、権利の存否ではなく、家庭裁判所が「子の監護に関する処分」として審判すべき事項とするのがふさわしいと説く（注41）。

消極説が言うように、祖父母、里親等の事実上の監護者からの申立権を一切認めないとすると、法規が欠落していることによる不利益を結果的に実質的当事者である子どもに及ぼすことにもなり、子の福祉の実現が形式的資格や権限の有無により阻まれるという不幸な事態ともなりかねない。欧米では、子の福祉に関係を持つ第三者にも監護や面接交渉を申し立てる資格が認められ、子の利益のためにその途が開かれている。そうだとすると、明文の規定のない我が国でも、父母や親権者ではないとしても、親代わりをしたり監護に関わり実質的な関係を形成してきた者には、民法七六六条の趣旨を類推適用して、子の利益の増進と監護関係の安定のためにイニシアティブを取らせるべきである。そして、このような第三者に申立資格を認めたところで、監護に関する処分事件は、子の利益になるかどうかで決せられることになり、最終的には、家庭裁判所を関与させて子の福祉を調査する専門性と機動性がいかんなく発揮されることになろう。

また、さらに近時は、子の福祉の観点から第三者の監護者指定が必要な場合に民法八三四条と七六六条を類推適用して行うべしとする民法八三四条・七六六条重畳類推適用説が説かれ（注42）、これを支持する立場もある（注43）。この説は、親権者の意に反しても監護権が奪われるのは親権喪失制度と基盤を一にしており、児童虐待・放置など監護状態が劣悪な親権濫用型を念頭に置いて、監護者の申立資格に制限を置く必要はないと主張している。また、民法七六六条の類推適用説は、子の監護養育をしていない祖父母等の親族をカバーできず、虐待事案では申立権者が狭すぎるとの批判があり、これを支持する立場もある（注44）。法の欠缺を埋めるためにも、民法七六六条類推適用説、民法八三四条・七六六条重畳適用説の両方の構成で、子の監護の問題が家庭裁判所で統一的な解決が図れるようにすべきだとの注目すべき立場も説かれている（注45）。

いずれにしても、親権停止制度、喪失審判制度と並んで、祖父母等の第三者や親族が子の養育監護に関わるケースは増加しており、解釈論としても、子の監護紛争の紛争類型も当事者も多様化しており、第三者に申立資格を認め、子の福祉や利益になることを積極的に主張立証させて必要な範囲での監護権を取得させるべきであろう（注46）。

とくに、さいたま事件の東京高裁決定の採用する消極説についてはその理由付けのレベルでも、未成年子の父母以外の親族が自らを監護者として指定することを求めることは、家事事件手続法別表第二の三の審判事件（旧家審法九条一項乙類四号）に当たらないというきわめて形式的文理的な解釈論を展開して、祖父母の孫に対する監護者申立資格を否定したもので多大の疑問がある。例えば、父母に虐待や放置など何らかの監護者不適格事由があるような場合には、父母から子を引き離す法的手段が用意されなければならないこと、子どもの安全な養育のためには、祖父母その他の第三者による監護が不可欠な事態もあり、子どもの福祉や利益保護の観点から、民法七六六条の監護者として第三者を指定することは可能であること、東京高裁決定も、全く同様の形式的な理由付けで監護者の指定を却下したことは先例にも反するし、子の福祉を実現すべき家庭裁判所実務の任務を放棄するに等しいと批判する（注47）。

七　外国法での動向

アメリカでは、子と一緒に暮らしていない親との面会交流はもちろんのこと、祖父母、継父母、兄弟姉妹など、子の最善の利益となる場合には、面会交流を認める制定法を置く州が多い（注48）。そして、子の監護権についても、父母には一定の優先的な地位を認めつつも、子の虐待・ネグレクト、親の不適格、監護親の死亡に伴い事実上の親子関係を形成するなど特断の事情がある場合には、祖父母、継親等の事実上の親代わりの役割を果たしてきた第三者にも、子の最善の利益になる限りで、監護権を付与する州法や裁判例が増えている（注49）。

イギリスでも、一九八九年の児童法（Children Act 1989）で、親の親権（Parental Rights）から親責任（Parental Responsibility）へと用語そのものが大きく変更され、二〇〇二年養子および児童法により、子どもの福祉が至高の考慮事項であることを再確認するとともに、二〇一四年児童および家族法により継親、非婚の父など第三者への親責任の取得を認めることがあり得ることになった（注50）。これは、血縁上の親だけでなく、心理的社会的親を重視する理念のあらわれである。当然に、父母に代わる祖父母なども心理的親や社会的な親として、親責任を取得することがある。

ドイツでも、一九九八年の親子法改正法により、父母の離婚後の共同配慮を原則化するとともに、二〇一三年改正法により、婚外子の父の配慮権の強化を図り、子と父母双方の交流や共同の配慮が重視されるとともに、父母以外で子と親密なつながりを持つ者との関係を維持することが子の利益のために重要と規定された（ドイツ民法典一六二六条）（注51）。父母以外で、子に対して事実上の養育責任を果たし社会的家族関係を形成してきた祖父母、継親、兄弟姉妹、里親なども面会交流権を有するものとされた（ドイツ民法典一六八五条）。

フランスでも、二〇〇二年の親権法改正により、分担委譲制度が導入され、親権行使に第三者を関与させることを判決で認めるものであり、任意の場合は親の同意が必要であり（フランス民法典三七七―一条二項）、児童虐待やネグレクトなどの場合には、子の福祉のために親の意に反しても強制委譲の措置が取られることもある（民法典三七七条二項）（注52）。

八　終わりに

繰り返すことになるが、実務では、既に、民法七六六条、家事事件手続法別表第二の三（旧家審法九条一項乙類四号）の子の監護に関する処分事件につき、文理上は、協議離婚の際の規定であるにもかかわらず、別居中の父母間の面会交流に関する紛争、監護者指定、子の引渡し等でも、類推適用ないし準用して問題解決を図ることを肯定してきた（注53）。また、祖父母、叔父叔母等の第三者が子の監護者の指定を申し立てて、民法七六六条、家事事件手続法別表第二の三（旧家審法九条一項乙類四号）が類推適用されて、監護者に指定されたケースもあった。例えば、親権者である実父が死亡後、母親が親権者変更を申し立て、他方、子を現実に監護養育してきた父方祖父母が子の監護者の指定を求めたケースで、母からの親権者変更も、父方祖父母からの監護者指定も、手続的には認めた上で、子の福祉の観点から家庭裁判所が後見的な立場から判断した（注54）。このほか、親権争いに付随して、現に子を監護している母方の兄（注55）、母方の姉（注56）、親権者実父の死亡後、母が親権者の変更を申し立て、現に子を監護養育し、後見人選任申立てをした父方祖父母が抗告したのに対して、母親を親権者として変更を認めるとしても、現に子を監護養育している父方祖父母を監護者に指定することが相当であると説示して、原審判を取り消して、差し戻した裁判例（注57）もあるなど、下級審裁判例での豊富な積み重ねがあり、学説でもこの家裁実務を肯定する立場も圧倒的に多い（注58）。

確かに、平成二三年の民法の一部改正により、申立権者に未成年者本人も加えられて、民法八三四条の二には、新たに親権停止制度が設けられた。これらの改正は、親権制限の制度がなかったために、オールオアナッシングの親権喪失審判制度が利用され難いという事情を改善することが目的でもあり、その積極的活用が期待された（注59）。親権喪失審判申立事件は、二〇一六年には一〇八件あり、親権停止申立事件は二〇二件で、既済件数は喪失事件が八九件、停止事件が二〇五件に上っている（注60）。そのうち、喪失で認容は二五件（二八・一％）、却下一三件（一四・六％）、取下げ四九件（五五・一％）であり、停止は認容が八三件（四〇・五％）で、却下二五件（一二・二％）、取下げ九六件（四六・八％）とかなり厳しい数字である（注61）。児童虐待・ネグレクト等が急増する中で、親権制限の事件の認容率も決して高いとは言えず、審理も迅速に行われているとは言い難い。

しかも、民法七六六条で、監護者の指定や子の引渡し、面会交流、養育費などの請求が父母以外の第三者と問題になるのは、単に児童虐待やネグレクトなどの疑われる事案だけでなく、里親や事実上の養親と実親、親権者である単独親権者死亡後の祖父母等の事実上の後見人と実親など多様な紛争類型が考えられる。既に指摘してきたように、監護者の指定や子の引渡し、親権・監護権の指定、変更や分離分属が問われる紛争類型は、父母においても、父母と第三者においても、父母の離婚や別居、死亡などにより、横の拡大家族との面会交流や監護費用など子どもの養育と直接関わらないものの、家族が再編成する過程での「家族再編型の紛争」、離婚や別居等に伴う継親や事実上の養親と実親との間で暫定的に監護者を定めて恒久的な子の監護養育環境を形成するためのステップとするなど「暫定的監護型の紛争」、児童虐待・暴力・ＤＶなど緊急的介入が要請されるような「親権濫用・児童虐待型の紛争」、一時保護、里親委託、特別養子縁組など子の安定的継続的監護養育状態を確保し実親からの引渡請求を阻止するなど「児童福祉型の紛争」など多様な紛争類型と当事者の複雑化・多様化が見られ、民法七六六条と八三四条、八三四条の二の重畳適用で対応すべきものと、端的に民法七六六条および申立権者の範囲や要件に実質的な制限を課すべき類型が存在している（注62）。

したがって、各種事案の類型ごとに特殊性があること、実親の親権制限にも該当するために、また、親権・監護の権限や責任の配分が明確でなく、親権者である父母にとっては親権への重大な介入や制限につながるので、第三者への監護権付与の際の要件や申立資格要件については、一定の制限をすることが必要である。先進諸国のように、本来は、第三者への監護権付与と親権制限の立法的手当てが必要であろうが、法の欠缺を埋める解釈論として、児童虐待型、児童福祉型の紛争類型では、民法八三四条等の重畳適用、家族再編型、暫定的監護型の紛争類型では、民法七六六条の類推適用と申立資格の制限をしながら、具体的な試案の妥当な解決を目指して実務は運用を図るべきであろう。第三者の監護者指定のニーズがある以上、もちろん解釈論での対応に限界がないわけではないが、目の前で苦しんでいる子どもたちを見捨てるわけにはいかない。

（注1）　最高裁判所事務総局編『平成26年度司法統計年報家事事件編』八頁～九頁参照（http://www.courts.go.jp/app/sihotokei_jp/search）。

（注2）　同編『平成27年度司法統計年報家事事件編』八頁～九頁参照（http://www.courts.go.jp/app/sihotokei_jp/search）。

（注3）　同編『平成27年度司法統計年報家事事件編』五七頁参照（http://www.courts.go.jp/app/sihotokei_jp/search）。

（注4）　同編『平成27年度司法統計年報家事事件編』四三頁参照（http://www.courts.go.jp/app/sihotokei_jp/search）。

（注5）　梅謙次郎『民法要義巻之四親族編』二〇六頁～二〇七頁、島津一郎編『注釈民法（21）親族（2）』一五三頁〔神谷笑子〕参照。なお、民法七六六条の成立過程については、許末恵『親権と監護』一頁以下、同「民法第７６６条の成立に関する一試論（上）（中）（下）」青山法学論集五五巻三号一頁以下、同五五巻四号一一五頁以下、同五六巻三号一頁以下に詳しい。

（注6） 我妻栄『改正親族・相続法解説』一〇七頁、中川善之助編『註釈親族法（下）』三六頁〔舟橋淳一〕、於保不二雄＝中川淳編『新版注釈民法（25）親族（5）』四一頁〔山本正憲〕等参照。

（注7） 島津編・前掲注5一五四頁～一五六頁〔神谷〕参照。

（注8） 田中通裕『親権法の歴史と課題』二五二頁。

（注9） 佐藤隆夫『離婚と子どもの人権』八四頁以下。

（注10） 許末恵「親権をめぐる法規制の課題と展望」家族〈社会と法〉二四号一三〇頁～一三一頁、中田裕康編『家族法改正』一三八頁〔水野紀子〕、犬伏由子「親権・面会交流権の立法課題」家族〈社会と法〉二六号四六頁～四七頁、田中通裕「親権法の立法課題」法時八三巻一二号二七頁～二九頁等。

（注11） 窪田充見『家族法〔第二版〕』一二一頁。

（注12） 日本弁護士連合会両性の平等に関する委員会編『離婚と子どもの幸せ』二一八頁〔小川富之〕、梶村太市＝長谷川京子編著『子ども中心の面会交流』一〇七頁〔小川富之〕。

（注13） 内田貴『民法Ⅳ親族・相続〔補訂版〕』一三三頁等。

（注14） 高木積夫『判例家事審判法』一三一〇頁、荒木友雄「親権と監護の分離分属」ジュリ六六一号一一六頁、岡垣学＝野田愛子編『講座・実務家事審判法（二）』一六〇頁～一六一頁〔金田英一〕、窪田・前掲注11一二一頁は必要かつ適切な場合には認める。

（注15） 石川稔『子ども法の課題と展開』二五六頁、石川稔ほか編『家族法改正への課題』二三七頁〔棚村政行〕、野田愛子＝梶村太市総編集『新家族法実務大系（2）』三八六頁～三八七頁〔若林昌子〕、二宮周平『家族法〔第四版〕』一一五頁、大村敦志『家族法〔第三版〕』一七八頁は微妙な言い回しであるが子どもの利益や選択の余地を挙げ、否定はしない。冨永忠祐編『子の監護をめぐる法律実務〔改訂版〕』一一六頁も肯定する。

（注16） 東京高決平五・九・六（家月四六巻一二号四五頁）。

（注17） 福岡高決平二〇・一一・二七（判時二〇六二号七一頁）。

（注18）仙台高決平一五・二・二七（家月五五巻一〇号七八頁）。
（注19）横浜家審平二一・一・六（家月六二巻一号一〇五頁）。
（注20）福岡家審平二六・一二・四（判時二二六〇号九二頁）。
（注21）大阪家審昭四九・二・二〇（家月二七巻一号一〇〇頁）、東京高決昭四九・六・一九（判時七四七号五九頁）、東京高決昭五七・六・一（家月三五巻九号七二頁）、札幌家審平八・八・五（家月四九巻三号八〇頁）等。
（注22）神戸家裁尼崎支審昭四九・三・一九（家月二七巻一号一一六頁）、奈良家審平元・四・二一（家月四一巻一一号九六頁）等。
（注23）東京家審昭四九・三・一（家月二六巻九号八〇頁）。
（注24）千葉家裁松戸支判平二八・三・二九（判時二三〇九号一二一頁）の事案での父親から母親に対する監護者指定・子の引渡請求の事案等。
（注25）前掲福岡家審平二六・一二・四。
（注26）福岡家審平二六・三・一四（判時二二五六号七一頁）。
（注27）右近健男ほか編『家事事件の現況と課題』八八頁～一〇六頁〔沼田幸雄〕参照。
（注28）さいたま家裁川越支審平二四・四・二六（判時二一五二号四六頁）。
（注29）最決平一二・五・一（民集五四巻五号一六〇七頁）は、別居中の父母の面会交流について類推適用して問題解決を図ることを認めている。
（注30）東京高判昭五二・一二・九（家月三〇巻八号四二頁）。
（注31）大阪家審昭五七・四・一二（家月三五巻八号一一八頁）。
（注32）山形家審平一二・三・一〇（家月五四巻五号一三九頁）。
（注33）仙台高決平一二・六・二二（家月五四巻五号一二五頁）。
（注34）福岡家裁久留米支審平一四・七・一九（家月五五巻二号一七二頁）。

（注35）福岡高決平一四・九・一三（家月五五巻二号一六三頁）。
（注36）金沢家裁七尾支審平一七・三・一一（家月五七巻九号四七頁）。
（注37）東京高決平二〇・一・三〇（家月六〇巻八号五九頁）。
（注38）横浜家裁川崎支審平二七・一二・四（判例集未登載）。この事件は、母親死亡後、父親は監護養育を委託してきたが、母方祖父母と子の引渡しをめぐって紛争になり、父親から横浜家裁川崎支部に子の引渡請求がなされ、母方祖父母は監護者の指定、父親の親権停止を求めて争われた事案である。母方祖父母は、東京高裁に即時抗告の申立てを行ったが、地裁での子の引渡請求の審理が進み、最終的には、地裁での子の引渡し、母方祖父母との面会交流等の和解が成立し、親権停止や高裁での即時抗告を母方祖父母が取り下げる形で事件は決着を見た。この事件を見る限りでも、実親代わりに長年にわたり子の監護養育をしてきた祖父母等の法的地位がきわめて不安定であり、子の監護関係の安定のために、第三者の監護養育を認める解釈論や立法的な手当てが必要と言えよう。
（注39）島津編・前掲注5一五七頁〔神谷〕、斎藤秀夫＝菊池信男編『注解家事審判法』三三八頁〔沼邊愛一〕、村重慶一編『裁判実務大系25人事争訟法』一九六頁〔北野俊光〕等。
（注40）梶村太市「子の引渡請求の裁判管轄と執行方法」司法研修所論集創立五〇周年記念特集号第二巻三一二頁以下、棚村政行「祖父母の監護権」判タ一一〇〇号一四九頁等。
（注41）梶村・前掲注40三一二頁以下、棚村・前掲注40一四九頁参照。なお、祖父母と孫の面会交流につき、親族的関係の再構築という観点から評価する立場もある（大村・前掲注15二七六頁参照）。
（注42）田中通裕「第三者からの子の監護者の指定申立てが却下された事例」判タ一〇九九号八六頁～八七頁。
（注43）二宮周平「子の監護者の指定審判に対する抗告事件」判タ一二八四号一五三頁に詳しい。
（注44）右近ほか編・前掲注27一一二頁〔沼田〕、一一九頁〔二宮周平〕参照。
（注45）岡部喜代子「監護者指定に関する最近の裁判例」慶應法学九号一一六頁。
（注46）棚村政行「未成年者らの監護者の指定を本案とする審判前の保全処分として、未成年者らの実の祖母を監護者

と仮に定めることの可否」判タ一一五四号一〇二頁参照。

（注47）梶村太市「子の監護審判事件における第三者の当事者適格」判タ一二八一号一四六頁、二宮・前掲注43一五七頁参照。

（注48）*See* Jeff Atokinson, *Shifts in the Law Regarding the Rights of Third Parties to Seek Visitation and Custody of Children*, 47 FAM. L. Q2-8 (2013).

（注49）*Id* at 8-12. SANFORD N. KATZ, FAMILY LAW IN AMERICA 131-35 (2nd ed. 2015).

（注50）床谷文雄＝本山敦編『親権法の比較研究』一三頁〔田巻帝子〕。See Nigel Lowe & Gillian Douglas, Bromley's Family Law pp.389-90 (11th ed. 2015).

（注51）床谷＝本山編・前掲注50一二二頁～一二四頁〔床谷〕参照。Vgl. Dieter Schwab, Familienrechts 330. 25 Aufl. 2017.

（注52）床谷＝本山編・前掲注50一九五頁～一九六頁〔栗林佳代〕参照。

（注53）既に触れたように、前掲最決平一二・五・一は、別居中の父母の面会交流について民法七六六条を類推適用して問題解決を図ることを認めてきた。

（注54）前掲大阪家審昭五七・四・一二。

（注55）東京家審昭四二・六・一五（判タ二二八号二三六頁）。

（注56）大阪家審昭四九・二・一三（家月二六巻一〇号六八頁）。

（注57）名古屋高裁金沢支決昭五八・七・一（判時一〇九六号七七頁）。

（注58）下方元子「子の監護者の指定に関する諸問題について」家族〈社会と法〉二二号五六頁以下参照。

（注59）飛澤知行編著『一問一答平成二三年民法等改正―児童虐待防止に向けた親権制度の見直し』一頁以下、同「児童虐待防止のための親権制度の見直しについて―平成23年民法等一部改正」戸籍時報六八九号五頁以下参照。

（注60）最高裁判所事務総局家庭局編「親権制限事件及び児童福祉法28条事件の概況―平成28年1月～12月」一頁～二

頁。

(注61) 最高裁判所事務総局家庭局編・前掲注60三頁～四頁参照。

(注62) 棚村・前掲注46一〇四頁。

家事債務の強制執行
―ドイツにおける子の引渡しと面会交流の執行を中心に―

早稲田大学教授　本　間　靖　規

目　次

一　初めに

家事債務の強制執行に関しては、民事執行法の改正により、いわゆる予備差押え（民執法一五一条の二）や扶養料等の債務について間接強制を許容する規定（民執法一六七条の一五）が設けられ、漸次整備がなされてきたが、なお多くの問題を残している。とくに、子の引渡しの強制執行や面会交流の強制的実現に関する問題は、従来から議論が蓄積されてきたところである（注1）。子の引渡しの執行に関して議論の対象となってきたのは、①子の引渡請求が、民事訴訟事項なのか、家事審判事項（民法七六六条、旧家審法九条一項乙類四号、家事法別表二第三項）なのかの管轄の問題（注2）、②子の引渡請求権の法的性質（注3）との関係でどのような執行方法が妥当か（注4）、③子の引渡しの執行と人身保護請求の役割分担（注5）などであった。

二〇一四年四月一日、いわゆるハーグ子の奪取条約が発効し、これに伴って、「国際的な子の奪取の民事上の側面に関する条約の実施に関する法律」（以下では「ハーグ国内実施法」と略する）が施行された。その中で、子の解放実施と返還実施に関して、間接強制前置、代替執行の規定が整備された関係で、ハーグ事件と国内事件における執行方法の整合性が問われるようになる。これを受けた形で、従来規定のなかった子の引渡しの執行規定の整備を目指して、民事執行法の改正作業が開始され、現在それが進行中である。二〇一七年九月には同改正に向けた中間試案が出されたところである。

本稿は、子の引渡しならびに面会交流の執行に関する私見を明らかにするための準備作業として、立法において先行するドイツの法規定を紹介してこの種の執行のあり方を考える際の資料を提供することを目的とするものである。その意味で本稿は、いまだ中間報告にすぎないが、ドイツにおける執行手続の構造ならびにこれが何を狙いとしているのかを明らかにしておきたい。

二　ドイツにおける家事債務の強制執行の手続構造

1　一般（原則規定）

二〇〇九年九月一日に施行された「家族事件ならびに非訟事件の手続に関する法律」（Gesetz über das Verfahren in Familiensachen und in den Angelegenheiten der freiwilligen Gerichtsbarkeit, 以下では、略称であるFamFGと表記する）において、家事事件に関する強制執行の規定が整備されている。この法律の制定以前から、家事事件の執行に関しては様々な議論がなされてきた。そしてこの議論については既にその紹介をしながら家事債務の強制執行に関する日本の解釈論の参考にされてきたことは周知のとおりである（注6）。FamFG制定以前の議論はこれらの論文に任せることにして、以下では、以前の議論を適宜参照しながら、FamFGでどのような法規整がなされたのか、ドイツにおける家事債務の強制執行に関して、明文の規定によって整備された面会交流と子の引渡しの執行を中心に記述する。なお、ドイツにおいては、ハーグ子の奪取条約に基づく面会ならびに子の引渡しの執行に関しては、別の法律（Gesetz zur Aus- und Durchführung besitmmter Rechtsinstrumente auf dem Gebiet des internationalen Familienrechts（Internatiopnales Familienrechtsverfahrensgesetz, 略して、IntFamRVG, 四四条）に規定されている。本稿では、主としてドイツ国内事件の執行（FamFGの執行規定）を取り扱う。また、子の引渡しや面会交流に関する実体的判断基準や判断手続の詳細には触れないことをお断りしておく（注7）。

FamFGは、八六条以下に執行規定を置いている。そのうち人の引渡しと面会交流に関する執行規定は、八八条ないし九四条に、ZPOによる執行は（注8）、九五条ないし九六a条、婚姻事件ならびに家族争訟事件の執行は、一二〇条（ZPOの準用）、裁判上の命令に基づく作為・不作為義務の実現に関しては、三五条（強制金、強制拘禁）に規定されている。また特別な執行規定として、仮の命令に関する五三条、五五条、手続費用の救助の承認に関する七七条三項、暴力からの保護事件に関する三七一条二項、登記登録法上の処分の実現に関する三八八条以下、確定した海損清算事件に関する四〇九条三項などがある（注9）。このように事件類型ごとにその性質を加味した執行規定を置いているのがドイツ（FamFG）の特徴と言える。

執行の要件は、ZPOによる執行と同じく、執行名義（債務名義）、執行文（必要な場合のみ）、送達である。このうち債務名義に関しては、①裁判所の決定、②裁判所が認可した和解（FamFG一五六条二項において、関係人が面会交流ないしは子の引渡しに関して合意に達した場合、裁判所がこれを認可するとき、合意された規律内容は和解として受け入れられなければならないと規定している）、③ZPO七九四条でその他の執行名義とされているもののうち、手続対象に関して当事者が処分することができるものが、執行名義となる（FamFG八六条一項）。決定は効力の発生とともに執行可能となる（同二項）。また、執行名義が執行文を必要とするのは、執行が名義を言い渡した裁判所によって行われない場合のみである（同三項）。この条項は、執行に際し、原則的には執行文を必要としないことを前提としているが、面会交流や子の引渡し事件に関して言えば、これを要する事件が多いことが予想される（注10）。

執行手続については、FamFG八七条の規定による。そこでは、「裁判所は職権で開始され得る手続においては、職権で執行を行い、違反行為の場合になすべき執行方法を特定する。権利者は執行の開始を申し立てることができる。裁判所がこの申立てに従わない場合には、決定でその旨の裁判をする」（一項）、「執行は、決定が既に送達されたかあるいは同時に送達される場合にのみ開始されることが許される」（二項）、「執行官は、必要に応じて、警察の執行機関（Vollzugsorgan）の援助を求めることができる。住居の捜索や門扉、居室等の解錠に関するZPO七五八条一項二項、執行に際して抵抗を受ける場合の証人の立会いを定める同七五九条、執行に関与するすべての者に、執行官の記録の閲覧や謄写したものが付与されなければならないとする同七六〇条、執行官に執行行為の調書の作成を義務付ける同七六二条、執行行為に属する催告や通知に関する同七六三条が準用される」（三項）。「費用の裁判に関しては、FamFG八二条、八四条が準用される」（四項）。FamFG八七条による執行手続においては、同法の一般規定が適用になる。したがって裁判所は、同法三二条に基づいて、期日を開いて関係人と事件について討論する（erörtern）することができる。これはとくに面会交流事件に適している。また審尋請求権保障のため、三二条一項一文に基づく関係人の審問も、これによって手続の目的が危殆化されない限り、必要である（注11）。

債務名義と執行文がFamFG八六条一項・三項に規定されているのに対して、送達は八七条二項に規定されており、これを一般的に第三の執行要件ということは難しいが、送達は、債務者が執行の原因と範囲を知ることを保障するものである。すなわち送達は、強制執行における審尋請求権保障に資するものである（注12）。

FamFGは、一般的な機能管轄の規定を置いていない。FamFGによる執行のための管轄は、八八条以下に規定されているところに従う。執行に際して警察上の援助を求めることができるのは執行官の権限であり、裁判所の授権を必要とするものではなく、また裁判所が直接警察上の援助を要請することはできない。

2　人の引渡しと面会交流（FamFG八八条～九四条）

FamFG八八条は、人の引渡し（子が実務では大半を占めるが被世話人なども含まれる（注13））と面会交流の規律

（Regelung）の執行に関する規定を置いている。一項は、「執行は、人が執行開始時点で常居所を有する地域の裁判所によって行われる」と規定し、二項では、「少年局は、それが適した事件において、裁判所を援助する（Unterstützung）」、三項では、「手続は優先的かつ迅速に実施されなければならない。一五五ｂ条、一五五ｃ条が準用される（注14）」と規定している。BGB一六三二条は、一項で「身上監護（Personensorge）は、両親あるいは親の一方のもとで違法に子を留置している者から子の引渡しを求める権利を含む」、二項で、「身上監護はさらに、第三者のためにあるいは第三者に対する効力をも持って、子との面会交流を定める権利を含む」、三項では、「一項、二項の事件に関する争いについては、親の一方の申立てにより、家庭裁判所が裁判する」、四項では、「子が長期にわたりFamilienpflege（里親）のもとで生活し、両親が子を連れ去ろうとするとき、家庭裁判所は、職権で、連れ去りにより子の福祉が危殆化される限り、子を里親（監護人）のもとにとどめることができる」と規定している。FamFG八八条以下は、この権利規定を受けてこれを執行によって実現する役割を担うものである。

子の引渡し、面会交流の規律に関する執行機関は裁判所である。もっとも子の引渡しと並んで子に属する物の引渡しが命じられる場合、その引渡しの執行はFamFG九五条一項二文に基づき、動産の引渡執行に関するZPO八八三条以下により執行官が執行機関となる（注15）。

子の引渡し、面会交流の実現のための執行においては、少年局が支援義務（Unterstützungspflicht）を負う。少年局員を介在させることによってできる限り、直接強制（九〇条）を避ける、ないしはこれが避けられない場合でも緩和的にこれを行うことが目指されている。この支援義務は裁判所の依頼を受けて執行官が行為を行う場合にも適用される。引渡命令や付添つき面会交流の命令の執行では、通常、少年局に援助の要請を行うのが実務の通例である。もっともこの義務の限界は、規定からは引き出され得ない（注16）。この種の債務名義の実現は任意に行われるのが理想であるが、いざ執行ということになったときでも、手続のソフト化が図られるべきであることを表すものとして興味深い。

ドイツにおける子の引渡しと面会交流の実現を図る執行の特徴として、執行に際しての手続の優先・促進要請が挙げられる（FamFG 八八条三項）。子に関するこの種の事件において優先・促進要請が働くことは以前から認められていたが、FamFG 一五五条で判断手続において認められていたこの種の要請が執行手続にも通用するかについては、必ずしも明確ではなかったところ、二〇一六年の鑑定法ならびに家族事件・非訟事件手続の改正法により、三項が付加されてこれが明示的に規定された意義は大きい。

3　秩序措置

秩序措置（Ordnungsmittel, Ordnungsmaßnahme）は、子の引渡し、面会交流の強制執行手続におけるドイツ法に特有の制度である。これは裁判所の命令に従わない場合に、違反者に秩序金（Ordnungsgeld）の支払ないしは秩序拘禁（Ordnungshaft）という制裁を科すものである。FamFG 八九条は、一項で、「人の引渡し、面会交流の規律に関する執行名義に対する違反行為に際して、裁判所は義務者に対し秩序金を、そしてこれを取り立てることができない場合のために秩序拘禁を命じることができる。秩序金の命令が功を奏さないことが予測される場合には、秩序拘禁を命じることができる。この命令は決定によって行われる」、二項で、「人の引渡し、面会交流の規律を命じる決定では、執行名義に対する違反行為の効果が示されなければならない」、三項では、「個別の秩序金が二五、〇〇〇ユーロを超えることは許されない。拘禁の実施のためにZPO 八〇二g 条一項二文ならびに二項、八〇二h 条、八〇二j 条一項が準用される（注17）」と規定されている。さらに四項では、「義務者が、義務が生じた理由について、彼が違反の責任を負わない旨主張するとき、秩序措置の確定はなされない。責任を負う必要がない理由が後から主張されたときは、確定は取り消される」と規定して秩序措置からの免責が規定されている。債務者が裁判所の命令に従わない場合（contempt）に、制裁としてこのような秩序罰を科すのは、ゲルマン（ドイツ）法系の伝統的な特徴と言える（注18）。ZPO八九〇条二項との違いは、FamFG八九条では、秩序措置を科する場合の戒告（Androhung）を要しないとして、執行手続の迅速かつ効果的な進行を図っている点である（注19）。

子の引渡しないしは面会交流の規律を内容とする執行手続でこの秩序措置が発令される前提としては、執行可能な内容を含んだ債務名義の存在（仮の命令を含む）と債務者への送達である。前者は、十分に特定された明確な内容を持つものでなければならない。子の返還命令であれば、返還の趣旨が明確に表されたもの（単なる配慮権に関する裁判では足りない）でなければならず、面会交流の規律であれば、面会の態様、時間（何時に子が引き渡され、何時に返されるのか等）、場所に関する正確かつ漏れのない特定を含むものでなければならない。第三者機関の付き添いで行われる面会交流においても裁判所がその内容を定める必要があり、これを第三者機関に委ねることは許されない（注20）。

秩序措置は裁判所の権限であり、規定ぶりとしては、Kann-Regelung となっている。この背景には、面会交流を執行によって強制することの違憲性（GG二条一項に規定する親の人格権の保護）が問われた連邦憲法裁判所の（BVerfG二〇〇八年四月一日）判決がある（NJW 2008, 1287）（注21）。この判決によれば、面会交流を望まない親に対して強制的にこれを行わせることは、通常は、子の福祉に資さない。しかし子の福祉にとって面会交流の実現が必要であることの手掛り（Anhaltspunkt）が存在する場合には、これが認められると判示された（憲法適合的解釈）。これを受けて、秩序罰の制裁は裁判所の権限によって科され得るとの、柔軟な取扱いを可能にする規定となったのである（注22）。もっとも、面会交流が子の福祉に資するとして裁判がなされた以上、執行の段階で再度この点を審理することは許されないことから、裁判所の裁量の余地はゼロにまで減じられ、執行裁判所には単にどの秩序措置が妥当かの選択裁量が残されるのみである。この場合、国家には、親の抵抗にあっても面会を実現することが義務付けられる。これに違反すれば、ヨーロッパ人権条約八条（私生活および家庭生活を尊重する権利を保護する規定）違反を理由とする損害賠償請求権が発生する。FamFG 八九条の手続においては、債務名義となる裁判が子の福祉に合致するか否かの審理の必要はなく、裁判の変更の申立てにより執行停止の裁判がなされた場合のみ執行は止まるという一般原則が通用するのである（注23）。

Ordnungsmittel は、Zwangsmittel（FamFG 三五条）とは異なり、行為（作為・不作為）のための義務者の意思への働きかけによる強制的実現にとどまらず、義務者への制裁的性格を持つものであり、その分、面会や子の引渡しに関する裁判の効果的な実現の強化策として定められたものである（注24）。したがってこの規定を適用するためには、違反が過責（Verschulden BGB 二七六条一項の意味における故意または過失）によってなされたものであることが要件となる（注25）。義務者の過責は推定されるため、義務者は違反行為につき責任を負わない旨を詳細に説明して初めて秩序措置から免責される（FamFG 八九条四項）。監護親が面会交流の規律に反する子の意思を援用する場合、これが秩序措置からの免責につながるのは、子に面会に向けての働きかけを個別に行った旨を述べる場合に限られる（注26）。この免責の規定（四項）は、面会手続を念頭に置いて規定されたものである。これは、BGB 一六八四条二項のいわゆる福祉適合的行為義務（Wohlverhaltenspflicht）（注27）との関係で、この義務を守ったことの証明があれば、秩序措置から解放されることを定めている。もっとも、子が単に面会を望んでいないというだけでは理由にならない。子が学校に行くことを拒絶していても親として子を説得して学校に通わせなければならないのと同様、面会についても子への説得を要するからである。ただ、これは子の年齢によって左右される事柄である。年齢が低ければ（例えば四歳児）、子の意思の援用は問題にならないであろうし、六歳から八歳くらいであれば、説得の必要がある。それ以上の子には説得は効かないであろう。年齢の限界としては九歳から一一歳くらいと考えられるとされる（注28）。

ZPO八九〇条二項は、秩序措置の発令の前に戒告（Androhung）がなされなければならない旨を規定している。しかしFamFGはこれに代えて、義務者に債務名義違反が執行措置を招く旨の教示（Belehrung）を行うことにしてこれに警告機能（Warnfunktion）を持たせている（その内容は具体的なものでなければならず、その中には秩序措置の上限や免責可能性の指摘も含まれる（注29））。この教示は主文に記載され、これなしで秩序措置を科すことは不適法である。これも家事債務の執行のソフト化の一貫と言える。そしてこの秩序措置による不履行の制裁は、面会交流と子の引渡しに関する執行の効率性を高めることを狙いとしたものである。

秩序措置の命令は、理由付きの決定によって行われる。決定には上訴手段の教示と費用裁判が記載されなければならない。執行官は、必要な場合、警察の執行機関の援助を求める権限を有する（注30）。秩序措置の命令に対する不服申立手段は、即時抗告のみである（FamFG八七条四項）。

秩序措置の確定の前に義務者からの陳述聴取が義務付けられる（FamFG九二条一項）。ただしそのことによって執行が妨害されたり、困難になったりするような場合は除かれる（同条ただし書）。同様の手続は、ただし書の部分も含めて次に取り扱う直接強制においても適用される（一項二文）。

4　直接強制

秩序措置を尽くしても執行が実現できないときに直接強制が認められる。直接強制は有形力の行使による人または物の確保である（公権力行使の際の直接強制に関する法律（UZwG）一項、二項に定義規定がある）。FamFG九〇条一項は、「裁判所が、執行に関する明示的な決定によって直接強制を命じることができるのは、一号　秩序措置の確定が不成功に終わったとき、二号　秩序措置の確定に成功の見込みがないとき、三号　裁判の即時の執行が無条件で要請されるときである」と規定する。同二項は、「子に対する直接強制の適用は、面会権を行使するために子の引渡しが必要である場合には、許されない。その他において、子に対する直接強制が認められるのは、子の福祉を考慮してもこれが正当化され、かつより緩和された方法では義務の実行が不可能である場合のみである」と規定している。したがって子に対する直接強制の行使を排除していない（注31）。九〇条は、八九条を補完して専ら人の引渡しと面会交流の執行名義の実現に関する規定である。規定の文言はなんら引渡手続に限定していない。裁判所には執行という枠の中で直接強制を命じることが授権されている（注32）。

一項一～三号の規律は、比例原則（Verhältnismäßigkeitsgrundsatz）を打ち出したものである（明示的にこれが規定されているわけではないが書かれざる要件となっている（注33））。この原則によれば、強制執行の措置を選択するにあたり、まずは最もマイルドな（緩和された）方法を使わなければならず、この方法が不奏功に終わるか、他の理由から不奏功が予想される場合に初めてよりハードな強制措置が適用される。八九条との関係で言えば、まずは適切な秩序措置が命じられ、その不奏功で初めて直接強制が適用される。もっとも面会交流の規律の執行では、直接強制は、それが子に対して向けられるものでない限り（九〇条二項一文）、原則として可能ではあるが、一度限りの面会ではなく、継続的な面会を保障するために適したものとは言えないことから、通常は、命じられることはない。引渡命令の執行では、直接強制も選択肢の一つとなり得るが、裁判所は、手遅れになるような場合を除いては、その利用には慎重でなければならない。望ましくはまず、関係人（場合によっては引き渡されるべき者を含む）との協議を試みること（注34）、ならびに少年局の支援を要請することである（注35）。結局、直接強制を一時的にでも見合わせることから生じる不利益や侵害と直接強制によってもたらされる不利益等とを比較して直接強制の利用の可否を判断することになる。換言すれば、直接強制は子に与える負担も大きいことから、できる限りこれを避ける手立てを講じることを前提に、緊急の場合ないしは義務者が引渡しに応じることをかたくなに拒絶している等の場合の最終的な手段として利用するというのがドイツの考え方である。

FamFG九〇条一項は、申立てによる旨の規定となっていない。したがって裁判所は申立てなしに職権で直接強制の命令につき判断することができる（ただ、申立てがあったが、これを退ける場合には、決定によって裁判がなされ、申立人にはその旨が告知される）。Kann-Regelungなので裁判所の裁量判断ということになるが、その際裁判所は、直接強制の適用が裁判の実現に適しているかまたそれが必要かを審理することになる（ただし、執行名義となった裁判の再審理は行われない）。面会事件では、例外的にのみ直接強制が適用されるが、引渡事件では、直接強制に支障がない限り、裁判所の裁量の余地はゼロにまで減じられることになる（注36）。この決定は基本裁判とは別の手続でなされるが（例外として、九〇条一項三号）、その際、執行官への委任の旨が記載されるほか、少年局の関与（八八条二項）、健康上の問題がある場合の医師の関与などが盛り込まれ得る（上訴手段の教示もなされなければならないが、即時抗告には確定遮断効はない）（注37）。執行官にかかる費用との関係で費用裁判は必要であるが、これ自体が執行措置に属するので、執行文の必要はない。執行官は、裁判所からの特別の授権がある場合に関与することになるが、その際、事案によって警察上の援助を求めることができる（八七条三項）。執行官は、一週間を超えない期間内で執行を延期する権限を有する（ZPO七六五a条二項）が、執行停止は裁判所のみの権限である。子が抵抗することも考えられるが、その際、この抵抗を排除してまで直接強制を行うことが、引渡義務者のもとに留めるよりもより小さな侵害にとどまるのかが衡量されることになる。またその判断に際しては、子の年齢が決定的な意味を持つ。年齢が上になればなるほど、子の意思の尊重が必要になるが、その境界は一四歳で引かれ、それ以上の年齢の子に対して直接強制が行われるのは、子に性的な侵害が迫っている等差し迫った問題がある場合に限られる（注38）。執行方法としての直接強制は、最後の手段としてできる限り避けるべきものとされ、また直接強制が要請される場合でも少年局の援助を受けて緩和された方法を探ることが行われる。面会交流の執行においては、面会交流規律（面会交流の具体的内容の定め）の強制的な実現に優先する形で、少年局を関与させながら裁判所の仲介手続（Vermittlungsverfahren）により協議による解決を試みることが行われる（一六五条）。

FamFG九一条は、引渡しと面会交流事件に関して、「義務者の住居（Wohnung）は、裁判所の決定に基づいてのみ、その承諾なしに捜索されることが許される」（一項）と規定している（注39）。また決定の言渡しが捜索の効果を危うくする場合には、一項の裁判所の承認を要しない旨が規定されている。

三　ドイツとの比較から見た民事執行法改正動向の評価

前述のように現在行われている民事執行法改正作業中、中間試案で示された第三「子の引渡しの強制執行に関する規律の明確化」をドイツ法と比較して検討してみたい。

1　子の引渡しの執行に関する明文規定の整備

様々な問題を包含する子の引渡しの強制執行に関して、従来の議論を整理して規律を明確化することの意義は大きいと考える。ドイツ法においてもかつては子の引渡しの執行に際して動産執行の規定が使われていた時代があった（注40）。しかし人格ある子の引渡しを手段としてのみに限定するにせよ動産執行の手続を使うことには抵抗を感じる向きもあり、また子の引渡しに特有の考慮要素もあることを考えると子の引渡しに照準を合わせた明確な規定が存在する必要は否めない。なお、子の引渡しの執行は、子を常居所地国へ返還することを目的とするハーグ条約案件とは異なり、執行債権者への子の引渡しの実現を図るものであることにかんがみると、最終的には、直接強制によることが認められるべきものと思われる。なお、直接強制に際しての子の抵抗への対処と子の年齢との関係を見極めておく必要もある。その際、前述のドイツの議論は参考になるように思われる。また、子にとどまらず、場合によっては成年被後見人など成人の引渡し事案も考慮する必要があるのではないか。ドイツが「人（Personen）」の引渡しとしていることも考慮に入れておくべきように思われる。

2　間接強制前置について

子の引渡しの実現はあくまでも債務者の任意の履行によることが望ましい。しかしこれがなされない場合には、強制的実現の必要がある。ドイツにおいては、直接強制による子の引渡しの実現は最終手段であり、その前に義務不履行に対する制裁的な意味を伴う秩序金と秩序拘禁が、原則として、前置される。中間試案は、ドイツにおけるこれらの秩序措置（Ordnungsmittel）のうち秩序金を間接強制として性格付けるとすると、ほぼこれに見合う提案と見ることができる。ただ、両者の違いは、秩序措置が制裁的な色彩を持つことから、子の引渡しが継続性（時の経過）や事実上の阻止行為等何らかの理由で実現できないときにも科し得る強力な手段であるのに対して、あくまでも子の引渡しの実現に向けた強制手段にとどまる。ドイツがFamFGの制定に伴い旧法時代の強制金（Zwangsgeld）から秩序金に規定を変更した趣旨から見ると、裁判でなされた命令の実現を強化するという点で力を入れ直していることがわかる（反面、この種の強制執行の難しさを表わしている）。またドイツがゲルマン法系の伝統（英米法系の裁判所侮辱に当たる）にのっとり、秩序金のほかに秩序拘禁という強力な手段を科し得るとしている点について、中間試案にはこれに見合う提案は見られない。このことが、もし日本において、最終的には、人身保護手続による子の引渡しに頼らざるを得ない状況を残しての執行法の改正であるとするならば、立法作業に際してなお、秩序拘禁に当たるような他の手段についても検討の余地があるように思われる（注41）。裁判による命令を執行法上実現するための強力な手段を講じることなしに最終的には人身保護請求という他の制度の借用に頼ることには、多少の違和感を覚えるからである。

間接強制を前置するという場合、間接強制が直接強制よりも緩和された執行方法であるとの前提があるのではないか。すなわちその場合には、直接強制がより強力な実現方法で、これによれば子の引渡しはほぼ達成されるということで間接強制前置が意味を持つように思われる（注42）。もっともこの場合の直接強制に際しては、子の意思能力ないしは年齢への配慮が必要になる。

「子の急迫の危険を防止するために直ちに子の引渡しの直接的な強制執行をする必要があるとき」は間接強制前置の例外とする旨の規定を設けることについては、ドイツ法でも同様に考えられており、またその必要な場面が想定される以上（ドイツでは性犯罪の被害の危険などが例として挙げられているが、そのほか子を手許に置く親等による虐待や遺棄などの事例がこれに相当する）、賛意が表されるべきである。

3 同時存在の原則（注43）

ドイツにおいては直接強制による執行に際して債務者（義務者）の同時存在は要件とされていない。この点については、その前の手続において手続保障が尽くされ、執行段階に入っても比例原則が適用されて、できる限り緩和された執行方法が試みられる。しかしこの手立てが講じられたが、義務者が引渡しに応じることをかたくなに拒絶する態度を示す場合や緊急の必要性から直接強制の手段に頼らざるを得ない事態になって初めて直接強制が採られることを考えると、既に債務者の事情を考慮する段階は過ぎているものとして、有形力の行使が肯定される。その際、原則として、引渡しの実現が優先されることが理由になっていると推測する。日本においても子の福祉（子の心身へ深刻な影響を及ぼすなど）の観点から債務者の存在するところでの執行が要請される場合でなければ、同時存在を要件とするのは、債務者に引渡し拒絶の手段を提供することになることから、同時存在を原則とする必要はないのではないかと考える（注44）。ドイツにおいてはFamilienpflege（里親）に対する引渡しの執行について規定が整備されているが、日本においても、子が里親や児童保護施設で監護されている場合の引渡しの執行規定を整備する必要があるように思われる。

4 執行機関

中間試案は、子の引渡しの執行機関として、執行裁判所が執行機関になる甲案と執行官を執行機関とする乙案とを提示している。ドイツにおいては既に見たように裁判所が執行機関とされている。ぎりぎりのところまで少年局の関与などを求めながら、義務者との協議を積み重ねることによるソフトな対応を模索すべき子の引渡しの執行においては、裁判所の対応に委ねる方が妥当との考え方を採っているものと思われる（注45）。このように任意の履行に向けたソフトな執行手続を経て最終段階では直接強制に踏み切る過程は裁判所が取り仕切るべき事柄であることからすると、直接強制の場面では執行官の指定が必要になるにせよ、執行裁判所が執行機関となるのが適切ではないかと考える。またその際、判断機関である家庭裁判所との連携が重要であることは、間違いない（注46）。また、執行手続における調査官関与の可能性を残しておく意味でも（当事者との協議の際の立会いや現状を把握するための情報収集を目的とする事前の調査等、ドイツにおける少年局の役割を担うのは調査官がふさわしいように思われる（注47））、裁判所が子の引渡しの執行（や面会交流の執行）をも担当して執行機関となることを、検討すべきではなかろうか（注48）。子の引渡しの執行においては、子に対する配慮や状況の変化に応じた様々な判断を可能とする柔軟かつ機動的な執行体制を要するように思われる。

5　債務者の平穏な生活やプライバシーの権利の保護

子の引渡しの執行においては、債務者宅の解錠や子の捜索が必要となる。執行官にはこれを可能とする権限や場合によっては警察上の援助を求める権限を与えるべきであろう。また即時の子の引渡しの完了も求められるため、債権者の立会いも可能とすべきと思われる。しかしこれらは、債務者の上記権利との調整を要するものであることから、これを害さない配慮のもとに執行が行われるべきものである。

6　面会交流の強制執行

ドイツにおいては、人（子が主たる対象）の引渡しのみならず、面会交流の強制執行についても特別規定で対応している。両者を同一の規定で規律しながら、各々の性質に基づく対応の違いも見せている。前述のように秩序措置が裁判所の権限規定（Kann-Regelung）とされたのは、面会交流を望まない親に秩序措置を用いてこれを強制することの違憲性が問われた事件で、連邦憲法裁判所は、面会交流を望まない親に対してこれを強制することは、通常は子の福祉に適合しない、しかし子にとってその実現が必要である契機が存する場合には、これを強制することが許されるとの判断を示したことへの立法上の配慮からこのような規定となった（注49）。ドイツでは、面会交流の執行についても直接強制の可能性を排除していない。ただ、それは例外的になされるものと解されている。そこでこれに代わるものとして、少年局の関与のもとでの裁判所の仲介手続が規定されている。このような法制を見るとき、少なくともこれを参考としたソフトな執行方法の規定を設けることの検討が必要なのではないかと考える（注50）。その意味で、面会交流の執行が現状でいいのかどうか検討をする必要はあろう。

7　手続の優先、迅速要請

ドイツにおいては、子の引渡しと面会交流の執行手続について優先的にかつ迅速に行う義務が規定され、これに違反した場合には、関係人からの異議申立てが認められる。これは二〇一六年の前記改正法によって挿入された規定である。子に早期に安定した状況を提供し、既成事実の継続や子の身体への侵襲による危殆化によって執行が手遅れになることを防ぐ必要性は日本においても同様に存することにかんがみると、これをどのように達成するかの検討を要するように思われる（注51）。

四　一応のまとめ

本稿は、前述のように、家事債務の強制執行を子の引渡しの執行と面会交流の執行に照準を合わせて、ドイツの法制との比較で検討することを試みるものである。この種の執行は、強制的実現に親しむものではなく、任意の履行が望ましいことは明白である。それにもかかわらず、権利者と義務者間の対立が激しく、その間に置かれる子の状況をも考えながら、裁判で示された決定内容を強制的に実現しなければならない場面も存することは否定できない。ドイツの FamFG で採用している執行方法は、あくまでもソフトな手続の中でできる限り期日における協議や少年局の関与のもとでの仲介手続を行って命令の実現を図る方向を模索しながら、過責性を有する形でその実現をかたくなに拒む義務者には、秩序措置（秩序金や秩序拘禁）という強力な手段を講じることができる体制を整え、その上で最終的には有形力の行使も可能な直接強制で対処することである。柔らかな手続と義務の実現に向けての毅然とした姿勢の組合せが採用されている。この点は面会交流の執行規定においても基本的姿勢に変わりはなく、ただ事の性質上秩序措置の使い方に差を設けるという方法を採用している。日本においてもこの種の事件の性質に見合った執行手続のソフト化の方向をたどっている点で、両国に共通の方向性を見ることができる。もっともドイツは、手続の柔軟化と厳正な命令実現とを二つながら規定の中で明確にすることで実際には困難が予想される問題に対処しようとしている。この違いが子の引渡しや面会交流の実現においてどのような差をもたらすのかなお検討を重ねたい。その際、本稿では深く立ち入ることのできなかった FamFG の実務の中で、規定のどの部分が機能し、どの部分に問題を残しているのかという重要な問題について、今後調査を続けていこうと思っている。民事執行法の改正作業が行われている日本においては、人身保護請求や親権者変更など執行手続以外の制度に頼る部分をできる限り減少させ、透明で手続保障のしっかりした執行手続による裁判の実現を執行法の中で整備することが求められている。本稿におけるドイツ法の紹介がその一助にでもなれば望外の幸せである。

【付記】 このたびめでたく古稀をお迎えになった木内道祥先生とは、人事訴訟法制定に際しての法制審議会や大阪弁護士会のシンポジウム等でご一緒させていただいた。先生の鋭い洞察からご教示を受けること多く、最高裁判事に就任されたときもさもありなんと思ったことであった。その先生に献げるにはあまりに拙い論稿であるが、先生のご健勝をお祈りし、今後も変わらぬご指導をお願いする次第である。

（注1） 比較的近時（ここ一〇年間）の文献だけを挙げてみても（ただし網羅的でない。また教科書類は除く）、多くの貴重な研究が積み重ねられてきたことがわかる。内田義厚「民事執行手続のパラダイムシフト」ケース研究三二九号六九頁、法曹会編『例題解説ＤＶ保護命令／人身保護／子の引渡し』（以下では「例題解説」と略する）、村上正子ほか『手続からみた子の引渡し・面会交流』、梶村太市『裁判例からみた「子の奪い合い」紛争の調停・裁判の実務』、安西明子「子の引渡しをめぐる判断・執行手続」河野正憲先生古稀祝賀『民事手続法の比較法的・歴史的研究』四〇三頁、村上正子「子の引渡請求の強制執行再考のための覚書」筑波法政五三号三五頁、松本哲泓「子の引渡し・監護権者指定に関する最近の裁判例の傾向について」家月六三巻九号五四頁、磯尾俊明「面会交流事件と間接強制について」ケース研究三〇八号一三八頁、杉山初江『民事執行における「子の引渡し」』、遠藤真澄「子の引渡しと直接強制」家月六〇巻一一号一頁、梶村太市『家族法学と家庭裁判所』（以下では「家族法学」と略する）所収の諸論考、野田愛子＝梶村太市総編集『新家族法実務大系（２）』三三三頁〔榮春彦＝綿

貫義昌〕、同書三五一頁〔瀬木比呂志〕、瀬木比呂志『民事裁判実務と理論の架橋』（以下では「架橋」と略する）、古谷健二郎「間接強制が面接交渉事件に及ぼす影響について」ケース研究二九二号一七四頁。また面会交流の執行に関しては、①最決平二五・三・二八（民集六七巻三号八六四頁）、②同日決定（判時二一九一号四六頁）（①事件）、③同日決定（判時二一九一号四六頁）（②事件）の果たした役割が大きい。

（注2）　梶村・前掲注1（家族法学）一四四頁に議論が詳しく紹介されている。

（注3）　最判昭三五・三・一五（民集一四巻三号四三〇頁）は、親権の行使に際して妨害排除を求めるものと性格付けた。最判昭三八・九・一七（民集一七巻八号九六八頁）もこれを踏襲する。もっとも法的性質と執行方法とは直結するものであるかは議論がある。

（注4）　周知の通り、①間接強制説、②直接強制説、③折衷説（意思能力や子の奪取の態様などを基準とする）、④不作為を目的とする債権執行説に分かれていた。実務は①から次第に②ないしは③を採用するようになってきている。

（注5）　最判平五・一〇・一九（民集四七巻八号五〇九九頁）で顕著な違法性の基準として明白基準を採用した。また最判平六・四・二六（民集四八巻三号九九二頁）は、明白性の要件を具備する場合を具体的に示した。これにより、実務は人身保護請求を例外的なものと位置付け、家裁における審判前の仮処分などを活用する方向に舵を切った。山崎恒＝山田俊雄編『新裁判実務大系12民事執行法』三八四頁〔山崎〕、梶村・前掲注1（家族法学）一五六頁参照。

（注6）　半田吉信「幼児引渡請求とその強制方法（一）～（三）・完」法学論集（千葉大学）一巻二号一頁（とくに四二頁以下）、二巻一号二五頁、二巻二号四九頁（以下では、「法学論集」と略する）、同「ドイツにおける子の引渡請求とその強制方法」小野幸二教授還暦記念『21世紀の民法』六九〇頁（以下では「強制方法」と略する）、野村秀敏『国際的民事紛争と仮の権利保護』四二三頁、浦野由紀子「子の奪い合い紛争に法的解決を目指して―ドイツ法の視点から」家族〈社会と法〉一八号一一四頁など参照。

（注7）　子の引渡しに関しては、前掲注6文献（半田論文、浦野論文）のほか、半田吉信「ドイツ民法における子の引渡請求」西原道雄先生古稀記念『現代民事法学の理論（上）』四六三頁を参照されたい。
（注8）　金銭債権、動産・不動産の引渡し、代替的・不代替的行為、忍受・不作為、意思表示の執行など（九五条）、暴力からの保護事件や婚姻住居事件の手続における執行（九六条）、血統事件の執行（九六ａ条）などはZPOの執行規定による。
（注9）　Keidel/Giers, FamFG, 2017, S.1186.
（注10）　Keidel/Giers, a.a.O. S.1190.
（注11）　Keidel/Giers, a.a.O. S.1194. 直接強制の場合、審問と危殆化のバランスが要請される。
（注12）　Keidel/Giers, a.a.O. S.1194.
（注13）　MünKoFamFG/Zimmerman, 2.Aufl., 2013, S.697., Keidel/Giers, a.a.O. S.1197.
（注14）　一五五条一項は、子に関する事件（子の居所指定、面会交流、子の引渡し）ならびに子の福祉の危殆化に基づく手続が、優先的かつ迅速に実施されなければならないことを規定している。一五五ｂ条はこれを受けて、優先・迅速違反に対する異議（Beschleunigungsrüge）を規定し、一五五ｃ条は、裁判所の異議に関する裁判に対する抗告（Beschleunigungsbeschwerde）を規定するものである。これらの条文は、鑑定人に関する法律と家族事件ならびに非訟事件に関する法律の改正法（二〇一六年一〇月一一日成立、同一五日施行）により追加されたものである。
（注15）　Keidel/Giers, a.a.O. S.1197. によれば、子の引渡しと子に属する物の引渡しの両方が執行の対象となる場合には、裁判所がすべての債務名義の執行を行う（Annexkompetenz）。
（注16）　以上について、Keidel/Giers, a.a.O. S.1199.
（注17）　ZPO八〇二g条一項二文は、「拘禁命令には債権者、債務者ならびに拘禁の理由が摘示されなければならない」、同条二項は、「債務者の拘禁は執行官によって行われる。債務者には、拘禁に際して拘禁命令が認証謄本と

いう形で交付されなければならない」旨規定している。同八〇二h条は「拘禁命令の執行（Vollziehung）は、拘禁命令が言い渡された日から二年を経過したときは、許されない」（一項）、「拘禁の執行によって健康が重大な危険にさらされる債務者に対しては、その状態が続く限り、拘禁の執行を行うことは許されない」（二項）、同八〇二j条一項は、「拘禁が六カ月の期間を超えることは許されない。六カ月の経過後債務者は職権で拘禁から解放される」と規定している。

（注18）Stürner, Preliminary feasibility study on possible additional work on the development of Principles of Transnational Civil Procedure relating to effective enforcement, 2016, p.5. これは、二〇一七年から三年間行われる、UNIDROIT のプロジェクトのたたき台となる論文であり、UNIDROIT のホームページに掲載されている。

（注19）Keidel/Giers, a.a.O. S.1201. したがって二項の規定は単なる指摘義務にとどまる。なお、ハーグ子の奪取条約に基づく裁判の執行については、前述の IntFamRVG 四四条が同様に秩序措置（Ordnungsmittel）を規定している。

（注20）Keidel/Giers, a.a.O. SS.1201-2. 面会交流に関する裁判で、不作為義務が課せられた場合の執行はこの規定によることになる。

（注21）旧法 FGG 三三条一項一文（義務者の意思に係る行為の強制手段としての Zwangsgeld に関する規定）、三項（Zwangsgeld 確定前の戒告 Androhung に関する規定）の違憲性が判断の対象となったものである。

（注22）Keidel/Giers, a.a.O. S.1202.

（注23）Keidel/Giers, a.a.O. S.1203.

（注24）Meyer-Seitz/Frantzioch/Ziegler, Das FGG-Reform: Das neue Verfahrensrecht, 2009, S.169. 旧 FGG 三三条（Zwangsmittel）に当たる規定として、FamFG 三五条がある。したがって八九条は、人の引渡しと面会交流の強制執行の強化を狙いとする特別規定である。なお、Zwangsmittel と Ordnungsmittel の違いは、後者が履行すべき義務の実現のみならず制裁的な色彩を持った制度であるため、時間の経過によりもはや義務の実現が意味を持たなくなった場合でも、これを科すことができる点にある。Brehm, Freiwillige Gerichtsbarkeit, 4.Aufl.

2009, S.261.

（注25） Keidel/Giers, a.a.O. S.1203.

（注26） Meyer-Seitz/Frantzioch/Ziegler,a.a.O.S.169, Keidel/Giers, a.a.O. S.1204.

（注27） 子と親の面会に関する規定であるBGB一六八四条二項は、「両親は、子と他の親との関係を侵害する、あるいは教育を困難にするすべてのことを差し控えなければならない。子が他者の監護下にある場合も同様である」と規定する。

（注28） 以上は、Keidel/Giers, a.a.O. SS.1204-5. による。

（注29） Keidel/Giers, a.a.O. S.1205.

（注30） 以上につき、Keidel/Giers, a.a.O. S.1207. を参照した。

（注31） もっとも子の年齢による配慮の必要性から、通常は、幼児に対する有形力の行使が考えられているものと推測する。この点、子に対する威力の行使は認められないとする日本の議論とさしたる差はない。

（注32） Keidel/Giers, a.a.O. S.1208.

（注33） Keidel/Giers, a.a.O. S.1209.

（注34） FamFG一六五条は、面会事件に関して、裁判所が、場合によっては少年局の関与を要請しながら、協議の仲介をする手続（Vermittlungsverfahren）を定めている。

（注35） Keidel/Giers, a.a.O. S.1209.

（注36） Keidel/Giers, a.a.O. S.1210.

（注37） Keidel/Giers, a.a.O. S.1210.

（注38） Keidel/Giers, a.a.O. S.1212. FamFG九条一項三号は、民法によれば行為能力が制限されている場合でも、一四歳以上であり、かつ自らの身分に関わる手続においては、民法上その者に帰属する権利を主張するための手続行為能力を認めている。

（注39）　Keidel/Giers, a.a.O. S.1213. は、この規定が、BPolG（連邦警察法）七〇条のようにGG一九条一項二文の引用要請（Zitiergebot）に配慮していないことに疑念を呈している（GG一三条二項との関係）。
（注40）　差し当たり、半田・前掲注6（強制方法）七〇四頁以下参照。
（注41）　執行不能の事態を招いたことにつき債務者が有責であるのに、その状態を継続せざるを得ないままに終えることが果たして妥当かが問われる。ヨーロッパにおいては、秩序拘禁制度を採らないロマン法系の法制度において、刑法の適用を認めるなど他の法領域が関与することによって、強制的実現が図られるものがある。フランスが刑法の適用を認めることについて、半田・前掲注6（法学論集（一））四二頁、四八頁。スイス民事訴訟法三四三条一項は、作為、不作為、受忍の義務が裁判で決定された場合、執行裁判所は、以下のことを命じることができるとして、a刑法二九二条による刑罰の威嚇（Strafdrohung）、b五、〇〇〇フランまでの秩序金（Ordnungsbusse）、c不履行一日につき一、〇〇〇フランまでの秩序金、d動産の除去あるいは土地の明渡し、e代替行為を掲げている。なお日本における人身保護請求がこれに相当するとの考え方ができるとしても、これに問題があることについて、瀬木・前掲注1（「架橋」）四四〇頁参照。また人身保護請求を利用したからといって、必ずしも引渡しの目的が達成されるわけではないことにつき、東京地判平二・八・三（判時一三六五号八八頁）参照。
（注42）　もっとも、青木晋「子の引渡しの執行実務」家月五八巻七号一〇〇頁に実際の執行事例が紹介されているが、そのうち少なくとも甲山ケースとされているものは、行きすぎで裁判所の信頼を損ないかねない。債務者に闇討ち的な印象を残さない方法を採るべきである。
（注43）　ハーグ国内実施法一四〇条三項参照。
（注44）　反対：法曹会編・前掲注1（例題解説）三一一頁。
（注45）　ドイツにおいては協議のために期日を指定する規定が存する。同様の期日を日本において設けるべきことについて（協議期日制度）、内田・前掲注1九三頁参照。内田はさらに催告期日制度にも言及する（同九七頁）。
（注46）　内田・前掲注1九二頁、中野貞一郎＝下村正明『民事執行法』八〇二頁、山崎＝山田編・前掲注5四〇〇頁（山

崎〕、瀬木比呂志「子の引渡しに関する家裁の裁判と人身保護請求の役割分担」判タ一〇八一号六四頁。

（注47）ハーグ国内実施規則八七条三項参照。

（注48）子の監護に関する処分のうち、扶養料等の金銭債務の執行については、平成一六年の民事執行法の改正により家庭裁判所が、債務名義の一部について、執行機関となることが規定された（民執法一六七条の一五第六項）。しかしこの場合でも調査官を関与させることまでは認められていない（小野瀬厚＝原司編著『一問一答平成一六年改正民事訴訟法・非訟事件手続法・民事執行法』一五六頁参照）。将来的には、家庭裁判所で行う裁判については、執行機関としての機能を拡大し、当事者の任意履行や執行に際しての協議に関与することが考えられてもいいのではないか。なお、ハーグ国内実施法（同規則）を契機とする裁判機関と執行機関の分離という理念の変容や調査官の活用について、内田・前掲注1八五頁、九二頁参照。

（注49）福岡家審平二六・一二・四（判時二二六〇号九二頁）は、面会交流債務の不履行に際し、その原因が親権者たる母の言動にある場合には、母を親権者とした調停条項の前提が損なわれるとして、監護権を母に残したまま父へ親権者の変更を認めたものである。ドイツとは異なり、このような方法が事実上、親権者たる監護親に面会交流について寛容を迫る手段となり得る。これを一種の日本版の秩序措置と評価することもできる。しかし執行手続による裁判の強制的実現の手段確保をこのような形で代替させることが適切かは疑問である。また親権を面会交流の実現のための便宜に使うことの問題も残る。

（注50）日本においても当面は、再度の調停の申立てによって対応する方法がこれに当たるものと考えられる。野田＝梶村総編集・前掲注1三四〇頁〔榮＝綿貫〕。

（注51）梶村・前掲注1（家族法学）一七五頁は、前掲最判平五・一〇・一九以後、子の引渡しを求める審判前の保全処分の迅速化傾向を指摘する。これを受けてドイツのようにこれを規定に明示するのが望ましいのではないか。

★本稿は、科学研究費補助金課題番号16K03423の成果の一部である。

扶養義務に関するいくつかの問題

弁護士　加藤祐司

目次

一　本稿の立場および主に扱う問題

本稿は、生活扶助義務と生活保持義務を基本的な性格の異なるものと捉える立場（注１）に立って、主に養育費の問題を扱うものである。

二　生活扶助義務と生活保持義務

1　意　義

生活扶助義務と生活保持義務という用語は、中川善之助博士がスイス民法およびドイツ民法の示唆をもとに、訳語もしくは造語として用いられたものである。中川博士は、「親族が平常何等の経済共同をなさず、各人個々独立に生計を立て居ることの一結果として寧ろ当然のこと」（注2）として、近親者の扶養義務について「親族法（狭義に於ける）一般の原則に従ひ、扶養義務者が自己の生活を犠牲にすることなしに扶養上の出捐をなし得る場合にのみ負担せしめられるものと云わなければならない。而もそこに所謂「生活を犠牲にする」とは「地位相応なる生活を犠牲にする」の意味であって、「生存を犠牲にする」場合に限られるべきでない」とする。これに対し、「親がその未成熟の子を養育する義務も、是れまた、単なる扶養ではない。扶養義務は資力等の如何によっては免除され得るけれども、親の子に対する教育は実に親子法成立の唯一基調であり、之が除かれゝば親子関係は、少なくとも法律上、なきに等しくなる。子を養育せざる親と云うことは抑々概念自体矛盾である」とする（注3）（注4）。そして、同博士は夫婦間の扶養義務と合わせて「之を要するに、婚姻法上に於ける「夫婦の扶養義務」と親子法上に於ける「親の扶養義務」とは、親族法上に於ける「近親の扶養義務」並びに家族法上に於ける「戸主の扶養義務」とは著しくその本来の性質を異にするものと云い得る。仮に私は、前者を「生活保持の義務」と総称し後二者を併はせて「生活扶助の義務」と呼びたい。「生活扶助の義務」は、自己の地位と生活を犠牲にすることなき程度に他を「扶け助くる」ものであり、之に反し「生活保持の義務」は、最後の一片の肉、一粒の米まで分け食らふべき義務であり、他者の生活を「扶け助くる」に非ずして、之を自らの生活として保持するものである」（注5）。

以上の生活扶助義務と生活保持義務の考え方は、現在も、通説として維持され、「生活保持義務は、夫婦間の扶養、親の未成熟子に対する扶養であり、夫婦・親子関係の本質として、相手方の生活を自己の生活の一部として自己と同程度の水準まで扶養する義務とされ、これに対して生活扶助義務はその他の場合の扶養であり、相手方が生活難に陥った場合に自己に余力があれば援助すべき義務とされる」（注6）。

また、生活扶助義務と生活保持義務の差は、順位の差であり、質（強さ）の差である。扶養義務者が生活保持義務と生活扶助義務を負う場合において、双方を満たす経済的能力がないときには、まず、生活保持義務を果たすべきこととなる（注7）。子に対して生活保持義務を果たさなければ、親権の喪失や停止の原因となり得、夫婦であれば離婚原因となり得ることとなる。

2　根　拠

㈠　生活扶助義務は、未成熟子および夫婦間以外の者についての扶養義務である。扶養義務者に関する民法八七七条一項は、昭和二三年改正前の民法九五四条一項と同じ内容であるものの、民法八七七条二項および八七八条ないし八八〇条は、その他の扶養義務者、扶養すべき者の順序、扶養を受ける者の順序、扶養の程度・方法については、最終的にはすべて審判で定めるものとしており、改正前の規定とは大きく異なっている。このことは、扶養の規定が改正された昭和二三年当時において、親族間扶養を一律に期待することが困難であり、法律で定めたところで実現が難しいと考えられたことを意味するものと思われる。そうすると、生活扶助義務は、一定の血縁および親等の遠近に従った一定の範囲に親族には扶養を期待することでできる場合があるからということを根拠としていることとなろう。反面、その範囲を超えれば、もはや扶養は期待できない、扶養が必要ならば、契約でなすべき、あるいは公的扶助によるべきだということになる。

(二) 生活保持義務の根拠については未成熟子について見解が分かれる。①親子関係から当然に生ずるとする考え方、②親の未成熟子監護養育義務によって共同生活をすべき関係、つまり規範的生活共同体を基礎とするとの考え方、③親権の効果(民法八二〇条)とする考え方がある(注8)。②は、1に記載した中川博士の考え方からすれば①の分枝と言えるように思われるが、現実には一緒に生活していないが生活すべき関係と捉える点で、監護親から非監護親に対する、最もありふれた紛争の形と整合的であり賛成である。③に関しては、近時、再び力を得つつあるとされる(注9)。非親権者の生活保持義務の根拠が親権であるとするためには、非親権者にも潜在的な親権があるとしなければならないが(注10)、潜在する親権は親権の実がないのであるから、生活保持義務と親権を結び付けることには賛成できない(注11)。監護権を扶養請求の根拠とする考え方についても同様である。

未成熟子が扶養請求をなす際の法文上の根拠としては、民法八七七条とする説が妥当であると思われる(注12)。この説では、民法八七七条一項には生活扶助義務と生活保持義務の双方が含まれていると解することとなる。家庭裁判所の実際の手続では、父母が離婚しているときには民法七六六条一項の「子の監護に要する費用の分担」として、離婚前には民法七六〇条の「婚姻から生ずる費用」に含まれて請求されることが多いが、「子の監護に要する費用の分担」が認められ、「婚姻から生ずる費用」として子の生活費等の請求が認められる理由が何かとなれば、それは親が子に対して扶養義務を負うからということになると考えられる。民法七六六条一項や同法七六〇条は、請求の方法を多元的に定めたものと理解することができるが、両親が扶養義務を負うことを前提として、事前、事後の求償を定めた規定であると考えられる（したがって、養育費についての権利者は子を監護した、もしくは監護している親となる）（注13）。なお、いずれについても夫婦間でこれらについて合意が成立したときには、生活保持義務、生活扶助義務とは一応切り離された夫婦間の約束として効力を有することになる。

夫婦間の生活保持義務については、①夫婦の本質に基づくとする考え方と、②共同生活をすべき関係とする考え方がある。②に賛成する（注14）。請求をする際の法文上の根拠としては、民法七五二条を本質規定と解し、同法七六〇条は婚姻費用の分担請求とすることが一般的である（注15）。

3　老親扶養

老親の扶養に関し、「老親はもはや何の役にも立たないから扶養するだけむだであり、切り捨てるか、そうでしなくても冷遇すればたりるというのは、公平な処遇ではない。自分を育ててくれた老親に対する情愛が妻子に対するそれよりも薄いとも思えない」として、夫婦、未成熟子、老親を同じグループに同等に属するものとして処遇するとの考え方が示されているが（注16）、共同生活を営むべきことが予定される夫婦や未成熟子と老親の間には、質的な隔たりがあると言うべきである。妻子の生活にこと欠く者に老親の面倒も同等に見るべきだとするのは言いすぎであり、妻子の生活を全うした上で老親の扶養に及ぶとすること、すなわち子の義務が生活扶助義務の範囲にとどまるとすることは、やむを得ない順序であると思われる。

4　扶養必要状態と扶養可能状態

この両者は、いずれも、具体的扶養義務の発生要件であるが、生活扶助義務と生活保持義務の差に応じて差がある（注17）。

㈠　生活扶助義務

扶養必要状態は、扶養権利者の生活が文化的最低限度の生活水準以下（注18）であることを意味し、扶養可能状態とは、扶養義務者が自分の配偶者や子を含めて文化的な最低限度の生活水準を維持できるだけでなく、さらにその社会的地位相応の生活ができる余力があることである。

㈡　生活保持義務

扶養必要状態とは、扶養権利者の生活水準が扶養義務者の生活水準より低いことであり、扶養可能状態とは扶養義務者が文化的最低限の生活水準を維持してなお余力のある（注19）ことである。

㈢　生活保持義務における扶養可能状態

⑴　中川博士は、生活保持義務について、「最後の一片の肉、一粒の米まで分け食らうべき義務」とされたが、生活保持義務を負う者といえども労働力を保持するためには最低生活の維持はしなければならないから（注20）、この表現は、生活扶助義務から生活保持義務を際立たせるための例え話（注21）の域を出ない。実際のところ、夫婦親子が同居しているとするならば、一粒の米まで分けて食うということを観念できるとしても、別れて暮らす配偶者や親が、空腹に耐えてでも、配偶者や子に生活費を渡せ、まして家庭裁判所が労働力の再生産を無視するような審判をすることができるのか疑問とせざるを得ない。これは、他の親族の生活扶助義務や、公的扶助（生活保護）の問題である。

(2)　生活保持義務が問題となるのは、養育費や婚姻費用の分担額についてであり、それは親子、夫婦が別々に生活する場合であるが、これらの者は共同生活すべき者であり、これらの費用は、原則的に夫婦の収入からの負担と考えるべきである。

ただし、扶養義務者に収入はないが資産を有する場合においては、未成熟子や収入の少なく生活を維持することができない配偶者の生活のためにその資産を処分しなければならないことになる。

(四)　生活保持義務における扶養必要状態

(1)　先に生活保持義務における扶養必要状態に関し、「扶養権利者の生活水準が扶養義務者の生活水準より低いこと」とした。これは、生活保持義務を相手方の生活を自己の生活の一部として自己と同程度の水準まで扶養する義務と理解することによるものである。しかし、扶養義務者の生活水準より低いということは、親や配偶者と収入にふさわしい生活をするということであり、同じだけの生活費を当てるべきということではない（注22）。中川博士は、「父が昼飯を毎日ホテルでとるから、子供たちも毎日ホテルに行っていいとはいえないだろう」、「夫がパッカードを買ったから妻にもパッカードを買う権利がある」という意味ではなく、親の収入にふさわしい家族生活をするということ、「百万長者の妻らしい、もしくは子供らしい生活がされればいいのである。そのらしいという程度は、社会の通念とか、常識とか、その家の仕来りとかが決定する」とされる。ここで引用した中川博士の例について言えば、扶養必要状態というものは、同一の金額を利用することができないということを意味するものでないことが、容易に首肯できる。しかし、特に収入の多いわけではない給与生活者や自営業者のことを念頭に置くならば、生活水準が低いという場合の低さの程度の幅、自己と同程度の水準という場合の程度の幅は、さほど大きいものではないと考えられる。すなわち、扶養権利者の生活水準が扶養義務者の生活水準より低いということは、職業に伴う社会的な地位に基づく支出を除いた衣食住に要する費用を比較して、年齢や性別に伴う差を勘案した扶養権利者の生活水準が扶養義務者の生活水準より低いことを意味するものであり、これをもって、扶養必要状態としてよいと考えられる。

(2) 同じく生活保持義務の扶養必要状態について、配偶者や子の資産は、原則として、その判断材料として用いるべきでないと思われる。改正前の民法九五九条一項は「扶養ノ義務ハ扶養ヲ受クヘキ者カ自己ノ資産又ハ労務ニ依リテ生活ヲ為スコト能ハサルトキニノミ存在ス自己ノ資産ニ依リテ教育ヲ受クルコト能ハサルトキ亦同シ」と定めていた。この点につき、中川博士は、親の未成熟子に対する扶養について、旧法の解釈とし「親は、先ず第一に自己の財産又は収入によって子を養い、それが不可能な場合には、子の資産によって之をなし」とされ（注23）、また、戦後の自己責任の原則を理由にこれを肯定する説（注24）に対し、これが妥当するのは扶助義務についてであるとした上で、「親が未成熟の子を養うのに、まず子供の貯金から使ってというようなことまでも、自己責任の時代とか個人責任の民法とかによって正当化する必要はない」、「自己責任の基調に立つ扶助義務に対し、未成熟子は正にその例外をなす」とされた（注25）。

親と未成熟子が共同生活する場合、この共同生活は親の収入によって維持されるのであり、子の財産を処分して生活費に充てるということは想定されていないと思われる。この意味で未成熟子は一般に扶養必要状態にあると言うことができる（注26）。あえて、民法の規定を手掛りとするのであるならば、民法八二八条ただし書が養育費を子の財産の収益をもって充てることができるとしていることになろう。このことは夫婦間でも同じであり、家庭生活に要する費用は夫婦の収入をもって充てられることが基本であると考えられる。民法七六〇条が夫婦の資産をもって婚姻費用分担の一つの基準としているが、配偶者には親からの遺産があるから、生活費を渡す必要はないとは言えないと思われる。

㈤　未成熟子

親が生活保持義務を負う未成熟子とは、未成年者であって、かつ、自立して生活する社会的能力を身に付けるに至っていない子である（注27）。

未成熟子という用語も中川博士の造語であり、同博士は「親の監護なしには生存しえない乳児・幼児・少年を含める意味で未成熟といった」とされ、大体において一五、六歳というようなことは言えるかも知れない、とされる（注28）。未成熟子についての生活保持義務が、親の収入にふさわしい生活をさせる義務だとすると、子がその能力に応じた職業に就くために準備期間を含み得るとして、大学教育も生活保持義務の範囲内に含まれることがあり得ることになる。しかし、民法は子を能力者として自己の財産の管理を認め、また、親権からも脱するのであるから、親の子に対する生活保持義務もこの時点で終わることとなると解すべきである。子の成人する年齢と子の成熟とは直結するものではないが、成人に達するということは、親と共同生活を営むべき関係の終了を意味するものと考えられる。このことは、子に疾病や障害がある場合も同じである。このような考え方に対して反対説が強いことは言うまでもない（注29）。しかし、子であるからという理由で、親がいつまでも、子の生活を自己の生活の一部として自己と同程度の水準まで扶養する義務、すなわち生活保持義務を負担するというのは妥当だとは思われない。

⑴　高校を卒業して仕事を続け、収入を得てこれをもって生活する未成年者は成熟子である。ただし、失業すれば未成熟子となる。この場合、子にはいまだ自立して社会生活をする能力が不十分であったと見ることができる。一方、大学等で専門教育を受けている者は未成熟子であるが、成年に達すれば成熟子となる（成年年齢が一

八歳に引き下げられれば未成熟子の上限は一八歳となる)。

(2) 大学教育を受けている成年に達した子に対して、親が教育資金や生活資金を出捐するかは、親子の間の契約関係による。大学に入学した後成年に達した場合に親がこれらの負担を続けるのは、親子間の、黙示を含めた合意によるものである。親が、大学入学を了解している場合には合意があったと言うことができる。

(3) 成年に達した子が、親に対して求めることができるのは生活扶助義務としての扶養だけである。子が学資を負担すれば最低生活を維持できないといったときには、直系血族である親に扶養請求をすることが可能である。この場合、学費や生活費の不足が生じた経緯、不足する額、奨学金の種類、額、受領方法、アルバイト収入の有無と金額、大学教育を受けるについての子および親の意向、親の資力、親の再婚の有無、その他家族の状況その他諸般の事情(民法八七九条の一切の事情)が考慮される(注30)。

(4) 離婚した両親が、養育費を定める際、一律に成年に達する日を含む月までとするのが一般的であると思われるが、大学を卒業する年の四月までといった合意をすることが多く見られるところである。別居中の夫婦が婚姻費用の分担を定めるときも同様である。この合意は、親が子に対して負う扶養についての合意であり、その中には生活保持義務に対応するもの、生活扶助義務に対応するものも含まれるが、夫婦間で子について要する費用についての合意であり有効である(注31)。

これに対し、審判で成年に達した後の子の養育費を定めること、また、これを含む婚姻費用の分担を定めることはできないと言うべきである(注32)。成人に達すれば子は生活保持義務を前提として扶養請求はできないと考えるべきであるし、審判の段階で成人に達した後の子が生活扶助義務における要扶養状態にあるかは判断できないからである。子自身が扶養請求できないのであるから、親がこれらを請求できるとする理由はないと考えられる（注33）。

三　扶養の程度

いかなる程度の扶養をなすべきか、具体的にはいくら扶養料の支払を請求できるかに関しては、生活保持義務、生活扶助義務双方に関し、議論が重ねられている（注34）。ここで扱うのは、生活保持義務に当たる養育費であり、父母が婚姻関係にない未成熟子についての民法七六六条に基づく養育費の請求を念頭に置いている。

1　扶養の程度

離婚した夫婦のいずれの生活水準をもって扶養の程度とすべきかについては、①養育費の給付義務を負うものとされる父または母の生活を基準とする説、②父母が婚姻中であったら子が保持したであろうと考えられる生活水準を基準とする説（注35）がある。二1に記載した生活保持義務の通説的な解釈からは①説が導かれやすい。①説につき、学説・実務の多くは生活水準の高い親のそれを基準としているとされる（注36）。母が引き取り、父の収入が高いという最もありがちな事例を前提とすれば生活水準の高い親を基準とすることになる。子が離婚したいずれの親と同居するかは子の意思で決まることではないから、収入の高い親に引き取られた子の養育費が低い親の収入によって決められることは不合理であるし、また、もともと父母は共同して扶養義務を負うのであるから、収入の低い親に引きずられるべき理由はない。生活水準の高い親を基準として養育料が決められ、あとは内部分担の問題と解することが合理的だと思われる。②説は子に夫婦が婚姻中と同水準の生活を保障しようとするものであり、また生活保持義務が共同生活を前提として組み立てられたことからするときわめて正当な考え方であると思われるものの、現実の家庭は二つに分かれているのであり、実際には二家庭分の家賃や光熱費が必要になるといったことが無視されてしまい、生活保持義務者の責任が重くなりすぎるという懸念が残るところである。

2　養育費の算定方法

㈠　算定表

周知のとおり、養育費の算定については、平成一五年に裁判官と家庭裁判所調査官が組織する東京・大阪養育費等研究会が発表した「簡易迅速な養育費等の算定を目指して—養育費・婚姻費用の算定方式と算定表の提案」（判タ一一一一号二八五頁）が公表され、家庭裁判所の調停、審判はもちろん、裁判所を介しない交渉でも活用されている。裁判所にとっての利点は、わずかな資料だけで養育費を算出できるということであり、紛争の当事者にとっては結果の予測が可能であることと、迅速に結果が出されるということである（注37）。

㈡　算定表における算定方法

⑴　算定表における養育費算定の基本的枠組み、すなわち1に記載した扶養の程度についての考え方は、生活保持義務の考え方に由来するものとされ、「子が義務者と同居していると仮定すれば、子のために費消されていたはずの生活費がいくらであるかを計算し、これを義務者・権利者の収入の割合で按分し、義務者が支払うべき養育費の額を定める。ここでの大きな特徴は、実際の生活形態とは異なり、高収入の親（義務者）と子が同居している状態をいわば仮定し、子の生活費を算定するという考え方を採用していることである」というものである

（注38）。親の収入だけを問題としており、収入はないが資産ならばあるという場合は、一応算定表の枠外の問題であると考えられる。

(2)　算定方法は、①権利者・義務者の基礎収入の認定、②子の生活費の算定、③権利者・義務者の基礎収入の割合に応じた養育費の按分、というものである。

①の基礎収入については、税込収入から、公租公課、就労するために必要な職業費（給与所得者のみ）、家計費の中で弾力性、伸縮性が乏しい住居費や医療費などの特別経費を差し引く。いずれも実額ではなく、公租公課については理論値、職業費と特別経費については総務省統計局の「家計調査年報」の過去五年間の平均値が用いられる。この結果、給与所得者の基礎収入は税込収入の三四％から四二％となる。②の子の生活費の算定については、厚生労働省が告示する生活扶助基準を利用して積算される最低生活費に教育費（公立の小中高等学校）を加算して、成人との対比で標準的な生活費の指数を定める。この結果、子の標準的な生活費の指数は、親を一〇〇とした場合、〇歳～一四歳までを五五、一五歳～一九歳までを九〇とされる。

この算定方法については、いくつかの問題点が指摘され（注39）、また、最近新しい算定表の作成が試みられるに至っている（注40）。

3　算定表の疑問点（注41）

(一)　算定方法について

(1)　算定表は、税込収入の中から公租公課と職業費（給与所得者について）および特別経費を控除して基礎収入を算出する。職業費および特別経費は収入に応じた統計値であり、この際、控除される職業費（被服・履き物費、交通費、通信費、書籍・他の印刷物、諸雑費、こづかい、交際費）は被服および履き物費以外は収入に対応する世帯の支出全額であり家族関係の変動は考慮されない。また、特別経費として控除されるのは住居関係費、保健医療費および保険掛金であるが、収入に対応することから、これについても家族関係の変動は考慮されていない。

(2)　子が同居しているのであれば子は職業費および特別経費として控除されるところから利益を受けることができた。しかし、別居後は何ら均霑するところがない。子と同居しない親は、子の交通費も通信費も書籍費もこづかいも負担しないのであるから、これらを職業費として控除することが合理的だとは考えられないし、家族が分解した後にも同じ広さのマンションに住み、同じ保健医療費を支払うものとしてこれを従来どおり控除できるとすることが合理的だとも思われない。

先に記載したように、親の未成熟子に対する生活保持義務は子の生活を自己の生活の一部として自己と同程度の水準まで扶養する義務であり、扶養必要状態とは扶養権利者である子の生活水準が別居している扶養義務者である親の生活水準より低いことである。いずれも、実際の生活を問題としている。養育費の算出が問題となるのは、家族が二つに分解したことが前提なのであるから、職業費や特別経費が収入に応じた統計上の金額だからとして、これをそのまま控除することが正当化できるとは考えられない。また、職業費や特別経費が収入に応ずるということは、子と同居することになった親の職業費や特別経費がその収入に応じて決まるということでもあり、この親の収入が少なければ子は同居する親の収入に応じた生活を強いることにならないか懸念が存するところでもある。算定表は、高収入の親（義務者）と子が同居している状態を仮定し、子の生活費を算定するという考え方を採用しているが、この仮定によるならば、職業費および特別経費から得られる子の利益を養育費の算定にあたり考慮すべきことになるはずである（注42）。

㈡　最低生活費について

⑴　算定表では、「従前、家庭裁判所においては、義務者の基礎収入が最低生活費を下回る場合には、義務者は免責されていた例が少なくなかった。しかし、生活保持義務の考え方からすれば、「少ないパンでもわが子と分かち合うべき」であり、義務者の免責と生活保持義務の考え方とは矛盾を孕んでいたといえよう。また、義務者の免責を認めると、最低生活費の算出が必要となるなど計算過程が複雑化することも避けられない」として、「義務者の総収入が少ない場合でも養育費分担義務（必然的に金額は少ないが）を免れないものとした」とする（注43)。これまで見られた余力比率法（基礎収入から最低生活費を控除した残額で按分して子の生活費を負担するという考え方）の否定である。

⑵　二4㈡、㈢に記載したように、「少ないパンでもわが子と分かち合うべき」だといったスローガンで結論を導くような問題だとは考えられない。もとより、算定表の作成者の真意は、最低生活費の算出が面倒であることにあることは明らかなように思われる（注44)。

実際のところ、収入がわずかであり生活保護基準における最低生活費（この計算自体は厚生労働省が定める資料によるからそれほど計算が煩わしいものではない（注45））にも満たないとき、少なくとも義務者が実際に生活保護を受けているような場合には、多少の収入があったとしても、養育費の支払を命ずることは相当でないとして却下審判をすることが妥当である。

㈢　監護負担

算定表においても、また、日本弁護士連合会の提言でもとくに言及はないが、義務者が子と同居せず、子に対する身上監護をしないことを評価しなくてよいのであろうか。子の面倒を第三者に頼めば、当然何がしかの金銭的な出捐をしなければならないはずである。したがって、この費用は扶養のために要する費用であるように思われる。子を監護する者が離婚した配偶者であり、これも子に対する扶養義務者であるから、何の負担もしなくてよいと考えることは偏った印象を受ける。

算定表では、生活扶助額と教育費を考慮して子の標準的な生活指数を判断しているが（注46）、この生活指数の判断の際に、面倒を見てもらわなければ生活できない子の面倒見に要する費用を加えることは可能なように思われる。当然、年齢に反比例するであろう。算定表は一四歳を基準としているから、それ以下は大きい金額を、一五歳以上は少ない金額を措定して指数を判断することになる。一五歳ともなれば子の面倒をみることは一般的には不要だとして、一四歳以下の子についての指数を変えることでも足りると思われる。

（注1）　中川善之助「親族的扶養の本質（一）」法学新報三八巻六号一頁以下、同（二・完）同三八巻七号四八頁以下、同『家族法研究の諸問題』二二七頁以下。法学新報の論文は、昭和三年に掲載されたものであり、引用については常用漢字に改めた。

（注2）　昭和二三年改正前の民法における戸主の扶養義務（改正前九五五条一項四号）につき、中川博士は「民法上所謂「家」はほとんど単に戸籍簿上と化し居る如き現今に於いては、独り戸主に扶養義務を飽くまで絶対不可欠的なものと考ふるの要なく矢張り、戸主自らが、その地位相応なる生活を犠牲にすることなしに扶養をなし得る場合にのみその家族員に対する扶養を認むるを以て足るものと言ふべきであらう」とされ、その理由として「現今の如く、家族団体が既に共同生産に於ける意味を失い、事実としても必ずしも同一の世帯を営むものではなく、寧ろ扶養の問題が起るがごとき場合には、多く各個異別に経済せること、一般親族員相互の間と何ら異なる所なき如き状態に」あるからだとされる。

（注3）夫婦間の扶養に関しては、中川博士は、親族法上の扶養義務と対比して「婚姻法上所謂扶養の義務はそうした生温いものではない。それは実に婚姻関係の核心的事実とも云ふべきものである。同居、貞操等の義務と共に同一物の一面をなし、之等のものがあって初めて之を婚姻関係と云い得るが如きものである。民法第七九〇条は簡単に「夫婦ハ互ニ扶養ヲ為ス義務ヲ負フ」と云っているに止まるけれども、若し之が履行されなかったら、その時には婚姻の実質は既に亡んで居るとさえ言っても宜いのである」、「一般人の普通の婚姻を標準として考えるならば、相互に生活を保障し合ふことが婚姻関係結局の地盤だと云わなければならない」とされる。

（注4）中川博士の理論につき、沼正也「公的扶助と私的扶養の限界」中川善之助教授還暦記念『家族法大系Ⅴ親権・後見・扶養』一三四頁以下は、「静止的に自然的なそうして法的に受容」される夫婦親子関係と、注2に記載した封建的な共同生産（生産機構）の存在下で共同生活のなされる夫婦親子以外の親族関係を区別し、近代家族法は前者のみから成るべきものであり、後者についてはギブ・アンド・テイクの法理によって規律されるべきであるとする。確かに、夫婦親子については共同生活をすべき関係として扶養の根拠が基礎付けられても、夫婦親子関係以外の親族扶養を何をもって根拠付けるかは説明が難しいように思われる。

（注5）以上につき中川・前掲注1（「親族的扶養の本質（一）」）一〇頁以下。

（注6）二宮周平『家族法〔第四版〕』二四八頁。

（注7）中川・前掲注1（『家族法研究の諸問題』）二五五頁。

（注8）①については本文に記載した中川博士の見解、二宮・前掲注6、その他我妻栄『親族法』一四七頁、泉久雄『親族法』三〇六頁、②は深谷松男『現代家族法〔第四版〕』一七六頁、沼・前掲注4一四〇頁、③は大村敦志『家族法〔第三版〕』一〇三頁。

（注9）於保不二雄＝中川淳編『新版注釈民法(25)』七三九頁〔床谷文雄〕。

（注10）大村・前掲注8一〇四頁は、未成年者の扶養義務の特殊性を説明できるならば、潜在的な親権を観念するに十分であるとする。この点は、離婚により親権者となった父・母が死亡したときには、もう一方の親の親権が復活

するのかという議論と関連する。大村・前掲注8一七三頁、泉・前掲8二六六頁。

（注11）　技術的なことではあるが、生活保持義務の根拠を親権に求めるとしても、家事事件手続法別表第二には民法八二〇条は挙げられていないから、手続的には、民法七六〇条、七六六条、八七七条一項によらなければならないと思われる。

（注12）　西原道雄「親権者と親子間の扶養」中川善之助教授還暦記念『家族法大系Ⅴ親権・後見・扶養』一〇二頁、深谷・前掲注8一七〇頁。

（注13）　親権喪失や親権停止を受けた両親に対し未成年後見人が養育費の請求をすると、両親はそれぞれの分担額ではなく養育料全部について連帯債務的な債務を負うことになるものと思われる。全額を支払った親は配偶者に対してその分担額を求償することになる。過去の扶養料の請求に関しては、様々な考え方が唱えられている（中山直子『判例先例相続法―扶養―』一六二頁以下）。監護親が未成熟子を現実に監護して過去の養育費を請求（求償）したときに、扶養についての絶対的定期性やそれまで請求していないとして責任を否定することに理由はないように思われる。婚姻費用の分担額のうち未成熟子の養育費に相当する部分も同じである。始期は、監護を開始した時である（最判平九・四・一〇民集五一巻四号一九七二頁は、離婚の訴えの附帯請求として別居後離婚までの監護費用の支払を命ずることができる、とする）。非訟事件であるから、累積して多額に及ぶ場合には、これを考慮することができるにすぎない。

（注14）　未成熟子は、自ら共同生活関係を離脱することはなく、離脱は強いられたものである。したがって、未成熟子についての共同生活をすべきとの規範は、共同生活を送っていなくとも親は生活保持義務を負わなければならないという形に働く。これに対し、夫婦間の扶養請求の場合、規範的共同生活を破った者については、それに対する扶養義務を軽減させる方向で働く。また、長期間の別居は、共同生活の回復を求めないものとして、同様に扶養義務を軽減させることとなる。実体法の解釈としては、このように解することが妥当であると思う。しかし、他方、有責性の有無や程度が過去の問題であるのに対し、婚姻費用の将来の当面の生活費という性格があり、し

かも未成熟子の養育料が含まれていることから迅速な審理の必要性が高い。さらに、家事審判という非訟事件手続の性格上、共同生活を破った原因を確定することは容易でない。結局、請求者が不貞行為を認めるといった場合でなければ、生活保持義務を前提に審判をするほかないと思われる。中山・前掲注13四七頁。ただし、過去の婚姻費用がまとめて請求されるといったときには、当事者主義的運用を取り入れた形で審理すべきだと思われる（岡垣學＝野田愛子編『講座・実務家事審判法1』一四三頁〔井上哲男〕）。

（注15）中山・前掲注13一九頁。

（注16）米倉明『家族法の研究』二一八頁。より古いものとしては、幾代通ほか『民法の基礎知識(1)』一八四頁以下〔鈴木禄弥〕にも同様の指摘がある。

（注17）深谷・前掲注8一七八頁の考え方に従う。

（注18）生活保護法の最低生活保護基準が参考になる。

（注19）二宮・前掲注6は、総務省統計局および地方自治体が実施している家計調査に基づく標準家計費を超える資力があることが必要だとする。泉・前掲注8三一四頁は保護基準による最低生活を超えれば直ちにその分だけ扶養可能状態にあるというのは行きすぎであり、保護基準による最低生活費を超えて、義務者の社会的職業的生活に支障を来さない範囲で基準を設定するほかないとする。労働力の再生産という意味で妥当だと思われる。もっとも、この点にこだわると、養育費や婚姻費用の分担額の算定の迅速性が失われることがあるから、義務者が生活保護を受けているかどうかといった具体的にわかりやすい事実をもって割り切るしかないことが多いように思われる。

（注20）泉・前掲注8三〇二頁。

（注21）中川・前掲注1（『家族法研究の諸問題』）二五二頁。

（注22）中川・前掲注1（『家族法研究の諸問題』）二四三頁以下。泉・前掲注8三〇一頁。

（注23）中川・前掲注1（「親族的扶養の本質（二・完）」）五〇頁。

（注24）　石井健吾「未成熟子の養育費請求の方法について」ジュリ三〇二号六〇頁。同論文には、自己責任を基調とする近代法のもとでは、生活困窮者の生存を維持するための扶養義務でさえ余儀なく承認された例外である、とするきわめて割り切った理解がある（同五九頁）。

（注25）　中川・前掲注１（『家族法研究の諸問題』）二四九頁以下。

（注26）　泉・前掲注８三三三頁。

（注27）　深谷・前掲注８一六九頁。

（注28）　中川・前掲注１（『家族法研究の諸問題』）二三八頁以下。

（注29）　二宮・前掲注６一三三頁、中山・前掲注13一三三頁以下（多くの審判例や決定例が挙げられている）、幾代ほか・前掲注16一八三頁〔鈴木〕は健康な一九歳の次男と、寝たきりの二〇歳の長男を比較する。

（注30）　東京高決平二二・七・三〇（家月六三巻二号一四五頁。成人に達した子が大学在籍中の扶養料を民法八七八条に基づいて請求した事案）。なお、最近では、大阪家審平二六・七・一八（判タ一四一六号三八五頁）が、疾病のある二五歳の無収入子について婚姻費用分担の一部としてその扶養を考慮することは妥当でないとする。また、東京家審平二七・八・一三（判タ一四三一号二四八頁。婚姻費用の分担請求事件）は、成人に達した子および近日中に成人に達する子を未成熟子として扱うとするが、学費の算定につき、奨学金やアルバイト収入をも考慮し、大阪高決平二七・四・二二（判タ一四二四号一二六頁）も成人に達した子の養育費請求につき右東京家審と同様に奨学金やアルバイト収入を考慮しており、生活扶助義務に類した判断手法を採っている。

（注31）　この合意に子が拘束されるのかにつき、山脇貞司「父母間の養育費の合意と未成年の子の扶養料請求」判タ七四七号三一一頁、吉田邦彦「父母による養育費支払の合意と子からの扶養料請求」別冊ジュリ一九三号一〇〇頁。

（注32）　大阪高決昭五七・五・一四（家月三五巻一〇号六二頁）。

（注33）　なお、これを肯定する立場からは民法七六六条の類推適用をすべきであるとされる。野田愛子＝梶村太市総編集『新家族法実務大系２』三〇六頁〔岡健太郎〕。婚姻費用分担であれば民法七六〇条の一切の事情の一つとし

て成年に達した未成熟子である大学生や病弱な子の存在を考慮することになろう。

（注34）中山・前掲注13二四二頁以下に詳細である。また、婚姻費用の分担に関するものではあるが、梶村太市「婚姻費用分担義務の算定方法と裁判例」判タ七四七号四五頁。

（注35）①は泉・前掲注8三二七頁、二宮・前掲注6二五一頁、②は深谷・前掲注8一八二頁。

（注36）田中通裕「未成熟子の養育費と親の責任」判タ七四七号三一〇頁。

（注37）家庭裁判所調査官による従来の事実の調査について、家庭裁判所調査官研修所編『家事事件の調査方法について（上）』四三五頁以下、五三八頁以下。算定表についての文献としては、濱谷由紀＝中村昭子「養育費・婚姻費用算定の実務―大阪家庭裁判所における実情」判タ一一七九号三五頁、菱山泰男＝太田寅彦「婚姻費用の算定を巡る実務上の諸問題」判タ一二〇八号二四頁、岡健太郎「養育費・婚姻費用算定表の運用上の諸問題」判タ一二〇九号四頁がしばしば挙げられる。いずれも算定表を敷衍して個別的な問題に対処するためのものである。また、家庭裁判所の調停委員等による事例研究もさかんになされた（代表的なものとして、婚姻費用養育費問題研究会『婚姻費用・養育費等計算事例集（中・上級編）』）。

（注38）算定表は収入の高い親の収入をもとに養育費を算出するとの考え方に立っているが、一方では、権利者（同居親）の収入が高くなればなるほど、義務者（非同居親）の養育費分担義務が増加していくことになって、義務者にとってきわめて酷な状況が生じてしまうとして、権利者が高収入である場合には権利者と義務者とが義務者の収入額で同一である場合に義務者が支払うべき費用をもって養育費の限度額とするとしている（東京大阪養育費等研究会「簡易迅速な養育費等の算定を目指して―養育費・婚姻費用の算定方式と算定表の提案」判タ一一一一号二九一頁に掲げられた計算式の注4）。実務的な配慮として理解できるところであるが、本来は非同居親の収入が最低生活費を下回る場合については養育費を負担させないという形で解決されるべき問題だと思われる。

（注39）日本弁護士連合会「「養育費・婚姻費用の簡易算定方式・簡易算定表」に対する意見書」（平成二四年三月一五日）、松嶋道夫「簡易算定方式の問題点とあるべき養育費・婚姻費用の算定」自正六四巻三号二一頁、竹下博將「養

育費・婚姻費用についての「修正された簡易算定方式」の提案」自正六四巻三号二八頁、棚村政行編著『面会交流と養育費の実務と展望』九四頁以下、とくに一二三頁以下〔榊原富士子〕)。

(注40) 日本弁護士連合会「養育費・婚姻費用の新しい算定方式・算定表に関する提言」(平成二八年一一月一五日)。

(注41) 多くを前掲注39に記載した文献によっている。これらの文献では、公租公課の扱い、生活指数の設定等を含め算定表の問題点が指摘されている。

(注42) この点につき、日本弁護士連合会・前掲注40九頁は、職業費について統計資料に基づく職業費の金額を世帯人数で除し有業人数を乗じて算出し、特別経費については控除しないものとしている。算定表よりも生活保持義務の考え方に沿うものだと思われる。気になるのは、特別経費のうち住居関係費をそのまま子の生活費算定のため用いることになるため、かなりの場合義務者である親(非監護親)は大きな生活の変動を覚悟しなければならなくなるのではないかという点である。家庭が二つに分かれても非監護親の住宅関係費が直ちに、また大きく減少するとは考え難い。これに対し、保健医療費および保険掛金については、住居関係費よりは弾力性に富むものと思われ、控除しないとすることも考えられるところである。算定表の迅速性や予見可能性を排除しない範囲で折衷的な方策が考えられてもよいと思われる。

(注43) 東京大阪養育費等研究会・前掲注38二九〇頁。

(注44) 日本弁護士連合会・前掲注40一四頁は、義務者に資産が存する場合をも考慮して慎重に検討されなければならないとする。生活保護を受給し得るほどの資産、収入しかない場合には、養育費の支払を否定する趣旨だと思われる。また、東京都特別区の居住する給与所得者については年収二〇〇万円が生活保護を受給し得るかの目安であるとしている。

(注45) 前掲注19に記載した文献のような考え方に立つと、迅速性が失われることは明らかである。

(注46) 東京大阪養育費等研究会・前掲注38二九〇頁。

裁判実務における任意後見優先原則の現在
―「本人の利益のため特に必要があると認めるとき」（任意後見契約法一〇条一項）の解釈・適用をめぐって―

大阪高等裁判所判事　河合裕行

目次

一　初めに

高齢社会への対応および知的障害者・精神障害者等の福祉充実の観点から、柔軟かつ弾力的な利用しやすい制度を求める社会的な要請に応えるために、平成一一年に補助・保佐・後見の制度（以下、補助・保佐・後見を併せて「法定後見」といい、法定後見に係る制度を「法定後見制度」という）が導入され、それとともに、「自己決定の尊重」、「本人の残存能力の活用」、「ノーマライゼーション」という三つの理念のもと、成年後見制度の改正の一環として、任意後見制度が創設（注1）されてから既に一八年余を経過した。任意後見制度は、「任意後見契約に関する法律」（平成一一年法律第一五〇号。以下「任意後見契約法」という）に基づいて新たに創設された制度であり、本人の意思能力が十分備わっているうちに任意後見人を選任し、選任した任意後見受任者との間で、意思能力が低下した後の自己の生活に関する「任意後見契約」を事前に締結しておくというものである。自己の後見の在り方を自らの意思によって決定する契約型の制度であって、「自己決定の尊重」の理念が端的に具体化された制度である。

任意後見契約は、意思能力が低下・喪失した場合に「自己の生活、療養看護及び財産の管理に関する事務の全部又は一部を委託し」、「代理権を付与する委任契約」であるが、公正証書によってしなければならない要式行為であり、任意後見監督人が選任された時点において契約の効力が発生するとされている（任意後見法二条一号、三条）。そして、任意後見制度の利用者と後見内容に関する情報は、従来の戸籍記載に代わり、「後見登記に関する法律」（平成一一年法律一五二号）に基づいて登記され、開示されることになった。

ここ五年の任意後見監督人選任審判の申立件数は、平成二四年が六八五件、平成二五年が七一六件、平成二六年が七三八件、平成二七年が八一六件、平成二八年が七九六件である。また、任意後見の利用者数（任意後見監督人選任の審判がされ、現に任意後見契約の効力が生じているもの）は、平成二四年が一八六八人、平成二五年が一九九九人、平成二六年が二一一九人、平成二七年が二二四五人、平成二八年が二四六一人であり、法定後見の利用者数に比べて低調とはいえ、成年後見制度（法定後見・任意後見）の利用者数の増加（平成二八年一二月末日時点における利用者数は合計で二〇万三五五一人（前年は一九万一三三五人）であり、対前年比約六・四％の増加）に伴い、平成二八年度は、対前年比九・六％の増加となっている（注2）。

こうした中で、任意後見制度ないし任意後見契約について、本来の趣旨と異なる「濫用」と言うべき利用実態が指摘されるようになり、本人の意思に基づいて契約が締結されたか否かに疑義がある事案やいわゆる移行型の任意後見契約（注3）における代理権の濫用（注4）の事案を中心に問題提起がされ、その対応に向けて、日本司法書士会連合会および社団法人成年後見センター・リーガルサポート「任意後見制度の改善提言と司法書士の任意後見執務に関する提言」（平成一九年）や日本弁護士連合会「任意後見制度に関する改善提言」（平成二一年）等の提言がなされてきた（注5）。

家庭裁判所に申し立てられる成年後見事件のうち、任意後見契約が絡む法定後見開始申立事件は、背後に本人の財産等をめぐる親族間の紛争があることが多く、本人の親族等が任意後見受任者に不信を抱き、任意後見契約の発効を阻止するために法定後見開始の審判を申し立てる場合や法的後見（主として保佐または補助）の申立てがされたことを知った親族等が、法定後見開始の審判を妨げる目的で、本人との間で任意後見契約を締結・登記した上で、家庭裁判所に通知をする（さらに必要に応じて任意後見監督人選任の申立てをする）というような事案が見受けられる。そこで、こうした任意後見契約の濫用とも言うべき事案について、任意後見と法定後見の法的関係をどのように考え、どのように処理をするのが適切かということが問題になるのである。

二　任意後見契約法の構造

1　法定後見との調整─任意後見優先原則と法定後見の補充性

成年後見に関する現行制度は、任意後見人と法定後見人の併存を認めず、本人の自己決定権を尊重する趣旨から、原則として任意後見が優先するとされている。すなわち、任意後見契約法は、任意後見契約締結・登記が法定後見開始の審判に先行する場合（任意後見登記先行型）であっても、法定後見開始後に任意後見監督人の選任の申立てがなされる場合（法定後見開始先行型）であっても、いずれも任意後見が優先して適用され、例外として「（法定後見開始が）本人の利益のため特に必要があると認めるとき」（任意後見法一〇条一項）もしくは、「（法定後見の継続が）本人の利益のため特に必要であると認めるとき」（任意後見法四条一項二号）に限って法定後見が適用されることとされている（以下「任意後見優先原則」という）（注6）。したがって、任意後見登記先行型の法定後見開始の申立てについては、家庭裁判所は、原則として後見開始審判の申立てを却下することになるが、上記「（法定後見開始が）本人の利益のため特に必要があると認めるとき」に該当すると認めて、法定後見開始の審判がされた場合は、既に任意後見契約の効力が発生しているとき（任意後見監督人が選任されている場合）は、任意後見契約は当然に終了するとされている（任意後見法一〇条三項）。

これに対し、任意後見契約の効力が発生していないとき（任意後見監督人選任前の場合）は、効力未発生の任意後見契約について当該任意後見契約による保護の相当性を否定する確定的な司法判断がされたとは言えないので、いまだ権限の抵触等が顕在化していないものとして、既存の任意後見契約は引き続き存在し（任意後見法一

○条三項の反対解釈）、その後に任意後見監督人選任の申立てがされた場合は、上述のとおり、任意後見優先原則が適用され、「（法定後見の継続が）本人の利益のため特に必要であると認めるとき」（任意後見法四条一項二号）に該当しない限り、家庭裁判所は、任意後見監督人を選任して、法定後見開始の審判を取り消すことになる（任意後見法四条一項二号、二項）。

このように、現行制度は、法定後見と任意後見の調整について、任意後見登記先行型であっても、法定後見開始先行型であっても、家庭裁判所の判断を介在させた上で、原則として任意後見による保護が優先することとし、例外として、家庭裁判所において法定後見が本人の利益に照らして「特に必要」があると認めた場合にのみ、法定後見による支援を承認するという統一的な基準を定めているのである（注7）。しかし、ここでいう「本人の利益のため特に必要があると認めるとき」とはいかなる場合なのかについては、任意後見契約法等に定めはなく、専ら解釈に委ねられているのである。

2　「本人の利益のため特に必要があると認めるとき」の意義

任意後見契約法一〇条一項にいう「（法定後見開始が）本人の利益のため特に必要があると認めるとき」の意義について、立法担当官は、特別養子縁組における「子の利益のため特に必要があると認めるとき」（民法八一七条の七）と同じく、要件として「特別の」必要性を要求しているものとした上で、特別の必要性の要件（以下「特別の必要性要件」という）を充足する場合として、「任意後見契約の代理権の範囲が狭く、かつ、本人の判断能力の減退・喪失によって、追加的な任意授権が困難な場合」および「同意権と取消権による保護が必要な場合」を例示し、いずれも任意後見人の法的権限が不足して、本人の保護にとって不十分な場合を想定している（注8）。

また、特別の必要性要件を充足する場合として、任意後見契約締結後に、本人の財産の管理や処分のために任意後見人の代理権の範囲を拡張する必要が生じたが、その時点で本人が意思能力を喪失しているような場合や、認知症等の進行により本人に浪費等の懸念が生じたため、法律行為の取消権により本人の保護が必要となった場合（注9）のほか、本人が任意後見契約の解除を希望している場合や任意後見受任者として弁護士を選任しているが、当該弁護士の心身等の故障により職務を適切に行うことが困難である場合（注10）等も指摘されている。前記一で述べた任意後見制度が想定している典型的モデルからすれば、上記の各例示は、任意後見制度の趣旨および任意後見契約法の規定に最も忠実な考え方に基づくものであって、この考え方においては、特別の必要性要件の充足の判断において、任意後見と法定後見を比較して、「どちらが本人にとって利益か」という比較優位を判断基準とすることは、もとより想定していないと考えられる（注11）。しかし、任意後見優越性原則を維持するために、任意後見制度が濫用された結果についても、自己決定を理由に本人に責任を負わせることは、「自己決定尊重の暴走化」（注12）を招き、かえって本人の保護に欠ける結果になりかねないとも言えよう。

三　特別の必要性要件の解釈・適用を通じた任意後見優先原則の変容

1　裁判例に見る特別の必要性要件の解釈・適用

特別の必要性要件の充足が問題となった裁判例で、公刊されているものは少なく、代表的なものとしては、①札幌高決平一二・一二・二五（家月五三巻八号七四頁。以下「札幌高裁決定」という）、②大阪高決平一四・六・五（家月五四巻一一号五四頁。以下「大阪高裁平成一四年決定」という）、③大阪高決平二四・九・六（家月六五巻五号八四頁。

以下「大阪高裁平成二四年決定」という）、④高松高決平二八・七・二一（LLI／DB・判例秘書。以下「高松高裁決定」という）の四つの裁判例がある（注13）。

㈠　札幌高裁決定（注14）の事案は、次のようなものである。本人の長女が、二女が本人の財産管理を行うのは不適切であるとして、補助開始および代理権付与の審判申立てをしたところ、補助開始等の審判前に、本人の実妹が本人との間で任意後見契約を締結・登記をした場合について、原審裁判所（札幌家審平一二・一〇・四家月五三巻八号八〇頁）は、本人は、精神上の障害により事理を弁識する能力が不十分であって、補助類型に該当することがうかがえるものの、本人は上記申立てに同意しているとは認められないし、既に任意後見契約を締結して登記している場合に補助開始の審判をするには、本人の利益のためにとくに必要と認められることを要件とするところ、本件においては、そのような事情は認められないとして、上記各申立てをいずれも却下したため、原審申立人が即時抗告をした事案である（なお、本件では、補助開始の要件である「本人の同意」（民法一五条二項）がないから、任意後見との競合は生じない）。札幌高裁は、原審判が任意後見契約締結を本件申立て却下の理由としているのは不当である旨の抗告理由に対し、この点に関する原審判の説示は、仮定的な付言であるとした上で、任意後見契約法一〇条一項は「任意後見契約が登記されている場合には、家庭裁判所は、本人の利益のため特に必要があると認めるときに限り、後見開始の審判等をすることができる」と定めているところ、本件においてとくに必要があると認めるべき事情が見出しがたいことは原審説示のとおりであるから（記録によれば、本人の財産については、既に財産目録が作成されており、今後の大きな支出については、実妹に管理が委ねられる手筈が整えられていることが認められる）、抗告人の主張は理由がないとして、即時抗告を棄却した。

札幌高裁決定は、特別の必要性要件については、「特に必要があると認めるべき事情が見出しがたい」（抗告審）

としているだけで、いかなる事情があれば、特別の必要性要件を充足するとするのか明らかにしていないが、背後に本人の財産等をめぐる親族間の争いがあり、本人を保護する必要性があることを前提にした上で、任意後見による保護が図れる限りは、法定後見を開始しない（法定後見の補充性）と説示することによって、任意後見優先原則を示した点に意義があると言える（注15）。

㈡　大阪高裁平成一四年決定（注16）の事案は、次のようなものである。本人両名（夫婦）の長男が保佐開始および保佐人の同意を要する行為を定める旨の審判を申し立てたところ、保佐開始の審判前に、現に本人両名の財産を管理していた本人両名の二男が本人両名との間で、二男を任意後見受任者とする任意後見契約を締結・登記した場合において、原審裁判所（神戸家裁尼崎支審平一三・七・二家月五四巻一一号五八頁）は、本人両名には保佐開始の審判（民法一一条）の要件が認められるとして、本人両名について保佐を開始し、長男と二男との間に争いがあることを考慮し、本人両名の保佐人として弁護士を選任したところ、二男が即時抗告をした。大阪高裁は、本人両名は、任意後見契約を締結し、かつ、その登記がされているから、保佐を開始するためには、本人両名について、任意後見契約法一〇条一項にいう「本人の利益のため特に必要がある」と認められることが必要であるところ、原審判は、この点について何ら判断を示していないし、この点の積極的な審理・調査が尽くされたとも認められないとして、原審判を取り消した上、原審裁判所に差し戻した（また、同決定は、保佐開始の申立てがされ、家庭裁判所調査官が抗告人と面接し、本人両名の担当医師から診断書を受理した後に、任意後見契約が締結され、登記された場合であっても、その経過のみをもって、「本人の利益のため特に必要がある」と認めることができないとしている）が、上記判断をするにあたり、ここでいう「本人の利益のため特に必要がある」とは、諸事情に照らし、任意後見契約所定の代理権の範囲が不十分である、合意された任意後見人の報酬額があまりにも高額である、任意後見契約法四条一項三号ロ、ハ所定の任意後見を妨げる事由がある等、要するに、任意後見契約によることが本人保護に欠ける結果となる場合を意味すると判示した（なお、同決定は、任意後見契約が人違いや行為能力の欠如により効力が生じない場合は、特別の必要性について判断するまでもなく、保佐を開始することができると判示している。任意後見契約が無効であれば、そもそも法定後見との競合が生じないから、もとより特別の必要性要件の充足について判断する必要はない）（注17）。大阪高裁平成一四年決定は、札幌高裁決定では明らかでなかった特別の必要性要件を充足する場合について、前記二2で述べた立法担当官の例示のほか、合意された任意後見人の報酬額があまりにも高額であるという任意後見契約の内容が不当である場合や任意後見契約法四条一項三号ロ（「本人に対して訴訟をし、又はした者及びその配偶者並びに直系血族」）、ハ（「不正な行為、著しい不行跡その他任意後見人の任務に適しない事由がある者」）所定の任意後見を妨げる事由がある場合を具体的に示すとともに、特別の必要性要件充足の一般的な判断基準として「任意後見契約によることが本人保護に欠ける結果となる場合」であることを明らかにした点に意義があると言えよう。もっとも、ここにおいて判断基準とされているものは、本人保護という観点から見た任意後見の実効性であって、法定後見との比較における実効性ではない。任意後見契約の内容や任意後見受任者としての適格性等に照らし、任意後見契約それ自体が本人の保護にとって実効的かを判断するものであるという点で、いまだ任意後見優先原則に基づいた特別の必要性の判断枠組みが維持されていると言えよう。ちなみに、「任意後見人としての不適格性」の意義について、立法担当官によれば（注18）、「不正な行為」とは、違法な行為または社会的に非難されるべき行為を意味し、後見人が本人の財産を横領したり、私的に流用する（背任）などの財産管理に関する不正行為をいい、また、「著しい不行跡」とは、品行または操行が甚だしく悪いことを意味し、その行状が本人の財産の管理に危険を生じさせるなど、後見人としての適格性の欠如を推認させる場合をいうとされている。さらに「その他その任務に適しない事由」とは、後見人の権限濫用、管理失当（財産の管理方法が不適当であること）、任務怠慢などを指すとされているが、それが後見人の解任事由（民法八四六条）であることからすれば、その内容は「不正な行為」や「著しい不行跡」に準じるものである必要があろう。

㈢　大阪高裁平成二四年決定の事案（注19）は、次のようなものである。本人の長女は、本人（母）との間で、本人の生活、療養看護および財産の管理に関する委任契約および任意後見契約を締結し、その受任者となっていたところ、本人の長男は、本人は認知症により意思疎通のできない状態であったから、上記委任契約および任意後見契約は無効であり、長女は、本人の財産を取り込むなどその財産管理には問題があり、本人の延命治療を拒否するなど本人の療養看護という委任事務の処理を放棄していることから、任意後見人として不適格であるとして、本人の利益のために後見を開始する必要があると主張して、後見開始の申立てをし、これに対し、長女は、任意後見契約に基づき、任意後見監督人選任の申立てをした。原審裁判所（神戸家裁尼崎支審平二四・六・八家月六五巻五号九六頁）は、長男の申立てを却下するとともに、長女の申立てを認容して、本人の任意後見監督人として弁護士を選任する審判をしたことから、長男が即時抗告をした。大阪高裁は、本人は、精神上の障害により事理を弁識する能力を欠く常況にあり、後見開始の原因があるとした上で、委任契約および任意後見契約締結前後における長女の本人の財産への関わりおよび財産管理には不適切な点が認められ、本人の療養看護についても、長女の関心は専ら本人の財産を管理することにあり、長女に本人の適切な療養看護を期待することは困難であって、利害関係人に本人の療養看護をさせるのは適切とは言えないこと、本人の推定相続人は、長女、長男に二女を加えた三名であり、長男および二女と長女との間には、本人の財産の管理、本人の療養看護をめぐって深刻な対立がある上、任意後見契約が締結・登記されているとしても、同契約が締結されたのは、長男が長女に対し、本人およびその財産の状況を問い合わせる内容証明郵便を送付してから約一カ月後のことであり、この間、同契約の締結について、長女から抗告人および二女に対して何らかの相談や説明があったとは認められないことも併せれば、長男および二女が長女に不信感を持つのもあながち理由がないとは言えず、任意後見監督人として第三者である弁護士が選任されるとしても、このような長女に任意後見人として本人の療養看護および財産の管理をさせることは適切でもないし、その必要性もないから、利害関係のない第三者に後見させるのが適切であるとして、原審判を取り消して、原審裁判所に差し戻した。

大阪高裁平成二四年決定は、本人の財産管理や療養看護をめぐって親族間に争いがあることを踏まえ、長女の任意後見契約締結前後にわたる本人の財産への関わりおよび財産管理が不適切であり、本人の療養看護事務についても適格性を欠くとして、いわば「受任者としての長女の不適格性」を理由に特別の必要性要件の充足を認めたものと言える。もっとも、大阪高裁平成二四年決定のいう「受任者としての不適格性」が、大阪高裁平成一四年決定が例示した任意後見契約法四条一項三号ハ所定の任意後見を妨げる事由としての「任意後見人としての不適格性」と同義であるかどうか明らかではないが、原審判が「現時点において、直ちに、「不正な行為、著しい不行跡その他任意後見人の任務に適しない事由がある者」（任意後見契約に関する法律四条一項三号ハ）に該当するとまではいえない」としたのに対して、「委任契約及び任意後見契約締結前の利害関係人の本人の財産への関わりには不適切な点が認められ、また、同契約締結後の利害関係人による本人の財産管理についても同様である」としている点からすると、大阪高裁平成一四年決定が例示した「任意後見人としての不適格性」に限定していないように思われる。

㈣　高松高裁決定の事案は、次のようなものである。本人（母）は、本人を任意後見委任者、弁護士を任意後見受任者とする任意後見契約を締結していたところ、本人の子が後見開始の申立てをしたが、原審裁判所は、精神上の障害により事理を弁識する能力があるとまでは言えないなどとして、これを却下したことから、即時抗告をした上、予備的に本人について保佐開始の審判の申立てをした。抗告人は、抗告理由において、任意後見受任者である弁護士が、本人の事理弁識能力が十分でなくなっているにもかかわらず、任意後見監督人の選任申立てをせず、本人の財産の管理処分を行っており、こうした状態を放置することは本人の利益を害することは明らかであり、任意後見契約法一〇条一項に定める「本人の利益のために特に必要があると認めるとき」に該当する旨主張したのに対し、高松高裁は、本人は上記弁護士への信頼感を表明しており、同弁護士による本人の財産管理に不適切な点はうかがわれないとした上で、本人の事理弁識能力が十分でなくなっている場合であっても、本人が事理弁識能力を欠く常況にあるとまで認められない以上、任意後見受任者が直ちに任意後見監督人の選任申立てをせず、委任契約に基づいて本人の財産の管理処分を行っているからといって、本人との信頼関係のもとで、本人の意思に基づいてそれが行われている場合には、「本人の利益のために特に必要があると認めるとき」に該当するとまでは認められないとして、即時抗告を棄却するとともに、抗告審において申し立てた保佐開始の審判の申立てを却下した。

もとより、任意後見契約が締結されていても、任意後見監督人が選任されるまで任意後見契約は発効しないのであるから、本人の能力が不十分に至ったときは、適時に任意後見監督人選任の申立てがされなければ、十分に本人の保護を図ることができず、法定後見の必要性が認められると言える（注20）。こうした状況下にありながら、任意後見受任者が任意後見監督人選任の申立てをしない場合は、受任者としての適格性に疑問が生じることになる。高松高裁決定が、任意後見監督人選任の申立てがされていないことを任意後見受任者の適格性の問題としているのか否かについては、その説示からは明らかでないが、本人が任意後見受任者である弁護士への信頼感を表明し、同弁護士による本人の財産管理に不適切な点はうかがわれないことを前提としている点で、実質的に任意後見受任者の適格性を問題としているものと言ってよい（ちなみに、高松高裁決定は、なお書きで、早期に任意後見監督人選任の申立てを行うことが求められている旨判示している）。

2　裁判例に見る特別の必要性要件の充足判断における考慮要素

(一)　以上検討した四つの裁判例を通じて、特別の必要性要件を充足する場合としては、立法担当官が例示する任意後見契約所定の代理権の範囲が不十分である場合に加え、任意後見人の報酬額があまりにも高額であるといった任意後見契約自体が不当な場合のほか、任意後見契約法四条一項三号ロ、ハを根拠に受任者として不適格な場合が示され、さらに、「受任者の不適格性」は、任意後見契約法四条一項三号ロ、ハに該当する場合はもとより、その程度に至らない場合であっても、特別の必要性要件を充足する場合に含まれ、あるいはこれを認める方向に働く重要な事情として考慮されることになった。上記三つの裁判例に共通している事情は、主として本人の財産管理等をめぐる親族間の紛争の存在であるが、かかる紛争事案において、特別の必要性要件の充足が認められるのは、任意後見制度の濫用が認められ、あるいはかなりの蓋然性をもって疑われる場合であると言えよう。実務上、任意後見制度の濫用が疑われる場合には、主として任意後見受任者または任意後見人（以下「任意後見受任者等」という）の適格性が問題とされることから、通例大阪高裁平成二四年決定で示されたような適格性判断に関わる様々な要素が検討されることになる。

(二)　また、本人の財産管理等をめぐる親族間の紛争そのものについては、札幌高裁決定は、本人の財産等をめぐる親族間の紛争の中で、任意後見により本人の保護が図れるかという形で問題とし、また、大阪高裁平成一四年決定は、保佐開始の申立てがされた後、対抗する形で任意後見契約が締結・登記された場合であっても、そうした任意後見契約締結の経過のみをもって、本人の利益のためにとくに必要があると認めることができないとしていることからすれば、親族間における紛争の有無は、特別の必要性要件の充足判断にとって必ずしも不可欠な要素になっていないと言うべきである。もっとも、大阪高裁平成二四年決定の説示からすると、この種の親族間紛争や任意後見契約締結に至る経緯は、任意後見受任者等の適格性判断との関連において、重要な要素として考慮される余地があり得る。すなわち、任意後見契約について親族間に争いがあり、任意後見受任者が紛争の当事者であるような場合は、親族間のさらなる対立を避けるという観点から、任意後見受任者の適格性に問題があるとして、第三者による保護（法定後見）の方が望ましいとの判断がされる可能性があるのである（注21）。

㈢　なお、高松高裁決定を除く上記三つの裁判例においては明らかではないが、任意後見契約締結時における事情、とりわけ本人の契約締結能力や任意後見契約に対する理解の程度および契約締結に向けた自発性等も任意後見受任者等の適格性を判断する上で重要な要素となり得る（なお、本人が意思能力を欠き、任意後見契約が無効である場合は、そもそも任意後見と法定後見の競合が問題とならないことは、前述したとおりである）（注22）。任意後見契約締結時に本人の能力が低下している場合はもとより、本人の財産等をめぐる親族間の紛争の中で、同居親族の強い要請、恫喝や懇願等により、本人が真意を表明できない状態の中で任意後見契約が締結されることがあるからである。任意後見優先原則が本人の自己決定を尊重することに由来することからしても、任意後見契約の理解や契約締結への自発性を考慮することは、十分意味があり、また必要なことと言えよう。なるほど、任意後見契約は、本人に意思能力がある限り締結可能である以上、本人が任意後見契約による保護を選択したことに変わりはなく、これらの事情をもって特別の必要性要件を充足する事情にはなり得ないが、任意後見人受任者等の適格性について争いがある場合には、本人が任意後見人受任者等の適格性を含め、任意後見契約の内容について十分理解した上で、自発的に任意後見契約を締結したのかどうかという点は、やはり重要な意味を持つと言ってよいであろう（注23）。

㈣　前記1で検討した四つの裁判例をもって、特別の必要性要件に関する裁判実務（注24）の傾向を即断することはできないにしても、上記四つの裁判例の流れおよびこれを踏まえた裁判実務の実情は、積極的な形で特別の必要性要件の充足を肯定するというよりも、任意後見受任者の適格性に対する疑問があるために、任意後見に対して消極的にならざるを得ず、結果的に法定後見を優先させるという傾向（注25）を示しているように思われる。すなわち、任意後見と法定後見が競合する問題領域のうち、少なくとも任意後見制度の濫用があり、または濫用が強く疑われる問題領域においては、任意後見優先原則に基づく特別の必要性要件の充足は、実務における解釈・適用を通じ、本人保護の観点における法定後見との比較を通じた任意後見の実効性、すなわち法定後見に対する比較「優位性」をもって判断されることとなったと言える。ここにおいて、特別の必要性要件における任意後見の優先性は相対的なものとなり、任意後見優先原則は、実質的に優先性の機能を失っていくのである。

3　任意後見優先原則ないし特別の必要性要件をめぐる学説の対応

任意後見優先原則ないしその具体化である特別の必要性要件をめぐる学説は、主として札幌高裁決定、大阪高裁平成一四年決定および大阪高裁平成二四年決定の検討を通じて展開されてきた（注26）。いわゆる任意後見制度の濫用事案を念頭に置いて議論されていると言ってよい。

まず、理念としての任意後見優先原則を維持することを前提に、任意後見制度が濫用されていると考えられる場合に、特別の必要性要件を充足するとする見解（注27）がある。この見解は、「当事者の判断能力喪失ないし減退」と「保護者になろうとしている家族間の不仲」に関する検討を通じて、「自己決定尊重の暴走化」を回避し、本人保護の理念との調整を図るために、「任意後見制度の濫用」の場合は、言わば例外として特別の必要性要件を充足すると考えるのである（注28）。また、同じく任意後見優先原則を維持することを前提として、自己決定尊重の理念と本人保護の調整を図る手法として、任意後見から補助への移行事案と任意後見から保佐ないし後見への移行事案を区分し、前者の場合は本人の自己決定の理念により重きを置き、後者の場合は本人保護の理念により重きを置いて判断すべきであるとする見解（注29）がある。上記区分は、補助開始について本人以外の者の申立てによる場合には、自己決定の尊重の理念から本人の同意を必要としている（民法一五条二項）ことを踏まえ、本人の判断能力（注30）に着目して上記二類型に区分し、その中において特別の必要性要件を弾力的に解釈・適用していこうとするものである（注31）。

これに対し、任意後見は、本人の利益保護の観点から見れば、任意後見監督人や家庭裁判所により監督されるといっても限界があるし、契約の無効・取消原因の存在や任意後見受任者の適格性等の点においても不明確であるという弱点があることから、任意後見優先原則の厳格な適用は、かえって本人の利益を損ねかねないとして、特別の必要性要件の充足は、任意後見の優先性・法定後見の補充性という理念の問題としてではなく、任意後見と法定後見のそれぞれの長所・短所を念頭に置いた上で、いずれによる保護が本人の利益に適うかという観点から、本人を取り巻く具体的な状況に即して判断すべきであるとする見解（注32）がある。この見解は、理念としての任意後見優先原則を維持することを前提とする上記の見解と異なって、特別の必要性要件充足を判断する時点において、任意後見のままでいるよりも、法定後見を開始する方が本人の利益となるかどうか、すなわち本人の保護にとって任意後見と法定後見のどちらが有益かという比較優位の手法によって判断する考え方である。近時は、任意後見制度の濫用事案を踏まえ、任意後見優先原則の貫徹に対して消極的であり、むしろ抑制的に運用しようとする傾向にあると言われており（注33）、上記の学説を含め、現在における学説の状況は、先に見た裁判例の流れを支持し、軌を一にしていると考えてよいであろう。

四　結びに代えて—任意後見と法定後見の新たな関係に向けて

裁判実務が、任意後見制度の濫用事案を踏まえ、特別の必要性要件の解釈・適用を通じて、任意後見優先原則の内実を相対化し、近時の学説も、任意後見優先原則の適用を抑制する傾向にあることは既述のとおりである。任意後見制度の濫用事案の適正な解決という観点で見る限り、現在の実務の方向性は是認されるものと言えよう。しかし、現実的な対応の必要性から、こうした方向性を推し進めることは、同時に自己決定の尊重を正当化原理とする任意後見優先原則の実質的な意味を失わせることにもなるのである。もっとも、現行制度にあっても、補助人への代理権付与についての本人の請求（民法一五条、八七六条の九第一項）または本人の同意（民法八七六条の九第二項、八七六条の四第二項）や同意権・取消権付与についての本人の請求（民法一五条、一七条一項）または本人の同意（民法一七条二項）のほか、補助開始の審判をするについては、本人の申立てまたは本人の同意が要件とされている（民法一五条二項）など、補助を見る限り、制度の利用ないし選択が本人の意思に委ねられている点において任意後見と共通しており、任意後見と法定後見の制度としての差異は、少なくとも補助に関する限り相対的であって、自己決定の尊重に基づく任意後見優先原則の正当性はもとより希薄であるとも言える。こうした状況に加え、成年後見制度の利用の促進に関する法律（平成二八年法律第二九号）が施行された現在、法定後見制度との関係において、改めて任意後見制度の理念と存在意義について問い直し、任意後見契約法の解釈・適用のあり方を振り返り、立法論を含めて検討していく作業（注34）が必要であるように思われる。

（注1） 小林昭彦＝原司『平成一一年民法一部改正法等の解説』二頁。

（注2） 最高裁判所事務総局家庭局「成年後見関係事件の概況―平成二八年一月～一二月」。

（注3） 任意後見制度の契約形態には、将来型（任意後見の原則型であり、将来の判断能力低下の時点で任意後見契約の効力を発生させるもの）、即効型（任意後見契約の締結直後に契約の効力を発生させるもの）および移行型（通常の任意代理の委任契約から任意後見契約に移行するもの）などがあるとされ、中でも移行型は、広範な任意代理権があることによって、任意後見監督人選任申立てがされない事例が多く、任意後見監督人が選任されるまで任意後見受任者の監督がされず、その事務処理の妥当性・相当性が担保されていないため、その濫用の危険性が指摘されている。

（注4） 任意後見制度の不正行為として指摘されている事案の多くは、任意後見契約そのものというより、任意後見契約と同時に締結される財産管理に関する委任契約を不当に利用して委任者に損害等を生じさせるものと言われている。こうした不正行為に関する問題点およびこれについての公証人やリーガルサポート等の対応策については、成年後見制度研究会「成年後見制度の現状の分析と課題の検討」家月六二巻一〇号三六頁以下参照。

（注5） 山﨑政俊「任意後見契約の濫用の防止に向けて」実践成年後見三三号七二頁。

（注6） 近年において、多くの国が任意後見の法的後見に対する優越的地位を認める制度設計を採用しているようである（上山泰「任意後見契約の優越的地位の限界について」筑波ロー・ジャーナル一一号九七頁以下参照）。

（注7）　小林＝原・前掲注1四二三頁。

（注8）　小林昭彦ほか編『一問一答　新しい成年後見制度』二一三頁、小林＝原・前掲注1四七八頁。

（注9）　秦悟志「成年後見制度における法律実務家の役割」実践成年後見一号七五頁。

（注10）　山田真紀「保佐開始の審判の申立て後、本人が任意後見契約を締結し、かつ、その登記もされた事案において、任意後見契約の無効原因をうかがうことはできない場合には、保佐を開始するためには「本人の利益のため特に必要がある」ことを要するにもかかわらず、原審において、この点の判断を示さず、積極的な審理・調査が尽くされたとも認められないとして、保佐開始の原審判を取り消した上、差し戻した事例」判タ一一二五号一一三頁。

（注11）　上山・前掲注6一〇六頁。なお、小林＝原・前掲注1四七九頁は、本人の利益のためにとくに必要があると認められる場合について、括弧書きで「任意後見による保護よりも法定後見による保護が相当であると認められる場合」としている。

（注12）　星野茂「任意後見と法定後見の関係」法律論叢八〇巻一号七一頁。

（注13）　特別の必要性要件について判断したケース（東京家庭裁判所および東京高等裁判所で判断された四つのケース）の分析を通じて、特別の必要性要件の判断における考慮要素を検討したものとして、小川敦「法定後見が任意後見に優先する場合の考慮要素」ケース研究三二五号三頁がある。

（注14）　本件の評釈として、西原諄「補助開始等審判申立の同意撤回と任意後見契約の締結・登記」判タ一〇七六号八九頁、平山也寸志「補助開始の審判についての同意の有無および任意後見契約と補助開始の審判との関係」実践成年後見二一号一〇三頁等がある。

（注15）　上山泰「任意後見契約法一〇条一項に該当するとされた事例」金判一四八六号六九頁。

（注16）　本件の評釈として、二宮高富「任意後見契約登記後に保佐開始審判をするための要件」民商一二八巻六号九九頁、星野茂「任意後見契約登記後に保佐開始審判をするための要件」成年後見法研究四号一八六頁等がある。

（注17）　意思無能力を理由に、任意後見契約の締結と解除を無効とした裁判例として、東京地判平一八・七・六（判時

一九六五号七五頁）がある。同判決の評釈として、神野礼斉「任意後見契約と意思能力」判タ一二五六号四四頁、菅富美枝「任意後見契約の締結、解除の効力と委任者の意思能力」実践成年後見二七号八五頁等がある。なお、上山・前掲注15七〇頁は、任意後見契約の有効性は、別途民事訴訟で確定されることになるため、任意後見契約法一〇条一項の適用場面での無効性の判断はあくまで暫定的なものにすぎず、ここでは、より広く任意後見契約の有効性に関する疑念（契約の瑕疵に関する不審事由）の存否に係る判断と捉える方が正確であろうとする。しかし、家事審判において、言わば前提問題となる任意後見契約の有効・無効の判断は、民事訴訟における判断の場合と比べて、判断内容に違いはなく、家事審判における任意後見契約の有効・無効の判断に既判力がないというにすぎない。

（注18）小林＝原・前掲注1四二五頁、四六六頁、二三〇頁以下。

（注19）本件の評釈として、上山・前掲注15六八頁、神野礼斉「任意後見契約が登記されている場合の後見の開始要件」民商一四九巻一号一〇九頁等がある。

（注20）小川・前掲注13三二頁以下。

（注21）星野・前掲注16一九〇頁は、まさにこうした場合こそ、任意後見を選択した本人の自己決定権が尊重されるべきであると主張する。

（注22）小川・前掲注13二二頁以下。同文献によれば、任意後見契約締結時の事情は、検討対象とした四つのケースすべてにおいて考慮されているとする。意思能力の有無については、任意後見契約が保佐あるいは補助類型該当者であっても、契約締結時に意思能力を有する限り有効に契約締結ができることから、その判断が難しいが、本人の契約締結能力の判断にあたっては、公証人役場に診断書、医師の立会記録、本人の陳述録取書等があれば、送付嘱託をするなどして、公証人が保管している資料を利用することが考えられる（東京家事事件研究会編『家事事件・人事訴訟事件の実務』三〇五頁〔篠原康治〕）。

（注23）小川・前掲注13二八頁は、任意後見受任者等は、判断能力の不十分な本人の利益を保護することが期待されて

いる以上、その判断能力に配慮することなく、安易に本人の経済的利益に反する行為に及ぶべきではないから、任意後見受任者または任意後見人が、判断能力の不十分な本人の経済的利益に反する行為に及んでいる場合は、それが本人の意向であることがある程度うかがわれるとしても、任意後見受任者または任意後見人の適格性が疑問視されるとする。しかし、当該行為が本人にとって経済的利益に反する場合であっても、本人の判断能力が十分ある時点において、本人がそのことを認識し理解した上で任意後見受任者に委託しているような場合は、当該行為が本人の意向に沿ったものであることは、任意後見受任者または任意後見人の適格性にとって消極的な事情とはならないと言うべきである。

（注24）　家庭裁判所における成年後見事件の審理の実情については、東京家事事件研究会編・前掲注22二九二頁〔篠原〕。

（注25）　小川・前掲注13三五頁。また、裁判官の立場から、既に「任意後見と法定後見が競合する場合には、できるだけその紛争に対して中立的な第三者を選ぶということで、なるべく法定後見の方を生かし、任意後見を取り下げていただくこともあります。任意後見と法定後見の振り分け、使い方については、両方の制度事情をよく考えて振り分けをしてほしいと考えております」との発言がなされていた（新井誠ほか「《座談会》利用者が安心・信頼する成年後見」実践成年後見一二号一二六頁〔坂野征四郎発言〕）。

（注26）　上山・前掲注15六九頁。

（注27）　星野・前掲注12六七頁。

（注28）　上山・前掲注６一一頁。

（注29）　平山也寸志「補助開始等審判についての本人による同意撤回および補助開始等審判申立て後の任意後見契約締結」成年後見法研究五号一七八頁。

（注30）　成年後見開始の審判および保佐開始の審判については、明らかに鑑定の必要がない場合を除いて、本人の精神の状況について鑑定をしなければならないとされている（家事法一一九条一項、一三三条）のに対し、補助開始の審判については、鑑定は必要とされていない。ただし、本人の精神の状況について医師その他適当な者の意見

を聴かなければならないとされている（家事法一三八条）。

（注31）　上山・前掲注6一一一頁は、本人の意思能力の有無という観点から、任意後見から補助ないし保佐への移行事案と任意後見から後見への移行事案を区分することもできるとする。

（注32）　西原・前掲注14八九頁。なお、二宮・前掲注16八三九頁も同旨であるが、任意後見契約締結時における本人の意思能力の要素にも着目すべきことを指摘し、補助類型と保佐・後見類型に区分した上で、後者の類型については、本人の保護の理念に重きを置いて判断すべきであるとしている点で、平山・前掲注29一七八頁の考え方に近い。

（注33）　飯島紀昭「任意後見と法定後見について」小野幸二教授古稀記念論集『21世紀の家族と法』四七九頁。

（注34）　例えば、上山・前掲注6一二三頁は、任意後見制度と法定後見制度の差異をさらに相対化し、「任意後見の更なる法定後見化」ではなく、「法定後見における自己決定権の強化」という方向性を基本に据えて、任意後見優先原則の希薄化を追求していくべきであるとする。

家事事件手続法下における事実の調査と記録開示の運用の実情と問題点

大阪家庭裁判所判事　橋　本　都　月

目次

一　はじめに

家事事件手続法は、家事事件について手続的透明性を確保し、当事者による主体的な手続追行を前提として、その手続的な権利を保障するということを目的の一つとして制定された（注1）。このため、審判事件においては記録の閲覧謄写を許可することが原則とされ、一定の例外的場合に限って不許可とすることができるという枠組みが採用されたほか（家事法四七条三項・四項）、当事者対立構造のある別表第二審判事件においては、申立書の相手方への送付（家事法六七条）、必要的陳述聴取（家事法六八条）、事実の調査の通知の原則化（家事法七〇条）といった規定が併せて設けられた。

家事事件について適切な解決をするためには、裁判所が正確な事実関係を的確に把握し、子の福祉等に配慮して後見的立場から審判を行うことが不可欠であるから、家事事件手続法は、家事事件の公益性にかんがみ、職権探知主義自体は維持しており、家庭裁判所は職権で事実の調査をし、必要と認める証拠調べをしなければならないこととした（家事法五六条一項）。

裁判所が職権で行う事実の調査には、調査官による調査（家事法五八条）や調査嘱託等（家事法六一条、六二条）のほかに、関連する調停・審判事件記録の閲読があり、この事実の調査は実務的に審判事件において重要な意義を有することが多い。しかし、関連する調停事件記録について事実の調査を実施する場合、その記録の閲覧謄写に関する規律が本体となる審判事件とは異なり、また、記録自体も審判を前提とした整理がされていないことが多いことから、どのような方法で事実の調査を行い、かつ、閲覧謄写を許可すべきかという問題が生じる。

そこで、平成二八年三月現在大阪家庭裁判所において家事調停・審判を担当している家事一部～三部の裁判官を対象としてアンケートを実施し、事実の調査および記録の閲覧謄写についてどのような方針をとっているかについて調査した。また、東京家庭裁判所における事実の調査および記録開示の実情については、平成二六年四月から平成二七年三月まで法曹時報に連載された論文において公表されているので（後に書籍としてまとめられた（注2））、これを参考にすることとした。

本稿では、別表第二審判事件において、事実の調査（およびその通知）をいかなる方法により実施するのが適切か、また、当事者からの文書の非開示希望および閲覧謄写の許否判断にあたり、どのような方針で対応すべきかについて検討する。

二　家事事件の記録の編成と提出書類の実情について

上記問題について考察するにあたり、家庭裁判所では家事事件の記録がどのような方法で編成されているのか、当事者は現にどのような方法で書類を提出しているのかを検討しておく必要がある。

1　家事事件記録の編成

家事事件記録の編成については「家事事件記録の編成について」という通達（法務省平二四・一二・一一総三第〇〇〇三三九号高等裁判所長官、家庭裁判所あて事務総長通達、法務省平二六・一二・一一総三第一九号で改正）により方式が定められている。

これによれば、

①　遺産分割の審判・調停事件記録は三分方式

②　別表第二審判事件と、遺産分割事件以外の調停事件の記録は、事案に応じて三分方式又は二分方式

③　それ以外の家事事件（別表第一審判事件、履行勧告事件その他）は、事案に応じて三分方式、二分方式又は非分割方式

とすることとされている。

三分方式とは、わかりやすく言えば民事事件の記録と同様の記録編成であって、

① 第一分類（手続関係書類） 調書群、審判書群、申立書（主張書面）群

② 第二分類（証拠関係書類） 事実の調査関係書類群、証拠調べ関係書類群

③ 第三分類（その他の書類） 代理および資格証明関係書類群、その他の書類

の三種類に分類するものである。

家事事件記録が民事事件記録と異なるのは、三分方式を採る場合でも、

④ 上記①～③の書類のうち、当事者から非開示を希望する旨の申出がされた書類（以下「非開示申出書類」という）群

という四番目の分類があり、非開示申出書類については、その閲覧謄写についての許否の判断がどのようなものになるかにかかわらず、とりあえず他の書類とは分けて記録の末尾に綴ることとされている点である。これは、DVやストーカー等、当事者の生命・身体に影響する問題が生じやすい家事事件において、閲覧謄写の判断における過誤を防止するための措置であり、非開示申出書類であることが一見して明らかになるため、裁判官が閲覧謄写の判断を慎重にすることができる。

二分方式は、三分方式における第一分類と第二分類が合体して一つになっている方式である。これは、弁護士代理人がついていない当事者から提出される書類は、主張か証拠かが判然としないものが少なくないという実情に配慮した規定である。

非分割方式は、当事者から提出された書類を内容にかかわらず編年体（提出順）に綴る方式である。

これらの二分方式、非分割方式においても、非開示申出書類については、記録末尾に他の書類とは区別して綴ることとされている。

2　提出書類の実情

調停事件、特に、別表第二事件以外の一般調停事件（夫婦関係調整（離婚）調停事件等）では、例えば、便せんに思いつくままに自らの所感や希望、他方当事者への批判等を記載した書類のように、主張書面か書証なのかが不分明な書類を当事者本人が提出することがしばしばある。これらの書類は、表題がなく特定が困難なことはもとより、作成名義人も作成日付も記載されていないことがある。また、書証も、複数の書類を縦横に雑然と並べて一枚の用紙にコピーした形式で提出したり、複数の書類を一緒にコピーしたものの余白に当事者が全体的な説明を手書きで記入したりしていることがあり、当事者自身は書証番号を付しておらず、後から裁判所において書証番号を付して整理することも困難な場合がある。

大阪家裁と東京家裁（注3）では、調停事件の第一回期日呼出状に、書類の提出方法と、当事者が裁判所に提出した書類がどのように扱われるかについての説明書を同封しており、この説明書には、主張書面と証拠を区別して提出すべきこと、提出書類は裁判所用と他方当事者に交付するための副本の二部を送付すべきこと、提出された書類は原則として他方当事者に副本交付または閲覧謄写させるので、非開示を希望する情報部分は提出者が自ら黒塗り等によりマスキングし、マスキング不能な場合は非開示申出書をホチキス留めして非開示希望情報部分にマーカーで着色すべきことなどが記載されている。しかし、説明書を十分に読まずに書類を提出する当事者もいる上、弁護士代理人においても、書証番号を付さず、主張か証拠かの分類も不明なまま、副本も付けずに書類を提出するケースが後を絶たない。また、面会交流事件において、調停期日の期日間に実施された面会交流の際に一方当事者が不適切な言動をした場合など、その事実が他方当事者の代理人から「上申書」名目で裁判所に報告されることもあり、このような書類は「その他」として第三分類に編綴されるため、主張書面群や書証群以外の場所に審理の結果に影響を及ぼす書類が存在する結果となる。

このような実情があるため、調停事件記録については、民事事件のように「準備書面一」、「甲○号証」といった方式で事実の調査の対象とする書類の内容を特定することが困難な場合が多い。

3　関連記録の扱い

調停事件を受理すると、家庭裁判所では、特に必要がないことが明らかな場合を除いて、同じ当事者間で過去に係属していた調停・審判事件（場合によっては人事訴訟事件）を検索した上、既済事件記録を記録庫から借り出し、紐で本体事件記録と繋いで、事件継続中は一体として保管し、裁判官および調停委員が閲読可能な状態にしている（紐で繋ぐことから「引き舟記録」と通称する）。家事事件は、婚姻費用や養育費の増額・減額事件のように、過去の事件の内容が今回の事件に直接影響する場合がある上、財産分与事件において破綻基準日である別居日が争われる場合や、親権者変更事件や監護者指定事件で過去の親権者指定の経緯や別居の経緯が問題となる場合のように、過去の事件において双方から争点についてどのような主張立証がされていたのかが重要なポイントとなる場合が少なくない。したがって、上記のとおり関連事件記録を取り寄せて引き舟にするわけだが、現在審理中の本体部分の調停が審判手続に移行した場合に、これら関連事件記録を事実の調査においてどう扱うかが問題となる。

4　審判移行前の調停記録の扱い

別表第二事件の調停が審判手続に移行した後、調停事件の記録で事実の調査の対象とされたものは引き続き同じ分類でそのまま記録に編綴され、審判記録を構成するが、調停事件で提出された書類の中に、審判事件において事実の調査の対象とされなかったものがある場合は、その書類だけ「事実の調査の対象外の調停事件記録」として記録の末尾にまとめて綴られる。

三　事実の調査の方法と実情、問題点

1　事実の調査の方法と問題点

別表第二事件の調停が審判手続に移行した場合の事実の調査とその方法については、前記のとおりの家事事件およびその記録の特徴から、以下の問題点がある。

㈠　本来は、審判事件の審理のために必要な書類を厳選した上、これに限って事実の調査を実施することが望ましい（民事事件で準備書面を「陳述」させ、書証について「証拠調べ」を実施する場合と同様である）。

しかし、前記のとおり、家事事件記録では、事実の調査の対象となる書類を形式的に特定することについて一般的な困難性がある。したがって、「本件について当事者から本日までに提出された一切の書類」、「関連事件である○○号事件の記録一式」といった包括的形式により事実の調査とその通知をすることがある（以下「包括型」という）。

包括型により事実の調査およびその通知をした場合、当事者は、何が審判の根拠となる資料なのかを知るため

に、同じく包括的な形式で記録の閲覧申出をした上、あらかじめ副本として交付されていたもの以外に、どのような書類が裁判所に提出されているのかを確認し、必要に応じて不足分について謄写申請をすることになると考えられる。

(二) 記録中に非開示申出書類が存在し、その書類が特に審判の基礎として必要ではない場合、調停事件記録は「相当と認めるとき」に閲覧謄写を許可すれば足りる（家事法二五四条三項）から、広く非開示を認める余地があるのに対し、この書類を事実の調査の対象として審判事件の記録としてしまうと、原則として閲覧謄写を許可すべきこととなり（家事法四七条三項）、同条四項の閲覧謄写制限事由の有無をめぐって争いが生じることとなる。したがって、調停事件記録中に非開示申出書類が存在する場合には、その部分が審理の上で特に必要である場合を除き、原則的には審判事件の事実の調査の対象とすべきではないと考えられる。

(三) このような場合、非開示申出書類を事実の調査の対象から除外するには二つの方法がある。

一つは、事実の調査の対象とする書類を「申立人の○年○月○日付主張書面」、「甲○号証」、「○年○月○日提出に係る相手方の上申書」等の方法で特定して限定列挙することにより事実の調査の通知をする方法（以下「限定列挙型」という）、もう一つは、包括型で事実の調査の通知を行うが、非開示申出書類は対象外として、「ただし、申立人の○年○月○日付け非開示申出書とその添付書類を除く」等と付記して通知する方法（以下「除外型」という）である。

(1) 限定列挙型は、(一)で述べたとおり、本来的に望ましい方法であって、これによった場合、当事者が閲覧謄写申請をする際にも、事実の調査の通知に対象として記載された書類と手持ちの書類を比較し、不足する部分に限って謄写申請するという方法を採ることができるから、記録の閲覧を経ずにいきなり謄写申請せざるを得ない遠隔地当事者等も無駄な謄写費用をかけずにすむなど、利便性が高い。また、限定列挙型の場合、対象とするものだけを列挙することにより、対象とされない書類＝非開示申出書類が調停事件記録中に存在することが表に現れない方法で事実の調査の通知がされるから、「寝た子を起こす」事態にもなりにくいという利点がある。しかし、この方法を採る場合、記録中の書類すべてに何らかの番号を付して特定可能にする作業が必要となるが、関連事件記録については、既に事件が終結しているため、後から新たに書証番号を付すなどの措置はできず、特定に相当程度の困難性を伴う。

(2)　除外型は、除外すべき一部の書類に限って特定すれば足りるから、特定の困難性の点では実務的に運用が容易であるという利点がある。しかし、事実の調査の通知を受けた他方当事者に対して、対象から除外された書類があることを強く印象付け、かえって当該書類への興味をかきたて、閲覧謄写申請を招きかねないという「寝た子を起こす」弊害が懸念される。

(四)　事実の調査を実施する時期については、審判手続移行後に複数回の審問期日を重ねる類型の事件の場合、期日ごとに事実の調査の通知を実施する方法と（各期日型）、最終の期日で実施する方法（最終期日型）が考えられる。事実の調査の通知が不意打ちの防止および当事者の反論権確保のために設けられた制度であることからすると（注4）、各期日ごとに事実の調査とその通知（告知）を行い、次回期日までに反論を促すことが本来的な方法であると考えられるが、双方が当初から代理人を選任しており、提出書類の副本直送が徹底されているような場合には、双方の手持ち資料が共通であり、事実の調査の対象となる書類についての認識の齟齬が発生しないから、最終期日で一括して事実の調査を実施する方法によることも許容されると考えられる。

2 アンケート調査の内容

以上のような問題点を踏まえ、実務の現状を調査する目的で、前記一記載のとおり、大阪家裁所属の調停・審判事件を担当する全裁判官を対象としてアンケートを実施した（報告者を含め対象裁判官一一名、未回答一名。その後、平成二八年四月の人事異動により裁判官五名が交替したが、回答内容の全体的な傾向には大きな変化がなかった）。

㈠ 事実の調査の実施時期

各期日型と最終期日型がおおむね半々という結果であった。遺産分割事件は事件の性質上、最終期日型に比較的なじみやすい類型であるためか、遺産分割係の裁判官は全員が最終期日型を採用しているという特徴があった。

㈡ 事実の調査の通知の方法

非開示の問題が存在しない場合は、関連事件記録を含めて包括型が圧倒的に多かった。これは家事調停事件記録における書類特定の困難性に基づくと考えられる。これに対し、非開示を相当とする書類が存在する場合は限定列挙型とする旨の回答が大勢を占めたが、これは前記の「寝た子を起こす」弊害等を考慮した結果ではないかと考えられる。書類特定の困難性は関連事件記録の方が大きいから、その結果、関連事件記録についても包括型が主流化しているものと考えられる。

3 考　察

現在の実務では、包括型の事実の調査が主流となっている実情があり、これは、当事者による書面提出の方法が不適切であることに起因していると考えられる。しかし、家事手続の透明性を高め、当事者の自主的な紛争解決を促すという家事事件手続法の理念を徹底するためには、本来は調停段階から特定可能な形式で双方が整然と書面を提出し、副本を他方当事者に交付して、お互いがどのような主張立証を行っているのかが明確な形で手続を自主的に運営すべきであり、それが実現されれば、事実の調査の通知についての問題もおのずから解決すると考えられる。

四　記録開示（閲覧謄写の許可・不許可）の運用の実情と問題点

1　非開示の必要性についての証明の程度

㈠　審判事件において事実の調査の対象とされた書面は、審判の基礎となる以上、本来は当事者による閲覧謄写の対象とされた上、これに対する反論・反証の権利が保障されるべきである。

しかしながら、家事事件においては、深刻なＤＶ被害や子の連れ去り未遂等の問題がある事案が相当数存在し、夫婦間のトラブルの際に一方当事者によって包丁等の凶器が使用され、警察が出動した事案や、一方当事者が配偶者によって現に傷害を負わされた事案、ＤＶ保護命令が発令された事案、配偶者が学校等に来て子を連れ去ろうとした事案等も少なくない。こういった事案の場合、被害者側に該当する当事者は、シェルター等に入居して難を逃れたり、遠方に転居し、別居中の配偶者に対して住所を秘匿しているケースが多いが、これらの事案においては、被害者側に該当する当事者の住所や勤務先、子の通学する学校の名称や住所等（以下「住所等情報」という）が配偶者に知られた場合には、配偶者がこれらの場所に押しかけて再び危害を加えたり、子を連れ去ろうとする危険性が存すると認められるから、被害者側が住所等情報について非開示とすることを求めた場合、家事事件手続法四七条四項の閲覧謄写不許可事由があると認定することについて特段の問題はないと考えられる。

㈡　これに対し、①ＤＶ保護命令や警察の出動歴、連れ去り未遂歴等が存在せず、暴力の事実の存否自体に争いがあって客観的な証拠を欠き、事実認定が困難な場合や、②当事者の主張するＤＶ行為の内容が家庭内において配偶者から数回軽い暴力を受けた（胸ぐらをつかまれた、ドンと押された等）といった程度にとどまる場合および③モラハラ的な言動によって精神的に追いつめられたので配偶者を畏怖しているといった程度の主張にすぎない場合は問題である。①の場合は閲覧謄写不許可事由の基礎となる事実関係についての立証がないこととなるし、②や③の場合には、この程度の行為をしたにとどまる配偶者が、そもそも、非開示を希望している当事者の現住所まで押しかけて危害を加え、当事者の私生活の平穏が害されるおそれがあるとは認め難いことから、閲覧謄写不許可事由があるとの主張がそれ自体失当なのではないかという疑問がある。

2　住所等情報についての事実の調査の必要性と開示の必要性

そうすると、一方当事者の住所等情報については、これを事実の調査の対象とした場合は、１㈠程度の被害の蓋然性についての証明がされない限り、原則として開示すべきであるということとなる。

㈠　しかし、住所等情報が審判事件における事実認定において直接必要とされる場合はさほど多くはなく、経済事件において提出された収入証明等の信用性に関して、勤務先がどこかが問題とされる場合等にとどまると考えられる（子の監護に関する事件における家庭裁判所調査官の調査報告書の場合、具体的な保育園名や当事者の住所等を記載しなくとも調査目的は達し得る）。

したがって、当事者から住所等情報について非開示希望が出された場合、１㈠程度の被害の蓋然性の証明がない場合であっても、これらの情報を含む書類については全体を事実の調査の対象から除外するか、または当該情報の含まれる部分をマスキングして再提出させ、マスキング済みの書類のみを事実の調査の対象とし、住所等情報の記載された書類は事実の調査の対象としない（審判記録としない）ことにより処理することが考えられる。調停事件で当事者から提出された連絡先の届出書（裁判所からの連絡を受けるための住所や電話番号を記載したもの）等は、調停事件を円滑に進行する目的で提出されたものにすぎないから、審判事件における事実の調査の対象としない場合は、調停事件限りの書面として、家事事件手続法二五四条三項に基づき閲覧謄写を不許可とすることが許されよう。

㈡　これに対し、収入証明等の作成者である勤務先が何者かということが直接の争点となる場合は問題である。婚姻費用分担請求事件において、マスキングにより勤務先が不明な状態の給与明細が提出され、原審はその状態で証明力ありと認めて収入額を認定したが、抗告審は「作成者の不明な文書には証拠能力がない」という理由でこの証拠を排斥し、当該給与明細による収入認定を退け、現審判を変更した事例がある（公刊物未登載）。そうすると、このような場合、勤務先のマスキングされていない原本を証拠提出させた上で事実の調査を行い（記録にはマスキングのない写しを綴る）、①閲覧謄写のみ一部制限して勤務先情報部分をマスキングした形で謄写させるか、または、②非開示とすることを一切認めず、他方当事者に勤務先情報をそのまま開示するかという選択を迫られることとなる。

㈢　一方、審判の執行までも視野に入れた場合は、住所等情報それ自体を開示すべきではないのかが問題となる。面会交流事件および子の引渡し事件における義務者と子の住所や、婚費、養育費、財産分与等の経済事件における義務者の住所または勤務先等の情報は、権利者においてこれらを把握していない場合、強制執行が困難となる。このような事例において義務者が住所等情報の非開示を求めている場合、執行回避の目的で非開示を要求している可能性もあり得るから、裁判所は慎重に判断する必要がある。審判書には本来であれば当事者の現住所を記載すべきところであって、これを秘匿情報扱いして非開示にできるのは、高度の被害の蓋然性が証明された場合に限るとする考え方にも一定の合理性がある。

3　アンケート調査の結果

以上の問題点について、前記アンケートの結果は以下のとおりである。

㈠　非開示の根拠事実の証明の程度

前記1㈠程度の被害の蓋然性についての証明がなくとも、ある程度柔軟に住所等情報の非開示を認めるとする回答が多数であったが、他方、義務者の場合は厳しめに審査するとの回答が大勢であった。これは、前記2㈢に記載した執行上の必要性を考慮したものと考えられる。ただし、債務名義作成段階での判断と執行段階での判断は異なってもよいのではないかという意見や、執行回避目的が認められれば被害の蓋然性があっても開示するとの意見もあった。

㈡　収入資料等の作成者（勤務先）開示

前記2㈡のケースについては、①裁判所は全体を閲読し、他方当事者の閲覧謄写のみを制限するとの意見と、②全体を開示するとの意見が拮抗した。

4　考　察

非開示を求めているのが義務者である場合や、3㈡のように収入資料等の作成者（勤務先）の開示が書証の成立の真正や証明力との関係で問題になっている場合には、非開示の根拠事実であるＤＶやストーカー行為の蓋然性の証明の程度について厳格な対応を採り、根拠事実の証明が不十分な場合（客観的な裏付け証拠がなく、陳述書しか存在しない場合等）には原則どおり開示させるのが相当である。客観的証拠により相当程度の被害の蓋然性が立証された場合には、非開示の判断がされることにより他方当事者の反論権が奪われることとなるが、過去に当該当事者自身が行った加害行為の結果であることを考えれば、加害者である当事者がこのような不利益を受けることもやむを得ないのではなかろうか。

（注１）　秋武憲一編『概説家事事件手続法』四頁、法制審議会非訟事件手続法・家事審判法部会第四回～第六回会議議事録。
（注２）　東京家事事件研究会編『家事事件・人事訴訟事件の実務』。
（注３）　東京家事事件研究会編・前掲注２三八頁以下。
（注４）　金子修編著『逐条解説家事事件手続法』二一〇頁、二三四頁。

人事訴訟における控訴の利益について

東京高等裁判所判事　阿部　潤

目　次

一　初めに

人事訴訟事件の第一審である家庭裁判所の終局判決に対しては、高等裁判所に控訴をすることができる（民訴法二八一条一項、人訴法二九条二項）。これは、一般の民事訴訟と同様である。

民事訴訟においては、明文の規定はないものの、上訴制度の目的から第一審判決によって不利益を受けたことが控訴の要件とされる。これを控訴の利益（控訴権）という。人事訴訟においても同様に控訴の要件として控訴の利益が問題になる。本稿は、人事訴訟の控訴の利益について若干の考察を加えるものである。

二　民事訴訟における控訴の利益

民事訴訟において、当事者が、どのような場合に、第一審判決によって不利益を受け、不服があるとして、控訴の利益があると言えるかについては、諸説がある（注1）。

まず、控訴審が続審構造を採ることを根拠として、当事者が控訴によって原判決より有利な判決を求める場合に不服があるとするのが実体的不服説であるが、これでは実際に不服の要件を課さないのと同様の結果になり、控訴の可否の基準とはならないため、現在では、支持されていないと言われている。現在の通説は、当事者の申立てと判決主文とを比較して、後者が前者に満たない場合に不服があるとする形式的不服説である。控訴の可否を判断するには、明確な基準であるが、形式的不服説では、すべての場面を説明することは困難であるとされ、いくつかの例外が認められている。本稿で取り上げる人事訴訟もその例外の一つに挙げられている。そこで、一貫した説明を試みるべく、原判決が確定し既判力等の判決効が生じることによって、請求ないし主張ができなくなる場合に不服があるとする新実体的不服説が有力に主張されている。

三　人事訴訟における控訴の利益

1　人事訴訟における不服の利益

それでは、人事訴訟における控訴の利益に関し、どのような議論がされているのであろうか。それを概観する。

㈠　まず、控訴の利益を判決確定後の別訴提起の禁止効（人訴法二五条）から説明する見解がある。例えば、代表的な民事訴訟法の体系書である新堂幸司『新民事訴訟法［第五版］』は、「全部勝訴の当事者には、原則として不服の利益はない。……例外として、原判決の確定によって、原判決より有利な申立てをする機会を失う場合には、申立ての変更（原告が全部勝訴している場合）または反訴（被告が全部勝訴している場合）のための控訴の利益を認めるべきである。たとえば、……離婚請求の棄却判決をえた被告が自ら反訴を提起する場合（原告の離婚請求の棄却判決が確定してしまうと被告は離婚の反訴を提起しえなくなる。）などがこれにあたる」（八八四頁）とし、形式的不服説の例外として離婚請求が棄却された被告が反訴を提起する場合の控訴の利益を認める。これが我国における通説と思われる。

これに対しては、同じく代表的な体系書である伊藤眞『民事訴訟法［第五版］』は、「被告は原審で反訴の提起することができたはずであり、それをしないまま反訴の提起のみを目的として原判決についての不服を認めるのは背理といわざるをえない。したがって、形式的不服説によって控訴の利益を否定する」（七〇四頁）、「予備的相殺の抗弁の場合とは異なって、この場合には、何らかの申立てや主張が否定されたことによる不利な判決効が生じるわけではない。控訴の利益の有無を判断するについて判決効を考慮しなければならないのは、新実体的不服説の説くとおりであるが、勝訴当事者の申立て自体は満足しているのであるから、不服を認めることは不合理である」（七〇四頁の脚注22）とし、同じく形式的不服説に立ちながらも、前記の通説とは結論を異にして、離婚請求が棄却された被告の反訴を提起するための控訴の利益を否定している。

(二) 次に、判決確定による身分関係の形成効果を阻止する必要性から説明する見解がある。例えば、小室直人『民事訴訟法論集(中)上訴・再審』は、「離婚判決は形成判決であり、確定するとその実現を妨げえないから、婚姻を維持する目的で、訴えの取下げまたは請求の放棄をするために、例外として、勝訴者に控訴を認めるのがドイツの判例・通説である。わが国でも、婚姻取消訴訟に関して、それに類する実体的不服をみとめる説がある」（一二頁）として、山木戸克己『人事訴訟手続法』の「詐欺強迫による婚姻取消請求をして勝訴した原告が、原審の口頭弁論終結後に追認をして、控訴審でこれを主張して請求棄却を求めるために控訴ができる（相手方が訴えの取下げに同意しない場合に限られる。）」（一四六頁）との見解を紹介している。もっとも、小室説自体は、これに反対し、「訴訟をして離婚判決または取消判決をえた夫婦に、婚姻を維持するために上訴を許さなければならないような一般的重要な利益はないと解するので、この例外を否定する」（一二頁）としている。

また、松本博之『人事訴訟法［第三版］』は、「形式的不服を必要とするとの原則に対する例外は、婚姻または養子縁組の解消を求める訴訟において勝訴原告が婚姻または縁組の維持を目的に控訴を提起することが許されることである。たとえば、離婚判決または離縁判決の言渡し後、原告が控訴を提起し、控訴審において訴えを取り下げまたは請求を放棄し、もしくは婚姻または縁組の維持にとって有利な事実を主張することによって婚姻関係または養子縁組関係の維持を図ることができる」（二一一頁）、「詐欺・強迫を理由とする婚姻取消訴訟において勝訴判決を得た原告も、原審の口頭弁論終結後に追認をし、これを控訴審において主張して請求棄却判決を求めるために控訴を提起することができる」（二一二頁）としている。また、離婚請求を棄却された被告の控訴の利益についても、通説が反訴提起の必要性という観点から説明するのとは異なり、「一方の配偶者の離婚請求を棄却する判決を受けた配偶者も控訴の利益を有する。……勝訴当事者は自己の勝訴判決に対し控訴を提起し、控訴審において請求を放棄するなどして婚姻の維持を図ることができる以上、請求棄却判決を受けた配偶者の控訴の利益も否定できないからである」（二一二頁）としている。

㈢　まず、控訴の利益を前記㈠のように判決確定後の別訴提起の禁止効（人訴法二五条）から説明する場合には、次の二点について検討する必要があるように思われる。

第一に、離婚請求の訴訟物の捉え方である。私見は、民事訴訟一般について実務は旧訴訟物理論に立っているという理解を前提にした上で、民法七七〇条一項の解釈として、同項五号の抽象的離婚原因が離婚請求権の中核（訴訟物）であり、一号から四号の具体的離婚原因はその例示にすぎないものと考えている（注2）。そうすると、形式的不服の例外として、婚姻が破綻していないとして離婚請求棄却の判決を得た被告が原告に不貞行為があるとして自己に有利な判決を求めて控訴をする利益を肯定する意味はなくなる。また、双方から離婚請求の本訴および反訴が提起されていた場合には、本訴および反訴が両方認容されることになるが、自己の請求が棄却されたわけではないので、控訴の利益を肯定することもできない。もっとも、相手方配偶者の有責性を主張し、関連損害賠償として離婚慰謝料を請求する場合、未成年の子の親権者の指定や附帯処分に不服がある場合などには、控訴の利益が問題になることはあるが、これについては、もともと別訴禁止の効果が及ばないので、後記２、３において検討を加えることとする。

第二に、人事訴訟法二五条による別訴禁止の効果をどの程度のものと見るべきかである。同条によって訴訟物を超えて失権効が発生するから、婚姻取消しの訴えについて判決がされた後に婚姻無効の訴えを提起することはできず、また、不適齢婚による婚姻取消しの判決があった後に、近親婚による取消しを求めることはできない。実務上、別訴禁止が問題になる場面として、最も多いのは、有責配偶者からの離婚請求の事案である。原告が離婚請求訴訟を提起したところ、被告から原告は有責配偶者であるから、信義則上、離婚請求は求められない旨の主張がされ、裁判所は、被告の主張を容れ、原告が有責配偶者であることを認めつつも、別居期間がいまだ長期間にわたるものとは言えないとして、請求棄却判決をしたとする。この場合、原告は同条により再度離婚請求を提起することができなくなるのであろうか。もっとも、原告が再度の離婚請求ができなくなることを慮って、判決確定前に、離婚請求を取り下げることもできるが、被告が同意しないこともあり、この場合には請求を放棄することができる。このように、取下げ、請求の放棄をすることなく、離婚請求棄却判決が確定した場合においても、数年後、別居期間が相当長期間に及んだとして、再度、離婚請求を提起することも許されるものと解される。また、未成熟子が成人した場合も同様である。その意味で離婚訴訟においては同条の失権効はそれほど強く働かないとも言える。

したがって、人事訴訟法二五条の別訴禁止の効果から説明できる場面はそれほど多くないように思われる。

㈣　次に㈡のように判決確定による身分関係の形成効果を阻止する必要性から説明する場合について検討する。その例として挙げられ、ドイツの判例、通説とされているのは、すべて婚姻や養子縁組を維持する方向における控訴の場面である。これは、もともと旧ドイツ民法が片面的な職権探知主義を採用していたことや、ドイツの通説・判例が控訴の利益について、原告には形式的不服が必要であるが、被告には実体的不服で足りるとするいわゆる折衷説に立つこと（注3）などが反映しているように思われる。それでは婚姻や養子縁組を維持しない方向における控訴についてはどのように考えるべきであろうか。離婚請求棄却判決を得た被告が、請求を認諾するために、控訴を提起する場合などが考えられよう。この点、人事訴訟法は、人事訴訟手続法（旧法）の片面的職権探知主義（旧人訴法一四条）は採用しなかったのであるから（人訴法二〇条）、身分関係を維持する方向でのみ形成効果を阻止する合理性はないものと考えられる。一般に、身分関係は、公益性を有し、社会に対しても公示（我が国においては戸籍に記載される）されるから、その安定性が要請され、一度判決によって形成された身分関係がその直後に変動することは好ましくない。また、身分行為は、合理的な判断のみでされるものとは限らず、逡巡しつつ、非合理的な要素にも左右されるものであるから、その決断までは時間的猶予を与えつつも、一度決断した以上は、たやすく翻意は認めないとすることが望ましい（一回的解決の要請）。したがって、判決の確定前であれば、その時間的猶予の範囲と見て、身分関係の形成を阻止することを認めるのが相当である。その結果、離婚訴訟、離縁訴訟において、請求を認容された原告が、翻意して、離婚請求、離縁請求を放棄、取下げをするために、控訴することができ、請求を棄却された被告が、翻意して、請求を認諾するために、控訴することも認められると解してよかろう。また、離婚無効確認訴訟において、勝訴した原告が追認するために控訴することも認めてよかろう。詐欺・強迫を理由とする婚姻取消訴訟において、勝訴した原告が追認するために控訴することも同様に認めてよいと思われる。

2　附帯処分と控訴の利益

(一)　婚姻の取消しまたは離婚の訴えに係る訴訟については、子の監護に関する処分、財産分与に関する処分および年金分割に関する処分を附帯処分として申し立てることができ、この附帯処分については、婚姻取消しまたは離婚の訴えに係る訴訟と同時に判決がされる（人訴法三二条一項）（注4）。離婚訴訟において附帯処分の申立てがある場合、例えば、原告が離婚訴訟を提起し財産分与の申立てをした事案において、離婚請求は認容されたが、分与対象財産がないとして財産分与の申立てが棄却された場合、離婚請求自体には不服はないが、財産分与の附帯処分のみに不服があるとして控訴を提起することができることに異論はなかろう。附帯処分の判断について形式的不服が観念できるからである。もっとも、附帯処分はその本質は非訟事項（家事審判事項）であるから、不服をどう捉えるかは単純ではない。控訴の利益は、言わば入口における議論である。もう一つの言わば出口における議論として不利益変更の禁止の原則があり、ここにおいても、利益、不利益をどう捉えるかが問題になる。不利益変更の禁止の原則については、附帯処分は非訟事項であるから、その適用がないとされている。そのためか、従来から、附帯処分における利益、不利益に関する議論はあまり意識されていないように思われる。控訴の利益の議論としては、財産分与として一〇〇〇万円の分与を求めたのに対し、八〇〇万円の分与しか認められなかった場合には不服の利益を認めることができ、控訴の利益があると言えよう。月一回の宿泊付きの面会交流を求めたのに対し、宿泊は認めないものの、月二回の面会交流を認めた場合、回数のみに着目すれば不服の利益はなさそうに思われるが、宿泊付きの面会交流を認めなかったことに不服の利益を観念することができると言えよう。非訟事項の性質上、中立ての趣旨に拘束されないため、不服の利益を判断するには、形式的不服説を貫くことはできず、申立人の意図を踏まえて実質的に判断せざるを得ないように思われる。

未成年の子の親権者は、裁判所が職権で定めなければならないが、親権者に指定されなかった配偶者が親権者の指定に不服があるとして控訴を提起することができることにも同様に異論がなかろう。申立てはないものの、親権者はいずれかに指定しなければならないのであるから（民法八一九条二項）、指定されなかった者に不服の利益を観念することができると思われる。

㈡　次に、附帯処分の申立ての時的限界については、事実審の口頭弁論終結時までにこれを行うことができるものと解される。つまり、控訴審において、新たに附帯処分の申立て、予備的附帯処分の申立てをすることができるものと解される（注5）。これは、次の二つの点から検討する必要がある。

第一は、附帯処分の一体的解決（同時解決）の要請である。附帯処分は、離婚請求と同時に審判を求めることができるが、もともと、家事審判事項であるから、別途、家事審判の申立てをすることもできる（家事法三九条）。しかも、判決確定後にその提起が禁止される「人事に関する訴え」ではないから、人事訴訟法二五条の適用もない。しかも、財産分与については、離婚後二年以内に申し立てることができる（民法七六八条二項ただし書、七七一条）から、離婚判決の確定を待って申立てをしても、申立ての期間制限を徒過することはない。

第二は、第一の点にも関係するが、附帯処分の審級の利益をどう考えるかである。第一審において、附帯処分の申立てをせず、附帯処分が審理、判断の対象ではなかったにもかかわらず、控訴人において新たに附帯処分の申立てを認めることは審級の利益に反するという見方もあり得る。実際、三木浩一「人事訴訟手続に関する最近の立法をめぐる諸問題」家月五六巻八号二六頁は、「予備的併合における主位的請求と予備的請求は表裏の関係にあるが、人事訴訟事件と附帯処分はそのような関係にはなく、両者の審理はオーバーラップしない。したがって、一般的な民事訴訟の論理の延長上において、相手方の審級の利益を奪うことを正当化することは困難である。同時解決の要請は、審級の利益の剥奪を無条件で正当化しうるまでの絶対の要請ではない」とする。しかしながら、附帯処分は身分関係の形成と一体的解決（同時解決）を図るのが望ましく、附帯処分の判断の基礎となる事実は、通常の場合には、身分関係の形成に関する事実として主張されており、当事者としても、新たな主張、立証をする負担はそれほど大きくない。また、附帯処分の判断も、身分関係の形成に係る一切の事情を考慮した裁量判断である。人事訴訟法の解釈としては、附帯処分の一体的解決（同時解決）の要請が審級の利益を上回るものと見てよいと思われる。

このように、附帯処分の申立ては、事実審の口頭弁論終結時までにこれを行うことができるとすると、第一審で離婚請求を棄却された原告が、控訴をした上で附帯処分を申し立てることができ、第一審で離婚請求を認容された被告が、控訴をした上で予備的附帯処分を申し立てることができるが、いずれの場合にも、離婚請求部分に形式的不服が認められるから、控訴の利益があるのは当然である。また、離婚請求を提起された被告が第一審で予備的附帯処分の申立てをしていたが、離婚請求棄却の判決を受け、原告がこれを不服として控訴した場合には、被告（被控訴人）は、離婚請求を棄却した部分には不服はないため控訴できないが、附帯控訴をして予備的附帯処分の申立てをすることができる（注6）。

㈢　附帯処分の申立ては控訴審においてもできるとしても、これは、控訴審において新たに附帯処分の申立てであるいは予備的附帯処分の申立てができるという意味であって、控訴審において新たに附帯処分の申立てあるいは予備的附帯処分の申立てをするために控訴を提起する利益を認めるか否かは、厳密に言えば、附帯処分の申立ての時期的限界とは別の問題であり別途検討を要する問題である。

まず、原告が第一審では附帯処分を申し立てることはせず、離婚請求認容の判決を得たが、離婚請求が認容されたことに不服はないものの、附帯処分を申し立てるために控訴を提起することができるかが問題になる。この場合には、離婚判決が認容されたことに不服はなく、この点においては控訴の利益はないとしても、附帯処分の一体的解決（同時解決）の要請を重視すると、控訴審において附帯処分を申し立てるための控訴の利益を肯定することができるものと解される。また、同様の理由から、離婚請求を提起された被告が第一審では予備的附帯処分を申し立てず、離婚請求認容の判決を受けたが、離婚請求が認容されたことに不服はないものの、控訴審において附帯処分の申立てをするために控訴を提起することができるものと解される。

もっとも、控訴審において、新たに附帯処分の申立てをすることができ、また、附帯処分を申し立てるための控訴の利益が認められるとしても、控訴審において、附帯処分の審理をどのように行うかはまた別の難しい問題を含んでいる。高等裁判所にも家庭裁判所調査官が配置され（裁六一条の二第一項）、事実の調査を命じることも可能であり、事件を調停に付することも可能である（家事法二七四条一項・三項）が、少なくとも、附帯処分のうち子の監護に関する処分としての面会交流については、十分な試行等を要するから、実際には控訴審においてそれを審理、判断をするのは難しい面があることは否定できない。子の福祉の観点からも、人事訴訟の確定後に、家事審判（調停）を申し立てる方が望ましい。

3　関連損害賠償請求と控訴の利益

人事訴訟の原因である事実によって生じた損害賠償請求（関連損害賠償請求）は、通常の民事訴訟事項であり、地方裁判所の管轄であるが、人事訴訟法は、人事訴訟と一の訴えとして家庭裁判所に訴えを提起することができ、また既に人事訴訟が係属している家庭裁判所にも後から訴えを提起することができるものとしている（人訴法一七条一項・二項）。ここにいう損害賠償請求は、身分関係の当事者のみならず、第三者も含むものと解されている（その典型的な場合として、離婚訴訟とともに、不貞の相手方に対する損害賠償請求をする例が挙げられる）。人事訴訟の原因である事実によって生じた関連損害賠償請求は、人事訴訟の請求原因事実を基礎とし、主張、立証においても、緊密な牽連関係があるため、訴訟経済に合致し、人事訴訟の審理判断を遅延させることもないからである。もっとも、関連損害賠償請求は、人事訴訟法二五条の「人事に関する訴え」ではないから、別訴提起の禁止の対象とはならず、人事訴訟の確定後に関連損害賠償請求をすることは何ら妨げられるものではない。

原告が第一審において関連損害賠償請求をした場合、それを全部棄却または一部認容する判決に対し、原告に控訴の利益があること、それを全部認容または一部認容する判決に対し、被告に控訴の利益があることは、そこに形式的不服が認められることから異論がないところであろう。

次に、関連損害賠償請求の時的限界については、附帯処分と同様、事実審の口頭弁論終結時までに請求することができるものと解される。反訴についても同様である（注7）。これについても審級の利益が問題になるが、前記のとおり、関連損害賠償請求は、人事訴訟と緊密な牽連関係があり、訴訟経済に合致し、人事訴訟の審理判断を遅延させることもないため、身分関係の紛争の一体的解決（同時解決）の要請が上回るものと見てよいと思われる。ただし、これは、離婚の当事者間の問題に限られ、第三者には及ばない。控訴審において、新たに第三者に対する関連損害賠償請求が追加的にされた場合、第三者との関係では、審級の利益を害するものと言わざるを得ないから、第三者に対する請求は、あるいは離婚の当事者の一方とともに第三者に対する請求がされた場合にはその第三者に対する請求部分は管轄がないものとして第一審裁判所（地方裁判所）に移送すべきである。

それでは、第一審において関連損害賠償請求をしていなかった原告が、人事訴訟について全部認容判決を得た場合、控訴審において訴えの追加的変更をして関連損害賠償請求をするために控訴をする利益が認められるであろうか。第一審において反訴として関連損害賠償請求をしていなかった被告が、人事訴訟の全部または一部敗訴判決を受け、それに不服はないものの、控訴人において関連損害賠償請求の反訴を提起するために控訴をする利益が認められるであろうか。いずれも、一体的解決（同時解決）の利益があるから控訴の利益を肯定してよいものと思われる。もっとも、前記のとおり、控訴審において新たに第三者に対する関連損害賠償請求をすることは審級の利益を害するから、新たに関連損害賠償請求をするために第三者に対してした控訴の提起は不適法であり、これを却下すべきである。

四　まとめ

以上のとおり、人事訴訟の控訴の利益は、民事訴訟法における通説である形式的不服説で説明し切れず、また有力説である新実体的不服説でも十分に説明し切れない面があるように思われる。それは人事訴訟の特性である身分関係の紛争の一回的、一体的解決（同時解決）の要請が強く働く結果であると言え、控訴の利益もそのような観点から説明する必要があるのではなかろうか（注8）。

（注1）　鈴木忠一＝三ヶ月章監修『新実務民事訴訟講座3』二三五頁〔上野泰男〕、新堂幸司編著『特別講義民事訴訟法』二八五頁〔上野泰男〕、新堂幸司ほか編著『講座民事訴訟7』五五頁〔栗田隆〕などが詳しい。

（注2）　秋武憲一＝岡健太郎編著『離婚調停・離婚訴訟〔改訂版〕』一一九頁、東京弁護士会弁護士研修センター運営委員会編『家族法』六頁参照。

（注3）　新堂ほか編著・前掲注1五九頁〔栗田〕、小室直人『民事訴訟法論集（中）上訴・再審』五頁、斎藤秀夫編著『注解民事訴訟法(6)』一八頁〔小室執筆〕など参照。

（注4）　婚姻取消しまたは離婚の訴えに関する訴訟において、判決によらないで当該訴えに関する婚姻が終了した場合

において、既に附帯処分の申立てがされており、婚姻の終了に際し、附帯処分に係る事項が定められていないときは、受訴裁判所は、その附帯処分についての審理および裁判をしなければならないとされている（人訴法三六条）。例えば、離婚請求訴訟が第一審に係属中に協議離婚が成立したものの、財産分与の附帯処分が申し立てられており、協議離婚の際には、財産分与の協議が整わなかった場合などがこれに当たる。この場合、家庭裁判所は、附帯処分についてだけ判決をしなければならない。附帯処分はその性質上は家事審判事項（非訟事項）ではあるが、人事訴訟の附帯処分として申し立てられた以上は、訴訟手続で審理、裁判がされる。裁判の方式は、判決であって、決定（審判）ではない。したがって、その判決に対する上訴も、抗告ではなく、控訴である。

（注5）　判例も、第一審において離婚請求を認容された被告がそれを不服として控訴を提起した上、予備的反訴として関連損害賠償を請求し、財産分与の附帯処分の申立てをした事案について、関連損害賠償請求の反訴の提起および附帯処分としての財産分与の申立てについては、人事訴訟法八条の規定の趣旨により、控訴審においても、相手方の同意を要しないものと解すべきであるとしている（最判平一六・六・三判時一八六九号三三頁）。

（注6）　判例は、第一審において反訴として離婚請求および関連損害賠償請求をし、その反訴請求を全部認容された被告が、第一審原告が控訴をしたことに対応し、附帯控訴して控訴審において反訴として関連損害賠償請求を拡張するとともに附帯処分として財産分与を申し立てた事案について、第一審において離婚請求の全部勝訴判決を受けた当事者も、控訴審において、附帯控訴の方式により新たに財産分与の申立てをすることができるものと解するのが相当であるとしている（最判昭五八・三・一〇判時一〇七五号一一三頁）。もっとも、これは附帯控訴の事案であって控訴の事案ではない。

（注7）　前掲最判平一六・六・三参照。

（注8）　現行の人事訴訟法（平成一五年法律第一〇九号）は、平成一五年の第一五六回国会において成立し、平成一六年四月一日から施行されており、施行後、既に一三年が経過している。この人事訴訟法は、司法制度改革審議会の意見書において人事訴訟事件の家庭裁判所への移管が提言されたことを受けて、平成一三年九月から法制審議

会民事訴訟部会人事訴訟分科会において議論が重ねられた成果である人事訴訟法案要綱に基づくものであるが、当時、木内先生は、日本弁護士連合会の委員としてその議論に参加された。家事事件関係の法改正をめぐる議論は、弁護士会の中では大阪弁護士会が中心となって精力的に種々の検討、提言をされており、木内先生は、同じく幹事をされていた大阪弁護士会の片山登志子弁護士とともに、大阪弁護士会の検討等を踏まえ、豊富な実務経験に基づき貴重なご意見を述べられていた。私は、当時、最高裁家庭局第一課長をしており、法制審議会の幹事として議論に参加させていただき、木内先生からは、家庭裁判所実務について時には厳しく、時には期待を込めた暖かいご意見やご示唆をいただき（木内「人事訴訟の家庭裁判所移管を生かすための審理改善」家月五六巻四号八七頁、「新しい人事訴訟法と家庭裁判所実務」ジュリ一二五九号における木内発言等）、大変勉強になった記憶がある。ここに記してお礼を申し上げる次第である。

相続財産と遺産分割

大阪大学名誉教授・大阪学院大学教授
松　川　正　毅

目　次

一　序

法務省は、現在、「民法（相続関係）等の改正に関する中間試案」を公にしている。中間試案では、主として五つのテーマ、つまり配偶者の居住権、遺産分割、遺言、遺留分制度、相続人でない者の貢献を考慮する方法が検討されている。

本稿では、中間試案でも検討されている可分債権を題材にして（注1）、相続財産の概念を検討し、遺産分割の対象とする意味を明らかにすることを目的としている。その手段として、可分債権に関する最高裁大法廷決定（最決平二八・一二・一九民集七〇巻八号二一二一頁）を分析して、我が国における相続法の基本的な理論について再考を行い、その基本的とされている事柄に対して、異なった視点から検討を加えたいと考えている。

最高裁大法廷決定から見えてくる大きな問題点は、相続財産の概念の理解に関わっている。本稿では、遺産分割の対象たる相続財産の概念を、相続法の基本的と思われる事柄の確認とも並行させながら、明らかにしたい。

二　判例・学説が前提とする相続財産の概念

1　判例の分析

相続に関する我が国の判例の理論や学説の中には、相続法上、基本的と思われる概念に関して、複雑で難解な解釈が採用されているところがある。その典型例として、可分債権の相続の問題を指摘することができよう。

最判昭二九・四・八（民集八巻四号八一九頁）において、不法行為を理由とする損害賠償請求の事例で、共同相続人全員に損害賠償の総額を支払うよう命ずべきであると主張した上告理由を排斥し、「相続人数人ある場合において、その相続財産中に金銭その他の可分債権あるときは、その債権は法律上当然分割され各共同相続人がその相続分に応じて権利を承継するものと解するを相当とするから、所論は採用できない」と判示している。また、最判平一六・四・二〇（金法一七一一号三二頁）は、被相続人の死亡後に彼の預金を解約して払戻しを受けた共同相続人の一人に対して、相続人の一人が、相続分に応じて預金を相続したとして不当利得返還請求をした事例である。最高裁は、以下のように判示している。「また、相続財産中に可分債権があるときは、その債権は、相続開始と同時に当然に相続分に応じて分割されて各共同相続人の分割単独債権となり、共有関係に立つものではないと解される（最高裁昭和二七年（オ）第一一一九号同二九年四月八日第一小法廷判決・民集八巻四号八一九頁、前掲大法廷判決参照）。したがって、共同相続人の一人が、相続財産中の可分債権につき、法律上の権限なく自己の債権となった分以外の債権を行使した場合には、当該権利行使は、当該債権を取得した他の共同相続人の財産に対する侵害となるから、その侵害を受けた共同相続人は、その侵害をした共同相続人に対して不法行為に基づく損害賠償又は不当利得の返還を求めることができるものというべきである」。

前者は不法行為に関しての損害賠償請求であり、後者は預金の払戻しに関する事例であるが、いずれの事例においても、可分債権は相続開始と同時に当然に分割され、準共有関係に立つものではないということを明確にしている。遺産分割が必要であるかどうかに関しては、言及していないが、債権が分割帰属する以上、遺産分割は不要と解釈され、それが実務に定着しつつあった。ただ相続人間で、合意があれば、遺産分割の対象とするというのが実務の傾向であった（注2）。

このような中にあって、最高裁は、平成二八年一二月一九日に大法廷決定（注3）でもって、預貯金債権に関して、その法的性質（調整の可能性、現金との類似性、継続的取引契約であり残高に流動性があること）を分析した上で、当然に相続人間で分割帰属することなく遺産分割の対象となる旨を判示した。「前記（1）に示された預貯金一般の性格等を踏まえつつ以上のような各種預貯金債権の内容及び性質をみると、共同相続された普通預金債権、通常貯金債権及び定期貯金債権は、いずれも、相続開始と同時に当然に相続分に応じて分割されることはなく、遺産分割の対象となるものと解するのが相当である」。

可分債権は、かつて相続開始と同時に、相続人間で分割し、遺産分割の対象とはならないと解釈されていた。平成一六年判例は、預金債権は可分債権であり、分割帰属し遺産分割の対象とはならないと解していたことに対して、本最決によって、預金債権は、分割されることなく遺産分割の対象となると解釈されたことになる。本最決では、預金債権の性質を分類しつつ論を進めてはいるが、正面から可分債権は分割されることなく遺産分割の対象となるとはしていない。つまり、このことは、かつての判例（前掲最判昭二九・四・八、前掲最判平一六・四・二〇）のいう可分債権に預金債権は該当しないことを前提としていると言えよう。平成一六年判例が変更されたのであり、可分債権は当然に分割され、遺産分割の対象とならないとする昭和二九年判例は維持されていると解釈されている（注4）。

2　遺産分割不要という理論

判例が前提としている可分債権は当然に分割されて遺産分割の対象とならないという考え方はどこから導かれるのであろうか。

学説中には、不可分債権説を唱えるものや、合有説、準共有説を主張するものがある（注5）。しかし、判例や通説は、遺産共有を、物権法上の共有関係と同様に位置付けて（注6）、可分債権が相続されたときには、民法四二七条に基づき、相続人間で相続分に応じて当然に分割され、各相続人に帰属し、共有関係にならず、遺産分割を必要としないと理論を導いている（注7）。

三　相続財産とは何か

1　遺産分割は相続法の要である

可分債権の相続を検討すれば、我が国の相続法の様々な問題点が見えてくる。とくに、相続財産の基本的な概念が、我が国の判例、学説では不明瞭であることを指摘することができる。相続財産つまり遺産は、被相続人の財産であることには相違ない。それが相続人へと継承されていくのである。

相続財産（遺産）はどのような財産で構成されているのか。このことは当然の事柄として、すべての被相続人の財産は遺産分割を経て、相続人の財産となることを前提としていると言える。財産の範囲が明確であることと、それが遺産分割の対象となることは、相続法の基本的な考え方である。遺産分割を経ずして、相続人の一人が被相続人の財産を取得するということは、相続の観点からは本来あり得ない。遺産分割を経ずに、先取りを許すことがあるとすれば、相続が包括的な地位の承継であり、包括的な財産の承継であるにもかかわらず、特定承継的な要素を加味することになり、基本に反することになり得る。また同時に、遺産分割は、本来、相続財産の総体を前提として分割するのである。遺産分割を抜け出る財産があるとすれば、相続分や持戻しが民法典で定められていても、結果的に無視し得ることになる。

相続法の基礎には、遺産分割があり、これによって被相続人の財産を、相続分に従い相続人間で分割することができることになる。分けるべきものを先取りして、自分のものとしてしまうことが許されるのであれば、全体的な遺産との関係から、不合理な結果を招き得るし、相続人の中には不平等と感じる者も現れよう。

相続財産には、遺産分割をしなくても相続人の財産になるものと、遺産分割を必要とする二種類の財産があるという考え方は、人々には理解し難い事柄である。

2　相続財産の範囲の問題

我が国の遺産分割の対象たる財産の範囲には、我が国特有の特徴がある。被相続人の財産でありながら、遺産分割を不要とする財産の存在の可能性を認めてしまっている。

我が国がその相続法の基本的な考え方を継受したフランス民法では、すべての遺産は、遺産分割の対象となっている。これが相続人間でもはっきりしていれば、後は手続的に分割する作業をするだけである。また遺産の範囲に関して明確であり、相続人が数人いる場合には、平等性への配慮も行き渡る。遺産分割が訴訟になる紛争は、我が国と比較すれば格段に少ないと思われる。

二〇〇六年の相続法改正で、フランス民法は遺産分割の対象財産を明確化している。これに関する条文は八二五条であり、以下の内容である。「遺産分割の対象財産は、相続開始時に存在する財産である。その財産に代位した財産を含み、被相続人が死因処分をしなかった財産である。相続開始時に存在する財産から生じた果実も同様とする。

その財産に、持戻し、減殺による価値が加わる。共同相続人の被相続人または共有財産に対する債務も同様とする」。

「現存財産」はすべて遺産分割の対象としている。当然に、可分債権も遺産分割の対象であり、それによって、最終的に帰属が決まることになる。「代位した財産」とは、相続開始後、遺産分割までの間で問題になり得る。

相続開始前であれば、当然のこととして、代位した財産が遺産分割の対象となる。「果実」は、相続開始後に生じたものであり、これを遺産と考えて、遺産分割の対象としている（注8）。

我が国の解釈と大きく異なるのは、「持戻し」と「減殺」の結果、財産は遺産に戻り、遺産分割の対象として位置付けられていることである（注9）。このことにより、遺産の範囲は大きくなり、相続人間の平等性は増す。被相続人が相続人に対してした無償処分が相続財産に戻されることによって、平等性は高まっていると言える。我が国の持戻しの考え方は、観念的なものであり、実際には返却する必要性がないが、フランス民法では、持ち戻すことがある。また遺留分減殺の結果取り戻すことになる財産も遺産の中に組み込まれる。この点においても、我が国とは異なっている。

相続財産に集中させて遺産分割を行うことによって、統一的な理解が実現している。さらに、相続財産の明確化と相続人に対する無償処分への考慮によって、相続人の平等性が尊重される結果となっている。まさに遺産分割は相続の要であると言える。

3　相続財産の共有の意味

遺産共有に関して、我が国は、最判昭三〇・五・三一（民集九巻六号七九三頁）が、物権法上の共有であるとしている。これは、以後の実務にも影響を与えた判例である。「相続財産の共有（民法八九八条、旧法一〇〇二条）は、民法改正の前後を通じ、民法二四九条以下に規定する『共有』とその性質を異にするものではないと解すべきである。相続財産中に金銭その他の可分債権があるときは、その債権は法律上当然分割され、各共同相続人がその相続分に応じて権利を承継するとした新法についての当裁判所の判例（昭和二七年（オ）一一一九号同二九年四月八日第一小法廷判決、集八巻八一九頁）及び旧法についての大審院の同趣旨の判例（大正九年一二月二二日判決、録二六輯二〇六二頁）は、いずれもこの解釈を前提とするものというべきである。それ故に、遺産の共有及び分割に関しては、共有に関する民法二五六条以下の規定が第一次的に適用せられ、遺産の分割は現物分割を原則とし、分割によつて著しくその価格を損する虞があるときは、その競売を命じて価格分割を行うことになるのであつて、民法九〇六条は、その場合にとるべき方針を明らかにしたものに外ならない。本件において、原審は、本件遺産は分割により著しく価格を損する虞があるとして一括競売を命じたのであるが、右判断は原判示理由によれば正当であるというべく、本件につき民法二五八条二項の適用はないとする所論は採用できない」と判示している。遺産共有に関して、我が国の民法典には規定はなく、二四九条以下の共有規定に基づいて理論を展開している。

本来、物権法上の共有と、遺産共有とは、その性質と機能を異にしているものであるにもかかわらず、条文の欠缺ゆえ、深く検討されることなく現在に至ってしまっている。梅謙次郎博士も、その相違に気付きながら、物権法上の共有と異なる債権債務の相続の性質を述べている（注10）。また遺産分割に関する款では、「相続人数人ある場合に於ては相続財産は其共有に属すべきものとせり而して共有財産は之を分割し得へきこと第二五六条の規定に依りて明らかなり（二六四条参照）故に遺産も亦分割すへきものなること固より疑を容れす唯此場合に於ては共有財産は包括的なるを以て自ら共有の一般の規定に従ひ難きものあり是れ本款の規定するところなり」（注11）としている。必ずしも、物権法上の共有の性質に基づく必要性もなく、遺産共有に独自性を持たせることは可能だったと言える（注12）。

遺産共有には、遺産分割のための前提としての役割がある。可分債権は、共有であれば、分割されるのはむしろ当然のことであり、これをどのように相続財産として捉えるかが問題である。我が国は、共有論と合有論の主張があるが、遺産共有には、相続人間で、それぞれの権利に配慮し（相続分）、遺産分割を実現できるような、むしろ独自の特徴を持たせることが可能である。それは、共有論、合有論から演繹される事柄ではない。

可分債権も、遺産分割の対象とされているのは、遺産分割に先駆けて、たとえ可分債権を自らの相続分相当額として先取りしても、それを独り占めすることはできないからである。

4　遺産共有状態における可分債権の法的な位置付け

可分債権は、分割が可能な点に特徴がある。可分債権は遺産共有状態の際には、どのような法的性質になっているのであろうか。この点に関しても、包括承継を採用するフランス法の解釈は参考になる。

フランス法では、第三者に対する可分債権に関して、相続人間で分割して行使されるとする条文があり（フランス民法一二二〇条）、また他方で、遺産分割の対象とすると理解し得る条文があった（改正前のフランス民法八三二条二項）。

かつて、可分債権は、遺産分割の対象となり得るのかどうか解釈上の問題点が指摘されていた。一九〇九年の破毀院判例でこの問題に決着をつけ、遺産分割の対象とされるに至っている。約一〇〇年ほど前に、我が国と同じような解釈上の問題が生じていたのである。現在では、二〇〇六年の改正によって前述のフランス民法八二五条（2参照）で、遺産分割の対象となることが規定されている。つまり、直接的な規定の仕方ではないが、「相続開始時に存する財産」として理解されている。つまり、相続財産に、第三者に対する可分債権が含まれている（注13）。

このようにして、可分債権は遺産分割の対象となると解釈されている。

しかしながら同時に、可分債権の分割行使は認められている。また、管理行為として、債権回収を早期に行うのが望ましい場合など、必要な場合には、自らの相続分を超えて債権の回収をすることができることになる。

この考え方によれば、預金債権は、少なくとも相続人の相続分に関しては相続人に支払うことができることになる。

フランス法では、このようにして回収した債権は、当該相続人が自分のものとして先取りすることは許されていない。相続財産に返還しなければならないのである（注14）。

この返還に関しては、相続人に対する債権としての位置付けで、興味ある手続が定められている。

かつては、債務の持戻しという言葉が用いられていたが、手続はむしろ遺産分割であり、用語の本来の用い方と異なるので、二〇〇六年改正で、「共同相続人間の債務の決済」と変えて、判例を法典化した条文を八六四条以下に設けている（注15）。

ここでいう、債務とは、相続人の一人が被相続人に対して負っていた債務や、相続財産に対して負っていた債務を意味する。後者には、可分債権を回収した金銭（価値）や、持戻しや、減殺請求の結果、相続財産に返すべき財産がある（他の相続人にとっては債権になる）。可分債権に限定して論を進めれば以下のようになる（注16）。

相続人の一人が、可分債権を回収すれば、その回収した価値は相続財産に戻される。この相続人は回収した財産に関して、相続財産に債務を負うことになる。

重要なことは、このように相続財産が共同相続人の一人に債権を有する場合には、債権を回収した当該共同相続人たる債務者は、遺産分割におけるその者の権利に至るまで、遺産分割において相続分に割り当てられることである。相続財産に返す方法は、その者の相続分に相当する範囲まで、遺産分割で割り当てられることになる（フランス民法八六四条二項）。例えば、債権を回収した相続人の相続分が一〇〇あるとして、可分債権から四〇を回収したとすれば、遺産分割において、この四〇は割り当てられて計算され、その者は、残り六〇を遺産分割で取得し得る。四〇は、最終的には回収した相続人の財産として分割されたことになる。

その者の権利内のものであれば、混同によって消滅し、それを超える場合には、相続財産の債権となり（つまり他の共同相続人のその者に対する債権）となる（フランス民法八六四条一項）。フランス民法八六四条一項で、返すべき財産は、相続分に割り当てられて分割されることになる。それを超過するのであれば、他の債権者に支払うことになる（フランス民法八六四条二項）。この結果、債権を回収し、それを相続財産に返却しなければならない者は、相続分の範囲内であれば、回収した債権を全額保持し得ることになる。また相続分を超える場合には、その超えた部分は、遺産分割で他の相続人へ分割されることになる。

このように、可分債権の回収は可能であり、各相続人は可分債権を行使し得ることになる。債務者は請求があれば支払うことが可能である。また同時に、回収した相続人から相続財産に戻されるのであるから、遺産全体の中での遺産分割が実現され得る。権利の行使と、遺産分割の安定性、平等性が難なく図られている。フランス民法においては、被相続人の財産を、相続財産に集中させて、一体化して捉えているが、このことは様々の利点を導き出している。

5　積極財産の相続と消極財産の相続は根本的に異なる

遺産分割を経ずに、相続人に移転する財産である可分債権が、前掲最決平二八・一二・一九の判例に関する解釈によれば、まだ残っていることになる。このような理論と類似するものに、債務の承継がある。我が国の判例でも可分債務の承継は、相続分に応じて当然に相続人に分割帰属して、遺産分割の対象とはならないとしている（注17）。

積極財産と可分の消極財産が相続財産である場合には、我が国の相続法は包括承継を採用しており、取扱いが異なる（注18）。遺産分割の対象は、原則として積極財産に関して必要であり、これに対して、可分債務は当然に分割帰属することになる。

この債務の考え方が、可分債権の解釈に影響しているのであれば、債務の承継に関して、清算という概念も含めて理解し直す必要性があるように思われる。債務の承継に関しても、我が国の相続法は、立法的に未整備状態であり、清算も一人歩きしそうな気配さえ感じさせる（注19）。

6　遺産確定の時期の問題

相続債務に関しては、我が国の相続法では、二種類のものがある。一つは、生前に被相続人が負った債務である。他の一つは、相続開始後遺産分割までの間で、つまり被相続人が存在しない状態で生じた、遺産に関する費用である。後者に関しては、フランス法と同様、我が国の民法典にも八八五条に規定がある。相続債務の理解のためには、また死後事務（民法八七三条の二参照）の問題の理解のためには、この規定の理解が必要である。

相続財産の確定は、相続人の死亡時である。相続法では、被相続人が負った債務は、相続債務として、積極財産とは別に相続人に承継され得る。このことはいわゆる包括相続の原則的帰結である。

これに対して、相続開始後、遺産分割までの間に生じた債務は、被相続人が主体としてした法律行為ではなく、この意味において、被相続人の負った相続債務とはなり得ない。相続開始後、遺産分割までの間に生じた債務は、民法は、遺産の管理に必要な行為として位置付けており、これに該当する場合には、相続財産の負担とすることを認めている（民法八八五条。これもフランス法からの継受である）。結局は被相続人の債務と同じような扱いになるが、債務を負った人が、被相続人でない点が大きく異なる。

相続開始によって、法主体は存在しなくなり、預金は出し入れできず、銀行実務で取られているようにブロックがかかる。もしも、ブロックが遅れて、入金されることがあれば、それは債権の回収の場合もある。そうであれば、相続財産に戻されて、相続財産を構成することになる。果実であれば、フランス法のように、それは遺産を構成するという条文があれば、問題なく遺産に組み入れられることになる。我が国では、判例に従い、分割の可能性があるが、厳密には遺産とは解されておらず、共有物分割になってしまう（注20）。果実も遺産分割に組み入れて考える方が、遺産分割の一体性のある自然な手続のように思われる（注21）。相続開始後、遺産分割までの間に生じた果実は、相続財産を構成するとの立法が必要であろう。

口座から、引き落とされた金銭があれば、それは相続債務の観点から問題であるが、場合によっては、遺産分割までは、管理行為と位置付け得る場合には、相続財産の負担と解することになろう（注22）。

このように考えれば、相続財産の範囲は定まっているのであり平成二八年の最高裁大法廷決定が言及している預金債権の金額が定まらないという性質は、相続法の観点からは、説得力を欠くように思われる。

むしろ、可分債権の回収は可能とし、取得した金銭が相続財産を構成するという解釈が望ましいと思われる（注23）。

四　まとめ

このように比較法的に検討してくると、我が国の相続法において、相続財産の概念が明確でないことがわかる。またそれと同時に、すべての相続財産は遺産分割を経て、相続人に帰属するのだという、むしろ当り前のことが、解釈論の名のもとに、ゆがんでしまっていることが指摘できよう。この点に関して、このゆがみを修正してきたフランス法の立法努力には学ぶべき点が多い（注24）。我が国の相続財産と遺産分割の考え方には、相続の包括承継という基本的な考え方を無視してしまっているように思われることろがある。それとも意識して、修正しているのであろうか。

同時に、遺産中の債権回収の可否を問題とする場合には、死亡後、遺産分割までの期間をどのように捉えるのか、これが重要なテーマとなっていることが理解できよう。専ら物権法上の共有の規定に基づいて考えるだけではなく、相続法の独自の要請も加味して遺産共有を捉え、この期間に行われる事柄は遺産管理行為であり、遺産と密接に関連していると位置付けることができる。果実、代償財産等、すべてを遺産分割に集中させる整備が必要と思われる。

相続財産の一体化を実現することによって、次のステップとして遺産共有時の清算の可能性の理論も見えてくることになる。

この意味においても、まさに遺産分割は相続法の要なのである。

（注1）　中間試案では「第2　遺産分割に関する見直し」の2で、「可分債権の遺産分割における取扱い」と題して検討されている（中間試案六頁以下参照）。

（注2）　前掲最決平二八・一二・一九に至るまでに、最高裁は、既に、定額郵便貯金債権（最判平二二・一〇・八民集六四巻七号一七一九頁）、委託者指図型投資信託の受益権、個人向けの国債（最判平二六・二・二五民集六八巻二号一七三頁）、委託者指図型投資信託の受益権につき相続開始後に発生した元本償還金等に係る預り金（最判平二六・一二・一二金法二〇一四号一〇四頁）は、当然に分割されることが否定され、遺産分割の対象とされていた。

可分債権であれば、分割帰属し、遺産分割の対象とならないことは前提としているので、昭和二九年、平成一六年の判例変更ではないと解釈されている（齋藤毅「普通預金債権、通常貯金債権及び定期貯金債権の遺産分割対象性」法律のひろば七〇巻三号四九頁参照）。

（注3）　前掲最決平二八・一二・一九。

（注4）　齋藤・前掲注2五一頁。

（注5）　柚木馨『判例相続法論』一八五頁、中川善之助＝泉久雄『相続法〔第四版〕』二三一頁など。

なお、学説の整理は、齋藤・前掲注2四九頁、潮見佳男「預貯金債権の共同相続に関する大法廷決定の意義と課題」金法二〇五八号一七頁参照。なお、家庭の法と裁判九号七頁以下の「特集　預貯金債権と遺産分割」での学説の整理も参照。

（注6）　最決昭三〇・五・三一（民集九巻六号七九三頁）。

（注7）　学説も多岐にわたっている。詳しくは、齋藤・前掲注2四九頁、家庭の法と裁判九号八頁以下の整理を参照。フランス法に関して、宮本誠子「フランス法における「相続財産の負担」」阪大法学六六巻三・四号二九一頁、宮本誠子「相続債務の処理」水野紀子＝窪田充見編『財産管理の理論と実務』三一九頁、宮本誠子「フランス法における遺産の管理（一）～（二・完）」阪大法学五六巻四号一一五頁、五六巻五号一五一頁がある。

（注８）松川正毅「遺産分割と遡及効」高木多喜男先生古稀記念『現代民法学の理論と実務の交錯』二九九頁以下。
（注９）松川正毅「遺留分減殺請求」論究ジュリ一〇号一二六頁、同「フランス法における自由分と遺留分」戸籍時報七四〇号一三頁。
（注10）梅謙次郎『民法要義巻之五相続編』一三三頁（初版復刻版平成四年）。
（注11）原文はカタカナ書き。梅・前掲注10一三三頁。
（注12）フランス法では、物権法上の共有はcopropriété（共有）という用語を用い、遺産共有に関しては、indivision（語の意味からすれば、未分割状態の意味）の用語が用いられており、概念上区別されている。我が国では、どちらも翻訳すれば共有であった。
（注13）C. Farge, Droit patrimonial de la famille, sous la direction de M. Grimaldi, 4e éd., 271. 90 et s. (p.754 et. s.) 2011.
（注14）フランス民法では、相続財産に返還しなければならないものがある。その代表例として、無償処分の持戻財産、また減殺請求された財産がある。
（注15）Farge, supra note (13), p. 754 et s.
（注16）持戻しや減殺請求の結果、相続財産に戻されることになった場合も、本文の規定が適用されて、遺産分割がなされる。我が国では、遺留分減殺請求は、遺産分割として捉えられていないが、相続財産の概念を明確に持てば、債務の決済によって、遺産分割の中に取り込むことが可能となる。
（注17）大決昭五・一二・四（民集九巻一一一八頁）。
（注18）債務の相続に関しては梅博士が相続は包括的であり清算しないことを前提に、法律論を展開している。梅・前掲10一一三頁以下。相続分の範囲に限定し連帯責任を負わないことを説明している。
　また遺産の共有は、包括的なるがゆえに物権法上の共有とも異なることも指摘している。梅・前掲10一三三頁参照。

（注19）　遺言執行者や遺産管理人の権限についても、債務との関係で明確にすべきであろう。
（注20）　最判平一七・九・八（民集五九巻七号一九三一頁）。
（注21）　松川・前掲注8三〇七頁。
（注22）　しかしながら、他の債権者に先んじて、回収できる根拠が欠けることになる。
（注23）　遺産分割を経ずして相続財産を先に取ることは認められないという解釈を採れば、不動産の持分処分も、その価値は相続財産に戻さなければならない解釈になろう。
（注24）　フランス民法八二五条は、本文で述べたように相続財産の範囲を定義している。

遺産分割調停事件における不動産の分割方法について

宮崎地方・家庭裁判所長　永井裕之

目次

木内道祥先生は、大阪家庭裁判所において家事調停委員として長きにわたり数多くの事件を担当してご活躍され、一般事件はもちろん、とくに遺産分割事件のいわゆる難件を数多く調停成立に導いていただいたばかりでなく、大阪弁護士会に家事法制委員会が設置される前から同会の先駆けとして家裁と弁護士会の橋渡しをしていただきました。また、大阪家庭裁判所等の裁判官と研究者からなる関西家事事件研究会には、最高裁判事に就任されてからもお忙しい中出席していただくこともあり、大阪家庭裁判所の実務を弁護士の立場から長らく応援していただいております。この機会に、木内先生が古稀を迎えられたこと、最高裁判事としての激務を無事に終えられたことを心からお祝いするとともに、これまでの大阪家庭裁判所の家事調停、家事事件の実務の発展を中心となって担ってこられたことに、お礼を申し上げます。

一　初めに

ここでは、次に述べるような事情があることから、遺産分割調停において、不動産がどのように分割されているのかについて、大阪家庭裁判所において遺産分割事件を専門部として扱っている家事第三部遺産分割係で私が取り扱った調停事件をもとにして紹介させていただくことにした。

家庭裁判所に係属する遺産分割事件における不動産の位置付けを見ると、そのほとんどが遺産中に不動産を含んでおり、また、預貯金を含む遺産総額の中で不動産の価額が占める割合も過半を超える場合が多い。そして、不動産は、土地および建物ともに実際の遺産分割の場面では、占有の有無、収益性の有無など個性を有して現れる。したがって、不動産を分割するとなると、実際の不動産の個性を踏まえながら相続人の分割希望に配慮する必要がある。また、分割する手続として、遺産分割協議や調停のように合意するのと審判のように裁判するのとでは、分割方法としてできることの範囲が異なることにも留意しなければならない。しかしながら、申立人が不動産の具体的な分割方法につき十分な検討をすることなく申し立てたと思われる事件や、当事者が具体的な分割案をイメージしていても現実にどのような段取りを踏まねばならないのかにつき検討されていないと思われる事件が相当数ある。そこで、今後の合意による解決の参考にしていただければと考えて、調停で実際にどのような手順を経て分割に至るのかにつき、その点があまり知られていない分割方法を紹介することとした。

二　審判における不動産の分割方法

共同相続人間で遺産分割協議が整わなかったり、調停が不成立になれば、裁判所が終局審判により分割することになる。その場合に分割方法として予定されているのは、次のようなものである。

1　現物分割・代償分割、換価分割

まず、土地を一筆ごとに、建物を一棟ごとに取得させる「現物分割」である。そして、不動産の現物分割を含む遺産の分割により相続人間に生じる取得額の過不足を遺産全体の中で調整できない場合、不動産の取得等により本来の取得分を超えた相続人に、不足している相続人に対する代償金の支払債務を負担させる「代償分割」がある（家事法一九五条）。しかし、現物分割や代償分割を選択できない場合には、不動産を形式競売により売却して代金を分割する「換価分割」によることになる（家事法一九四条一項）。この審判による換価分割では、相続人が他の相続人の同意を得ることなく単独で形式競売を申し立てることができる上、申し立てた相続人が自ら買い受けることができる。このため、遺産分割時の時価（いわゆる市場価格）を基準として算出される代償金の額よりも形式競売における最終的な売却価額の方が相当低額になることも多いことから、自ら買い受けることを見込

んで審判による換価分割を希望する相続人もいる。ただ、形式競売の申立てに際しては相応の費用の予納を要し、第三者が予想外の高値で買い受けた結果、取得し損ねるおそれもあり、自ら買い受けても代金を納付するにあたり自己の取得分を控除することができない（いわゆる差引納付は許されず、いったん全額を納付することになる）ことには注意を要する。

2　共有分割

このほかに、これらの分割方法を選択できない場合などに、遺産分割前の未分割共有の状態から民法上の共有に変更する「共有分割」とすることがあるが、民法上の共有分割を行うための前段階にするもので、共同相続人による共有関係を解消するものではない。

なお、分割方法として換価分割と共有分割を選択した場合には、遺産分割が未了であることを前提とする未分割共有関係が終了するから、相続人が被相続人と同居して遺産建物に居住していた場合には、無償利用する根拠が失われることには留意する必要がある（最判平八・一二・一七民集五〇巻一〇号二七七八頁）。

このように、終局審判による不動産の分割方法の選択肢は必ずしも多くはないため、個々の遺産不動産の個性に十分に対応した分割ができるとは限らない。

三　調停における不動産の一般的な分割方法

調停では、不動産は、終局審判の場合と同様に一筆の土地や一棟の建物ごとにする現物分割と代償分割とによることが非常に多い。

1　調停における代償分割

代償金の支払を一括ではなく分割払いにすること、代償分割の対象となる不動産に担保権を設定して金融機関から融資を受けて代償金の支払に充てること、代償金の支払を金員の代わりに相続人の有する遺産外の不動産の所有権を移転する（代物弁済）こともある。

金融機関から借入れを行う場合には、まず、相続人全員で取得希望者が融資を受けた金員を代償金の支払に充てて遺産不動産を取得する旨の中間合意をして、その旨の調書を作成することになる。取得希望者がこの調書を金融機関に提出して融資を受けた後の期日に調停を成立させることもあり、調停成立の期日に金融機関が出席して融資を受ける相続人と金融機関との間の担保権設定に要する書類の受渡しや金員（現金、自己宛小切手）の交付まですることもある。

2　調停における換価分割

不動産の任意売却が検討されることも多い。この場合、調停成立前に売却を終えて代金を分割対象とするケースと、調停成立後に売却する旨の合意をするケースとがある。前者のケースでは、売却が現実化した時点（買受人が確保された時点）で相続人全員で売却の段取り、売買契約の締結、代金の受領・管理・分配等の担当者やその者への権限の付与などについて中間合意してその旨の調書を作成するほか、予定されている売却契約締結直後に期日を指定するなどして確実に売却が進行するように細心の注意を払っている。このように進めるのは、調停中に調停委員会の把握できない手続外で任意売却を行う場合に生ずるトラブル（例えば、売却代金を保管していた代理人が解任されて、元依頼者とその他の相続人からそれぞれ保管金の支払を請求されて紛争になることがある）を避けるためである。なお、不動産の任意売却のために報酬が発生する遺産管理者の選任等を行った例はない。後者のケースでは、調停成立時に売却方法等につき合意していても、その後の事情の変更により紛争が再燃することもあり、その場合には、遺産分割後の紛争調整の一般調停が申し立てられることがある。しかし、既に成立している遺産分割の調停の効力が覆されるわけではない。

3 調停における共有分割

遺産を未分割共有としておくことに支障があるときや、遺産以外の共有持分と併せて共有関係の解消を図るためにいったん全体を民法上の共有とする必要があるときには、共有分割とする調停を成立させている。そうでない場合には取下げを検討するように求めている。不動産の共有持分を取得する共有分割では共有状態は解消されないにもかかわらず、課税上は相続税による有利な扱いを受ける機会を失うことになる場合がある。また、前述のとおり、相続人が被相続人と同居して遺産建物に居住していた場合には、無償利用する根拠を失うことになる。このため、調停で共有分割するときには、不動産の占有に関する法律関係、例えば、居住している相続人の使用の期限や対価等の債務負担、賃借している第三者が支払う賃料の管理や賃貸人としての義務の履行についても併せて合意することが多い。

四　現物分割関係

1　分筆

一筆の土地そのままでは分割できない場合がある。土地が広大であるため単独取得したり任意売却できないとき、土地上の建物の敷地部分とそれ以外の部分とを別々の相続人が取得したり売却したいときなどである。このような場合には、土地を分筆した上で分筆後の登記簿が作成されてから調停を成立させている。このような取扱いをしているのは、分筆登記ができていない時点で調停を成立させるとすれば、調停調書だけで分筆登記をすることができなければならないが、以下に述べる分筆の手順を考えると、そのような調書を作成することはきわめて難しいからである。

分筆の登記をするためには、通常、遺産土地について被相続人名義のままではなく相続人全員がそれぞれ共有持分を有する旨の未分割共有の登記をしておくか、相続人中のいずれかが相続により取得した旨の登記を経由しておく必要がある。

また、不動産登記法の平成一七年改正により、分筆登記をする際に法務局へ提供する土地の地積測量図は、原則として分筆後の土地のすべてについて、地積（土地の面積）の求積方法、筆界点間の距離、筆界点の座標値を明らかにしなければならなくなったため（不動産登記事務取扱手続準則七二条二項、不登規七七条一項五号ないし七号）、遺産土地と境界を接する土地の所有者全員の同意を得て地積測量図を作成する必要がある（不登規七八条、不登令別表八の各イ）。そのため、実際には、分筆後の土地の取得者が決まれば、相続人全員で、分筆後の各土地の取得者を確定させてから、仮測量を行うなどして分筆後の土地の範囲や価額につき合意した上で、分筆作業の段取り（日程）につき中間合意をしてその旨調書記載するなどしている。分筆作業は、相続人全員が土地家屋調査士に依頼して隣接する土地の所有者の同意を取り付けることも含めて作業してもらうことになるが、この測量等に要する費用等の負担なども事前に合意しておく必要がある。完成した地積測量図を添付した調停調書で調停成立後に分筆登記はできるが、前記の諸費用等の負担などにつきした合意が争われて、調停の錯誤無効を主張されるおそれがあるので注意を要する。

2　共有持分

不動産の共有持分が遺産である場合には、遺産外の持分と併せて一筆の土地や一棟の建物になるように分割するのが原則である。

㈠　相続人が遺産である共有持分の残部分に当たる共有持分を有する場合には、その相続人に遺産である共有持分を取得させる。その結果、遺産外の共有持分を有していた相続人の単独所有となって完結する。しかし、代償金が支払えないときや、元々処分したかったが遺産外の共有持分だけでは売却できなかったときなどは、遺産外共有持分を有していた相続人が遺産である共有持分を単独取得して、不動産全体を任意売却することにより代金を得なければ、遺産分割を終了させることができない。この場合、代金から売却に要した費用を控除した残代金のうち、遺産外の共有持分を有していた相続人にその持分の割合に相当する額を取得させ、遺産であった共有持分の割合に相当する額は相続人間で分配する必要がある。売却代金の分配方法については、売却前に合意しておく必要があり、調停後に売却するのであれば成立調書の調停条項中に記載することになり、売却してから調停を成立させるのであれば中間合意をして調書に記載した上で、売却後に調停を成立させる必要がある。

㈡　第三者が遺産外の共有持分を有する場合には、①被相続人や相続人が遺産である共有建物に居住していたり、遺産である共有土地を件外建物の敷地として利用するなどして遺産である共有持分を利用しているときと、②そうでないときがある。

①の場合であれば、相続開始前と同様に遺産である共有持分の利用を希望する相続人がいれば、その相続人が件外共有持分を有する第三者との共有関係を継続することを前提として現物分割や代償分割により遺産である共有持分を取得できるかを検討することになる。その際、件外共有持分を有する第三者と取得を希望する相続人との間で、共有不動産の利用に関する法律関係についての合意がなくとも調停を成立させることはできるが、件外共有持分を有する第三者の共有持分が過半を超えるときには、あらかじめこのような取決めをしておかなければ、遺産分割後に取得者が利用することができなくなることがあるので注意を要する。

しかし、①の場合に取得を希望する相続人が取得できないときや②の場合には、共同相続人が件外共有持分を有する第三者との間で継続的な共有関係を維持できる見込みは立たない。そこで、その第三者への売却を検討することになるが、売却するとなれば前述の調停における換価分割と同様となる。しかし、この売却ができない場合には、件外共有持分を有する第三者との共有関係が残ることになる。そこで、遺産である共有持分を単独で取得する者に対しては、この共有関係を解消するまで固定資産税等の金銭的負担や件外共有持分を有する第三者との対応を引き受けることなどを考慮して、時価から相当な減額をした価額で取得する旨の合意ができないか等につき協議することになる。ただ、共同相続人間に共有関係を残すことになる共有分割を選択することは望ましくない。

3　担保権設定登記がされている場合

被担保債務の処理につき合意した上で遺産分割の調停を成立させることが望ましい。

(一)　被担保債務は金銭債務であるから、その債務者が被相続人であれば可分債務として相続開始によって分割相続されており（最判昭三四・六・一九民集一三巻六号七五七頁）、分割相続した共同相続人間で被担保債務の処理につき合意したとしても債権者をその合意内容に従わせることはできない。しかし、被相続人が遺産不動産の購入資金を調達するためにした借入れのために設定された担保権については、その遺産不動産を取得する相続人に被担保債務も負わせるのが通常である。そこで、多くの場合、担保権の設定された遺産不動産の取得だけでなく、少なくとも共同相続人間では被担保債務についても合意するように促している。被担保債務の処理としては、共同相続人間で遺産不動産を取得する相続人が債務を引き受けること、他の相続人が弁済したときには遺産不動産を取得する相続人は求償に応じることを合意するのが一般的だが、債権者は拘束されないから、他の相続人は遺産不動産を取得した相続人が完済するまで債務者の地位からは解放されないことになる。そこで、遺産不動産を取得する相続人が遺産外の自己所有不動産に担保権を設定したり、新たに保証人を立てるなどして他の相続人に対する債権の放棄（あるいは債務の免除）を求めることになる。そのため、遺産不動産を取得する相続人は債権者と交渉する必要がある。

(二)　被担保債務の債務者が相続人である場合には、その相続人に担保権の設定された不動産を取得させることができないかを検討する。多くの場合、債務者である相続人がその不動産を居住して占有したり、自己の経営する事業に利用するなどしているため、不動産を取得させることに争いが生じることは少ない。この場合には、被担保債務を債務者以外の相続人は負担していないから、その処理について問題が生じることは少ない。ただし、取得する相続人が被担保債務の債務者であるから、取得する不動産の価額を算出するにあたり、被担保債務の額を控除することはできない。

その不動産を債務者である相続人以外の相続人が居住して占有している場合は、両相続人間の調整が必要となるが、占有している相続人に取得させる場合には、被担保債務の弁済、担保権が実行された際の精算等について合意しておくことが望ましい。

㈢　被担保債務の債務者が第三者であるときには、相続人が占有していなければ、まず、その第三者への任意売却を検討している。しかし、それが困難な場合には、その不動産を取得する相続人は債務者である第三者が弁済を怠ったときに生ずるリスク（相続人による第三者としての弁済や担保権実行による所有権の喪失と求償権行使による回収など）を負担することになるので、これを考慮して不動産の価額を検討する必要がある。取得を希望する者がいる場合には、そのようなリスクは取得する相続人と被担保債務の債務者である第三者との間の精算の問題として、不動産の価額を定める際には考慮しないことが多い。積極的に取得を希望する者がいなければ、最も高額で取得する相続人に取得させることとなる。なお、第三者が不動産を占有しているときは、別に不動産を取得する相続人が被相続人と第三者との間の占有に関する法律関係（不法占有、使用貸借、賃貸借等）を引き継ぐことになる。

４　代償金の支払能力がない相続人による遺産不動産の占有を残す場合

相続人に遺産不動産を占有させなければならない場合で（被相続人の配偶者が相続開始前から居住して占有しているときなど）、その相続人が代償金の支払能力を有していないときがある。占有を必要とする相続人に代償金を減額したり無償にして取得させる旨の合意ができなければ、他の相続人が取得することになる。このような場合には、取得する相続人と占有する相続人との間で不動産の利用に関して合意しておく必要がある。占有する相続人が退去・明渡しをするときないし死亡したときを終期として、占有の対価は賃料相当額や固定資産税および都市計画税相当額、あるいは無償とし、修理費等は占有者が負担するなどとして利用権を設定する合意をしている。

5 建物

建物に関しては、やや特殊なケースとして、複数の相続人が居住や事業のために一戸の建物の中にそれぞれ独立したスペースを占有していることがある。占有する相続人らの間で単独で取得する者を誰にするかだけでなく利用関係についても合意ができれば問題が生ずることはないと思われる。この場合、建物を利用している相続人らが共有取得することは避けるようにしている。共有取得した相続人について、さらに相続が開始すると権利関係が複雑になるからである。しかし、占有する相続人がそれぞれ単独で取得することを希望して譲らないことがある。そのようなときには、占有する相続人らがいずれも退去することなく原状を維持するとの合意をすることを前提として、現に占有している部分を区分所有建物として独立させて、区分所有権を取得させることがある。実際には、区分所有建物として取得を希望する相続人らに対して、専有部分と共用部分の範囲や不動産の管理等につき合意させてから、土地家屋調査士などに「構造上の独立性」と「利用上の独立性」といった要件を充たして区分所有建物の登記手続ができるかやその費用につき相談するように求めている。区分所有建物として登記できる場合には、費用の負担につき取り決めてもらうことになる。その上で、相続人全員で他の遺産を含めて遺産分割につき合意が成立した時点で成立調書を作成する。また、区分所有建物として分割することにつき一部分割の中間合意の調書を作成して区分所有建物とする登記手続を先に進める場合には、最終的な成立調書に区分所有建物となった遺産不動産について一部分割が終了していることを記載している。

五　終わりに

遺産分割事件の調停の進行中、不動産の分割方法を調整している時に、当事者から提案されるなどして取り上げねばならなくなった分割方法をいくつか紹介した。これまで説明してきたように、実際に実現しようとすると一定の手順を踏む必要があり、相続人間の合意だけではなく件外の第三者との調整を必要とするため、相応の時間を要するものが多い。そこで、相続人自身にそのことを理解してもらう必要がある。その上で、実際に調停を申し立てるにあたっては、希望する分割方法の実現の可能性の有無について十分に調べて、あらかじめ調整できる点は調整するなどしてから、申し立てるように重ねてお願いしたい。

※本稿では、調停進行中に合意するにあたっては、手堅く進行させたい裁判所の立場から、中間合意などによる調書作成を要するとしている。しかし、調停申立て前に当事者間で調整がついている場合や、手続外で念書を交わしている場合などには、調書を作成することなく調停を進めることもある。

特別縁故者に対する財産分与における考慮要素

弁護士　新宅正人

目次

一　特別縁故者に対する財産分与制度

1　制度の概要

被相続人が死亡し、相続が開始したものの、相続人の存否が不明である場合、相続財産は相続財産法人に帰属するものとされ（民法九五一条）、家庭裁判所が選任する相続財産管理人が相続財産を管理することになる（民法九五二条一項）。そして、相続財産管理人は、相続財産から相続債権者および受遺者に対する弁済を行いつつ（民法九五七条一項）、相続人の捜索を行い（民法九五八条）、相続人不存在が確定した場合は最終的に残余の相続財産を国庫に帰属させる（民法九五九条）。

しかし、相続人不存在が確定したとしても、被相続人の周囲には、相続権はなくとも生計を同じくして被相続人の扶助を受けていた内縁の妻や事実上の養子など、被相続人と特別の縁故がある場合も少なくない。被相続人が遺言をすればこれらの者に相続財産を帰属させることが可能となるが、いまだ遺言の必要性が周知されているとは必ずしも言えず、被相続人によって遺言がなされない結果、被相続人の意思に反して特別の縁故を有する者に相続財産が承継されないまま、国庫に帰属させるということが生じ得る。このような場面においても、被相続人の意思を推測すれば、相続財産を国庫に帰属させず、被相続人と特別の縁故がある者に取得させることがその意思に合致する場合も多い。そこで、家庭裁判所の審判を経て、国庫に帰属すべき相続財産の一部または全部を、被相続人の特別縁故者に与えることができるとしている（民法九五八条の三第一項）。

2 要件

特別縁故者に対する相続財産の分与の要件は、①相続人が不存在であることが手続上確定すること（民法九五八条の二）を前提とし、手続的に②相続人捜索公告期間満了後三カ月以内に家庭裁判所への申立てがなされること（民法九五八条の三第二項）に加え、実体的に③被相続人と生計を同じくしていた者、④被相続人の療養看護に努めた者であることまたは⑤その他被相続人と特別の縁故（以下「一般的特別縁故」という）があった者であって、

⑥分与が相当であること（③ないし⑥について同条一項）であるとされている。③生計同一者および④療養看護者は、⑤の一般的な特別縁故者性の例示であるとされているが、これと⑥相当性は抽象的な要件であるため、審判例の分析を通じてその内実を探ることが重要である。特別縁故者に対する財産分与制度は、昭和三七年の民法改正により導入されたものであるが（立法の経緯について加藤一郎「民法の一部改正の解説」ジュリ二五一号五二頁以下）、近時の新受件数の推移を見ると、平成一八年に八六八件であったものが、平成二七年には一〇四三件と漸増している（司法統計）。相続人不分明を原因とする相続財産管理人もこの間に一万一六八九件から一万八五六八件に増加している（同）。出生数の減少により相続人資格を有する者が減少していることなどが影響しているものと思われるが、今後もこの傾向は続くものと考えられる。このため、審判例の解析の重要性は増している。

本稿では、実体的要件である④ないし⑥のうち、とくに⑤および⑥について検討することとするが、先行する審判例の詳細な研究として、久貴忠彦「特別縁故者に対する相続財産の分与」民商五六巻二号二三頁、松原正明『全訂判例先例相続法Ⅲ』三一一頁があることから、近時公刊物に公表された審判例等を対象とする。また、これに付随する若干の問題についても検討する。

二　特別縁故者性

1　近時の特別縁故者性に関する審判例等

近時の審判例等のうち、特別縁故者性自体の判断要素の検証対象となるものには、次のようなものがある。なお、法人が問題となるものについては、後記7に掲記している。

【1】 申立人は、又従兄弟の配偶者であるところ、申立人の夫が老人ホーム入所時の身元引受人となっており、申立人も相応の協力をしたと推認されるとし、申立人の夫の死亡後は、短期間ではあるが身元引受人になるとともに、被相続人に衣類を届けるなど身辺の世話を行い、また、被相続人の依頼に応じて任意後見契約を結び、厚い信頼を得て精神的支えになったものであり、被相続人の死亡後は、葬儀や退寮手続を行って身辺整理を行い、被相続人の生前、死後を通じて墓守や墓参りをし、適式な遺言でないが、遺贈する意向を明確に表示した被相続人のメモが存在することなどから、特別縁故者性を肯定した（鳥取家審平二〇・一〇・二〇家月六一巻六号一一二頁）。

【2】 申立人らは、いとこの子とその配偶者であるところ、被相続人が老人ホームに入所後は、身元保証人や成年後見人に就任し、多数回にわたって老人ホームや入院先を訪れ、親身になって療養看護や財産管理に尽くすとともに、相当額の費用を負担して、被相続人の葬儀を主催し、供養を行っており、通常親族としての交際ないし成年後見人の一般的職務の程度を超える親しい関係があったもので、被相続人からも信頼を寄せられていたとして特別縁故者性を肯定した（大阪高決平二〇・一〇・二四家月六一巻六号九九頁）。

【3】 被相続人の甥の妻である申立人について、被相続人と申立人の夫は、生前相当親密な交流があり、被相続人が申立人の夫に財産の管理処分を任せる意向を有するなど同人を頼りにしていたこと、申立人もその夫を通じて被相続人と親密な交流を継続していたこと、被相続人は申立人の夫に財産の管理処分を託する遺言書を書いたと伝えており、申立人にも一定程度の経済的利益を享受させる意向を有していたことから、特別縁故者性を認めた。また、被相続人の妻の姪である申立人についても、長期にわたり交流を継続したこと、自宅の鍵を預かって比較的高い頻度（多いときで月に五、六回、少ないときで月に一回程度）で被相続人宅を訪問して家事を行い、被相続人入院後はその妻の世話を続けたこと、同人死亡時には葬儀会社の連絡窓口となって被相続人と二人で密葬

をしたこと、被相続人死亡後に寺に納骨したこと、被相続人が財産の管理処分を託する遺言書を書いたと伝えていたことからすれば申立人に相当程度の財産を残す意向を有していたと言えることから、被相続人は、申立人に相当程度の財産を遺す意思を有していたと認められるとして、特別縁故者であるとした（東京家審平二四・四・二〇判時二二七五号一〇六頁）。

【4】申立人が本家で被相続人が分家であるとしても、生前の交流の程度は、一時的な関係や通常の親戚付合いにとどまり、関係が継続的で付合いが通常を超えていたと言うことはできず、また、遺骨を引き取って法要を行っているが、被相続人が申立人に死後のことを委ねたと言うこともできないとして、申立人は特別縁故者に当たらないとした（東京高決平二六・一・一五判時二二七四号二三頁）。

【5】被相続人のいとこである申立人について、被相続人に代わりその父の葬儀を執り行ったこと、同人の死後、引き込もりがちとなり周囲との円滑な交際が難しくなった被相続人に代わり、被相続人宅の害虫駆除や建物の修理等の重要な対外的行為を行い、民生委員や近隣と連絡を取り、緊急連絡先として申立人の連絡先を伝え、時々は被相続人の安否の確認を行い、被相続人死亡時に発見に立ち会い、遺体を引き取って葬儀を執り行ったことから、特別縁故者に当たるとした（東京高決平二六・五・二一判時二二七一号四四頁）。

【6】被相続人らと申立人らとが同居していたのは幼年期の一時期にとどまること、被相続人の財産形成に申立人らが積極的な貢献をしたとは認められないこと、被相続人は死亡直前まで日常生活には何ら支障なく元気に生活し、介護や生活上の援助を受けていた事実は認められないことからすれば、被相続人と申立人らとの間に親族としての情誼に基づく交流を超えるようなとくに親密な付合いは認められず、死後縁故があったとしても、特別縁故者に当たらないとした（東京高決平二七・二・二七判タ一四三一号一二六頁）。

【7】被相続人と縁戚関係にない申立人が、週三回程度、通院に付き添い、風呂を沸かし、夕食の準備をするなどの身の回りの世話をし、老人ホームに移った後も、週一、二回老人ホームに通い、通院・外出の付添や自宅の風通し・掃除その他の管理をしており、一定の時期以降は月額一万五〇〇〇円ないし二万円のアルバイト料を受け取っていたが、被相続人への関わり合いの実情に照らすと比較的低額であることから、特別縁故者に当たるとした。また、被相続人のいとこである申立人について、被相続人の成年後見人に就任して身上監護に務める一方、後見人報酬として約三二三万円を受領しているが、就任前から相談に親身に乗るなどの付合いをしており、成年後見人申立てに向けた支援に取り組んでいることに加え、被相続人は申立人を含む数名への遺贈をしようと考え、遺言には当たらないがその旨を記載した書面を作成していることを重視し、申立人に相続財産を分与することが被相続人の意思に合致すると見られる程度に被相続人と密接な関係があったとして、特別縁故者性を認めた（大阪高決平二八・三・二判時二三一〇号八五頁）。なお、原審判は、いずれの申立人についても特別縁故者性を否定していた。

【8】被相続人のいとこである申立人のうち一名については、幼少時から被相続人と近しい関係にあること、遠隔地に居住しながら家族ぐるみで交流していたこと、被相続人の入院後は度々病院に出掛けて見舞い、ケアハウスでの生活を手配するなど療養看護に努めたこと、被相続人が当該申立人を終身保険の受取人としており他の親族よりも強い信頼を寄せていたこと、死亡後に墓地を整理し、被相続人および先祖の遺骨を寺院に預けて永代供養の手続を取り、供養を続けたことから、特別縁故者性を肯定した。なお、同じく被相続人のいとこであるもう一名の申立人については、一〇〇〇万円の財産分与を認めた原審判を取り消し、申立てを却下した（詳細は後記9。高松高決平二八・四・一三判例秘書L〇七一二〇五八二）。

2　「その他被相続人と特別の縁故があった者」の判断要素

前記一2のとおり、民法九五八条の三第一項の「その他被相続人と特別の縁故があった者」とは、同項に例示する「被相続人と生計を同じくしていた者」や「被相続人の療養看護に努めた者」に該当する者に準ずる程度に被相続人との間に具体的、現実的な精神的・物質的に密接的な交渉のあった者で、相続財産をその者に分与することが被相続人の意思に合致するであろうと見られる程度に特別の関係にあった者をいうと解されている（東京高決昭四六・五・一八判タ二七八号四〇四頁）。【6】も、生計同一者または療養看護者という例示にそのまま当てはまるものでなくとも、生計を同じくしていた者と同視できるほどに被相続人と密接な関係があったとか、その程度はともかく、日常的に被相続人の自宅等を訪れて何くれとなく被相続人の日々の生活等を援助していたとか、被相続人の介護を担っていたなど、被相続人との間で実際に密接な生活上の一体関係や援助関係が認められることが前提となっているとの基準を示している。

3　被相続人と申立人の交流

前記1の審判例等を見ると、申立人が被相続人の親族であっても、それだけでは足らず、被相続人の身の回りの世話や介護等のために訪問するなどの実質的な交流を頻繁に持っていることが基礎となっている（【1】、【2】、【3】、【5】、【8】）。ただし、【3】のうち被相続人の甥の妻である申立人については、申立人の亡夫を通じた間接的な関与であることから、交流のみをもって特別縁故者性を認めることは本来困難ではないかとも考えられるが、被相続人が亡夫に遺産の経済的利益を帰属させる意思を表明しており、亡夫が被相続人より先に亡くならなければ、申立人がこれを継受できたという事情があったことを考慮し、特別縁故者性を認めたものであろう。他方、このような交流がない者については、特別縁故者性が否定されている（【4】、【6】）。特別縁故者性が認められる程度に実質的な交流と言えるか否かは、通常の親戚付合いを超えるかどうかによって決せられることになる（これに直接言及したものとして、【2】、【4】、【6】）。いずれの審判例等においても、親族関係の有無やその遠近自体は判断要素とはされていない（谷口知平＝久貴忠彦『新版注釈民法（27）』六九六頁参照）が、通常の親戚付合いを超える交流があったか否かの判断に際しては、親族関係の有無や遠近が影響を及ぼすものと思われる。すなわち、申立人が同様の行為を行っていたとしても、親族関係が遠く、または親族関係がない方が、通常はそのような行為を行うことが期待されないという方向での考慮が働くであろう。申立人が親族でない場合も、申立人に通常期待される範囲を超えた付合いがあったか否かが基礎となっていると言える（【7】）。親族でない申立人のうち、法人である者については後記7において項を改めて検討する。

なお、【6】東京高決が通常の親戚付合いの範囲を超える交流があったことの立証方法について、親密な交流が続いていたのであれば、旅行先で一緒に撮影した写真等や、やり取りをした手紙やハガキ等があったはずであるが、提出されている資料は陳述書のみであり、情誼に基づく交流を超えるような、とくに親密な付合いは認定できない、と判断していることは、立証の参考となろう。

4　遺言書に準じる意思表明

被相続人が適式な遺言書を遺していない場合であっても、これに準ずる書面を作成し、または作成したと表明していた場合、これらについても特別縁故者性を肯定する要素として考慮されている（【1】、【3】、【7】）。特別縁故者に対する財産分与制度の淵源を被相続人の意思に求めることからすれば、相当であると言える。

5　財産形成への関与

結論として財産分与は認められていないが、申立人が相続財産の形成に関与したことに言及するものがある（【6】、後記【14】）。申立人が寄与した部分については、申立人が最終的に取得することが筋に適うものであり、被相続人の意思にも合致するものであることがその理由となるものと考えられる。

6　死後縁故

申立人が被相続人の死亡後に葬儀や供養等に関与した事情、いわゆる死後縁故についても、特別縁故者性を肯定する理由の一つに挙げるものがある（【1】、【2】、【3】、【5】、【8】）。また、特別縁故者性を否定する決定例においても、死後縁故について言及している（【4】、【6】。さらに、後記【10】、【13】）。

死後縁故について、被相続人の意思が及ばないとして否定する見解もある（久貴・前掲五七頁）。しかし、死後縁故があったことが直ちに特別縁故者性を肯定するものではないとしても、被相続人の死後の祭祀等の事務を行うことは、生前に被相続人との間に強い縁故があったことを推認させる間接事実となるものであると考えられる。このことを示した裁判例として、【8】がある。同決定は、被相続人のいとこである他の申立人（抗告人）が被相続人の死亡後に墓地を整理し、被相続人および祖先の遺骨について永代供養手続を取り、その後も供養を続けていることを特別縁故者性を肯定する事情の一つとし、これが、被相続人の生前に申立人との間で強い縁故があったことをうかがわせるものであると判示している。

もっとも、実務的には、死後縁故について否定説に立ち、死後縁故に関する費用を相続財産管理人の権限外許可による清算が行われているとの指摘もある（片岡武ほか『家庭裁判所における成年後見・財産管理の実務』四五一頁、四五五頁）。

7 法人

自然人だけではなく、地方公共団体、宗教法人、学校法人、社会福祉法人、公益法人などの法人や、権利能力なき社団についても、特別縁故者となり得るとされている（松原・前掲三四八頁、加藤・前掲五四頁）。ただし、被相続人と法人との関わりにおいて、当該法人に期待されている役割を超える関わりがあることが必要となるところ、行政サービスを提供することが本来的業務である地方公共団体については、被相続人が遺産を寄贈するといったような明確な意思が表明されているか、少なくとも特別な感謝の意を表するなどの事情がなければ特別縁故者性を認めることは困難であると思われる。また、通常、被相続人と法人との間には何らかの対価のやり取りがあることも多く、対価的均衡を超える事情が存在するか否かが特別縁故者性の判断要素となることが多い。

近時の審判例等において、特別縁故者性を肯定した例としては、【9】高松高決平二六・九・五（金法二〇一二号八八頁）がある。本事例の申立人は、労働者災害補償保険法に基づく年金等の受給者等に対する相談および援護等を行うことを目的として設立された一般財団法人であり、厚生労働省労働基準局長との間の業務委託契約に基づき、同省から労災特別介護援護事業の委託を受け、重度の被災労働者のための介護付入居施設の運営事業などを実施していたものであるが、首から下がほぼ麻痺状態の被相続人が、約六年間申立人の運営する施設において全面的な介助や介護を受けて継続的に生活していただけでなく、被相続人を適宜買物やレクリエーションに連れ出し、実母の死後、葬儀や納骨、相続に関する手続などで便宜を図り、被相続人独自のサービスの要求や無理な注文にも職員が辛抱強く対応していたことや、被相続人が支払っていた施設利用料は対価性を欠くか、対価性を有するとしても長年にわたり手厚い看護を受けてきたことからすれば、特別縁故者に当たると判断して、これを否定した原審判を取り消した。

他方、否定した事例として、【10】札幌家裁滝川支審平二七・九・一一（判タ一四二五号三四一頁）がある。申立人は、地方公共団体であり、被相続人は、申立人が高齢者に安心して生活してもらうために設立した集合住宅に入居し、月額四万三〇〇〇円の賃料を支払っていた。また、被相続人は、申立人と介護予約支援事業契約を締結し、予防訪問介護サービスの提供を受け、費用は介護保険から全額給付されていた。加えて、申立人は、被相続人の火葬を執り行い、無縁物故者として埋葬している。そして、被相続人は、同サービスの担当者等により、通常よりも手厚い対応を受けていた。そうすると被相続人は、申立人に対して、感謝の念を抱いていたであろうと想像されるが、介護業務は介護保険制度のもとで地方公共団体の事務として介護予防支援事業契約に基づいて実施されたものであり、また、予防訪問介護サービス自体は、指定介護予防サービス事業者が派遣したヘルパーが基本的に実施していたものであって、その期間も一年半にとどまるもので特別の対応も長期間にわたって継続していたとも言い難いとし、火葬や埋葬の実施も、墓地、埋葬等に関する法律に基づいて行われたもので、費用も被相続人の相続財産から支弁されていることや、被相続人が担当者や申立人に遺贈するといった意思を表明したこともないとして、特別縁故者には当たらないとした。

8　職務としての関わり・報酬受領

家政婦や看護婦などが職業として被相続人の療養看護に当たった場合、正当な報酬を得ていれば原則として特別縁故者に該当せず、対価としての報酬以上に献身的に被相続人の看護に尽くしたような特段の事情のある場合に限って特別縁故者性が認められるとされている（松原・前掲三三九頁、加藤・前掲五四頁）。これらに言及する審判例等としては、次のようなものがある。

【9】は、被相続人が申立人に施設利用料を支払っていたとしても、厚生労働省が入居者の年間収入額等に応じて定めたものであって、介護サービス等の程度や内容等を反映して定められた報酬であるとは認められないとし、仮に施設利用料が介護サービス等に対する報酬として正当な額であり、対価関係が認められるとしても、長年にわたり手厚い看護を受けてきたことからすれば、特別縁故者に当たるとした。

【7】は、被相続人が申立人に支払った月額一万五〇〇〇円ないし二万円のアルバイト料が被相続人への関わり合いの実情に照らすと比較的低額であることから、特別縁故者に当たるとした。また、被相続人のいとこである申立人についても、被相続人の成年後見人として報酬として約三一三万円を受領しているが、これに評価し尽くされない後見人就任前の事情や被相続人に遺贈の意思があったことを踏まえ、特別縁故者性を認めた。なお、原審判は、いずれの申立人についても特別縁故者性を否定していた。

いずれも対価性についての従前の枠組みを踏まえ、対価の性質や対価を超える献身性について詳細に認定した決定例であると言える。

なお、【1】は、任意後見人について、報酬の有無は不明であるが、他の事情も併せて考慮し、【2】は、無報酬の成年後見人について、成年後見人の一般的職務の程度を超える親しい関係・被相続人からも信頼を寄せられていたとして、いずれも特別縁故者性を認めている。後見人に要求される職務水準は、報酬の有無または多寡によって異なると言うことはできないが、特別縁故者性を判断する要素として、無報酬であることは申立人に有利な事情として加味することは可能であろうと考えられる。

9　申立人による違法行為と特別縁故者性・相当性

特別縁故者性を否定する方向に働く要素として、申立人が被相続人の財産に関連して違法または不当な行為を行っていたことが挙げられる。近時の審判例等としては、次のようなものがある。

【11】被相続人のいとこである申立人（その後死亡によりその相続人が申立人の地位を受継）が入院中の療養看護を行い、被相続人の預金の管理を行うなどしていたが、多額の金員を被相続人の財産から不当に利得していた事案につき、受継前申立人が特別縁故者であることを認め、合計六六〇万円を分与することが相当であるとし、他方、受継前申立人の不当利得額については確定させず、実際に相続財産管理人が分与を実行するにあたっては、不当利得と財産分与とを相殺して支払うことが相当であるとした（さいたま家裁飯能出審平一九・一一・一三家月六二巻三号六四頁）。しかし、【12】抗告審は、原審判を不服とした受継後申立人らの即時抗告に対し、受継前申立人が被相続人の財産管理を適切に行っていないことから、特別縁故者に当たるか、仮に当たるとしても相続財産を分与することが相当であるかを検討する必要があるとし、また、分与することが相当であるとしても、分与額の相当性の判断は、相続財産の種類、数額等一切の事情を考慮して決定すべきであること（高松高決昭四八・一二・一八判時七四九号七一頁）、不当利得と相殺すべきといっても財産分与の審判が債務名義化することや国庫帰属の段階で問題が生じるおそれがあることから、不当利得額を確定させてこれを相殺させた後の金額を主文における分与額とすることを検討する余地があるとして、原審判を取り消し、原審裁判所に差し戻した（東京高決平二〇・八・一九家月六二巻三号六〇頁）。そして、【13】差戻審は、受継前申立人が被相続人の入院後に四年半以上にわたり療養看護に務めたことや被相続人の財産や収支を管理していたものであるが、被相続人の死後に葬儀を主催したものの、約一二五七万円を不当に利得したと認定し、特別縁故者であるとは認められないとして、申

立てを却下している（さいたま家裁川越支審平二一・三・二四家月六二巻三号五三頁）。

また、【14】被相続人の内縁の夫である申立人が被相続人の財産の形成に寄与していたとしても、全財産を申立人に遺贈する旨の被相続人名義の遺言書をあえて偽造しているという事実は、被相続人には申立人に財産を遺贈する意思がなかったことを推認させるとして、原審判同様、相当性を否定した（東京高決平二五・四・八判時二二七〇号三六頁）。

さらに、【8】は、被相続人のいとこである申立人のうち一名について、原審判が被相続人の近隣の知人である申立人について財産管理や療養施設契約を委ねられるなど相当の信頼関係にあったと認められるとして一〇〇〇万円の財産分与を認めたのに対し、被相続人の入院後の療養看護や預貯金管理をしていたことは認められるとしつつ、払戻金の使途や目的の説明に時間を要したこと、約六七四万円の払戻金を現金で保管していたことから、預貯金管理を委ねられたことや被相続人の心身状況の悪化を利用して払戻金を横領しようとしたものであると認定し、特別縁故者として申立人に相続財産を分与することは相続財産分与の制度趣旨に反し相当でないとして原審判を取り消し、申立てを却下した。

いずれも結論について異論はないと考えられる。特別縁故者制度の趣旨を遺贈ないし死因贈与の補充であり、被相続人の意思に沿うことが特別縁故者に対して相続財産を分与することを正当化できる根拠であるとすると（松原・前掲三一二頁、三四六頁参照）、被相続人の財産を横領し、または遺言書を偽造して着服しようとした者に対して、被相続人が自らの財産を遺贈する意思を有することは特段の事情がない限りあり得ず、分与を正当化できないからである。

なお、【13】は、特別縁故者性を否定し、【8】、【14】は、相当性を否定しており、分与を不相当とした根拠が異なる。

特別縁故者に相続財産が分与される要件としては、特別縁故者性に加えて、相当性が必要であるとされている。相当性には、特別縁故者に対して相続財産を分与することが相当か、分与するとしてどの財産をどの程度分与することが相当かの二つの側面がある。民法は、相当性について具体的基準を述べるものではないが、特別縁故関係の厚薄・度合、特別縁故者の年令・職業等、相続財産の種類・数額・状況・所在等一切の事情を総合考慮すると考えられている（前掲高松高決昭四八・一二・一八）。

この点、分与の相当性判断は、特別縁故者の概念自体に裁量の余地が広いことから、実際の審理においては、特別縁故関係の有無の判断に取り込まれているという指摘もある（伊藤正彦ほか『財産管理人選任等事件の実務上の諸問題』九七頁）。この点、前記**一2**⑤の一般的特別縁故者性についてはもとより、④の療養看護者性についても、被相続人の財産を横領等しながら被相続人の療養に関与した場合には、療養看護に努めた者には当たらないと評価できるという判断も一応は首肯し得る。しかし、③の家計同一者性については、被相続人の横領等の事実により家計が同一でなかったと評価することは困難である。

すなわち特別縁故者性が相続財産の分与を受けるための最小限度の抽象的資格であり、分与をするかどうかは相当性の判断によって決せられる（加藤・前掲五三頁）ことからすると、特別縁故者性と相当性の有無の判断は区別すべきであり、家計同一者性が主張された場合だけでなく、療養看護者性が主張される場合についても、横領の事実を相当性の判断の一要素とすることが法律の文言にも反しないのではないかと考えられる。

三　分与額の相当性の要素

前記二9で述べたとおり、特別縁故者性が認められても、分与が相当でないとして相続財産を全く与えないこともあり得るし、相続財産の全部ではなく一部のみの分与を相当とすることもある。以下、相当な分与額を認めるにあたり検討されている要素を概観する。

【1】は、被相続人の遺贈の意思を記載したメモが遺言書の方式を取らない不完全なもので、公証人からも遺言書の作成について示唆を受けているのに適式な遺言をなさなかったのは、包括遺贈の意思が確定的なものとなっていなかったものであり、また、申立人は、被相続人の相続財産の形成・維持に寄与したものではないとして、預金約二五〇〇万円のうち六〇〇万円を分与した。

【2】は、相続財産が動産および預金約六三〇〇万円あることからすると、原審の認めた申立人二名に各三〇〇万円を認めた金額はやや低額であるとして、動産および各五〇〇万円の分与を認めた。

【3】は、夫が被相続人の甥である申立人と被相続人との関係は、主として申立人の夫を通じたものであること、同人死亡後は関係が疎遠となり、申立人またはその長女に直接財産を遺す意思を示した証拠がないことからすれば、縁故関係の内容・程度は比較的薄いとして、被相続人の相続財産である預金約一億四二六〇万円のうち、五〇〇万円の分与のみを認め、被相続人の妻のいとこである申立人についても、その縁故関係の内容は、生計を同じくするとか療養看護に努めたというものとは一線を画することから、分与額を二五〇〇万円とした。

【5】は、被相続人が一定時期以降申立人を拒絶する態度を示すようになり、ゴミに埋もれて劣悪な衛生環境

の中でほぼ一人で生活していたこと、被相続人死亡前五年間に申立人が被相続人宅を訪れたのはせいぜい年一、二回程度であり、被相続人死亡後に保健師から連絡を受けて遺体を発見するに至ったのも死後約一カ月半程度が経過してからであったことからすれば、物理的にも精神的にも被相続人の生活を支えていたという状況でなく、実質的な縁故の程度は濃密であったとは認められないとし、また、申立人が主張する被相続人の父の功績を残すために遺産を用いるという主張についても、相続財産が被相続人の父により築かれたものであるとしても、父と被相続人との間に確執があり被相続人にそのような意思があったかは不明であることや、申立人が高齢でかつ被相続人の死後八年が経過するものの具体的に何ら実現に至っていないことからすると、かかる主張を前提として多額の分与を認めることは相当でないとし、遺産約三億七八八〇万円のうち、三〇〇万円の分与を認めた原審判を維持した。

【8】は、特別縁故者性を認めた要素に加え、被相続人を被保険者とする終身保険の受取人として三〇〇万円を受領していること、預金、株式、不動産などの遺産評価額が合計約三億一二〇〇万円あることを総合考慮して、一二〇〇万円（原審判は一〇〇〇万円）の分与を認めた。

【9】は、介護付入所施設を運営する一般財団法人が、内規に従い寄付金収入として福利増進事業に使用する予定であること、相続財産管理人が分与に反対していないことから、現預金約一八九〇万円全部を分与することを認めた。

前記二9のとおり、相当性は、特別縁故関係の厚薄・度合、特別縁故者の年令・職業等、相続財産の種類・数額・状況・所在等一切の事情を総合考慮するとされているが、具体的金額は、裁判所の裁量によるところが大きく、分与金額と審判例等で言及された要素との間に一般的基準を見いだすことは困難である。もっとも、特別縁故者性を認める上で考慮される要素と、分与額の相当性の判断において検討されている要素はほぼ重複しているが、全額の分与を認めない理由としてやや否定的に評価されている事情が多いと見られる。

なお、公刊された審判例等を見る限りは、相続財産全部の分与を認めるものは少なく、数百万円から数千万円程度の分与額が多く見られる。

四　抗告手続

特別縁故者性や相当性に関する審判例等については、前述のとおりであるが、最後に、実務上問題となり得る手続的な問題について確認しておきたい。

【6】は、原審判が被相続人のいとこ五名を特別縁故者と認め、それぞれに不動産、国債および五〇〇万円から二五〇〇万円（合計九五〇〇万円相当）の預金を分与したのに対し、審理に現れた事情からは特別縁故者であるとは認められないとし、特別縁故者であると認められる客観的な事情の存在やその程度について審理を尽くす必要があるとして、原審判を取り消した上で家庭裁判所に差し戻した。

また、【12】も、分与を認めた原審判を取り消し、差戻し後の【13】は、特別縁故者性を否定して申立てを却下した。

家庭裁判所で特別縁故者として財産分与を認められたにもかかわらず、申立人が自らの分与額について不満を有しているとして即時抗告した場合、抗告審では抗告人自身についても不利益変更禁止の原則は適用されないため、原審判より減額され、または特別縁故者性が否定されてしまうことがある。また、申立人の一人が即時抗告をした場合、家事事件手続法二〇六条二項により、抗告人だけでなくすべての申立人について即時抗告の申立てがあったとみなされることになり、他の申立人も同様の不利益を被る可能性がある。したがって、即時抗告に際しては、これらの不利益が自らまたは他の申立人に及び、紛争が激化するおそれがあることを十分に検討した上で行う必要がある。

一実務家から見た最近の民事調停事件の実務的な課題
―民事調停のさらなる活用を目指して―

広島大学法務研究科顧問教授　小久保　孝　雄

目　次

一　初めに

平成二九年に創設九五周年を迎えた民事調停は、大正一一年の借地借家調停法を起源として、その後当時の社会・経済情勢を敏感に反映し、社会の要請に基づいて、紛争の類型ごとに応じて、逐次小作調停法（大正一三年）、商事調停法（大正一五年）、金銭債務臨時調停法（昭和七年）、人事調停法（昭和一四年）、鉱業法一部改正法（鉱害調停、昭和一四年）が制定されるなどして運用されてきたが、これら単行法の集大成として、昭和二六年一〇月一日に民事調停法が施行された（注1）。爾来、民事調停は、広く国民から利用され、我が国の国民性に合致するものとして高い評価を得てきた。

私は平成一七年から二〇年まで民事調停事件を専門に扱う大阪地方裁判所第一〇民事部（建築・調停部）で勤務をしたことがあり、また、その頃から数年間にわたって大阪地方裁判所管内各簡易裁判所の民事調停手続の運用・改善を支援する研究会の座長等を務め、さらに平成二三年には大阪簡易裁判所司法行政事務掌理者として同簡裁の民事調停事件の在り方を検討する責任者の立場にもあった。

前記大阪地方裁判所第一〇民事部において勤務した際は、調停主任の立場で相当数の調停事件に関与する機会を得た。その中で民事紛争を解決する上で調停がきわめて有用な制度であることを強く確信していたところであるが、民事調停をめぐる諸情勢はそのころから大きく様変わりしており、私が民事調停事件を担当していた時期に比して、国民の民事紛争に対する意識や調停機関（紛争解決機関）に対する見方も大きく変化してきたものと思われる。そこで、調停にも造詣の深い木内道祥最高裁判事（注2）の古稀とご退官をお祝いするこの機会に最近の民事調停に関する動向に触れつつ、調停の現場を体験した一実務家として、民事調停の現状や実務運用のあるべき姿、さらに、実務上の具体的な課題について若干の整理を試みることにした（注3）（注4）。

二　民事調停の現状（統計による概観）

1　民事調停の利用状況

最近一〇年間の全簡易裁判所における民事調停事件の新受件数の動向は別表1のとおりであり、大幅に減少しているが、これは主として特定調停事件が激減したことによるものである（特定調停事件は平成一九年には二〇万八三一〇件であったのが、平成二八年には三〇八四件となった）（注5）。特定調停事件以外の一般民事調停事件の新受件数は別表2のとおりの推移をたどっており、平成二四年以降減少傾向が続いているとはいうものの、なお年間三万二六二四件（平成二八年、ただし速報値。ちなみに、最近一〇年で最も多かった平成二三年には五万一六五八件であった）の新件を受理している（注6）。

2　民間型ADRの現況

ところで、民事調停は裁判外紛争解決手続（ADR）の一つである。ADRは、運営者を基準に、裁判所が設置運営する司法型ADR（民事調停、家事調停）、行政機関が設置運営する行政型ADR（例えば、労働委員会、建設工事紛争審査会、国民生活センター紛争解決委員会、公害等調整委員会、筆界特定制度など）、民間機関が設置運営する民間型ADRに分類されるが、民間型ADRについては、平成一九年四月一日に施行された「裁

別表1

平成19年	平成20年	平成21年	平成22年	平成23年	平成24年	平成25年	平成26年	平成27年	平成28年
254,013	148,242	105,637	79,535	63,009	48,627	42,821	40,063	37,445	35,708

別表2

45,703	45,599	49,733	51,322	51,658	43,135	38,995	36,705	34,378	32,624

判外紛争解決手続の利用の促進に関する法律」（ADR法）に基づき認証を受けた事業者が裁判外紛争解決手続の業務を行っている（注7）。しかし、一部の専門的なADRを除くと、一般的な紛争を対象とする民間型ADRは、司法型ADRである民事調停と比較すると、事件数も少なく、活発に利用されているとは言い難い状況にある（注8）。

三　民事調停を取り巻く諸情勢と調停運営の課題

1　民事調停制度の必要性

二で述べたとおり、一般民事調停事件の新受事件数は長らく減少傾向にある。

しかし、社会経済情勢の変化は複雑困難な紛争の増加を生み、また、国民の権利意識の高揚、価値観の急激な変化、多様化により、各所で利害対立が先鋭化し、従来どおりの価値基準では解決できない様々な問題を生じている。社会や家庭がこれらの問題を自主的に解決できなくなっていることも、もはや明らかである。このような最近の情況を見ると、裁判所あるいは裁判所に付設された民事調停による紛争解決の必要性は高まりこそすれ、これが減ずることは本来考えにくいことと思われる。確かに現象面では民事調停事件の新受事件数は減少傾向にある。しかし、民事調停事件を専門に担当したことがある実務家の実感として、このことが、直ちに調停の潜在的なニーズ自体が減じたことを示すものではないと、強く感じているところである（注9）。一方で、民事調停事件の新受事件数は他のADRに比較して相対的に多い状況にあり（二参照）、身近な紛争を柔軟に解決できる手段としての民事調停が、紛争解決のためになお大きな役割を果たしていると言うことができる。民事調停制度の必要性自体は、現時点においても恒常的なもの（注10）と言ってよいと思われる。

このように潜在的には民事調停のニーズがあると考えられるにもかかわらず、調停の利用実績が伸び悩んでいる実態からすると、紛争解決機関である裁判所、調停委員会の側が当事者のニーズに適切に応えたものになっておらず、本来話合いで解決すべき紛争を吸収できていないのではないかとの懸念が払拭できないところであり（注11）、このような問題意識に対する処方箋の在り方が民事調停制度にとってここ数年来の大きな課題となってきたところである（注12）。

そこで、民事調停に求められていると思われるニーズを中心に、調停のあるべき姿を検討してみたい。

2　民事調停に求められているもの（その一・民事調停の機能強化の取組み）

㈠　調停をめぐる情勢の変化と民事調停に対するニーズの変容

前述のとおり、社会経済情勢の急激な変動に伴って、調停をめぐる情勢は大きく変化している。加えて、高度情報化社会の中にあって法的知識等の入手がきわめて容易化したことにより、相応の法律情報を持って調停に臨む当事者が増加し（注13）、さらには、法曹人口の増加に伴い、弁護士関与事件も増加している（注14）。このような調停を取り巻く情勢を踏まえると、これまで民事調停の一部にあったとされる「なあなあ調停」や「足して二で割る調停」と言われるような調停の実務運用（注15）では国民の期待に応えることができなくなっていると言うべきである（注16）。このような中で、調停の利用者には、法的判断や専門的知識に裏付けられた合理的なあっせんを望む者が増加していると指摘されている（注17）。このような調停のニーズに応じるものとして始められた試みが次項に述べる「民事調停の機能強化」という取組みである。そしてこの取組みこそが、後に述べるとおり、「司法型ＡＤＲ」である調停に求められている最も重要なニーズの一つに対応したものとなっているのである。

(二) 民事調停の機能強化の取組みとその課題

(1) 民事調停の機能強化の取組み

既に述べたとおり、民事調停においても法的判断や専門的知識に裏付けられた合理的なあっせんを求める傾向が強まっていることから、民事調停の紛争解決機能を高めるためには、単に当事者の互譲を促すことによってのみ解決を図ろうとするのではなく、法的観点を踏まえながら、調停委員会が一定の事実認定を行い、仮に訴訟になった場合の結論を念頭に置きながら解決案の策定、提示を行い、それでもうまくいかないときには調停に代わる決定をして一定の判断を示すとする審理モデルを策定して、各裁判所で実践を試みているところである（民事調停の機能強化の取組み）（注18）。事実関係に争いがあり、その認定が調整活動のポイントとなる事案や、評価根拠事実・評価障害事実の総合評価など法的評価や法律判断がポイントとなる事案について有効な実務運用と考えられる（注19）。調停委員会として、法的観点を踏まえた解決方針を持って調停を運営していくことが肝要で、的確な事実認定とこれを前提とした法的判断を調停案の提示や調停に代わる決定という方法で示すことが期待されている。

そして、このような調停の機能強化という考え方は、そもそも、裁判所に付設された「司法型ＡＤＲ」である調停委員会が本来担うべき役割を改めて確認し、今後の調停運営の在り方に一定の明確な指針を与えたものであり、法的観点に即した解決案を示してほしいという当事者のニーズにも合致したものと言うことができる。すなわち、民事調停は、民間型ＡＤＲ、行政型ＡＤＲと比較すると、司法機関である裁判所により運営され、かつ、調停委員会に調停主任として裁判官または民事調停官（五年以上弁護士の職にあったものから任命される。民調法二三条の二）が加わって調停委員との合議体を構成していることによる運営主体の公平性・信頼性の高さが広く認められており、民事調停の利用者の期待とは、裁判所の手続を利用すれば、自分たちの紛争について法を基礎とした公平な解決を得られるだろうとの期待（裁判所の運営する民事調停は法的観点を踏まえたものとなるという期待）であると見ることができる（注20）。

(2)　法的観点を踏まえた議論と柔軟な解決案策定の議論とのバランス

a　もっとも、機能強化の視点のみが一人歩きすると、実際の調停事件の審理にあたって、法的観点の側面が強調されすぎることになるとの懸念が、民事調停の機能強化の取組みが提言された当初から示されているところであり（注21）、法的観点から民事紛争を解決するという民事訴訟との区別を不明確にするという批判も考えられるところであった（注22）。

b　また、世の中で生起する紛争の形は多様で、調停に関するニーズのうち、公平中立な第三者に話を聞いてほしいという期待があり、社会や家庭が紛争を自主的に解決できなくなっている現状を前提にすると、これもまた、調停に期待されている基本的なニーズの一つと言える。したがって、上記の法的観点の側面を重視すべき事案もあれば、人間関係等の調整が必要な事案、当事者の心情面へ配慮が必要で民事調停が持つカウンセリング機能を発揮することが相当と考えられる事案、さらには、既存の法的構成では対処が困難な事案、そもそも主張内容が不明確であったり証拠が乏しい事案もあり、これらの案件は、法的観点を強調するだけでは、調停はその役割を十分に果たすことができないと思われる。

c　翻って考えてみると、民事調停制度は「民事に関する紛争につき、当事者の互譲により、条理にかない実情に即した解決を図ることを目的とする」（民調法一条）制度、すなわち、紛争の実態を踏まえ、当事者間に存在する紛争を、全体として、柔軟にかつ現実的な解決を目指すという観点に立って、当事者の感情を融和しつつ、平和的にそして当事者の自発的な発意による合意に導くことを目的とした制度である。民事調停では、調停委員会が、当事者の心情面への適切な配慮をしつつ、当事者の言い分と紛争の実質的な対立点を的確に把握し、これを当事者双方との間で共有し、紛争の実情および法的観点を踏まえ、適切と考えられる解決の方向性を念頭に置きながら、当事者双方に主体的な紛争解決に向けた検討を促していくような調停手続の運営を実現することが求められているのである。民事調停は、「当事者の合意により成立するもの」（民調法一六条参照）であって、何よりも当事者の紛争解決に向けた主体性を重視し、当事者の主体的な紛争解決意欲を引き出す視点に立って運営すべきものであって、これが調停に対する納得性と信頼性を高めるゆえんともなっている（注23）。

d　このように考えると、仮に法的観点から考えるべき案件であっても、法的観点からの事案処理に終始することで事足れりとするのではなく、法的観点に立った正当な判断を前提にしながらも、当該事案の実情に合った紛争解決の在り方を探ることが重要となる（注24）。結局、調停の運用で重要なことは、法的観点を踏まえた議論と柔軟な解決案策定の議論とのバランスが必要ということである。そして、調停においてこれを実現するためには、調停委員会が一体となって紛争の解決に当たるべきことが求められることから、調停主任（裁判官）と調停委員との間の意思疎通が重要であり、そのための最も基本的な装置と言える「評議」の活用が大きな意味を持つことになる。

3　民事調停に求められているもの（その二・専門家調停）

㈠　専門家調停（専門的な事件への調停の活用）は、今後の民事調停の活用を考える上で、キーポイントの一つである。調停委員には、医師、公認会計士、税理士、一級建築士、不動産鑑定士、土地家屋調査士、司法書士等の様々な専門的資格を有する者が多数含まれているところ、このような人的資源の有効な活用が期待されるところであるし、調停事件を担当した実務家として、調停とある種の専門的な紛争は親和性が高いということを実感してきたことを踏まえると、専門家調停の活用は今後の民事調停の活用にあたって重要な視点を与えるものと考える。

(二)　専門家調停委員による調整が効果的と思われる紛争は多種多様である。すなわち、紛争解決に専門的な知見が必要な紛争類型として、例えば、医事紛争、不動産の賃料紛争、建築物や地盤の瑕疵が問題となる紛争、土地の境界が争点となる紛争、知財、ＩＴ、プラントをめぐる紛争、株式の評価や商慣行（業界慣行）等が争点になっている紛争等が挙げられるところ、このように専門的な知見が問題となる事案において、専門家による早期の調停手続への参画は、正確な争点整理、事実認定に結び付き、ひいては、調停委員会として的確に結論を見通すことに資することになる（注25）。例えば、建築瑕疵紛争を例に採って具体的に見てみると、まず不具合の存否を検討し、仮に不具合があるとしてそれが瑕疵と言えるのか、瑕疵と言えるとして、その補修方法ないしは補修費用（損害）の算定はどうなるのか等、各論点ごとに、段階をおって、調停委員会（建築士が専門家調停委員として加わっている）と当事者が双方向の議論・協議を積み重ねながら、紛争の解決を目指していくことになる。調停手続は、建築関係事件の解決にふさわしい柔軟な構造の仕組みとなっていると言える（注26）。

このように、専門家調停委員を活用することにより、暫定的な心証の形成のヒントを得られたり、事件に即した（専門的な）経験則が明確になったり、瑕疵部分の修繕費用等の費用の目安が明らかになったり、事案のすわり（専門家から見た落ち着きどころ、単なる不具合か瑕疵のレベルの問題かなどは専門家の意見が参考になる）が理解できたり、そして場合により、調停における専門家の意見を調書化することにより調停不成立後の本訴において証拠資料として活用すること等、民事調停の利用者側から見た様々なメリットが見出せるところである。このように専門家調停の有用性を見ると、専門家の助力を得たいという当事者の期待に応える必要性は大きいと言える。そして、ここでも、調停委員会が一体となって紛争の解決に当たるということが重要であり、そのためには調停主任（裁判官）と調停委員との評議を活用することが大切であるし、調停主任自身が調停手続に立ち会うことも有効と考えられるところである。

㈢　専門家調停については、他のＡＤＲとの連携や役割分担が重要な課題である。

特定分野のＡＤＲには多くの利用を得ているものもあり、さらに専門家調停とは明確にすみ分けができる領域もあって、調停以外のＡＤＲの活用をより促すべき場合も考えられる（注27）。一方、調停は全国各地に設置された簡易裁判所において実施されるので、国民にとって利用しやすいというメリットがある。例えば、賃料増減額の紛争の場合、当該地域の相場事情に詳しい調停委員（不動産鑑定士）の活用が有用であろう。今後も民事調停とＡＤＲ双方の健全な発展のためによりよい連携と役割分担の在り方を検討していく必要性が高い領域である（注28）。

4　民事調停に求められているもの（その三・迅速性）

古くから、迅速であるならば調停の利用度は高まるという指摘がされてきた（注29）。労働審判が三回までで一定の結論を出すという方式を採ったことで利用者から高い評価を得ていることは周知のとおりである。同様に迅速性を重視した調停の在り方を模索することはあってよいが、迅速性を中核的な運用指針とする調停手続（例えば、原則として三回で調停を終了するという運用）は、事案によっては調停手続における「傾聴」を求めるという当事者の期待に背馳することになる場合があることに留意しなければならない（注30）。

四　調停手続への調停主任の関与のあり方

民事紛争の解決のために大きな役割を果たしている調停制度を維持し、円滑に調停手続を運営していくためには、これまで指摘してきたとおり、調停委員会が、チームとして一体となって紛争解決に関わることがなにより重要である。そのためには調停委員会を有効に機能させることが必要である。ここでは、紙幅の関係で調停委員会の構成員である調停主任（裁判官）に限ってその役割について見てみると、調停委員会を有効に機能させるためには、調停手続への調停主任（裁判官）の関与をさらに充実させることが必要である（注31）。

1　調停主任の調停立会い

従前調停主任は調停期日に立ち会うことはほとんどなかったのが実情である。しかし、調停事件が減少する中で調停主任自身が調停手続に立ち会う形で関与することも考慮されてよい（注32）。

もっともこの点は、庁の規模や事件数の多寡、当該庁の調停以外の他の事件の状況等具体的な庁の実情に応じて考える必要があることは指摘しておかなければならない。実務上、多くの庁では、多種多様な事件を担当して繁忙な状況にある裁判官に対し調停事件の全件立会いを求めることは困難なことが多いと思われる。そこで、事案内容や事件の進捗状況を見極めながら、各事件の期日の入れ方を工夫するとともに、立会いのタイミング（時期）を選ぶことにより、選別して立会いをするということも積極的に検討されてよい（注33）。

2 評議の充実

実務的には、とりわけ評議の役割、在り方を検討することが重要である。調停委員は、社会奉仕の気持ちが強く、調停にかける熱意と意識の高さは特筆に値する。それは私の乏しい経験の中でも、どの任地においても変わらない点である。しかし、調停委員は一般に法律には必ずしも精通していないし、また精通することを求められてもいない。民間の素朴な正義感情が紛争解決の上で反映されれば足りるのである。一方で、調停を取り巻く諸情勢（三1参照）を踏まえると、法律に必ずしも通じていない調停委員にとっては、その職務遂行がますます困難となってきている面も否定し難いように思われる。それゆえ、調停委員会における評議の重みがいっそうクローズアップされることになるのである（注34）。

評議の充実・強化には、裁判官である調停主任の積極的な関与が求められる。調停主任は評議時間の確保に努めるとともに、書面評議と対面評議のすみ分けの在り方、評議の対象事件（全件か選別か）、評議の時期（事前、中間、終盤（終了直前）、あるいは事後（当事者の帰った後））等について、調停主任と調停委員の間で認識を共有することが必要である。また、評議の内容についても、当該事案の法律問題の分析、法的問題を前提にした事情聴取の内容、事情聴取等の結果により認定できる事案関係の内容、その事実関係を前提にした当該事案における調停案構築の視点、当事者に対する説得や働きかけの視点、方法等が挙げられるが、法律に必ずしも精通していない調停委員については、評議を通じて、事案ごとに不足している知識や調停の技法等を補うことが必要である。

五　終わりに

民事調停は、訴訟と比較して手続が簡易で費用も低廉であり、かつ、実情に即した柔軟な解決ができるという特徴が指摘できる。また、民間型ＡＤＲ、行政型ＡＤＲと比較すると、司法機関である裁判所により運営されていること等による運営主体の公平性・信頼性の高さや、調停調書が債務名義となり強制執行が可能であること（注35）などを特徴として指摘できる。

調停制度は一般国民が調停委員として紛争解決手続に参加し、当事者の主張に耳を傾けつつ、同じ国民目線に立って、双方の納得が得られるような解決を図ることを可能にする仕組みで、国民から信頼を受けるとともに期待もされている。事件が減少傾向にあるからといって、制度の有用性（調停のニーズ）が否定されているわけではない。今こそ、「利用率の低減が必要性の薄弱化を意味するとは限らない。必要性が強いにもかかわらず制度に改良すべき欠陥があるために利用率が低下するということはありうるのである」（注36）という、今から半世紀前に示された示唆に富む指摘を、一実務家として改めてかみしめ、民事調停の利点を活かし、利用者のニーズに応える調停運営の在り方およびそれを実現する上で調停主任である裁判官と調停委員が果たすべき役割、さらには調停の運営主体である裁判所の役割について考え続けていきたいと思うところである。

（注１）　民事調停の沿革については、小山昇『民事調停法〔新版〕』三頁以下、とりわけ一三頁以下、植垣勝裕ほか『簡易裁判所における民事調停事件の運営方法に関する研究』二頁以下参照。なお、人事調停法は民事調停法とは別

に昭和二三年に施行された家事審判法にとってかわられて廃止された。

（注2） 木内最高裁判事は家事事件のエキスパートとしてもつとに著名である。大阪家庭裁判所において永年にわたって家事調停委員を務められるなど大阪管内の家事調停の実務をリードしてこられた。家事と民事の違いはあるものの「調停」というテーマを選ばせていただいたゆえんである。

（注3） 本稿では、特定調停事件を除く民事調停事件全般を念頭に置いて検討したい。なお、本テーマについては、既に笠井正俊教授が二〇一二年時点での民事調停に関する裁判所の動向について詳細な論文を発表されているところ（笠井正俊「民事調停の機能に関する一考察」平野仁彦ほか編『現代法の変容』九七頁、考えられる論点は同論文において既に網羅的に論述されており、拙稿も同論文に負うところが多い。

（注4） 本稿は民事調停を運用する現場における体験論の一つにすぎず、民事調停に関する数多の文献を渉猟して作成したものではないことをあらかじめお断りしておきたい。

（注5） 多くの特定調停事件はこれまで主として個人の債務の調整手続の一つとして活用されてきたところ（特定調停事件の新受事件数の推移は、清算型倒産事件の新受事件数の推移（この点は福島法昭＝比良香織「平成二八年における倒産事件申立ての概況」ＮＢＬ一〇九八号三三頁参照）と似た経緯をたどっている）、この面に限って言えば現時点では特定調停は一応その役割を終えたように見える。もっとも、最近では、債務超過寸前だったり、経営者の高齢化で事業継続が困難となったりした中小企業の廃業・清算を支援する手法として、あるいは経営者の保証債務整理の手法として、さらには自然災害による被災者の債務整理等に特定調停を活用するスキームが提案されており、今後の特定調停の活用について新たな方向性が示されているところである。

（注6） これに対して、地裁の民事訴訟事件は地裁での過払金返還請求事件がほぼ終息した平成二五年以降はほぼ横ばいか若干の増加傾向にある（平成二五年は一四万七三九〇件、平成二六年は一四万二四八七件、平成二七年は一四万三八一六件、平成二八年は一四万八二九五件）。

（注7） 平成二九年六月三〇日現在の認証事業者数は一四八、その詳細は、法務省のホームページ内「かいけつサポー

ト一覧」参照。なお、弁護士会が関係するＡＤＲ機関の実情については、弁護士白書二〇一六年版一九〇頁以下参照。

（注8）植垣ほか・前掲注1二一頁、二三頁、笠井・前掲注3一一八頁注16記載の各文献参照。

（注9）植垣ほか・前掲注1二五頁、笠井・前掲注3一〇〇頁参照。

（注10）小山・前掲注1四八頁参照。

（注11）植垣ほか・前掲注1二五頁、四七頁。民事調停と類似の構造を有している労働審判事件の新受事件数は年間三六〇〇件程度で落ち着いている。制度発足当時労働審判の申立件数は一五〇〇件ほどと見込まれていたが（荒木尚志ほか「《座談会》労働審判制度の創設と運用上の課題」ジュリ一二七五号三二頁〔定塚誠発言〕）、その後申立件数は急激に伸び続けた（渡邊徹「労働審判制度のこれまでとこれから―施行から10年を経て」自正六八巻二号五二頁参照）。このことは、話合いによって柔軟に紛争解決を図ることについて利用者のニーズが依然として高いことをうかがわせる事情と考えられる。

（注12）笠井教授が指摘されるとおり（笠井・前掲注3九七頁）、裁判所内では強い危機意識をもって本文記載の課題を共有してきたところである。

（注13）植垣ほか・前掲注1一頁、四三頁。

（注14）最近一〇年間の全簡易裁判所における特定調停事件を除く民事調停事件の弁護士関与率（当事者の一方または双方に弁護士が関与した割合のこと）は平成一八年以降おおむね三〇ないし三五％で推移してきたのが、平成二三年以降じりじり増加し、平成二七年度に四〇％を超えるに至っている（山本拓「民事調停の機能強化と今後の展望について」調停時報一九四号五頁）。なお、植垣ほか・前掲注1二八頁参照。

（注15）笠井・前掲注3一〇八頁参照。同一二〇頁注30記載の文献も参照されたい。

（注16）もっとも、調停制度の運用に関する批判は古くからある。調停委員が事実に重きを置くことおよび事実の法的な評価に重きを置くことにおいて足りないことへの不満（小山・前掲注1八九頁）が指摘されたり、調停の進め

方（委員の態度や手続）についても、様々な指摘がなされていることは周知のとおりである（大塚喜一＝最首良夫「より良い調停のために」調停時報一五三号四六頁、千葉県調停協会連合会が実施したアンケート結果を調停委員自身が整理したもの）。もっとも、調停利用者がいかなる点に不満を持っているか、その不満の程度はどうか、不満の原因は何かを知ることは容易なことではない（小山・前掲注1八七頁参照）。かなり広範かつ詳細な、かつ相当期間をかけた実情調査が必要と思われるが、現時点ではそのような資料はないようである。

（注17）　植垣ほか・前掲注1四七頁。

（注18）　植垣ほか・前掲注1五〇頁、その全体像に関しては同書五三頁、具体的な運用イメージは同書五四頁以下参照。笠井・前掲注3一一〇頁以下参照。なお、調停の機能強化に関する基本的な文献として、植垣ほか・前掲注1、山本・前掲注14のほか、福田千恵子「民事調停の機能強化について―調停委員に期待される役割を中心に」調停時報一八五号六頁、今井祐子＝細本光一「民事調停の機能強化について」月報司法書士五一六号二八頁がある。

（注19）　植垣ほか・前掲注1五二頁、三〇頁。

（注20）　笠井・前掲注3一〇三頁、植垣ほか・前掲注1二〇頁参照。

（注21）　植垣ほか・前掲注1八二頁では、「法的観点」という言葉は、一人歩きしがちであり、一部においては、柔軟で落ち着きの良い紛争解決という調停の長所を否定する言葉として受け取られているようにも感じられるとしている。

（注22）　山本・前掲注14七頁。

（注23）　山本・前掲注14八頁、笠井・前掲注3一〇七頁以下の指摘も同様の趣旨を含むものであろう。

（注24）　法的観点を踏まえることの具体的な意味については植垣ほか・前掲注1八二頁参照。

（注25）　紛争を解決するためには、まず、前提となる事実を認定する必要があるが、それには必ず経験則の助けを借りなければならないところ、経験則の中には一般人が当然には有していない科学技術上の知識のように高度に専門的な経験則がある。専門家の意見が争点整理や事実認定に有用なゆえんである。

（注26）小久保孝雄＝徳岡由美子編著『建築訴訟』五頁。なお、大阪地裁では、建築紛争について専門家調停の活用を原則的な訴訟運営スタイルとしている。東京地裁も同様の実務運用となっている（門口正人ほか「建築訴訟（1）」ジュリ一五〇六号、同「建築訴訟（2）」ジュリ一五〇七号所収の座談会参照）。建築紛争では争点整理の早期の段階から専門家に手続に参画してもらうことが重要である。訴訟では専門委員や鑑定も活用（ただし、鑑定は証拠調べの段階で活用されるにとどまる）できるが、争点整理の段階から専門家調停委員が継続的に関与し、当事者との双方向の議論・協議を積み重ねることができる民事調停の活用がより有用と言うべきである。

（注27）例えば日本スポーツ仲裁機構（ＪＳＡＡ）は代表選手選考などのように「法律上の争訟」とは言えないものも対象にできる（道垣内正人「スポーツ仲裁・調停」道垣内正人＝早川吉尚編著『スポーツ法への招待』六一頁以下参照）点に特徴がある。なお、笠井・前掲注３一〇五頁は専門性について「民事調停よりも民間ＡＤＲ機関や行政ＡＤＲ機関の方がむしろ高い場合がある」との指摘をしている。専門的知見を要する事案におけるＡＤＲの活用については山本和彦ほか「《特別座談会》民事裁判の一層の充実・迅速化に向けて（3）」ジュリ一四三四号九〇頁以下参照。

（注28）笠井・前掲注３一〇〇頁は民間ＡＤＲも行政ＡＤＲも調停も等しく発展すべきと述べている。

（注29）小山・前掲注１八七頁。

（注30）他にも民事調停に求められているものとして、調停の計画性や透明性の問題がある。少し視点が異なるが、調停制度に関する広報の問題もある。いずれの点も紙幅の関係で他日を期したい。

（注31）他方、調停委員については、人材確保やその後の育成方法の在り方が大きな課題となる。紙幅の関係でこれらの点は他日を期したいが、とりわけ人材の確保の面については、給源の不足は新陳代謝を困難にするから（小山・前掲注１六九頁）、制度維持を困難にしあるいは制度を弛緩させることにつながる。将来にわたる人材の確保の問題は制度の帰趨を制する重要な課題である。

（注32）地裁専門部の調停では、例えば建築瑕疵事件の審理については付調停事件の数が少ないこともあって、調停主

任である裁判官が全件について立ち会うことが実践されている。この点に関する大阪地裁の運用について、小久保＝徳岡編著・前掲注26四〇七頁、四〇九頁、東京地裁の運用について、門口ほか・前掲注26「建築訴訟（1）」六〇頁をそれぞれ参照。

（注33）　調停主任の調停立会は、調停委員会として充実した審理ができるだけでなく、調停委員が、調停主任の当事者に対する接し方、事情聴取の方法、説得の方法等を見て学べる点でも有効である。調停主任の立会いは調停委員にとってまさしくＯＪＴそのものである。

（注34）　山本・前掲注14九頁参照。

（注35）　裁判所には裁判手続の専門家である裁判所書記官という官職が設置されており（裁六〇条、民調法一一条の五、一六条）、裁判所に付設された調停においては、裁判所書記官が調停条項の作成に関わることが可能となっている。裁判所書記官は執行分野を含む法的手続全般の専門家であり、債務名義となる調停調書を作成することは、その専門的な知見を活用できる領域の一つであるから、裁判所に付設された民事調停に執行力が付されたのも、制度構成上相応の理由があるものと思われる。この点は、裁判所書記官のような官職が手続に関わることのない他のＡＤＲと一線を画する重要な点である。なお、この点については笠井・前掲注3一〇七頁は債務名義となることが民事調停固有の属性とは言えないとする。

（注36）　小山・前掲注1四九頁。

事実型争点整理と事実認定
―現代型心証形成モデルの素描―

関西大学大学院法務研究科教授
森　宏司

目　次

一　はじめに

周知のとおり現在の民事訴訟実務は、人証調べにつき集中証拠調べをもって行われるのが大勢である。すなわち、原則として一回の期日で、双方から申請された人証を全部取り調べる方式である。この方式を採用する以上、その前提として、争点の確定と人証の取調方法、すなわち、どのような事実が証拠調べの対象になるか、どの人証をどのような方法や時間で取り調べるかは、人証調べ実施以前で確定しておかなければならず、その役割を担うのが争点整理手続である。争点整理手続の過程は事案に応じて様々ではあるものの、数回の期日を重ねるのが通常であり、場合によれば二〇回以上の期日が必要となることもある。このような実情を見ると、現在の民事訴訟は、争点整理手続を中心として運営されているといって差し支えない。

本稿では、民事訴訟の中核的役割を果たしている争点整理手続において、具体的にどのような審理がなされるべきかを検証した上で、人証調べとの機能分担を踏まえて現代型の心証形成モデルを素描したい。

二　争点整理の分類

現行民事訴訟法の施行以前から訴訟運営の改善について多くの議論が重ねられた。そこで問題とされたのは、漂流型審理とまで揶揄された審理実態であった。毎月一回程度の割合で口頭弁論が開かれるが、おおむね三〇分程度の時間枠に一〇件近い事件が指定されており、書面交換と釈明、そして次回期日の指定だけで終わるのが通常であり、一件に当てられた時間はごくわずかとなっていた（そのため、しばしば「三分間審理」などと批判されていた）。その後に人証調べに入るが、多数の事件を抱え、二、三カ月に一回程度の期日しか指定することができないため、人証調べだけで数年もかかるという有様であった。しかも尋問期日の直前や当日になって重要な書証が提出されることは日常茶飯事であった上に、本人尋問の補充性（旧民訴法三三六条）が厳格に守られ、まず周縁部の証人尋問がなされ、その後に本人尋問に入るのが通常であったことから、審理最終段階の本人尋問になってようやく紛争の実質的構造を把握できたことも決してまれではなかったのである。

このような実情を反映して、弁論手続段階における最大の目標は、主要事実レベルにおける争点把握であった。間接事実レベルにおける争点については弁論手続段階においてはさほど重要視されず、いずれ人証を取り調べる時点で整理され明瞭になれば足りるという意識が一般であったように思う。

しかしながら、その審理のありようについては次第に反省が加えられ、主要事実だけでは足りず、間接事実レベルの争点までを把握すべきだと考えられるようになった。篠原勝美判事らは、平成六年度司法研究において、争点とは争いのある主要事実に限られず、訴訟の基盤となる紛争そのものを裁判所が把握し、それを反映した法的構成および訴訟運営を目指すべきであることを指摘し、争点整理の対象を二つに整理し、従来の要件事実レベルでの争点を抽出するタイプを論理型争点整理と名付け、他方、事実に着目した争点整理を事実型争点整理と呼ぶことを提唱した（注1）。また、塚原朋一判事は、「要件事実として争いがある場合には、要件事実が充足しているからといって、それだけで人証に入るべきではない。要件事実のみによって、民事裁判の核心部分である証拠調べの充実化を行うには限界があり、要件事実だけで主張整理しただけでは、証拠調べには入ることができず、主張整理が終了したといえない」と述べられる（注2）。

そして、このような認識が、次第に当然視されるようになっていったのである。

三　事実型争点整理の対象

二で述べたとおり、争点整理については論理型争点整理と事実型争点整理とに分けて考えるのが有益である。このうちの論理型争点整理は要件事実論そのものであるから、しばしば言及される技術的難解さはともかくとして、その目的や方法論について疑問点は少ない。しかしながら、もう一方の事実型争点整理の内実については必ずしも明瞭となっておらず、その方法論も個人的伝承に頼っているように思われる。

事実型争点整理とは一体何を対象とし、またどのように行われるべきであろうか。

前記の篠原判事らの司法研究によれば、「争点」は、訴訟の基盤となる紛争そのものと理解されているようである（注3）。確かに、訴訟運営の上ではいったん法的観点を離れて紛争全体を見ることが必要であり、この点に異論はない。しかしながら、訴訟は最終的に判決を目的とするものである。当然ながら紛争全体が判決の判断に必要になるわけではなく、紛争全体の事実の中でも、主要事実を支える間接事実や補助事実と背景に退くそれ以外の事情との区別がある（注4）。紛争全体の事実中、主要事実を支える間接事実や補助事実が重要であり、これを審理の過程で解明、整理しなければならない。別の見方をするならば、「判断を導出するため不可欠な事実関係」を分析することが必要になるのである。すなわち、事実型争点整理を実施するにおいては、「判断を導出するため不可欠な事実関係」（主要事実だけでなく、間接事実、補助事実までを含む）に着目し、これを解析して争点を整理しておくべきであると言えよう。

四　「判断を導出するため不可欠な事実関係」の抽出方法

事実型争点整理の対象が前記のような「判断を導出するため不可欠な事実関係」であるとすると、これを引き出していくためにはどのような方法があるだろうか。

私は判決理由をイメージすることが必要になると考えている。すなわち、判決の事実整理だけではなく、判決理由までも想定することで、確実に「判断を導出するため不可欠な事実関係」を意識することができる。判決理由において具体的に何を記述することになるのかをあらかじめ想定し、そのために必要な事情は何だろうかと思考することになる。

そうすると争点整理段階においても、判決理由を想定しなければならないわけであるが、いまだ訴訟の全体構造も判明していない審理途上において判決イメージをどのように描くことができるのであろうか。裁判官や代理人は、通常、類似の先例を探したり、参考とすべき判例や学説を集約した論文等を参照したりする。もちろんこのような方法が基本であることは当然であるが、それよりも、やや大まかな枠組みがあると思われる。判決理由は、一見すると千差万別に見えるが、それでも、ある程度のパターンが認められるからであり、これを意識することが審理遂行の上で有益となると考えられる。

代表的なものとして五つのパターンが考えられる（注5）。

1 ストーリー型事件

最も頻繁に現れるのはストーリー型事件である。このタイプの判決の典型的な説示方法は、次の構造を持つことが多い。

① 証拠

② 事実（ストーリーの時系列的な認定）（注6）

③ 反対証拠の排斥

「これに対し、原告本人は…と供述するが、前記認定のとおり…との事情に照らせば、上記供述は採用することができない。」などと記載されている。

「事実認定の補足説明」とする例もある。

④ 評価（注7）

「上記認定事実によれば、ⅰ…している。次にⅱ…している。さらにはⅲ…したというのである。これら事情を総合するならば、…であることを優に肯認できる。」

「上記認定事実によれば、ⅰ原告は…しており、ⅱ被告は…しているというのであるから、…を定めるはずと見なければならない【経験則の摘示】。しかるに、本件においてはそのような定めがないというのみならず、本件全証拠によるも、…が話題となった形跡すら認められない。そうであれば、原告主張の…の事実を認めることはできないと言わざるを得ない。」などと記載されている。

⑤ 反対事実の排斥（別の事実を認定はできるが、十分に反証とはならない場合）

「上記認定事実によれば、…したこと、…したこと、…したことが認められるのであるから、これによれば特段の事情のない限り、…であると推認することができる。そこで特段の事情についてみるに、被告は…があると言うが、上記認定の…との事情に照らせば、前記推認を覆すには足りない。他に特段の事情を認めるに足りる証拠は見当たらない。」などと記載されている。

⑥　結論

「以上のとおりであって、請求原因…の事実を認めることができる。」

2　メカニズム解明型事件

事故や不具合が起きたときにその原因や機序が問題になる類型がある。不法行為や債務不履行のケースがこの類型に入ることがある。請負代金請求事件の抗弁でしばしば主張される瑕疵のうちの絶対的瑕疵もこの類型と言っていいだろう。

判断理由は事案により様々であるが、健康器具の欠陥により負傷したかどうかが争われた事件を例に採るならば、

①　正常時の操作、動作、働きなど
②　事故時の原告の操作、器具の不具合の状況、原告の受傷結果
③　不具合が生じた原因、機序
④　不具合についての過失（予見可能性と結果回避可能性）
⑤　負傷との因果関係
⑥　損害論

というような説示になる。

メカニズム解明型では、③の不具合が生じた原因、機序が中心命題となることが多い。この判断のためには特殊な経験則や知識が必要となるという特色がある。必要な文献の提出を求めたり、専門委員を活用したりしなければならない。

逆に、③の争点のみに双方の主張立証が偏ってしまい、その他の論点についての審理が不足していることもある。その他の判断事項（損害論や因果関係論が見落とされがちである）にも留意し、争点整理段階で双方に主張させておくか、争いのない形にしておくべきである。

3　要素総合判断型

三つ目の類型として要素総合判断型がある。典型例としては境界確定訴訟を挙げることができる。境界確定訴訟では、あらゆる事情を総合して境界を認定しなければならないし、必要であれば境界を創造することも必要になる。境界確定訴訟において斟酌しなければならない要素は数多いが、判決に至るまでのいずれかの時点で検討しなければならない。

考えられる要素と説示を例示すると次のようになる。

①　関係者の身分関係や所有関係
②　土地の占有や利用状況の変化
③　関係土地および周囲の地形その他の状況
④　分筆経過および権利移転状況

⑤　関係する図面の作成および概要
⑥　土地測量図等の現地復元の可否
⑦　面積
⑧　総合的な判断
⑨　反対証拠および反対事実の検討

前記のうち①から⑦の要素が審理の対象になる可能性がある。もちろん事件によっては全く問題とならない要素もあるが、これらの事情について当事者の意見を聴取しておく必要がある。

このような要素総合判断型では、訴訟類型に応じ一般的に検討しなければならない要素をあらかじめ抽出しておいて、それを意識しながら争点整理をすることになる。

このほか日照権訴訟、過払金返還請求訴訟、先物関係訴訟などもこの例に当たることがある。当初、新規な事件であったとしても事例が集積され、判断要素が分析されてくると、この要素総合判断型の色彩が濃厚になってくると言えよう。

4　法律解釈型

事実関係にはあまり争いがなく、法律解釈が主要な論点になるタイプである。このタイプの説示の例はおおむね次のようになる。

①　事実関係
②　法的論点の所在

③ 判断

④ 結論

5 あてはめ評価型

一つの構成要件事実や要件事実に該当するかどうかが主要な問題となるものである。正当事由などの規範的評価が問題となる場合が典型例である。最近このタイプが増加し、しかも判断に苦しむものが多い。例えば、一定の要件事実に対する当てはめを説示したものとして、最判平二七・四・九（民集六九巻三号四五五頁）「責任を弁識する能力のない未成年者が他人に損害を加えた場合において、その親権者が民法七一四条一項の監督義務者としての義務を怠らなかったとされた事例」がある。

五 事実型争点整理における審理

以上のとおり、事実型争点整理においては、判決理由のイメージを基礎にして、「判断を導出するため不可欠な事実関係」を引き出しておくことが重要になる。

この方法について、実務で最も多く登場するストーリー型事件を例にして詳しく見てみよう。

1 間接事実の争点整理

既に述べたように、いったん法律論から離れ、紛争全体を眺めていくことになるが、さらにその中で、主要事実の争点の判断のために、その紛争のストーリーがどのように関連するかを検討する。原告の主張するストーリーと被告の主張するストーリーの食違いと主要事実との関係を具体的に考えるわけである。例えば、不動産売買契約の有無が主要事実上の争点となっている事件において、原告は、「五〇〇〇万円の契約書があるのだから、売買契約が存在し、売買した。時価は五〇〇〇万円だ」と主張しているのに対して、被告は、「売買契約書はあるけれども、時価一億円もする土地がわずか五〇〇〇万円の契約書になっている。半額の売買契約をするわけがないから担保である」と反論することがある。このように、争いある民事訴訟では、契約書の存在のような客観的事実があるとしても、双方から全く異なるストーリーが出てくるのが通常である。

裁判所は、双方のストーリーの細部の一つ一つの事実の違いを確かめていくことになる。例えば、書面作成までにどういう経緯があったのか、どのような交渉をしたのか、売買についてどういう話をしたのか、あるいは売った後、買った後、どのような行為をしたのか、担保であるならば貸金があるのか、その被担保債権の弁済約束はどうしたのか、不動産の価値がいくらかなどの話が当然予想される。それらの事情について、時系列に従ったストーリーの形で、双方から明らかにしてもらうことが争点整理段階の中核になる。これが間接事実の争点整理となる。

2　ストーリー型事件における事実認定のイメージ

ところで、ストーリー型事件の事実認定について、手嶋あさみ判事は、「各当事者からは、自らの主張・立証（反論・反証）の各パーツ（「点」）を整合的につなぎ合わせるそれぞれのストーリー（「線」）が提示されることになる。これを受けて、裁判所は、訴訟手続に上程されたあらゆる訴訟資料を吟味しながら、また全体としての整合性を

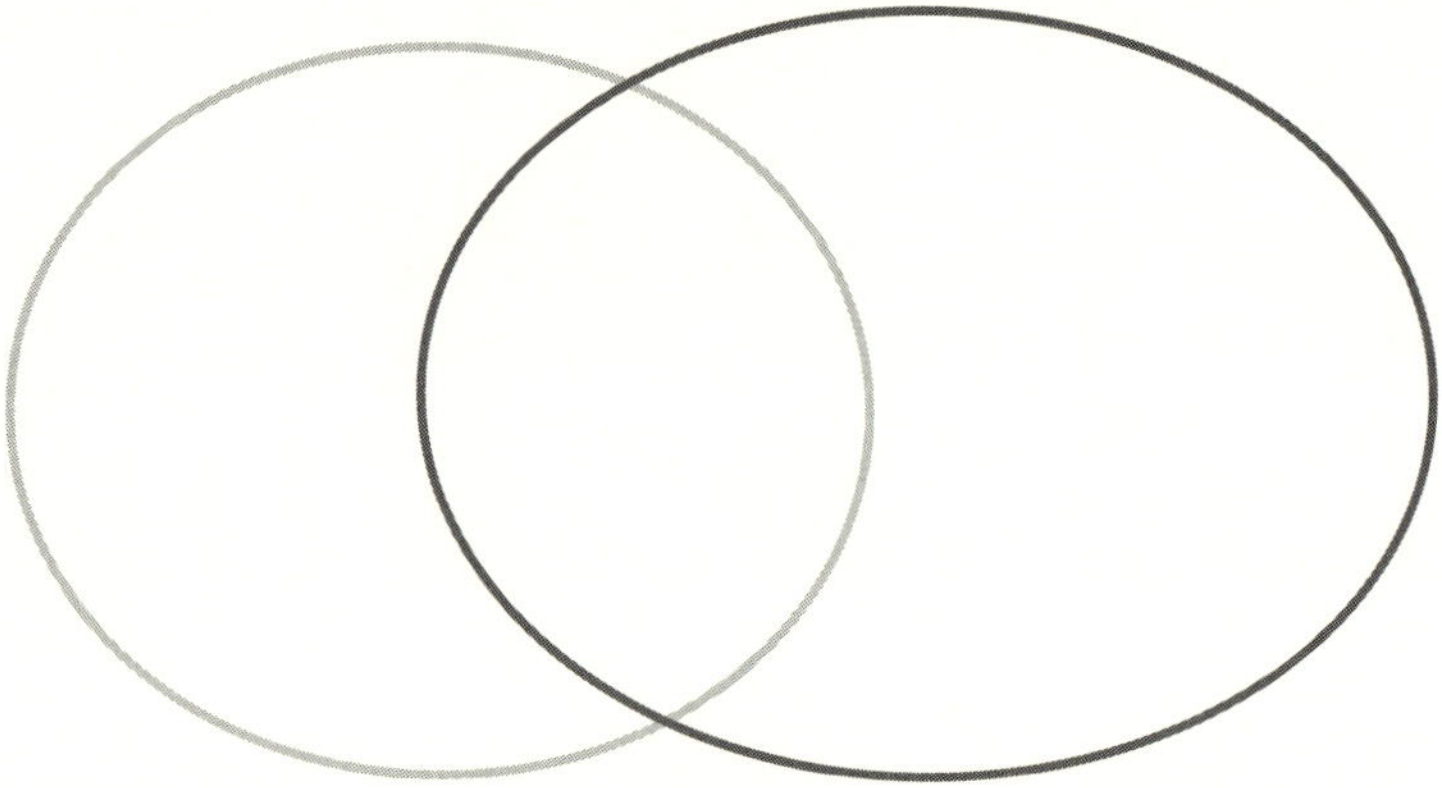

第一図

チェックしながら、経験則を頼りに、最も合理的・説得的な推理・推論（推認）の道筋を模索していくことになる。」と述べられる（注8）。

また古くは、近藤完爾判事も次のように述べられる。「一連の事実関係のうちほぼ確実と考えられる事実の配置図が作られ、争いある事実の占める位置が決まり、経験則上その前後の事実と因果関係があるか否か、またその連続が認められると仮定した場合それが通常の事例であるか異例であるかの推断がなされ得る。それと同時に当該事実に照応する証拠資料が信頼し得るものか否かの検討の手がかりでもある。」（注9）。

私なりの理解では次のとおりとなる。すなわち、先の売買か担保かの事件の例のように、当事者双方は、それぞれのストーリーを持って事案を見ており、自らの主張を基礎付けるためにもそのストーリーを主張してくる。第一図の左側の楕円が原告のストーリー、右側が被告のストーリーとしてみよう。そしてその双方の楕円が重複している部分が、争いのない事実や動かない事実である。

裁判官は、この争いない事実や動かない事実を基礎にして、双方のストーリーを対比しながら、ほぼ動かし難い事実や蓋然性の高い

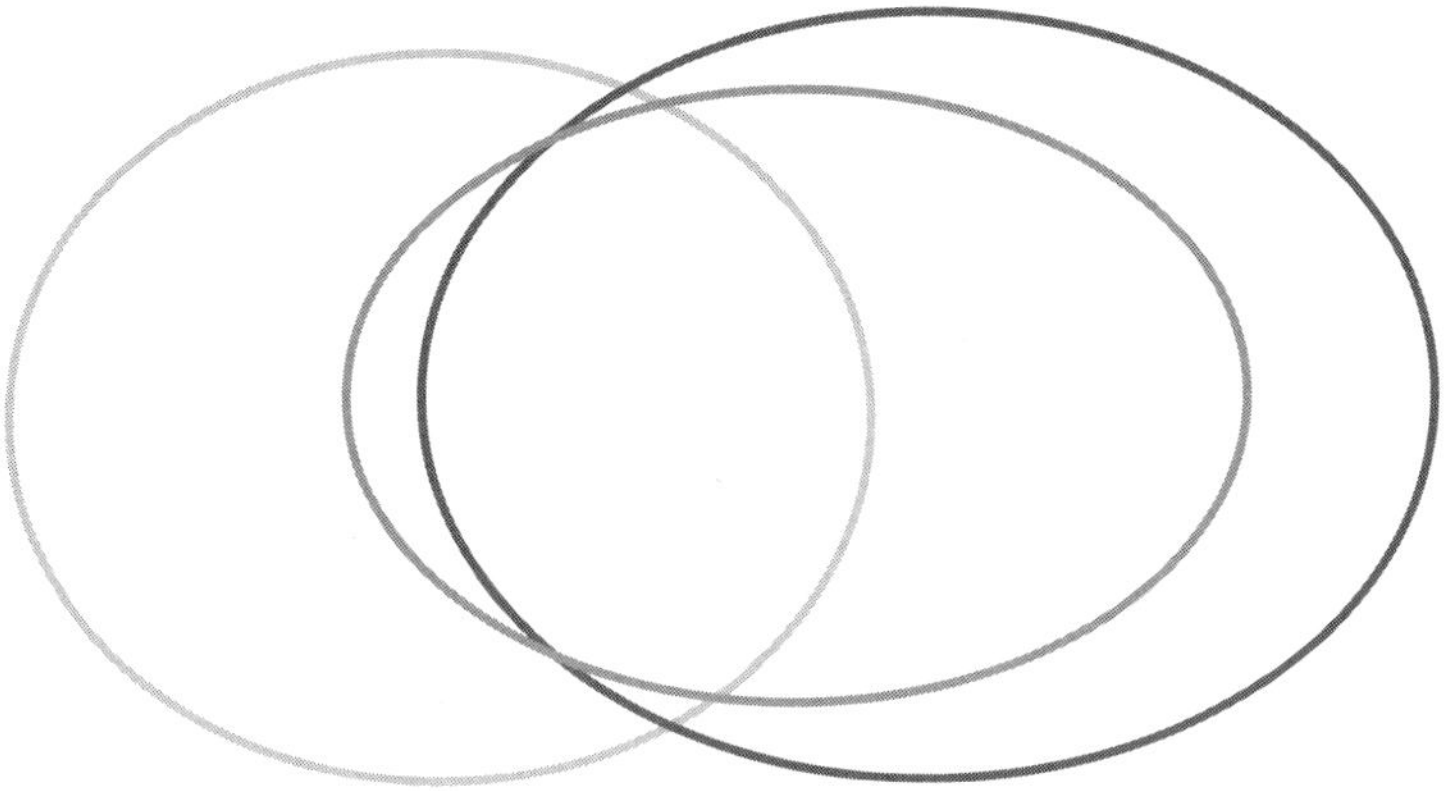

第二図

事実を、経験則を用いて推論していくのが一般である。すなわち、「経験則上その前後の事実と因果関係があるか否か、またその連続が認められると仮定した場合それが通常の事例であるか異例であるかの推断」（近藤論文）をし、「経験則を頼りに、最も合理的・説得的な推理・推論（推認）の道筋を模索」（手嶋論文）する。この結果、推論できる「ほぼ動かし難い事実や蓋然性の高い事実」は、第二図の真ん中に追加した楕円のようになることが多い（注10）。

第二図では、被告のストーリーの方が、経験則上認められる「ほぼ動かし難い事実や蓋然性の高い事実」に、より合致することになるから、被告のストーリーに分がある。また、この結果が「当該事実に照応する証拠資料が信頼し得るものか否かの検討の手がかり」（近藤論文）となる。つまり、被告側の証拠資料（例えば、本人尋問の結果）の信頼性を高めることになる（注11）。

前記のように心証を形成するのであるから、裁判官が認定したストーリーを判決理由で示すことは、その心証形成過程をそのまま反映したものであり、心証形成理由についても説示したことになる。また、一方当事者の主張する間接事実をつまみ食いしたものではない、ということを示すことができる（注12）。

3 仮説の重要性

このように、裁判所は、争いない事実や動かない事実を基礎にして、双方のストーリーを対比しながら、経験則を用いて推論し、「ほぼ動かし難い事実や蓋然性の高い事実」を認定していくことになる。

この際、裁判所は、双方のストーリーを縦と横の視点から検討することになる。縦の検討とは、時系列的に考えることである。人間の営為は一般的には因果の流れに従うと言ってよい。容易に理解されるように、その因果の流れに逆らう事実を認定することは通常難しい。横の検討としては、経済的観点、人間関係的観点、法的観点という視点である。経済的観点は、誰が得をするか、誰が損をするかということである。人間関係的観点は、親子であったり、夫婦であったり、上司と部下の関係であったりという関係である。法的観点は、社会の規範的側面を考慮し、それに羈束された人間行動の一般的傾向を考える。

このように縦と横の関係を並べて、関係者はどのように行動したのだろうかなどと推論し、「ほぼ動かし難い事実や蓋然性の高い事実」に基づく合理的な仮説を立てることになる。

近藤判事は、「証拠の取捨は単にその比較対照によってなされるだけでなく、徴憑としての前後の事情と照合して一連の出来事の流れの中に置いてみる必要があり、しかもその徴憑は認定を要する事実であるから、当該出来事の一団は留保付心証に基づく事実関係である。その各部分の心証は全部について得られた留保付心証を総合整理し経験則上の調和が認められたとき初めて確定的心証となるべき筋合のものである」とされる（注13）。ここにいう「徴憑としての前後の事情と照合して一連の出来事の流れの中に置いてみる」は前記の縦と横の観点からの検討過程であり、「留保付心証」がこの仮説に当たると考えられる。

4　争点整理段階における仮説

ところで、前記2で述べたような経過により、間接事実の争点が明瞭になるのであるが、争点整理段階においては、訴訟資料だけでなく証拠資料も提出される。証拠として各種の書証や陳述書が提出されるのが現在の実務である。前記の例に挙げた担保か売買かが争われる事件であるならば、原告と被告の交渉開始からトラブルに至るまでのストーリーについて、準備書面に記述され、争いのない事情が次第に確定されていくとともに、陳述書を含む様々な証拠が提出される（もちろん裁判所からも提出が求められる）。契約書や領収書等の重要な書証については、時系列的あるいは証拠価値的な配置や重み付けが当然に意識され、これに適合するいくつかの仮説が立てられる。そして、一応のものであった仮説が補強されたり、あるいは逆に維持できずに捨てられたりして（注14）、仮説が次第に収斂していく。このようにみると、既に争点整理段階から、裁判官の心証を反映しながら、確からしい仮説が形成されていくことが理解されよう。

5　事実型争点整理における事実認定

冒頭で述べたように、訴訟運営改善前の審理では、本人尋問などの審理最終段階でようやく双方のストーリーが出てくることもあったのに対し、現在では争点整理の段階で、双方のストーリーが明らかにされる。さらに4で述べたとおり書証も極力提出され、本人の主尋問的な陳述書まで出てくることになる。すなわち、事実認定の証拠資料は争点整理段階において登場してくる。同時にこの過程においては、判決理由を意識する以上、必然的に事実認定に関わる疑問点も多くなるから、裁判所や相手方から解明不十分な事実に関わる疑問点が示され、事実認定の資料の補充や反証がなされたりする。そして、大まかな基礎資料から次第に詳細な資料の提出に移行し、心証に反映される。それらすべてが争点整理の一環となる。

要約すると、今日の裁判では人証調べの段階で事実認定をしているのではなく、既に争点整理の段階で事実認定が始まっている。また事実認定をしなければ十分な争点整理もできないということになる。事実認定は前倒しされ、争点整理と事実認定は一体的・並行的に進行しているのが現在の実務運用と言わなければならない。

以上はストーリー型事件を念頭にした説明であるが、純粋の法律解釈型を除けば、その他のパターンにおいても争点整理段階で事実認定が始まっていることは全く同様である（注15）。

六　人証調べの役割

事実認定が前倒しされていることを別の観点から見ると、事実型争点整理を十分に実施するならば、相当程度の事実認定ができるようになると考えられる。すなわち、充実した内容の準備書面と陳述書が提出され、適切な釈明がなされるならば、かなりの事実の提出が可能となり、次第に信頼度が高い仮説が見出されるようになる。争点整理終結段階で、ある程度結論が見えてくることもあり、これが暫定的な心証となる。この結果、その暫定的心証に基づく和解勧試も可能となる。

しかし、そうすると、人証調べの果たしている役割は何か、その必要性いかんという疑問が湧くかも知れない。だが、信頼度には軽重があっても仮説はあくまでも暫定的なものであり、いまだ浮動的心証にすぎない。集中証拠調べの場でさらに検証することが必要であると言うべきである。

念のためであるが、人証調べの重要性についてとくに言及しておきたい。控訴審を担当した経験によれば、一般的に人証調べの省略は危険である。仮に七～八割くらい心証を取ってしまうと、結論が導ける以上、審理は熟して終結可能であると考えるかも知れないが、この見方には大きなリスクがある。七～八割位の心証は、逆に言えば二～三割は誤っている可能性があることになる。とくに主尋問に代わる陳述書をもとに事実認定することは一般論としても危うさがある。さらに自分の仮説を作ると、それに反する証拠を軽視してしまいがちな心理的バイアスが働くことは否めず、これを考慮するならば、より大きい危険性があるとさえ言えるからである。また、結論的に誤っていなかったとしても、十分な証拠調べを実施した上での判断ではないと見られるおそれは強く、裁判に対する信頼をも損ねかねない。

七　おわりに

最後に、本稿の要旨をまとめておきたい。

① 争点整理では、争いある主要事実の確定にとどまらず、「判断を導出するため不可欠な事実関係」としての間接事実や補助事実レベルでの争点を見出さなければならない。

② そのためには判決理由を意識することが有用であるところ、判決理由にはいくつかのパターンがある。

③ 判決理由を意識すると、必然的に争点整理と事実認定は一体的・並行的に進行することになり、争点整理を十分に行うことによって事実認定上の仮説は収斂し、かなりの程度の心証を確保できる。

④ その場合の集中証拠調べの役割は仮説の検証となる。しかし、人証の取調べを省略することには慎重であるべきである。

以上のとおり、本稿は、現在における争点整理手続の運用を前提に、心証形成モデルを概観したものである。民事訴訟の審理方法の変化に伴って、裁判官の心証形成過程が変貌していることを明らかにし、暗黙知を形式知に転換しておくことは将来の実務運用改善のためにも有益であると信じる。

木内最高裁判所判事の古稀並びにご退官のお祝いとしてはあまりにもささやかなものであるが、これまでのご指導とご厚誼に対する感謝の気持ちに免じてお許しいただきたい。

（注1） 篠原勝美ほか『民事訴訟の新しい審理方法に関する研究』六四頁以下。

（注2） 武藤春光先生喜寿記念論文集編集委員会編『法曹養成と裁判実務』二四六頁〔塚原朋一〕。

（注3） 篠原ほか・前掲注1六七頁。

（注4） もっとも、この区別は必ずしも明瞭でなく、実際の事件では濃淡の問題になろう。しかし、最終的な判決に至れば切り分けざるを得ない。

（注5） 念のために付言するが、判決理由が以下の五パターンに限られるものではないことは当然である。実務においては今まで経験したことのない事案に遭遇することは頻繁にあるが、この場合でも、先行する類似判例を参照することで、典型的争点を把握することができ、ある程度の想定ができる。近時においては、類型別審理方法を研究した実務書や論文も多く、その類型の裁判例がほぼ網羅的に集められ分析されているので参考になる。また、パターンが単独で現れることもあるが、複合していることもかなりある。

（注6） ②のストーリーを省略する判決を見ることがある。おそらく、ストーリーを省略する裁判官は、読み手としては当事者だけを想定し、当事者はその事件の内容をよくわかっているから、もはやストーリーを記載するのは不要だという考えであると思われる。確かに、証拠と評価だけでも判決の体裁を作ることは十分可能であるし、論点型で記載する方がわかりやすく適切な事件もあるが、一般的に、ストーリー型事件の判決理由では、裁判官が

どのようなストーリーを認定したかを示すことが必要ではないかと思う。なぜならば、その説示は通常の心証形成方法を反映したものであるからである。この点は後に詳述する。

（注7）高裁から地裁判決を眺めていると、「④評価」の省略されているものを見出すことがある。しかし、ストーリーの中の、どの事実が判断の基礎（間接事実）になっているのかわからないという難点がある。また、「④評価」では、単に、②の事実を繰り返すというのではなく、位置付けや意味合いを加えて結論との結び付きを示すことが望ましい。説示に困難を感じる部分であるが、説得力はこの箇所で決まることが多い。さらに「④評価」を記載することには大きな効用がある。④の検討時に、②の認定事実が足りなかったり、不要だったりすることに、必ず気付く。②の中味を付け加えたり、削ったりすることによって論旨明瞭で引き締まった判決理由にすることができる。

（注8）手嶋あさみ「民事裁判における事実認定の構造」法哲学年報二〇一三年版一一四頁。

（注9）近藤完爾『心証形成過程の説示』一七四頁。

（注10）当事者双方のストーリーとも採用できず、かつ証拠と整合する別のストーリーが成り立つことがある。このときは原告のストーリーと被告のストーリー以外の第三のストーリーを採用する可能性が生じる。しかし、これをそのまま判決に直結させることには慎重でありたい。第三のストーリーを採用した原判決に対して、控訴審で、双方から反対証拠が多数提出され、跡形もなく粉砕されてしまう例が見られるからである。第三のストーリーを採用する前提として、当事者にその内容を開示し、審理の俎上に上げることを検討すべきである。

（注11）ただし、大きな留保が必要である。陳述書に書いてあるというだけで、一方が主張しているストーリー全部を認定した例もないわけではない。しかし、これは明らかに行きすぎである。一方の証拠資料の信頼性を高めることになるとはいっても、無批判に一方当事者のストーリーに乗ってしまえるものではなく、基本はあくまでも「ほぼ動かし難い事実や蓋然性の高い事実」である。

（注12）第二図における真ん中の楕円の左端部分は、被告のストーリーからはみ出て、原告のストーリーに合致する事

実ということになる。有能な原告代理人なら、この点の齟齬を突いてくるはずである。これに対する判断が必要になり、その箇所が、**四1**の③「反対証拠の排斥」や⑤「反対事実の排斥」における説示になる。

（注13） 近藤・前掲注9一〇四頁。

（注14） 仮説を立てることの重要性は、いくら強調してもしすぎることはない。しかし、逆に仮説を捨てることも必要である。人は見たいものしか見えなくなりがちであり、仮説を立てたら、その仮説に合致する証拠を誇大視する傾向がある。謙虚に事件を見て、仮説を捨てる場合もあることに留意すべきである。

（注15） 前述したように、メカニズム解明型では、特殊な経験則や知識が必要となることが多いが、争点整理段階での専門委員の助言や文献調査によって知見が得られると、事故の機序や原因が解明され、結果についても見通しがつくことがある。

破産手続における申立代理人の義務と責任
―より良い破産申立てのために―

弁護士　石川貴康

目次

一　申立代理人の責任をめぐる現状

1　責任が問われる背景

東京地判平二一・二・一三（後記）を契機として、申立代理人の責任が追及されて、これを認める裁判例が増えている。

上記裁判例では申立ての遅延が問題となっているが、受任してから申立てまでに時間を要している事件はこれまでもあったと思われる。

にもかかわらず、本件で管財人が法的責任を追及したことについては様々な要素があると推察される。

他方で、裁判例は個別具体的な事実を前提に判断しているものであるが、個別事情の検討や規範の射程範囲を十分に検討することなく、事案が類似していることをもって申立代理人の責任を追及していると思われる案件も散見される。

また、破産申立てについてはマニュアルや手引きが充実しているが、逆にそれに従わない申立代理人の行為は不適切であるとして、義務違反に直結させて主張していると思われる案件もある。

2　行為規範と裁判規範（評価規範）の峻別

近時、申立代理人の義務が注目されるようになっている影響から、管財人が、申立代理人のミスや不適切な行為について法的責任論を深く考えないで、責任追及していると思われる案件を見聞する（注1）。

申立代理人としての望ましい活動（あるべき行為規範）と法的責任は厳格に切り分けて考えるべきである。適法か違法かというレベルと相当か不相当かというレベルは次元が異なるものであり、行為規範をそのまま評価規範として用いるのは妥当でない。

3　申立代理人の義務や責任が強調されることによる弊害

申立代理人の義務や責任が強調される状況下で経験の浅い弁護士が破産事件の申立てを行うことはリスクがあり、受任を避ける方向で対応する。依頼者が不誠実な行為をしたり、事実に反する説明をしていないか、破産者や破産会社の状況を把握できるまでの間は委任契約の締結を差し控える。依頼者が希望して、本来問題ない行為についても破産管財人から問題視されることを危惧して、行わないといった対応をしているという話も聞かれる（注2）。

二　申立代理人の責任が問われる類型

近時の裁判例で管財人から責任を追及される事案としてはいわゆる「財産散逸防止義務違反」と「報酬否認」の二つの類型が多い。

1　財産散逸防止義務違反

財産散逸防止義務については「破産制度の趣旨から当然に求められる法的義務である」などの下級審裁判例が

示す理論付けについては倒産事件に携わる実務家には異論も多いところである（注3）。

筆者は中立代理人に財産散逸防止義務違反が認められるのは「委任契約に基づく義務違反」ないし「不法行為」が成立する場合に限られ、とくに不法行為の過失については重過失ないしそれに近いものに限定することで、中立代理人の責任が広がりすぎないような解釈が妥当であると考えているが、理論的な考察は今回は割愛する。財産散逸防止義務を中心とした中立代理人の責任論については既に優れた論考が出されているので詳細はそれらを参考にされたい（注4）（注5）（注6）。

2　報酬否認

中立代理人が受領した報酬について「破産手続においては、役務の提供と合理的均衡を失する場合、合理的均衡を失する部分の支払行為は、破産債権者の利益を害する行為として否認の対象となる」との理論付けや役務の提供と合理的均衡を失するか否かの判断基準について「事件の経済的利益、事案の難易、弁護士が要した労力の程度および時間その他の事情を考慮して総合的に勘案する」という基準についてはあまり異論がないように思える。

しかし、相当額は計算式に数字を入力すれば出てくるような単純なものではなく、相当額として許容される金額には幅があるものである（注7）。

管財人の中には自らが適正と考える報酬額を基準として対応していると見受けられるものもあるが、否認対象行為となるのは許容される幅も超過した場合に限られると考えるべきであろう。

以下では中立代理人の責任が認められた裁判例を紹介しつつ、中立代理人としてはどのような対応を取ることが望ましかったのかについて簡単に述べる。

三　申立代理人の責任が問われた下級審裁判例から学ぶ申立代理人の対応

1　東京地判平二一・二・一三（判時二〇三六号四三頁）

㈠　事案の概要と裁判例の骨子

本件は、法人から自己破産の申立てを受任した弁護士（弁護士法人）が二年間申立てを行わなかった事案で、管財人が原告となり、申立代理人に対して四九六万円の損害賠償請求を行った事案である。裁判所は申立代理人の財産散逸防止義務について「破産制度の趣旨から当然に求められる法的義務」であるとして、申立代理人の責任を認めた。

㈡　代理人はどうすればよかったのか

(1)　早期申立ての重要性

この事案では被告（申立代理人）は申立てが遅れた理由の一つとして債権調査票がすべて届くまでに時間がかかったと主張するが、全く理由にならないと言うべきであろう。

法人申立てで受任通知を送るべき必要がある場面は多くない。

むろん、法人が既に事業を停止して、債権者等が代表者に返済を迫っている等、事態を落ち着かせるために法人破産でも受任通知を送る場面はあるが、それでも債権調査票の返信を求める必要はない（注8）。

⑵ 資産の管理方法

本件では、受任時から申立て時までに口座に入金された金員が費消されたことについて財産散逸防止義務違反が認められている。

このような財産散逸を防ぐためには、通帳を含めて可能な限り資産を預かることが望ましい（注9）。もっとも、営業を継続していたり、営業停止後でも残務処理を行っている場合は恒常的に経費の支出が必要となる。

かかる場合、代表者から通帳を預かり、支払を代行する義務まではないが、資産を預かれない場合は、散逸しないように、代表者等に対して指導・監督する必要はある。

その場合は、抽象的に「財産を散逸させてはいけない」とか「特定の債権者に弁済しないように」といったレベルでは足りず、指示は具体的に行う必要がある（注10）。

2 東京地判平二六・八・二二（判時二二四二号九六頁）

㈠ 事案の概要と裁判例の骨子

本件は、会社の代表者が急死して、申立代理人の預り金口座に保険金が入金された後、申立代理人が行った従業員や取締役に対する退職金・特別功労加算金等の支払が、否認対象行為に該当するとして、管財人が損害賠償請求を行った事案である。裁判所は申立代理人の財産散逸防止義務違反を認めた。

㈡ 代理人はどうすればよかったのか

本件では従業員兼務取締役と思われる者のうち一名に対する支払は認められて、一名については認められていないが、このような微妙な判断が求められるケースでは破産管財人に委ねるのは一つの方法である。もっとも、従業員の未払労働債権の支払の有無は労働者の生活に直結するものであるから、後日、管財人や裁判所に労働者性の認定の根拠を説明できるのであれば支払うことは認められる（注11）。

㈢　申立て前の労働債権の支払について

(1)　初めに

法人破産について申立て前の労働債権の支払が事後的に問題視される事案が少なくないことから、この点について筆者の見解を述べておきたい。

筆者は、破産申立段階における労働債権の支払は原則として認められると考える。

労働債権は破産法上財団債権ないし優先的破産債権となり、解雇予告手当も優先的破産債権であり（注12）、一般破産債権に優先するものである。

これに対して、役員報酬や退職慰労金は労働債権ではなく、破産手続上は一般破産債権となることから、原則として支払うべきではない。

(2)　労働債権性の判断

一般論としては役員が受領するものは役員報酬であり、従業員が受領するのが労働債権であることから、従業員が「労働基準法上の労働者と言えるか否か」で判断することになる（注13）。

役員等に対する支払が問題となる場面では給料の支払は許されるが、役員報酬の支払は許されないという切分けがなされることが多いが、すべての場面でこのような単純な切分けが妥当するものではない。

労働基準法上の労働者でなくても生活を維持する必要があるので、通常の従業員と同じレベルの金額を受領することは許容されてよいと考える（注14）。

(3)　労働債権の支払とプライオリティ

ところで、本件で管財人は公租公課などの財団債権の全額の満足が得られない場合に優先的破産債権である労働債権を支払うことは許されないと主張しているが、このように債権のプライオリティを形式的に適用する意見には賛成できない。

例えば、破産会社に多額の財団債権たる公租公課の滞納があり、破産手続において財団債権の一部を支払い異時廃止となる可能性が高くても、解雇予告手当を優先的に支払うことは問題ないと考える（注15）。

(4)　未払退職金の支払

労働債権性に問題ない未払給料の支払を問題視する破産管財人はいないが、退職金については給料と比較して、その額が高額となることが多いことから、その支払については悩む申立代理人も多く、考え方も分かれる。

支給規定も算定根拠も明確であり、退職金の労働債権性は認定できるが、その額が多額となり、管財人へ引き継ぐ財団が大きく減少する場合は、支払を保留して管財人に引き継ぐことにする申立代理人が多いと思われる。

他方で、退職金の支給規定・支給根拠・算定額について疑義がなく、かつ支払を行うだけの原資が申立段階であれば、退職金についても支払うことは許されると考える。財団債権に該当する公租公課の滞納があっても許容されるという結論は変わりない。

3　東京地判平二五・二・六（判時二一七七号七二頁）

㈠　事案の概要と裁判例の骨子

本件は、破産会社の申立代理人が、破産会社の通帳等を預からなかったことから、入金された金銭について代表者が自らの役員報酬やマンションの賃料、高級外車のローン等の支払に充てて費消した行為が財産散逸防止義務に違反するものであるとして、申立代理人に対して損害賠償請求を行った事案である。裁判所は申立代理人が、財産散逸防止義務を負うことを前提としつつ、正式な委任契約締結前であっても、相談内容に応じた善管注意義務を負うとして、申立代理人の責任を認めた。

㈡　代理人はどうすればよかったのか

⑴　委任契約前における対応

本件では正式な委任契約締結前であっても、善管注意義務を負うことを認めている（注16）。申立代理人としては相談を受けても、依頼者が決断できない場合にいわゆる「継続相談」として対応することもめずらしくない。

当該相談内容に専門家としては許されない間違いが含まれており、それにより依頼者に損害が発生したのであればその責任を問われることは当然であるが、そうではないにもかかわらず、委任契約前の相談行為を捉えて「特殊な信頼関係」を根拠に善管注意義務を認める一般論には賛成できない。

もっとも、相談時点で①手続選択として破産以外には想定されない場合、②受任の可能性が高い場合は、後掲四5（財産散逸を防止する手段）で指摘する破産手続の流れや注意点を説明しておくことが望ましい。

(2) 依頼者の属性による対応

本件では依頼者である破産者が六本木ヒルズ（月額の賃料が一二〇万円）に居住しており、かつフェラーリやベンツの高級外車を使用していた。

この点、破産申立事件における一般的な依頼者とは異なる経済感覚を持っていることが推測される。あらゆる場面で破産者（代表者）性悪説に立って行動することは信頼関係を本旨とする委任契約にそぐわない場面も多いが、本件では一般的な破産者とは異なる金銭感覚を有している可能性を考慮した対応が求められた場面である。

(3) 財産の確保

受任後は資産を保全することが望ましいことは言うまでもない。

とくに預貯金は簡単に現金化が可能であり、現金化されると費消しやすくなるから預金通帳は預かることが原則である。

他方で、営業を継続していたり、営業を停止していても残務処理のために破産会社として支払をする必要がある場合は破産会社（代表者）から通帳を預からないこともある。

通帳を預からない場合は、資金の管理について具体的な指示と報告を求めて、そのことを記録化しておくことが望ましい。

(4) 代表者の報酬（給料）受領

報酬受領の経緯については、当事者間で争いがあるが、認定されている事実を前提にすれば、代表者が申立代理人に受領の可否について問合せを受けているのであるから、役員報酬の受領についての考えを代表者に伝える必要がある。

この点についての筆者の見解は、代表者であっても残務処理について労働の対価としての支払は適正額の範囲内においては許容されると考える。

４　東京地判平二六・四・一七（判時二二三〇号四八頁）

㈠　事案の概要と裁判例の骨子

本件は顧問先からの紹介で破産申立てを依頼された会社が、受任前に顧問先に事業譲渡をしていた。代理人は遅くとも受任までの間に事業譲渡があったことを知っていたが、譲渡代金の支払状況について依頼者は明確な説明をしなかった。その後、代理人は、事業譲渡先が自分の顧問先であることを知ったが、事業譲渡代金の支払状況等について顧問先である事業譲渡先に問合せをしなかった。その前後にわたり、事業譲渡代金が会社の代表者が指定した第三者の口座に入金・費消されたことについて、申立代理人の責任が追及された事案である。裁判所は、代理人は事業譲渡先に問い合わせれば、本件事業の譲渡代金が会社に支払われていないことや第三者の銀行預金口座に振り込まれたことを知ることができたとして、申立代理人の財産散逸防止義務違反を認めた。

㈡　代理人はどうすればよかったのか

判決文に記載された事実のみから考えると筆者は本件で申立代理人に財産散逸防止義務違反を認めた結論には強い違和感がある。

とくに「被告（申立代理人）は、A社（代理人弁護士の顧問先）に問い合わせれば、本件事業の譲渡代金がZ社（破産会社）に支払われていないこと（中略）及び丙川（第三者）の銀行預金口座に振り込まれたことを知ることができた」（（　）内筆者）という言い回しが、規範として独り歩きすると、申立代理人に依頼者の行為について調査義務を認めるかのような結論となりかねず妥当でない。

もちろん、申立代理人としては疑問点があれば確認すること、不適切な行為が行われる危険性を感じたら指導・監督を行うことが望まれることは当然である（注17）。

もっとも、本件では被告（申立代理人）は事業譲渡の事実を知らされていないし、知ることもできなかったと主張しているが、委任契約や受任通知発送後に事業譲渡契約を知ったことは認定されている。

事業譲渡契約の締結を知ったのであれば、そこに対価が発生することは容易に予測できるし、そもそも事業譲渡契約自体が否認の対象となる可能性もあることから、代理人としてはその経緯について確認することが望まれる。

5 東京地判平二三・一〇・一四（判タ一三四〇号八三頁）

(一) 事案の概要と裁判例の骨子

本件は管財人が申立代理人（弁護士法人）に対して、受領した報酬二九四万円のうち六三万円を超える部分は、対価の支払義務のない業務に対応する支払であるとして、否認権を行使した事案である。裁判所は「申立代理人弁護士が換価回収行為をすることは相当でなく、換価回収行為は、原則として管財人が行うべきである」と判示し、その上で申立代理人の受領している報酬については「無用な換価回収行為を優先させ、適切な換価回収行為に努めたともいい難い内容となっており、適切でない指示も出している」として受領した二九四万円のうち一二六万円を超える部分について否認対象となり、不当利得返還義務を負うと判示した。

㈡　代理人はどうすればよかったのか

⑴　申立段階での換価行為

申立段階において必要のない換価行為は行わずに、早期に申立てをした上で、管財人に委ねることが原則である。

例外的に、換価行為が許容される場合としては、①申立ての費用や予納金を準備する必要がある場合、②賞味期限が存在する食料品や季節性の商品のように早急に売却しなければ資産価値が劣化する場合、③保管費用（倉庫料、冷蔵庫の電気代等）の発生を抑えるために在庫商品を売却する場合などが考えられる。

なお、破産申立てに付随する換価行為について破産申立費用とは別に報酬を取ることは原則として妥当でなく、過払金や売掛金等について裁判上の請求まで行った場合等は例外的に許容されよう。

また、取得するとしても金額は控え目であることが望まれる。少なくとも、弁護士報酬目当てと思われないような配慮が大事である。

⑵　少額管財制度と申立代理人の活動

本件で、被告は「少額管財手続においては、予納金を少額とする代わりに申立代理人弁護士において、事前の調査を推し進めるとともに、必要に応じて適正額を前提とした換価回収行為をすることが容認されている」との主張をしているが、少額管財制度は最低予納金しか準備できない場合に申立代理人が、申立段階で必要な行為を行うものであり、通常の予納金が準備できる場合に申立代理人が少額管財とするために活動することは制度趣旨に合致せず、妥当でない。

6 大阪地判平二二・八・二七（判時二一一〇号一〇三頁）

(一) 事案の概要と裁判例の骨子

法人と代表者双方の申立代理人が法人名義の預金口座から、代表者個人の着手金を受領することは法律上の利得がないとして不当利得に該当するとして返還を求めた事案である。裁判所は「株式会社とその代表者である代表取締役は、法律上、別個の法主体であるから…（代表者）個人の破産申立着手金を破産会社の財産から支出することは当然には許されない」として管財人の請求を認めた。

(二) 代理人はどうすればよかったのか

(1) 同時申立ての必要性

法人と代表者については双方が同時に破産の申立てを行うことが望まれる。同時申立てを行い、管財人が双方の破産事件の管財人として調査を行い、破産手続を進行することで適切な事件処理が可能となるからである。したがって、一方に費用がない場合は同時申立てのために適正な金額についての費用の流用は認められるべきであり、本件の結論については疑問がある（注18）。

(2) 費用の流用を許容する理屈を考える

a 中小企業の実態

中小企業では法人と個人は明確に分離されていないことが通常であり、利益が出れば役員報酬をもらい、逆に資金繰りが苦しくなれば役員報酬を減らしたり、貸付や私財提供することは一般的に行われている。

少なくとも、この点を帳簿に記載していれば、申立費用の流用は貸付金の返済に類するものであるから不当利得の問題は生じないし、帳簿になくても実態として上記のような事情があれば認めてよいと考える。

なお、否認権の問題として論じられることもあるが、否認権は債権者のための制度であるところ、法人および個人（代表者）の双方について破産申立てがなされ、管財人において両者の関係を調査し、破産手続を進めることはどちらの債権者にとってもメリットのあることであり、有害性も不当性もないと考える。

b　不当利得制度の趣旨からも許容できる

不当利得制度はある人の財産的利得が法律上の原因ないし正当な理由を欠く場合に、法律が公平の観念に基づいて利得者にその利得の返還義務を負担させるものであるから、法律上の原因の有無も公平の理念から決せられるべきであるところ、代表者で申立費用すら捻出できないのは役員報酬をもらっていないことが通常であるから、申立てのための役員報酬の受領は正当な理由があるものとして、不当利得の要件は欠けると考えることもできる。受領した金額が適正であり、それがすべて申立ての費用に充てられているのであれば、不当利得を持ち出して返還を求めることは妥当でない。

もっとも、申立代理人も「何が悪い」と開き直るべきではなく、理屈を付けて管財人に説明すべきである。

四　申立代理人と破産管財人の連携と相互理解

1　連携の重要性

破産手続は管財人が主導するが、破産手続を円滑に進めるためには開始決定後の初動がきわめて重要であることは異論がない。

そして、開始決定後の初動を速やかに行うためには、申立代理人との連携が欠かせない（注19）。

2　相互理解の重要性

中立代理人と管財人の連携が円滑に行われるためには、お互いの業務に対する相互理解が重要である。

中立代理人としては、開始決定後の管財人の活動に配慮した申立てが望まれるし、開始決定後も破産手続の終結までは管財人に協力するという姿勢が求められる。管財人としても、申立てに至る経緯についてアラを探すという対応ではなくて限られた時間の中で申立てを行い、破産手続に乗せたということを労う気持ちが必要である（注20）。

管財人において申立代理人の責任が追及される背景に申立代理人と管財人との間の破産事件処理に対する相互理解の欠如があるように思われる。

3　申立代理人に望まれること

㈠　法人破産と個人破産は異なる事件類型であることの理解

若手弁護士の多くは、まずは個人の破産申立てを経験してから、法人破産申立てを受任することが多いが、個人破産申立ての感覚で法人破産申立てを行うと様々な問題を引き起こすことになるので注意が必要である。

㈡　受任通知発送の要否を検討する

個人の破産申立事件では受任通知や債権調査票を債権者に送付するが、法人破産申立事件では原則受任通知は送らないし、債権調査票の返送を求める必要はないと言われることが多い。

一般論としては妥当であるが、法人破産申立事件でも受任通知を送ることが望ましい場面もある（注21）。

(三)　事業継続中の場合は密行型申立てを検討する
とくに事業継続中の会社の破産申立ては可能な限り、密行して申立ての準備を行うことが望ましい。すなわち、破産申立てすることを対外的に（従業員に対しても）秘匿した上で準備をして、事業停止後直ちに申立てを行い、即時に破産手続開始決定を受けるという流れである。

密行型の破産申立ては財産保全の観点からもきわめて有用である。
(四)　法人破産では労働者保護のためにも早期申立てを
法人破産で早期申立てが要求されるのは、時間が経過すると資産の劣化や財産散逸の危険性が高まることも大きいが、労働債権に影響してくる点も見逃せない。例えば、退職から開始決定まで三カ月経つと未払給料が財団債権から優先的破産債権に格下げされるし（破産一四九条一項、九八条一項）、申立てまで六カ月を経過すると未払賃金立替払制度が使えなくなるという不都合がある（注22）。

4　破産管財人に望まれること

(一)　破産手続を選択したことを評価する
本来清算の必要があるが、それが放置されている法人が多く存在する中で、管財人や裁判所が関与する公平な破産手続を選択したことは、評価されるべきであり、結果論や何かいかがわしい行為という漠然とした不信感に基づいて、申立代理人の責任を問うことは望ましいことではない。
(二)　申立代理人の報酬に対する対応
管財人が申立代理人の報酬を問題視する場合は、まずは自分自身の報酬規定との比較を行うことが通常であり、そのこと自体は問題がない。

また、経験豊富な管財人は適正額として許容される報酬額には幅があることを理解しているので、自分の考える基準より多くもらっているからといって直ちに返還を求めることは考えない。

これに対して、申立代理人の報酬について自分自身の報酬基準に固執して主張する管財人もいるが、報酬規定には幅があることを理解して、許容される幅を超えた場合に返還を求める姿勢が望ましい（注23）。

また、返還を求める場合でもいきなり否認権行使をすることは控えて、管財人側から問題提起を行い、受領した報酬額が適正であることについて意見を求めて、交渉・議論をすることが望ましいし、申立代理人も真摯に対応することが求められる。

㈢　財団増殖至上主義の危険性

減少した財産を破産財団に取り戻すための制度として、管財人には否認権という権利が与えられているから、法定財団から財産が逸出したのであれば、管財人は否認権を行使することが原則である。

ところが、形式的な財産散逸行為が認められる事案で、否認権を行使せずに安易に申立代理人の責任を追及していると疑われる事案がある。

おそらく、主観的要件を含めた否認権の要件該当性の立証が困難であり、それを避けるために財産散逸防止義務を持ち出し、財団の回復を図ろうとしていると思われるが、その姿勢には問題があると思われる。

また、財産散逸防止義務違反の主張・立証が難しい事案で、申立代理人の受領した報酬の返還を求めていると思われる事案も見聞するが、これも管財人の姿勢として問題があろう。

このような「財団増殖至上主義」とも言える感覚が申立代理人の責任追及に影響しているように思われるが、

望ましいことではない。

5　財産散逸行為を防止する手段

㈠　申立代理人が破産法の趣旨を理解して、依頼者に説明する

破産法一条は「債務者の財産等の適正かつ公平な清算」と「債務者について経済生活の再生の機会の確保」を目的とする手続であることを規定している。法人破産については、とりわけ適正かつ公平な清算が重要である。そのためには債権者は平等に取り扱われる必要がある。

破産手続の選択を決断したのであれば、破産法が規定する理念には従う必要があり、申立代理人は依頼者に対してそれを理解させなければならない。

身内や友人に返済すること、配偶者や親族らに資産を移すことは問題ない行為であると悪意なく誤解していることもめずらしくないが、かかる行為は破産手続において認められていないこと、発覚した場合には管財人において問題視されるので相手方にも迷惑がかかることを説明して、不適切な行為が行われないようにすることが求められる。

㈡　破産法に規定された義務を理解して、依頼者に説明する

破産者ないし代表者に課せられている義務をきちんと説明する。

例えば、管財人に対する説明義務（破産四〇条）や重要財産開示義務（破産四一条）があることなどである（注24）。違反した場合の不利益についてもきちんと説明すべきである。

個人の場合は免責不許可事由（破産二五二条一項一一号）となり得ることを説明すべきである（注25）。

依頼者の中には法律上の義務を少し軽く見ていて、発覚したら元に戻せばよいと考えている者もいるが、そのような場合は、義務違反については刑事上の罰則（破産二六八条一項・二項、二六九条、二六五条等）や役員の損害賠償責任（破産一七七条ないし一七九条）等が規定されていることを伝えて、甘く考えないように注意喚起することが必要な場合もあろう（注26）。

㈢　早期申立ての重要性

適切な指導・監督をしていれば、それに反した行為を代表者等が行っても原則として申立代理人には法的責任は生じないと考える。

しかし、時間がかかればかかるほど、偏頗弁済や私的な費消等の財産散逸の危険が高まることは疑いようのない経験則である。

時間がかかる場合には通常の指導・監督では足りずに、義務が加重されることもあり得ることを念頭に置くべきである（注27）。

かかる観点からも早期申立てが重要である。

また、申立てが遅れることで資産が散逸しなくても劣化することもあるし、賃料の負担など余計な経費もかさんでくる。また、事業停止時点で従業員を解雇していることが普通であるから申立てまでの時間が空くことで従業員が離散して、後の業務に支障が出ることもある。

㈣　早期の申立てのために申立代理人がすべきこと

⑴　申立てが遅れる理由

法人破産においては早期申立てが最も効果的な財産散逸防止策であることは明白であるのに、なぜ申立てが遅れるのであろうか。

筆者の経験や研修会等の情報から推察すると、①申立代理人の怠慢、②申立ての知識や経験不足、③完璧な申立てにこだわる、④費用の準備ができない、⑤少額管財制度に対する誤解に分類できる。

(2)　早期申立てのために検討すること

④については許容される。ここでの費用とは適正な範囲の申立人の報酬と予納金等の経費であるが、この場合でも準備ができた時点で速やかに申し立てることが望ましい（注28）。

①については論外であるが、②については間違いを恐れて、文献の調査、裁判所への確認、同業者への相談に時間を費やしているが、申立ての遅延によるリスクを増大させており、本末転倒である（注29）。

③に関連して、破産申立書のひな形や申立てに際して求められる添付資料の一覧を用意している裁判所も多い。これを全部記載したり、用意しなければならないと考える代理人がいるが、申立てに際して完璧を求める必要はない。迅速な申立てを最優先としてその範囲内で必要不可欠な情報を記載して、添付資料を準備すれば足りる（注30）。

⑤に関して、いわゆる少額管財事件（法人の最低予納金二〇万円としている裁判所が多い）と言われる類型の管財事件は申立代理人が申立段階でなすべきことを行い、管財人の業務負担を減らすことで予納金を通常の管財事件よりも低額にするという運用である。

したがって、通常の予納金を用意できるのに少額管財事件として受理してもらうために、申立代理人が活動する必要性は全くない。

五　終わりに

1　依頼者の利益と利害関係者への配慮

破産手続には様々なステークスホルダーが存在する。申立代理人としても依頼者の利益だけを考えるのでなく、これらステークスホルダーの利益にも目配りすることが望まれる。

他方で、申立代理人にとって最も重要なのは依頼者の正当な利益を図ることにある（注31）。

この点で、直接の依頼者がいない管財人とは大きく異なるのであり、管財人は申立代理人の立場に配慮した対応が望まれる。

2　軽微なミスで申立代理人の法的責任は追及しない

筆者は、まだ破産申立ての経験が乏しい頃、法人破産の申立事件の中でリース契約を締結していたパソコンの引揚げを了解したことがあった。

当該法人に売掛金が存在しており、売掛金のもととなるデータがリース物件のパソコンの中に残されていたという失敗を経験している。

請求書は印刷されていたが、請求書の金額と齟齬があった売掛先の請求について管財人の業務に若干の支障が生じたことは事実である。

筆者と同じような失敗は現在でも散見されるのではないだろうか。

財産を換価して費消してしまう行為について財産散逸防止義務違反が問われるのであれば、依頼者がパソコンを処分したり、誤ってデータを消去したり、書類を破棄して、資産の換価に支障が生じた場合それを防ぐことができなかった申立代理人は財産散逸防止義務違反として責任を問われるのであろうか。

下級審裁判例の規範が独り歩きする場合は責任を問われる可能性は否定できないが、その結論に違和感を覚える。

申立代理人もミスのない申立てをするように努力して、研鑽を積む必要がある。そして、ミスをした場合はそれをカバーするために真摯に管財人に協力をすることが求められる。このような対応を取る申立代理人に対してはミスが故意・重過失に基づく重大なものでない限り、管財人は財産散逸防止義務違反を問うことは原則として控えることが望まれる。そのようなお互いの立場を配慮した対応がより良い破産申立てにつながる。

（注1）　野村剛司編著『実践フォーラム破産実務』二一八頁。
（注2）　中森亘「法人破産の中立代理人の役割と法的責任」自正六八巻三号五三頁。
（注3）　田原睦夫＝山本和彦監修『注釈破産法（上）』一一四頁〔小林信明＝清水靖博＝松尾孝太郎〕。
（注4）　「《特集》破産申立代理人の地位と責任―全国倒産処理弁護士ネットワーク第15回全国大会〔札幌〕」債管一五五号四頁以下。
（注5）　伊藤眞ほか編集代表『倒産法の実践』二五頁〔岡伸浩〕。
（注6）　髙木裕康「受任通知と申立代理人の責任」自正六八巻三号三五頁。
（注7）　日本弁護士連合会の旧報酬規定は事業者の自己破産事件の着手金は五〇万円以上と規定している。
（注8）　個人の場合と異なり、法人の場合は通常は決算書類等で破産原因の存在を認定できるので、申立て前の債権調

査は原則として不要である。

（注9） 例えば、車両などはその物を預かるのは困難であるから、鍵と車検証の原本を預かることになろう。

（注10） 後日、指導・監督をした事実の有無で紛争が生じないように、書面で残しておくことが望ましい。筆者は委任契約書の特記事項に記載しているが、委任契約書とは別に説明文書を作成して、署名・捺印をもらうことで対応している申立代理人もいる。

（注11） 申立代理人として、支給を許容した場合に事後的に責任を問われる余地があれば、少しでも疑問があれば支給を保留することになる。しかし、それでは労働者の生活が維持できないおそれもあり、妥当でない。労働者を保護する観点から申立代理人が相応の資料に基づいて労働債権該当性を判断して、支払を行った場合に結果として労働債権該当性が否定されたとしても、判断過程に相応の理由があれば財産散逸防止義務違反は認められないと考える。

（注12） 東京地方裁判所では管財人が財団債権としての支払を求める場合は許可する運用をしている（中山孝雄＝金澤秀樹編『破産管財の手引［第二版］』二一〇頁参照）。

（注13） 吉田清弘＝野村剛司『未払賃金立替払制度実務ハンドブック』三九頁以下。

（注14） 千葉地裁松戸支判平二八・三・二五（判時二三三七号三六頁）では破産法人の代表者に対して、残務処理や破産申立てに伴う活動を行ったことに対する対価として日額二万五〇〇〇円（四六日分）の日当の支払をしたことについて取締役の報酬債権に対する支払であるから偏頗弁済に当たると判断している。しかし、残務処理や破産申立てに伴う活動の対価をすべて報酬債権とすることは代表者に無償で残務処理を強いる結論となるが、かかる結論は妥当でないと考える。日額二万五〇〇〇円は相当性を欠くが、アルバイト代程度の支払であれば許容されてよい。

（注15） 野村・前掲注1七〇頁以下。

（注16） もっとも、本件裁判例は、委任契約書の取交し前である初回相談時に委任契約の成立を認定している。

（注17）　野村・前掲注1二二三頁以下参照。
委任契約時に資産換価・処分、金銭の移動に関しては報告を求めることを委任契約等に明示して、報告義務に違反する行為が行われた場合は委任契約を解除すること等を明記しておくことも考えられる。
（注18）　野村・前掲注1二三二頁以下。
（注19）　連携の重要性は資産や資料等の引継ぎの場面でとくに強調されるが、情報の引継ぎも重要である。
（注20）　事後的に考えて完璧な申立事件はまれである。管財人は自分が申立代理人であればどうしたか、という視点で考えて、当該状況でそのような判断をしたことについて相応の理由があればそれを許容する方向での対応が望まれる。
（注21）　法人破産でも事業が停止しており、当該法人のもとに債権者などの請求が来ている場合、申立てまでに一定の時間や業務が必要な場合で代理人弁護士が対応した方がよい場面では受任通知を発送することもある。ただし、この場合でも債権調査票は不要であり、公租公課庁には受任通知を送らない。
（注22）　申立てが間に合わない場合は労働基準監督署において事実上の倒産認定を受ける方法もある。
（注23）　古原省三＝片岡義広編著『ガイドブック弁護士報酬〔新版〕』一八七頁。
（注24）　伊藤眞ほか『条解破産法〔第二版〕』三三五頁参照。
（注25）　実際に免責不許可事由に該当するか否かは目的要件や主観的要件との関係で該当性が否定されることも少なくないが、申立代理人として債務者に説明する場合は、疑わしい行為は控えることを前提に厳し目に伝えることが望ましい。
（注26）　申立代理人が注意したにもかかわらず、依頼者が不適切な行為を行った場合の対応は報告義務と守秘義務が対立する難しい問題である。この点に関しては日本弁護士連合会倒産法制等検討委員会編『倒産処理と弁護士倫理』四九頁を参照。
（注27）　財産の散逸を防ぐためには資産を預かることが重要であるが、預からないという不作為を捉えて義務の根拠と

することについては賛成できない。

（注28）予納金については、将来財団形成できる可能性が高ければ当初、用意できなくても開始決定を出してくれる裁判所もあるので、交渉することを検討する。

（注29）破産申立ての経験が乏しい場合は、経験者に共同受任を求めることを検討する。他方で、経験ある申立代理人の中には、受任して直ちに破産申立てをして債権者から取込詐欺や計画倒産等の主張をされることを避けるためにあえて申立てまでの時間を空けるとの見解に触れたことがあるが、申立代理人の責任が厳しく問われている現在ではリスクが高く、避けた方が望ましい。

（注30）迅速さを優先することは手抜きを認めることではないが、法人破産申立てにおいては正確性に配慮しつつも迅速さを優先すべきであり、債権者一覧表や財産目録に多少漏れがあっても早急に申し立てる方が望ましい。添付資料についてすべてを用意できない場合も同様である。破産手続開始決定の判断に必要なものが揃えば、申立てを行ってよい。もっとも、申立代理人は申立て後にきちんとフォローしたり、資料を追完する必要がある。

（注31）弁護士職務基本規程二一条および二二条一項。

自由財産の範囲の拡張手続に関する実務上の諸問題について

福井地方裁判所判事　林　　潤

目　次

一　初めに

平成一六年の破産法改正によって導入された自由財産の範囲の拡張の制度（破産三四条四項。以下「自由財産拡張制度」という）は、各地裁において運用基準が策定され、それに沿った運用が行われているところであるが、以前から、実務上いくつかの問題点が指摘されている。また、近時、東京地裁、大阪地裁といった大規模庁を中心として、同時廃止基準の再検討・見直しの動きも見られる。そこで、本稿では、自由財産拡張制度の概要と運用状況に簡単に触れた上、それを踏まえ、自由財産拡張制度について、実務上問題となる①危機時期に現金化された財産の取扱い、②同時廃止基準との関係、③拡張の裁判の時期と方法を取り上げ、若干の検討を行うこととする。

二　自由財産拡張制度の概要と運用状況

1　自由財産拡張制度の趣旨・概要

破産法は、破産者の生活の維持を図り、破産者の経済的生活の再生の機会を確保するため、法定された差押禁止財産のほか、民事執行法上の差押禁止金銭（民執法一三一条三号。民執法施行令一条により六六万円とされる）の二分の三に相当する九九万円の金銭を自由財産とし、その範囲を拡大しているが（破産三四条三項）、さらに、破産者の個別の事情に応じた生活の保障を図ることを可能とするため、裁判所の判断により、事案に応じてより柔軟に自由財産の範囲を拡張することができるように、自由財産拡張制度を設けた（注1）。

具体的には、裁判所は、破産手続開始決定の時から当該決定の確定日以降一カ月を経過する日まで、①破産者の生活の状況、②破産手続開始の時において破産者が有していた金銭や差押禁止財産の種類および額、③破産者が収入を得る見込み、④その他の事情を考慮して、自由財産の範囲を拡張する決定（以下、自由財産の範囲の拡張を単に「拡張」ということがある）をすることができるが、決定をするにあたり、破産管財人の意見を聴かなければならない（破産三四条四項・五項）。なお、裁判所が拡張決定をすることができる期間は不変期間ではなく、裁判所の裁量によりこれを伸長することができる（破産一三条、民訴法九六条一項）。

2　各庁の運用状況

㈠　多くの地裁では、拡張の判断に関する運用基準（以下「拡張基準」という）を定め、これを公表した上で、その基準に基づいた運用が行われている（注2）。

㈡　拡張基準およびその運用状況は、各地裁によって相違が見られるが、実体面に着目してその特徴を大きく捉えるならば、基本的には、次の二つの視点が考慮されていると言うことができる。

第一に、財産の性質・種類に着目し、破産者の経済的生活の再生の機会を確保する観点から拡張の必要性が類型的に高いものとして、拡張相当と見るべき財産（以下「拡張適格財産」という）と、その必要性が類型的に高いとは言えないとして、拡張不相当と見るべき財産（以下「拡張不適格財産」という）とに分類し、拡張判断の指針とするものである（注3）。多くの庁に共通する拡張適格財産は、預貯金・積立金、保険解約返戻金、自動車、賃借建物の敷金・保証金返還請求権、退職金債権、電話加入権などである。これに対して、拡張不適格財産の代表例は、出資金、有価証券、売掛金・貸付金、在庫商品、不動産などである。

第二に、自由財産の総額が、本来的自由財産である金銭の額と拡張される財産の評価額を合わせて九九万円を超えるか否かを、拡張判断の基準とするものである。すなわち、前記のとおり金銭については九九万円まで自由財産とされることとの均衡から、総額九九万円までは原則として、または比較的緩やかに拡張を認め、それを超える場合には厳格に拡張の当否を判断するという指針である。なお、このように、九九万円というのは、あくまでも拡張の相当性を判断する厳格さの目安であり、実務的には、破産者の経済的生活の再生の機会を確保するという観点から事案に応じた判断がされており、必ずしも硬直的な運用がされているわけではないと思われる（注4）。

したがって、一般的には、拡張適格財産については、総額九九万円までは比較的緩やかに拡張が認められ、総額九九万円を超える場合には、破産者の収入・生活状況等の具体的事情を考慮して、拡張の必要性・相当性が厳格に判断され、他方、拡張不適格財産については、九九万円の範囲内か否かにかかわらず、拡張が認められるのは例外的な事例ではないかと考えられる。

㈢　自由財産拡張制度の手続については、多くの庁では、破産管財人が拡張基準に照らして拡張相当と判断できる財産については、黙示の拡張決定があったものとして扱っており、明示の決定が行われるのは、申立てを却下する場合など限られた場面である。ただ、実際には、拡張基準を踏まえて、破産管財人が申立代理人とも調整を図りながら意見を述べ、場合によっては、破産裁判所も加わって調整を図り、事案に即した結論を導いており、申立てを却下する決定が明示的に示される事例は少ない。

三　直前に現金化された財産の取扱い

1　問題の所在

上記二に述べたとおり、現在の運用のもとでは、破産手続開始決定時に破産者が有していた財産（本来的自由財産を除く）は、その種類や額によっては拡張が認められず、破産管財人による換価の対象となるのに対し、同決定時に存する九九万円までの金銭は当然に自由財産となり、破産者が保持することができる。そのため、破産者には、危機時期において財産の換価または取立をして金銭化することで、自由財産を増やすインセンティブが働くことになる。もっとも、このような行為は、破産財団を実質的に減少させるものであって、破産債権者の利益を害するのではないかとの疑問も生じる。そこで、破産者が、破産財団に属することになるであろう財産について、危機時期に換価または取立をして金銭に換えた場合（以下「直前現金化」という）、このような行為を拡張の判断においてどのように取り扱うべきかが実務上問題となる。

なお、この問題は、直前現金化行為が否認の対象となるか、または免責不許可事由（破産二五二条一項一号）に該当するかという観点からも論じられ、確かに、自由財産拡張制度との関係を考えるにあたり、その議論が示唆するところは大きいのであるが、直前現金化を拡張の判断においてどのように扱うべきかという問題とは、必ずしも表裏の関係にあるものではないので、本稿では、否認の成否や免責不許可事由該当性を正面から論じることはしない（注5）。また、同時廃止の当否の判断において、直前現金化を考慮すべきかも実務上問題となるが、これも別個の論点であるため、考察の対象にはしない。

2 議論の状況

㈠ 直前現金化される前の財産とみなして拡張の対象とする立場

直前現金化に係る金銭を、生活費や破産申立費用その他の有用の資に利用した場合を除き、直前現金化される前の財産とみなして拡張の判断をすべきとする見解があり（以下「みなし財産説」という）、実務上、このような取扱いをする地裁が多いとされる（注6）。例えば、在庫商品を一〇〇万円で売却し、破産申立てのための弁護士費用や予納金に五〇万円、生活費に一〇万円支出し、四〇万円の金銭を破産者が所持している場合、当該金銭については、四〇万円の在庫商品であるとみなし、拡張基準に従って拡張が相当か否かを判断する（前述の運用状況に照らすと、拡張不相当として、破産者に四〇万円を財団に組み入れさせることになろう）。

みなし財産説は、拡張基準の適用上、総額九九万円相当の財産は、比較的緩やかに拡張が認められるとしても、財産の種類や破産者の収入・生活状況等によっては拡張が認められない場合もあることを前提として、直前現金化の有無によって自由財産の範囲が大きく異ならないようにバランスを取る必要性があることや、直前現金化を許容すると財産の隠匿その他の不正を助長するおそれがあることをその実質的論拠としている（注7）。

㈡ 直前現金化に係る金銭は拡張の対象としない立場

これに対し、破産財団への帰属性は、破産手続開始時において判断するのが法の建前である（破産三四条一項）から、開始時に存する直前現金化に係る金銭は、九九万円の範囲内である限り本来的自由財産と見るべきであって、拡張の対象にはならないとする見解がある（以下「本来的自由財産説」という）。本来的自由財産説は、破産法が九九万円までの金銭を当然に自由財産になるものとした以上、破産手続開始時において九九万円以下の金銭を自由財産として保持することは破産者の権利であって、自然人の債権者は、危機時期にあっても、破産者によって財産が換価され、その代金が九九万円の範囲内で自由財産となる事態を覚悟すべきことを実質的論拠としている（注8）。

なお、本来的自由財産説は、さらに二つの立場からの説明が可能である。一つは、そもそも総額九九万円相当の財産については、その種類・内容にかかわらず、破産者がその価値を把握していると考え、直前現金化は、潜在的な自由財産が顕在化したものにすぎないから問題とはならないし、仮に直前現金化がされなかった財産であっても、本来的自由財産と合わせて総額九九万円の範囲内にある限り、個別的な事情を一切考慮することなく、当然に拡張が認められるべきとする考え方である（注9）。もう一つは、あくまでも直前現金化という破産者の行為を通じて当該金銭が自由財産になることを許容するにとどまるものであり、直前現金化がされなかった財産については、その種類や破産者の収入・生活状況その他の具体的事情を考慮して、拡張の当否が判断されるべきとする考え方である（注10）。

3　裁判例

㈠　大阪高決平一九・一一・一二（公刊物未登載・兵庫県弁護士会ウェブサイト掲載）は、破産者が、金融業者に対する過払金返還請求権を、破産手続開始決定前に回収し、開始決定時点において金銭として保持していたという事案において、当該金銭の拡張の申立てをしたところ、原審が、上記過払金由来の金銭は本来的自由財産と扱うことはできず、また、破産者は、当該過払金（由来の金銭）が本来的自由財産であると主張するのみで、それが破産者の経済的更生に必要である旨の主張をしないから、拡張の理由もないなどとして申立てを却下したのに対し、その抗告審において、過払金由来の金銭が本来的自由財産か否かについては明示的な判断は示さず、破産者の収入・生活状況等を認定した上、当該金銭は破産者が今後生計を立て、これを維持していく上で必要不可欠のものであるとして、原審を取り消して拡張を認める旨の判断をしたというものである。

㈡　上記事案の原審および抗告審は、結論としては分かれたが、いずれも、破産手続開始決定時に破産者が所持していた金銭について、本来的自由財産とは扱わずに拡張の当否を判断していることからすると、本来的自由財産説ではなく、みなし財産説に立つものと評価することができる（注11）。

4　検　討

まず、そもそも総額九九万円相当の財産については、その種類にかかわらず破産者がその価値を把握していると考え、個別的な事情を考慮せずに、当然に拡張が認められるとの見解を前提とする本来的自由財産説は、取扱いとして簡明ではあるものの、やはり疑問と言わざるを得ない。なぜなら、前記二**1**のとおり、自由財産拡張制度の趣旨が、破産者の個別の事情に応じた生活の保障を図ることにあることからすれば、破産手続開始時に存在する財産について、当該財産の種類・内容や破産者の収入・生活状況等の個別事情を一切考慮しないというのは、そのような制度趣旨に反するものと考えられるからである（注12）。例えば、給与所得者で相応の定期的・安定的収入を有しており、生活状況に照らしても、経済的再生の機会を確保するのに何ら問題がないという事案において、拡張不適格財産とされる有価証券や不動産について、総額九九万円の範囲内にあるからといって、当然に拡張を認めるというのは、破産債権者をはじめとする社会一般の納得を得られるものとは考えにくい。少なくとも、現在の実務において、総額九九万円の範囲内で当然に拡張を認めるという考え方を採る庁が見られないのも、こうした問題意識があるからと推測される。

このように、総額九九万円相当の財産について当然には拡張を認めないとの立場を前提にした場合、直前現金化された財産が拡張判断の対象にはならない、すなわち本来的自由財産になるとすると、直前現金化を行うか否かによって自由財産の範囲が異なる事案が生じ得ることになる。この点、本来的自由財産説は、前記のとおり、破産手続開始時において九九万円以下の金銭を自由財産として保持することは破産者の権利であって、自然人の債権者は、破産者によって財産が換価され、その代金が九九万円の範囲内で自由財産となる事態を覚悟すべきとし、自由財産の範囲に相違が生じることを許容する。

しかしながら、このような取扱いのもとでは、破産者には、直前現金化のインセンティブが強く働くことになり、とくに、そのインセンティブは、現在の運用上拡張が認められにくい拡張不適格財産に向けられる。そして、直前現金化は、当該金銭の隠匿の危険性をはらんでいるし、現金化の対象となる財産の種類・内容によっては、換価等に一定の期間を要することが想定され（例えば、過払金の回収等）、それによって破産申立てが遅れることも十分考えられるが、申立ての遅れによって、破産財団に属すべきその他の財産について資産価値の減少や散逸の危険が生じることは避けられないし、無理な換価・回収を図ろうとして、不相当な減額がされるおそれも否定し得ない。こうした直前現金化に半ば不可避的に伴う弊害は、もとより破産債権者の利益を害するものであるが、これとても、当然に破産債権者が甘受すべき性質のものというのは、いささか行きすぎのように思われる。少なくとも、破産債権者をはじめとする社会一般の意識が、直前現金化を介して破産財団の範囲が増減すること、しかも、それが危機時期における破産者自身の行為によって招来されることを許容しているか否かについては、いまだコンセンサスは得られていないのではないかと考える。

確かに、破産者が、九九万円もの高額な現金を持って破産するという事態は、通常は考えにくい。それにもかかわらず、九九万円の金銭が本来的自由財産とされたのは、直前現金化を想定したものであるとの指摘は、必ずしも不合理ではない。しかしながら、破産法が自由財産となるべき金銭の範囲を拡大した趣旨は、破産手続開始時に有する財産のうち自由財産を除く全財産の管理処分権を失うことから、個別の財産について強制執行を受けた場合に比べて、一時的に生活に必要な資産等を確保することが困難になるのが通常であるので、破産者の生活の維持を図り、破産者の経済的生活の再生の機会を確保するためである（注13）。このような趣旨に照らして考えると、九九万円の金銭が本来的自由財産とされたからといって、九九万円の範囲での直前現金化を当然に許容するとまで解すべき必然性はない。なぜなら、自由財産拡張制度においては、前記二**1**のとおり、破産手続開始時点で有していた金銭の額が考慮要素として挙げられており、実務の運用においても、九九万円の金銭が本来的自由財産とされていることを踏まえて、拡張適格財産については、九九万円の範囲内では、原則としてまたは比較的緩やかに拡張を認めているし、拡張不適格財産であっても、とくに拡張の必要性が高い場合には例外的に拡張を認める余地を残しているからである。このように、自由財産拡張制度の適切な運用を通じて、破産者の経済的再生の機会の確保という目的は十分に達し得る以上、前述のような弊害が生じるおそれのある直前現金化を自由に認めることについては、なお慎重であるべきものと考える。

そうすると、直前現金化によって破産者が破産手続開始決定時に有していた金銭について、これを直前現金化される前の財産であるとみなして、拡張基準を適用するみなし財産説は、前記のような弊害を回避し、破産債権者の利益にも配慮しつつ、破産者の経済的再生の機会を確保するという、九九万円の金銭を本来的自由財産とした目的も達し得るものとして、優れていると思料する。

なお、直前現金化に類似するものとして、危機時期において、拡張不適格財産を換価して拡張適格財産である普通預金等に換える行為も問題となるが、既に述べたところに照らして、原則としては、これも直前現金化に準ずる行為と見て、換価前の財産とみなして拡張基準の適用を考えるのが相当であろう。

四　自由財産拡張制度と同時廃止との関係

前述のとおり、自由財産拡張制度は、各地裁において拡張基準に沿った運用が定着しているのが現状であるが、この拡張基準は、必ずしも同時廃止の基準に連動していないのが実情である（注14）。とはいえ、管財人が選任されても、拡張が認められて異時廃止が見込まれる事案においては、これを考慮して同時廃止とすべきではないかという問題が従前から議論されている。

確かに、各庁において拡張基準が確立し、これに基づいた運用実績が積み重ねられている現在、比較的緩やかに拡張が認められる総額九九万円の範囲内の拡張適格財産については、破産管財人の意見聴取を経ずとも、破産裁判所が、自由財産拡張制度の趣旨を斟酌し、破産財団を構成しないものとして、同時廃止の判断をすることは可能であるとの指摘（注15）には、一定の合理性と説得力があるように思われる。

しかしながら、破産法が自由財産拡張制度において破産管財人からの意見聴取を必要的なものとした趣旨は、破産者の生活の実情等を把握するとともに、破産財団の管理について責任を負い、破産債権者の利益を実現する立場にある破産管財人の意見を聴くことにより、その利益が害されることのないように配慮したものとされる（注16）ところ、破産者宛ての郵便物の回送を受けるなどして破産者の財産状況を的確に把握し得る破産管財人（実際に破産事件を担当していると、破産申立ての段階では申告がなかった財産が破産管財人の調査によって発見されることは決してまれではない）と、そのような手段を持たない破産裁判所とでは、財産状況等の調査能力においてなお一定の差があることは否めない。また、破産債権者の納得という意味においても、あくまでも破産管財人の調査・意見に基づいて自由財産の拡張がされることに積極的な意義があるものと解される。そうである以上、拡張基準が確立し、一定の運用実績があることから直ちに、破産管財人が選任されない同時廃止事件において、自由財産拡張制度の趣旨を斟酌して、破産手続の費用を支弁するに足りる破産財団の有無を判断することは、やはり慎重であるべきものと考える。そして、自由財産拡張制度が導入されて一〇年以上になるが、この制度の運用において、破産者の経済的再生の機会の確保に支障を来しているとの具体的な指摘は必ずしも見られないことや、全国的に弁護士が増加する中、破産管財人の給源確保に問題がある状況とも言えないことに照らしても、現在の運用を維持するのが妥当と考える。

五　拡張の裁判の形式

破産法は、自由財産拡張に係る決定があった場合には、その裁判書を破産者および破産管財人に送達しなければならず、この場合には、送達に代わる公告によることはできない旨規定している（破産三四条七項）。このように、拡張の裁判は、申立てを認めるか、一部または全部却下するかにかかわらず、裁判書を作成することを法は予定しているように見えるが、実務的には、拡張基準に沿った処理を行う場合には、裁判書を作成せず、黙示の決定を行ったものとして扱う庁が多く、裁判書を作成するのは、申立ての一部または全部を却下する場合等、限られた場面である。

すべての事件において拡張の裁判の決定書を作成するのは、件数も多く、実務的には負担がかかり、手続の円滑な遂行を損なうおそれがあるし、不服申立ての対象となるのは、拡張の申立てを却下する決定であるから（破産三四条六項）、書面の形で判断を明確にして、当事者に告知する必要性が必ずしも高くないことなどを考慮すると、破産法三四条七項の文言を限定的に解釈して、一定の場合にのみ、裁判書を作成して送達を行うとすることは許容されるものと解される（注17）。

六　終わりに

以上のとおり、自由財産拡張制度について、実務上問題となるいくつかの問題点を取り上げて検討をしたが、破産事件を取り巻く環境は、日々変化しているから、その変化によってあるべき運用は変わり得る。その変化を常に注視しながら、より社会の実態に即した適切な運用を模索する姿勢を失わないことが肝要であろう。

（注1）　小川秀樹編著『一問一答新しい破産法』六六頁。

（注2）　各庁の基準や運用状況については、小松陽一郎＝野村剛司「自由財産拡張制度の各地の運用状況―自由財産拡張基準全国調査の結果報告と過払金の取扱い」債管一一八号一〇七頁、中山孝雄＝金澤秀樹編『破産管財の手引［第二版］』一三八頁以下、大阪地方裁判所・大阪弁護士会破産管財運用検討プロジェクトチーム編『新版　破産管財手続の運用と書式』（以下「大阪地裁の運用と書式」という）七〇頁、仙台地方裁判所第四民事部自由財産拡張問題研究チーム「仙台地方裁判所における自由財産の範囲の拡張制度の運用マニュアル」（以下「仙台地裁運用マニュアル」という）判時一八九八号三頁等参照。なお、最近の運用状況については、金法二〇三八号六頁

以下および金法二〇一三号六頁以下の各高裁所在地の地裁本庁の運用状況報告も参考とした。

（注3）東京地裁などは、破産管財人が換価をすべき財産に関する基準（換価基準）を定め、この基準に照らしてそもそも換価不要となる財産は、黙示的に拡張決定があったものとして取り扱うとしており（中山＝金澤編・前掲注２一四五頁等）、その換価基準において、ここでいう拡張適格財産、拡張不適格財産が定めていると見ることができる。

（注4）伊藤眞ほか編『新破産法の基本構造と実務』五〇五頁〔花村良一発言〕。

（注5）直前現金化行為が否認権の対象となるかについては、別冊ＮＢＬ編集部編『新破産法の実務Ｑ＆Ａ』一五八頁〔茨木茂〕、伊藤ほか編・前掲注４四九二頁以下、山本克己ほか編『新破産法の理論と実務』一六二頁〔山田文〕参照。

（注6）大阪地裁の運用と書式七二頁、仙台地裁運用マニュアル一一頁、小松＝野村・前掲注２一一四頁。

（注7）伊藤ほか編・前掲注４五〇七頁〔花村発言〕。

（注8）伊藤ほか編・前掲注４四九三頁、五〇五頁〔松下淳一発言〕、全国倒産処理弁護士ネットワーク編『破産実務Ｑ＆Ａ２００問』六〇頁〔高橋敏信〕。

（注9）このような見解を示唆するものとして、山本ほか編・前掲注５一六二頁〔山田〕、伊藤ほか編・前掲注４五〇七頁〔伊藤眞発言〕。

（注10）伊藤ほか編・前掲注４五〇五頁、五〇六頁〔松下発言〕。

（注11）もっとも、この抗告審の決定文中には、「なお、現金化される前の債権の種類、現金化される経緯等を柔軟に考慮して破産法三四条一項の適用範囲を探っている破産裁判所（地方裁判所）の破産実務については、当裁判所は現段階においてこれを慎重に見守る対応とする」との説示があり、抗告審としてみなし財産説を積極的に支持するものか否かは不明である。

（注12）法改正時には、破産者が九九万円相当額について価値的に把握していることを前提に、破産管財人に対して「不

足額」を支払うよう請求できる制度なども検討されたが、結局、このような制度は採用されず、自由財産拡張制度で個別的に対処することになったこと（法制審議会倒産法部会第二四回会議議事録参照）も考慮されるべきである。

（注13）　小川・前掲注1六四頁。

（注14）　小松＝野村・前掲注2一一四頁、森純子ほか『はい6民です　お答えします―倒産実務Q＆A―』三四頁。

（注15）　自由財産拡張制度を適用またはその趣旨を類推して同時廃止の判断をすべきとする見解として、野村剛司「自由財産拡張をめぐる各地の実情と問題点」自正五九巻一二号五七頁、松下淳一ほか「倒産法全面改正後の実情と問題点」ジュリ一三四九号二九頁〔服部敬発言〕、小松＝野村・前掲注2一一五頁。

（注16）　小川・前掲注1六八頁。

（注17）　伊藤ほか編・前掲注4五〇四頁〔伊藤発言〕。

倒産手続開始後の相手方契約当事者の契約解除権・再論

弁護士　岡　正晶

目　次

一　初めに

筆者は、二〇一五年に、相手方契約当事者は、倒産手続開始後でも、倒産者の履行不能（倒産手続開始による履行不能を含む）を認定できる場合には、それを理由として、契約解除権を取得・行使できると解すべきである、そう解しても公平な結果が得られるという見解を提示した（注1）。その後、多くの厳しいご批判をいただき（注2）、検討不足を痛感した。本稿では、これを踏まえて再論（立法提案を含む）を行いたい。結論を要約すると次のとおりである。

① 倒産法上の「双方未履行双務契約」の場合は、倒産管財人（注3）の解除権の効果として、相手方解除のときの効果より、相手方に劇的に有利な規律（破産五四条二項（注4））が定められているので、現行法のもとでは、相手方契約当事者に解除権を認める実益も必要もない。

しかし、この倒産管財人の解除権の「(原状回復に関する) 効果」は立法政策として相当でなく、削除することが相当と考える（注5）。削除により、倒産管財人による解除の場合の効果は、相手方契約当事者による解除の場合の効果と同じになると解され、それが妥当と考える（二）。

② 平成二九年改正民法（以下「改正民法」という）六四二条（注文者破産の場合の契約解除）も、立法政策として相当でなく、削除することが相当と考える。削除により、「双方未履行双務契約」である請負契約については、改正民法六三四条および破産法五三条、五四条で規律されることとなり、それが妥当と考える（二4）。

③ 「倒産者のみ未履行の双務契約」の場合は、倒産手続開始後でも、改正民法五四二条一項五号の要件を認定できるときは、相手方契約当事者は（倒産者の債務不履行を理由とする）契約解除権を取得・行使できると解すべきである。そう解しても、倒産法的見地から見て適正な結果が得られ、それが妥当と考える（三・四）。

二　倒産法上の「双方未履行双務契約」の場合

1　倒産管財人の解除権の効果

破産法五四条二項は、相手方は、①破産者の受けた反対給付が破産財団中に現存するときは、その返還を（取戻権として）請求することができ、②現存しないときは、その価額について財団債権者としてその権利を行使することができる、と定める。この解除に伴い相手方は、③受領済みの金銭・物などがあればその返還義務を負う。倒産管財人は、相手方からの上記①、②の請求に対し、③の返還との引換給付（同時履行関係）を主張できる。相手方は、返還義務が金銭債務のときは、②の請求と相殺できると解される。またこの解除に伴い相手方は、④損害賠償請求権を破産債権として行使できる（破産五四条一項、注15参照）。

これに対し、同項のような特別な条項がない解除の場合（相手方契約当事者に倒産手続開始後の契約解除権の取得・行使を認めた場合）、①相手方の原状回復請求権（金銭債権・非金銭債権を問わない）は倒産債権になると考えられる。原状回復請求権の発生原因は当該契約の締結と考えられ、また倒産手続開始時に存在していた契約上の請求権（倒産債権）の「変形物」と考えられるからである。②相手方の原状回復請求権が目的物の返還請求権であるときは、倒産管財人が民法五四五条一項ただし書の「第三者」に当たるので、価額償還請求権（倒産債権）に変容されると解される（注6）。③相手方のこの原状回復請求権（②によりすべて金銭債権になる）と、相手方の原状回復義務は同時履行関係にある（民法五四六条）。④相手方の原状回復義務が金銭債務であるとき、相手方はこれらを相殺できると筆者は解する（注7）（注8）。⑤相手方の原状回復義務が目的物の返還義務であるとき、原状回復請求権（金銭債権）との同時履行関係は維持されるが、原状回復請求権は倒産手続によって変更され、変更後の配当請求権等との間の同時履行関係に変わる（注9）と解する。ただ当該目的物につき商事留置権が成立するときは、別除権であるのでそれを行使でき、原状回復請求権（金銭債権・倒産債権）につき、目的物の価額の限度で優先回収することができる、と筆者は解する（注10）。⑥なお相手方は、倒産者が民法四一五条の要件を満たすときは債務不履行に基づく損害賠償請求権（倒産債権）を取得・行使できる。

2 学説

破産法五四条二項の立法政策上の正当性については、①法が倒産管財人に特別に有利な解除権を与えたことに対する「公平を考慮した代償・均衡」、②倒産管財人が履行選択したときの相手方の地位との均衡、と説明されている（注11）。また中西教授は、同時交換型取引（その後に同時交換的属性を失った場合は除く）については、相手方に、他方が破産したことによる損失は負担させない（完全な原状回復をさせる）べきであり、この取引に限れば、破産法五四条二項は公平かつ合理的であるという（注12）。

なお、最判昭六二・一一・二六（民集四一巻八号一五八五頁）を契機として、破産法五四条二項に関する制限解釈論が有力に唱えられたが、今なお少数説にとどまっている。この制限解釈論は、相手方の原状回復請求権が財団債権となるのは、双方の原状回復義務が同時履行の関係に立つ場合に限られ、その関係に立たない相手方の原状回復請求権は倒産債権になると主張する（注13）。

中田裕康教授は（注14）、双方未履行双務契約の平時における取扱いと破産手続における取扱いとを比較し、解除に伴う原状回復について相手方を財団債権者または取戻権者とした上、相手方の損害賠償請求権（破産五四条一項に基づくもの）も財団債権とするのであれば、当事者間の公平はおおむね保たれることになる、しかしそうすると相手方は、解除されても平時における利益バランスをおおむね維持し得ることになり、他の破産債権者と比較するとその保護が手厚いこととなる、そこで、相手方の損害賠償請求権（注15）だけを破産債権とすることにより全体的公平が図られることになる旨述べる。

3　検　討

破産法五四条二項は立法政策として相当でなく、これを削除し、倒産管財人が解除権を行使した場合の効果を、相手方契約当事者が解除権を行使した場合の効果（1の後段、ただし⑥は除く）と同じとすることが相当と考える。なおこの立法提案は、2記載の制限解釈論と同じ結果を目指すものである。以下、破産法五四条二項の立法政策としての相当性を検討する。

まず、法が「特別に有利な解除権」を倒産管財人に与えたことに対する「公平を考慮した代償・均衡」論（2の①）であるが、この見解は、契約相手方は、倒産手続開始後も、倒産債権（配当請求権等ではなく）全額について、同時履行の抗弁権を行使できること（相手方の（倒産）債権は本来的に財団債権であること）を前提としている。しかしこの前提に反対である。同時履行の抗弁権は別除権の定義（破産二条九項）に該当しないので、倒産債権の額面でこの抗弁権を行使することは許されず（破産一〇〇条、民再八五条等）、倒産手続開始後は、配当請求権等の金額でこの抗弁権を主張できるにとどまると考える（両すくみ状態にもならない。注9参照）。この見解に立てば、倒産手続開始による倒産債権の按分弁済・権利変更等は客観的には倒産者の債務不履行となるので、民法理論としては、相手方に契約解除権が原則として発生すると考える（注16）（注17）。そのような局面で倒産管財人に付与される契約解除権は、倒産管財人からも解除できるとした程度のものにすぎず、倒産管財人・倒産財団にとって「特別に」有利なものではない。遅かれ早かれ解除されるような局面での解除権付与にすぎないのである。本来の契約解除権ではない特別な解除権を倒産管財人に認めることの代償としては、相手方に損害賠償請求権（倒産債権）の取得を認める程度で十分であり（破産五四条一項、注15参照）、原状回復に関する効果について、破産法五四条二項のような劇的な代償・優遇措置を講じる立法政策上の必要性まではないと考える。次に述べるとおり、相手方は、契約解除により、解除前に比べて、相殺権・商事留置権の範囲内であるが、相応に有利な状況を取得できるのであり、それだけで十分と考える。

ここで、契約解除前と契約解除後の利益状況の変化を、右見解を前提として、検討する。契約解除前は、倒産財団側は、倒産債権をカットしつつ、相手方の未履行債務の履行請求をできる有利な状況にある（この両者が双方とも金銭債務ということは通常あり得ず、相手方は相殺できない）（注18）（注19）。契約解除は利益状況を裏返しにするだけなので、数学的には利益状況は変わらない（注20）。しかし、相殺権（倒産債権の額面による回収）、商事留置権が成立する場合には、利益状況が変化する（このほか、目的物等の価額の変動による利益状況の変化もある。この点は三で詳述する）。①まず倒産手続開始時の倒産債権が金銭債権であるとき（買主・注文者等の倒産）。契約解除により、相手方（売主・請負人等）は、引渡済目的物等の返還請求権を取得し、受領済代金等の返還義務（金銭債務）を負う。ただ前者が倒産管財人の第三者性により金銭債権に変化する（二1及び注6参照）ので、重なり合う範囲で、相手方は相殺権の行使が可能になり、解除前よりその範囲で有利になる。なお契約不適合責任（瑕疵担保責任）から解放されるというメリットも生じる（三2参照）。②次に倒産手続開始時の倒産債権が目的物引渡請求権等（非金銭債権）であるとき（売主・請負人等の倒産）。契約解除により、相手方（買主・注文者等）は、支払済代金等の返還請求権（金銭債権）を取得し、受領済目的物等の返還義務を負う。相手方は、受領済目的物等につき商事留置権を行使できる場合はその範囲で優先回収できる。受領済目的物等が現存しないときは価額返還義務（金銭債務）となり、重なり合う範囲で相殺権の行使が可能になる。いずれも、契約解除前より、相殺権・商事留置権の範囲で有利になる。このように、契約解除により、相手方は、相応に有利な状況が保障される（注21）。この保護だけで十分公平・適正であり、破産法五四条二項のような「特別の保護」を相手方に付与する必要性はないと考える。

次に、倒産管財人が履行選択したときの相手方の地位との均衡論（2の②）であるが、倒産管財人が、自分に有利と判断して、相手方に債務の履行を求めるときのみ、相手方を保護し、そのような判断をしなかったときは原則どおりとする、という片面的規律は、倒産法的見地から、立法政策論として十分あり得るし、むしろそちらが合理的とも考えられる。

中西説については、同教授も言われるとおり、同時交換型の合意をしていても、ある時点で相手方が倒産債務者に信用を供与しており、その時点で倒産手続開始決定がなされれば、その信用供与部分は倒産債権になると言うべきである（注22）。倒産手続開始時点で、信用供与部分があり、契約解除によってその信用供与部分の原状回復請求権が発生すれば、当初の契約内容いかんにかかわらず、それは倒産債権と扱うのが公平と考える。

最後に、中田教授が行った平時における取扱いと破産時における取扱いの比較論であるが、中田教授が言われるとおり、原状回復請求権を財団債権等と取り扱うことは「平時の取扱い」と同様のものである。しかしこれは他の破産債権者との関係では「手厚すぎる保護」と考える。損害賠償請求権だけを倒産債権にするのでなく、原状回復請求権も一緒に倒産債権にすることでこそ、全体的公平（他の破産債権者との関係での公平）が図られると考える。

なお水元教授は、倒産管財人の行為により発生した原状回復請求権であること（破産一四八条一項四号）、その請求権発生について相手方は何らの落ち度も帰責性もないことを、相手方の原状回復請求権の財団債権性の根拠として挙げる（注11参照）。しかし、原状回復請求権の「発生原因」は、解除の意思表示ではなく、当該契約の締結と考えられ、また原状回復請求権は倒産手続開始時に存在していた契約上の請求権（倒産債権）の「変形物」と考えられるので、破産法一四八条一項四号の適用はない（相当でない）と解する。また落ち度・帰責性がないことは、財団債権への格上げの立法政策上の正当化理由とはならない。

4　注文者破産の場合の民法六四二条の削除提案

㈠　改正民法は、六三四条に新規規律を導入したが、六四二条については微修正（請負人からの解除につき仕事完成前に限るとした）しただけで、改正前民法を維持した。しかし改正民法六三四条の規律と矛盾するところが生ずるなどわかりにくくなっており、立法政策として削除が相当と考える。双方未履行双務契約である請負契約については、改正民法六三四条および破産法五三条、五四条の規律対象とすることが、わかりやすく、より適切な裁判基準にもなると考える。なお「倒産者のみ未履行の双務契約」については、三で検討する。

㈡　改正民法六三四条は、請負が仕事の完成前に解除されたとき（解除の種類に限定を付していない、ただし注文者に帰責事由があるときの解除・中途終了（注23）は除く）は、「既にした仕事の結果のうち可分な部分の給付によって注文者が利益を受けるとき」は、その部分を仕事の完成とみなし、請負人は「注文者が受ける利益の割合に応じて」報酬を請求することができる旨を定める。これは、「可分＋利益」の要件を満たすときは、その部分の解除はできないこと、その部分の原状回復関係は発生せず、請負人に報酬請求権（倒産債権）（注24）と引渡義務（注25）（注26）が発生することを定めていると解される。なお請負人に債務不履行があるときは、注文者に対して損害賠償債務が発生し、報酬請求権と相殺されると解される。

他方「可分＋利益」の要件を満たさないときは、原状回復を伴う解除が許される。請負人には報酬債権が発生せず、前払金返還義務、目的物撤去義務等を負う。

(三)　注文者破産の場合で、破産管財人が破産法五三条解除をすることができるとした場合、民法六三四条が適用されると解され（注27）、既施工部分が「可分＋利益である」ときは、この部分は解除対象とならず（破産五四条二項は適用されない）、請負人に「注文者が受ける利益の割合に応じた」報酬請求権（倒産債権）が発生すると解される。また請負人がその額より多い費用支出等をしていた場合は、損害賠償請求権（倒産債権、破産五四条一項）も発生する。ただし請負人に債務不履行があれば（途中成果物に契約不適合があるなど）、その不適合に応じた損害賠償債務が発生し、報酬・損害賠償請求権と相殺される。

「可分＋利益でない」ときは、既施工部分の原状回復処理が許され、破産法五四条二項が適用され、請負人の原状回復請求権（途中成果物引渡請求権）が取戻権・財団債権になる。前述のとおり、この取戻権構成は立法政策として不当と筆者は考えているが、注文者に「利益でない」途中成果物であるから、取戻権等を認めてもこの場合は不当ではない（注28）。なお請負人が費用支出等（今後の廃棄費用を含む）をしていた場合は、損害賠償請求権（倒産債権、破産五四条一項）が発生する。ただし請負人に債務不履行があれば、その不適合に応じた損害賠償債務が発生し、相殺処理がなされる。

これらの規律、①「可分＋利益である」ときのみ請負人の報酬請求権（倒産債権）を認める、②それ以外の請負人側の費用支出等は損害賠償請求権（破産五四条一項、倒産債権）として認める、③請負人側に債務不履行があるときは損害賠償義務を認め、相殺処理をする、はわかりやすく、かつ公平と考えられる。

㈣　改正民法六四二条のうち、まず注文者破産管財人からの解除につき、検討する。

本条は、まず、既施工部分が「可分＋利益でない」ときでも、請負人は「既にした仕事の報酬及びその中に含まれていない費用について」破産債権として行使できる旨を定めている（注29）。これは、注文者破産管財人に特別の解除権（請負人に債務不履行がなくとも解除できる）を付与した「代償」として、請負人に「みなし報酬請求権（破産債権（注30））を付与したものと考えられる（注31）。しかし、「可分＋利益でない」ときは、「みなし報酬」構成でなく、改正民法六三四条どおり原状回復処理をする方がわかりやすいと考える。「受けた損害」（得べかりし利益も含まれる）の賠償請求権（破産債権）を請負人に認めれば、「既にした仕事の報酬及びその中に含まれていない費用」の請求権（破産債権）とほぼ同額になり、効果も変わらないと考える。不相当な反面解釈（報酬発生の見返りに既施工部分が注文者帰属となる）を生まなくなる利点もあり（注30）、裁判基準としてもより適切（注32）と考える。なお前述のとおり、請負人に債務不履行があるときは、損害賠償義務が発生し相殺処理がなされる。

次に、既施工部分が「可分＋利益である」ときでも、同条は、請負人に「既にした仕事の報酬及びその中に含まれていない費用について」の請求権（破産債権）を認める。しかしこの場合についても、改正民法六三四条に従い、報酬は「注文者が受ける利益の割合に応じた」金額とし、請負人にその額を超える「損害」（費用支出等が生じる場合には損害賠償請求権（倒産債権）を認める方が、わかりやすく、裁判基準としてもより適切と考える（請負人の債務不履行に基づく損害賠償義務との相殺については前同）。

(五)　次に、改正民法六四二条のうち、請負人からの解除につき、検討する。

前述したとおり、平成二九年改正で、「仕事完成前に限る」とされた。この解除の場合、請負人からも、注文者破産管財人からも、損害賠償請求はできない。

注文者破産の場合、請負人はまず破産管財人に対し破産法五三条二項の催告をすると考えられる（同条三項）。破産管財人が解除すれば、請負人から解除することはもうできない（破産管財人による解除の効果の方が有利なので実益もない）。破産管財人が履行選択したときに、本規律が意味を持つ。本規律は、この場合でも、請負人に、無理由かつ無負担で解除することを認めるものである（なお損害賠償請求もできない）。しかし請負人は、注文者破産管財人が履行選択したとしても、報酬の支払ができないおそれが客観的にある場合は（注33）、不安の抗弁権に基づき履行の停止、契約解除ができると解される。これを超えて、請負人に、無理由・無負担の契約解除権（なお損害賠償請求もできない）を認める立法政策上の必要性はあるであろうか。今ある条文を削除までする必要はないとの見解もあろうが、筆者としては、破産管財人の合理的な履行選択を、無理由で拒絶できる権利を認める必要はないと考える（注34）。

(六)　以上のとおり、わかりやすくなる、同等の効果が得られる、不相当な反面解釈を防止できる、より適切な裁判基準になるという理由から、改正民法六四二条は削除し、双方未履行双務契約である請負契約については、改正民法六三四条および破産法五三条、五四条の規律対象とすることが相当と考える（注35）。

三「倒産者のみ未履行の双務契約」の場合

1　学　説

学説は、岡・前掲注1で紹介したとおり、倒産手続開始後の相手方契約当事者の契約解除権の取得・行使を認めていないので、契約相手方は、倒産手続開始時点の債権（金銭債権または目的物引渡・役務提供の請求権等）について、金銭配当または権利の変更を受けるだけと説明される。それが手続開始後に変化することは想定していない。なお破産法は、非金銭債権を金銭化する基準も定めている（破産一〇三条）。

2　倒産手続開始時点の倒産債権が金銭債権（代金債権・報酬債権等）の場合（買主・注文者等の倒産）

倒産手続開始後でも契約解除権を取得・行使できるとした場合、相手方（売主・請負人等）の倒産債権は、引渡済みの目的物・提供済サービス等の返還請求権（倒産債権）に変化する（注36）。しかし、倒産管財人が民法五四五条一項ただし書の「第三者」に当たるので、目的物返還請求権は、価額（基準時がいつになるかの問題はある）の償還請求権（金銭債権）にさらに変化する（二1および注6参照）。引き渡されたものが現存しない場合（サービスの提供など）も、価額の償還請求権（金銭債権）となる。この場合、引渡済目的物・提供済サービスの「価額」が、契約上の合意金額から変動していない限り、契約解除前と後で倒産債権の金額は同じになる（こういう場合がほとんどであろう）。

相手方が、契約の一部履行（代金・報酬の一部前払い）を受けている場合、相手方は原状回復義務として受領済前払金返還義務を負うが、両者とも金銭債務なので相殺可能と筆者は解する（注37）。このとき、契約解除前の倒産債権である残代金請求権（契約上の合意金額―受領済金額）の金額と、契約解除後の倒産債権である「引渡済目的物等全部の価額―受領済金額」とは、引渡済目的物等の「価額」が契約上の合意金額から変動していない限り、一致する。

要するに右いずれの場合も、相手方に契約解除権の取得・行使を認めても、倒産財団に何ら不利益は生じないということである。しかし反面、相手方にも何ら実益がない。

そこで検討するに、第一に、目的物等の価額が、契約締結時より、解除権行使時（注38）の方が値上りしていた場合は、相手方は、値上り後の価額を基準に倒産債権を行使できると考えられ、実益がある。第二に、相手方（売主・請負人等）が引渡し等後の契約不適合責任を負っている場合（注39）、契約解除によって、これから解放されるので、理屈上は大きな実益がある。

これらの場合、倒産財団に契約解除前と比べて一定の不利益が生じるが、相手方にとって双務契約の清算を求めることは正当な利益であって、倒産手続でも保護されるべきであるから、この程度の不利益であれば受忍限度内であり、客観的には「権利関係の適正な調整」と評価すべきと考える。むろん、右第一については「いいとこどり」（注40）を許さず、倒産手続開始時の倒産債権に固定することこそ公平である、第二については、実際に責任追及する事例は少なく、万一追及がなされた場合でも信義則等で適切な処理をすることが可能である等の反対意見はあろう（四2㈡参照）。

3 倒産手続開始時点の倒産債権が非金銭債権（目的物引渡請求権・役務提供請求権等）の場合（売主・請負人等の倒産）

倒産手続開始後でも契約解除権を取得・行使できるとした場合、相手方（買主・注文者等）の倒産債権は、支払済代金全額の返還請求権（金銭債権）に変化する。この支払済金額（契約上の合意金額）と、倒産手続開始時点の目的物等引渡請求権（非金銭債権）の評価額（破産の場合は倒産手続開始時における評価額）が同じであれば、契約解除前と後で倒産債権の金額は同じになる（こういう場合がほとんどであろう）。

相手方が、契約の一部履行（目的物・サービスの一部受領）を受けている場合、相手方は原状回復義務として、目的物・サービス等の返還義務を負う。目的物・サービス等が現存せず「価額」の返還債務となる場合、両者金銭債務なので相殺可能と筆者は解する。原状回復義務が非金銭債務（目的物返還債務等）のままであれば、相殺はできないが、商事留置権が成立すればそれを行使し、その価額の限度で、原状回復請求権（倒産債権）の優先回収をすることができると解する。このとき、契約解除前の倒産債権である残目的物等請求権（契約上の合意金額―受領済目的物等の（倒産手続開始時の）価額）の金額と、契約解除後の倒産債権である「支払済金額（契約上の合意金額）―受領済目的物等の（契約合意時の）価額」の金額とは、受領済目的物等の「価額」が契約上の合意金額から変動していない限り一致する（注41）。

要するに右いずれの場合も、相手方に契約解除権の取得・行使を認めても、倒産財団に何ら不利益は生じないということである。しかし反面、相手方にも何ら実益がない。

そこで検討するに、第一に、目的物等引渡請求権（非金銭債権）の倒産手続開始時点の評価額が、契約上の合意金額より値下りしていた場合は、相手方は、契約解除をすれば、値下り前の契約上の合意金額というより多額の倒産債権を行使できると考えられるので、実益がある。なお、非金銭債権の公平・統一的な評価が困難であるときは（英会話学校、旅行会社の倒産等で全額前払済みの場合など）、むしろ倒産管財人側から、面倒かつ困難な「役務請求権の評価」をせず、（契約解除を前提に）支払済代金等の返還請求金額を倒産債権の金額とすることが考えられる。また実務では、相手方が、契約解除を意識もせず、明示もせず、支払済代金等の返還を求める届出をしている例が見られる（注42）。

第二に、相手方（買主・注文者等）が契約の一部履行を受けている場合のうち、土地の売買契約については、劇的な事例が想定される。土地の売主の倒産で、相手方（買主）は、代金全額を支払い、土地の引渡しも受けていたが、移転登記だけ未了であった事案である。契約解除前は、移転登記請求権の金銭評価額が倒産債権になるだけと解される。契約解除が認められれば、相手方は、支払済代金返還請求権（倒産債権）を取得し、土地の返還義務を負う。しかし、土地につき商事留置権が成立すればそれを行使できると解されるので、その土地の「価額」の限度で、支払済代金返還請求権（倒産債権）を優先回収できると解される（注43）。

右第一の点は、2と同様、この程度の実益・不利益であれば、客観的には「権利関係の適正な調整」と言うべきと考える。

第二の点については、議論が分かれよう。筆者は、双務契約の清算にあたり、商事留置権の範囲内で、倒産債権の優先回収を認めることは、破産法上許されるし、「権利関係の適正な調整」と評価することが相当と考える。

4　まとめ

以上のとおり、「倒産者のみ未履行の双務契約」の場合、相手方契約当事者に倒産手続開始後の契約解除権の取得・行使を認めても、倒産財団に不当に不利益な事態は生じず、倒産法的見地から見ても「権利関係の適正な調整」と言うべき結果になると考える。よってこれを認めることが相当と考える。

四　契約解除の要件

1　学　説

改正民法は、契約解除の要件を明確化し、催告解除につき五四一条を、無催告解除につき五四二条を定めた（以下、民法条文は改正民法による）。

この点に関し、加毛明東京大学准教授は、次のような見解を述べる（注44）。

①　催告とは、債務者に追完の機会を保障する実質的な行為であり、倒産手続開始後は、倒産債権者は催告を行うことは許されず（破産一〇〇条等による禁止行為）、よって倒産手続開始後に、契約相手方は催告解除をすることはできない。

②　倒産手続開始による倒産債権に対する制約（倒産手続による按分弁済・権利変更が強制されること）は、民法上の履行不能（取引上の社会通念に照らした不能も含む。民法四一二条の二）には当たらず、倒産債権者は、民法五四二条一項一号・三号に基づく無催告解除をすることができない。

③　民法五四二条一項五号（債務者がその債務の履行をせず、債権者が前条の催告をしても契約をした目的を達するのに足りる履行がされる見込みがないことが明らかであるとき）は、文言上、債権者が「催告」できる場合の定めであり、催告することが許されない倒産手続開始後の倒産債権者は、本条本号に基づく無催告解除をする

ことができない。

2 検討

(一) 加毛見解①、②には賛成であるが、同③については賛成できない。

第一に、民法五四二条一項五号を加毛准教授のように読むことは可能と考えるが、立案段階（法制審民法（債権関係）部会での審議）でこの文言にそのような意味まで付与する議論はなされていない。ここでの催告は、あくまで「仮定・想定」のものであり、債権者が現実には催告をすることができない状況にある場合も含むとの文言解釈も十分可能と考える。

第二に、倒産債権者たる相手方契約当事者による契約解除が許されるか否かは、倒産法的見地から、実質的に解釈・価値判断を行って、判定すべきであり、民法の文言解釈で結論を出すことは相当でない。

(二) 倒産手続開始時の倒産債権が金銭債権の場合（三2）、民法の解釈論としては、倒産手続開始後、一〇〇％配当ができる見込みがないことが明らかになった時点で、契約目的不達成要件も原則として満たされ、相手方契約当事者は、民法五四二条一項五号に基づく無催告解除をすることができると解する。

しかし、三2のとおり、①倒産手続開始後に倒産債権の金額の変更（とくに増額）を認めるのは、債権者平等原則に反し、公平ではない。②とくに金額の増額は、「いいとこどり」であって公平性がなく、破産法一〇〇条等にも反する。③契約不適合責任問題は、信義則等で解決できる等の意見はあり得る。契約解除が許されるか否かは、このような倒産法的見地からの議論・価値判断によって、決すべきと考える。

(三) 倒産手続開始時の倒産債権が非金銭債権（目的物引渡請求権・役務提供請求権等）の場合も（三3）、民法の解釈論としては、倒産手続開始後、その債務の履行がなされる見込みがないことが明らかになった時点で、契約目的不達成要件も原則として満たされ、相手方契約当事者は、民法五四二条一項五号に基づく無催告解除をすることができると解する。

その上で、契約解除が許されるか否かは、倒産法的見地からの議論・価値判断によって、決すべきと考える。ここでも、倒産法的見地から、㈡の①、②と同じ意見があり得、とくに三3記載の移転登記だけ未了の事案については、倒産法的見地からの価値判断が分かれると思われる。

（注1）岡正晶「倒産手続開始後の相手方契約当事者の契約解除権と相殺権」伊藤眞先生古稀祝賀『民事手続の現代的使命』（有斐閣）七七七頁以下。
（注2）事業再生研究機構の二〇一七年五月のシンポジウム「新しい契約解除法制と倒産・再生手続」㈱商事法務から書籍化の予定）のための委員会で多くのご批判・ご示唆をいただいた。委員会のメンバーである田頭章一（座長）、中西正、水元宏典、杉本和士、加毛明、藤澤治奈、三森仁、蓑毛良和、大川治、松尾博憲の諸先生に深謝申し上げる。
（注3）破産管財人、再生債務者等、更生管財人を指す。以下同じ。
（注4）民事再生法（四九条五項）、会社更生法（六一条五項）に、準用されている。
（注5）東京弁護士会倒産法部編『倒産法改正展望』（商事法務）二七三頁以下〔加々美博久〕も同旨。
（注6）伊藤眞ほか『条解破産法［第二版］』（弘文堂）五九〇頁以下参照。なお中西正「建築請負契約の倒産法上の取扱い」債管一四四号九九頁は、この「変容」の理由は、もっと直截に、相手方が倒産債務者に信用を供与した（リスクを引き受けた）点に求めるべきであるという。

（注7）　岡・前掲注1七八四頁参照。なお、中西・前掲注6一〇八頁、一二一頁は、双方の債務が互いに担保視し合う関係の保護の結果として相殺が許される場合があるという。平成二九年改正民法でも、二つの債務の牽連性に着目した相殺許容規定が、債権譲渡の所に導入された（改正民法四六九条二項二号）。

（注8）　相手方の原状回復義務は倒産手続開始後に負担された債務なので相殺不可と解する見解もある。しかし、岡・前掲注1で述べたとおり、破産手続開始の時において「条件付の債務」であったと言うべきで、破産法六七条二項により相殺可能と解する。民事再生法・会社更生法でも、条文はないが同様に解する見解が近時有力になりつつある。

（注9）　破産法五三条、五四条がない場合の法律関係として議論されてきた論点であり、諸説が対立している（伊藤ほか・前掲注6四〇五頁以下参照）。本文は、いわゆる通説を、同時履行の抗弁権が別除権（破産二条九項）とされていないことを理由に支持する見解である。なお倒産法改正研究会編『続々提言倒産法改正』（金融財政事情研究会）二〇三頁〔赫高規〕は、福永説（両すくみ状態になるとする見解）に立脚しつつ、同時履行関係は維持され、倒産管財人は目的物の返還請求をするためには、原状回復義務（倒産債権）を全額弁済（抗弁権の受戻し）する必要があるという（なお同書二〇三頁、二四四頁は、倒産管財人が目的物の返還請求を望まない場合には、合理的な清算方法（相手方は目的物の価額を控除した差額の償還請求権（倒産債権）を行使できる）を立法すべきであるという）。本文の③、④、⑤および後述の3における同旨の議論は、本稿の骨格と言うべき解釈論であり、ご検討・ご批判をいただきたい。

（注10）　本文の③、④、⑤によれば、相手方は、相殺権・商事留置権の範囲でのみ優先的回収ができるだけである。これと比較すると、破産法五四条二項は相手方に劇的に有利な規律を定めている。

（注11）　水元宏典『倒産法における一般実体法の規制原理』（有斐閣）一六一頁参照。同書一六六頁では「解除構成を採用すると、原状回復の問題が生じてしまう。しかもこの原状回復の必要性は、解除権の行使という倒産管財人の財団管理行為に帰因し、かつ契約相手方の債務不履行や詐害行為・偏頗行為とは無関係に生じる。したがって、

解除選択の際、相手方には完全な原状回復が保障されるべきことが要請される」旨述べる。伊藤ほか・前掲注6四〇五頁以下も参照。

（注12） 中西・前掲注6九七頁。

（注13） 中西・前掲注6九八頁、一〇〇頁は、信用供与型の双方未履行双務契約で既に与信（リスク引受）の完了した部分については、破産法五四条二項は適用されないと主張する。なお、倒産実務交流会編『争点 倒産実務の諸問題』（青林書院）四二七頁〔新宅正人〕は、倒産財団側にのみ原状回復義務が生じる場合には、破産法五四条二項は適用されないとの制限解釈論を述べる。

（注14） 中田裕康「契約法から見た双方未履行契約―損害賠償を伴う解除権―」野村豊弘先生古稀記念『民法の未来』（有斐閣）一四三頁以下参照。

（注15） 中田教授は、この損害賠償請求権につき、債務不履行もないのに解除された相手方に付与されたもので、民法六四一条（仕事完成前であれば、注文者は損害を賠償して契約の解除をすることができる）に類するもので、債務不履行に基づく損害賠償請求権とは異なると強調される（中田・前掲注14一五三頁、一六八頁、一七九頁）。なお、水元・前掲注11一七一頁によれば、ドイツの通説においても同様の議論があるが、損害の具体的算定としては実質的な相違はないと理解されているとのことである。

（注16） この点も、本稿の骨格と言うべき解釈論であり、議論が分かれるところであり、ご検討・ご批判をいただきたい。

（注17） 水元教授は、立法の選択肢の一つとして、倒産管財人の履行選択の反対の選択肢を「不履行の選択」（解除権の選択ではなく）とし、相手方に契約を解除するか、解除せずに損害賠償を請求するかの選択肢を与えることを指摘される（岡正晶ほか『倒産法の最新論点ソリューション』（弘文堂）一七頁以下〔水元宏典〕）。相手方が契約解除権を取得・行使できるという解釈論を前提とした指摘である。同教授は、倒産管財人の解除権にメスを入れるべきと主張されるが、本稿は、倒産管財人の解除権の「効果」にメスを入れるだけで公平性を実現できるのではないかと考えるものである。

（注18）ごく例外的に、債権カットされる絶対額が小さく、未履行債務も小さい場合は、相手方として、受ける損害が小さいので、契約解除をせず、未履行債務をそのまま履行することが考えられる。倒産法改正研究会編・前掲注9二〇二頁、二四四頁〔赫〕も、相手方が債務不履行解除をせずに、自己の未履行債務を履行して倒産債権を行使するだけでよいと選択する場合があり得ることを指摘する。このような例外的な場合には、倒産管財人は破産法五三条による解除ができない（その方が倒産財団に有利である）という解釈論に賛成する。

（注19）相手方の未履行債務が物の引渡債務で商事留置権が成立する場合は、相手方は、権利変更前の倒産債権全額につき商事留置権を行使できる。本稿の解釈論に立てば、特段の立法がなければ、倒産管財人は、目的物の価額を弁済して、目的物の引渡しを受けることができると解される。しかし現行破産法は、「破産者の債務（全部）を履行して」相手方の債務の履行を請求できると定めているので、相手方をより手厚く保護している。

（注20）①（解除前）の状態を、未収債権A（既収債権：一〇〇―A）、未履行債務B（既履行債務：一〇〇―B）とすれば（A・Bは一〇〇未満の正の数）、相手方は、Aをカットされ、Bの履行を要求される状態である。②（解除後）の相手方の状態は、原状回復請求権（一〇〇―B）を取得し、原状回復義務（一〇〇―A）を負う。思考整理のために通算すれば（（一〇〇―B）―（一〇〇―A））、相手方の請求権は（―B＋A）となる（契約時の債権一〇〇と債務一〇〇が同価値である場合を前提とする。解除時までに目的物価額の変動があった場合は、変化が生じる）。Bの債務を負い、Aの倒産債権を有する状態であり、数学的には①と②とは同等になるのである。なお改正民法六三四条のように、解除による原状回復が認められない部分があるときは別論となる（本文4参照）。

（注21）契約解除によって相手方の地位が、解除前に比べて相応に有利になるというのであれば、倒産法的見地から、相手方による契約解除権の行使を禁止するという立法政策論もあり得る。しかし、双務契約の清算を求める契約解除権は、相手方の民法上の権利であること、また有利になるといっても相殺権・商事留置権の範囲内にとどまり、倒産法的見地から見ても受忍限度内と言うべきものであることから、禁止は相当でないと考える。諸外国の立法例でも相手方からの契約解除を認めている例が多い。伊藤ほか・前掲注6四〇五頁以下参照。

また相手方にのみ契約解除権を認め、倒産管財人には契約解除権を認めないという立法政策論もあり得て、説得的である（岡ほか・前掲注17二八頁〔水元〕参照）。しかし、法律関係の早期確定のイニシアチブを倒産管財人に与えることには、倒産手続遂行上の利点があると考えられ、また現行法との継続性も考えると、倒産管財人の解除権自体は認め、効果だけを見直すことが相当と考える。

（注22）中西・前掲注6一〇二頁。

（注23）改正民法六三四条一号。この場合は、注文者は、原則として、報酬全額の支払義務を負う。

（注24）出来高の評価方法について種々の議論がある。鹿子木康ほか・パネルディスカッション「建築請負契約と倒産」債管一四四号一一八頁以下参照。

（注25）出来形の帰属は、契約等によって定まる。注文者帰属の場合は、占有を有する請負人は商事留置権を行使できる。前掲注9のとおり、出来形の引渡しと引換えに報酬債権全額を弁済せよとの引換給付の抗弁権行使は、倒産手続開始後はできないと考える。請負人帰属の場合は、商事留置権行使に「準じて」、所有権移転と引換えに、その出来形の価額を限度とする報酬（倒産債権）を弁済せよとの抗弁権の行使ができると考える。鹿子木ほか・前掲注24一一四頁以下、一三〇頁以下参照。

（注26）赫高規「双方未履行双務契約」今中利昭先生傘寿記念『会社法・倒産法の現代的展開』（民事法研究会）五八八頁、五九三頁は、出来形の引渡しと引換えに報酬債権全額を弁済せよとの引換給付の抗弁権の行使ができる（同時履行関係にある報酬債権が財団債権になる）という。また同書五八一頁は、出来形の所有権の帰属は物権法理に従うという。

（注27）改正民法六三四条一号の適用除外事由である「注文者の責めに帰することができない事由によって仕事を完成することができなくなったとき」には当たらないと解する。

（注28）本稿の「破産法五四条二項削除論」に立った場合は、原状回復請求権（倒産債権）の価額は「利益でない」のだから０円になろう。途中出来形の帰属は、契約の解釈によるが、通常は、請負人になると考えられる（「利益

でない」途中成果物まで注文者帰属とする合意は、通常ないと考えられる）。

（注29）最判昭五三・六・二三（金法八七五号二九頁）は、この場合既履行部分は注文者に帰属するというが、一般化できる（すべき）判示ではないと考える。

（注30）破産法五四条二項の発想からすれば、財団債権とする方が整合的と思われるが、現行法は破産債権としている。本稿の同項削除論と整合的である。

（注31）伊藤眞ほか編集代表『倒産法の実践』（有斐閣）四〇七頁以下〔石塚重臣・門口正人〕は、この規律と、請負人破産で破産管財人が破産法五三条解除したときの規律（「可分＋利益でないとき」に報酬請求権が認められない）との不均衡を問題であると指摘する。しかし、本条は、本文記載のとおり、注文者破産管財人が無理由解除するときの請負人の損害賠償請求権を、みなし報酬として定めたものと解され、結果において不均衡は生じていないと考える。

（注32）注文者にとって「利益でない」途中成果物に関する「仕事の報酬」額を認定するより、請負人の受けた損害額を認定する方が、裁判実務にとって簡明でありより公平性を実現できると考える。

（注33）履行選択は、「破産者の債務を履行して」行うものなので、このような報酬支払ができないおそれが客観的にある場合は、適法な履行選択ではないとも言える。

（注34）赫・前掲注26五八六頁注37も同旨。

（注35）請負人に「重大な」契約不履行があるときは、注文者破産管財人は、破産法五三条解除でなく、債務不履行を理由とする契約解除ができると解される。この場合、注文者破産管財人は、債務不履行に基づく損害賠償請求権を行使する。例は少ないであろうが、既施工部分が「可分＋利益」で請負人に報酬請求権が発生するときは、請負人はその額につき相殺できる。

（注36）星野英一『民法概論Ⅳ（契約）』（良書普及会）六九頁は、相手方の債務不履行を理由とする解除の制度の存在理由につき、先履行の場合には、相手方が履行しないでいて、後に無資力になると、自分の履行したものも完全

に取り戻せなくなって損失を蒙るので、少しでも早くその取戻しを認めるために、契約を破棄することを認める必要があるという。
（注37） 前掲注7・8参照。
（注38） 平時では、価額算定の基準時は、原則として解除権行使時になるが（岡正晶「不動産の値下がり等を理由とする損害賠償金の課税問題」税務事例研究四七号二九頁参照）、倒産手続においては、倒産手続開始時が基準時になろうか。
（注39） この場合を双方未履行双務契約と考えれば、買主・注文者の倒産管財人は、現行法のもとでは、代金全額を財団債権として支払うか（履行選択）、受領済目的物等を全部返還するか（解除選択）の二者択一となるので、双方未履行双務契約と考えることは相当でない。
（注40） 相手方は、目的物等が値下りしていた場合は、契約解除せず、代金請求権で倒産債権届出してくると思われる。「いいとこどり」を許す点で、公平感に欠ける。しかし契約解除は、権利であり、義務ではないことから、やむを得ないと考える。
（注41） 改正民法四一五条二項三号は、契約解除権が発生したときは、「履行に代わる損害賠償請求権」を行使できることを認めた。本文記載の場合、買主等は、契約解除をせずに、未履行非金銭債権の時価相当額の損害賠償請求権（金銭債権）を行使できることになる。相殺権を行使したときと同じ結果になると思われる。しかし商事留置権を行使できる局面を作り出すことはできないと考えられ、相手方にとっては、契約解除の方が有利になり得ると思われる。
（注42） 倒産法改正研究会編・前掲注9二二三頁〔赫〕は、実務上よく見られるところと言う。
（注43） 岡・前掲注1七八六頁参照。売主倒産の所有権移転型取引において対抗要件否認がなされた場合にも同様の事態が出現する。
（注44） 前掲注2のシンポジウムにおける加毛准教授の報告。

別除権協定に関する一管見

弁護士　石井教文

目次

一　初めに

平成一二（二〇〇〇）年に民事再生法が施行されてから十数年を経た。民事再生法の施行当初から別除権協定の重要性は認識されていたものの、それが実定法上の制度や概念ではなかったためか、その法的性質や要件・効果の分析は必ずしも十分でなかった。しかしながら、事例の集積を通じて別除権協定の内容は標準化し、平成二六（二〇一四）年には、標準的な条項を備えた別除権協定の効力に関する重要な最高裁判例が登場したためか、協定に関する議論が飛躍的に深まったように思われる。本稿は、右のような議論に理論的な何物かを付け加えるものではなく、筆者の乏しい経験の範囲内で別除権協定に関する実務の足跡をたどり、そこから現在の議論の状況を眺めてみようとするものであり、文字どおりの管見を述べるものにすぎない。

二　実務の経過

1　和議法時代

別除権協定の淵源は、和議法時代の実務に求めることができる。和議法は、民事再生法施行以前の再建型倒産手続の一般法であり、債務者の財産上に設定された担保権を別除権としていたため（和議法四三条）、担保権の設定された事業資産を確保するためには、別除権者から担保権実行の猶予を得る必要があった。和議債務者と別除権者の担保権実行の猶予に関する合意は「別除権協定」等と呼ばれていたが、目的財産の受戻しを合意せずに担保権実行の猶予のみを約する簡単な内容のものが多く、しかも、書面化されないこともあったようである（注1）。

2　揺籃期

民事再生法は、和議法と同様に再生債務者財産に設定された担保権を別除権としたが（民再五三条）、担保権実行に対する中止命令（民再三一条）および担保権消滅請求の制度（民再一四八条以下）を新設した。しかし、前者は一時的に担保権実行の中止を命じるものにすぎず、また、後者は、目的財産の評価額を裁判所に一括納付することが必要なため、窮境にある再生債務者の利用には難があった。そこで、多くの場合、再生債務者は、別除権者から合意を調達することによって事業資産に設定された担保権の実行を回避しており、この点では、基本的に和議法時代と同様であった（注2）。

そのため、民事再生法施行当初の別除権協定の実務では、和議法時代のそれが踏襲され、協定に受戻額やその完済時における担保解放を明記せず、本来は許されないはずの「担保権非行使特約付きの別除権付再生債権弁済契約」と呼ぶほかはないような協定も散見された（注3）。

3　確立期

前述した初期の協定実務の問題点が認識され、受戻額とこれを分割弁済する合意、分割弁済期間中の担保権不行使と完済時の担保解放の条項を備える別除権協定が一般化した。また、民事再生法では不足額責任主義と合意による不足額確定の制度が導入されたため（民再八八条、一八二条）（注4）、別除権協定において、別除権付再生債権のうち、合意した受戻額を超える部分については不足額確定の合意を兼ねることが行われるようになった。

さらに、別除権協定では、受戻額やその弁済方法等が当事者の交渉によって決せられるため、別除権協定は、和解契約の性質があるとの認識が一般化し（注5）、合意した受戻額を分割弁済することを内容とする別除権者の再生債務者に対する債権（協定債権）は、再生手続開始後の原因に基づいて生じた共益債権（民再一一九条五号）であるとの理解が生じた。これを前提にすると、協定締結後に再生手続が破産手続に移行した場合、協定債権は破産手続内で財団債権として処遇されることになるため（民再二五二条六項）、これを防止すべく、裁判所の主導で別除権協定に再生手続の廃止等を解除条件とする付款を設けることが一般化した（注6）。

以上の経過を経て、別除権協定の標準的な内容は、①再生手続開始時における被担保債権額の確認に関する条項、②別除権の目的財産の受戻額を合意する条項、③受戻額の分割弁済に関する条項、④約定弁済が履行されている間の担保権不行使を約する条項、⑤受戻額の完済時に担保解放を約する条項、⑥被担保債権のうち、受戻額を超える部分を確定不足額とし、再生計画による弁済（計画弁済）の対象とする条項および⑦監督委員の同意を停止条件、再生手続の廃止等を解除条件とする付款から構成されるようになり、各種の手引書や書式集でもそのような内容が紹介され、監督委員による指導等とも相まって実務に浸透・普及していった（注7）。ちなみに、③の受戻額の弁済条件には、弁済期間のほか、利息や遅延損害金が合意されることが一般的であり、また、分割弁済の方法も、単純な元利均等方式のほかに弁済額を弁済期間の当初は低く抑えて後で高くするなど、再生債務者と別除権者との間で様々な利害調整のための方策が凝らされている。

三　別除権協定に関する論点

1　最高裁判例の登場

別除権協定の内容は、右のように標準化したが、合意による不足額確定が効力を生じるために、被担保債権額の減額について登記・登録を要するのか否か争いがあった（注8）。当初は、立法関係者を中心に登記必要説が多数説であったが、現在は不要説が多数説であり、実務も不要説である（注9）。もっとも、不要説内部で、解除条件の成就等による別除権協定の失効時に協定で減額した被担保債権額が復活するのか否かについて復活説と固定説が対立する（注10）。

このような状況の中、平成二六（二〇一四）年に重要な最高裁判例が登場した（注11）。当該事案では、再生債務者は、抵当権者と先に紹介した標準的な内容の別除権協定を締結して再生手続も終結したが、協定債権および計画弁済の完了前に破産手続が開始されて抵当権が実行された。不動産担保競売の配当手続で、当該抵当権者への配当額を別除権協定で合意された受戻額から協定債権の既弁済額を控除した額を超える額とする配当表が作成されたため、破産管財人が固定説の立場から配当異議の訴えを提起した。最高裁は、別除権協定は解除条件の成就により失効し、当該抵当権の被担保債権額は、協定締結前のそれに復したものと判示し、配当表における当該抵当権者への配当額がそこから協定債権および計画弁済の既弁済額を控除した金額を超えないことを理由に破産管財人の配当異議を退けた。ちなみに、当該別除権協定は、平成一四（二〇〇二）年に締結されたものであり、問題となった解除条件の付款は、監督委員の指導によって付されたとのことである（注12）。

2　最高裁判例後の議論

最高裁判例の射程については諸説あるが、復活説の立場に親和的である。さらに当該配当異議の対象となった配当表における当該抵当権者への配当額が復活した被担保債権額から協定債権および計画弁済の既弁済額を控除した金額を超えないことを理由に配当異議を退けていることからすれば、判例は、不動産抵当について後述する「非遡及復活型協定」の効力を承認したとの評価も可能である。素直な受止め方をすれば、最高裁判例は、不動産抵当に関する標準的な別除権協定につき、協定当事者の私的自治を尊重し、ほぼその意図どおりの効力を認めたものと言えるだろう。当該判例が協定当事者の意思を重視したことは、争点の一つでもあった解除条件が成就したか否かについて、補充的契約解釈の手法によった点にも表れているように思われる（注13）。管見によれば、実務では（非遡及）復活型協定が標準であると言ってよく、復活説、登記不要説の立場を前提に運用されており、最高裁判例は、こうした実務の現状を追認したものと言え、歓迎すべきであると考える。

最高裁判例に批判的な見解としては、別除権協定を、解除条件の成就等によって協定が失効した場合に被担保債権が協定前の状態に復活することを定める「復活型協定」と、不可逆的に被担保債権額を減額する「不足額確定型協定」に大別し、前者は、不足額が変動する余地を認めるものであるため、不足額確定の効力を生じないと整理する有力説（以下「類型説」という）がある（注14）。類型説によれば、不足額の確定を目的としない復活型協定では、解除条件の成就等により協定が失効した場合、別除権者は、復活した被担保債権額での別除権行使が可能であるが、協定債権のうちの既履行部分を再生債務者（破産手続が開始している場合は破産財団）に返還することを要するとし、受領済みの協定債権の保持を認める「非遡及復活型協定」は、動産リースなど協定債権が再生債務者の継続使用の対価性を帯び、使用による目的財産の減価が著しいものに限って認められるとする。このモデル論は、別除権協定の中核を目的財産の「なし崩し的受戻し」（受戻額とその弁済条件を定め、その間の担保権不行使と完済時における担保解放を約する部分）と捉え、不足額の確定は、必ずしも別除権協定に不可欠ではないと整理した上、合意による不足額の確定の効果を享受するには、被担保債権額を実体的に減ずる不可逆的な合意が必要であるとし、復活型協定と不足額確定型協定を峻別する。

確かに理論的には、別除権協定は、目的財産のなし崩し的受戻しを合意する部分とその他の部分に分けることが可能である。しかし、実務への現状認識に一致を見るのか否かは定かではないが、実際の別除権協定では、受戻額の合意と不足額確定は表裏をなしており、これに再生手続が挫折した場合を解除条件とする付款が付されているのが一般的である。実際に用いられている協定は、「復活型」や「不足額確定型」ではなく、言わば両者の「ハイブリッド型」なのである。これは、被担保債権全額が別除権で保全できていない場合、別除権者も一般債権者としての利害を有し、協定債権の履行で回収を図る部分と計画弁済によって回収を図る部分を総合的に判断して協定締結の諾否を決しているとの事情による。担保権の目的財産が事業継続に不可欠である場合、協定締結が不調に終われば、再生手続は挫折して破産に移行する可能性が高く、その際、別除権者は、担保実行と破産配当によって債権を回収することになるが、破産配当は、計画弁済による回収を下回ることになるため（清算価値保障原則の裏返し）、別除権者にとっては、条件次第では、協定の締結に応じて協定債権の分割弁済と計画弁済を受ける方が有利となる。

もっとも、再生手続は挫折する可能性もあるため、別除権者としては、その場合のリスクに配慮しなければならず、計画弁済や協定債権の返済期間が長期にわたる場合や再生計画の遂行可能性に疑義がある場合、不可逆的に被担保債権額を受戻額に切り下げなければ計画弁済を受けられないとするなら、協定締結への障害となり、再生手続を頓挫させかねない。別除権者の対処方法としては、①受戻額や協定債権の利率に再生手続挫折のリスクを織り込むか、②再生手続が挫折した場合の退路を確保するか、③別除権協定の締結を見送るかのいずれかであろうが、①の方法は、再生債務者にとって別除権協定の締結コストを引き上げることになる。前述したとおり、標準的な協定に付された解除条件は、再生から破産への移行時に協定債権が共益債権化することを防止するために裁判所の主導で普及した沿革があるが、それにもかかわらず別除権者に受け入れられたのは、再生手続が挫折した場合、解除条件の付款が別除権者にとって退路となり得るからだと思われる。類型説は、復活型協定を、別除権者が目的財産の価格が上昇する局面を想定し、価格上昇メリットを享受するためのものと分析するが、協定債権の弁済と計画弁済が遅滞なく行われる限り、別除権者は、担保権を実行できないため、価格上昇メリットを享受できないはずであり、これを目的に復活型協定が利用されているとは思われない。さらに、類型説は、復活型協定では、解除条件の成就等による被担保債権額の復活を承認しながら、別除権者が復活した被担保債権額で担保権を実行するには、協定当事者に原状回復の義務が生じることや協定債権の弁済原資が再生債務者の一般財産であることを理由に、既に受領済みの協定債権を再生債務者（ないし破産財団）に返還しなければならないとする。しかしながら、担保権者にいったん回収した債権を吐き出してから担保実行せよというのであれば、復活型協定を利用しようとする別除権者はいないだろう。

固定説や類型説は、再生手続においても、破産手続におけるのと同様の意味で不足額原則を貫徹すべきだと解するのだろうと思われる（注15）。確かに破産手続は、破産債権の引当てとなる破産財団について固定主義を採用し（破産三四条一項）、また、破産財団の終局的清算のために打切り主義を採用して別除権付破産債権の行使時期を制限しており（破産一九八条三項・四項）、ここでの合意による不足額の確定に不可逆性を求めることには合理性がある。これに対し、再生手続は、再生債務者財産について膨張主義を採り、別除権付債権の行使時期についても特段の制限を設けていないのであるから、そこでの不足額確定は、再生手続に参加できる債権とそうでない債権を手続的に区別できれば足りるように思われる。

さらに、その当否は別にして、現実には破産と再生で別除権の目的財産の評価額は同じではない。再生手続においては、当該目的財産の事業再建への必要性が高ければ、受戻額は高止まりする傾向にある（注16）。類型説によれば、こうした高止まりした評価額を基礎とする協定債権が破産手続に移行した場合は財団債権として処遇されることになり、破産手続への負担となるだろう。

3　協定債権の性質

協定債権が再生債権か共益債権なのかについても議論がある。基本的には、再生債権説と共益債権説が対立する。共益債権説には、協定当事者の合意によって再生債権であった被担保債権が共益債権化されるとする見解と、被担保債権とは別にこれを担保するものとして共益債権が発生するとの見解があり得るが（注17）、類型説からは、復活型協定の協定債権は再生債権、不足額確定型の場合は共益債権と整理されている（注18）。

ところで、「別除権の目的財産の受戻し」とは、本来的には、別除権の被担保債権の全額を弁済して担保権を消滅させることを意味する。再生債権の弁済は許されないが（民再八五条一項）、目的財産の価値が被担保債権額を上回る場合は、再生債務者財産を拡充できるため、被担保債権の弁済が許される（民再四一条一項九号）。また、被担保債権額が目的財産の価格を上回る場合も、別除権者が不可分性を放棄して目的財産の価格に見合う一部弁済を受けることで担保解放に応じるなら、目的財産の受戻しが可能となるが、通説や実務は、これも「別除権の目的財産の受戻し」に含まれると解している（注19）。

本来の目的財産の受戻しは、別除権者の意思にかかわりなく、再生債務者が一方的に被担保債権を弁済するだけのことであり、共益債権説が成り立つ余地はない。これに対し、被担保債権の一部弁済による目的財産の受戻しは、受戻額やその弁済条件等が当事者の合意によって決定されるので、別除権協定は、和解契約としての性質を帯び、協定債権は、「再生債務者財産に関し再生債務者等が再生手続開始後にした資金の借入れその他の行為によって生じた請求権」（民再一一九条五号）として、共益債権と解する余地がある。かつて、裁判所が、牽連破産時に協定債権の財団債権化を防止するため、別除権協定に再生手続の廃止等を解除条件とする付款を導入したのも同様の理解を背景とする。

しかし、翻って考えると、民法上の和解の効力の性質については、和解によって新たな法律関係が創設されるとする見解（創設説）と、和解は従来の法律関係を認定するにとどまるとする見解（認定説）が対立しており、これに関連して和解によって確定された法律関係が従来のものと同一性を有するか否かが問題とされることがある。通説・判例は、和解の対象となった権利ないし法律関係が和解によって従来のものと同一性を失わせる程度のものか、ただ条件や態様を変更するだけのものかは当事者の合意内容によって定められるとし（当事者意思説）、原則的には後者と推定すべきものとしている（注20）。標準的な別除権協定は、既存の被担保債権のうち目的財産の価格で担保されている部分を確定し、被担保債権の範囲をその限度に減縮させて分割弁済を約するものにすぎず（確認的効力）、和解を原因として新たに協定債権を発生させるものではないと解すべきだろう（注21）。

実質的に考えても、協定債権の不履行があれば、別除権者は、担保権を実行すれば足りる。協定債権が共益債権だとすれば、別除権者は、債務名義を取得し、債務者の一般財産に執行して協定債権を回収した上、なお不足があれば担保権を実行して特別財産（目的財産）から債権を回収できることになるが、それでは不足額原則との抵触を生じることになる。当事者が被担保債権を担保するために共益債権を新たに発生させる旨を明示的に合意したときは、これを有効と解する余地があるが（注22）、その場合、監督委員は、別除権者に一般財産への権利行使を許すことについての合理性の有無を当該事案に即して検討した上で同意・不同意を決するべきである。

四　結び

別除権協定の内容は、基本的には、協定当事者の私的自治に属するが、その外縁は、強行法規によって画される。別除権協定に関する議論は、その外縁に関する認識の違いによるものと言えるが、差し当たって、不足額原則との関係では、外縁を固定的に考えるべきではない。もともと目的財産の価格には幅があり、一義的に確定できるわけではないし、目的財産の種類も多様であって、将来における時価の変動や再生債務者の利用による減価性の強弱も様々な上、再生手続が挫折した場合のリスクや債権者への影響も事案ごとに異なる。

私見は、基本的には、最高裁判例と同様、合意による不足額確定の効果が失効すれば、不可分性も復活するから別除権者が優先弁済を受け得る範囲は、協定前の被担保債権額から既払いの協定債権および計画弁済の額を控除した額とすれば足りると考える。少なくとも、固定説や類型説が指摘する「計画弁済の二重取り問題」（注23）や「担保価値の二重取り問題」（注24）が生じる可能性があることを理由に、復活型協定に不足額確定の効力を否定してしまうのは行きすぎであり、必要があれば事後的に清算措置を講じれば足りる。事後的な清算方法については、様々な提案がなされているが（注25）、第一次的には、協定において必要に応じて自主的な清算方法を定めることが望ましい（注26）。

別除権協定は、協定当事者が矛盾する利害を自主的に調整した契約規範として尊重されるべきであり、まずは、その意味を協定の文理と当事者の合理的意思から確定すべきであって、その具体的な当否は、事案ごとに監督委員の同意権限の行使によって検証されるべきである。実務では、申立ての受理と同時に監督命令を発令し、監督委員の許可を要する行為に別除権の目的財産の受戻しを指定する運用が一般化しているが（民再五四条二項、四一条一項九号）、監督委員は、単に別除権の目的財産の受戻しに関する条項に的を絞って同意権限を行使しているわけではなく、受戻額の相当性を中心に、計画の認可や遂行の可能性や目的財産の事業への必要性、万一破産手続に移行した場合に協定の内容が他の債権者へ及ぼす影響等を総合的に考慮し、全体としての別除権協定の当否を審査しているものと思われる（注27）。

（注1） 東西倒産実務研究会編『東京方式・大阪方式―倒産実務研究シリーズ1和議』二八三頁以下（一九八八年）。
（注2） 山本和彦ほか『民事再生法の実証的研究』（二〇一四年。以下「実証的研究」として引用する）は、平成一二、一三年までに完結した東京、大阪、仙台および那覇の各地裁に申し立てられた再生事件三一三件を実態調査したが、そのうち、記録上、別除権の存在を読み取ることができた事件が二八七件、うち担保権消滅請求が申し立てられた事件は一五件であるのに対し、記録上、別除権協定に向けての交渉が確認された事件は一七一件に上ると報告されている（同書二〇〇頁以下）。
（注3） 三上徹「民事再生法の運用二題」金法一六五三号四頁（二〇〇二年）。商事法務編『再生・再編事例集4』三七頁〔三上徹〕（二〇〇五年）。
（注4） 和議手続では、有担保債権者が被担保債権全額について和議条件に従った弁済を求められるか否かについて、これを肯定する見解（東京地判平八・一一・二一金法一五〇〇号一〇一頁）と不足額部分に限るとする見解が対立していた。
（注5） 全国倒産処理弁護士ネットワーク編『新注釈民事再生法（上）』四二〇頁〔中井康之〕（二〇〇六年）、民事再生実務合同研究会編『民事再生手続と監督委員』二六頁〔阿多博文発言〕（二〇〇八年）。
（注6） 井田宏「民事再生手続におけるリース料債権の取扱い―大阪地裁倒産部における取扱い及び関連する問題点の検討」判タ一一〇二号四頁（二〇〇二年）は、当時の大阪地裁の運用として、ファイナンスリース契約に基づくリース料債権が別除権付再生債権であることを前提に、事業に不可欠なリース物件を確保するためには、別除権協定の締結によることが必要であり、また、協定債権は共益債権であるとの認識のもと、牽連破産に移行した場合に財団債権扱いされることを防止するため、破産手続への移行原因を別除権協定の解除条件とする扱いを紹介

する。

（注7）　木内道祥監修『民事再生実践マニュアル』二〇〇頁以下（二〇一〇年）、とくに三五一頁以下に掲載の書式参照。全国倒産処理弁護士ネットワーク編『通常再生の実務Q＆A１２０問』二二二頁〔青谷智晃〕（二〇一〇年）。東京弁護士会倒産法部編『民事再生申立ての実務』二二一頁（二〇一二年）。

（注8）　必要説は、深山卓也ほか『一問一答民事再生法』一一八頁（二〇〇〇年）、花村良一『民事再生法要説』二五六頁（二〇〇〇年）、全国倒産処理弁護士ネットワーク編『注釈民事再生法〔新版〕』二八〇頁〔木内道祥〕（二〇〇二年）などであり、不要説は、福永有利監修『詳解民事再生法〔第二版〕』三二三頁〔山本和彦〕（二〇〇九年）、松下淳一『民事再生法入門』九八頁（二〇一四年）など。

（注9）　森純子ほか『はい6民です。お答えします―倒産実務Q＆A』五三五頁（二〇一五年）。

（注10）　復活説は、上野正彦ほか編『詳解民事再生法の実務』三八六頁〔須藤英章〕（二〇〇〇年）、固定説は山本和彦ほか編『Q＆A民事再生法〔第二版〕』二五三頁〔難波修一〕（二〇〇六年）、福永監修・前掲注8三二二頁〔山本〕。

（注11）　最判平二六・六・五（民集六八巻五号四〇三頁）。

（注12）　木村真也「別除権協定の取扱いと規律」債管一五〇号一四五頁注三の指摘に負う。

（注13）　当該協定の付款は、再生計画認可の決定が効力を生じないことが確定すること、再生計画不認可の決定が確定すること、または再生手続廃止の決定が確定することを解除条件とするものであり、本文のような事態が生じた場合がこれに含まれるのかも争点となったが、最高裁は、契約当事者の意思の合理的解釈として積極的に解した。なお、補充的契約解釈については、潮見佳男『民法総則講義』（二〇〇五年）九八頁、河上正二『民法総則講義』（二〇〇七年）二五五頁参照。

（注14）　伊藤眞ほか編『担保・執行・倒産の現代―事例への実務対応』三〇四頁以下〔中井康之〕（二〇一四年）が重要な論稿であり、山本和彦『倒産法制の現代的課題』一二四頁（二〇一四年）や藤本利一「別除権協定の失効とその効力」阪大法学六四巻六号一八二三頁（二〇一五年）などもこれを支持する。

（注15）ちなみに、更生手続では、更生会社の財産上の担保権の被担保債権は、手続開始時の目的財産の時価により更生担保権部分と更生債権部分に分離され（会更二条一〇項）、別の形で不足額原則が徹底されるが、目的財産の価格を決定するための裁判手続が整備されており（会更一五三条、一五四条）、「合意による確定」の制度はない。

（注16）伊藤眞ほか編集代表『倒産法の実践』一一三頁以下〔多比羅誠〕（二〇一六年）。なお、平成二六年の最高裁判例の事案では、競売手続での売却価格が合意された受戻額を大幅に上回っているが、特殊な事情で時価を下回る受戻額が合意されたようであり（木村・前掲注12一四五頁注五）、稀有な事例であったと言えるだろう。

（注17）山本・前掲注14一二四頁。

（注18）伊藤ほか編・前掲注14三一五頁〔中井〕。

（注19）園尾隆司ほか『条解民事再生法〔第三版〕』一二四頁〔相澤光江〕（二〇一三年）、伊藤眞ほか『条解破産法〔第三版〕』六三七頁（二〇一四年）。

（注20）我妻栄『民法講義Ｖ３』八七八頁（一九六二年）、三宅正男『契約法（各論）（下）』一二四〇頁（一九八八年）、平野裕之『民法総合５契約法〔第三版〕』七三三頁（二〇〇七年）。

（注21）協定債権の共益債権性が争点となった下級審判例（東京地判平二四・二・二七金法一九五七号一五〇頁）も、我妻・前掲注20と類似の枠組みで判断しているように思われる。

（注22）これに対し、合意によって倒産債権のプライオリティを変更することはできないから、被担保債権をそのまま共益債権化することはできないと解すべきだろう（山本・前掲注14一三二頁）。ただし、和解契約によって新たな債権を発生させることは可能であり（創設的効力）、その場合は共益債権となり得るが（民再一一九条五号）、これは別除権の被担保債権たり得ないだろう。

（注23）伊藤ほか編・前掲注14三一三頁、三一四頁〔中井〕。

（注24）伊藤ほか編・前掲注14三二三頁〔中井〕。

（注25）印藤弘二「別除権協定失効の効果と既払金の取扱いに関する考察」金法二〇二四号六頁（二〇一五年）、木村・

前掲注12、髙木裕康「判批」債管一四六号一一五頁、高橋宏志ほか編『民事手続の現代的使命』八四一頁〔栗原伸輔〕（二〇一五年）等。

（注26）　伊藤ほか編集代表・前掲注16一三一頁〔小林信明〕。

（注27）　全国倒産処理弁護士ネットワーク・前掲注7一五七頁〔石井教文〕。

相殺と開始時現存額主義

一橋大学教授　山本和彦

目次

一　問題設定

いわゆる手続開始時現存額主義は様々な問題を生じているが（注1）、本稿では、その相殺との関係について考えてみたい。本稿が対象とする法律問題は以下のようなものである。すなわち、債権者（銀行）が債務者に対して貸付債権を有していたところ、債務者に破産手続が開始した。債権者は、当該破産手続開始後、当該債務者の連帯保証人に対する保証債務に係る債権とその者の債権者に対する預金債権とを対当額で相殺した。その際、債権者・保証人間には、銀行取引約定書による以下のような合意が存在していた。

「乙（銀行）が相殺等を行う場合、債権債務の利息、割引料、清算金、損害金等の計算については、その期間を乙による計算実行の日までとします。」

以上のような前提に基づき、債権者（銀行）の破産債権の額は、破産手続開始時の債権額となるか（現存額説）、上記相殺による消滅額を控除した債権額となるか（控除額説）という問題である（注2）。

以上のような問題につき、以下では、この点に関する従来の学説を検討し（二参照）、それを前提に、控除額説の根拠となり得る点として、民法五〇六条の強行法規・任意法規性（三参照）、銀行取引約定書の意義（四参照）、遡及効否定合意の倒産手続における効力（五参照）の各論点について、順次検討していく。

二　従来の学説

1　開始時現存額主義と相殺

破産手続開始後に保証人等から弁済等がされて破産債権が一部消滅した場合の規律として、破産法はいわゆる手続開始時現存額主義という考え方を採用する（破産一〇四条一項）。その結果、破産手続中に破産債権が一部消滅したとしても、破産手続開始時の現存額が維持されることになる。そして、このような規律が妥当する場合として、弁済のほか、債務消滅事由が一般的に包含され、相殺も含まれることになる。例えば、『条解会社更生法』は、「その満足が、いかなる方法によって（弁済、代物弁済、相殺、担保権の実行など）もたらされたかにより、この点に相違はない」と述べ、明示的に相殺も対象に含めている（注3）。

しかし、少なくとも法定相殺の場合については、民法の定める相殺の遡及効（民法五〇六条二項）による例外が認められている。すなわち、破産手続開始後に相殺がされたとしても、その効果は手続開始前の相殺適状時に遡る結果、手続開始時には破産債権は既に相殺による消滅額が控除された額になっているので、控除額が破産債権になると解するものである。このような見解を明示する『条解会社更生法』は、「相殺については、手続開始前に相殺適状があったときは、相殺による債権消滅の効果はその時に遡るから（民法五〇六条二項）、相殺のあった限度で更生債権額を減少させる」とする（注4）。その後、倒産法改正前の学説は一般的にこれに追随し（注5）、その傾向は現行法のもとでも基本的に変わっていない（注6）。以上のように、法定相殺の場合には、相殺の遡及効により、破産債権額は控除額になるとするのが通説である（注7）。ただし、このような見解の根拠は民法の上記規定の存在に尽きており、遡及効の規律以外の実質的な理由は述べられていない点には注意を要する。

2　相殺の遡及効を制限する合意がある場合の取扱い

以上のように、法定相殺の場合には、相殺による控除額を破産債権額とする見解が通説であるが、銀行取引約定書等において相殺の遡及効を制限する合意があった場合に、それによる影響があるのかが次に問題となる。当事者間の約定により民法上の遡及効を限定した場合に異なる結論になるのかという問題であるが、この点を論じる見解は少ない。

その中で、この場合は、原則に戻って手続開始時の債権額になるという現存額説を採用する見解として、和智説がある（注8）。そこでは、銀行取引約定書において相殺時の利息・損害金等の計算につき特約がある場合、それは破産管財人に対抗できないという実務があるとしながら、「連帯保証人との関係で特約の効力を否定する理由はなく、実質的にも連帯保証人との相殺は破産財団を減少させず破産債権の総額にも影響しません。したがって、B銀行の銀行取引基本契約に上記特約がある場合は相殺の効力は債権届出後に生じますので、債権調査においてはB銀行の届出債権一〇〇〇万円全額を認めることになると考えます」とする。合意により相殺の効力の発生時点が手続開始後になるので、破産法の定める現存額主義が原則どおり妥当すると解するものである（注9）。

これに対し、当事者間に合意があっても、法定相殺と同様、控除額説を採用する見解として、伊藤眞説がある（注10）。伊藤教授は、「相殺の際の債権債務の計算について相殺の意思表示時とする特約がある場合は、破産債権額が減少しないとの考え方があるが（中略）、このような特約の効力は、利息や損害金の計算に限られ、相殺の遡及効自体を覆せるものではない」とする。『条解破産法』も同旨の見解による（注11）。ただ、以上のような伊藤・条解説は、これ以上の理由を述べておらず、「相殺の遡及効自体を覆せる（排除できる）ものではない」という表現が何を表しているのか、それはなぜなのかについては、推測するしかないが、いくつかの論理的可能性があるように思われる。

第一に、民法五〇六条二項が強行法規であるとする考え方である。すなわち、「覆せるものではない」という表現は、当事者間の合意によって遡及効を覆すことは強行法規に反して許されないとの趣旨を示すものとして理解する考え方である。

第二に、当該銀行取引約定書等の趣旨は、遡及効を否定する意思ではないとする考え方である。すなわち、「覆せるものではない」とは、覆す意味ではないという趣旨として理解するものである。合意の意思解釈に基づき、遡及効の否定を認めない考え方である（注12）。

第三に、破産手続においては民法五〇六条二項と異なる合意は、効力を有しない（破産管財人に対しては対抗できない）とする考え方である。すなわち、「覆せるものではない」という表現は、「破産手続においては」覆すことは許されないとの趣旨として理解するものである。第一説とは異なり、破産手続との関係でのみ合意の効力を否定する考え方である（注13）。

以下では、それぞれの可能性について順次検討していく。

三　民法五〇六条の強行法規性

まず、民法五〇六条二項を強行法規とする考え方である。仮にこれを強行法規とすれば、当事者間の合意によってはその効力を左右することはできず、遡及効の存在は否定できないことになり、通説に従えば当然、控除額説が採用されることになる。そこで、この規律が強行法規か任意法規かについて検討する必要がある。

1　従来の学説

従来の学説では、民法五〇六条二項は任意規定とする理解が一般的と解される。例えば、内田貴教授は、「相殺契約の効果が遡及するかどうかも、合意で決まる」とするし（注14）、中田裕康教授も、合意に基づく相殺について「法定相殺の遡及効（五〇六条二項）の制約も可能である」とする（注15）。さらに、潮見佳男教授は、民法五〇五条以下の規定につき、現在の相殺学説は、五一一条を除き、強行規定性を否定しているとし、遡及効についても、「相殺契約から推断してなお意味不明のときには、民法五〇六条二項の起草趣旨として語られている点の合理性に鑑み、特段の事情が認められない場合には遡及効を肯定すべきである」とする（注16）。これは、相殺契約の意味が明確であれば、遡及効を否定できることを当然の前提とする叙述と見られる。

また裁判例としては、東京高判昭四三・五・二九（金法五一九号三〇頁）が「相殺等によって差引計算をするときはその計算の時（本件では相殺の時）を基準としてそれまでの期間の利息、損害金等をも加算して決済することを特約していること（中略）、このことからすれば右相殺によって相互の債権債務は右約定に従い相殺時現在の全債権債務についてその対当額で消滅したものとしたと認めるのが相当であり（中略）、右合意による計算が少くとも当事者間では有効とすべきこともちろんである」として、遡及効を否定する合意の効力を正面から承認している。

2　債権法改正の際の議論

以上のような点を特に明確化したのが、今回の債権法改正の際の議論である。債権法改正においては、当初は相殺の遡及効を否定する方向で民法五〇六条二項を改正する提案も有力であった。そこでは、現行法上の遡及効の規律には必ずしも合理的な根拠がないとの理解を前提としていた（注17）。ただ、その後の法制審議会の審議の中では、消費者の利益の観点から遡及効の排除は相当でないとの議論が生じ（注18）、それが最終的に現行法を維持する決定的な理由となっていくが、その際にも、前述のような遡及効否定論の合理性にかんがみ、遡及効の規律が任意規定である旨が前提として繰り返し確認された。そこでは、B to Bでは遡及効は合意により排除すれば足りる一方、B to Cの場面で遡及効を排除する不相当な合意がされたときは、消費者契約法一〇条等でその合意の効力を否定できる可能性を残すため、民法上のデフォルトルールとしては遡及効を維持すべき旨の議論が多数となったものである。

民法五〇六条二項が任意規定であることを確認する議論は、既に早い段階で、例えば、岡正晶委員が「もちろん当事者間の特約で意思表示時にするというのは認めて結構だと思います」とし（注19）、また山野目章夫幹事も「何をデフォルトルールにするのが適当かという事務局の御説明のとおり」として（注20）、この点はデフォルトルールの問題であること、すなわち当事者の合意により変容し得ることが当然の前提とされた。また、立案担当者（法務省参事官）の筒井健夫幹事も「例えば銀行取引において、相殺の意思表示をしたときの効果をあらかじめ約定しておいて、実際に相殺の意思表示がされた場合にその約定に従った効果が発生するといった例があると思います。そのような合意が許されるという趣旨で、任意規定と表現したものです」との説明をする（注21）。

以上の議論を受けた中間論点整理では、遡及効否定の提案について「このような考え方の当否について、遡及効が認められなくなることにより特に消費者に不利益が生ずるおそれがあるという指摘があることに留意しつつ、任意規定として遡及効の有無のいずれを規定するのが適当かという観点から、更に検討してはどうか」として、あえて「任意規定として」という文言を明示する（注22）。そして、中間論点整理に対する日本弁護士連合会の意見では、「既払の遅延損害金等の処理が必要となるのは、銀行取引以外では想定し難いが、銀行取引においては銀行取引約定書で相殺の意思表示をした時点で差引計算をする旨の特約が存在することが多いので、実務上、遡及効を任意規定とする現行法でも不都合はない」として、現行法が任意規定であることを強調している。

このような理解は、中間論点整理後にこの提案自体が否定されていく中でも共有されていた。例えば、中井康之委員は「基本的には銀行取引においては（中略）、ほとんどの場合は特約が銀行取引約定書で入っていると思います。その特約を排除するわけではありませんので、特段それで銀行実務に与える影響はないと理解をしています」とするし（注23）、内田貴委員も、企業間の相殺について「特約を結べる場合には最初から遡及効を否定する特約を結んでいると伺ってはいます」として（注24）、そのような合意の効力が当然認められることを前提にしている。

以上のように、法制審議会の民法改正の議論の中でも、終始一貫して相殺の遡及効に係る現行法の規律は任意規定であると理解され、そのような理解を前提にこの部分の改正が見送られたものである。

3　小　括

以上のような議論の経緯に即しても、民法五〇六条二項の任意規定性について争いはないと思われる。したがって、同条項を強行規定と理解して控除額説を採用することには理由がないものと解される。

四　銀行取引約定書の意義

ここで問題とされるのは、「乙（銀行）が相殺等を行う場合、債権債務の利息、割引料、清算金、損害金等の計算については、その期間を乙による計算実行の日までとします」とする銀行取引約定書の条項であるが、その解釈として、これはあくまで利息等の計算についての特則を定めた規定にとどまり、遡及効を否定する趣旨までは含まれていないとの理解があり得る。そして、遡及効自体は民法五〇六条二項に基づき発生しているとすれば、控除額説が採用されることになる。前記査定決定（注12参照）が、上記条項は「その文言からすると、相殺による差引計算をするために利息、割引料、清算金、損害金等の数額を計算する際の計算の基準日を定めたものにすぎず、相殺の効力発生時について何らかの定めをしたものとはいえない」とする見方は、このような趣旨を示したものと理解されよう（注25）。

1　条項の解釈

この問題は、結局当事者間の合意の意思解釈の問題であり、そこでは何よりも当事者の意思の内容が重要になる。そこで、当該条項を作成した銀行実務における認識が一つの鍵となるが、例えば、その条項の解釈を示す銀行関係者の見解において、「相殺の時期は、法定相殺の場合は、相殺の意思表示のときではなく、相殺適状が生じたときにさかのぼる（民法五〇六条二項。これを相殺の遡及効という）が、約定相殺の場合は、相殺計算特約により金融機関が任意の日を定めて相殺をすることができる」とされているように（注26）、明らかに相殺の遡及効自体を排除する趣旨の合意と考えているようである。

ただ、このような条項の解釈としては、作成者の意思だけではなく、客観的な文言からそのような理解が導かれるかがより重要である（注27）。このような観点から見ると、相殺の遡及効は遅延損害金等の発生時を相殺適状時までに限定することに意義があるところ、上記約定はまさにその遡及効の中心的効力を否定するものであり、遡及効自体を否定するものであると解するのが合理的と思われる。仮にこの規定の理解として、遡及効を維持したまま、利息・遅延損害金の計算のみを調整する規定と考える（前記査定決定はこのような理解かも知れない）とすれば、既に債権債務は遡及的に消滅しているにもかかわらず、それに対して利息等を付する合意をしているということになり、当事者の合意内容としてはきわめて不自然なものとなろう（注28）。それよりも、前述のように任意規定である民法五〇六条二項の適用を排除し、相殺の効果発生の時期自体を変更する旨の合意と考えるのが意思表示の理解としてはより素直であり、当事者の合理的意思にも合致すると考えられる。裁判例としては、前掲東京高判昭四三・五・二九もそのような理解を前提にしているものと解される（注29）。

2　債権法改正の際の議論

このような銀行取引約定書の文言が相殺の遡及効を否定する趣旨の合意であることは、前述の法制審議会の審議過程においても繰り返し議論の前提とされている。例えば、立案担当者である筒井幹事は、中間論点整理において民法五〇六条二項を任意規定と表現した趣旨につき、「例えば銀行取引において、相殺の意思表示をしたときの効果をあらかじめ約定しておいて、実際に相殺の意思表示がされた場合にその約定に従った効果が発生するといった例があると思います。そのような合意が許されるという趣旨で、任意規定と表現したものです」と説明する（注30）。これは、銀行取引約定書の規定について、法務省が相殺の遡及効を排除する合意と認識していたことを端的に示すものである。また、中間論点整理に対する日本弁護士連合会の意見において「既払の遅延損害金等の処理が必要となるのは、銀行取引以外では想定し難いが、銀行取引においては銀行取引約定書で相殺の意思表示をした時点で差引計算をする旨の特約が存在することが多いので、実務上、遡及効を任意規定とする現行法でも不都合はない」とするのは、日弁連の認識においても、相殺の遡及効を否定する合意の代表例として銀行取引約定書が意識されていたことを示している。

以上のように、銀行取引約定書の規定が相殺の遡及効を否定する趣旨のものであることにおよそ異論はなく、これを単に利息等計算の合意にとどまり、相殺の遡及効自体は維持されていると解することは合理性を欠く意思解釈であり、採用できないと解される。

3　小　括

以上の検討からすれば、本件のような約定は、相殺の遡及効を否定する趣旨の合意と理解されるべきことは明らかである。したがって、この約定について遡及効を否定する合意ではないと意思解釈して控除額説を採用することは相当でないと解される。

五　遡及効否定合意と倒産手続――手続開始時現存額主義の意義――

1　第三者に対する対抗可能性に関する議論

以上のように、銀行取引約定書の前記合意について任意規定である相殺の遡及効を否定する趣旨の合意であり、合意に従って効力を有するとすれば、法定相殺に関する（遡及効を前提にした）通説の議論はこの場合には妥当せず、手続開始後に相殺がされ、その時点で債務の一部消滅の効力が生じるとすれば、現存額説はこの場合にも妥当するはずである。

しかるに、このような理解に対して、このような合意は、当事者間では上記のような効力を有するとしても、破産管財人（あるいは差押債権者等第三者）に対しては対抗できない旨の議論がかねてから存在した。例えば、米津弁護士は、「民法の原則である相殺の遡及効（民法五〇六条二項）と異なる特約は、当事者間では有効であるが第三者には対抗できないと解されている」とするし（注31）、裁判例として、東京地判昭四七・六・二八（金法六六〇号二七頁）は（特段の理由は述べないものの）、上記銀行取引約定書と同様の条項がある場合にも、破産債権者（信用金庫）の基準時までの付利の主張を認めず、相殺の遡及効を適用している。このような見解によれば、遡及効を排除する当事者間の合意は破産手続のもとではその効力を有さず、民法の原則に戻って遡及効が妥当し、控除額説が肯定されるようにも見える。

しかし、議論はそれほど単純ではない。遡及効の否定合意に消極的な見解も、注意深く見ると、その多くは特約の効力を全面的に否定するものではなく、むしろその効力を一定の範囲に制限するものである。例えば、合意の効力を否定する代表的論者である鈴木禄弥教授は、差押債権者に対する効力についてであるが、特約による遡及効否定の「自由を無制限に認めるわけにはいかない」としながら、差押え以前に相殺適状が生じている場合は、「差押えの時までこの基準日を繰り下げうる」とされる（注32）。換言すれば、相殺適状時から差押え時までの遡及効制限は容認される。同様に、西原寛一教授は、破産との関係で、「この約定の効力は、銀行と債務者との間に限られ、差押や破産宣告の日以後の分については、第三者に対抗できないと解される」として（注33）、相殺適状時から破産手続開始時までの遡及効制限の効果は肯定されている（注34）。

そうだとすれば、遡及効否定の合意が破産手続に対抗できないとする論者も、破産手続開始日後につき損害金等が発生する結果になる合意の効力を否定するものであり、当該合意の効力を全面的に否定し、相殺適状時まで相殺の効果を遡及させるべきとまで主張するものではないということになる。そして、以上の議論は、債権者によるどの時点までの付利の主張が認められるかという問題を主に扱っているため、基準時が破産手続開始日の前になるか後になるかは厳密には明らかでない。したがって、仮にこのような見解（対抗否定説）によるとしても、破産手続開始の直後まで遡及効を制限できるとすれば、本稿が取り扱う問題との関係では、なお現存額説を採る可能性は残される点に注意を要する。

2　問題の位置付け

この問題の位置付け方については、いくつかの見解があり得ると思われる。前述のように、従来の議論は「合意が破産管財人に対抗できない」として問題を設定する理解が有力であった。しかし、同様の議論が展開されている相殺予約の局面では、最判昭四五・六・二四（民集二四巻六号五八七頁）が、周知のように、相殺予約の対抗力を無条件で認め、「かかる合意が契約自由の原則上有効であることは論をまたない」とした。そもそも合意＝契約が第三者に「対抗できない」ということの意義が問題になるが、これが純粋の対抗問題でないことは明らかであろう。このような表現ぶりには、相殺を一種の担保として把握する理解が前提にあるように思われるが（注35）、そうだとすると、その「対抗力」の有無を決するについては、一般債権者（破産債権者）との関係で、このような合意がどのような影響を与えるかが重要な問題になると考えられる。一般債権者に与える不利益が小さければ、当事者の合意を尊重するのが本来の筋であるからである。

また別の考え方として、倒産手続の場面では公序（強行法規）に反して、このような合意が効力を有しないとの理解も考えられる。平時では有効とされる合意も、倒産手続という特殊な環境下では効力を有しなくなる場面はあり得、筆者はこれを「倒産法的公序」と呼んでいる。そして、いかなる合意が倒産手続のもとで効力を否定されるかについて、筆者の理解は、「当該法律行為が倒産法秩序の観点からみて倒産債権者の利益に看過し難い不利益を生じる場合であって、かつ、そのことを契約当事者が合理的に予測できたときには、それは（平時には有効であっても）倒産法的公序に反するとされてもやむを得ない」とするものである（注36）。すなわち、「倒産法的公序」に適合するかどうかは、ここでも破産債権者にどのような不利益をもたらすかによって決せられる。

以上のように、いずれにしても、問題は、このような合意が破産債権者にいかなる不利益をもたらすのか、そしてそれによって破産手続の目的・秩序を阻害するかであり、その影響の重大性によって破産手続における合意の効力（対抗力）を認めるかどうかが決まることになると思われる。

3　開始時現存額主義の意義

そこで、相殺の遡及効を制限する合意が破産債権者に与える不利益を考えることになるが、その前に手続開始時現存額主義の趣旨について再確認しておきたい。このような考え方を破産法が採用したのは、債権者の努力において（保証契約等により）事前に責任財産の範囲を拡大・集積して債務者の経営危機に対応しようとした債権者の利益を可及的に尊重すべきとの理解にある（注37）。そして、このような趣旨は、本来、債務の消滅原因にかかわらず妥当するものである。前述のように、法定相殺について控除額説が採用されているのは、相殺の遡及効に関する民法の規定が唯一の根拠であり、実質的理由はあまり存しない（注38）。

他方、民法の定める相殺の遡及効の規律自体については批判も強く、有力な改正案が存在したことは前述のとおりである（注39）。債権法改正の議論において、遡及効は最終的に維持されたものの、そこで主として問題にされたのは対消費者の関係である。それに対し、事業者との関係では改正論がむしろ強かったように見られるが、その点は当事者間の合意により対応できること、すなわちこの規律が任意規定であることを強調して対処すべきものとされた。そして、実際上問題が多く生じる銀行取引の局面では、既に銀行取引約定書によって対応がされている点も強調されたところである。

以上のように考えると、事前の合意によって相殺の遡及効自体を制限することは、民法の規律の趣旨からも十分に肯定されるものである。そして、事前の合意によって現存額主義の適用範囲を拡大することも、他の破産債権者の利益を害しない限り、債権者の責任財産拡大の努力として本来許容されるべきものと解されよう。

4　破産債権者に対する影響──利益衡量──

そこで、このような合意が他の債権者の利益を害するかどうかが問題となるが、具体例として、倒産手続開始時に銀行が破産者に対して一億円の債権を有しており、一億円の破産債権として債権届出をしていたところ、破産者の保証人が三〇〇〇万円の預金を有していたため、手続開始後に銀行が相殺したとする。この場合の相殺適状は既に破産手続開始前にあったが、相殺権行使時を相殺の効果発生時とする約定があったとして、一億円の破産債権届出がそのまま維持されたという例を考える。

この場合、上記合意の効力が認められるとの見解（現存額説）を採れば、破産債権者は手続開始時の一億円の破産債権をそのまま行使可能ということになるし、上記合意の効力が認められないとの見解（控除額説）を採れば、債権者の破産債権額は、相殺により消滅した三〇〇〇万円を控除して七〇〇〇万円になる。ただ、後者の場合に注意すべきは、保証人は、破産債権者に対して手続開始前に三〇〇〇万円の弁済をしていることになるので、破産手続において求償権の行使が当然可能になるという点である。例えば、『条解破産法』は、控除額説によりながら「ただし、相殺をなした他の全部義務者が破産債権を行使することになれば、実際上このような問題は生じない」とするが（注40）、これは、上記の例で保証人が求償権に基づき手続参加をすれば、三〇〇〇万円分の破産債権が保証人に移転するだけであり、破産手続に影響しないことを前提にした記述と思われる。

以上のように、求償権の行使（保証人の手続参加）がされるとすれば、他の破産債権者の配当額には一切影響がないことになる。その意味で、現存額説か控除額説かという問題は、破産債権者の利害には基本的に関係がなく、あくまでも債権者・保証人間の利害調整の問題にすぎない（注41）。したがって、これは当該約定当事者間の問題として整理できることになり、そうだとすれば、合意の主体である保証人の利益を合意に反して保護する必要はなく、合意に従って遡及効を否定してよいと解される。

仮に求償権の行使（保証人の手続参加）がされない場合は、事実の問題としてはあり得る。しかし、そのような可能性があり、その場合は他の破産債権者が（銀行の破産債権の減額によって）事実上利益を得られるとしても、それは事実上の問題にすぎない。法律上は求償権が存在し、その行使可能性がある以上、それが行使されないことにより得られる事実上の利益は一種の反射的利益（「棚ボタ」）にすぎず、それをあえて保護する必要はなく、そのために当事者間では本来有効な合意の効力を破産手続上否定することは相当でないと解される。以上のように考えると、この問題に関しては、相殺の遡及効を否定する合意により害される破産債権者の保護に値する利益は存在せず、このような合意の効力を破産手続において認めたとしても、それにより破産手続の目的・秩序を阻害することもなく、前記合意の破産手続における効力（対抗力）を認めることに問題はないものと解される。

なお、以上のように、破産手続開始後の相殺の場合に現存額説を採用する場合、手続開始前に相殺の意思表示がされていれば、当然に控除額説が妥当することになり、相殺の意思表示の時点と手続開始の時点の前後によって結論が異なることになる。しかし、それは弁済の場合でも同様であり、開始時現存額主義自体が、債務消滅が手続開始の前か後かで決定的な差を設けたことの必然的な帰結と言える。このように解しても、前述のように、これは破産債権者一般には影響がない事柄であり（注42）、あくまで破産債権者と保証人等全部義務者との間の利害調整の問題にすぎず、問題はないと言えよう（注43）。

5　遡及効否定の合意と利息等の取扱い――補論――

前述のように（1参照）、相殺の遡及効に係る合意の第三者効の議論における中心的な論点は、破産債権と破産財団帰属債権との相殺の場面で、遡及効が否定される結果、破産債権の利息等が財団帰属債権の利息等を上回る場合に、当該超過利息等により破産財団の負担が増大することについてどのように考えるかという点にあった。そこでは、手続開始時まで遡及効を制限する見解が有力であった。この問題は、厳密に手続開始の直前または直後まで遡及効が生じるかが論点となる本稿が取り扱う問題とは異なる局面の問題ではあるが、便宜上、補足的に検討する。

まず、手続開始前の超過利息等であるが、これについては、当事者間の合意によるものであり、その効果を認めることは当然と思われる。仮に破産手続開始の直前に相殺がされていれば同じ結果になる（超過利息部分は破産債権になる）のであり、たまたま手続開始後に相殺された場合に、当事者の合意を無視して相殺適状時まで効果を遡及させる必然性はない。前述のように（1参照）、いわゆる対抗力を否定する見解の多くもこの点を前提にしていると解される。例えば、最高裁判所の編集した執務資料でも、「破産宣告時を基準として金利計算をするように勧告をするのが相当と思われる」として、手続開始前まで金利計算を遡らせることまでは求めていないのは（注44）、このような趣旨によると思われる。

次に、破産手続開始後の超過利息等がまさに問題であるが、この点については、とくに現行法のもとでは、破産管財人は相殺の催告権（破産七三条）を行使することが可能であり、催告にもかかわらず債権者が相殺権を行使しないと、相殺自体ができなくなる。最高裁判所の編集した執務資料では「破産管財人としては、銀行に対し速やかに相殺権を行使するよう催告」すべきとしていたが（注45）、少なくとも現行法上は、問題はこの催告権の行使による解決が想定されていると思われる。

以上のように考えれば、少なくとも現行破産法のもとでは、この場合についても、他の破産債権に与える不利益の観点からすれば、あえて当事者間の合意の効力を否定するまでの必要はなく、遡及効は発生しないと解する見解も十分成立可能であるように思われる（注46）。

6 小括

以上のように考えると、相殺の遡及効を制限して開始時現存額主義の適用を認めるについて、他の破産債権者に実質的な不利益があるとは思われない。そうであるとすれば、当事者間では有効である合意の効力を破産手続との関係であえて否定する根拠は存しないように思われる。その意味で、このような効力を全面的に否定するか、仮に前述の有力説の立場によるとしても、遡及効の制限の範囲として、破産手続開始直後までの遡及を認めれば足り、控除額説を採用する理由はないものと解される。

六 結論

以上のように、当事者間で銀行取引約定書のような合意がある場合には、それは民法五〇六条二項の適用を否定する当事者間の合意として尊重され、また破産手続との関係でも、相殺の遡及効を否定する当事者間の合意を尊重することに問題はないと解される。したがって、設例のような場合には、銀行の相殺権の行使によって、銀行の破産債権は相殺時、すなわち手続開始後に一部消滅することになるので、開始時現存額主義が原則どおり妥当し、破産債権の減額の効果は生じないものと解される。

本稿は、木内道祥先生の古稀をお祝いするとともに、最高裁判所判事の大任を無事終えられ、多大な業績を挙げられたことに敬意を表して執筆されたものである。木内先生は、周知のように、弁護士時代には家事事件および倒産事件という珍しい組合せの専門分野を持たれていたが、筆者もたまたまこの両分野を研究対象としていたため、多くの研究会等で度々お世話になった。先生と議論させていただく度に、その透徹した論理と卓越したバランス感覚に常に大きな感銘を受けてきた。また、木内先生の奥様（淳子様）にもお世話になり、医学関係の学会で報告をさせていただくなど貴重な経験をさせていただいた。そのように公私ともどもお世話になっている木内先生のお祝いのためには本稿はきわめて不十分なものであるが、先生の今後の益々のご活躍とご健勝をお祈りする趣旨で本稿を捧げさせていただきたい。

（注1） 筆者は、島岡大雄ほか編『破産管財人の債権調査・配当』（商事法務、二〇一七年）五七八頁以下〔山本和彦〕において、手続開始時現存額主義の現状（いわゆる超過配当金が発生する場合の取扱い等）およびその将来（改正民法における弁済による代位の規律の変更の影響等）について、解釈論・立法論双方の観点から若干の検討をしたことがある。

（注2） 本稿の取り扱う問題については、神戸地尼崎支判平二八・七・二〇（金法二〇五六号八五頁）がある。本稿は基本的に同判決の考え方を支持するが、本稿の元となった意見書は、同判決に係る事件の原告側代理人の依頼により作成され、裁判所に提出されたものである。

（注3） 兼子一監修『条解会社更生法（中）』（弘文堂、一九七三年）三五四頁参照。

（注4） 兼子監修・前掲注3三五四頁参照。

（注5） 谷口安平『倒産処理法』（筑摩書房、一九七六年）一六八頁、中野貞一郎＝道下徹編『基本法コンメンタール

破産法〔第二版〕』（日本評論社、一九九七年）五八頁〔上田徹一郎〕、斎藤秀夫ほか編『注解破産法〔第三版〕（上）』（青林書院、一九九九年）一四八頁〔加藤哲夫〕、青山善充ほか『破産法概説〔新版増補二版〕』（有斐閣、二〇〇一年）一〇〇頁〔福永有利〕、園尾隆司＝深沢茂之編『破産・民事再生の実務（上）』（金融財政事情研究会、二〇〇一年）三〇〇頁など参照。

（注6）伊藤眞『破産法〔第四版補訂版〕』（有斐閣、二〇〇六年）二〇三頁注71、竹下守夫編集代表『大コンメンタール破産法』（青林書院、二〇〇七年）四四二頁〔堂薗幹一郎〕、伊藤眞ほか『条解破産法』（弘文堂、二〇一〇年）七二一頁、山本克己ほか編『新基本法コンメンタール破産法』（日本評論社、二〇一四年）二四〇頁〔青木哲〕、竹下守夫＝藤田耕三編集代表『破産法大系第2巻』（青林書院、二〇一五年）一一七頁〔河崎祐子〕など参照。

（注7）前掲神戸地尼崎支判平二八・七・二〇も、この論点に関しては通説と同様の判断を示す。わずかに、異説として、全国倒産処理弁護士ネットワーク編『破産実務Q＆A200問』（金融財政事情研究会、二〇一二年）二二六頁〔和智洋子〕に紹介されている見解がある（それが和智弁護士自身の採用する見解であるかは明らかでない）。そこでは、手続開始時に保証人は債権全額を消滅させない限り破産手続には参加できないという地位が確定しているとの理解を前提に、破産債権の一部が相殺で消滅したとしても、減額されないとされる。実質論として、破産債権者と保証人の利益衡量にかんがみ、現存額主義の趣旨を徹底する見解として注目される。

（注8）全国倒産処理弁護士ネットワーク編・前掲注7二二六頁〔和智〕参照。

（注9）問題は保証人との間での効力であるとされる点で、和智弁護士の見解は一貫している。この点については、注7も参照。

（注10）伊藤眞『破産法・民事再生法〔第三版〕』（有斐閣、二〇一四年）二八五頁注105参照。なお、これ以前の版にはこの問題に関する論及はない。

（注11）伊藤眞ほか『条解破産法〔第二版〕』（弘文堂、二〇一四年）七六五頁注3参照。最後の部分が「相殺の遡及効自体を排除できるものではない」とされており、微妙な表現ぶりの差異はあるが、基本的には同趣旨と考えてよ

かろう。

（注12） これは、前掲神戸地尼崎支判平二八・七・二〇の事案における査定決定が採用した考え方とみられる。伊藤・条解説の文言の理解としては、やや無理があるようにも思われるが、論理的には成立し得る考え方として、以下でも検討の対象とする。

（注13） 前述の和智説（注7参照）において、実務が採っているとされた考え方と見られる。

（注14） 内田貴『民法Ⅲ［第三版］』（東京大学出版会、二〇〇五年）二五六頁参照。

（注15） 中田裕康『債権総論［第三版］』（岩波書店、二〇一三年）三九二頁参照。

（注16） 潮見佳男『債権総論Ⅱ［第三版］』（信山社出版、二〇〇五年）三五三頁参照。

（注17） その理由としては、相殺適状時に債権債務が清算されたとする当事者の期待は保護の必要性が高くなく、相殺時に効力が生じるとする方が簡便な決済を実現できること、遡及効を認めないと一方当事者が多くの遅延損害金を負担するという問題は、相殺の効力が遅れることにより不利益を受ける当事者の側から相殺すれば問題がないこと、相殺の遡及効は現行法の意思表示主義ではなく、フランス法等の採用する当然相殺主義に親和的であることなどが挙げられていた。民事法研究会編集部編『民法（債権関係）の改正に関する検討事項』（民事法研究会、二〇一一年）二四五頁以下参照。

（注18） 前述のように相殺が遅れる不利益は（遅延損害金の負担を受ける）消費者側から相殺すれば回避できるとの主張（注17参照）については、消費者に自発的な相殺を求めることは実際上困難であるとの立場から批判がされた。

（注19） 法制審議会民法（債権関係）部会議事録（以下単に「議事録」という）第八回四〇頁参照。

（注20） 議事録第八回四一頁参照。

（注21） 議事録第二五回三四頁参照。質問をした松本恒雄委員も「分かりました。事前の基本契約によって一定の制限をしたりできるものだからという意味ですね」として、その説明を受容している。

（注22） その趣旨は、前述の筒井幹事の説明のとおりである。

（注23）　議事録第四七回四二頁参照。
（注24）　議事録第六七回八頁参照。
（注25）　ただ、前述のように、伊藤・条解説がこのような趣旨であるかは、その表現上、疑問を否めない。
（注26）　畑中龍太郎ほか編『銀行窓口の法務対策4500講〔Ⅴ〕』（金融財政事情研究会、二〇一三年）一三六頁参照。
（注27）　いわゆる約款の解釈においては、その文言が明確でなければ、いかに作成者が一定の認識を持っていたとしても、いわゆる作成者不利の原則が妥当するものと解されている。
（注28）　前掲神戸地尼崎支判平二八・七・二〇もこの点を強調する。
（注29）　本件合意につき「右相殺によって相互の債権債務は右約定に従い相殺時現在の全債権債務についてその対当額で消滅したものとした」との表現は、その趣旨を示すと見られる。
（注30）　議事録第二五回三四頁参照。
（注31）　米津稜威雄「債権特約の対第三者効（下）」手研三五八号四頁参照。
（注32）　鈴木禄弥編『新版注釈民法（17）債権（8）』（有斐閣、一九九三年）二八二頁〔鈴木禄弥＝山本豊〕参照。
（注33）　西原寛一『金融法』（有斐閣、一九六八年）一八七頁参照。
（注34）　後述の最高裁判所の執務資料（注44参照）も、同旨の理解を前提にするように見受けられる。
（注35）　このような理解につき「担保権的発想」と表現し、「相殺を担保権視するならば、その公示方法についても考えなければなるまい」と評するものとして、千種秀夫・最高裁判所判例解説民事篇（昭和四五年）四七八頁参照。また、倒産手続において相殺を別除権と類比する近時の判例として、最判平二四・五・二八（民集六六巻七号三一二三頁）、最判平二八・七・八（民集七〇巻六号一六一一頁）など参照。
（注36）　山本和彦「倒産手続における法律行為の効果の変容」伊藤眞先生古稀祝賀論文集『民事手続の現代的使命』（有斐閣、二〇一五年）一一九一頁参照。
（注37）　開始時現存額主義の趣旨に関する筆者の一般的理解については、島岡ほか編・前掲注1五八三頁以下〔山本〕

参照。また、竹下編集代表・前掲注6四三九頁〔堂薗〕も、保証契約等は「主として債務者の財産状況の悪化等債権回収に伴うリスクを分散する点にその趣旨があり、（中略）このような人的担保の機能は、全部義務者の一人又は数人が破産した場合のように、債権回収に伴うリスクが現実化した場合にこそ発揮されるべきである」とする。

（注38）前述のように、むしろ実質的理由に基づく否定説（和智説）も存在する。注7参照。

（注39）特に、注17参照。

（注40）伊藤ほか・前掲注11七六五頁参照。

（注41）この点は、前述の和智説（注7参照）が適切に指摘されるとおりである。

（注42）前掲神戸地尼崎支判平二八・七・二〇も、結論として、相殺の遡及効を否定しても、破産債権者を害することはないとの点を重視する。

（注43）確かに全部義務者側で常にその時期を決められる弁済に対し、相殺の場合は債権者側もその時期を決める権限を持つ。しかし、全部義務者は破産手続開始前に自ら相殺（いわゆる逆相殺）をして求償権を破産手続で行使できる可能性はあったのであり、手続開始後の相殺によって求償権の行使可能性がなくなったとしても不当とは言えない。

（注44）最高裁判所事務総局編『破産事件執務資料』（法曹会、一九九一年）九三頁参照。

（注45）最高裁判所事務総局編・前掲注44九三頁参照。

（注46）前述のように、民法改正の議論の中で相殺の遡及効は残存したが、その主たる理由は消費者が一方当事者になる場合の相殺権行使の事実上の困難性の問題にあったのであり、破産管財人が一方当事者となるこの局面においては、管財人の側から相殺の催告を求めることは十分に期待可能であり、合意により遡及効を否定することでもとくに問題はないと思われる。

開始時現存額主義と原債権者優先主義

弁護士　中井康之

目次

一　本稿の検討対象

1　最決平二九・九・一二

最決平二九・九・一二（金法二〇七五号六頁。以下「本決定」という）の原審である大阪高決平二九・一・六（金法二〇七一号九九頁。以下「原決定」という）および原々審である大阪地裁堺支決平二八・六・一六（金法二〇七一号一〇六頁。以下「原々決定」という）では、主要な争点が二つあった。

第一の争点は、破産法一〇四条二項および四項に基づき全部義務者（当該事案では物上保証人）が求償権または原債権を行使するための要件である、「その債権の全額が消滅した場合」の意義に関して、原債権者が、破産手続開始決定時における貸金元本および開始決定の前日までの利息・損害金（一般破産債権）とともに、破産手続開始後に生じる遅延損害金（劣後的破産債権）を有している場合に、消滅の対象となる「その債権の全額」とは、破産手続開始時における一般破産債権の額（以下「開始時債権額」という）を指すのか、それとも「その債権の全額」には、一般破産債権部分だけではなく劣後的破産債権部分（以下「劣後部分」ともいう）も含まれるのか、という点であった。

第二の争点は、破産手続開始後に全部義務者が原債権の一部を弁済したが全額（上記のとおりその「全額」の意義については争いがある）を消滅させるに至らない場合に、開始時債権額を基準に配当することによって、原債権者が配当時における実体法上の債権額（以下「配当時債権額」ともいう）を超過した配当を受けることになる場合の処理方法であった。

本決定は、従来争われていた第二の争点について、開始時債権額を基準に原債権者に配当すれば足り、仮に超過配当になるとしてもそれは不当利得の問題として処理する、いわゆる「不当利得説」を採用することを明らかにした（注1）。

本稿は、このうち第一の争点を対象に検討するものであるが、必要な範囲で本決定にも触れることにする。

2　本稿で検討する論点

本稿で検討する論点は、全部義務者が破産法一〇四条二項または四項に基づき、求償権または原債権を行使するためには、「その債権の全額」を消滅させる必要があるが、「その債権の全額」には、開始時債権額だけでなく劣後部分も含まれるかどうかである。

以下、開始時債権額だけを消滅させれば全部義務者は権利行使ができるとする見解を「開始時債権額消滅説」といい、開始時債権額だけでなく劣後部分も消滅させる必要があるとする見解を「原債権全額消滅説」という。

なお、本件は、口単位説の債権の一個性に関して、元本債権と利息・損害金債権は、全体として一個の債権か、それとも独立した債権かという問題もあるが、この論点は検討対象としない。

本稿では、最初に、本件の原々決定、原決定と本決定を紹介し、次に、原債権全額消滅説を支持する山本和彦教授の見解（注2）を紹介した上（二）、民事実体法における原債権者優先主義が破産法にどのように反映（拡張または制限）されているのかを確認した上（三）、開始時現存額主義と原債権者優先主義の関係を検討して、本件論点についての私の見解を明らかにしたい（四）。

二　本件の各決定と山本和彦教授の見解

1　原々決定

原々決定は、開始時債権額消滅説を採用した。その理由として以下のとおり説示する。

①「劣後部分は、元本債権に対する附帯請求という意味において破産手続開始時において存在していたとしても、その具体的な債権額は日々の損害の発生によって変動するものであって、開始後に発生する部分まで含めて一律に「債権の全額」に含まれるとする」解釈は、文言上採用できない。

② 最判平二二・三・一六（民集六四巻二号五二三頁）の趣旨に照らして、「開始時現存額主義の下では、全部義務者は実体法上破産債権たる求償権を有しているにも関わらずその行使が制限されることになるから、破産法一〇四条の解釈に当たっては、過度にその権利の制約するような拡張的な解釈は許されない」。

③「配当手続においても、劣後的破産債権は、一般破産債権と区分して配当表に記載され（同法一九六条二項）、財団債権や他の破産債権全部が満足を得て初めて配当を受けることのできるという劣後的な取扱いがなされること」から、「口単位説を前提に、劣後的破産債権の上記取扱いも考慮すると、破産法一〇四条二項、四項にある「その債権の全額が消滅した場合」に当たるかどうかは、少なくとも破産債権のうち劣後部分と一般部分とを区別してそれぞれ別個に判断すべきであり、その一般部分の債権全額が弁済された場合には、一般破産債権たる求償権を有する求償権者は配当に参加することができると解するのが相当である」。

④「劣後部分についての破産法上の取扱いを前提とすれば、債権者が一般部分について求償権者に優先して

全額の回収を行うことができる限り、破産法一〇四条の目的は果たされているといえる」。他方、「債権者に劣後部分まで含めた求償権者に対する優先的地位を付与すると、結果として、求償権者の有する一般破産債権に優先して劣後的破産債権が満足を受けることとなる」が、そのような事態は、「破産法一〇四条が、あくまで破産手続への参加に関する規定であることからすると、同条が破産手続上の基本的かつ原則的な取扱いの優劣関係に反してまで、求償権者の権利を制約し、債権者を保護することを予定しているということはできず、破産手続上の基本的な優劣関係と明確に矛盾することになる」。そのような「解釈は、破産手続における債権者平等に反する」。

このように、原々決定は、①文言解釈、②破産法一〇四条の拡張的解釈は許されないことを基礎として、③破産法における劣後的破産債権の取扱いを踏まえて、口単位説を前提に、破産債権のうち劣後部分と一般部分は区別して別個に判断すべきであるという考え方を導き出し、④一般部分について原債権者を優先すれば破産法の目的を達することができ、劣後部分も含めると、破産手続上の基本的な優劣関係に矛盾し債権者平等を害することを実質的な根拠として、開始時債権額消滅説を採用した。本稿も、結論として、原々決定の考え方を支持する。

2　原決定

これに対して、原決定は、破産法二条五項・六項における「破産債権」と「破産債権者」の定義を前提に、「（破産）法一〇三条一項は、破産債権者は、その有する破産債権をもって破産手続に参加できる旨規定しているところ、同項にいう「破産債権」には、破産手続開始後の利息の請求権（開始後利息：同法九七条一号）及び破産手続開始後の不履行による損害賠償又は違約金の請求権（開始後損害金：同条二号）も当然に含まれ」、「開始後利息及び開始後損害金は、いずれも破産手続開始前にその発生原因となる事実（利息の合意、債務不履行）が発生しており、破産手続開始時において、破産手続開始決定日から元金完済時までの期間に発生するものとして特定もされており、最終的な金額が未確定であるにすぎないのであり、劣後的破産債権である旨を示して破産債権として届け出ることができる（同法一一一条一項三号）」ことから、専ら文言解釈に基づき、「破産法一〇四条一項及び二項の「破産手続開始時において有する債権の全額」並びに同条二項及び四項の「その債権の全額」にはいずれも開始後利息及び開始後損害金が含まれるものと解するのが相当である」として、原債権全額消滅説を採用した。

原決定は、本件論点について、文言解釈を示す以上に、積極的に原債権全額消滅説を支持する理由を述べていない。しかし、原決定は、超過配当かどうかについては、開始時債権額を基準に配当した場合に、配当時における実体法上の一般破産債権額を超えるかどうかで決しており、その超えた部分を破産財団に帰属させた上、原債権者の劣後的破産債権より他の一般破産債権者の利益を優先している点に留意する必要があろう。本件事案の場合、開始時債権額を基準に配当しても、配当時に存在する劣後部分も含めた実体法上の債権額を超えないので、超過配当が生じる場合ではないと解する余地もあったが、そのような見解は採用していない。その点は、本決定と同様である。

3　本決定

本決定は、超過配当となる場合の配当方法について明示的判断を示しているのみで、本件論点についてはとくに触れていない。

しかし、本決定は、「破産手続開始の時における債権の額として確定したものを基礎として計算された配当額のうちの一部の配当により当該債権が消滅する以上、超過部分は、当該債権について配当すべきでなく、その他の破産債権について配当すべきである」とした原決定の判断を是認できないとした上、「破産債権者が破産手続開始後に物上保証人から債権の一部の弁済を受けた場合において、破産手続開始の時における債権の額として確定したものを基礎として計算された配当額が実体法上の残債権額を超過するときは、その超過する部分は当該債権について配当すべきである」と判示している。本決定が超過配当として想定するのは、「計算された配当額が実体法上の残債権額」を超過する場合であるが、そのときの「実体法上の残債権額」の意義が問題となる。この点は、破産法一〇四条の「その債権の全額」を「開始時債権額」とする解釈と親和的である（後述**四5**）。

4　山本和彦教授の見解

山本教授は、最判昭六〇・五・二三（民集三九巻四号九四〇頁）が、弁済による代位権利者の実体法上の地位について原債権者優先の考え方を明確にし、最判昭六二・六・二（民集四一巻四号七六九頁）によって、倒産手続における「非控除準則」（注3）が確立したとされ、この点に関する「実体法と倒産法の法理は、相互に密接に関連しながら展開し」、「少なくとも全部義務者による一部弁済（代位権利者に求償権が生じる場合）については、両者の法理は、（その範囲はともかく）一部弁済による代位権利者の権利行使によって原債権者を害するべきではないという実質的価値判断を背景にした債権者優先主義の考え方に基づき、相互に関連し合うものとなっていると評価でき、この点が現在の開始時現存額主義の実質的基礎を構成しているものと理解」する（注4）。

そして、最判平一四・九・二四（民集五六巻七号一五二四頁）が、物上保証についても「非控除準則」を適用し（注5）、「以上のような判例法理の展開を受けて、現行破産法一〇四条が立法化され」、「大局的には、民法法理との連続性を立法によって承認した意味合いを持つものと理解」する（注6）。

以上を前提に、開始時現存額主義と弁済による代位（原債権行使）との関係について、「ここで中核となるのは、やはり実体法上の原債権者優先主義（弁済者との関係）を破産手続でも貫徹するものとの理解」し（注7）、開始時現存額主義は、「弁済による代位に係る原債権者優先主義を求償権にも拡大するものと評価」し、「原債権者優先主義という実体法上の理念の破産法への反映」であると捉え、「責任の集積による債権の効力の強化という観点」を重視する（注8）。

かかる理解を前提に、本稿の検討対象である論点について、「原債権者が優先される範囲は、一般破産債権の部分に限らず、劣後的破産債権の部分をも含むと解される」と結論付ける。その理由として、「劣後的破産債権の劣後性は他の破産債権全体との関係での問題であるところ、ここでの問題は、あくまでも共同債務者との一対一の関係での優劣であるからである」とされる（注9）。

三　原債権者優先主義の破産法への反映

1　破産法一〇四条に定める開始時現存額主義

山本教授が指摘するとおり、破産法一〇四条は、民法四四一条と民法五〇二条一項の解釈論として展開され昭和六〇年最判が承認した原債権者優先主義を破産法に反映したものであると言える。しかし、以下に見るとおり、民法（実体法）の規律をそのまま破産法に反映しているわけではない。

(一)　民法四四一条の反映

民法四四一条は、連帯債務者の全員またはそのうちの数人について破産手続が開始した場合に、債権者がその債権の全額について各破産財団の配当に参加できることを定め、民法四三〇条は、この規定を不可分債務に準用している。これに対して、破産法一〇四条一項は、「数人が各自全部の履行をする義務を負う場合」として、主たる債務についての保証債務や連帯保証債務を負う場合、複数人が不真正連帯債務を負う場合、手形小切手の合同債務を負う場合などに拡張適用する。他方、民法四四一条は、破産手続開始前に一部弁済があった場合でも当初債権額での手続参加を認めているとの見解もある中で（注10）、破産法一〇四条は、「他の破産債権者との利益の調和」から、破産手続開始時における債権の全額（開始時債権額）に制限している（現存額準則（注11））。

このように、破産法一〇四条一項は、民法四四一条をそのまま反映したものではなく、連帯債務や不可分債務以外の他の全部義務を負う場合に拡張する一方で、権利行使できる債権額の範囲を開始時債権額に制限しているのである（注12）。

(二)　民法五〇二条の反映

昭和六〇年最判は、原債権を被担保債権とする抵当権の目的物の換価代金について、原債権者の有する原債権（の残部）が、物上保証人が抵当権実行前に代位取得した原債権（の一部）に優先することを明らかにしたものであるが、その対象は、原債権を被担保債権とする「担保目的物の換価代金」である。したがって、この昭和六〇年最判からは、「一般財産」に対する強制執行事件において、原債権（の残部）と全部義務者の代位取得した原債権（の一部）が手続参加した場合に（注13）、原債権者の権利行使が優先するかどうかは明らかではない（注14）。

また、債務者の一般財産に対する強制執行事件において、原債権（の残部）と、原債権の一部弁済により全部義務者の取得した「求償権」が行使された場合、原債権（の残部）が求償権に優先することはなく、両者の権利は平等である（注15）。

これに対して、破産法一〇四条は、民法五〇二条における原債権者優先主義を破産法に反映させ、その対象財産を「担保目的物」から債務者の一般財産である「破産財団」に拡張している（注16）。他方、民法五〇二条は、昭和六〇年最判が明らかにしたとおり、担保実行手続開始前に全部義務者が一部弁済した場合に、原債権者は当初債権額全額の満足を受けるまで全部義務者に優先すること（当初債権額主義）を認めるが、破産法一〇四条一項は、全部義務者が破産手続開始前に一部弁済した場合については、全部義務者が代位取得した原債権（の一部）で破産手続に参加したとしても（注17）、（担保目的物に対する）実体法における当初債権額主義を内容とする原債権者優先主義を、（一般財産を対象とするものであるが）、開始時債権額まで制限していると評価できる（注18）。また、破産法一〇四条は、民法五〇二条の原債権者優先主義を、代位取得した原債権の行使に限らず、開始後に取得した求償権の関係にも拡張している（注19）が、開始前に全部義務者が一部弁済したことにより取得する求償権は、開始時の原債権と平等であり、平時実体法の規律を維持している（注20）。

㈢　破産法への拡張とその解釈のあり方

以上のとおり、破産法一〇四条は、民法四四一条、五〇二条の反映であるとしても、実体法における原債権者優先主義をそのまま採用しているわけではないし、それを破産手続に貫徹させているわけでもない。破産法は、原債権者優先主義の適用場面を一般財産に拡張するとともに、原債権が優先する対象債権を全部義務者の代位取得した原債権（の一部）のみならず求償権に拡張しているが、他方で、破産手続に参加できる債権額を、原債権の当初債権額ではなく、開始時債権額に制限しているのである。それは、後述するとおり（3）、破産手続が、開始時に存在する限られた財産を、開始時における債権者に、債権の優先順位と債権額に応じて平等に配当するという基本的枠組みを採用していることの反映と言えよう。そうすると、破産法一〇四条を解釈するにあたっても、そのような破産手続の基本的枠組みに即した解釈が求められると言うべきである。

2　原債権者優先主義を破産法において拡張した理由

以上のとおり、破産法一〇四条は、実体法における原債権者優先主義に関して、対象財産を、「担保目的物」から「一般財産」に拡張し、かつ、開始時の原債権が優先する対象債権を、全部義務者が代位取得する原債権（の一部）から「（将来取得する）求償権」に拡張しているが、破産法がこのような拡張をした理由は、以下のように理解できる。

平時であれば、原債権の一部を代位取得した全部義務者も原債権者も、債務者の一般財産に対して自由に権利行使すれば足り、競争関係が生じるにすぎないが、破産手続が開始すれば、債務者の一般財産は法的拘束を受けて、債権者は自由な権利行使ができなくなるから、原債権者は、一部弁済をした全部義務者に対して、限定された担保目的物に対する優先だけではなく、拘束された一般財産（破産財団）に対する優先を認める必要が生じる。加えて、原債権が優先する場面を担保目的物から破産財団に拡張したとしても、開始後に一部弁済した全部義務者が代位取得した原債権（の一部）に対してのみ優先し、求償権の行使に優先しないとすれば、平成二二年最判が判示するように、複数の全部義務者を設けることにより責任財産を集積して原債権の目的である給付の実現をより確実にするという開始時現存額主義の目的が果たせないからである。

このように、破産手続という限られた財産を奪い合う場面においては、平時以上に、複数の全部義務者を設けて責任財産を集積し債権の目的である給付の実現をより確実にするという機能を重視する必要があるからこそ、破産手続開始時における原債権について、破産財団に対する優先性と（将来の）求償権に対する優先性を付与したものであると理解できる。

3　破産法において開始時債権額に制限した理由

他方、破産法一〇四条は、原債権が優先する債権額の範囲について、当初債権額から開始時債権額に制限している。それは、破産手続の採用した基本的枠組みの反映によるものと理解できる。

破産手続は、破産手続開始時の一般財産を、破産手続開始時の債権者に対して、債権の性質に応じて平等に分配する手続である。破産手続開始時における債権は、財団債権、優先的破産債権、一般の破産債権、劣後的破産債権、約定劣後破産債権に分けられ、この優先順位に従って弁済ないし配当される（破産法一九四条）。そして、一般の破産債権者は、優先する債権の弁済を終えた残余財産から、破産手続開始時の債権額を基準に平等に配当を受けることになる（開始時債権額を基準とした清算配当）。

このように、破産法は、破産手続開始時点における財産を把握して、開始時における一般破産債権の額（開始時債権額）を基準に配当することを基本とする枠組み（開始時の固定主義（注21））を採用しているから、開始前に一部弁済をした全部義務者も、開始時点における求償権の額で配当を受ける権利を有し、その反面として、原債権者が権利行使できる債権額を、当初債権額ではなく、開始時債権額に制限し、開始時に存在する求償権と原債権は平等に取り扱うこととしているのである。その結果、全部義務者は原債権者に対して、なお開始時債権額の残額について履行義務を負うが、それは破産手続外で処理されることとなる。このように、原債権者優先主義は破産手続において必ずしも貫徹されているわけではない。

四　開始時現存額主義と原債権者優先主義の関係

1　開始時現存額主義における原債権者優先主義の限界

以上に検討してきたとおり、開始時現存額主義は、平成二二年最判が説くように、複数の全部義務者を設けることが責任財産を集積して当該債権の目的である給付の実現をより確実にするという機能を破産手続において重視した制度で、平時実体法の原債権者優先主義を破産法に反映させて、実体法の規律を一部拡張し一部制限したものであるが、そこで、給付の実現を確保しようとする対象債権は、破産法の採用した開始時の固定主義に照らせば、破産手続開始時における原債権の債権額（開始時債権額）であり、開始後に生じる劣後部分は含まれない（原々決定③）。したがって、開始時現存額主義は、原債権者に開始時債権額を確保させればその目的を達するのであって、それ以上に原債権の劣後部分を確保することまで助力する必要はない（原々決定④の前段）。

また、全部義務者も、破産手続開始時における原債権の債権額を開始後に全部履行すれば、求償権または代位取得した原債権を行使して、開始時債権額を基準とした配当を受けることができるという期待を有しており、かかる期待は正当に保護されるべきであろう。

確かに、全部義務者は、原債権者に対して、破産手続開始後に生じる遅延損害金等の劣後的破産債権についても弁済の義務を負う。しかし、それは実体法上の義務であるから、実体法に基づきその権利行使は当然許容されるが、破産法の開始時現存額主義によって原債権者にそこまでの保護を与えるかは別問題である。破産法の基本的枠組みである債権の優先順位を前提とした債権者平等原則に反してまで、原債権者の利益を保護することを破産法は予定していないものと思われる（原々決定④の後段）。

そして、全部義務者が原債権者に対して、劣後部分についても履行する義務を負うとしても、破産手続外で権利行使を認めれば足りるように思われる。それは、全部義務者に対して、開始時に既に取得している求償権の権利行使を認める場合と同様であり、いずれも、開始時債権額を基準とすることによる帰結である。

2 破産法一〇四条の解釈論

(一) 開始時現存額主義の趣旨・目的に即した解釈

破産法一〇四条一項は、複数の全部義務者に破産手続が開始したとき、「（破産）債権者は、破産手続開始の時において有する債権の全額について」参加できるとする。破産債権者は、確かに、開始時に発生済みの債権（一般破産債権部分）だけでなく、破産法九七条によって破産債権とされた開始後に生じる遅延損害金などの劣後的破産債権についても破産手続に参加できるが、破産法一〇四条一項・二項・四項における「破産手続開始の時において有する債権の全額」や「その債権の全額」は、開始時現存額主義を定めた破産法一〇四条全体の趣旨や目的に沿って解釈すべきである。

そして、破産法一〇四条の定める開始時現存額主義は、前述のとおり、数人が各自全部の履行義務を負う場合において、開始時における原債権の債権額を確保するために、原債権者と全部義務者の破産手続への参加の方法を定めたものであり、開始後に生じる劣後的破産債権まで保護することを目的とした制度ではないから、「破産手続開始の時において有する債権の全額」とは、破産手続開始時において債権者が現に有している債権額（貸金であれば、その時点の元本額および開始決定の前日までに発生した利息と損害金の合計額）と解するのが相当である（原々決定①（注22））。

しかも、平成二二年最判が説くように、開始時現存額主義は、実体法上の債権額と乖離した開始時債権額で権利行使を認めることになるから、その乖離が生じる場面を制限的に解釈すべきであるが（原々決定②）、「その債権の全額」に劣後部分も含めると、開始時債権額との乖離を、破産法における債権の優先劣後関係に関する基本原則に反してまで認めることになり相当とは言い難い（注23）。

さらに、劣後的破産債権の概念の生成過程にも留意する必要がある。もともと昭和二七年改正前の破産法では、開始後に生じる利息や損害金は、破産債権ではなく、破産者に対して破産手続外で行使できる性質の債権とされていたが、法人と相続財産に限ってその後の処理の便宜のために、これら債権を劣後的破産債権として破産手続に取り込んでいた。昭和二七年改正によって個人について免責制度を導入したことに伴い、個人と法人を問わず、本来、破産財団で負担すべきではないこれら債権を破産債権とした上、一般の破産債権者の負担とならないように劣後的破産債権として実質的に配当から除外することとしたもので、これら劣後的破産債権の破産法における取扱いを見れば、劣後的破産債権が一般破産債権に優先する場面を認めることになりかねない結論自体に疑問が生じよう（注24）。

㈡　「コップの中の嵐」による正当化の当否

山本教授は、前述（二4）のとおり、開始時現存額主義は、実体法の原債権者優先主義の破産法への反映であり、その法理は破産法においても貫徹されると理解し、原債権者は、実体法上存在する劣後部分についても優先すると解する。それは、全部義務者は、劣後部分についても履行義務を負うから、開始時現存額主義の適用場面でも、劣後部分まで原債権が優先するのは当然であるし、そのように解しても、原債権者と全部義務者という一対一の関係での優劣の問題であるから、他の一般の破産債権者には影響しない、いわゆる「コップの中の嵐」（注25）にすぎないことを根拠とするようである。

しかし、破産法一〇四条は、原債権者優先主義を貫徹しているわけではなく、限られた財産のパイを債権者が奪い合うという破産法特有の場面において、原債権者の有する開始時債権額を保護しているのであるから、共同債務者間の一対一の場面とはいえ、破産法の基本的枠組みに反して、開始時債権額を超えた劣後部分まで原債権者優先主義を拡張させる理由はないように思われる。

加えて、全部義務者との関係では、原債権者優先主義を劣後部分にまで貫徹させても、全部義務者にとってはやむを得ないことであり、また、他の一般破産債権者には影響しないから支障はないと言えるかも知れないが、破産法一〇四条は、全部義務者の場合だけでなく、物上保証人にも適用する（五項）し、保証人破産の場合にも適用される。したがって、破産法一〇四条二項・四項の「その債権の全額」の解釈は、物上保証人の場合や保証人破産の場合にも同様の解釈となることを前提として考えるべきである。そこで、この点を以下で検討する。

3　物上保証人と保証人破産の場合の検討

(一)　物上保証人の場合

物上保証人が、破産手続開始後に担保目的物を処分し、その処分代金で原債権者の開始時債権額の全額を消滅させた場合に、なお原債権者に劣後部分が残存しているとの理由で、原債権者に開始時債権額で権利行使（破産配当）を認めることが正当であろうか。それを許せば、原債権者は、開始時債権額について完全な満足を受けているのに、劣後部分に対して破産配当を受けることになる。他方で、物上保証人は、担保目的物を処分し責任を果たしているから、原債権者に対して劣後部分の履行義務を負わないし、負いようがない。

他方、物上保証人の担保目的物の処分代金で、開始時債権額の全額を消滅させることができたとすれば、そのような物上保証人は、開始時においても、将来、破産財団に対して原債権の開始時債権額で権利行使ができるという合理的期待を有していたと言える。何らかの理由で、破産手続が長期化して劣後的破産債権額が増大したときに、配当時において劣後部分が残存することを理由に、開始時債権額の行使ができないとすれば、物上保証人の合理的期待を害することになる。

物上保証人のこのような期待を正当と理解するならば、物上保証人が破産手続に参加するために必要なことは、「開始時債権額」の全額を消滅させることで足り、その後に生じるかも知れない劣後部分は含まないと解することが、原債権者と物上保証人との利益衡量から見ても合理的であろう（注26）。

そして、原債権者が、物上保証人による原債権の行使を認めたくないと考えるのなら、物上保証人から担保目的物の処分代金の弁済を受ける際に、劣後的破産債権から充当しておけば、開始時債権額が残存する可能性もあるから、処分代金を自ら開始時債権額に充当しておきながら、後になって劣後部分が残存していることを理由に権利行使を認める必要はない（注27）。

(二)　保証人破産の場合

破産法一〇五条は、保証人破産の場合に「債権者は、破産手続開始の時において有する債権の全額について破産手続に参加することができる」と定めている。債権者は、本条により催告の抗弁や検索の抗弁を排除して、保証人に対する破産手続開始時の保証債権の全額で権利行使できることになる（破産一〇四条一項）。

このとき、破産手続開始後に主たる債務者が、開始時債権額の全額を消滅させても、劣後部分が残存する場合に、原債権者は、保証人の破産財団に対して開始時債権額を基準に配当を受けることができると解することの当否が問題となる。保証人破産の場合、主たる債務者が弁済しても求償権は生じないが、他の一般破産債権者に棚ぼた的利益を付与することは相当でないから、原債権者に開始時債権額で権利行使を認めることは是認されてよい。しかし、それを超えて、一般破産債権の弁済原資として確保された破産財団から、原債権者に対してのみ劣後部分にまで配当することは、他の破産債権者が一般破産債権部分についてさえ満足を得ていないことと比較して、原債権者に過大な利益を付与するもので、破産債権者間の平等を害するから、破産法の基本的枠組みに反すると評価するほかない（注28）。

㈢　統一的解釈

破産法一〇四条二項・四項における「その債権の全額」は、全部義務者の場合のみを想定するのではなく、破産法一〇四条五項が準用する物上保証人や保証人破産にも適用されることを念頭に置いて統一的に解釈すべきであり、そうだとすれば、「その債権の全額」に劣後部分を含めるべきではなく、「開始時債権額」を意味すると解するのが相当であり、それは文言解釈にも反しない。

そして、全部義務者が開始時債権額の全額を消滅させたときは、実務的には、破産法一一三条に基づき、原債権者と全部義務者が連名で債権届出名義の変更をするか、全部義務者が開始時債権額の全額を消滅させたことを証明して届出名義の変更をすることになる。物上保証人が開始時債権額の全額を消滅させたときも同様である。保証人破産の場合に、主たる債務者が開始時債権額の全額を消滅させたときは、原債権者に債権届出の取下げを求めることになり、原債権者が自ら債権届出の取下げをしない場合には、破産管財人としては、確定した破産債権者表に対して請求異議の訴えを提起することになろう（注29）。

4　会社更生と民事再生の場合

破産法一〇四条は、民事再生手続（民再八六条二項）や会社更生手続にも準用されている（会更一三五条二項）。再生手続や更生手続では、開始後の利息や遅延損害金の請求権も、再生債権や更生債権とされ（民再八四条二項、会更二条八項）、劣後的再生債権や劣後的更生債権の概念はないが、これら再建型倒産手続においても、破産手続と同様に、開始時を基準に債権の権利行使の優劣や内容を決定しており、開始後に生じた債権は劣後的取扱いを受けている。そして、全部義務者がある場合に、破産法における開始時現存額主義を準用して、原債権の優先性を倒産債務者の一般財産と将来の求償権に拡張しているのは、破産法と同じである。したがって、再建型倒産手続においても、開始時現存額主義によって原債権者の開始時債権額が満足されると、その目的を達したものとして、全部義務者に開始時債権額で倒産手続への参加を認めることが、開始時債権額を満足した原債権者と、実体法上の権利を取得しているにもかかわらず権利行使の制限を受けている全部義務者との実質的衡平に資するように思われる。

ここでも、全部義務者の場合は、開始後に生じる劣後的倒産債権についても原債権者に対して履行義務を負うから、原債権者が劣後部分の満足を受けるまで全部義務者の権利行使を認める必要はないとの見解があり得るかも知れないが、物上保証人にも適用する制度であること、保証人について再建型倒産手続が開始した場合にも適用されることを考慮すれば、原債権者の保護としては、開始時債権額の満足をもって相当と解される。

5　本決定との関係

本決定は、「破産債権者が破産手続開始後に物上保証人から債権の一部の弁済を受けた場合において、破産手続開始の時における債権の額として確定したものを基礎として計算された配当額が実体法上の残債権額を超過するときは、その超過する部分は当該債権について配当すべきである」と判示している。

ところで、本件事案では、開始時債権額を基準に配当しても、原債権者の有する劣後部分の全額を消滅させることはできないから、配当時の「実体法上の残債権額」に劣後部分も含めるとの解釈を採ると、本件では超過配当問題は生じないことになる。したがって、本決定のいう「実体法上の残債権額」には劣後部分は含まれておらず、配当の一部によって原債権者の開始時債権額の全部が消滅すれば、超過配当問題が生じると理解すべきである。

なお、本決定の判旨は、開始時現存額主義を採用する以上、一般論として超過配当問題が生じることを認め、その場合の配当の方法を明らかにしたにすぎず、本件事案において、実際に、超過配当が生じるかどうかについては判断を示していないと解する余地もないではない。しかし、最高裁は、具体的事案において、超過配当が生じるとの判断をしたからこそ、その場合の配当方法を判示したと理解するのが相当であるから、ここでの「実体法上の残債権額」には劣後部分は含まれないとするのが、本決定の立場と解される。

そうすると、配当前に、「実体法上の残債権額」がゼロとなり開始時債権額の全額が消滅すれば、超過配当問題は生じないから、原債権者に配当することはない。そして、本決定は、不当利得説を採用し、その超過部分は実体法的には全部義務者に帰属するとの見解に立っているから、配当前に開始時債権額の全額が消滅している場合、配当手続では、原債権者に対してではなく、全部義務者に対して配当すべきことになる（保証人破産の場合は配当しない）。本決定は、破産法一〇四条二項・四項の「その債権の全額」について、開始時債権額を意味し劣後部分は含まれないとの解釈を採用しているものと理解できる（注30）。

五　終わりに

以上の次第で、破産法一〇四条二項・四項の「その債権の全額」とは、開始時債権額を意味すると解すべきであるから、「開始時債権額消滅説」を支持する。

本件論点については、本件事案の当事者である破産管財人佐藤吉浩弁護士から原決定に対する許可抗告についてメール相談を受けたことを契機に、原債権者優先主義が劣後的破産債権部分にまで及ぶことに疑問を感じ関心を持つに至った。その後、許可抗告が認められ、木内道祥判事の所属する最高裁第三小法廷に係属することになったことから、本件事案を対象とした論考を木内先生に献呈することに躊躇を覚えたが、むしろこれもご縁と思い執筆を決めた。大阪弁護士会における倒産処理の現場で、そして全国倒産処理弁護士ネットワークなどを通じて、いつも懇切丁寧なご指導をしていただいた木内先生に対して、誠に未熟な検討しかできていない本稿を献呈させていただくことをご宥恕願いたい。

（注1）　超過配当の場合の処理方法については、原債権者に配当し不当利得の問題として処理する考え方（不当利得説）、超過配当部分は全部義務者に配当する考え方（全部義務者帰属説）、破産財団に帰属させて配当財源とする

考え方（破産財団帰属説）に分かれる。伊藤眞ほか『条解破産法〔第二版〕』七六九頁以下参照。

（注2）山本和彦「手続開始時現存額主義の現状と将来―改正民法の弁済による代位の規律も踏まえて」岡伸浩ほか編『破産管財人の債権調査・配当』五七八頁以下。

（注3）破産手続開始後に他の義務者から弁済を受けても破産債権額に影響しないという原則を指す。伊藤眞『破産法・民事再生法〔第三版〕』二八五頁。

（注4）山本・前掲注2五八〇頁。

（注5）河野正憲＝中島弘雅編『倒産法大系』四六頁〔伊藤眞〕参照。

（注6）山本・前掲注2五八一頁。

（注7）山本・前掲注2五八三頁。

（注8）山本・前掲注2五八四頁。

（注9）山本・前掲注2五八九頁。

（注10）西村信雄編『注釈民法（11）』一一〇頁〔椿寿夫〕、我妻栄『新訂債権総論』四一〇頁。

（注11）伊藤ほか・前掲注1七六四頁は、本文記載のとおり、「他の破産債権者との利益の調和」を理由とするが、その趣旨は、後述するように、破産手続が、開始時の財産を開始時の債権者にその債権額に応じて平等に配当する制度であることを基本的枠組みとしていることにあると考える。

（注12）改正民法は、現民法四四一条に独自の存在意義がないことから、これを削除した。これにより、複数の全部義務者がいる場合の債権者の破産手続への参加については、破産法一〇四条一項が直接規律することになった。そして、全部義務者の一人に破産手続が開始した場合に、原債権者が当初債権額で破産手続に参加できるかどうかは、改正民法五〇二条の解釈問題になったと言える。

（注13）担保目的物に対してその被担保債権である原債権を代位行使する場合と異なり、一般財産に対して、原債権の一部を弁済した全部義務者が（求償権ではなく）原債権を代位行使する積極的理由はないので、このような事態

は実際には想定し難い。

（注14）　これに対して、改正民法五〇二条三項は、「(債権の一部について代位弁済があった場合に) 債権者が行使する権利は、その債権の担保の目的となっている財産の売却代金その他の当該権利の行使によって得られる金銭について、代位者が行使する権利に優先する」と定め、一般財産に対する強制執行事件においても、原債権者の行使する原債権（の残部）が、全部義務者の代位行使する原債権（の一部）に優先することを明らかにして、原債権者優先主義を強化した。潮見佳男『新債権総論Ⅱ』一四六頁。破産配当手続においても同様である。山本・前掲注２五九二頁。

（注15）　改正民法の審議過程においては、原債権を求償権にも優先させる考え方が提案されたが、採用されなかったので、改正民法のもとでも、原債権と全部義務者の取得する求償権は平等である。改正審議の経緯については、栗田隆「全部義務者の破産と民法改正―一部代位弁済の場合の原債権と求償権の規律を中心として」関西大学法学論集六五巻五号五九頁以下に詳しい。その要点は、山本・前掲注２五九〇頁以下を参照。

（注16）　改正民法五〇二条三項のもとでは、破産法一〇四条は、対象財産の拡張としての意味はなくなった。

（注17）　前掲注13と同様、破産手続においても、一部弁済した全部義務者が（求償権ではなく）原債権（の一部）をもって手続参加することは、破産法一〇四条を前提とする限り想定し難い。

（注18）　別除権は破産手続外で権利行使できるから、担保目的物に対しては、平時実体法がそのまま適用され、原債権者は、開始前に一部弁済した全部義務者が代位行使する原債権（の一部）に優先することは言うまでもない。

（注19）　改正民法五〇二条三項のもとでは、破産法一〇四条は、原債権を（将来の）求償権に優先させる点に意義がある。

（注20）　改正民法五〇二条三項のもとでも、開始前に全部義務者が取得した求償権については、原債権と平等な取扱いとなる。これに対して、栗田・前掲注15一三四頁は、改正民法五〇二条が、当初債権額主義を採用したこと、一部代位者が有する求償権の行使を制約する規定ではないことを前提に、「一部代位者が原債権者に対して残債務

を負っている場合には、原債権者が原債権を行使しているのと同一の手続において一部代位者が求償権を行使して原債権者の原債権行使を部分的に阻害することは許されるべきではないと解釈する」ことにより、破産法を改正することなく、当初債権額主義を実現できるとする。山本・前掲注2五九六頁は、改正民法の解釈としては、改正審議の経緯に照らして、原債権と求償権は平等と解するほかないが、破産手続では、立法論として、求償権との関係においても、当初債権額主義の採用を提案する。

（注21） 一般に固定主義とは、資産サイドから、破産手続開始時を基準時として破産財団の範囲を固定するという意味で用いられる（伊藤ほか・前掲注1三〇三頁）が、負債サイドからも、包括的差押えと言われる破産手続開始時を基準時として破産債権の権利行使の内容（配当や議決権に結び付く債権の優劣）を決定付けるという意味で、「開始時の固定主義」と呼ぶことができる。

（注22） 杉本和士「破産手続における開始時現存額による届出破産債権に対する超過配当の処理─最三小決平二九・九・一二の検討─」金法二〇七八号三七頁は、開始時現存額主義の歴史的系譜も踏まえれば、当然に「開始時債権額」と解されるとする。その詳細は、同杉本論文の引用論文を参照。

（注23） 開始時債権額が一〇〇であったのが、その後の代位弁済により開始時債権額がゼロとなり、劣後的破産債権が五〇の場合、比喩的に言えば、その乖離の程度は一〇〇を超え、マイナス五〇にまで及ぶことになる。

（注24） 劣後的破産債権の概念の生成過程については、伊藤ほか・前掲注1七三六頁参照。

（注25） 「コップの中の嵐」とは、原債権者と全部義務者の利害調整だけが問題となる場面を指す。石井教文ほか「《特別座談会》開始時現存額主義の適用範囲をめぐる最高裁判決の射程と実務対応」金法一九〇二号二四頁〔印藤弘二発言〕。

（注26） 潮見佳男「複数債権のうちの一部債権の全額弁済と破産債権査定─一部債権の全額弁済と破産手続における「手続開始時現存額主義」」ＮＢＬ八九一号一二頁以下は、平成二二年最判の事案に関して「物的責任を完全に果たした物上保証人の持つ代位への利益と、担保物件からの優先的満足を完全に受けた債権者の未回収の債権につ

いての利益」を利益衡量すべきであるとする。「その債権の全額」の解釈論においても、かかる利益衡量が必要である。

（注27）　金融機関は、破産債権などの倒産債権の回収にあたって、回収額は法定充当によらずに元本から充当するのが通常である。本件でも元本から充当している。

（注28）　山本・前掲注２五八九頁の注26では、超過配当の場面に関してではあるが、保証人破産の場合は異なる考慮が妥当する可能性があるとして、「破産法の論理」から、劣後部分まで原債権者に優先させない考え方を示唆する。そこでは「破産法の論理」について語られていないが、その趣旨は、一般破産債権が劣後的破産債権に優先するという破産法の基本的枠組みを指すものと理解できよう。

（注29）　本決定の木内道祥裁判官の補足意見参照。

（注30）　原決定は、超過配当の場合、破産財団帰属説を採用するようである。この場合、超過配当になるかどうかという問題と、全部義務者が権利行使できるかどうかという問題は、分けて考えることができるから、超過配当の基準となる「配当時の残債権額」が「開始時債権額の配当時における残債権額」であるとしても、全部義務者が権利行使するための要件とは直接結び付かない。しかし、不当利得説の場合は、超過部分は全部義務者に帰属すると解しているから、上記二つの問題に対する解釈は一致するはずである。

非訟手続、家事手続、仲裁手続、外国訴訟手続と倒産債権の確定

弁護士　増田勝久

目次

一　問題の所在

倒産手続（注1）においては、倒産債権（注2）の手続外行使は原則として禁止され、各倒産法の定める手続に従った債権届出により行使することとなる。債権調査において届け出られた倒産債権の存否、金額等に争いが

ある場合の確定手続については、各倒産法において査定手続とそれに続く異議訴訟の手続が用意されている（破産一二五条、一二六条等）（注3）。査定手続は倒産裁判所に専属し（破産一二五条一項）、査定決定に対する異議訴訟も倒産裁判所の属する裁判所に専属する（破産一二六条二項）。いずれも単一の倒産手続については統一的な処理をすることが手続の迅速性と手続経済の点で優れているためである。

他方で、倒産手続開始当時訴訟が係属している倒産債権については、倒産債権者が異議者全員に対してその手続の受継を申し立て、当該訴訟手続において確定するものとされている（破産一二七条）。これは、従前係属中の訴訟状態を利用することが訴訟経済上便宜であるためである。この場合、倒産手続開始決定によりいったん中断していた訴訟手続を（破産四四条一項）、破産管財人等当該倒産手続において倒産債権を争う者が受継することとなる。

このような債権の確定に関する倒産法の規律を一般の紛争解決手続の側から見ると、倒産手続に入ることによって平時法が変容し、平時に予定されていた手続を利用できず、倒産手続特有の制度の利用を強いられるものと言える。ただ、この点は、日本国内における民事訴訟手続および行政手続（破産四六条）については、各倒産法の明文規定により明らかであるが、非訟手続、仲裁手続、国外における訴訟手続等では必ずしも自明ではない。そこで本稿では、平時にはこれらの手続での解決が予定されている事件につき、倒産債権の確定の場面では手続がどのように変容するのかにつき、統一的な検討を試みる。

二　検討されるべき要素

債権確定手続、すなわち債権の存否、内容および額の実体法上の確定を求める平時の手続が倒産法により変容を受ける実質的根拠は、倒産手続における集団的処理により、すべての倒産債権者の平等的満足（ここでは法が認める倒産債権の優劣および衡平を考慮した意味であり、必ずしも機械的な平等を意味しない）を図ることにある。すなわち、倒産手続開始前に非訟手続等民事訴訟以外の手続が開始していない場合に、査定手続によらずこれらの手続により債権の確定を図ることができるか否かを判断するにあたっては、他の手続によることに総債権者の利益を超える利益が存在するか否かを検討する必要がある。

また、選択されるべき手続の比較にあたっては、①手続の性質、②他の債権者の手続保障、③当該手続による裁判所の判断の効力、④当該手続において可能な手続行為の範囲などを考慮する必要がある。他の手続において、査定から異議訴訟という倒産手続が用意した手続に比肩し得ると言えるかどうか、が検討されなければならない。

また、倒産手続において査定手続が前置されているのは、倒産債権の速やかな確定を図るためであるから、手続の迅速性、手続経済も、他の手続と比較する上で、重要な要素となる。

三　各手続の検討

1　非訟手続

㈠　非訟手続で審理される事件

非訟手続は、非訟事件手続法を基本法とする手続である。性質上の訴訟事件と非訟事件については、判例上、権利義務の存否自体について確定するものは訴訟事件、権利義務の具体的内容を形成するものが非訟事件とされるが（注4）、訴訟手続と非訟手続の区分は事件の性質とは一応区別され、民事訴訟法が適用または包括準用される手続を訴訟手続、非訟事件手続法が適用または包括準用される手続を非訟手続と呼ぶ（注5）（注6）。

倒産債権の確定に関わる事件で、通常は非訟手続で審理されるものとしては、会社非訟事件、労働審判事件が挙げられる（注7）。その他非訟事件としては民事調停事件が考えられるが、合意の形成を目的とし、かつ強制的な解決方法を持たない手続の性質上、争いのある倒産債権の確定にはなじまないと考える（注8）。

㈡　会社非訟事件

⑴　債権の性質

会社非訟事件のうち、倒産債権の確定の問題が生じるのは、主として株式買取（売買）価格決定申立事件である。これは、会社法上、会社、株主等の株式買取請求等の意思表示等によって会社等と株主との間に株式の売買契約が成立する場合があり、この場合において、その売買価格について当事者間に協議が成立しないときに裁判所が売買価格を決定する類型の事件である。平成二六年会社法改正以前は、原則として株式買取りの効力は代金支払時に発生するとされていたため、倒産手続開始後に双方未履行双務契約として解除する余地があったが（注9）、現行法では多くの場合に原因となった事業譲渡、組織再編等の効力発生日に株式買取りの効力が生じるため（会社四七〇条六項、七八六条六項等）、その効力発生日を経過した後は双方未履行双務契約の処理ができず、株式買取代金債権は、反対債権を先履行した後の倒産債権となる。

したがって、株式の買主側に倒産手続が開始した場合には、倒産債権である株式売買代金の価格の確定が問題となる。

(2)　手続の性質

ここではまず、形成作用である非訟事件の裁判を査定から異議訴訟という訴訟手続で審理判断することが可能か否かが問題となる。株式買取請求等の場面での株式の価格決定を非訟手続としたのは、判例（注10）によれば、当該株主総会等の決議がなければその株式が有したであろう公正な価格（いわゆる「ナカリセバ価格」）での株式売買契約が成立したのと同様の法律関係を生ずるが、具体的な買取価格までが定まるわけではなく、その買取価格は、まずは当事者の協議により、協議不調の時は裁判所が決定するものとし、その決定は、客観的に定まっている過去の株価の確認ではなく、新たに公正な価格を形成するものとし、法はその基準を規定せず、裁判所の裁量に委ねたことによる、とされる。すなわち、ここでの裁判所の判断作用は、公正な価格の形成であって、過去にあり得た価格を探求して確認するものではない。したがって、性質上の訴訟事件ではなく、非訟手続で処理することが可能であり、現実に非訟手続で立法がなされている以上、訴訟手続につながる査定手続ではおよそ処理できない、との考え方もあり得ないわけではない。

しかしながら、「非訟手続として立法されている」ことは、平時においては当該非訟手続の利用が強制されることを意味するが、このことと、倒産手続開始後は倒産法の法理が平時法に影響を与える結果として、訴訟手続につながる査定手続で処理されるとすることとは、必ずしも矛盾するものではない、と考える。そもそも形成訴訟という訴訟類型が現実に存在する以上、形成作用であることから直ちに非訟手続が必然的に要求されるわけではない。次いで、裁判所の裁量性に着目したとしても、裁判所の形成作用は一定の合理的な基準に基づくものであって、自由裁量が認められているものではなく、一方で訴訟手続における事実認定の性質が確認作用であるといっても、建物明渡請求事件における立退料の算定や、交通事故に基づく損害賠償請求事件等において事実上の財産上の損失が存在しない場合にも合理的な基準により損害の発生を認める場合もあることからすると、裁量性による両者の差異は相対的なものにすぎず、裁判所の判断作用として有意的な差異はないと言える。したがって、株式買取代金債権が倒産債権となった場合に、手続の性質上、およそ査定手続およびこれに続く訴訟手続により、形成作用としての確定ができないわけではない。なお、裁判による形成がなされるまでは、債権額が不確定であるから倒産債権であっても債権調査はできない（注11）との議論もあり得るが、訴訟手続による確定が可能であるのと同様の理由で、倒産債権としての適格性があり、かつ一定の客観的な基準による評価が可能である以上、理論的にも実務的にも債権調査は可能であると考える。

(3)　倒産手続開始時に非訟手続が係属していなかった場合

したがって、倒産手続が開始された場合には、総債権者の利益のため、倒産手続外での倒産債権の行使が禁止され、倒産債権の確定は可能な限り倒産裁判所における統一的な処理が図られるべき、との倒産法上の要請を優先すべきであり、あえて非訟事件によるべき実質的な理由はないから、少なくとも前記売買契約成立後価格決定申立て前に倒産手続が開始した場合（注12）には、債権届出・調査を経て、査定手続とこれに続く異議訴訟手続により処理すべきであろう。

(4)　倒産手続開始時に非訟手続が係属していた場合

しかし、価格決定手続の係属中に倒産手続が開始した場合のように、既に非訟手続が先行している場合には、手続経済の要請も無視できないため、他の債権者の手続保障等を考慮しつつ、破産法一二七条の類推適用の可否につき、さらに検討する必要がある。

この点、会社非訟事件における株式価格決定事件では、申立人以外の者が当事者適格を有しないという問題がある。このため、売主（倒産債権者）が申立人である場合には、買主（倒産者）は当事者ではなく、その結果破産管財人等（注13）などの異議者は受継（非訟法三六条準用）により倒産者の利害関係参加人の地位を承継するか、倒産者が利害関係参加（同法二一条）をしていなかった場合には新たに自ら利害関係参加をなし得るのみである。また、破産法一二七条を類推適用するには申立人から異議者を手続に引き込む手段が必要となるが、倒産者が利害関係参加人であった場合には非訟事件手続法三六条三項の準用により受継を申し立てる余地があっても、利害関係参加をしていなかった場合には引込みの手段がない（注14）。加えて、非訟事件手続法は中断の概念を採用しなかったため、異議者の関与がないうちに手続が進行している可能性があり、異議者の手続保障としても十分ではない。

しかしながら一方で、利害関係参加人は当事者とほぼ同様の手続行為をすることができ（非訟法二一条五項）、中断の概念を欠くといっても、利害関係参加人がいる場合にその関与なしに進めることができない手続はすることができないと解されるから（注15）、この場合には中断による不利益は最小限のものと考えられる。

また、申立人である売主が倒産した場合には、倒産債権者は利害関係参加人として、あるいは新たに利害関係参加して受継申立てをすることができる。

これらの点を考慮すると、倒産者が申立人であるか、利害関係参加人として既に手続に参加していた場合にのみ破産法一二七条の類推適用を認めるのが相当である。同条が予定する相手方当事者からの手続への引込みを制度として欠いているのみならず、手続に参加していない者の手続保障が十分でないことからすると、倒産者が手続参加をしていなかった場合には、デフォルトとして破産法一二七条を類推適用することは消極に解さざるを得ない。しかしながら、非訟手続の進行の程度によっては、手続経済上非訟手続を選択するメリットが大きい場合が考えられるから、非訟手続により終局的な解決をすることについての異議者全員の合意（注16）と破産管財人等の合意についての監督機関の許可ないし同意（破産七八条二項一一号準用）を要件として、手続の遅延を避けるため非訟手続による債権確定を認めることは許容されると考える。ただ、本来は従前の手続状態を生かすことが手続経済上望ましいと考えられ、立法論としては、会社法第七編第三章を改正して特則を設け、当事者対立構造を前提とした当事者適格、中断、受継などの手続を整備することが望ましい（注17）。

㈢　労働審判事件

⑴　債権の性質

労働審判事件の対象は、労働審判法一条所定の個別労働関係民事紛争一般であるが、その大半は性質上は訴訟事件であり、審判に対し異議が出されれば訴訟手続で審理されることを前提に、非訟手続での簡易迅速な処理が憲法上許容されるものである。すなわち、未払賃金請求など倒産債権の確定が問題になるような法律関係においては、労働審判を経ずに訴訟を提起することもあり得るものであり、性質上は査定から異議訴訟という構造になじむものである。

(2)　倒産手続開始時に審判手続が係属していなかった場合

したがって、債務者について倒産手続が開始された場合には、倒産債権について倒産債権者側から労働審判を申し立てる余地はなく、債権届出・調査を経た上、異議があれば倒産債権者側で査定を申し立てなければならない。

(3)　倒産手続開始時に審判手続が係属していた場合

一方、倒産手続開始時に既に労働審判手続が申し立てられていた場合、手続経済を比較衡量要素として考慮する上での特有の問題として、労働審判の対象が倒産法上の倒産債権であるとは限らず、財団・共益債権、民事再生法上の一般優先債権に該当する場合がある点がある。これら倒産手続外の行使が可能な債権については、倒産手続開始の影響がなく、破産管財人等を相手方として手続が続行されるので、倒産債権となる部分について査定とこれに続く訴訟手続を要するとすると、手続が分断される。

そこで、申立人が請求する債権のうち倒産債権となる部分については、債権調査により異議があった場合の手続につき、双方の考え方があり得る（注18）。

この点、労働審判手続は、当事者対立構造を採っており、異議者の受継（非訟法三六条一項）、相手方からの受継の申立て（同条三項）が可能であり（労審二九条）、中断がない点を除けば、異議者の手続保障が確保されていること、審判に対する異議の場合のみならず、労働審判によることが紛争の迅速かつ適正な解決のために適当でないとの理由で事件が終了した場合（労審二四条一項）についても、申立て時における訴えの提起が擬制されていること（同条二項）に加え、原則として三回以内の期日で審理を終結する（労審一五条二項）というとくに迅速な手続であること、財団債権等となる部分と同一の手続で審理されることにより労働債権のプライオリティに関する紛争についても統一的に解決できることから、手続経済上のメリットが大きく、特段の弊害も考えられないことから、破産法一二七条の類推適用を認めるべきと解される。

2　家事手続

(一)　家事手続で審理される事件

家事手続で審理される事件は、家事審判および家事調停に関する事件であり（家事法一条）、家事調停事件の対象となるのは人事訴訟の対象となる事件その他家庭に関する事件である（家事法二四四条）。人事訴訟の対象となる身分関係上の権利義務は一身専属性を有するものであり、倒産とは無関係であるが、これに付随する財産上の権利義務については倒産法による変容を受け得る。

倒産者が負担する財産上の義務のうち、通常は家事手続で審理判断されるものとしては、財産分与義務、婚姻費用分担義務、養育費支払義務などがある。このうち財産分与義務と養育費支払義務については、当事者の申立てにより、家事手続ではなく人事訴訟の附帯処分として訴訟手続で審理される場合があるが（人訴法三二条）（注19）、人事訴訟提起後に倒産手続が開始した場合には、破産法一二七条が適用される。

(二)　財産分与請求権

(1)　債権の性質

財産分与は、離婚にあたって夫婦の一方が他の一方に対して財産の分与を求める権利である（民法七六八条一項）。その内容については、清算的要素、扶養的要素、慰謝料的要素が含まれるとされるが（注20）、その中核は「当事者双方がその協力によって得た財産」（民法七六八条三項）、すなわち実質的夫婦共有財産の清算である（注21）。

扶養的要素および慰謝料的要素は、現物給付がなされる場合の説明として用いられることが多く、金銭債権としての評価が問題となる倒産の場面では、扶養的要素については婚姻費用、養育費と同様に（注22）、慰謝料的要素は単純な損害賠償請求権として処理すべきであろう。清算的要素のみに着目した場合、財産分与請求権の主たる発生原因は夫婦が協力して財産を形成したことであり、その形成された財産は倒産財団を構成しているのであるから、当該財産の形成に寄与した負債についても倒産手続で処理すべきであり、仮に離婚が成立していなかったり、合意や裁判による権利の具体的内容の形成が未了であったとしても、分与対象である実質的夫婦共有財産の形成が倒産手続開始前になされている以上は、倒産債権であると考えられる（注23）。これに対しては、別居ないしは婚姻関係の破綻が倒産手続開始前にあることを要する（注24）、家事調停、家事審判または人事訴訟の附帯処分として財産分与を求めていることを要する（注25）、あるいは、離婚の成立を要する（注26）との考え方もあり得るが、まず別居や婚姻関係の破綻は、少なくとも協議離婚の要件ではないから、財産分与請求権の発生とは論理的には無関係の要素であり、倒産債権か否かのメルクマールとしては不適当である。ただ、倒産手続開始時において別居や婚姻関係の破綻がない場合には、清算的財産分与の基準時の到来が未了であるから、手続開始時の評価は算定不能としてゼロと確定することとなろう。また、離婚成立までは確かに生成中の法律関係ではあるが、財産権としての金銭評価が可能である以上は、少なくとも倒産債権としての適格性は否定できないと考える。いずれかの段階に達した時点で初めて倒産債権としての届出を認める前記各説の実質的な妥当性は十分に理解できるが、それは倒産債権としての適格性の問題ではなく、債権額の評価に帰着し得る問題である。ただし、倒産債権とはいえ、権利が抽象的にせよ確定するのは離婚時であるから、倒産法上は、あくまで離婚を停止条件とする停止条件付倒産債権にすぎない。

(2) 倒産手続開始と調停・審判手続の先後関係別の考察

このことを前提に、財産分与請求権につき、①離婚についての家事手続ないし訴訟手続の開始前に倒産手続が開始した場合、②離婚についての調停係属中に倒産手続が開始した場合、③離婚後家事手続の申立て前に倒産手続が開始した場合、④家事手続の係属中に倒産手続が開始した場合、に分けて検討する。

まず、①の場合には、倒産手続外の倒産債権の行使が禁止される結果、財産分与請求権については、停止条件付債権として債権届出を行う必要があり、債権調査において異議が出れば、倒産債権の査定手続に進む、と解される（注27）。③の場合も、基本的に①と同様であり、債権届出・調査を経て、倒産債権の査定手続に進む。ここで、事件の性質が非訟事件であり、裁判所の判断が確認作用でなく形成作用であることが問題となるが、前記**1**(二)で述べたとおり、形成作用であることから直ちに非訟手続によることが必須ではなく、夫婦が婚姻中に形成した実質的共同財産を財産形成に対する寄与度に応じて分配するという、一定の基準に基づいて形成されるものである点からも、査定手続を経た訴訟手続による確定がおよそできないわけではない。また、家事事件においては本来の職分管轄が家庭裁判所にあるが（裁三一条の三第一項）、倒産債権確定の場面においては、事件が家庭内にとどまらず、むしろ他の倒産債権者との公平が問題になり、家庭裁判所の後見性・専門性が要求される場面でないことから、地方裁判所において財産分与請求権の額を確定することに支障はないと考えられる。

②の場合は、民事調停手続と同様に、合意の形成を目的とする手続であり、合意が成立しなければ終了する手続であるから、家事調停手続が独立の債権確定手続とはなり得ず、査定手続によるべきである。

④の場合、既に家事調停ないし家事審判の手続が係属中であるため、手続経済の要請に基づく破産法一二七条を類推適用する余地があり、加えて、事案の解決に適した手続として家事手続が設けられていることからすると、

債権届出・調査により異議が出された場合には、家事手続を受継すべきとの解釈が成り立ち得る。そこで他の債権者の手続保障を検討すると、会社非訟手続とは異なり、当事者対立構造が採られているため、手続当事者が資格の喪失によって手続を続行することができない場合の受継による当事者の交替（家事法四四条一項）、相手方当事者からの受継申立て（同条三項）の規定が適用になる。家事事件手続法は手続の中断を予定していないが、これは職権調査など当事者の関与しない手続を進行させることを可能にするためであり、受継の意味は訴訟手続とは異なるものの、当事者としての地位を取得し、あるいは取得させることについては訴訟手続と変わらないのであるから、手続保障上の問題はない。したがって、破産法一二七条を類推する基礎は備えられており、類推適用を認めるべきであると考える（注28）。なお、この場合の家事調停手続は、不成立の場合には申立て時における審判申立てが擬制されていること（家事法二七二条四項）から、労働審判手続と同様に解することが可能である。

いずれの場合も、財産分与請求権は、離婚を条件とする停止条件付債権であるから、破産手続においては除斥期間経過内に離婚が成立していなければ除斥される（破産一九八条二項）。

㈢　婚姻費用、養育費

婚姻費用および養育費は、債権者の要扶養状態を主たる原因として発生する権利であり、倒産手続開始決定前の要扶養状態に対応するものは倒産債権、倒産手続開始後のものは手続外債権として自由財産から支払われるものと解すべきである。この点は、倒産手続開始に先立って、当事者の合意、審判等で金額が確定していたとしても、同様である。

婚姻費用、養育費についても、権利者および義務者の収入、子の人数、年齢等一定の基準によって形成されるものであり（注29）、地方裁判所における訴訟手続で判断することに支障はなく、家事手続と倒産手続との関係については、財産分与と同様である（注30）。

3 仲裁手続

㈠ 仲裁手続の意義・特徴

仲裁手続は、当事者の仲裁合意に基づき、仲裁人が終局的に紛争解決のための判断を行う手続である。仲裁手続の特徴としては、簡易迅速性、廉価性、専門性、秘密保持性、柔軟性などがあると言われている。

国内における仲裁手続の対象事項は、法令に別段の定めがある場合を除き、当事者が和解することができる民事上の紛争（離婚または離縁を除く）である（仲裁一三条一項）。破産債権の発生原因は、私法上の債権に関する限り、性質上合意による解決の可能性があるものであり、倒産手続開始前には基本的に仲裁適格性を有すると言える。「法令に別段の定めがある場合」につき、明文の規定がない場合には、権利の性質、権利の処分可能性、当該法律関係が裁判所において判断された場合の当該判断の効力などを個別類型ごとに考慮して決することとなる（注31）。この点に関連して、倒産債権の確定手続の仲裁適格性については、多数者について画一的に判断されるべき事項であることが問題となり得る。しかしながら、債権額の確定にあたって、例えば原発事故による損害賠償請求権など損害額の算定のためとくに高い専門性が求められる分野や、集団的大量的処理が求められる分野も考えられるので、一律に仲裁の対象から排除すべきではないと考える。

㈡ 倒産手続開始前の仲裁合意による仲裁手続開始前に、債務者につき倒産手続が開始された場合

債権者の債権は倒産手続開始前の原因に基づいて生じた債権であり、倒産債権であるから、まず債権届出および債権調査が必要であり、手続外行使である仲裁手続の申立てはできない。

この点、一般には仲裁合意の倒産手続における拘束力の問題として論じられ、拘束説（注32）、非拘束説（注33）、双方未履行双務契約説（注34）、倒産者由来の権利行使の場合には拘束されるが、否認権行使等債権者由来の権利を行使する場合には拘束されないとする説（注35）などに分かれている。ただ、破産管財人等が仲裁合意を含む契約に基づき売買代金請求権等の権利を行使する場合は、債務者側が倒産手続の開始によって異なる手続の負担を強制される理由はないから、破産管財人等も仲裁合意に拘束されると解すべきであるが（注36）、倒産債権の履行請求に関しては、総債権者の利益に関わる事柄であり、すべての倒産債権者に争う機会を付与する必要があるから、債権届出・調査に係らしめることは必須であり、かつ異議があれば、倒産債権者をも拘束する手続である倒産債権の査定手続とこれに続く訴訟手続で確定すべきである。ただし、新たに倒産債権者と異議者全員が仲裁合意を行うことにより、仲裁判断と執行決定（仲裁四六条）により確定することは妨げられないと解する。

㈢　仲裁手続の係属中に倒産手続が開始された場合

続いて、仲裁手続の係属中に債権調査により異議が出された場合の手続につき検討する。日本には、日本商事仲裁協会、日本海運集会所、日本知的財産仲裁センター、日本不動産仲裁機構、国民生活センター、建設工事審査会、公害等調整委員会、弁護士会仲裁センターなどの仲裁機関があり、手続規定も整備されていることから、近年は以前に見られたような仲裁人に対する不信感は少なくなってきている。また、現行仲裁法は仲裁判断の基準として、衡平と善によるとの当事者の明示の求めがない限り、法によるものとしており（仲裁三六条）、判断の予測可能性を高めている。しかしながら、倒産債権の確定手続として捉えた場合、なお、①破産管財人等は、総債権者の利益を考慮して異議を述べていること、②異議者、とくに倒産債権者が仲裁人の選定に関与していないこと、③手続の進行は仲裁人の裁量に大幅に委ねられていること、④手続費用が高額になるおそれがあること、

⑤とくに異議者が倒産債権者である場合、仲裁合意に拘束されるとする根拠を見出し難いこと、⑥破産管財人等が否認の抗弁を提出する機会は確保すべきであることから、デフォルトとして仲裁手続によることには、消極に解すべきである。

しかしながら、仲裁手続の進行の程度、事件の専門性、手続経済を考慮し、倒産債権者と異議者全員の合意（注37）により仲裁手続を続行し、倒産債権の確定を仲裁人に委ねることは、会社非訟手続と同様、とくに妨げられない、と解される。

4 外国における訴訟手続、仲裁手続

日本の倒産法は普及主義を採用しているので、対外的にも倒産手続開始決定の効力が及び、海外における倒産債権の個別行使は禁止される結果、倒産債権は、債権届出・債権調査手続を経た上で、査定手続ないしこれに続く異議訴訟手続により確定する。合意管轄条項により外国が法廷地として指定されていても、国内の合意管轄と同様、査定手続等の専属管轄規定が優先する。

倒産手続開始後に海外の裁判所で訴訟を提起して確定判決を得たり、仲裁を申し立てて仲裁判断を得ても、適正手続に反することから、日本における執行判決ないし執行決定は得られないと解すべきであり、国内における執行力は排除される結果、日本の倒産手続において倒産債権者としての権利を行使することはできない。また、倒産手続開始前に提起されたか開始後に提起されたかを問わず、外国の訴訟手続や仲裁手続の事実上の進行を阻止するためには、当該法廷地国または仲裁地国で日本で開始された倒産手続につき外国倒産手続承認決定を得て、停止させることが可能である（注38）。

これに対し倒産手続開始時に既に外国において訴訟手続が係属していた場合は、どのように解すべきか。異論も考えられるが、①破産法一二七条は中断、受継という日本の民事訴訟手続を想定したものであること、②外国の訴訟手続における当事者適格や手続保障の考え方が日本と同一とは限らないこと、③外国の訴訟手続では迅速性が保障されず、破産法一二七条が手続経済を優先した趣旨に適合するとは限らないこと、④外国の訴訟手続を追行する費用は破産管財人等が追行する場合は財団・共益債権となり、総債権者の多大な負担となること、⑤異議者が倒産債権者である場合には、手続に参加すること自体が保障されず、参加できたとしても負担が大きいこと、⑥判決が確定したとしても、さらに執行判決の手続が必要であり、手続が迂遠であることから、破産法一二七条の準用ないし類推適用は否定され、原則として日本の査定手続およびこれに続く異議訴訟手続によるべきであろう。ただし、手続の進捗の程度等にかんがみ、当該外国訴訟によることが当該個別事案においての手続経済上有用であり、手続保障が確保される場合には、異議者全員と破産管財人等の同意を要件として、外国訴訟手続の続行によることもできると考える。

外国仲裁手続については、基本的に内国の仲裁手続と同様に考えてよいであろう。

四　結　び

以上の通り、倒産債権の確定の場面では、手続が原則として変容するが、当該手続が訴訟手続と同様の手続保障規定を備えている場合には続行を認め、さらには倒産債権者と異議者全員の合意による手続選択の可能性を示唆した。倒産債権の確定は倒産債権者全員に効力を生じるものではあるが、届出に対し異議を述べなかった者は債権調査において当該債権の優先順位や金額を認めたものであるから、以後の手続に関与できなくともやむを得ないし、届出の一部取下げや異議の取下げによる倒産債権の確定もあり得ることから見ても、適正手続の枠内である限り、合意による手続選択は認められるべきであり、大量の集団的処理が必要な場合にはＡＤＲの活用にも道が開かれてよいと考える。

〔終わりに〕

筆者は、平成二三年の非訟事件手続法・家事事件手続法の改正作業に関わる一方、木内先生とともに処理した渉外倒産事案では海外六カ国で事件を処理してきた。木内先生は法の内外を問わず博学多才の人であり、多種多様な事件の処理と研究をしてこられた。今回は木内先生の研究分野であった「家事」と「倒産」のテーマで悩んだ末、非訟事件手続法の改正で実現できなかった部分、家事と倒産の狭間の部分、国際倒産で実務的に検討した部分を統一的に理解できないか、考えてみた。ご批判を賜り、後日さらに検討したい。

（注１） 本稿では、破産手続、民事再生手続および会社更生手続を総称して、「倒産手続」という。
（注２） 本稿では、破産債権（破産二条五項）、再生債権（民再八四条）および更生債権（会更二条八項）を総称して、「倒産債権」という。
（注３） 以下では、とくに断らない限り、破産法の条文のみを引用する。
（注４） 最決昭四〇・六・三〇（民集一九巻四号一〇八九頁）等。
（注５） 伊藤眞＝山本和彦編『民事訴訟法の争点』一二頁〔高田裕成〕。

（注6）事件の性質と非訟事件手続法の適用関係については金子修編著『逐条解説・非訟事件手続法』一一頁参照。
（注7）非訟事件の類型として多数を占める過料を科す事件については、各倒産法に確定手続に関する特則がある（破産一三四条、民再一一三条、会更一六四条）。
（注8）調停成立の見込みのない場合の手段として調停に代わる決定（民調法一七条）があるが、これは異議申立てにより失効し（民調法一八条四項）、調停手続が終了するため、独立の債権の確定手続とはなり得ない。
（注9）島岡大雄ほか編『倒産と訴訟』二一二頁〔島岡〕。
（注10）最決昭四八・三・一（民集二七巻二号一六一頁）、最決平二三・四・一九（民集六五巻三号一三一一号）。
（注11）畑瑞穂ほか「《研究会》非訟事件手続法（04）非訟事件の審理等」論究ジュリ一四号二〇〇頁〔山本克己発言〕。
（注12）中立期限が買取請求の原因となった組織再編行為等の効力発生日から最大六〇日以内（松田亨ほか編『実務ガイド新・会社非訟』二三二頁参照）と比較的短いため、会社（倒産者）が買主である場合にはゼロ査定となることが多いであろうから、実際の事例としては考えづらい。指定買取人（会社一四〇条四項）の倒産の場合は、双方未履行双務契約としての処理が可能であるから、これも実際に問題となることはまれであろう。
（注13）以下、本稿では、破産管財人（破産二条一二項）、再生債務者等（民再二条二号）および管財人（会更六七条）を総称して「破産管財人等」という。
（注14）金子編著・前掲注6八一頁。
（注15）金子編著・前掲注6一四二頁。
（注16）異議者が倒産債権者である場合は、非訟事件手続法二一条の解釈との関係で、別途の考慮が必要であるが（畑ほか・前掲注11二〇二頁）、倒産債権者も債権調査において異議を述べたことにより同条二項の参加資格を得たと解することも可能であると考える。
（注17）非訟事件手続法は、当事者対立構造のある事件一般についての審理の特則を設けなかった。これは特則の適用範囲を検討する時間的余裕がなかったことと、非訟手続一般のデフォルト・ルールとして一律に規定するよりも

個別法で対応する方が事件類型に適した手続を設けることができると考えられたためであり、当事者対立構造のある類型における当事者適格が移動した場合の手続保障等は、個別法により対応することが予定されている（金子修編著『一問一答非訟事件手続法』二六頁）。

（注18）労働審判手続によるものとして川畑正文「非訟事件手続における民事訴訟法等の規定の類推適用について」判タ一二五一号七〇頁。債権査定手続によるものとして島岡ほか編・前掲注9一九三頁〔島岡〕。

（注19）附帯処分の審理の性質については、旧人事訴訟手続法下では人事訴訟説、併存説、折衷説などの争いがあったとされるが、現行法は一つの人事訴訟手続の中で審理判断することとした（松川正毅ほか編『新基本法コンメンタール人事訴訟法・家事事件手続法』八〇頁〔高見進〕）。

（注20）最判昭五八・一二・一九（民集三七巻一〇号一五三二頁）は、「財産分与は、夫婦が婚姻中に有していた実質上の共同財産を清算分配するとともに、離婚後における相手方の生活の維持に資することにあるが、分与者の有責行為によつて離婚をやむなくされたことに対する精神的損害を賠償するための給付の要素をも含めて分与することを妨げられないものというべきである」とする。

（注21）他の倒産債権者との利益の調整を必要とする倒産手続の場面では、債権の性質を、扶養的要素については扶養料債権として、慰謝料的要素については損害賠償債権として捉えるべきであろう。

（注22）このように解すると、離婚後で金額が未確定の場合には権利が存せず、扶養的要素については倒産手続開始時点での債権額はゼロと査定されることになる。

（注23）取戻権であることを否定した判例として最判平二・九・二七（金法一二七二号三三頁）。仮に倒産財団に属する財産に潜在的共有持分があるとしても、対抗要件が存在しない以上、その持分の取得を破産管財人等に対抗できないであろう。

（注24）日本弁護士連合会倒産法制等検討委員会編『個人の破産・再生手続』一〇二頁〔木内道祥〕。

（注25）島岡ほか編・前掲注9二〇六頁〔島岡〕。

（注26）　森宏司「家事調停・審判手続中の当事者破産」伊藤眞先生古稀祝賀『民事手続の現代的使命』一一六五頁。

（注27）　東京地判平二八・七・一九（DI-Law 登載）は、離婚成立前の財産分与請求権につき債権査定手続によることを前提としている。

（注28）　島岡ほか編・前掲注9二〇八頁〔島岡〕。日本弁護士連合会倒産法制等検討委員会編・前掲注24一〇五頁〔木内〕。

（注29）　原則として養育費・婚姻費用算定表 http://www.courts.go.jp/tokyo-f/vcms_lf/santeihyo.pdf によるのが裁判実務である。

（注30）　婚姻費用、養育費の支払の始期は申立て時とするのが実務であるが、最判平一九・三・三〇（判時一九七二号八六頁）は、過去の養育費の附帯処分適格性を認める。

（注31）　旧法下で仲裁適格を詳細に論じたものとして、田邊誠「民事紛争の仲裁適格について―ドイツにおける議論を参考にして―」民訴四二号六九頁。

（注32）　伊藤眞『破産法・民事再生法〔第二版〕』四七八頁等。

（注33）　福永有利「仲裁契約当事者の破産と仲裁契約の効力」広島法学一〇巻三号三一九頁。結果的に双方未履行双務契約説と同じとされる。

（注34）　小梁吉章「仲裁の当事者の破産」広島法科大学院論集六号四二頁によれば、イギリスおよびフランスの判例は、一貫してこの説を採っている。

（注35）　松下淳一「倒産法制と仲裁（四・完）」ＪＣＡジャーナル四一巻七号一五頁。アメリカ合衆国の判例は、この見解を採るようである。竹下守夫「訴訟契約の研究―その総論的考察３―」法協八一巻四号三七九頁は、一般的には肯定説に分類されているが、むしろこの見解と親和性がある。

（注36）　否認訴訟は倒産法により管財人等に認められた固有の権限に基づく訴訟であり、仲裁合意の当事者である倒産者の法律上の地位に基づくものではないから、仲裁合意の拘束力の範囲に含まれないと見ることもできるであろう。

（注37）破産管財人等が合意により仲裁手続を続行する場合には、裁判所の許可（破産七八条二項一一号準用）、監督委員の同意等監督機関の承認を必要とする。

（注38）筆者が関与した事例であるが、ハイコート決定二〇〇八・一〇・一六は、イギリスにおいて日本の倒産手続を承認するとともに、係属中の仲裁手続を停止（stay）させた。

破産管財人の法的地位
―近時の租税判例を経ての再検討―

弁護士　桐山昌己

目次

一　初めに

破産管財人の法律上の地位を理論的にどう説明するかに関しては、職務説、破産財団代表説等、従来から議論があり、現在は管理機構人格説が通説とされている。もっとも他方、この論点は、破産管財人をめぐる法律関係を統一的に説明するための説明概念の問題にすぎず、実際の管財人をめぐる法律問題を解決するための直接の解釈指針となるわけではないとする見方が多い。

しかし、近時、破産管財人をめぐる課税関係が問題となった事案において、破産管財人の法的地位につき考察したと見られる最高裁判例や下級裁判例が現れてきている。とくに最判平二三・一・一四（民集六五巻一号一頁）は、破産管財人報酬や破産配当についての破産管財人の源泉徴収義務の存否に関する判例であるが、後述のとおり、同判決は、結論に至る判断過程で管理機構人格説に依拠したことがうかがわれる。そして、これら裁判例を契機として再び議論が活発化しつつあるが、今なお、破産管財人の地位職責や破産法人をめぐる租税法その他の法規の適用構造が明らかにされたとは言い難い。

本稿では、破産管財人の法的地位に関する従来の主要学説や判例状況を概観し（後述二および三）、次いで近時に破産管財人の法的地位が前提問題となったと見られる租税判例を分析した上で（後述四）、破産管財人の法的地位に関するあるべき解釈論を探求していきたい。

二　破産管財人の法的地位に関する主要学説の状況

1　職務説

破産管財人は、裁判所の選任に基づき、その職務として、自己の名において破産財団の管理処分の権能を行使する者であるとする説であり、公法上の職務説（公吏説）と私法上の職務説が存する。公法上の職務説は、破産管財人の職務を破産債権者のための国家の執行機関の職務と見るものであり、他方、私法上の職務説は、破産管財人を国家機関たる裁判所からその職務を委託された私人と捉えるものである。

このうち公法上の職務説の代表的な見解は、「破産法ハ破産ナル特別ノ場合ニ於テ国家カ私権ノ保護ヲ為ス要件、手段及方法ヲ規定シタルモノ」であり、「其執行ノ職務ニ任スル管財人ハ国家ノ執行機関ニシテ私人ノ代理人ニハ非ス公吏ナリト解セサルヲ得サルナリ」と説く（注1）。

大審院判例においても、既に旧商法破産編の時代に、破産管財人を「公ノ機関」としたものがあり（注2）、旧破産法下では、大判昭三・一〇・一九（民集七巻八〇一頁）が「破産管財人ハ破産者又ハ破産債権者ノ代理人ニ非スシテ公ノ機関トシテ破産手続ニ干与スル」と判示しているなど（注3）、いずれも公法上の職務説に立っていたものと理解されている。

2　破産財団代表説（破産財団代理説）

破産財団に法人格を認め、破産管財人をその代理人または代表者（機関）と見る説である。この説に立つ有力見解は、破産債権者団体の性質、破産管財人の地位、財団債権の性質、否認権の主体、自由財産の性質等を統一的かつ明快に解明することが破産法学の任務であるとした上、「破産財団の主体性を肯定することに依り、特に破産者と管財人、自由財産と破産財団との関係が始めて直截に解明される」とする（注4）。近時までの通説的見解であったとされる。

3　管理機構人格説

破産財団所属財産につき管理処分権を行使する、管理機構たる破産管財人自身に、私人とは別の法人格を認める見解である。破産財団所属財産は破産者に帰属したままであることを前提に、破産財団とその管理機構とを切り離して、管理機構たる破産管財人に法主体性を承認した上、この法主体たる管理機構に帰属するのは、破産者に属する財産そのものではなく、その管理処分権であるとする。現在の通説的見解とされる。

この説に立つ有力見解は、管財人の法的地位をどのように把握するかは、破産関係における諸事項を統一的に理解すべき破産理論の中心的問題であるとした上、「破産財団の管理機構としての管財人は破産財団の管理処分権の帰属する法主体（法的人格者）である、と解するのが妥当」とする（注5）。

管理機構人格説によれば、上記のように破産財団所属財産は破産者に帰属したままである一方、破産財団を引当てとする財団債権については、破産管財人自身が債務者となるとする。

三　破産管財人の法的地位をめぐる従来の判例

1　大審院時代から昭和四〇年代頃まで

前述（二1）の通り、大審院判例には、旧商法破産編に関するものを含め、公法上の職務説に立ったと見られるものが見受けられる。

学説では、前述のとおり、破産財団代表説、次いで、管理機構人格説が通説的見解の地位を占めるに至ったものの、第二次大戦後の裁判例においては破産管財人の法的地位の解明を積極的に試みたものは見受けられず、最判昭四八・二・一六（金法六七八号二一頁）が「破産管財人は、破産者の代理人または一般承継人ではなく、破産債権者の利益のために独立の地位を与えられた破産財団の管理機関である」としてはいるものの、前記二で触れた主要学説のいずれに立つものか明らかではない。

2　最判昭六二・四・二一（民集四一巻三号三二九頁）、最判平四・一〇・二〇（判時一四三九号一二〇頁）

その後、昭和末期から平成初期にかけて、破産法人の税務に関する二件の最高裁判例が出された。これら判例には、破産法人に対する租税法の適用構造について説示している部分があり、破産管財人の法的地位の問題とも密接に関連していると考えられる。

㈠　最判昭六二・四・二一

最判昭六二・四・二一の事案は、破産法人に対するいわゆる予納法人税（注6）や地方税の財団債権性、とりわけ予納法人税のうち土地重課税部分（注7）の財団債権性が争われたものであるが、同判決は、破産法人についても法人税法や地方税法の適用があることを前提にしたものと解され、殊に地方税法上の均等割（注8）に関して、「破産法人が破産の目的の範囲内においてなお存続することに伴い負担すべき経費に属し、その債権は財団債権に当たる」としており、破産法人自身が府民税および市民税の納税義務を負うとの理解に立ったものと解される。

㈡　最判平四・一〇・二〇

また最判平四・一〇・二〇は、「破産会社にも法人税法（昭和五六年法律第一二号による改正前のもの）一〇二条（清算中の所得に係る予納申告）及び一〇五条（清算中の所得に係る予納申告による納付）の規定の適用があるものと解すべきである」とした上、一審判決および控訴審判決の「租税の申告納付は破産財団の管理処分の一環とみることができるのであるから、破産管財人には破産会社の法人税の予納申告・納付の義務がある」との判断を是認し、「破産会社の破産管財人には、予納法人税が破産法四七条二号ただし書にいう「破産財団ニ関シテ生シタルモノ」に当たるか否かを問わず、その予納申告等の義務があるものというべきである」としている。

同最判およびその是認する一、二審判決は、要約すれば、①破産法人についても法人税法の適用があり、法人税法上の申告および納付の義務は、昭和六二年最判により財団債権とされるものとそうでないものとを含め、破産法人それ自体が負うこと、および、②この破産法人の申告納付義務については、破産財団の管理処分権を付与された破産管財人が、言わば管理処分権を媒介とし、職務としてこれら申告納付を担うべきことを説示したものと解される（注9）。例えるなら、法人の代表者それ自身は法人税法上の申告納付義務を負わないものの、法人との委任契約に基づき申告納付の事務を処理すべき義務を負うのと同趣旨であろう。

㈢　小　括

これら二件の最高裁判例は、破産法人にも法人税法および地方税法の適用があり、予納法人税や法人住民税のうち財団債権に該当する部分についても破産法人自身が納税義務を負うことを判示していると解される。この点において、少なくとも財団債権の債務者は破産法人でなく破産財団であるとする破産財団主体説や、これを破産管財人であるとする管理機構人格説とは相容れない判断である。なお平成四年最判に関し、破産管財人を租税法上の義務の主体と判断したものと理解する見解があるが（注10）、以上に述べたところから賛同し難い。

四　近時の裁判例

1　消費税の基準期間に関する裁判例（名古屋高裁金沢支判平二〇・六・一六金法一八七三号七一頁）

㈠　事案の概要

破産法人（株式会社）の破産宣告後の課税期間（本件課税期間）中（注11）に破産管財人がした課税資産の譲渡等に係る、消費税額および地方消費税額の決定処分等につき、破産管財人が、破産財団は、破産法人とは別の法的主体であるから、当該課税期間に係る基準期間（法人にあっては、その事業年度の前々事業年度。消費税法二条一項一四号）における破産法人の課税売上高を引き継がず、少なくとも破産宣告後二年間は基準期間がないので納税義務を負わないと主張して、上記決定処分等の取消しを求めた事案である。

㈡　一審判決

一審判決（注12）は、当該破産財団は、破産法人とは別個の社会的実体を有する「人格のない財団」であるとした上、破産財団に属する財産の換価については、破産財団自身が「事業者」として本来的な納税義務者となり、この限りにおいて破産財団は、破産法人の基準期間における課税売上高を引き継がない別の法的主体であり、本件課税期間に係る基準期間がないから、本件課税期間中の譲渡等につき納税義務を負わず、破産管財人もまた申告納税義務を負うことはないとして、破産管財人の請求を認容した。

㈢　控訴審判決

これに対しその控訴審判決である名古屋高裁金沢支判平二〇・六・一六は、前掲昭和六二年最判および前掲平成四年最判を引用の上、破産者は、破産宣告後も破産財団所属財産の帰属主体たる地位や所有権を喪失するものではなく、破産財団は、破産法人の基準期間における課税売上高を引き継がない別の法的主体と解することはできず、破産法人が「事業者」として消費税の納税義務を負うと解するのが相当であるとし、一審判決を取り消し、破産管財人の請求を棄却した。そして控訴審判決に対する上告受理申立については、平成二二年三月三〇日、最高裁第三小法廷で不受理決定がなされている。

㈣　検　討

前記のとおり、一審判決は、破産財団が、破産法人とは別個の納税主体であることを前提に、破産法人の基準期間における課税売上高を引き継がないと判示している。この判決は、破産財団に一般的な法主体性を認めず、ただ消費税法上において「人格のない財団」（消費税法二条一項七号）として納税主体性を認めるものであるが、主要学説のうちでは破産財団代表説に依拠したものと理解してよいように思われる（注13）。

他方、控訴審判決は、破産管財人の法的地位に関しいかなる見解に依拠したのか明らかにしていないが、破産者が破産宣告後も破産財団所属財産の帰属主体であるとしていることや、破産法人をして財団債権である消費税の納税義務の主体と捉えていることから、破産財団代表説や管理機構人格説に依拠したものでないことは明らかである。

2　破産配当および破産管財人報酬についての破産管財人の源泉徴収義務の存否に関する判例（最判平二三・一・一四）

㈠　事案の概要

本件は、旧破産法のもとにおいて、①弁護士である破産管財人の報酬の支払および②破産債権である元従業員の退職金債権に対する配当を行う破産管財人が、これらの支払および配当について所得税法上の源泉徴収義務（同法一九九条、二〇四条一項二号）を負うか否かが争われた事案である。

一審判決（注14）および控訴審判決（注15）は、①、②のいずれについても破産管財人の源泉徴収義務を認めたのに対し、上告審判決は、②につき破産管財人の源泉徴収義務を否定する判断をする一方、①については一、二審判決の結論を支持しているものの、その理論構成は一、二審判決とは異なっている。

㈡　一審判決および控訴審判決

一審判決は（所得税法一九九条等の）「支払をする者とは、当該支払に係る経済的出捐の効果の帰属主体をいう」とした上、「破産者は、破産宣告後も破産財団に係る実体的権利義務の帰属主体であり、破産管財人に法主体性は認められないと解される」とし、破産配当および財団債権弁済についての支払者は破産者であると判示した。

この判断は控訴審判決でも維持されている。

㈢　上告審判決

これに対し、上告審判決は、破産管財人報酬に関して、「破産財団を責任財産として、破産管財人が、（中略）自らその支払をしてこれを受けるのであるから、弁護士である破産管財人は、その報酬につき、所得税法二〇四条一項にいう「支払をする者」に当たた」るとし、破産管財人が所得税の源泉徴収義務を負うとの判断を示した。他方、破産配当に関しては、破産管財人と労働者の間には使用者と労働者との関係に準ずるような、とくに密接な関係があるとは言えず、また破産債権である退職手当等の支払に際して所得税法上の源泉徴収義務者の地位を破産者から当然に承継すると解すべき法令上の根拠は存しないとし、源泉徴収義務を否定する判断を示した。

㈣　検　討

一審判決および控訴審判決は、公法上の職務説の立場に立ち、破産者を債務者、破産管財人を国の執行機関と見たものと解される（注16）。

これに対し、上告審判決の説示のうち、弁護士である破産管財人はその報酬につき所得税法二〇四条一項の「支払をする者」に当たるとしている部分は、単に支払という事実行為をする担当者を指したと見る余地もないではないが、破産者に実体法上帰属する破産財団をもって単に「責任財産」と位置付け、報酬支払債務の帰属主体とは区別していることから、破産管財人をもって財団債権の債務者とする管理機構人格説に依拠したもののように思われる（注17）。

五　各説の検討

1　租税法規の適用関係について

㈠　序

国税徴収法上、破産手続は強制換価手続の一とされ（国税徴収法二条一二号）、破産管財人は破産手続の執行機関とされている（同法二条一三号）。もっとも、この規定のみでは、破産管財人が一般的に執行機関としての地位を認められるものではないとの見解もあるが（注18）、この点は後述するとして（後記㈤）、職務説に立つ場合、租税法上は、破産手続開始の前後を通じ、破産者が納税義務者となるため、その適用に支障はない。

これに対し、破産財団代表説や管理機構人格説に立つ場合、破産者とは別個の法主体が登場することから、これについての課税関係を説明することは容易ではない。

本稿では管理機構人格説を念頭に検討を試みるが、以下に述べるところは、管理機構人格説と同じく破産者とは別個の法主体を観念する破産財団代表説についても、ほぼ妥当する。

㈡　法人税の適用構造について

⑴　法人税法に関しては、従前は前掲平成四年最判が判示しているとおり、破産法人についても法人税法上の清算所得の予納申告納付に関する規定の適用があることとされていた。そして平成二二年度法人税法改正による清算所得課税制度の廃止後は、清算中の法人についても通常所得課税が行われることになり、破産手続が開始された法人に関しても、清算中の法人として各事業年度ごとの法人税課税が生じることに異論はないと思われる。

(2)　ところが、管理機構人格説による場合、破産法人に係る財団債権としての法人税の債務者は破産管財人ということになるはずであるが、そうすると、課税の構造について説明が困難である。

そもそも管理機構人格説によれば、管理機構としての破産管財人は法人であるとされるが（注19）、そうすると、破産者が自然人であれ法人であれ、破産管財人自身は常に法人税法二条九号の普通法人に該当し（注20）、法人税課税が生じることにならないか、との疑義が生じる。無論、破産者が自然人である場合に、破産管財人にこのような法人税を課す合理性は全くない。

またそうでなく、前掲平成四年最判のとおり、破産手続開始後の破産法人についても法人自体に法人税法の適用があるとするのであれば、そのように法文上は破産法人が納税義務者である法人税について、なぜこれが破産法人とは別主体である破産管財人に帰属することになるのか根拠が不明である。租税法は国民の納税義務を定めるいわゆる侵害規範であることから、予測可能性および法的安定性を図るため、殊に納税義務を根拠付けるには例外なく成文形式を採ることが要請されるが（租税法規の成文性）（注21）、破産法人の租税債務を明文の根拠なく別主体である破産管財人に転嫁することはこの要請にも反する。

さらに平成二二年の税制改正後は、前述のとおり、破産法人についても各事業年度ごとの法人税課税がなされることとなったが、破産法人と破産管財人とが別個の法主体だとすれば、破産管財人は、破産法人につき破産手続開始時までに生じた欠損金（法人税法五七条ないし五九条）を損金に算入できず、破産手続開始後に単年度で利益が生じた場合には、破産法人が債務超過であっても法人税が課税されてしまうのではないか、との疑義が生じる（注22）。

㈢　消費税の免税点制度

消費税法九条一項は、課税期間に係る基準期間（消費税法二条一項一四号）の課税売上高が一定額以下である事業者について消費税の納税義務を免除すると規定しているところ、この免税点制度の趣旨は、消費税導入にあたって、とくに零細事業者にとっては、人的・物的設備が乏しく新制度への対応が困難であり、かつ相対的に納税コストが割高になることに配慮したものとされる。

これに関し、前掲平成二〇年名古屋高裁金沢支判の原審である前掲平成一九年福井地判は、破産財団につき、破産法人とは別個の納税主体性を認め、破産財団には破産宣告後二年間は基準期間がないことになるとして、当該課税期間中の譲渡等につき消費税納税義務は生じないと判断している。この判決は、前述のとおり、破産財団主体説と見られる見解に依拠したものであるが、管理機構人格説に立つ場合にも、破産管財人は、破産法人とは別個独立の法主体であることから、破産管財人が行う資産譲渡等については、破産手続開始後二年間は基準期間が存在しないこととなり、一審判決と同様に、破産管財人は破産法人の課税売上高を引き継がず、消費税の納税義務を負わないとの結論になるように思われる。

しかし消費税法は、物品やサービスの消費に担税力を認めたものであり、事業者が債務超過であっても、あるいは通常の清算中の法人であっても、課されるものである。にもかかわらず、ただ単に事業の清算が破産手続を通じてなされるというだけで、これらと別異の取扱いを認めるべき合理的根拠は見いだせない。したがって、ここでも職務説に依拠する方が合理的かつ公平な結論が得られることになる。

㈣　破産者が個人であるときの破産管財人の源泉徴収義務

個人が所得税法二〇四条一項二号所定の報酬・料金等を支払うに際しては、当該個人が同法一八三条一項の給与等の源泉徴収納付義務を負うものである場合を除き、源泉徴収義務が課されることはない（同法二〇四条二項二号）。

ところがこのような個人が破産し弁護士が破産管財人に選任された場合、管理機構人格説によれば破産管財人は破産者とは別個独立の法主体であり、かつ法人とされるから、同法二〇四条二項二号の適用の余地はなく、破産管財人が管財人報酬や税理士報酬等を支払う場合には、源泉徴収義務を負うこととなりそうである（注23）。

しかしながら、破産管財人に選任される弁護士のうちには、勤務弁護士や弁護士法人社員など、弁護士本来の業務において同法一八三条の源泉徴収義務を負わない弁護士もあり、このように破産者および破産管財人に選任された弁護士のいずれもが源泉徴収の経験がないような場合にまで、源泉徴収を義務付けるのは行きすぎた負担である。また現行の課税実務上も、このような源泉徴収義務を負わない個人の破産管財人に納付に必要な整理番号を新たに割り当てて納付を受け入れる体制は整えられていない。

㈤ 小　括

以上のとおり、法人税法、所得税法および消費税法は、破産管財人に対して、破産者と別個の法主体として課税を行うことは予定していないと考えられる。かえって国税徴収法二条一三号では、破産管財人は執行機関と位置付けられている。

沿革的にも、旧破産法の制定に指導的役割をはたした加藤正治博士によれば、旧破産法の継受元であるドイツでは、一八九二年以降の判例は公吏説（公法上の職務説）に立っていたとされる（注24）。また前述のとおり、我が国の大審院時代の判例も明確に公法上の職務説に依拠していたのであり、昭和三四年法律第一四七号として制定された国税徴収法において、破産管財人が執行機関とされたことは、このような判例動向とは無縁ではないと思われる（注25）。

これらの点にかんがみ、筆者としては、我が国の租税法上は、破産管財人は公的な執行機関として位置付けられているものであり、破産管財人または破産財団に法主体性は認められていないものと考える。

2　破産管財人の法的地位について

(一)　破産管財人の法的地位に関する理論構築の必要性

公法上の職務説を提唱された加藤正治博士は、破産管財人の法律上の地位に関して、その見方いかんにより種々の問題の解決につきその結果が異なるのであり、この問題は、破産法においては単に法理上の問題にとどまらず、すこぶる実益ある問題である、とされる（注26）。

これに対し、破産財団代表説や管理機構人格説は、主として、破産財団の法的性質や否認権の主体等の破産法上の法律関係を解明するとともに財団債権の債務者が破産者でないとの帰結を合理的に説明するために提唱されたものと見られ（二2および3）、破産法以外の法分野にまで目配りしたものではないように思われる。そしてこれに関連して、破産管財人の理論的な地位は具体的な解決には直接結び付かないとし、私法関係を念頭に置いた破産管財人の法的地位の議論を私法以外の課税関係等に持ち込むことに懐疑的な見解も存する（注27）。

しかしながら、これまで見てきたように、近時、破産管財人をめぐる租税訴訟などにおいて、破産管財人の法的地位いかんが前提問題となった事案が相次いでおり、しかも、前掲平成二〇年名古屋高裁金沢支判のように、この論点をどう解釈するかにより、地裁と高裁とで結論が分かれた事案も見受けられる。また租税債権者は、破産法上も重要なステークホルダーである以上、租税法も含めた全法体系を通じ、破産管財人の法的地位につき解釈の統一を図ることは必要不可欠の課題と考えられる。

(二) 職務説の正当性

法治主義社会においては、自力執行が禁じられ、その反面、債権者は、その債権の基本的効力（執行力または掴取力）として、国家の権力的助力を得て債務者の一般財産への強制執行により債権の内容を実現することができる。包括執行と称される破産手続もまた、債権者の債権の強制的実現を図るための手続として発展してきた。そしてこの破産手続における破産管財人の職務は、公平中立な立場から破産者を含む利害関係人全体の利益を調整するとの公益的性格を持つものであって、破産管財人は破産者や破産債権者等の代理人ではなく、破産手続上の機関と解される。破産管財人の法的地位に関しては、職務説をもって正当と考える。

若干敷衍するならば、破産管財人は公務員ではないし、また破産財団の占有管理にあたっては何ら強制権を有せず、その行為は権力的ではないから、これを民事執行法上の執行機関と同視することは困難である（注28）。しかし他方、破産債権はもとより財団債権についても破産財団に対する強制執行はできず（破産四二条一項）、これら債権が破産財団に対し本来的効力として有する執行力（掴取力）の実現は破産管財人に委ねられていると解されるのであり（注29）、その意味で、破産管財人の権限が全くの私法上のものと見ることも妥当ではなく、なお公的な機関としての性格を有するものと言うべきである。

大審院判例が旧破産法下の破産管財人を「公の機関」と位置付けているのも、上記の意味合いにおいて理解すべきものと考えられる。

3　いわゆる「承継論」について

なお近時では、法が破産手続開始を原因として従来の法律関係を変更する特別の規定を設けていない限り、破産管財人の法的地位は破産者またはその一般承継人と同視される、とする見解が有力になりつつある（注30）。最判平一八・一二・二一（民集六〇巻一〇号三九六四頁）も、質権が設定された敷金返還請求権についての破産管財人の担保価値維持義務の存否に関し、「破産管財人は、質権設定者が質権者に対して負う上記義務（引用者注、担保価値維持義務）を承継すると解される」と判示している（注31）。

しかしながら、このように破産管財人を破産者やその一般承継人と同視する「承継論」は、かつての破産者代理説が批判を受けたのと同様、破産管財人の職務の公益性・中立性と根本的に相容れない（注32）。すなわち破産管財人は、破産者の財産の管理換価を行い、実体法上の優劣関係にのっとった公平な分配を実施することを職責としている。もとより、この過程では、個々の財産に付着した相殺権等の一定の抗弁事由や第三者対抗要件を持つ別除権および賃借権等は原則として一般債権者にも対抗でき、その結果として、これら権利等は破産管財人により引き受けられ、優先的に保護されるが、これはそれら権利等が実体法上も優先権を有することの帰結にほかならず、この現象を捉えて破産管財人を破産者の一般承継人とすることは適切ではない。単に手続機関であるにすぎない破産管財人について実体法上の地位を論ずる必要は全く認められず、かえって破産管財人の中立的・公益的地位を見誤るおそれがある（注33）。

最高裁判例上も、前掲昭和四八年最判（前記三1）が破産管財人は破産者の代理人または一般承継人ではないと判示しているのであり、前掲平成一八年最判の後においても、前掲平成二三年最判（前記四2）が、前述のとおり、破産管財人が破産配当を行うに際し、「所得税の源泉徴収をすべき者としての地位を破産者から当然に承継するると解すべき法令上の根拠は存しない」と判示し、やはり平成一八年最判とは逆に、破産管財人による破産者の一般承継を否定している。このような判例の流れに照らしても、平成一八年最判の依拠する「承継論」には先例的価値を見いだすことはできない。

4　財団債権の債務者について

管理機構人格説によれば、財団債権については管理機構としての破産管財人が債務者となるとされる。そもそも、この帰結を論理的に導き得ることが管理機構人格説および破産財団代表説の眼目の一つであったように思われる。

しかしながら、財団債権の多くは、破産財団の管理換価や破産手続遂行のための費用であるところ、破産を含む強制換価手続は、任意に債務の履行をしない債務者に代わり、国家がその強制的実現を図るものであるから、その費用を債務者に負担させても何ら不当とは思われない。

したがって、財団債権につき破産者が責任を負わないとの帰結を導き得ることをもって、管理機構人格説や破産財団代表説を正当とすることも説得力に欠ける。

六　結び

以上のとおり、筆者としては、破産制度の沿革に照らしても、また租税法規の適用関係の簡明性や公平性を図る観点からも、職務説が妥当と考える次第である。

本稿は、木内道祥先生の最高裁判事としての輝かしい業績を讃えるために著した。拙い論考ではあるが、謹んで先生に献呈する次第である。

（注1）加藤正治『破産法研究第二巻』二〇一頁～二一四頁。
（注2）大判明三九・三・二九（民録一二輯四六七頁）。
（注3）このほか、大判昭八・七・二二（新聞三五九一号一四頁）、大判昭一〇・一・二二（判決全集二輯一四號一〇頁）も、破産管財人を「公ノ執行機関」または「公ノ機関」と位置付けている。
（注4）兼子一『民事法研究Ⅰ［第六版］』四二七頁、四四六頁（初出、法協五八巻七号・八号）など。
（注5）山木戸克己『破産法』八〇頁～八一頁。
（注6）なお予納法人税の制度は、平成二二年度法人税法改正による清算所得課税制度の廃止に伴い廃止されている（平成二二年法律第六号）。
（注7）租税特別措置法（昭和五七年法律第八号による改正前のもの）六三条一項。
（注8）地方税法二三条一項一号、二四条一項、二九二条一項一号、二九四条一項。
（注9）もっともこれを一般化して、破産者の義務が当然に破産管財人の義務となるように理解することは相当ではない（伊藤眞「破産管財人等の職務と地位」債管一一九号一二頁脚注25）。破産管財人に管理処分の一環として予納法人税の申告義務を認めるべきものとすれば、それは、これに対し劣後的破産債権として配当をすべき場合に備え課税手続上その税額の確定を図るとともに、無申告加算税（本税同様に劣後的破産債権と解し得る）の発生を防止する必要があることに求められるのではないだろうか。後に本文で引用する最判平二三・一・一四についての調査官解説（『最高裁判所判例解説民事篇（平成二三年度上巻）』一頁以下）もその後注37（同三七頁～三八頁）において、平成四年最判につき、「劣後的破産債権に準じて配当資金ができたときに配当すれば足りるとす

る趣旨であろう」とする。

いずれにしても、近時有力となりつつあるいわゆる「承継論」（後述五3）のように破産管財人を破産者やその一般承継人と同視することは相当でない。

（注10）岡正晶ほか監修『倒産法の最新論点ソリューション』二七五頁～二七六頁〔木村真也〕。

（注11）この事案では、平成一四年一月二八日に破産宣告がなされ、同年二月一一日から平成一五年二月二〇日までの課税期間に係る消費税納税義務の存否が争われた。

（注12）福井地判平一九・九・一二（金法一八二七号四六頁）。

（注13）かつてのドイツにおける破産財団代表説のうちには、破産財団を法人視せず「特別財団」の思想をもって説く見解も存している。加藤・前掲注1一九四頁以下、とくに一九六頁。

（注14）大阪地判平一八・一〇・二五（金法一八一三号四六頁）。

（注15）大阪高判平二〇・四・二五（金法一八四〇号三六頁）。

（注16）『最高裁判所判例解説民事篇（平成二三年度上巻）』一六頁～一七頁〔古田孝夫〕。

（注17）前掲注16の調査官解説においても、前掲平成二三年最判は、破産管財人に実体法上の義務の帰属主体となり得る法主体性（法人格）を認める見解に立ったものとされる。前掲注16一七頁。

（注18）伊藤眞『破産法・民事再生法〔第三版〕』二〇一頁脚注43。

（注19）山木戸・前掲注5八二頁。

（注20）法人登記のない相続財産法人についても、現行法人税法上、理論的には普通法人として一応課税の対象になると考えられている（財産管理実務研究会編『財産管理の実務―不在者・相続人不存在〔新訂版〕』三二〇頁～三二二頁〔内田実〕）。管理機構説にいう管理機構法人についても、同様の帰結となると思われる。

（注21）金子宏『租税法〔第二一版〕』三二〇頁。

（注22）管理機構人格説を提唱される伊藤眞教授は、従前は、法人税の納付義務者を破産財団の管理機構たる破産管財

人としておられたが（伊藤眞『破産法・民事再生法〔第二版〕』二四一頁～二四二頁）、平成二二年度税制改正後は、「現在の税制下では、破産手続開始前からの欠損金の引継ぎの点からも破産法人と解すべきことになろう」とされるに至っている（伊藤・前掲注18三一九頁脚注186）。

しかしそうすると、管理機構人格説において財団債権の債務者が破産管財人であるとされていることと一貫しないように思われる。また、独立の法主体とされる破産管財人の活動により生じた利益について、実質課税の原則があるとはいえ、明文規定もないまま、オートマティックに別主体である破産法人に納税義務を課してよいのか、との疑問も拭えない。

（注23）　岡ほか監修・前掲注10二八四頁～二八六頁〔木村〕。

（注24）　加藤・前掲注1二一七頁～二一九頁。ただし、伊藤眞ほか『条解破産法〔第二版〕』五七五頁によれば、現在では、私法上の職務説がドイツにおける通説となっているようである。

（注25）　伊藤眞教授は、前掲注18二〇一頁脚注44において、国税徴収法二条一三号について、「国が交付要求（税徴八二条一項）などの行為をする前提となるものであり、破産債権者や破産者に対する関係で破産管財人が一般的に執行機関としての地位を認められるものではない」と説明されている。

ただ、国税徴収法二条一三号の改廃の経過をたどると、現在の民事執行法制定に伴い同号の「執行機関」から「強制管理人」が削除され（昭和五四年法律第五号）、また平成一六年民事執行法改正に伴い少額訴訟債権執行についての裁判所書記官が加えられる等しており（平成一六年法律第一五二号）、同号の制定改廃にあたっては、破産法を含む強制換価手続関係法令の規定や解釈が参照されていることがうかがわれる。

（注26）　加藤・前掲注1一四六頁。

（注27）　岡ほか監修・前掲注10についての山崎栄一郎判事のコメント。同二九五頁。

（注28）　破産管財人が公務員でないとしても、その職務執行が権力的作用の一面を持つとすれば、破産管財人による不法行為について国家賠償法の適用の有無が問題となる（西埜章『国家賠償法コンメンタール〔第二版〕』一一九

頁）。しかしながら、国が国家賠償法一条一項の責任を負う場合には、被害者は当該公務員個人に対して損害賠償を請求することはできないと解されているが（同七一七頁〜七一八頁、最判昭三〇・四・一九民集九巻五号五三四頁、最判昭五三・一〇・二〇民集三二巻七号一三六七頁）、破産法上、破産管財人の不法行為に基づく損害賠償については財団債権として破産財団が責任を負担するものと解されており（破産一四八条一項四号）、また破産管財人に善管注意義務違反があったときは利害関係人に対し自ら損害賠償責任を負うものとされているのであり（破産八五条二項）、法は破産管財人の行為について国家賠償法一条一項の適用を予定していないように思われる。

（注29）　私見によれば、破産配当それ自体は、単に配当加入資格のある債権に手続法上の満足を与えるものにすぎず、実体債権の満足を直接の目的とするものではない。すなわち、破産管財人は、債権調査手続でいったん確定した債権については、保証人等の弁済があったため消滅しても、任意の届出取下げがない限り、請求異議の訴えによらない限り、これを配当表から削除することはできないと解されているのであり（斎藤秀夫ほか編『注解破産法（下）〔第三版〕』五八二頁〔髙橋慶介〕、最決平二九・九・一二金法二〇七五号六頁の木内道祥判事補足意見）、このように、配当加入債権が実体法上も存する限り破産配当実施は実体債権消滅の効果を生じるものの、破産配当は、実体債権の存否にかかわらず実施されるものであって、実体債権の満足を直接の目的とするものではないと言うことができる。倒産実務交流会編『争点倒産実務の諸問題』九一頁〜九二頁〔桐山昌己〕を参照されたい。

（注30）　伊藤・前掲注18三二六頁〜三二七頁。

（注31）　同判例も、本文で引用した見解に従い、破産管財人を破産者の一般承継人としての立場を有することを前提とするものと解される。『最高裁判所判例解説民事篇（平成一八年度下巻）』一三七一頁〔谷口安史〕。

（注32）　岡ほか監修・前掲注10二四五頁〔籠池信宏〕。

（注33）　岡ほか監修・前掲注10二三一頁〜二三二頁、二四四頁〜二四七頁〔籠池〕。

破産・租税法律関係の枠組みと破産開始後租税債権の取扱いに関する一考察

弁護士　籠池信宏

目次

一　税務に関連する破産法律関係の枠組みについての近時の議論の整理

1　破産財団組成財産と租税債務の帰属主体は破産者であること

㈠　従前、破産財団の法的性格や破産管財人の法的地位に関しては、様々な議論がなされてきたが、近時では、破産手続開始の効果に関しては、破産財団組成財産に係る管理処分権が破産者から破産管財人に移転するだけであり、破産者の財産関係や法律関係が破産管財人や破産財団へ帰属変更を伴って移転するものではないとの点において、大きな異論は見られなくなった（注1）。

(二) 債務の帰属関係については、「財団債権の債務者」の論点とも絡む問題ではあるが、右の考え方を敷衍すれば、積極財産と同様に、破産管財人ではなく破産者が債務の帰属主体になると理解するのが自然であろう。

(三) とりわけ租税債務については、それが公法上の債務であり、租税法律主義のもと、納税義務者が租税実体法に基づいて法定されていることにかんがみれば、破産管財人や破産財団を納税義務者と解することは困難であり、破産者自身が納税義務者であって、租税債務の帰属主体であると解するほかないと思われる（注2）。

2 租税法上の納税申告の主体は破産者であること

(一) 前記1のとおり、破産手続開始後においても、租税法上の納税義務者が破産者であると解されることを踏まえると、租税法上の納税申告義務も納税義務者である破産者に帰属していると解するほかない（注3）。他方、破産管財人の納税申告義務を肯定するのが判例・通説である（注4）。両者は、一見矛盾するように見えるが、どのように理解すればよいのか。

(二) この点、木内論文（注5）は、破産法人に関する納税申告義務について、租税法上の納税申告の主体はあくまで破産法人であって、破産管財人は、租税法上の直接の名宛人として納税申告義務を課されているわけではなく、破産法人の管理処分権を適正に行使する職務上の義務を負うがゆえに、破産法上の善管注意義務（破産八五条一項）として納税申告義務を負っているのだと説明する。租税法に基づく破産法人の納税申告義務と、破産法を基礎とする破産管財人の納税申告義務との関係性を、矛盾なく合理的に説明する卓見と言えよう。

木内説は、破産管財人の納税申告義務の内実を、破産管財人が破産法人の管理処分権を専属的に行使する立場にあることに求め、管理処分権の行使に係る職務上の義務として位置付ける点において、前記１の見解とも整合的である。

３　破産財団と自由財産とは責任財産性を異にする財産であること

㈠　前記１のとおり、破産財団組成財産が破産者に帰属するのであれば、同じく破産者に帰属する自由財産とは、どのような法律関係にあるものとして位置付けられるのであろうか。
近時の議論では、破産財団と自由財産とは、同じく破産者に帰属する財産でありながら、責任財産性を異にする財産、すなわち、その財産をもって履行する責任を負う債務（以下「責任負担債務」という）を異にする財産である、との説明がなされている（注６）。破産財団は、財団債権・破産債権の責任財産としてこれらの債権の引当てになるが、破産手続開始後の自由財産関係によって生じた債権（以下「非破産債権」という）の引当てにはならない。これに対し、自由財産は、非破産債権の責任財産としてその引当てになるが、財団債権・破産債権の引当てには原則としてならない。破産財団と自由財産は、かような責任財産性の違いをもって説明される。
㈡　右の理解を前提とすれば、ある債権の財団債権性（ないし破産債権性）を認めることは、その債権に対する破産財団の責任財産性を認めることに等しく、財団債権性（破産債権性）の有無の判断は、破産財団の責任財産としての適格性の判断とオーバーラップすることとなる。これは、従前、破産手続開始後の租税債権（以下「開始後租税債権」という）についてプライオリティを主眼に「財団債権性の有無」として議論された論点が、その責任財産が破産財団かそれとも自由財産かという「責任財産性」の論点として捉え直されることを意味する。

㈢　開始後租税債権については、それが破産財団の責任負担債務（財団債権・破産債権）か、それとも自由財産の責任負担債務（非破産債権）かについて、必ずしも明確な判断基準が確立されているわけではなく、見解が分かれている論点も少なくない。本稿では、この点を中心に関連する論点について検討することとしたい。

二　破産財団に関して生じた開始後租税債権の破産手続上の処遇

1　現行法の枠組みと論点の整理

現行法の規定によれば、開始後租税債権は、まず、「破産財団に関して生ずるもの」（破産九七条四号参照）であるか否かによって区分され、これに該当しないものは、自由財産の責任負担債務（非破産債権）とされる。次に、「破産財団に関して生ずるもの」に該当すれば、破産財団の責任負担債務とされるが、このうち「破産財団の管理、換価及び配当に関する費用の請求権」に該当するものだけが、財団債権として処遇され（破産一四八条一項二号）、それ以外のものは、劣後的破産債権として処遇される（破産九九条一項一号、九七条四号）（注7）。

右の現行法の枠組みを前提とすれば、開始後租税債権の破産手続上の取扱いについては、①それが破産財団の責任負担債務か、それとも自由財産の責任負担債務かという責任財産の問題と、②それが破産財団の責任負担債務であるとした場合における当該債権の破産手続上の優先順位の問題という、次元を異にする二つの論点が存する。そこで、まず本項（二）で②の論点を検討し、次に次項（後記三）で①の論点を検討する。

2　開始後租税債権の優先順位についての通説的見解とこれに対する問題意識

破産財団に関して生じた開始後租税債権の優先順位について、通説的見解によれば、財団債権（破産一四八条一項二号）と劣後的破産債権（破産九七条四号）を区分するメルクマールは、「破産債権者にとっての共益性」の有無であるとされる（注8）。

しかし、通説的見解に対しては、開始後租税債権は、破産手続開始後の原因に基づいて生じた債権であるから、「共益性」の有無にかかわらず、破産債権よりも優先されてしかるべきではないか、という疑問がある。先に私見を述べれば、開始後租税債権は、「破産財団に関して生ずるもの」に該当するものである限り、「共益性」の有無にかかわらず、財団債権（破産一四八条一項二号）として処遇すべきであり、劣後的破産債権（破産九七条四号）として処遇すべき開始後租税債権は基本的に存在しないのではないかと考える。

3　開始後原因債権の財団債権性の論拠―平時下と同一の法的処遇の要請

㈠　開始前原因債権の財団債権性の要件として「共益性」を求める論拠

破産手続開始前の原因に基づく債権（以下「開始前原因債権」という）は、原則として破産債権（破産二条五項）として処遇される。開始前原因債権は、いわゆる本来的破産債権として、もともと平等に倒産損失を負担すべき債権であると言える。このように、倒産損失の負担に関して平等に扱われるべき本来的破産債権のうち一部のものを、他の破産債権に優先する地位にある財団債権として処遇するには、破産債権者にとって共同の利益に資する性質を有するなど特別な正当化根拠を必要とするのが当然の理であろう。その意味で、開始前原因債権については、財団債権性を認める要件として「共益性」を要求することが合理的であると言えよう。

㈡　開始後原因債権者は本来的に倒産損失を負担すべき立場にないこと

しかし、破産手続開始後の原因に基づく債権（以下「開始後原因債権」という）については、開始前原因債権と異なり、財団債権性を認めるための特別な正当化根拠は不要ではないだろうか。開始後原因債権は、破産手続開始後に破産債権者のための破産清算手続下で発生した債権であるから、本来的に倒産損失を負担すべき法的位置付けになく、「破産財団に関して生ずるもの」である限り、それだけで破産債権に優先してしかるべき合理性を有すると言えるからである（注9）。

㈢　破産清算業務の遂行のため取引対価を保障する必要があること

開始後原因債権を財団債権として処遇する論拠は、開始後原因債権を平時の債権と同様に扱い、取引対価（債権の券面額での弁済）を保障するのでなければ、誰も破産手続に協力せず、破産清算業務を遂行できなくなるという点に求められる（注10）。破産財団を特別扱いすることなく、破産清算業務に伴うコストを平時下と同様に負担させるのでなければ、破産手続を一般私法の領域内で処理することはできなくなる。

㈣　破産財団も他の法主体と法的に等しく処遇されるべきこと

このように、開始後原因債権については、平時下と同一の法的処遇の要請が働く結果、たとえ破産財団の維持増殖に繋がらず、破産債権者にとって共同の利益に資するとは言えない性質のコストであっても、それが法主体としての経済活動等に基づいて生ずるコストである限り、他の法主体と同様に等しく負担すべきであり、財団債権性が認められるべきだと解される。そうでなければ、破産財団（破産債権者）を、他の法主体と比べて不当に優遇することになり、公平性を欠くことになろう。

㈤　廃棄物処理費用の財団債権性を認める論拠としての合理的一貫性

破産財団に含まれる廃棄物等の処理費用は、もとより破産財団の維持増殖に繋がる性質のコストではないが、最優先の財団債権として破産財団の負担とするのが、確立した実務上の取扱いである（注11）。財団債権の要件として「共益性」を要求する通説的見解では、このような廃棄物処理費用の財団債権性を首肯する上で説明に困難を伴う。これに対し、平時下と同一の法的処遇の要請を論拠とすれば、廃棄物処理費用の財団債権性を無理なく説明できるとともに、他の開始後原因債権の財団債権性の説明とも合理的一貫性を保つことができる。

㈥　小　括

以上のとおり、開始前原因債権と開始後原因債権とでは財団債権性の論拠に大きな違いを見出し得る。開始後原因債権については、「平時下と同一の法的処遇の要請」を論拠として、「破産財団に関して生ずるもの」である限り財団債権性が認められるべきである。よって、開始後租税債権についても、「破産財団に関して生ずるもの」である限り財団債権性が認められるべきであって、「共益性」の要件は不要と解すべきである。

4　別除権部分にかかる開始後租税債権の処遇

㈠　昭六二年最判の判旨

現行法の立案担当者解説（注12）によれば、破産法九七条四号に基づき劣後的破産債権として処遇される開始後租税債権の具体例として、破産法人に対する予納法人税のうち、別除権の目的である土地の別除権者に対する優先弁済部分（以下「別除権部分」という）を基礎とする土地重課税部分が挙げられている。

これは、最判昭六二・四・二一（民集四一巻三号三二九頁。以下「昭六二年最判」という）が、「別除権の目的たる土地等は、形式的には破産財団に属するものの、破産債権者の共同的満足の引当となるのは別除権行使後の余剰部分のみであり、実質的には、右余剰部分のみが、破産財団に属するのである」と判示し、予納法人税のうち別除権部分に係る土地重課税部分の財団債権性を否定したことを、理論的基礎とするものである。

昭六二年最判の右判示は、開始後租税債権の財団債権性の要件として「共益性」を求める見解によって支持されているが、その正当性は疑問である。

(二) 利害関係者間の負担の不公平性—租税債権者に不利益を転嫁する合理性はあるか

昭六二年最判を支持する見解は、「(別除権部分にかかる租税債権が)すべて財団債権となれば、その納税義務は、実質的かつ完全に破産債権者に転嫁されるに等しい結果となるばかりでなく、別除権者は破産債権者の犠牲において満足を得たともいえるわけである。それではあまりに不合理であ(る)」とする(注13)。

確かに、破産債権者と別除権者との関係においては、別除権部分に係る租税債権を財団債権として破産財団(破産債権者)の負担とするのは、バランスを欠くという見方ができるのかもしれない。しかし、だからといって、当該租税債権の財団債権性を否定することで破産財団の負担を軽減するのは、破産債権者の負担を、基本的には無関係であるはずの租税債権者に転嫁しているのにほかならず、一債権者としての租税債権者にとってみれば不公平な取扱いであると言わざるを得ない。

租税債権以外の一般の開始後原因の費用債権(例えば破産財団に帰属するマンションの管理費等)の場合、それが別除権部分に係る費用であるとの理由では財団債権性を否定することはできないはずである。このような一般の開始後原因の費用債権の処遇との平仄からしても、昭六二年最判は、別除権部分に係る開始後租税債権者を合理的理由なく不利に処遇するものであり、公平性を欠くのではなかろうか。

㈢　別除権目的物であっても破産財団帰属性に変わりはないこと

昭六二年最判は、別除権部分の破産財団帰属性を実質的に否定するが、この点も疑問がある。昭六二年最判も説示するとおり、法形式的には、別除権目的物であっても破産財団に帰属する財産であることに変わりはない。別除権者に対する優先弁済がなされれば、被担保債権たる破産債権等は減少する。物上保証の場合であれば、主債務者に対する求償権が破産財団に帰属することにもなる。このように、別除権者に対する優先弁済によって、破産財団（破産債権者）に資する面がないわけではない。別除権目的物の換価や別除権者に対する優先弁済がなされることによって、その法的効果は、もとより破産者（破産財団）に帰属するのであるから、別除権部分であることを理由として、その破産財団帰属性を否定することは、法的説明としては無理があると言わざるを得ない。

㈣　租税債権間の不公平性

昭六二年最判の判旨によれば、同じ破産財団組成財産を課税対象とする租税債権であるにもかかわらず、それが別除権部分に係るものであるか否かによって、その租税債権の破産手続上の処遇（財団債権か劣後的破産債権か）が変わることになる。しかし、かかる違いが生じる理由を合理的に説明することは困難であり、租税債権間の公平性の点でも問題がある。

㈤　任意売却時の消費税の取扱いとの不整合

「別除権部分が実質的に破産財団に帰属しない」ことを財団債権性否定の理由とする昭六二年最判のロジックを敷衍すれば、担保権実行の場合のみならず、破産管財人が担保目的物を任意売却する場合であっても、別除権部分に係る租税債権の財団債権性を否定するのが首尾一貫している。また、担保目的物の換価に起因して課税される租税であれば、その税目にかかわらず、財団債権性は否定されるべきはずである。しかし、破産管財人による担保目的物の任意売却に際して消費税課税が生じる場合、別除権部分に係る消費税も含めて財団債権として処遇するのが、確立した実務上の取扱いである（注14）。現に、破産法上の担保権消滅請求制度においても、別除権部分に係る消費税が財団債権となることを前提とした制度設計が採られている（破産一八六条一項一号）。

このように、「別除権部分が実質的に破産財団に帰属しない」とする昭六二年最判のロジックと、現行法制度下における任意売却時の消費税の取扱いとの間には、理論的には説明が困難な齟齬がある。

㈥　昭六二年最判の事例判決的性質

昭六二年最判は、土地重課税の特殊性を踏まえた事例判決的色合いの濃い判決であって、その射程範囲は限定的に解さざるを得ない（注15）。前記㈤のとおり、昭六二年最判のロジックが、破産法上の担保権消滅請求制度の前提として採用されておらず、判例規範として一般化されていない背景には、こうした昭六二年最判の事例判決的位置付けとしての理解があるように思われる。

5　劣後的破産債権として処遇すべき開始後租税債権は存在するのか

㈠　破産法九七条四号に基づき劣後的破産債権とされる具体例がないこと

前記４㈠のとおり、破産法九七条四号の劣後的破産債権の具体例としては、昭六二年最判の判示する、予納法人税のうち別除権部分を基礎とする土地重課税部分が挙げられるが、予納法人税の前提となる清算所得課税制度は、平成二二年法人税法改正によって廃止されており、この例は、現行法人税法下では妥当しない（注16）。

このほか、破産法人所有の建物が抵当権の実行により競売され、買受代金の全額を抵当権者が取得した場合の売却に伴う消費税を、劣後的破産債権の例として挙げる見解もある（注17）。しかし、前記４㈤のとおり、任意売却時における消費税の取扱いに関しては、財団債権性を認めるのが現行法制度（破産一八六条一項一号）の前提となっており、担保権実行時の消費税についてだけ財団債権性を否定するのは、解釈論としては困難だと思われる。オーバーローン物件の固定資産税を、劣後的破産債権の例として挙げる見解もあるが、これも少数説にとどまっている（注18）。

このように、現行法下において、開始後租税債権のうち劣後的破産債権とされるべき確たる具体例は見当たらない。前記4のとおり、昭六二年最判のロジックの合理性には疑念があり、その射程範囲は限定的に解さざるを得ないことにかんがみても、劣後的破産債権として処遇すべき開始後租税債権の存在は疑わしい。

㈡　一般の開始後原因債権の取扱いとの権衡

租税債権以外の一般の開始後原因債権の場合、破産法九七条四号に相当する規定がないため、そもそも劣後的破産債権として処遇する債権は存在しない。すなわち、破産財団に関して生じた債権であれば財団債権（破産一四八条一項二号）として処遇せざるを得ず、それ以外の債権であれば自由財産の負担とするのが、一般の開始後原因債権の取扱いである。

破産法九七条四号は、平成一六年破産法改正時に新設された規定であるが、一般の開始後原因債権には劣後的破産債権の分類が存しないにもかかわらず、何ゆえ、開始後租税債権についてだけ劣後的破産債権の分類を設ける必要があったのか疑問である。もともと租税債権は、その公益的性質にかんがみ、一般の債権よりも優先的な地位が与えられており（国税徴収法八条ほか）、附帯税等であればともかく本税に関しては、一般の開始後原因債権よりも不利に取り扱うのは疑問であるし、破産債権に劣後させる処遇についてはなおさらである。

このように、一般の開始後原因債権の取扱いとの権衡にかんがみても、破産法九七条四号に基づき劣後的破産債権として処遇するにふさわしい開始後租税債権を想定することはきわめて困難である。

三　開始後租税債権についての「破産財団に関して生ずるもの」の判断基準等

1　前記二のまとめと本項の検討事項

前記二の検討のとおり、破産法九七条四号によって劣後的破産債権として処遇すべき開始後租税債権は存在せず、開始後租税債権は、「破産財団に関して生ずるもの」である限り、財団債権性が認められるべきであると解される。そこで、本項においては、「破産財団に関して生ずるもの」の判断基準等について検討する。

2　従前の議論と判例

(一)　旧法下の規定と学説

旧法下では、破産宣告後の原因に基づく租税債権は、「破産財団ニ関シテ生シタルモノ」に限り、財団債権とされていた（旧破産四七条二号ただし書）。この文言の解釈に係る財団債権性のメルクマールについては、大きく、㋐破産債権者にとっての「共益性」の有無を基準とする見解と、㋑租税債権と破産財団との間の「事物関連性」の有無を基準とする見解、に分かれていた（注19）。

(二)　昭四三年最判

最判昭四三・一〇・八（民集二二巻一〇号二〇九三頁。以下「昭四三年最判」という）は、個人破産の事案につき、破産宣告後に終了した年分の所得税について、その課税標準に破産財団所属財産を換価した結果生じた譲渡所得が含まれていたという事実関係のもとで、当該所得税は「破産財団ニ関シテ生シタル」請求権に当たらないとした（詳細は判決文を参照されたい）。

最高裁調査官解説（注20）によれば、昭四三年最判は、「破産財団ニ関シテ生シタルモノ」の解釈について、破産財団を構成する財産自体に関して課せられる物的税に限定し、人的税を除外する、㋑の見解と同じ立場を採るものであるとの説明がなされている。

㈢　昭六二年最判

昭六二年最判は、法人破産の事案につき、破産宣告後の清算事業年度にかかる予納法人税等が「破産財団ニ関シテ生シタル」請求権に当たるか判断したものであり、昭四三年最判とほぼ同内容の一般的規範を掲げ、予納法人税等の一部について財団債権性を認めている（詳細は判決文を参照されたい）。

最高裁調査官解説（注21）によれば、昭六二年最判は、旧破産法四七条二号ただし書が「破産債権者において共益的な支出として共同負担するのを相当とするものに限って財団債権として扱うこととする趣旨のもの」であるとの理解に立ち、㋐の見解と同じ立場を採るものであるとの説明がなされている。

㈣　現行法下の通説的見解

現行法の枠組みは、前記二1のとおりである。立案担当者解説によれば、現行法は、昭六二年最判の考え方に基づき、開始後租税債権のうち財団債権となるものの範囲を画することとし、その根拠規定については、租税債権に対象を限らない一般的な規定（破産一四八条一項二号）としたものであるとされる。前記㈢のとおり、昭六二年最判は、前掲㋐の見解を採用したものと理解されている。また、破産法一四八条一項二号は、元来、破産債権者にとって共益性を有する債権を財団債権として処遇する趣旨の規定であると理解されている。

こうした背景を踏まえれば、現行法の「破産財団に関して生ずるもの」の解釈については、㋐の見解が通説としての位置付けにあるように思われる。

3 考察

㈠ 従前の議論の問題点—責任財産の観点からの考察の不十分性

このように、「破産財団に関して生ずるもの」の解釈については、㋐「共益性」に着目する見解と、㋑「事物関連性」に着目する見解に大別されるが、留意されなければならないのは、従前の議論では、この論点が、専らプライオリティを主眼とする「財団債権性の有無」に関する論点として捉えられていたという点である。

前記**二1**のとおり、開始後租税債権の破産手続上の取扱いについては、①それが破産財団の責任負担債務か、それとも自由財産の責任負担債務かという責任財産の問題と、②それが破産財団の責任負担債務であるとした場合における当該債権の破産手続上の優先順位の問題という、次元を異にする二つの論点が存在する。

しかし、従前の議論においては、①と②の違いが明確に区別されることなく、ひとくくりにプライオリティを主眼とする「財団債権性の有無」が問題とされたため、「財団債権としての優先処遇の要件」に議論の軸足が置かれた結果、ややもすれば開始前原因債権をも含む債権間の優先順位の議論とも綯交ぜになってしまい、①の責任財産の観点からの考察が不十分であったきらいがあるように思われる。

㈡ 私見—責任財産性の判定は「事物関連性」の基準に拠るべきではないか

前記**一3**のとおり、従前、開始後租税債権について、「財団債権性の有無」として議論された論点は、①のように、それが破産財団の責任負担債務か、それとも自由財産の責任負担債務かという、「責任財産性」を核心とする論点として再構成される。このことを踏まえれば、「破産財団に関して生ずるもの」に該当するか否かの判定は、㋑の見解、すなわち、租税債権と破産財団との間の「事物関連性」の有無を基準とする見解によるのが妥当ではないかと考える。

㋐の見解によれば、ある特定の債権に対する破産財団の責任財産性の有無を判定するにあたって、当該債権が「破産債権者の共同の利益に資するか」という基準によって判定され、かかる趣旨での「共益性」を欠くと判断されるときには破産財団の責任財産性が否定されることになるが、このような基準は、それ自体が破産財団本位（破産債権者本位）に偏っており、公平性を欠くのではなかろうか。責任財産とは、ある特定の債権の摑取対象としての適格性を有する財産をいうところ、かような責任財産と特定の債権との法的牽連関係は、偏向性をはらんだ「共益性」ではなく、より中立的な「事物関連性」によって基礎付けられるべきもののように思われる（注22）。また、ある財産が特定の債権の摑取対象になるという責任財産性の法的意味合いからは、それが外形上も識別できる客観的基準であることが望ましい。こうした観点から、責任財産性の有無は、「共益性」という主観的・規範的基準ではなく、「事物関連性」という客観的・外形的基準によって判定するのが、ふさわしいと考えられる。

4　租税債権についての「事物関連性」の判定のあり方

(一)　租税債権の性質を踏まえた個別判定

上記のとおり、開始後租税債権は、破産財団との「事物関連性」の有無に従い、それが認められる場合には破産財団の責任負担債務となり、それが認められない場合には自由財産の責任負担債務となるものと解される。

この点、租税債権は、それぞれの税目ごとに、納税義務者や課税物件を異にするとともに、課税要件等の違いに由来する多種多様な性質（人的税か物的税か、期間税か随時税か、申告納税の租税か賦課課税の租税か、等々）を備えている。したがって、「事物関連性」の有無は、対象となる租税債権の性質を踏まえて、個別に判定されることとならざるを得ない。一般論としては、物的税や随時税は、破産財団との事物関連性の認定が比較的容易であるのに対し、人的税や期間税は、その認定は困難であると言える。

㈡　破産者（納税義務者）の属性による差異

前記㈠の点に加えて、破産者（納税義務者）の属性、すなわち破産者（納税義務者）が法人であるか個人であるかは、その違いによって破産法律関係の枠組みが異なるため、事物関連性の判定のあり方に影響を及ぼす。

法人破産の場合は、原則として自由財産は存在せず（注23）、破産開始時に破産法人に帰属するすべての財産をもって破産財団が組成されるとともに、これを対象とした破産手続による全体的清算が行われ、破産手続の終了をもって法人格も消滅する。したがって、開始後租税債権は、基本的には、破産財団との事物関連性を首肯することができ、実務上問題となることは少ない。

これに対し、個人破産の場合は、自由財産の存在が当然の前提とされ（破産三四条三項・四項）、破産者の財産関係は、破産管財人が管理処分権を行使する破産財団と、破産者がその固有の財産権を行使する自由財産に二分される。破産財団に属する財産は破産管財人による換価処分等の対象とされるが、これとは別に、破産者は破産開始後も引き続き労働・事業・消費その他の経済活動を継続し、これに伴って自由財産も増減する。また、当然ながら破産手続の終了をもって破産者が法人格を喪失するわけでもない。このように、個人破産の場合には、破産財団と自由財産に責任財産群が二分されるため、個々の開始後租税債権ごとに、その性質を踏まえて、破産財団との事物関連性の有無を判定し、「破産財団に関して生ずるもの」であるか否かを見定める必要が生じる。その際、昭四三年最判のケースのように、対象となる租税債権の課税物件が破産財団と自由財産の双方と関連性を有するような場合には、破産財団の責任負担債務となる額を確定するための区分計算の可否等が問題となる。

5　破産財団の責任負担債務の額の算定のあり方―区分計算の可否と基準

㈠　租税法律関係の枠組みとの齟齬―納税義務者が税額算定の基本単位であること

租税法の一般的仕組みとしては、租税債務の主体である納税義務者が、課税物件の帰属点とされ、課税標準および税額を算定する際の基本単位とされている。納税義務者に帰属する責任財産群にすぎない「破産財団」や「自由財産」は、課税物件の帰属点たり得ず、元来、かかる責任財産群ごとに課税標準および税額を算定する仕組みを租税法は備えていない（注24）。

その一方で、租税債権者は、財団債権に当たる租税債権の徴収に際しては、交付要求の手続を要するから（国税徴収法八二条）、その前提として「破産財団」の責任負担債務の額を算定し、確定しなければならない。

㈡　責任財産群ごとの区分計算の可否―租税法律主義による限界

これは、いわゆる「法の欠缺」の一場面と言うべきであるが、租税債権の賦課・徴収に関しては、租税法律主義が妥当するから、一般の私債権とは異なり、類推等による欠缺補充解釈の余地は相当程度限定されていると言わなければならない。租税法律主義の一内容である課税要件明確主義の観点からは、納税義務者に帰属する租税債務の一部を破産財団の責任負担債務として区分計算することができるのは、ⓐ対象となる租税実体法の枠組みの中で、ⓑ課税物件と破産財団を結び付ける明確かつ客観的な基準（事物関連性を基礎付ける事実）に基づいて、ⓒ無理なく区分計算の合理性を説明できる場合に限られるものと解される（注25）。

そのような区分計算が困難である場合には、租税債権のうち破産財団の責任負担債務の額を確定することができず、その場合、租税法律主義にかんがみ、法の欠缺の不利益は租税債権者が甘受すべきであるから、租税債権者は、財団債権として当該租税債権を行使することはできないと言うべきであろう。

6　財団放棄がなされた場合の取扱い

㈠　財団放棄の法的効果

破産管財人が特定の破産財団帰属財産を破産財団から放棄（以下「財団放棄」という）した場合、近時の議論では、当該放棄財産について破産財団から自由財産へ責任財産の付け替え（性質変更）の法的効果が生じるものと解されている（注26）。そうすると、財団放棄後は、当該放棄財産と破産財団との事物関連性は失われ、当該放棄財産の収益・処分等に関して生じる租税債権は、「破産財団に関して生ずるもの」に当たらず、すべて自由財産の負担に帰すると解するのが論理的帰結である。通説および管財実務上の取扱いも同旨の解釈に拠っている。

㈡　法人破産における問題──租税債務の負担回避を目的とした財団放棄の可否

もともと自由財産の存在が当然の前提とされている個人破産の場合は、前記㈠の取扱いに異論はないが、全体的清算の前提を採用する法人破産の場合は、このように割り切ってよいか疑問の余地がある。

法人破産の場合、自由財産には租税を負担し得る資力はないと想定されることから、財団放棄によって破産財団が当該放棄財産に係る租税債権の責任負担を免れることになれば、租税債権者は当該租税債権を回収することは現実的に不可能になる。換価困難財産が存する場合、破産手続を終結させるためには最終的には財団放棄せざるを得ないという実務上の要請は否定し難いものの、租税債権者を一債権者として見たとき、租税債権の負担回避だけを目的とした財団放棄を許容してよいのか、一考の余地があるように思われる。

㈢　租税法律関係の枠組みと現状の財団放棄の実務処理との齟齬

申告納税方式の租税に関しては、租税法が責任財産群ごとに課税標準および税額を算定する仕組みを備えていないことに由来する課税技術上の問題点も存する。租税法上の仕組みとしては、納税義務者が租税債務の主体であり、課税標準および税額を算定する基本単位とされている。したがって、納税申告に際しては、課税物件が「破産財団」と「自由財産」のいずれと事物関連性を有するかにかかわりなく、いったんは納税義務者に帰属するすべての課税物件を対象として課税標準および税額を算定せざるを得ないはずである。

しかし、現状の実務上の処理としては、財団放棄の対象財産については、その課税標準を税額計算から除外して納税申告を行っているのが、一般的な取扱いであると目される（注27）。

倒産実体法と租税法の枠組みの齟齬から生じる実務上の問題であるが、立法的な手当ての必要性を感じる。

7　個人課税事業者の破産手続開始後の消費税の取扱い

㈠　破産法律関係と租税法律関係の枠組みの齟齬

課税事業者である個人の破産事案で、破産管財人が破産手続開始後に消費税の課税対象となる資産の譲渡等を行った場合、その消費税の取扱いについては、破産管財人に消費税の申告納付義務があるとする見解（以下「肯定説」という）（注28）と、これを否定する見解（以下「否定説」という）（注29）に分かれている。

この議論の前提としても、租税法上の仕組みとしては、あくまで租税債務の主体たる納税義務者が、課税物件の帰属点であり、課税標準および税額を算定する基本単位であることが留意されなければならない。「破産財団」

に属する財産であるか「自由財産」に属する財産であるかを問わず、いったんは納税義務者（破産者）に帰属する課税期間内のすべての課税資産の譲渡等を対象として課税売上高および消費税額を算定し、納税申告によって、納税義務者（破産者）の負担する消費税債務の額を確定するのが、消費税法の基本構造である。「破産財団」に属する課税資産の譲渡等と「自由財産」に属する課税資産の譲渡等とを区分して、前者ないし後者についてだけ申告納付する取扱いは、消費税法は予定しておらず、租税法律主義の観点からは認め難いものと解される。

㈡　破産財団の責任負担債務の額の算定の可否

次に問題となるのは、上記のようにして、納税義務者（破産者）の負担する消費税債務の額が確定された後、その税額を、消費税法の枠組みの中で、「破産財団」の責任負担債務と「自由財産」の責任負担債務に区分計算することができるのかという点である。

この点、課税資産の譲渡等に係る消費税の納付税額（租税債務額）は、課税期間内の消費税額から仕入控除その他の税額控除を行った上で算定されることから（消費税法四五条一項参照）、課税資産の譲渡等および課税仕入れ等について「破産財団」に係る部分と「自由財産」に係る部分とが混在する場合、その区分計算を一義的に行うことはできない。このような消費税法の枠組みに照らせば、破産財団の責任負担債務の額を、租税法律主義に抵触することなく算定することは困難であると言うべきである。

㈢　消費税法の制度設計との適合性

肯定説は消費税の物税的側面を強調するが、消費税には、免税事業者制度（消費税法九条）や属人的事由に基づく特例（消費税法三七条の二ほか）のような人税的側面も見られる。また、課税事業者の適用選択（消費税法九条四項）や簡易課税の適用選択（消費税法三七条）など、課税方式を納税義務者の選択に委ねている点も消費税の特徴である。このような制度設計に見る限り、消費税法は、管理主体を異にする責任財産群への納付税額の分属を前提とする建付けにはなっておらず、区分計算を否定的に解する要素として挙げられる。

㈣　昭四三年最判との整合性

昭四三年最判は、破産者の総所得金額が破産財団組成財産に基因する所得と自由財産に基因する所得の双方から算定される場合であっても、区分徴収を認める規定がない限り、その所得源に応じて区分して課税することは認められないとの理由により、破産宣告後の年分の所得税の財団債権性を否定している。

消費税も、財産群ごとに区分徴収を認める規定はないし、所得税と同様、破産手続開始決定にかかわらず暦年を課税期間とする期間税としての性質を備えていることから、一課税期間の税額を財産群ごとに区分計算することも困難である。したがって、昭四三年最判の判旨を踏まえれば、破産手続開始後の年分の消費税については、財団債権性を否定に解するのが整合的である。

㈤　所得税の取扱いとの平仄

消費税法は、仕入控除の計算について帳簿方式（アカウント方式）を採用しているため、消費税の課税標準および税額の算定は、所得税の納税申告とその前提となる決算を基礎として行われる。税務実務としても、一般的に消費税の納税申告は、所得税の納税申告と一体的に行われている。このように消費税と所得税を一体的に処理している税務実務にかんがみても、消費税の取扱いについては、所得税の取扱いと平仄を合わせるのが妥当であると思われる。

㈥　検討のまとめと立法的な手当ての必要性

以上の検討のとおり、破産手続開始後に終了した年分の消費税は、現行の消費税法の枠組みを前提とする限り、

「破産財団に関して生ずるもの」には当たらず、破産管財人の申告納付義務は否定に解される。

他方で、このように解した場合、破産財団に属する課税資産の譲渡等に係る消費税も含めて破産者個人（自由財産）の負担に帰することとなる（注30）。法解釈上やむを得ないとしても、実質帰属者課税の理念にかんがみれば、こうした帰結は妥当性を欠くものであり、何らかの立法的な手当てが必要であろう。

8 立法措置の検討――法人課税信託制度に準じた課税制度の導入

㈠ 立法措置の必要性――実質帰属者課税の原則の要請

先に見たとおり、租税法の一般的仕組みとしては、納税義務者が、課税物件の帰属点とされ、課税標準および税額を算定する際の基本単位とされている。このため、租税法律主義の制約下においては、同じく納税義務者に帰属する責任財産群にすぎない「破産財団」と「自由財産」とで、それぞれの責任負担債務の額を確定するとしても、区分計算をなし得る場合は相当限定されると解さざるを得ない（注31）。

しかし、「自由財産」が名実ともに破産者自身に帰属する固有財産であるのに対して、「破産財団」は、その法形式上の帰属主体は破産者であるものの、経済的利益の実質的帰属主体は破産債権者であるという、本質的な違いが両者には存する。「破産財団」は破産債権者への破産配当に充てられることを目的とした財産として、破産法上も特別な位置付けを与えられている。その最たる例として、「破産財団」の管理処分権は破産管財人に専属し（破産七八条一項）、破産者自身は、「破産財団」の管理・換価に係る破産管財人の管理処分権の行使に一切容喙することはできない。それにもかかわらず、破産管財人による「破産財団」の管理・換価行為に基因して生じた租税債権について、破産者が納税義務者であるために「自由財産」をもってその負担を余儀なくされるのは、実質帰属者課税（所得税法一二条、消費税法一三条等）の理念にもとるものであると言わざるを得ない。

㈡　法人課税信託制度の概要

この点、平成一九年度税制改正によって導入された法人課税信託制度においては、法人課税信託の受託者は、各法人課税信託の信託資産等および固有資産等ごとに、それぞれ別の者とみなして租税関係法令の適用を受けることとされている（法人税法四条の六、消費税法一五条等）。すなわち、受託者に帰属する信託財産を、受託者自身の固有財産と区別して、信託財産および固有財産のそれぞれを課税物件の帰属点として位置付け、信託資産等および固有資産等ごとに課税標準および税額の算定を行い、申告納付を行う建付けとされているのである。この制度では、信託財産自体を納税義務の主体としたのと実質的に変わらない前提が採られていると言える（注32）。

㈢　法人課税信託制度の応用の素地―破産財団と信託財産との同質性

前記㈠のとおり、「破産財団」は、破産債権者に対する配当原資となるべき目的財産である。その法形式上の帰属主体は破産者であるものの、実質的な経済的利益の帰属主体は破産債権者である。そして、破産法上の諸規定に基づき、破産管財人の管理処分権の客体たる独立の財産群としての位置付けが与えられるとともに、破産者の固有財産である「自由財産」と分別管理されている。このような諸点において、「破産財団」には、信託財産との同質性を見出すことができる（注33）。こうした破産財団と信託財産との同質性にかんがみれば、法人課税信託制度の仕組みを破産財団に応用する素地は十分に見出し得るのではなかろうか。

㈣　法人課税信託制度に準じた課税制度の導入

破産手続下の破産者について、法人課税信託制度に準じた課税制度を導入することができれば、租税法上も、「破産財団」と「自由財産」のそれぞれを課税物件の帰属点とした上で、それぞれ独立して課税標準および税額の算定を行い、申告納付することが可能となる。そうすれば、破産者に帰属する「自由財産」と区分して、「破産財団」自体を実質的に納税義務の主体として位置付けることができる。このような課税制度であれば、利益帰属主体を異にする「破産財団」と「自由財産」という二つの責任財産群を擁する破産法律関係の枠組みに適合し、実質帰属者課税の理念にかなった公平中立な課税を実現することができるのではなかろうか。

四　納税申告に係る実務上の取扱いについての考察――個人破産を中心として

1　法人破産における納税申告

法人破産の場合、原則として自由財産は存在せず、破産開始時に破産法人に帰属するすべての財産をもって破産財団が組成され、破産管財人の管理処分権の行使を通じて全体的清算が行われる。このような性質上、破産法人に係る納税申告は、管理処分権行使の一環として、破産管財人が行うべきことに争いはない。

2　個人破産における納税申告

㈠　実務上の多数説

個人破産の場合、破産手続開始後、破産者の財産関係が自由財産と破産財団に二分されることから、破産者と破産管財人のいずれが納税申告を行うかが問題となる（注34）。この点、所得税・消費税の納税申告は破産者個人が行い、原則として破産管財人は納税申告義務を負わないが、還付が見込まれる場合は、還付請求権が破産財団に帰属することを理由に、破産管財人が納税申告を行うこともできるとするのが、多数説である（注35）。

㈡　考　察

前記一2のとおり、破産管財人の納税申告義務の法的基礎は管理処分権（破産七八条一項）に求めることができるから、破産者と破産管財人のいずれが納税申告を行うかは、それが管理処分権の範囲に含まれるか否かによって決せられる。この点、破産管財人の管理処分権は、破産財団の管理・換価・配当のために付与される権限であるから、当該納税申告に係る租税債権債務が破産財団に帰属するのであれば、破産管財人の管理処分権の範囲に含まれ、破産財団に帰属しないのであれば、管理処分権の範囲外と解するのが合理的である。

㈢　破産手続開始後に終了した年分の納税申告

前記三2㈡のとおり、昭四三年最判は、破産宣告後に終了した年分の所得税について、「破産財団ニ関シテ生シタル」請求権に当たらないとして、財団債権性を否定している。また、前記三7のとおり、破産手続開始後に終了した年分の消費税についても、「破産財団に関して生ずるもの」には当たらず、財団債権性を認めることはできないと解される。このように、破産手続開始後に終了した年分の所得税・消費税は、いずれも自由財産の負担に帰することになると解されるが、そうであれば、当該年分の所得税・消費税の納税申告に係る管理処分権を破産管財人に認めるべき合理性は見出せない。管理処分権が認められない以上、職務上の義務としての破産管財人の納税申告義務も消極に解するほかない。

㈣　還付が見込める場合における破産管財人の納税申告権限の有無

破産管財人の納税申告権限を認める見解は、還付請求権が破産財団に帰属することを論拠とするが、還付請求権の破産財団帰属性には疑問の余地がある。

確かに、破産法三四条二項は、破産手続開始前の「原因」に基づく将来の請求権が破産財団に帰属する旨規定する。しかし、租税債権債務関係における「原因」とは、課税要件を充足することによって抽象的な納税義務（還付請求権）が成立したことを意味するものと理解するのが通説である（注36）。所得税に係る納税義務の成立時期は、課税要件を充足する暦年の終了時であると解されており（国税通則法一五条二項一号）、還付請求権の成立時期もこれと同一であると解される。そうすると、破産手続開始後に終了する年分の所得税の還付請求権は、破産手続開始後に生じた「原因」に基づく請求権であると言うほかなく、破産財団帰属性は消極に解される。

また、破産管財人の管理処分権は専属的に行使されるべき性質のものであるから（破産七八条一項）、破産管財人の管理処分権の対象となる権限事項については、一律に破産者の管理処分権は剥奪され、破産者が権限を行使することは許されないはずである。納税義務が発生する場合には破産者の納税申告を容認し、還付請求権が発生する場合にのみ破産管財人の管理処分権行使による納税申告を認めるという扱いは、専属的に行使されるべき管理処分権の性質に反すると思われる。

さらに、破産手続開始後に終了する年分の所得税・消費税は、たとえ破産財団に基因する課税物件が含まれていたとしても、自由財産の負担とされるのであるから、還付金が発生する場合には、自由財産に帰属させるのが公平である。昭四三年最判の判示にかんがみても、同最判は、破産手続開始後に終了する年分の所得税に係る租税法律関係は、すべて自由財産関係に帰着させるべきであるとの基本的思考に立っているものと推察される。

以上の理由から、破産手続開始後に終了する年分の所得税・消費税については、還付が見込める場合においても、破産管財人の納税申告権限は認められないと解する（注37）。

㈤　破産手続開始前に終了した年分の納税申告

破産手続開始前に終了した年分の所得税・消費税は、破産手続開始前の原因に基づく租税債権として、財団債権（破産一四八条一項三号）または優先的破産債権（破産九八条一項）として処遇される。これらの租税債務が破産財団の負担となり、破産管財人として、財団債権の承認・弁済、優先的破産債権の確定・配当等の管財業務を遂行しなければならないことを踏まえると、当該年分の納税申告に係る管理処分権は破産管財人に専属すべきものと解される。したがって、当該年分の破産管財人の納税申告義務（権限）は積極に解される。

（注1）中西正「破産管財人の実体法上の地位」田原睦夫先生古稀・最高裁判事退官記念論文集『現代民事法の実務と理論（下）』三八九頁。
（注2）岡正晶ほか監修『倒産法の最新論点ソリューション』二三六頁〔籠池信宏〕。金子宏『租税法〔第二二版〕』七四五頁も、消費税について、破産者を納税義務者とする。
（注3）国税通則法上、納税申告は、納税義務者が行うものとされている（国税通則法一六条二項一号）。
（注4）最判平四・一〇・二〇（判時一四三九号一二〇頁）。
（注5）竹下守夫ほか編集代表『破産法大系Ⅲ破産の諸相』三七一頁以下〔木内道祥〕。
（注6）沖野眞已「所有権放棄の限界―「財団放棄」をめぐる議論の整理のために」債管一五一号一一頁。
（注7）小川秀樹編著『一問一答新しい破産法』一九六頁。
（注8）山本克己ほか編『基本法コンメンタール破産法』三一九頁〔名津井吉裕〕、伊藤眞ほか編『新破産法の基本構造と実務』三三四頁〔小川秀樹発言〕。
（注9）破産法律関係は信託の構造に類似した側面を備えており、信託になぞらえれば、「破産財団」は破産債権者を受益者とする信託財産に、「破産債権」は受益債権に、「開始後原因債権」は信託債権に、それぞれ位置付けられる。両法制度の類比によれば、受益債権を信託債権に劣後させる信託法一〇一条の規律は、破産債権と開始後原因債権の優劣関係を考察する上で重要な示唆を与えていると言えるのではなかろうか。なお、破産財団と信託財

産の同質性について、籠池信宏「倒産手続開始決定の実体法的効果と管財人等の第三者性に関する一試論」三谷忠之先生古稀祝賀『市民生活と現代法理論』一〇八頁参照。

（注10）中西正「債権の優先順位」ジュリ一二七三号七一頁も同旨。

（注11）田原睦夫ほか監修『注釈破産法（下）』二〇頁〔籠池信宏〕。

（注12）小川・前掲注7一九七頁。

（注13）山内八郎「破産法上の租税請求権等の取扱い」判タ五一四号一三一頁。

（注14）消費税基本通達五―二―二、九―一―二六参照。

（注15）霜島甲一「倒産法総合判例批評（5）」法学志林八六巻二号七〇頁、七二頁参照。

（注16）伊藤眞ほか『条解破産法〔第二版〕』七二七頁参照。土地重課税制度も適用停止措置が継続している。

（注17）大阪地方裁判所・大阪弁護士会破産管財運用検討プロジェクトチーム編『破産管財手続の運用と書式〔新版〕』二〇六頁。

（注18）伊藤ほか・前掲注16七二七頁、伊藤ほか編・前掲注8三三六頁〔伊藤眞発言、田原睦夫発言〕。

（注19）学説の状況について、『最高裁判所判例解説民事篇〔昭和六二年度〕』一八八頁〔青柳馨〕、増井良啓「破産法人に対する予納法人税・住民税・予納事業税の債権は破産法四七条二項但書にいう「破産財団ニ関シテ生シタル」請求権にあたるか」法協一〇五巻一二号一八一四頁、各参照。租税債権を人的税と物的税に区別し、破産財団に属する財産自体に着目して課される物的税に限定して財団債権性を認める見解や、自由財産の負担に帰することのできない租税債権について広く財団債権性を認める見解は、㋑の見解とほぼ同趣旨のものとして位置付けられている。

（注20）『最高裁判所判例解説民事篇〔昭和四三年度〕』八三〇頁〔矢野邦雄〕。

（注21）前掲注19一八七頁〔青柳〕。なお、同調査官解説は、昭六二年最判を評して、昭四三年最判に従った解釈を示したものであるとするが、前記㈡のとおり、昭四三年最判の調査官解説では、昭四三年最判は㋑の見解を採るも

のであるとの説明がなされており、若干の齟齬が見られる。

（注22）とくに租税実体法の分野では、納税義務の帰属判定にあたっては、実質帰属者課税の原則のもと、課税物件と納税義務者との結び付き（課税物件の帰属）が重視される。このような租税実体法の考え方には、「共益性」の基準よりも「事物関連性」の基準の方が、親和性が高いと目される。

（注23）破産法人に自由財産が認められるか否かについて見解は分かれているが、「破産財団からの放棄」による自由財産への帰属変更を認めるのが、実務上の取扱いである（伊藤ほか・前掲注16六三六頁、沖野・前掲注６一一頁）。この場合、破産法人においても、例外的に自由財産が生じることとなる。

（注24）例外的制度として、後記８(二)の法人課税信託制度がある。

（注25）納税義務者の個人的事情を捨象して、客観的に課税物件の物的諸要素に基づいて課される物的税では、課税物件と破産財団との直接的な紐付けが比較的容易であるのに対し、納税義務者の個人的事情を斟酌して課される人的税では、かかる紐付けは困難であると言える。租税債権を人的税と物的税に区別し、物的税に限定して財団債権性を認める見解は、こうした考慮を踏まえたものであると目され、一定の合理性を見出し得る。

（注26）沖野・前掲注６一一頁。

（注27）租税法（後記８(二)の法人課税信託制度を除く）は、破産財団分あるいは自由財産分といった納税義務者に帰属する租税の一部分だけの納税申告は認めておらず、本来、このような取扱いは許容されないと解される。

（注28）東京弁護士会編著『法律家のための税法会社法編〔新訂第六版〕』五九九頁、全国倒産処理弁護士ネットワーク編『破産実務Ｑ＆Ａ２００問』三七一頁〔髙木裕康〕。

（注29）田原ほか監修・前掲注11二七頁注35〔籠池〕。

（注30）これは、あくまで租税債権者（課税庁）との租税法律関係において、当該租税債務が破産者個人（自由財産）の負担となることを意味するにとどまる。実務上は、破産管財人が破産者個人に対して、破産財団に属する課税資産の譲渡等に係る消費税分を交付する取扱いが見られる（野村剛司ほか『破産管財実践マニュアル〔第二版〕』

三九八頁）。破産財団の事実上の不当利得を回避し、実質的公平を図るための処理として是認し得る。

（注31） 実際上は、特段の区分計算を要しない程度に明確かつ直接的な事物関連性が認められる租税、例えば固定資産税のような物的税に限定されるであろう。

（注32） 金子・前掲注２一七六頁、四五四頁。

（注33） 籠池・前掲注９一〇八頁参照。

（注34） 前掲注27のとおり、納税義務者に帰属する租税の一部分だけの納税申告は認められないと解される。

（注35） 中山孝雄ほか編『破産管財の手引〔第二版〕』三九九頁、全国倒産処理弁護士ネットワーク編・前掲注28三六九頁〔松村昌人ほか〕。

（注36） 破産手続開始前の「原因」に基づいて生じた租税債権（破産一四八条一項三号）であるか否かは、納税義務の成立時期をもって判定されると解するのが通説である（田原ほか監修・前掲注11三一頁〔籠池〕）。

（注37） これは、あくまで税務当局との租税法律関係において、破産管財人の還付請求権が認められないことを意味するにとどまる。実務上は、破産者個人（自由財産）に還付請求権が発生する場合、破産管財人と破産者との間で、破産財団に属すべき還付金を破産財団に組み入れる等の処理がなされる（野村ほか・前掲注30三九八頁）。

破産手続における財団債権に関する実務上の問題点

弁護士　富永浩明

目　次

一　初めに

財団債権は、破産債権に先立って弁済される債権である（破産一五一条）。しかし、現在の破産手続においては、多くの事件が、異時廃止（破産二一七条一項）で終了し、財団債権についても、全額の支払ができないことが多くなっている。そのため、財団債権について、残った財団債権の債務者が誰であるか、他の財団債権に先立って弁済を受けられる優先的な財団債権（破産一四八条一項一号および二号に掲げる財団債権。破産一五二条二項）に該当するかどうか等が問題となる。その他、財団債権については、実務上様々な問題点が存在する。そこで、以下では、そのような問題点のいくつかを取り上げて、検討したい。

二　破産手続終了後の財団債権の負担――財団債権の債務者

1　管理機構としての破産管財人または破産財団――原則

先述のとおり、現在の破産手続においては、多くの事件が、異時廃止で終了している（注1）。異時廃止の場合は、「破産財団をもって破産手続の費用を支弁するのに不足すると認めるとき」（破産二一七条一項）であるので、財団債権についても、全額の支払ができないこととなる。

法人の破産の場合は、破産手続によって、法人が解散し清算手続を終了するから、破産手続終了後の財団債権の弁済が問題となることはない。

これに対して、個人（自然人。破産四条一項参照）の破産の場合は、財団債権には、破産債権と異なり免責の規定がないため、破産手続終了後の財団債権の弁済に関して、財団債権の債務者が問題となる。免責決定を受けた後も、破産者が財団債権の負担を免れないとなると、破産者の経済生活の再生の機会の確保にも支障を生ずることになる。

財団債権は、本来は、「破産財団の管理のうえで当然支出を要する経費に属するもの」であって「破産債権者において共益的な支出として共同負担するのが相当であるもの」の費用（請求権）と考えられる（注2）（注3）。そのため、財団債権は、破産手続によらないで、破産債権に先立って、弁済される（破産二条七項、一五一条）。財団債権が「破産債権者において共益的な支出として共同負担するのが相当であるもの」である以上、未払いのまま破産手続が終了しても、それを破産者の負担とすることは相当でない。その意味で、財団債権の債務者は、本来、管理機構としての破産管財人または破産財団と考えるのが相当である（注4）。

2　破産者が債務者となる場合について―例外的場合

しかし、例外的に、財団債権の債務者が破産者と考えられる財団債権が存在する。それらの財団債権について、破産手続終了後の弁済について検討する（注5）。

(一)　租税等の請求権

(1)　債務者

「破産手続開始前の原因に基づいて生じた租税等の請求権（破産九七条四号）（注6）であって、破産手続開始当時、まだ納期限の到来していないもの又は納期限から一年（注7）を経過していないもの」は、「破産者に対し破産手続開始前の原因に基づいて生じた財産上の請求権」（破産二条五項）であり、本来は、破産債権である。しかし、租税債権の公益性から、政策的に財団債権となっている。したがって、「破産債権者において共益的な支出として共同負担するのが相当であるもの」として、債務者を管理機構としての破産管財人または破産財団と考えるのは困難である。そのため、債務者は破産者であり、破産手続終了後は、破産者が弁済義務を負担するとも考えられる。

⑵　破産手続終了後の破産者の負担について—非免責債権性

租税債権が非免責債権であることを考えると、破産手続終了後に破産者の負担となることはやむを得ないとも考えられる。しかし、租税債権を非免責債権と扱うこと自体に疑問がある（注8）（注9）（注10）。法人の場合は、「会社が破産宣告を受けた後破産終結決定がされて会社の法人格が消滅した場合には、これにより会社の負担していた債務も消滅する」（注11）。したがって、破産手続が終了して会社の法人格が消滅した場合には、財団債権である租税等の請求権を含めて、法人の債務は消滅すると考えられる。これに対して、個人の場合は、破産をしても、租税等の請求権の負担から解放されないとなると、債務者について経済生活の再生の機会の確保を図るという破産法の目的に反することになるからである（注12）。現実問題としても、個人事業者が破産した場合、過去の滞納消費税等が破産手続終了後も多額に残って、再起の妨げとなることがある。

したがって、少なくとも、立法論としては、破産手続が終了した後は、個人の場合であっても、租税等の請求権（破産債権であるものおよび財団債権であるものの双方）の負担から解放されることが望ましいと考えられる（注13）。

㈡　使用人の給料等

⑴　債務者

使用人の給料等（破産一四九条）については、「破産手続開始前三月間の破産者の使用人の給料の請求権」および「破産手続の終了前に退職した破産者の使用人の退職手当の請求権（原則として、退職前三月間の給料の総額に相当する額）」が財団債権となる。この財団債権についても、「破産者に対し破産手続開始前の原因に基づいて生じた財産上の請求権」（破産二条五項）であり、本来は破産債権である。しかし、「労働債権は労働者の生活の基盤となるものであり、保護の必要性が高い等の理由」（注14）から政策的に財団債権となっている。したがって、「破産債権者において共益的な支出として共同負担するのが相当であるもの」と考えることは困難である。

⑵　破産手続終了後の破産者の負担について

そのため、破産手続終了後は、破産者が弁済義務を負担するとも考えられる。しかし、使用人の給料等の債権のうち、破産債権となる部分は、非免責債権ではない。そのことを考えると、破産債権が免責された場合に、財団債権であることを理由として、破産手続終了後においても破産者が使用人の給料等の弁済をせざるを得ないのは、債務者について経済生活の再生の機会の確保を図るという破産法の目的に反することになる。

また、財団債権となる使用人の給料等債権については、旧破産法では、破産債権である優先的破産債権として免責の対象であった。これに対し、現行破産法では財団債権となって免責の対象でなくなっている。ところで、使用人の給料等債権の一部を財団債権にしたのは、「使用者が破産した場合において、当該破産手続が財団不足によって廃止されたときは、労働債権については全く配当がされない結果となるなど、破産手続における労働債権の保護が十分でない」（注15）ということおよび「労働債権の中でも、破産手続開始時に接着した労働の対価に相当する部分等については、労働者の当面の生活を維持する上で必要不可欠のものであり、これについては、その優先順位を上げる必要性が高いだけでなく、弁済時期についても破産手続開始後直ちに弁済を受けることができるようにする必要性が高いこと」（注16）を考慮したものである。したがって、専ら、破産財団から弁済を受けられるようにすることを考慮したものと考えられる。とするならば、破産手続終了後においてまで破産者の負担として、破産者の経済生活の再生の機会の確保に支障となる効力までをも認める必要はないと考えられる。

そうである以上、破産債権が免責された場合には、財団債権となる使用人の給料等債権について未払いがあっても、本来の性質が破産債権である以上、破産債権に準じて（免責の規定を類推適用または趣旨を類推して）、免責の効果を認めるべきである。

三　財団債権の順位―破産法五三条一項の規定により破産管財人が債務の履行をする場合において相手方が有する請求権

1　債務者の財産の管理および換価に関する費用の請求権の優先

前述のとおり、異時廃止の場合は、「破産財団をもって破産手続の費用を支弁するのに不足すると認めるとき」（破産二一七条一項）であるので、財団債権も全額の支払ができないこととなる。財団債権の弁済については、「破産財団が財団債権の総額を弁済するのに足りないことが明らかになった場合における財団債権は、法令に定める優先権にかかわらず、債権額の割合により弁済する」のが原則である（破産一五二条一項）。しかし、「（破産法）第百四十八条第一項第一号及び第二号に掲げる財団債権（債務者の財産の管理及び換価に関する費用の請求権であって、同条第四項に規定するものを含む。）は、他の財団債権に先立って、弁済する」とされている（破産一五二条二項）。

これは、共益費用たる性質を持つ財団債権をその他の財団債権に優先させる趣旨である（注17）。

そのため、異時廃止の場合、財団債権が、破産法一四八条一項一号および二号に掲げる優先的に弁済を受けられる財団債権に該当するかどうかが、実務的に問題となることがある。

2　破産法五三条一項の規定により破産管財人が債務の履行をする場合において相手方が有する請求権——破産管財人の従業員を破産管財人の補助者として使用する場合

破産法一四八条一項七号の「第五十三条第一項の規定により破産管財人が債務の履行をする場合において相手方が有する請求権」についても、優先的に弁済を受けられる財団債権となり得るかが、実務的に問題となることがある。例えば、破産管財人の従業員を破産管財人の補助者として使用する場合を想定する。

(一)　破産管財人の従業員を破産管財人の補助者として使用する場合の方法と給料債権

破産管財人の従業員を破産管財人の補助者として使用する場合の方法としては、実務上、いくつかの方法がある。破産管財人としては、いったん解雇された従業員を破産管財人が新たに雇用する場合もある。破産管財人が新たに雇用する場合には、従業員は破産管財人の補助者として、破産財団の管理、換価および配当の業務を行う。そのため、従業員の破産手続開始決定後の給料（破産手続開始決定後の労働の対償）は、破産法一四八条一項二号の「破産財団の管理、換価及び配当に関する費用の請求権」として、他の財団債権に先立って、弁済することが可能と考えられる（注18）（注19）。

これに対し、従業員が解雇されていない場合で相当期間の雇用継続が必要な場合には、従前の雇用契約について破産管財人が履行選択（破産五三条一項）する場合もある（注20）。この場合には、従業員の破産手続開始決定後の給料は、破産法一四八条一項七号の「第五十三条第一項の規定により破産管財人が債務の履行をする場合において相手方が有する請求権」に該当することとなる。

また、破産手続開始決定前に従業員が解雇されていない場合、従業員に三〇日程度残務処理を手伝ってもらえれば足りる時には、破産管財人が、民法六三一条に基づいて雇用契約の解約の申入れをして、労働基準法二〇条一項の定める解雇予告期間三〇日の満了をもって雇用契約を終了させる場合もある。この場合には、従業員の破産手続開始決定後の給料は、破産法一四八条一項八号の「破産手続の開始によって双務契約の解約の申入れがあった場合において破産手続開始後その契約の終了に至るまでの間に生じた請求権」に該当することとなる（注21）。

㈡ 検　討

形式的には、破産法一四八条一項七号の財団債権および同項八号の財団債権は、破産法一四八条一項一号および二号の優先的な財団債権（破産一五二条二項）に該当しないことになるとも考えられる。しかし、破産管財人の補助者として業務を行っている従業員が、現実に「破産財団の管理、換価及び配当に関する」業務を行っており、行っている業務は同じなのに、いったん解雇して破産管財人が新たに雇用した場合は、従業員の給料が、破産法一四八条一項二号の「破産財団の管理、換価及び配当に関する費用の請求権」として優先的な財団債権となるのに、破産管財人が雇用契約を履行選択した場合には破産法一四八条一項七号の財団債権として、優先的な財団債権とならないのは相当でない。このことは、破産管財人が雇用契約の解約の申入れをした場合も同様である。

また、優先的な財団債権にならないならば、破産管財人として、補助者として使用した従業員について給料の支払ができないことを心配して、従業員を破産管財人の補助者として雇用することを躊躇することになり、破産管財業務全体に支障を生じるおそれもある。

なお、ここで破産管財人の従業員を破産管財人の補助者として使用する場合に述べたことは、従前の破産者の事務所等を破産管財人が継続して使用する場合等にも妥当すると考えられる。

以上にかんがみれば、破産法一四八条一項三号以下の財団債権またはその他の財団債権に該当する場合であっても、性質上、破産法一四八条一項一号または二号に該当する場合には、優先的な財団債権と認めるべきである。また、破産法も、性質上、破産法一四八条一項一号または二号に該当する場合に、優先的な財団債権と認めることを排除するものではないと考えられる（注22）。

四　財団債権の確定の制度

1　問題の所在

「破産財団が財団債権の総額を弁済するのに足りないことが明らかになった場合における財団債権は、法令に定める優先権にかかわらず、債権額の割合により弁済する」（破産一五二条一項）こととなる。しかしながら、破産手続においては、財団債権の債権額（存否および内容）を確定するための手続はない。

財団債権は、破産手続によらないで破産財団から随時弁済を受けることができる債権であり、破産債権に先立って、弁済されるとされており、基本的に破産手続の制約を受けないで行使できる債権である（破産二条七項、一五一条）。そのため、破産手続内に財団債権の存否および内容を確定するための手続を設けないことは、理論的には不合理とは言えない。しかし、現実には、不都合となる場合が存在する。雇用形態の多様化により、破産者のために業務を行っている者が、破産手続開始前三カ月間の給料が財団債権となる破産者の使用人であるのか、単なる請負人であるのかが判別が困難な事例も存在する。また、未払残業代については、破産管財人において把握が困難な場合も考えられる。さらには、再生手続や更生手続から破産手続に移行した場合には、再生手続や更生手続の共益債権が財団債権となる。そのため、破産管財人としては、把握が困難な場合も存在する。

また財団債権を弁済しなければ、破産債権の配当に進むことができない。さらに、財団債権を弁済しないままに、破産債権の配当をすれば、破産管財人個人の損害賠償の問題も生じ得る。そのため、破産管財人にとっては、財団債権の存否内容を確定することが大きな業務となり（注23）、迅速な配当手続の支障となって破産債権者に不利益が生じることもある。現在では、破産管財人が財団債権の存否内容を法的に確定させるためには、最終的には、財団債権について債務不存在確認の訴訟を起こさざるを得ないことになる。

2　解決策

解決のための、一つの方向性としては、財団債権についても、破産債権の査定手続と同様な手続を設けることが考えられる（注24）。とくに、財団債権となる使用人の給料等債権については、旧破産法では、優先的破産債権として破産手続内で債権の確定が可能であった。しかし、現行破産法で財団債権となって破産手続内での債権確定ができなくなっている。その点の制度的な補充の必要性はあると考えられる。

仮に破産手続によらないで行使できる財団債権について、破産手続の中に、破産債権の査定手続と同様な手続を設けることが、破産手続を過度に重厚な手続とすること等から相当でないと考える場合であっても、少なくとも、破産法二〇三条の「配当額の通知を発した時に破産管財人に知れていない財団債権者は、最後配当をすることができる金額をもって弁済を受けることができない」という規定を充実させて、異時廃止の場合にも破産管財人が免責されるように改正することは、最低限必要と考えられる。

五　担保目的物の維持管理費用

1　別除権目的物の保全とその費用

破産管財人として、担保（別除権）目的物の保全のための費用を支出せざるを得ない場合がある。例えば、担保目的建物が毀損されて近隣の安全のために緊急に補修をしないといけない場合や担保目的土地が土壌汚染されて汚染水が出ており近隣の安全のために緊急に対策を取らないといけない場合等がある（注25）。このような場合、破産管財人による費用支出は、「破産財団の管理」（破産一四八条一項二号）の費用として、優先的な財団債権となると考えられる。

2　破産管財人の費用償還請求

しかし、その後、当該担保目的物が競売されれば、破産財団が負担した補修等費用によって増大した価値を担保権者が取得することになる。しかし、これは相当ではない（注26）。

以前関与した会社更生事件では、担保権の目的である化学工場跡地について、地下水の汚染が発生していたため約五億円かけて土壌汚染対策を行って（注27）、約六億円で売却した事案があった。更生事件の場合は、担保権の目的である財産の価額の評価（時価評価）（会更二条一〇項参照）において、土壌汚染費用を控除して評価するため、更生担保権者が不当に利益を得ることはない。

しかし、破産手続の場合には、任意売却で担保権者と土壌汚染費用の負担について合理的な話がつけばよいが、合意できず、競売となったような場合、五億円かけて土壌汚染対策を行った土地が例えば五億五〇〇〇万円で競落されたときは、担保権者が五億五〇〇〇万円を取得し、破産財団は五億円の支出をしただけとなる。この五億円は、財団債権者または破産債権者の負担となる。このような結果は、相当ではなく、債権者その他の利害関係人の利害および債務者と債権者との間の権利関係を適切に調整するという破産手続の目的に合致しないと考えられる。したがって、破産管財人から担保権者に対する費用償還を認めるべきである。

このような場合に、破産管財人の担保権者に対する費用償還を認める根拠として、「事務管理に基づく費用償還請求権であると解すべきであろう（民七〇二条一項）」とする見解（注28）や、抵当不動産の第三取得者による費用の償還請求権（民法三九一条）を類推適用すべきとする見解（注29）等が存在する。立法論としては、アメリカ連邦倒産法五〇六条(二)(C)のような規定を破産法にも置くことが望ましいと考えられる（注30）。

六　財団債権性の検討──補助金

1　補助金の返還請求権

国からの補助金が、他の用途への使用等により取り消され返還を命ぜられた場合、返還を命じられた補助金については国税滞納処分の例により、徴収することができる（補助金等に係る予算の執行の適正化に関する法律一七条一項、一八条一項、二一条）。そのため、破産手続開始前に返還を命じられた補助金等であって、破産手続開始当時、まだ納期限の到来していないものまたは納期限から一年を経過していないものは、租税等の請求権として破産法上の財団債権となる（破産一四八条一項三号、九七条四号）。

補助金を他の用途への使用等をした場合、補助金等の交付の決定を取り消して、その返還を命じること自体は不合理ではない。そして、破産手続開始決定がない場合に、国税滞納処分の例により、徴収することができるとすることも不合理ではないと考えられる。

2　財団債権性

しかし、破産手続開始決定があった場合、補助金の返還請求権が、「国税滞納処分の例により、徴収することができる」ことから、直ちに、財団債権とされることは疑問である。破産手続開始前の原因に基づいて生じた租税債権は、本来優先的破産債権にすぎず、ただ、「国家の財政的基礎である租税収入の確保を図る必要性」（注31）から財団債権に格上げされている。そうである以上、破産手続においては、当該請求権の内容を検討し、本当に、「国家の財政的基礎である租税収入の確保を図る必要性」が是認される債権に限定して、財団債権と認めるべきである。「国税滞納処分の例により、徴収することができる」債権であることから、安易に財団債権性を認めることは、実質的には債権者の公平を害するものであり、倒産法の目的である「債権者その他の利害関係人の利害及び債務者と債権者との間の権利関係を適切に調整」することに反することになると考えられる（注32）。補助金の返還請求権については、本来は単に破産者に対する不当利得返還請求権等にすぎず、「国家の財政的基礎である租税収入の確保を図る必要性」までの公益性を認めることは困難と考えられる。

3　破産管財人による売却と「各省各庁の長の承認」

なお、破産手続開始決定後、破産管財人が建築資金の一部を補助金（補助金等に係る予算の執行の適正化に関する法律二条一項一号）で賄った建物等を売却することがある。その場合に、売却に関して、「各省各庁の長の承認」（補助金等に係る予算の執行の適正化に関する法律二二条）を取得しようとしたときには、承認の条件として、譲渡契約額等の返還（財団債権としての支払）を求められる場合がある。

しかし、そもそも、「各省各庁の長の承認」を求める補助金等に係る予算の執行の適正化に関する法律二二条が、破産管財人に適用があるかどうか問題となる。

補助金等に係る予算の執行の適正化に関する法律二二条の趣旨は、「補助事業者等が主体となって行う財産の処分を制限することにより補助目的の完全な達成を図ろうとするものであって、担保権者が主体となって行う行為である担保権の実行についてはその枠外にある」（注33）と考えられる。そのため、「各省各庁の長の承認」を取得することを求められているのは、補助事業者等である。そして「「補助事業者等」とは、補助事業等（補助金等の交付の対象となる事務又は事業）を行う者をいう」（注34）とされている。破産管財人は、破産者の代表者ではなく、破産管財人自身が補助事業者等に該当することもない（注35）。また、破産管財人には、破産者と同視される地位もあるとしても、破産者の資産を換価する場面では、破産管財人は、破産者と同視される立場ではなく、破産債権者の利益代表者として破産債権者の利益実現のために換価を行うのであり、破産財団所属財産に対する差押債権者と類似の法律上の地位が破産管財人に認められる。したがって、破産管財人による換価は、「担保権者が主体となって行う行為である担保権の実行」に類似すると考えられる（注36）。

以上にかんがみるならば、「各省各庁の長の承認」を求める補助金等に係る予算の執行の適正化に関する法律二二条は破産管財人には適用がないと解するべきである（注37）。

【追記】

木内道祥先生には、先生が再生管財人に就任されたゼネコンの再生事件（大阪地裁・平成一五年）で管財人代理の末席に加えていただいて以来、温かくご指導をいただいており、理論と結果の妥当性の双方を踏まえて考えることの重要性を学ばせていただいております。本稿は、あまりに未熟な内容でございますが、先生の古稀と最高裁判事の退官をお祝いする気持ちをお汲み取りいただければと存じます。今後とも、引き続き、ご指導のほど、何卒よろしくお願い申し上げます。

（注1）　東京地裁破産再生実務研究会編著『破産・民事再生の実務　破産編〔第三版〕』四八八頁は、「異時廃止で終局する事件が大半を占めている」とする。東京地方裁判所でも、破産管財人が選任された事件の七五％程度は異時廃止で終了しているようである。

（注2）　最判昭六二・四・二一（民集四一巻三号三二九頁・金法一一六二号七九頁）は、「財団債権となるのは『破産財団ニ関シテ生シタルモノニ限ル』と規定しているのは、右請求権のうち、破産財団の管理のうえで当然支出を要する経費に属するものであつて、破産債権者において共益的な支出として共同負担するのが相当であるものに限つて、これを財団債権とする趣旨である」としている。

（注3）　旧破産法四七条に関して、斎藤秀夫ほか『注解破産法（上）〔第三版〕』二二二頁〔斎藤〕は、「財団債権の存在理由は、積極財産である破産財団の管理保持上ぜひとも必要な、かつ破産債権者の共通の利益のために生じた債権であるためである」とする。

（注4） 伊藤眞『破産法・民事再生法〔第三版〕』三一〇頁、山本和彦ほか『倒産法概説〔第二版補訂版〕』九〇頁、各参照。
（注5） 学説の状況について、小川秀樹「財団債権」竹下守夫＝藤田耕三編集代表『破産法大系Ⅱ』五三頁参照。
（注6） 共助対象外国租税の請求権および九十七条五号に掲げる請求権を除く。
（注7） その期間中に包括的禁止命令が発せられたことにより国税滞納処分をすることができない期間がある場合には、当該期間を除く。
（注8） 伊藤・前掲注4三一一頁は、「破産手続終了後に破産者が財団債権について責任を負うことはない」、「破産手続開始前の原因にもとづく租税等の請求権（破148Ⅰ③）および破産手続開始前3月間の給料等の請求権（破149）を含めて、破産者自身の責任が認められるべき財団債権は存在しない」とする。
（注9） 伊藤・前掲注4七二七頁は、「破産手続開始前の原因にもとづく租税債権で一定範囲のもの（破148Ⅰ③）は、本来は破産債権であるにもかかわらず財団債権という優越的地位を与えられたのであるから、そのこととの均衡上で破産手続終了後の破産者の責任を否定することが公平に合致する」とする。
（注10） 前記（前掲注8）の伊藤眞説に対して、山本克己「財団債権・共益債権の債務者」田原睦夫先生古稀記念『現代民事法の実務と理論（下）』八一頁は、「政策的財団債権のうち、使用人の給料等の債権と租税等の請求権は、同種の債権が破産債権であれば非免責債権とされていること、そして、租税等の請求権が非免責債権とされる背景には、租税等の請求権について徴収権者の同意を得ずに民事手続によって権利の減免をすることは原則として許されないという思想があると考えられることを考慮すると、にわかに伊藤教授の見解に賛同することはできないように思われる」とする。
（注11） 最判平一五・三・一四（民集五七巻三号二八六頁・金法一六八〇号五八頁）。
（注12） 免責の理論的根拠について、「人がその財産を有限会社・株式会社組織にして事業をしていれば、破産しても債務は残らないことからすれば、個人事業においても、その全財産を投げ出した場合には従来の債務は、すべて

棒引きになるのが原則であるとの考え方」、「自然人であっても、その全財産を投げ出すことにより、財産主体性を更新するものと考え、更新前の財産主体性に付着する債務からも、同時に解放されると考えることができる」（竹下守夫編集代表『大コンメンタール破産法』一〇五六頁〔花村良一〕参照）との考え方に立てば、破産手続の終了後は、個人についても、財団債権である租税等の請求権を含めて負担から解放されると考えることになる。

（注13）全国倒産処理弁護士ネットワーク編『倒産法改正一五〇の検討課題』一一一頁〔石川貴康〕参照。

（注14）小川秀樹編著『一問一答新しい破産法』一八七頁。

（注15）小川・前掲注14一九八頁。

（注16）小川・前掲注14一九八頁～一九九頁。

（注17）小川・前掲注14二〇六頁、伊藤眞ほか『条解破産法〔第二版〕』一〇二七頁、各参照。

（注18）伊藤眞ほか編『新破産法の基本構造と実務』三五三頁〔花村良一発言〕は、破産法一四八条二号と四号の関係について、「法148条2号と4号ですが、実務上は2号か4号かというところを、おそらくそれほど強くは意識していないのかという気はします。ほとんどの場合、管財人がした行為は、管理・換価・配当という破産手続の目的にそった行為であって、それ以外の行為から請求権が生ずるということは一般的にはあまりないので、おおむね手続開始後に破産管財人が行った処分行為等によって生ずるものについては、2号に当たるという前提で運用がされているのではないかと思います。その意味では、4号はある種、共益的な結果を生じない行為がたまたまあった場面などには、適用の余地があるという程度になるのではないでしょうか」とする。

（注19）松下淳一「財団債権の弁済」民訴五三号四九頁は、「破産管財人が締結した契約から発生した請求権については、原則として破産法一四八条一項四号が適用され、第二順位の財団債権となると考えるべきであり、ただし破産管財人の補助者の報酬請求権等の、破産管財人報酬と同様に強度の共益性が観念でき、かつ破産財団の信用リスクを負担させるべきではない請求権については例外的に同項二号が適用され、第一順位の財団債権となる、と考える」とする。

（注20）社会保険等の関係でも、従前の雇用を継続した方が従業員にも有利な場合もある。

（注21）なお、このような場合、破産管財人が、民法六三一条に基づいて雇用契約の解約の申入れをするのではなく、就業規則に基づき、労働基準法二〇条に従って三〇日間の解雇予告を行って雇用関係を終了させる場合も考えられる（伊藤・前掲注４八八二頁参照）。この場合には、従業員の破産手続開始決定後の給料は、破産法一四八条一項八号の「破産手続の開始によって双務契約の解約の申入れがあった場合において破産手続開始後その契約の終了に至るまでの間に生じた請求権」に直接に該当するとは言えないことになると考えられる。

（注22）なお、松下・前掲注19四九頁は、破産法一四八条一項二号の財団債権を広げることについて、「二号の適用範囲が拡がる結果として、手続費用は完済できるが財団債権全額は弁済できないという事件が減り、その反面で手続費用も全額は弁済できない事件（破二一七条一項）が増え、結果として異時廃止事件を増やすことになる。これは破産制度の機能不全を招くおそれがあるという点で望ましくないであろう」とする。

（注23）破産規則五〇条は、財団債権の申出について定めるが訓示的な規定にすぎない。しかも、その届出は、書面によることを要しない。最高裁判所事務総局民事局監修『条解破産規則』一一八頁、一一九頁参照。

（注24）園尾隆司＝多比羅誠編『倒産法の判例・実務・改正提言』二三九頁〔長島良成〕は、「財団債権の確定を破産手続内で迅速、簡易にする制度の創設」を提言する。

（注25）中山孝雄＝金澤秀樹編『破産管財の手引〔第二版〕』一六六頁参照。

（注26）山本弘「破産財団の範囲およびその管理・換価」福永有利ほか『倒産実体法』（別冊ＮＢＬ六九号）一四三頁は、担保不動産に係る固定資産税について、「本来これを財団債権として処遇する実質的な根拠はない。これを破産財団に負担させながら、担保不動産の価格が上昇するまで競売を差し控えることを抵当権者に許容することは、明らかに費用分担における公平を損なっている」とする。

（注27）土壌汚染対策工事の内容は、敷地の外周に対し、遮水性能を持つ遮水壁（厚さ〇・五ｍ、深度二五ｍ）を設置する等の工事であった。

（注28）　中西正「破産法における費用分配の基準」民訴五五号五〇頁。
（注29）　沖野眞已ほか「〈パネルディスカッション〉破産事件における管理・換価困難案件の処理をめぐる諸問題」債管一五一号四五頁〔沖野眞已発言〕。
（注30）　福岡真之介『アメリカ連邦倒産法概説』二〇三頁は、アメリカ連邦倒産法における「担保目的物の保存・処分費用の回収」について、「管財人は、担保目的物の保存・処分に要した合理的費用（482）を、担保権者の利益となった範囲内で、担保目的物から回収することができる（506条ⓒ）。管財人による費用の優先的回収を認める本項は、担保付債権は共益債権に優先するという一般ルールの例外であるといえる」とする。
（注31）　法務省民事局参事官室編『倒産法制に関する改正検討課題』（別冊ＮＢＬ四六号）九六頁。
（注32）　最判平一一・一・二九（民集五三巻一号一五一頁）は、「将来の一定期間内に発生すべき債権を目的とする債権譲渡契約」について、「他の債権者に不当な不利益を与えるものであると見られるなどの特段の事情の認められる場合には、右契約は公序良俗に反するなどとして、その効力の全部又は一部が否定されることがあるものというべきである」とする。
（注33）　宇都宮地判平二八・三・二三（判例地方自治四一三号三五頁）。
（注34）　補助金等に係る予算の執行の適正化に関する法律二条二項および三項。
（注35）　岐阜地判平二四・二・一（判時二一四三号一一三頁）は、廃棄物の処理及び清掃に関する法律に関して、「委託基準遵守義務を負う『事業者』の定義について規定や判例がないこと、破産管財人は廃棄物を直接排出する者ではなく事業者の典型例に該当しないこと、廃掃法三二条が定める法人の代表者等に破産管財人が含まれていないことは明らかである」とする。
（注36）　最判平二二・三・一六（金法一九〇二号一二〇頁）の田原睦夫判事の補足意見は、弁済充当合意に関して、「弁済充当合意は、法定の換価手続における配当手続においては、その効力を主張し得ないものであるところ、破産管財人によって別除権の目的財産の受戻しがなされて、その際に別除権者に弁済がなされる場合も、同手続は、

一般執行手続たる破産手続の一環として行われるものである」として、破産管財人による別除権の目的財産の受戻しも一般執行手続たる破産手続の一環とする。

（注37）「各省各庁の長の承認」を求める規定は、破産管財人には適用がないとしても、少なくとも破産手続開始決定前に、国からの補助金が取り消され返還を命ぜられているのであれば、破産管財人に対して財団債権または破産債権として支払を求められることになる。ただし、当該債権が財団債権と認められるかどうかについては、疑問があることは、既に述べたとおりである。

医療機関の破産・民事再生時における医療過誤被害者の処遇と債権回収

弁護士　野村剛司

目　次

一　はじめに

1　倒産と保険の関係

債務者の倒産局面においては、信用供与した債権者は倒産リスクを負い、そのリスク回避のために、別途保険を掛け、倒産手続外で補塡を受けることがある。保険制度は、基本的には倒産手続外にあり、受取人が保険金を受領して満足を受ける。ところが、医療機関が破産・民事再生となった場合、医療過誤の被害者が医療機関に対する損害賠償請求権につき満足を受けるためには、医療機関が加入する医師賠償責任保険（注1）から保険金の支払を受けることになるが、単純に破産・再生手続外で権利行使し、満足を受けられるという関係にはない。

かつて、木内先生が破産管財人となられた病院（医療法人）の破産事件において破産管財人代理として関与した際、医師賠償責任保険に興味を持ち、近年、様々な損害保険につき考えることが多くなった。

本稿で述べる筆者の問題意識については、平成二八年一二月に神戸で開催された第三八回医療問題弁護団・研究会全国交流集会において講演する機会を得、質疑において多大な示唆を得た。感謝申し上げる次第である。

2　想定する場面——法的整理の破産、民事再生

ここでの大前提として、医療過誤の被害者が医療機関（基本的に医療法人を想定）に対し損害賠償請求をするが、容易に示談・和解はできず、判決が必要な事案を想定する。

そして、大きく二つの場面、①訴訟中の破産、民事再生と②請求前の破産、民事再生の場面をもって検討する。

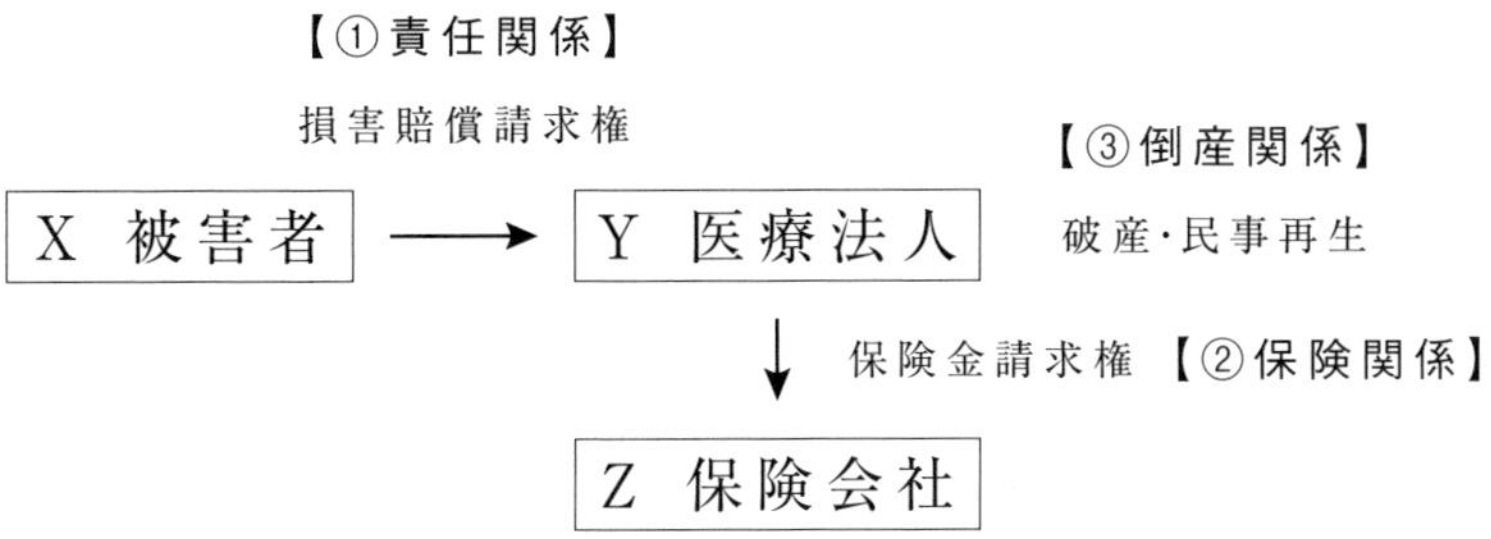

① 訴訟中の破産、民事再生

医療過誤があり、医療法人を被告とする損害賠償請求訴訟が第一審係属中に、当該医療法人が破産手続開始決定または再生手続開始決定を受けた場合（以下、【①A：訴訟中破産】と【①B：訴訟中再生】と表記する）。

② 請求前の破産、民事再生

医療過誤があり、医療法人を被告とする損害賠償請求訴訟を提起しようと検討中（未請求の状態）に、当該医療法人が破産手続開始決定または再生手続開始決定を受けた場合（以下、【②A：請求前破産】と【②B：請求前再生】と表記する）。

3 責任関係、保険関係、倒産関係が交錯する場面

端的に言うと、①責任関係、②保険関係、③倒産関係が交錯する場面であり、この関係が問題となる。すなわち、被害者Xと医療法人Yの関係は、被害者Xから医療法人Yに対する損害賠償請求権であり、①責任関係となる。医療法人Yが保険会社Zに保険金請求権を有しているのが②保険関係となる。したがって、X・Y間とY・Z間は別問題となる。ただ、②保険の支払を受けるためには①責任関係が認められることという条件が付されており、ここに、医療法人Yの破産・民事再生という③倒産関係が絡んでくる。筆者の問題意識としては、医師賠償責任保険があったとしても、③倒産関係が絡むと、なかなかそこに至れない可能性があるのではない

かという点にある。

二　訴訟の必要性と制約

医師賠償責任保険から保険金が支払われるためには、被保険者である医療法人の損害賠償責任が確定する必要があり、そのためには保険会社の関与がある訴訟が必要となる。そして、保険法の改正で保険法二二条一項に定められた保険金請求権上の先取特権によって、担保権実行として債権差押え（民執法一九三条一項）が可能になったが、差押えがあったとしても、保険会社が訴訟に関与していない限り、保険会社が容易に支払に応じることはないであろう。そうすると、担保権実行といいながらも、結局のところ損害賠償責任が認められた確定判決が必要となるのではないか。担保権実行なのに確定判決、債務名義が必要になってしまう可能性があるが、医療法人の破産・民事再生の場面においては、開始決定により訴訟が中断したり、訴訟提起自体できなくなったりと制約があり、本来必要とされる訴訟の場に戻れなかったり、進めなかったりと医療過誤の被害者にとって障害となる。

まず、【①A：訴訟中破産】と【①B：訴訟中再生】の場合、破産手続開始決定、再生手続開始決定によって訴訟が当然に中断する（破産四四条一項、民再四〇条一項）（注2）。医療過誤の被害者が医療法人に対し請求する損害賠償請求権は、破産・再生手続においては、それぞれ破産債権（破産二条五項）、再生債権（民再八四条一項）となり、その後、破産・再生手続内で債権届出、調査・確定の手続に進むことから、すぐには訴訟の受継ができず（注3）、訴訟は確実に止まる。そこで、ここではいかに訴訟に戻せるかの問題になる。

次に、【②A：請求前破産】と【②B：請求前再生】の場合、破産手続開始決定、再生手続開始決定によって当該医療法人に対する損害賠償訴訟提起ができなくなる（仮に訴訟提起しても、破産債権、再生債権に関する訴訟として却下されることになる）（注４）。ここでは、いかに訴訟に進めるかの問題となる。

三　医師賠償責任保険

責任保険契約とは、損害保険契約のうち、被保険者が損害賠償の責任を負うことによって生ずることのある損害を塡補するものをいう（保険法一七条二項）とされており、通常の損害保険とは性質を異にする。

そして、さらに異なる点として、医師賠償責任保険は請求時基準（注５）になっており、損害保険の例外的な取扱いとなっている。例えば、自動車保険であれば事故時に保険が必要であり、損害保険の考え方は、後から保険を掛けることはできないのが原則であるが、その例外として、損害賠償請求を受けた請求時に保険があるのであればその保険が適用されることになる（注６）。

この点、破産債権、再生債権の定義（破産二条五項、民再八四条一項）からすると、損害賠償請求権は債務不履行、不法行為時が基準となるが、保険との関係では債務不履行や不法行為時が基準ではないということになる。

また、医師賠償責任保険の契約関係として、保険金は被保険者である医療法人に支払われる。すなわち保険金請求権の帰属先は、被保険者である医療法人となる。この点につき、交通事故の自動車損害賠償責任保険制度における直接請求権（自動車損害賠償保障法一六条一項）や任意保険における直接請求権に関する規定はない。ただ、債権者代位権（民法四二三条）の行使は可能とされる（最判昭五七・九・二八民集三六巻八号一六五二頁）。

責任保険契約は被害者保護の制度であるにもかかわらず、保険金が被保険者に支払われるのが原則のため、被保険者が破綻した場合、被害者に保険金が回らない可能性がある。とくに破産の場合、保険金請求権が破産財団に帰属し（破産三四条一項・二項）、他の債権者も含む配当原資になりかねず（注7）、保護の必要性が高かった。ただ、この点、実務上、破産管財人等は、示談契約を締結する際に、裁判所の許可を得た上で、保険会社との間で保険金につき被害者の指定する口座に支払うよう指図する和解的処理を行うことで配慮してきた（注8）。

保険法改正の中間試案時には直接請求権構成と先取特権構成の両論併記であったが（注9）、平成二〇年の保険法改正時には先取特権構成が採用され、責任保険契約についての先取特権（保険金請求権上の先取特権）が規定された（保険法二二条一項「責任保険契約の被保険者に対して当該責任保険契約の保険事故に係る損害賠償請求権を有する者は、保険給付を請求する権利について先取特権を有する」）（注10）。これに伴い、保険会社の約款も整備された。

四　医師賠償責任保険と倒産の関係

1　保険金の支払のためには、保険会社が関与する訴訟による解決が必要

前述したとおり、保険制度であり、基本的には破産・再生手続外にあるはずだが、財産の管理処分権の面でも保険金が被保険者である医療法人に支払われるのが原則であり、債権の面でも損害賠償請求権が別除権付破産・再生債権となり、保険金請求権上の先取特権の担保権の実行のためには、結局は損害賠償請求権の確定が必要となることからも、破産・再生手続と密接に関係し、その確定には保険会社が関与する訴訟による解決を要する。

2　保険金請求権上の先取特権は、破産・再生手続では別除権となる

保険法二二条一項の保険金請求権上の先取特権は特別の先取特権となり、破産・再生手続においては別除権となることから（破産二条九項、六五条一項、民再五三条一項）、損害賠償請求権は別除権付破産・再生債権となり、先取特権は破産・再生手続外で行使することができる（破産六五条一項、民再五三条二項）。

その別除権の行使により弁済を受けることができない債権の部分についてのみ、破産・再生債権者として、破産・再生手続において権利を行使できる（不足額責任主義。破産一〇八条一項本文、民再八八条本文）（注11）。

保険金請求権の帰属先は、被保険者の医療法人のままであり、特別の先取特権とすることで、法定担保とした。ただ、これで本当に破産・再生手続外となったのかという点が問題である。

3　保険金請求権上の先取特権があるのなら、訴訟は不要となるか

保険金請求権上の先取特権があるなら訴訟は不要か。法定担保としたわけであり、担保権を手続外で実行するのであれば、一般債権者が債務名義となる確定判決を得るための訴訟は不要ではないのか。ここでの担保権の実行方法は、担保権実行としての債権差押え（民執法一九三条一項）であり、被保険者の保険会社に対する保険金請求権を差押えすればよいわけであるが、その際、「担保権の存在を証する文書」の提出が必要とされる。

一般債権者が強制執行するためには債務名義が必要だが（民執法二二条。典型は同条一号の確定判決）、担保権者は債務名義が不要で、担保権の実行としての競売等にあたっては、担保権の存在を証する文書の提出で足りるとされる（民執法一八〇条等）。不法行為・債務不履行に基づく損害賠償請求権者は一般債権者であり、強制執行のためには債務名義が必要であるが、ここでは保険金請求権上の先取特権を担保権にしたわけであり、担保権の実

行であれば債務名義は不要で担保権の存在を証する文書があればよいわけである。

そして、この担保権の存在を証する文書については、担保権の存在を直接かつ高度の蓋然性をもって証明する債務名義に準ずる担保権実行名義と見る準債務名義説と担保権の存在を証する証拠方法を法定したものにすぎないとする書証説の二つの見解があるところ、実務上は、書証説での運用が確立されているとされる（注12）。

例えば、動産売買先取特権の場合であれば、請求書、納品書等の文書を提出することで足りる。しかし、責任保険契約の場合、被保険者が損害賠償責任を負担すること、すなわち、損害賠償請求権の存在を明らかにしないといけないことになる。保険金請求権上の先取特権は、特別の先取特権で別除権となり、破産・再生手続外で担保権の実行ができるはずが、実際上、担保権の存在を証する文書として、当該医療法人の損害賠償責任を認容する確定判決という債務名義が必要になるのではないか。そして、その債務名義は、破産・再生手続における破産・再生債権の届出、調査、確定手続（最終的に破産・再生債権確定訴訟）によることとなり、別除権としたはずが、結局は破産・再生手続との関係を断ち切ることができず、破産・再生手続内の問題となるのではなかろうか。

4　債権届出

破産・再生手続に参加するためには、債権届出が必要となる（破産一一一条一項、民再九四条一項）（注13）。この点、訴訟中か否かを問わず、債権届出が必要であることに注意を要する。債権の種類は、損害賠償請求権、債権額は、訴訟中なら請求額を、請求前の場合であっても、何らかの請求額の記載が必要となる。債権の内容および原因としては、債務不履行または（および）不法行為に基づく損害賠償請求権について詳細に記載することになる。

また、別除権についても届出が必要となる（破産一一一条二項、民再九四条二項）。別除権としては「有」、担保権の種類は責任保険契約についての先取特権（保険金請求権上の先取特権）、目的物の表示は医師賠償責任保険でよいと思われる。予定不足額は、保険でカバーされない免責金額や保険金額の上限を超える部分の額を記載する（ただ、破産では予定不足額は実質的に無意味である。民事再生では再生計画案の決議の際の議決権額になる）。

五　①訴訟中の破産、民事再生の場合──いかに訴訟に戻せるかの問題

1　【①B：訴訟中再生】の場合

再生手続がうまく進んでいれば訴訟に戻しやすい。債権届出→債権調査で再生債務者等が認めず→受継申立て→債権確定訴訟として訴訟に戻ることができる。債権届出を行うこと（なお、民事再生の場合、自認債権（民再一〇一条三項）があるとしても、受継申立てにより訴訟に戻すには債権届出が必要となる）、受継申立て（民再一〇七条一項）を一カ月の不変期間内に行うこと（同条二項、一〇五条二項）に注意が必要である（注14）。

2　【①A：訴訟中破産】の場合

実際のところなかなか訴訟に戻れない。債権届出→債権調査で破産管財人が認めず→受継申立て→債権確定訴訟として訴訟に戻ることになるのは、民事再生の場合と同様である。速やかに債権調査が行われれば、受継申立てが可能となる。この場合、訴訟の相手方は、破産管財人となる（債権調査で異議を述べた届出債権者が加わることもある）。しかし、配当が見込めない事案では、債権届出期間および一般調査期日を定めない、いわゆる留保

型となり（破産三一条二項）、債権届出自体は制限されないが、債権調査が行われない。また、原則として債権届出期間と一般調査期日を定める庁においても、配当の見込みがない事案では、債権調査を延期することで債権調査を行わないままとなる。すなわち、実務上、債権調査を経ないため、受継申立ての機会がなく、訴訟に戻れない（破産手続の終了を待つ方法もあろう）。この点、ここで指摘しておきたいのは、債権調査は破産債権に対する配当のための手続であり、担保権の実行のための手続ではないことである。

そこで工夫が必要になる。配当の見込みがないのに債権調査を実施することは手続上無駄となるが、訴訟に戻すためには受継が必要であり、破産管財人にあえて債権調査を実施してもらうか（当該債権のみの部分的な虫食い認否を実施してもらうことも考えられよう。ただ、留保型の場合、債権調査期日すら指定されていないので困難であろうが）、または、例外的な個別対応として、債権調査は実施しないが、便宜的に破産手続において破産管財人が裁判所に受継（正確に言えば、債権者の受継申立てに対し応諾する旨）の許可をしてもらうことにより訴訟を受継できるのではないかと考える（注15）。なお、債権調査における届出債権者の異議申立権への配慮としては、破産管財人が債権者を代表して認めない認否をしたのと同じ状況にあり、一応クリアできるであろう。

六　②請求前の破産、民事再生の場合──いかに訴訟に進めるかの問題

1　【②B：請求前再生】の場合

再生手続に参加するのであれば、早期に決断する必要がある。再生手続は迅速に進めることとされており、早く損害賠償請求をして保険会社に認識してもらい、再生手続において債権届出をする必要がある。債権届出→債

権調査で再生債務者等が認めず↓再生債権の査定申立て↓再生債権査定申立てについての決定に対する異議の訴えで債権確定訴訟になる。この点、訴訟の前に再生債権の査定申立てが必要であること（民再一〇五条一項）、債権届出をせずに訴訟提起しても、再生債権に関する訴訟として不適法却下となることに注意を要する。なお、債権届出期間内の債権届出が間に合わなくても、追完は可能だが（民再九五条一項）、再生計画案を決議に付する付議決定までという時的制限があり（同条四項）、その後は債権届出ができなくなる（ただ、追完が間に合わなかった場合でも例外的に免責されない可能性はある（民再一八一条一項一号））。

2　【②A：請求前破産】の場合

破産手続に参加する場合も早期に決断する必要があろう。債権届出↓債権調査で破産管財人が認めず↓破産債権の査定申立て↓破産債権査定申立てについての決定に対する異議の訴えで債権確定訴訟になる点などは民事再生の場合と同様である（債権届出期間内の債権届出が間に合わなくても、追完は可能（破産一一二条一項））。ただ、訴訟提起前であり、破産手続において債権調査がされないとすると、債権届出はできたとしても、査定申立てにも進めないことから、訴訟に進むことができないことになる（破産手続の終了を待つ方法もあろう）。

3　請求時に医師賠償責任保険がない事態も起こり得る

さらには、請求時に医師賠償責任保険がないという事態も起こり得るところである。保険期間満了後や破産管財人による解約後で、損害賠償請求期間延長担保追加条項（五年間もしくは一〇年間）等の手当てがなく、医師賠償責任保険が適用されなくなった後の損害賠償請求となる可能性がある。

この関係で、破産管財人は、医師賠償責任保険を維持・更新した方がよいか。逆に言えば、破産財団に医師賠償責任保険があった場合、解約して解約返戻金の返金を受けてよいか。この点、カルテ、レントゲン・フィルム等の保管（診療録は医師法二四条二項等で五年間）（注16）の点も含め、破産財団を増殖させるという破産管財人の業務とは別途の考慮を要する。患者の生命・身体の利益を最大限考慮することになるが、一般の破産債権者に対する配当原資が一定程度減少したとしても、必要経費として支出することは十分理解が得られるであろう（注17）。

七　破産・再生手続の終了と訴訟の帰趨

破産で配当を行う場合、破産手続が終結しても破産債権確定訴訟は中断せず、破産管財人が訴訟を遂行する（破産一三三条三項）。破産債権査定申立ては、破産手続で配当ができず異時廃止決定の確定で終了した場合は終了し、配当を行い終結決定により破産手続が終了した場合は引き続き係属する（同条一項）。

破産で配当がなく、異時廃止で破産手続が終了した場合、訴訟は中断し（破産四四条四項）、破産者が受継しなければならず、相手方も受継の申立てができる（同条五項）。ただし、破産者の医療法人には代表者が不在の状態となる（この場合に、特別代理人の選任で足りるのか、清算人の選任が必要ではないか）（注18）。なお、法人の法人格消滅による訴訟の当然終了という処理も実務上行われているところであり、注意を要する（注19）。

再生債務者の訴訟手続受継までの間に再生手続が終了した場合は、再生債務者は、当然訴訟手続を受継する（民再四〇条二項）。再生債権査定申立ては、再生計画認可決定確定前に再生手続が終了した場合は終了し、再生計画認可決定確定後に再生手続が終了した場合は引き続き係属する（民再一一二条の二第一項）。

八　関連する諸問題

1　債権者代位訴訟について

破産手続中は債権者代位権の行使ができないことから（破産四五条一項参照。債権者代位権も個別の権利行使となる）、早期に破産手続が配当なしで異時廃止となれば、個別の権利禁止効がなくなり、別途債権者代位訴訟を提起することが可能であろう。ただし、代表者が不在のため、清算人の選任が必要となる。

この点、破産管財人としては、破産手続を終えるにあたり、保険金請求権を破産財団から放棄しておく必要があるか（破産七八条二項一二号）。なお、破産手続を終える際に医師賠償責任保険自体を解約したとしても、延長担保追加条項により延長した保険期間中に損害賠償請求があれば、保険金支払の対象となる。

2　担保権確認訴訟の可能性について

破産・再生手続における債権確定手続は、破産・再生債権につき破産配当、計画弁済を受けるための手続であって、担保権の実行のための手続ではない（目的が異なる）。ただ、医療過誤の被害者としては、保険会社から保険金の支払を受けるために、医療法人に対する損害賠償請求権の請求認容の確定判決を得たいところである。

そこで、保険金請求権上の先取特権は、法定担保としての特別の先取特権であり、担保権確認訴訟を提起することで、担保権の存在と内容につき、破産・再生債権の確定手続とは異なる場面で確認を求め、その確定判決をもって、担保権の存在を証する文書とすることができないか。ここでの目的は、担保権の存在を証する確定判決である（この点、約定担保の抵当権については、担保権の存在を証する確定判決による不動産担保権の実行が認められている（民執一八一条一項一号））。この訴訟類型が認められれば、破産・再生手続の進行に間に合わなかったり、間に合っていても訴訟に戻れなかったり、訴訟に進むことができない場合の救済手段として活用できるのではないかと考える次第である（この点、確認の利益は認められるであろう）。

3　再生計画による権利変更の影響について

民事再生の場合、再生計画により権利変更（債務免除）を定めるが、再生債権である損害賠償請求権が再生計画により権利変更された場合に、保険金支払に影響するか、すなわち保険金も減額されるのか。

保険会社も関与する訴訟において確定した損害賠償請求権が再生手続との関係で実体的に確定するが、不足額責任主義との関係では、未確定債権である。再生計画に基づき権利変更されるのは、担保権実行により弁済を受けられないことが確定した不足額（注20）であり、別除権対象部分には再生計画による権利変更は及ばない。この点は、通常の別除権がある場合の適確条項で対応可能であり、当該条項がなくても別除権の担保権実行には影響しない。したがって、保険金支払には影響せず、再生計画による権利変更により保険金が減額されることはない。

4　医療法人ではなく、個人開業医の場合の破産免責の影響について

個人破産の場合、免責許可決定が確定したときは、破産者は、破産手続による配当を除き、破産債権について責任を免れる（破産二五三条一項柱書本文）。この「責任を免れる」の意味につき、債務消滅説（有力説）もあるが、

判例は自然債務説を前提としている。ただ、別除権者は、破産手続外で担保権実行ができ、保険金の支払という優先弁済を受けられることから、被担保債権も担保権の価値の範囲内では免責の対象とはならないと解される。なお、保険とは関係ないが、免責の効力が及ばない非免責債権の可能性もある（同項三号）。

5　行為者である医師個人について

医療過誤訴訟においては、医師個人を訴訟の被告としない場合もあろうが、医療法人の破産・民事再生の場面では、保険が適用されない可能性やそもそも保険が切れている可能性もあるところであり、補完する意味で、医師個人の医師賠償責任保険からの保険金支払も想定する必要がある場合があろう（追加提訴の負担もあろうが）。

九　最後に

責任保険契約と倒産の関係における問題点は、保険金が被害者に回らず破産財団等に入ってしまいかねないという点にあった。そこで、倒産処理弁護士は、裁判所の和解許可を得、保険金が被害者に直接振り込まれるようにし（指図による直接支払）、破産財団等に入らないよう工夫して処理してきた。この点は、保険法改正で保険金請求権上の先取特権（保険法二二条一項）が認められてもなお同じではないかと思われる。保険法二二条二項で被保険者の保険金請求が制約を受け（注21）、同条三項で差押禁止等の処分禁止が定められ（注22）、これに伴い保険会社も約款の規定を整えており、満足を受けていない損害賠償請求権者以外に保険金が支払われることはないだろう。

そうすると、保険会社が関与する訴訟の場にいかに持ち込むのかが手続上の問題となってくる。倒産手続は必ずしもこれらを考慮した制度設計はされておらず、民事再生がうまく行く事案は別として（それでも一定の配慮は必要であるが）、とくに破産で配当見込みがない事案においては、医療過誤の被害者の代理人としては、破産管財人に対する適切な働きかけが必要となるのではないだろうか（破産管財人としても一定の配慮を要しよう）。

以上、倒産処理弁護士の立場から検討したが、今後の適切な処理を考える契機となれば幸いである。

木内先生とは、弁護士四年目に入った平成一三年四月、大阪弁護士会の倒産法改正問題検討特別委員会に入れていただいたとき、委員長をされていたのが出会いです。その年の年末に大阪地裁における小規模管財の試行に関する意見交換会メンバーにお声掛けいただき、末席としてマニュアル作りや出版、今の全国倒産処理弁護士ネットワークのメーリングリストの事実上の前身となる小規模管財メーリングリストの作成・管理・全国ネット化等の各種委員会活動、そして、多数の倒産事件における管財人代理の経験と、すべてにおいて自由にやらせていただきました。それらがすべて今の糧となっております。先生の古稀をお祝いするとともに、今後ともご指導よろしくお願いいたします。

（注1） そもそも医療機関が加入する医師賠償責任保険の契約の有無、保険期間、保険金額は、医療過誤の被害者側でどのように確認ができるのか。基本的には加入されているものと思われるが、例外的に未加入の場合もあろう。

（注2） 訴訟係属中であれば、医療法人からすれば債権者となり得る者として認識されており、裁判所から破産・再生手続開始等の通知が届くことで、医療法人の破産・民事再生の認識が可能である。

（注3）　係属中の破産債権に関する訴訟の帰趨については、野村剛司ほか『破産管財実践マニュアル〔第二版〕』九二頁のフローチャート参照。

（注4）　未請求であり、医療法人からすると債権者としては認識しておらず、裁判所からの通知が届かないことから、報道等で知るなど独自の情報収集が必要となる。

（注5）　被保険者が事故を最初に認識した時とするものもあるが、いずれの場合も事故時基準ではない。

（注6）　保険期間中に損害賠償請求を受けた場合にのみ適用されるということは、悪用しなければ、事故時に保険契約がなくても、事故後に保険契約を締結することで、保険金が支払われることもあり得るということであろう。

（注7）　ＰＬ保険契約につき、東京地判平一四・三・一三（判時一七九二号七八頁）、建築家賠償責任保険につき、東京高判平二〇・四・三〇（金判一三〇四号三八頁）。この二つの裁判例を検討したものとして、田爪浩信「責任保険契約における被害者の先取特権」日本法学七五巻三号六二九頁以下参照。

（注8）　野村ほか・前掲注３一二四頁の被害者保護を考慮する場面を参照。

（注9）　たたき台段階の議論として、沖野眞已「保険関係者の破産、保険金給付の履行」旬刊商事法務一八〇八号二九頁以下参照。なお、信託の利用であれば取戻権構成となるが、当時でも採用されていない。

（注10）　萩本修編著『一問一答保険法』一三三頁以下、大串淳子＝日本生命保険生命保険研究会編『解説保険法』二三五頁以下、落合誠一監修・編著『保険法コンメンタール（損害保険・傷害疾病保険）〔第二版〕』七七頁以下〔中島弘雅〕、山下友信＝永沢徹編著『論点体系保険法（1）』二〇七頁以下〔中出哲〕参照。

（注11）　基本的には保険でカバーされるが、免責金額や保険金額の上限との関係で不足額責任主義の点も関連する。

（注12）　東京地方裁判所民事執行センター実務研究会編著『民事執行の実務―債権執行編（上）〔第三版〕』二三一頁、二四四頁、責任保険契約についての先取特権につき二五三頁参照。

（注13）　債権届出書のひな型は、大阪地方裁判所・大阪弁護士会破産管財運用検討プロジェクトチーム編『破産管財手続の運用と書式〔新版〕』四四四頁参照。

（注14） 訴訟の相手方につき、民事再生のＤＩＰ型の場合、従前どおり再生債務者だが、管理型の場合、管財人となる（いずれも債権調査で異議を述べた届出債権者が加わることもある）。

（注15） 留保型等で債権調査が実施されない場合に、訴えの取下げに同意するための裁判所の受継許可という運用上の工夫については、野村ほか・前掲注３九三頁、四八四頁参照。

（注16） 民事再生で事業継続されれば（破産でも事業譲渡されれば）、従前どおり保管されるであろうが、破産で事業継続がされない場合は、技術的、費用的に問題となる。病院の破産事件における筆者の経験につき、野村剛司編著『実践フォーラム破産実務』三九五頁参照。ただ、医療記録は多岐にわたるところ、保管できるものがその一部となる可能性がある。

（注17） 竹下守夫＝藤田耕三編集代表『破産法大系Ⅲ破産の諸相』四六五頁〔野村剛司〕参照。筆者の経験した事案では、解約して解約返戻金を回収するのではなく、維持・更新し、さらに一件の上限が一〇〇〇万円しかなかったところ、これを上限一億円に引き上げ、五年間の延長担保追加条項を付せたことからこれを追加し、保険料の増額分は破産財団の負担とした。

（注18） 破産手続が早期に終了することを想定し、破産手続終了後に清算人を選任してもらう対応もあり得よう。

（注19） 野村ほか・前掲注３九三頁、四八四頁参照（破産手続終了時に法人格が消滅し債務消滅するとする最判平一五・三・一四民集五七巻三号二八六頁との関係からか）。

（注20） 破産配当を受ける場合、打切主義（破産一九八条三項）との関係で、破産管財人と協定し、担保されないことになった部分を確認することで（破産一〇八条一項ただし書）、破産配当を受けることも可能であろう。

（注21） 医療過誤の被害者が破産管財人から保険会社に対する保険金請求権の債権譲渡を受け、保険金請求権の直接の債権者となる方法も考え得るところであるが、責任関係の認定との関係で検討を要しよう。

（注22） 沖野・前掲注９三〇頁は、先取特権構成によって被害者の優先的満足を確保するためには、他のすべての債権者（租税債権者、担保権者を含む）に先立って権利行使できる旨を明示する必要があると指摘する。

対抗要件を欠く担保権の実行と偏頗行為危機否認・再論

神戸大学名誉教授・同志社大学教授
中西　正

目次

一　初めに

1　本稿の目的

本稿は、以下の事例（「本事例」）において、偏頗行為危機否認が成り立たないことを、論ずるものである。

【本事例】　BはAに普通自動車（以下「甲」という）を売り渡した。Aが代金債務（以下「B・A債権」という）を全額弁済するまで、Bは甲の所有権を留保することとされ、甲はBを所有者・Aを使用者として新規登録された。

A・B・Cは三者契約（立替払契約・オートローン契約）を締結し、①CはB・A債権を立替払いすること、②立替払いすればBの留保所有権はCに移転すること、③Aが立替払契約に係る債務（以下「C・A債権」という）を完済するまで、甲の上の留保所有権は、C・A債権を被担保債権として、Cに帰属し、その間甲の登録名義をCとなし得ること等が、約定された。そして、Cは、Bに、B・A債権を立替払いした。

Aは、C・A債権を全額弁済しないうちに、支払を停止した。Cは、これを知り、Aが期限の利益を喪失し、担保権実行の要件が備わったため、留保所有権を実行し、Aより甲の引渡しを受けて、甲を売却して、売却代金を、B・A債権の範囲で、C・A債権の弁済に充当した。

その後、Aは破産手続開始決定を受け、Xが破産管財人に選任された。Xは、Cが甲の売却代金をC・A債権に充当した行為を、破産法一六二条一項一号により否認した。

Xの否認権行使は、認められるだろうか。

2　法律構成

本稿は、本事例における留保所有権につき、以下のような理解を前提としている（注1）。Bは、B・A債権を被担保債権として、甲の上に留保所有権を有していた。CがBにB・A債権を立替払いすると、甲の上の留保所有権はBからCに移転する。この点につき、論理的には、以下の二つの法律構成が成り立ち得る。

第一は、法定代位（民法五〇〇条）構成である。すなわち、BからCに移転するのは、B・A債権およびこれを担保する甲の上の留保所有権である。B・A債権および甲の上の留保所有権は、AがC・A債権を完済するまで、C・A債権を被担保債権として、Cに帰属し、その間甲の登録名義はCとすることができる。AがC・A債権を完済すれば、C・A債権は消滅し、その結果、B・A債権も消滅し、甲の上の留保所有権も消滅する（Aの責任財産に吸収される）。

第二は、CがBにB・A債権を立替払いすることにより、甲の上の留保所有権が、被担保債権であるB・A債権を離れて、単独で、BからCに移転し、C・A債権を担保するに至るという、法律構成である。

両者は競合すると解されるが（本事例で三者契約上法定代位を排斥する旨の意思は存在しない）、本事例では、Cは、B・A債権の範囲で留保所有権を行使しており、法定代位の法律効果を主張していると見ることができよう。この場合、Cは、民法五〇〇条により代位したので、C・A債権に基づいて求償できる範囲内で、B・A債権を担保する留保所有権を行使することができる（民法五〇〇条柱書。B・A債権および留保所有権とC・A債権の相互の制約を受ける）。したがって、Cは、対抗要件を具備した留保所有権を行使して、被担保債権につき満足を得たことになるので、有害性は認められず、否認権は成立しない。

では、仮に、Cが、第二の法律構成を選択した場合はどうであろう。本稿は、この問題につき、検討する。

二　Aの差押債権者とCとの関係

1　差押債権者の地位

本事例では、まず、Bが、甲の上の留保所有権を、対抗要件を具備する形で有しており、その後、当該留保所有権はCに移転したが、対抗要件は具備されていない。

このような状況下で、Aが破産手続開始決定を受けたときに、甲に関するCの留保所有権と、甲に関するAの破産債権者全体の利益との優劣は、Aが破産手続開始決定を受けた時点で、甲の上に、Aの破産債権者全体の利益のため、差押債権者の地位が成立したと仮定して、判断される。いわゆる「破産管財人の第三者性」の法理である。

なお、本事例では、甲はBを所有者・Aを使用者として新規登録されている。

したがって、Aの債権者は、民事執行手続上、甲を差し押さえることはできないはずである。仮に、この点を論拠として、平時実体法上、Aの債権者のため甲の上に差押債権者の地位は成立しないと解されるなら、平時実体法を可及的に尊重するのが倒産実体法の基本原則である以上、破産手続においても、甲の上に、Aの破産債権者全体の利益のため、差押債権者の地位は成立しないこととなる。

この場合のAの差押債権者とCとの関係は、設例一のそれと価値的には同じである。

そうであるなら、Aの破産財団は甲について何の利益も有していないことになり、否認権の成否を問題とする必要はなく、本稿の検討はここで終了となる。

【設例一】　BはAより甲地を買い受け、所有権移転登記も具備された。BはCに甲地を譲渡したが、登記はそのままであった。
〈シナリオ一〉　ここでは、Aの債権者が甲地を差し押さえる可能性はない。
〈シナリオ二〉　その後、Aは支払を停止した。Cはどのようにして、所有権移転登記手続をするのか。それとも失権するのか。
〈シナリオ三〉　その後、Aは破産手続開始決定を受けた。Cはどのようにして、所有権移転登記手続をするのか。それとも失権するのか。

しかし、本稿では、Aにも法的利益が帰属し、観念的には差押えが可能であるとして、検討を続けることにしたい。

2　留保所有権と差押債権者の地位

Bが、甲の上の留保所有権を、対抗要件を具備する形で有しており、その後、当該留保所有権がCに移転したが、対抗要件は具備されていない状況のもとで、甲の上にAの債権者のために差押債権者の地位が成立し、CがAに対して権利を行使し、差押債権者がCに対して対抗要件欠缺を主張したとする。この場合、Cの権利行使は認められない一方で（注2）、Cに帰属する留保所有権が消滅することもない。Aの差押債権者とCは対抗関係に立ってはいるが、Bが対抗要件を具備しており、Aに対してその留保所有権を対抗できる以上、Bの特定承継人であるCがAに対抗問題で負けることはないからである。以上の点に、問題はないであろう。

本稿では、以上のような、Aの差押債権者とCとの関係を、「**Aの差押債権者とCとの間で対抗要件欠缺の問題は存在しない**」と表現することにしたい。

Bが対抗要件を備えていないなら、BはAの差押債権者に権利を主張できず、反射的に、Bの留保所有権はAの責任財産に吸収されることになろう。しかし、本事例では、Bは、Aの差押債権者に対抗できる形で、留保所有権を有している。その特定承継人であるCが、Bの差押債権者との関係で対抗要件を具備していないという理由で、その留保所有権がAの責任財産に吸収されることもない。

以上のことは、設例二、三との比較・均衡からも、明らかであろう。

【設例二】BはAに対して一億円の金銭債権を有していた。Aは自らが所有する甲地にB・A債権を被担保債権として抵当権を設定した。BはCにB・A債権を譲渡したが、登記関係はそのままであった。

〈シナリオ一〉その後、Aの債権者が甲地を差し押さえた。Cはどのようにして、抵当権を実行するのか。それとも失権するのか。

〈シナリオ二〉その後、Aは支払を停止した。Cはどのようにして、抵当権を実行するのか。それとも失権するのか。

〈シナリオ三〉その後、Aは破産手続開始決定を受けた。Cはどのようにして、抵当権を実行するのか。

それとも失権するのか。

【設例三】Bは A より甲地につき地上権の設定を受け、地上権設定登記も具備された。BはCに地上権を譲渡したが、登記関係はそのままであった。

〈シナリオ一〉その後、Aの債権者が甲地を差し押さえた。Cはどのようにして、地上権につき登記手続をするのか。それとも失権するのか。

〈シナリオ二〉その後、Aは支払を停止した。Cはどのようにして、地上権につき登記手続をするのか。それとも失権するのか。

〈シナリオ三〉その後、Aは破産手続開始決定を受けた。Cはどのようにして、地上権につき登記手続をするのか。それとも失権するのか。

3　まとめ

本事例では、Aの差押債権者とCとの間で対抗要件欠缺の問題は存在しない。すなわち、「Bが、Aの差押債権者との関係で対抗要件を備えておらず、当該差押債権者に権利を主張できないため、反射的に、Bの留保所有権がAの責任財産に吸収される」場合ではなく、「BはAの差押債権者に対抗できる形で留保所有権を有しており、その特定承継人であるCが、Bの差押債権者との関係で対抗要件を具備していない」場合である。

したがって、Cの留保所有権は、対抗要件を具備する前に、甲の上にAの債権者のために差押債権者の地位が成立した場合でも、Ａの責任財産に吸収されることはない。このことは、Ａが破産手続開始決定を受けた場合でも、Ａが支払不能となりＣがこれを知った場合でも、同じである。Ｃの留保所有権がＡの破産財団に吸収されることはない。

三　昭和四六年判決と偏頗行為危機否認肯定説

最判昭四六・七・一六（民集二五巻五号七七九頁。本稿では「昭和四六年判決」で引用する）は、破産者が未登記抵当権者たる債権者と通謀して、右債権者だけに優先的に債権の満足を得させる意図のもとに、その唯一の資産たる不動産を、売買代金債権と被担保債務とを相殺する約定のもとに右債権者に売却した場合には、たとえ右売買価格が適正であるとしても、右売買は旧破産法七二条一号所定の詐害行為として否認権行使の対象となる旨を、判示した。

その理由は、以下のとおりである。

抵当権の設定を受けた者であっても、その登記を経ない間に設定者が破産宣告を受けた場合には、右抵当権設定をもって破産債権者に対抗できないと解すべきであるから、このような未登記抵当権者は、他の破産債権者に優先して当該担保物件から被担保債権の弁済を受けることはできないのであって、右の被担保債権額のいかんにかかわらず、目的不動産は、その全価額について破産債権者の共同担保となるものと解すべきものである。

以上の理由付けは、「破産管財人の第三者性」の理論に基づいていると、見ることが許されよう（注３）。

そして、昭和四六年判決より、①債務者財産上に対抗要件を具備しない担保権を有する債権者が、債務者が支払不能となった後、これを知りつつ、当該担保権を実行し、被担保債権につき満足を得た場合、その満足は、後の破産手続で、破産法一六二条一項一号の偏頗行為危機否認に服するというルールを導き出した上で、②このルールは、設例四だけでなく、設例五にも妥当するという見解が、有力に主張されている（本稿では「偏頗行為危機否認肯定説」という）（注４）。

【設例四】Ｂは、Ａに普通自動車・甲を売り渡し、代金債権（Ｂ・Ａ債権）が全額弁済されるまで甲の所有権を留保することとしたが、その旨の登録をしないうちに、Ａが支払を停止したため、留保所有権を実行し、甲を引き上げて売却し、売却代金をＢ・Ａ債権弁済に充てた。その後、Ａは破産手続開始決定を受けた。

【設例五】Ｂは、Ａに普通自動車・甲を売り渡し、代金債権（Ｂ・Ａ債権）が全額弁済されるまで甲の所有権を留保することとし、甲はＢを所有者・Ａを使用者として新規登録された。そして、Ｃが三者契約に基づきＢ・Ａ債権を立替払いしたため、甲の上の留保所有権は、立替払契約に係る債権（Ｃ・Ａ債権）を担保するため、Ｃに移転した。しかし、その旨の登録をしないうちにＡが支払を停止したため、Ｃは、留保所有権を実行し、甲を引き上げて売却し、売却代金をＣ・Ａ債権の弁済に充てた。その後、Ａは破産手続開始決定を受けた。

偏頗行為危機否認肯定説も、債務者が破産手続開始決定を受ければ、過去に債務者財産につき存在した対抗要件を欠く担保権の実行はすべて無効になると、主張するわけではない。対抗要件はあくまでも対抗要件であり、担保権実行の要件ではないので、これは当然である。では、なぜ、否認権行使の場面に限り対抗要件を欠く担保権の実行は無効と解することができるのであろう。
以下では、このような観点から、設例四を念頭に検討を行った上で、設例五に関しても検討することにしたい(注5)。

四　設例四について

1　破産手続開始決定と差押債権者の地位

破産手続開始決定があると、債務者の責任財産(破産財団財産)上に、破産債権者全体の利益のために、差押債権者の地位が成立する。この地位は破産管財人に帰属し、破産管財人が破産債権者全体の利益のために行使する。

これは、民事執行において、差押債権者の地位が成立すると、当該財産は専ら差押債権者など配当を受けるべき債権者(民執法八七条一項参照)の満足に供されるのと同様、破産手続においても、破産財団財産を専ら破産債権者全体の満足に供せしめるための法技術である。それゆえ、差押えの処分禁止効と同様(民執法四六条二項の反対解釈)、破産手続開始決定により差押債権者の地位が成立すると、破産者は破産財団財産につき管理処分権を失い(破産四七条一項)、破産者の行為によらない場合でも、破産財団財産上に権利を取得することはできなくなる(破産四八条一項)。

破産財団財産上の差押債権者の地位には、もう一つ、実践的意図がある。それは、破産財団財産上に競合する破産債権者全体の利益と他の権利(取戻権、別除権など)との優劣を、民事執行における差押債権者の地位と他の権利（所有権、用役権、担保権など）との優劣を決定するルールと同じルールで、決定することである。これは、倒産実体法は平時実体法を可及的に尊重すべきであるという倒産実体法の基本原則からの要請である。

かくして、民事執行において、所有権などの物権、抵当権などの担保物権、対抗力ある賃借権、単なる債権的地位と、差押債権者の地位の優劣を決する基準が、破産手続にも妥当せしめられることになる（ただし賃借権については破産五六条一項を参照）。また、差押債権者と同様に、破産管財人も、民法九四条二項や、同五四五条一項ただし書の「第三者」と解されることになる。

このような趣旨から、差押債権者と同様に、破産管財人も、民法一七七条、一七八条、四六七条二項の、対抗要件の欠缺を主張する正当な利益を有する第三者であると解されている。昭和四六年判決の「抵当権の設定を受けた者であつても、その登記を経ない間に設定者が破産宣告を受けた場合には、右抵当権設定をもつて破産債権者に対抗することができないものと解すべきである」との判旨は、このようなルールに基づいていると、理解できよう。

以上の点に、異論はないと思われる。

2　差押債権者の地位の危機時期への遡及（注6）

(一)　初めに

問題は、このような差押債権者の地位が危機時期まで遡及せしめられるか否かである。

偏頗行為危機否認が適用される場合、債務者が支払不能となり、債権者［債務者の責任財産上に担保権を有しているとする］がそれを知った時点で、当該担保目的物上に、破産債権者全体の利益のため、差押債権者の地位と同視できる法的地位（以下単に「差押債権者の地位」という）が成立し、それに対抗要件の欠缺を主張する正当な利益が付与されるので、当該担保権は破産管財人に対抗できなくなる。以上のような理論構成が成り立つなら、設例四で、Bは、優先的満足を得る正当な権利なくして、甲を引き揚げ、売却し、売却代金をB・A債権の弁済に充当したとして、弁済に充当した行為を、偏頗行為の危機否認の対象とする可能性が、生じてこよう。

債務者が支払不能に陥っても、破産手続開始決定がなされていない以上、債務者の責任財産上に、破産債権者全体のため、差押債権者の地位が成立することはない。しかし、沿革的に見れば、危機否認は、破産手続開始決定により、破産財団財産上に、破産債権者全体のための差押債権者の地位が成立するというルールを、債務者が支払不能に陥り相手方がそれを知った時点まで遡及させる制度であると、理解することも、不可能ではない。

㈡　偏頗行為危機否認の制度趣旨

破産法一六二条一項一号は、旧破産法七二条二号に由来するが、旧破産法七二条二号は、一八七七年のドイツ破産法三〇条一号後段に由来する。そして、ドイツ破産法の危機否認の制度趣旨につき、連邦通常裁判所（ドイツの最上級裁判所）は、「ドイツ破産法三〇条の危機否認は、危機の現われた時点（支払停止または破産申立て）から、債務者の財産はその無担保債権者全体に対して拘束される（verfangen）という思想に基づいている（『イェーガー＝レント破産法［第八版］』三〇条・前注参照）。法律の目的は、危機の現われた時点以降に個々の債権者が弁済や担保を得ることによって、債権者平等原則が骨抜きにされることを、阻止することにある」と判示している（注7）。また、同判決において引用された『イェーガー＝レント破産法［第八版］』三〇条・前注は、以下のように述べている（注8）。「危機否認は、支払不能の発生後、債務者の財産は、共同的・平等的満足という目的のため、破産債権者に対して拘束される（verfangen）という思想に、基づいている。ただし、取引の安全のため、破産原因の存在につき善意の者は保護されねばならない。それゆえ、破産原因の存在とその認識が、危機否認を正当化するのである」（注9）。

ドイツ法の以上の考え方は、我が国の破産法一六二条一項一号の趣旨として妥当すると解釈できよう（注10）。これは、以下のように要約できる。

破産手続が開始されると、破産債権者が破産手続において得るべき満足が、財産減少行為、偏頗行為などによって減少させられないよう、破産財団は「拘束」される。そして、この「拘束」は、債務者の支払不能を原因として発生する実体法上の効果であり、債務者の支払不能発生から破産手続終結に至るまで一体的であるが、支払不能発生から破産手続開始に至るまでは、債務者の支払不能を知る者に対してのみ効力が及び（これは破産手続開始後否認権行使の効果等として実現される）、破産手続開始から終結までは、支払不能や破産手続開始決定を知るか否かにかかわらず、すべての利害関係人に対して効力を有する（これは破産手続開始決定の効力として実現される）。

債務者財産の「拘束」は、債務者が支払不能に陥った後は、それを知る相手方にも遡及する。これが危機否認の制度趣旨であると見ることが許されよう。

そして、破産手続開始決定後の「拘束」を差押債権者の地位の成立と解するなら、債務者が支払不能に陥り、相手方がそれを知った時点で、債務者と相手方との関係で差押債権者の地位が成立していると見ることができる。

㈢　偏頗行為危機否認と対抗要件の欠缺を主張する正当な利益の遡及（注11）

(1)　総　説

以上のように、偏頗行為危機否認のもとでは、債務者が支払不能に陥り債権者がそれを知った時点で、債務者の責任財産上に差押債権者の地位が成立すると解することができる。そして、差押債権者に対抗要件の欠缺を主張する正当の利益を認め、これとの均衡上、同様の利益を、差押債権者の地位を行使する破産管財人にも認めるのが、判例のルールである。とするなら、偏頗行為危機否認のもとで遡及せしめられた差押債権者の地位に、対抗要件の欠缺を主張する正当の利益を付与することも、不可能ではないように思われる。すなわち、対抗要件を欠く担保権の実行による満足の取得につき偏頗行為危機否認を行使する際、まず、対抗要件の欠缺を主張して担保権を排斥した上で、担保目的物の換価代金を被担保債権に充当する行為自体を否認することも可能なのではないかとも、思われる。

しかし、これは、解釈論としては成り立たない。

上述のごとく、我が国の危機否認の制度はドイツ法に倣って制定されたが、我が国と異なり、ドイツ法では、担保権の公示は対抗要件ではなく、効力発生要件であり、偏頗行為危機否認のもとで対抗要件欠缺を主張する地位を遡及させるルールは、想定されていない。対抗要件の欠缺を主張する正当な利益の遡及は、我が国では、対抗要件主義に立つフランス法やアメリカ法を参考にして制定された、対抗要件否認により、実現されるのである。そのため、上述のような解釈をすれば、対抗要件主義や対抗要件否認の制度と矛盾を来すことになるわけである。

以下、この問題を検討する。

(2) 対抗要件否認の制度

上述のように、我が国の倒産法制において、差押債権者の対抗要件の欠缺を主張する正当の利益を遡及させるのは、対抗要件主義に立つフランス法やアメリカ法を参考にして制定された、対抗要件否認である（注12）。

Ａが、Ｂに対し、Ｂ・Ａ債権を被担保債権とし、自らが所有する乙地につき抵当権を設定したが、抵当権設定登記は留保していたところ、Ａは設定から一カ月後に支払を停止し、それを知ったＢは抵当権設定登記をし、Ａ

に対して破産手続開始決定がされ、Xが破産管財人に選任された、とする。Xが破産法一六四条に基づき本件抵当権設定登記を否認した場合、Bの抵当権は破産手続開始時に対抗要件を備えていなかったことになるので、Xは差押債権者の対抗要件の欠缺を主張する正当の利益に依拠して、Bの抵当権を排斥することになる。

以上から明らかなように、対抗要件否認は、実質的に、Aが支払を停止し、Bがそれを知った時点まで、差押債権者の対抗要件の欠缺を主張する正当の利益を遡及させる機能を有している。そして、倒産法上、このような機能を付与された制度は、対抗要件否認以外に存在しない。

(3)　偏頗行為危機否認肯定説と対抗要件否認

このような状況下で、Aが支払不能に陥り、Bがそれを知った時点で、Aの責任財産上に破産債権者全体のため、差押債権者と同視し得る地位を成立せしめ、これに対抗要件の欠缺を主張する正当の利益を付与して、偏頗行為危機否認肯定説を採るなら、現行法の基本的な原則と矛盾を来し、不当な結果を生ぜしめることになる。

まず、第一に、担保物権の設定等につき、対抗要件主義を、効力要件主義に変更することになる。

上述の対抗要件否認の設例では、破産管財人の対抗要件否認により、Bの抵当権は破産手続開始の時点で対抗要件を具備していないこととなり、次に、破産管財人は、差押債権者の対抗要件の欠缺を主張する正当の利益に依拠して、Bの抵当権を排斥することになる。以上の論理構造は対抗要件主義からの帰結である。

他方、設例四の場面で、対抗要件主義を貫くためには、Aの破産管財人が、偏頗行為危機否認を行使する際、まず、対抗要件の欠缺を主張し、Bの留保所有権を排斥した上で、Bが甲の売却代金をB・A債権に充当した行為を否認せねばならないが、破産手続開始前に既に消滅してしまった留保所有権に対して、破産手続開始後に、破産管財人が、「対抗要件の欠缺を主張しBの留保所有権を排斥する」と主張することは、不可能であろう。

そこで、対抗要件主義を貫くための唯一の方法は、Bの留保所有権の実行を取り消し、破産手続開始の時点で、登録のない甲の上の留保所有権が存在している状態を作り出し、差押債権者の対抗要件の欠缺を主張する正当の利益に依拠して、Bの留保所有権を排斥することとなろうが、これを解釈論として基礎付けるのは、不可能である（注13）。

そうすると、偏頗行為危機否認肯定説は、設例四を例に取れば、Aが支払を停止し、Bがこれを知った時点で、代金債権（B・A債権）を担保する甲の上の留保所有権は無効となるというルール（以下「**偏頗行為危機否認肯定説のルール**」という）を、前提としていると、見るほかない。ここでは、登録は、明らかに、留保所有権の効力要件（無効原因）である。

したがって、偏頗行為危機否認肯定説は、「危機時期に限定した担保権の効力要件としての公示＝登記・登録」という概念を創設している、解釈により対抗要件主義を効力要件主義に変更していると、批判せざるを得ないのである。私法の基本原則を解釈により大きく変更することは、許されないと言うべきである。

ちなみに、昭和四六年判決の判旨によれば、否認の対象は売買契約であり、否認権が行使されれば、売買契約と相殺の効果が消滅し、債権者に未登記の抵当権が復活するので、破産管財人が差押債権者の地位に基づき対抗要件の欠缺を主張し、未登記の抵当権が破産手続から排除される、という結果になる。ここでも、対抗要件主義からの乖離はない。

そして、第二に、偏頗行為危機否認肯定説のルールに立てば、対抗要件否認制度はその存在の理由を失うことになる。なぜなら、債務者・Aが支払不能になり、債権者・Bがそれを知ると、対抗要件を備えていない、B・A債権を被担保債権とする、Aの責任財産（甲）上の担保権は、効力を失うことになるので、その後この担保権につきなされる対抗要件充足行為を否認する実益は、なくなるからである。

さらに、偏頗行為危機否認肯定説のルールを前提とするなら、対抗要件否認における、①一五日間を猶予期間として保障すること（注14）、②時的限界が支払停止であること（偏頗行為危機否認の限界が支払不能であり両者は異なっている）等のルールは（注15）、実質的に失効せしめられることになる。

そして、第三に、仮に、上述した不都合を避けるため、偏頗行為危機否認肯定説のルールは前提としないと言うなら、偏頗行為危機否認肯定説は、公示されない留保所有権の効力を否定する根拠を、どこに求めるのだろう。例えば、BがAに甲を売り渡し、B・A債権につき留保所有権の設定を受け、その七日後にAは支払を停止し、その七日後に、Bは、ⓐ登録を行った上で担保権を実行した事例と、ⓑ登録を行わずに担保権を実行し、Aはその後破産手続開始決定を受けた事例を、考えることにする。

対抗要件否認制度との矛盾を避けるため、偏頗行為危機否認肯定説のルールを前提としないなら、偏頗行為危機否認肯定説も、ⓐについては否認の成立を否定し、ⓑについては否認の成立を肯定することができる。ただし、それは、対抗要件の具備が支払不能に陥った債務者財産上の担保権実行の要件だからだ（支払不能に陥った債務者の財産上の担保権は対抗要件が具備されていない限り実行できないからだ）と、理論構成するほかないであろう。しかし、これも、立法論であり、解釈論で導くことはできないと思われる。

(4)　検　討

以上のように考えるなら、偏頗行為危機否認肯定説は、現行法の基本的な構造と矛盾し、解釈論としては成立し難いと、言わざるを得ない。

破産手続開始決定があると、破産財団財産上に差押債権者の地位が成立する。そして、この差押債権者の地位には、処分禁止効のほか、様々な効果が付与されている（破産管財人は、差押債権者と同様に、民法九四条二項や、同五四五条一項ただし書の「第三者」であり、同一七七条、一七八条、四六七条二項の、対抗要件の欠缺を主張する正当な利益を有する第三者である、等々）。

他方、債務者が支払不能に陥り債権者がそれを知った時点で、債務者の責任財産上に差押債権者の地位が成立すると解することは、不可能ではないと思われる。しかし、法が、この差押債権者の地位に付与した効果は、主として処分禁止効（偏頗行為危機否認・相殺禁止）であり、対抗要件の欠缺を主張する正当な利益に関しては、破産法一六四条の対抗要件否認の限度で付与しているにすぎない。

このような中で、偏頗行為危機否認肯定説は、債務者が支払不能となった後対抗要件を具備しない担保権が実行される場面に、対抗要件の欠缺を主張する正当な利益を有する第三者の地位を妥当させ、法の欠缺を埋めようとするものと、位置付けられよう（偏頗行為危機否認肯定説自身は全く主張できていないが、このように解することには実質的な根拠がある。後述五3を参照）。

しかし、偏頗行為危機否認肯定説のルールをこの場面に妥当させると、既存の制度との間で著しい矛盾が生じ、不当な結果が生じることは、上述のとおりである。この問題は、基本的には、立法による解決によるほかないのである。

以上のように考えるなら、昭和四六年判決から、債務者財産上に対抗要件を具備しない担保権を有する債権者が、債務者が支払不能となった後、これを知りつつ、当該担保権を実行し、被担保債権につき満足を得た場合、その満足は、後の破産手続で、破産法一六二条一項一号の偏頗行為危機否認に服するというルールを導き出すことは、不可能である（理論的に成り立たない）と、言うべきである。

五　設例五について

1　初めに

上述のように、偏頗行為危機否認肯定説は、①債務者財産上に対抗要件を具備しない担保権を有する債権者が、債務者が支払不能となった後、これを知りつつ、当該担保権を実行し、被担保債権につき満足を得た場合、その満足は、後の破産手続で、破産法一六二条一項一号の偏頗行為危機否認に服するというルールを導き出した上で、②このルールは、設例四だけでなく、設例五にも妥当すると、主張する。しかし、三で検討したように、①のルールは成り立たないと思われる。そして、それ以上に、②のルールが成り立つことはあり得ないと考えられる。その理由は、以下の三点に求められよう。

2　対抗要件欠缺の問題の不存在

第一に、上述二のように、Aの差押債権者（甲の差押債権者）とCとの間で対抗要件欠缺の問題は存在しないので、①のルール（Aの破産管財人が行使する、破産債権者全体のための差押債権者の地位を根拠に、対抗要件の欠缺を主張して、Cの留保所有権の効力を否定する）は、A・C間には、妥当し得ないからである。言い換えれば、設例五は、Aの財産（甲）につき、Aの差押債権者の地位とCの留保所有権との優劣を問題とすべき場面ではなく、昭和四六年判決の射程外の事例なのである。

3 ①のルールの実質的根拠の欠如

㈠ 初めに

第二に、①のルールの実質的な根拠は、設例五には妥当しないからである。

㈡ 偏頗行為危機否認肯定説の実質的根拠

偏頗行為危機否認肯定説の見解（①のルール）は、解釈論としては成り立ち得ないものの、それを正当化する実質的理由は認められると思われる。それは、以下の設例六を見れば、明らかであろう。

【設例六】 債務者・Aは支払不能に陥っていた。担保権者・Bは、担保権の登記を留保し、その隠蔽に協力していたが、やがて隠し切れなくなり、Aの支払不能は外部に発覚した。登記を留保する実益がなくなり、債務者が破産手続開始決定を受ける蓋然性が高まったため、Bは自らの権利を保全しようとした。

〈シナリオ一〉 そこで、Bは、対抗要件を充足することなく、担保権を実行した。対抗要件否認を回避するためである。

〈シナリオ二〉 そこで、Bは、対抗要件を充足した後、直ちに担保権を実行した。対抗要件否認を回避するためである。

〈シナリオ三〉 そこで、BはAより被担保債権につき完全な弁済を受けた。担保権を実行するには対抗要件充足が必要で、そうすれば対抗要件否認に服するからである。

設例六では、シナリオ一・二・三、いずれの場合においても、破産法一六四条の対抗要件否認の趣旨は潜脱されている。しかし、①のルールは解釈論としては成り立たず、立法論として検討すべきであると、述べたわけである。

では、破産法一六四条の対抗要件否認の趣旨の潜脱は、設例五でも見られるのだろうか。以下で、この問題を検討する。

㈢　対抗要件否認の制度趣旨（注16）

破産法は、支払不能に陥った時点での債務者財産を拘束し、その価値を破産債権者への配当に充てることを、目的の一つとしている。そのため、債務者が支払不能に陥れば直ちに破産申立てをすることができ、破産申立てが遅れ債務者が支払不能に陥って一定の期間が経過した後初めて破産手続開始決定がなされた場合でも、危機否認や相殺禁止の制度により、破産財団の価値は可及的に支払不能に陥った時点での債務者財産のそれに回復されることになっている（以下これらを「破産債権者保護のシステム」という）。

しかし、債務者の財産状態が外部に対して明らかでなければ、破産債権者保護のシステムは十分に機能しない。すなわち、支払不能となった債務者の財産状態を認識することが困難であれば、債務者が支払不能となった後も信用供与は続けられ、支払不能が支払停止などの形で外部に明らかとなる時期や、それに応じて破産申立てなどが行われる時期は、引き延ばされることになる。その結果、債務者の支払不能が明らかとなり、手続が開始されたときには、もはや十分な財産は残されていないことになる。この場合、債務者の支払不能の発覚が遅れたことにより、危機否認や相殺禁止が機能を開始する時期も遅れているため、破産財団の回復も十分には行われない。

そこで、債務者の財産状態を外部に明らかにする手段が問題となるが、主要な手段は計算書類等（債務者が公表している決算書等）による開示であろう。しかし、これに加え、債務者財産上の担保権が公示されていることも、補完的な手段としてではあるが、依然として重要である（注17）。

そこで、問題は、どのような手段により、担保権の公示を徹底させるかである。

対抗要件を欠く権利は差押債権者に対抗できないという法理や、破産管財人は差押債権者と同等の地位を有し、対抗要件を欠く権利は破産管財人に対抗できないという法理は、一般に担保権の公示を促すことになる。このことに異論はないであろう。しかし、破産債権者保護のシステムの構造にかんがみれば、これらの法理だけでは不十分である。

担保権を債務者の支払不能が外部に明らかとなるまで公示せず、支払停止などによりこれが明らかとなって初めて公示した場合を、想定しよう。この場合、当該担保権は、債務者の支払不能の隠蔽、そして破産債権者保護のシステムの機能不全に、寄与している。担保権の公示は、支払不能の発生を取引界一般に知らしめる役割を与えられている以上、支払不能の発生が明らかになるまでになされねば、意味がない。破産債権者保護のシステムを機能不全にするという点では、支払不能が明らかとなって以後の公示は、全く公示されないことと価値的には同等なのである。このような場合、担保権者は、正に公示が必要とされる時に公示せず、債務者の支払不能を隠蔽し、無担保債権者保護の制度が機能を始める時点を可能な限り遅らせ、隠蔽がもはや不可能となり、支払不能が支払停止などの形で外部に明らかになったとき、公示せずにおく実益がなくなり、自らの地位を保全する必要が生じたため、対抗要件を具備しているわけである。

そこで、担保権の公示を差し控え、債務者が支払を停止した後、それを知って、対抗要件を充足した場合、当該対抗要件充足行為は否認に服することとされた。否認の対象が、権利の設定等があった日から一五日を経過してなされた対抗要件充足行為に限られたのは、担保権の設定から対抗要件充足までは通常一定の期間を要する点を考慮したためである。

㈣　検　討

以上のように、対抗要件否認は、担保権の公示を差し控えることにより、債務者の支払不能が外部に明らかとなるのが遅れ、破産債権者保護のシステムが機能不全に陥ることを、回避するための制度である。

しかし、設例五のように、担保権（甲上の留保所有権）の存在自体は公示されており、支払不能の隠蔽に寄与しない事例に、対抗要件否認拡張ルールを適用することは、制度の趣旨を逸脱して、正当な根拠なく担保権者の権利を制約することになり、許されないと、言うべきである。倒産手続において、正当に成立した担保権を尊重することは、当事者間の公平を図る上でも、担保制度というきわめて重要な社会経済的インフラストラクチャーを維持する上でも、必要不可欠だからである。

4　有害性の欠如

本事例では、まず、Bが、甲の上の留保所有権を、対抗要件を具備する形で有しており、その後、当該留保所有権はCに移転したが、対抗要件は具備されていない。

つまり、本事例は、上述二のように、Aの差押債権者（甲の差押債権者）とCとの間で対抗要件欠缺の問題は存在しない場合である。

すなわち、「Bが、Aの差押債権者との関係で対抗要件を備えておらず、当該差押債権者に権利を主張できないため、反射的に、Bの留保所有権がAの責任財産に吸収される」場合ではなく、「BはAの差押債権者に対抗できる形で留保所有権を有しており、その特定承継人であるCが、Bの差押債権者との関係で対抗要件を具備していない」場合である。

したがって、Cの留保所有権は、対抗要件を具備する前に、甲の上にAの債権者のために差押債権者の地位が成立した場合でも、Aの責任財産に吸収されることはない。このことは、Aが破産手続開始決定を受けた場合でも、Aが支払不能となりCがこれを知った場合でも、同じである。Cの留保所有権がAの破産財団に吸収されることはない。

以上のように考えるなら、本事例で、Cが、対抗要件を備える前に甲の上の留保所有権を実行し、C・A債権につき満足を得ても、Aの破産債権者全体がその差押債権者としての利益を侵害されることはない（仮にBが破産した場合であれば、Bの破産債権者全体の利益は侵害される）。Aの破産管財人は甲の上の留保所有権を否定できず（Cが行使できるか否か、あるいは行使し得る者がBかCかは別の問題である）、当該留保所有権が別除権としてAの破産手続で尊重される以上、甲は別除権が把握する価値の限度で破産財団を構成しないため、否認の一般的要件である有害性が生じていないからである。

六　結び

以上で検討したところから明らかなように、昭和四六年判決より、①債務者財産上に対抗要件を具備しない担保権を有する債権者が、債務者が支払不能となった後、これを知りつつ、当該担保権を実行し、被担保債権につき満足を得た場合、その満足は、後の破産手続で、破産法一六二条一項一号の偏頗行為危機否認に服するというルールを導き出した上で、②このルールは、設例四だけでなく、設例五にも妥当するという見解は、成り立たないと言うべきである。

したがって、本事例で、第二の法律構成を選択した場合でも、偏頗行為危機否認は成立しないと解される。

さらに、①のルールが成り立たないことから、AからCに直接留保所有権が設定されたと見た場合でも、偏頗行為危機否認は不可能であると、解すべきである。

（注1）『最高裁判所判例解説民事篇〔平成22年度〕（上）』三八五頁～三八七頁〔山田真紀〕を参照。

（注2）対抗要件欠缺が理由でないとすれば、この場面での権利の登記・登録は権利を行使する資格ということになろう。

（注3）『最高裁判所判例解説民事篇〔昭和46年度〕』三五九頁～三六〇頁〔宇野栄一郎〕を参照。

（注4）福田修久「所有権留保に基づく自動車引上げがされた場合の否認等について」曹時六四巻六号一二頁以下ほか。また、中西正「対抗要件を欠く担保権の実行と偏頗行為危機否認」徳田和幸先生古稀祝賀論文集『民事手続法の現代的課題と理論的解明』七八九頁～七九〇頁も参照されたい。

（注5）私は、中西・前掲注4七九一頁～七九二頁において、前掲最判平二二・六・四を、設例四と同様、対抗要件欠缺の問題と位置付けている。しかし、留保所有権がBからCに移転したと見る限り、これは明らかな誤りであろう（前掲注1三八九頁～三九〇頁〔山田〕を参照）。そのため、中西・前掲注4においては、全体として設例四と設例五の区別が曖昧なまま検討が続けられ、論旨が一部曖昧になってしまった。ここに、自らの不明を恥じつつ、中西・前掲注4の議論を一部修正し、本稿を提出する次第である。

（注6）中西・前掲注4七九五頁～七九七頁も参照されたい。

（注7）BGHZ 58, 240.

（注8）中西正「危機否認の根拠と限界⑵」民商九三巻四号五六頁、七五頁も参照。

（注9）　中西正「危機否認の根拠と限界(1)」民商九三巻三号四八頁～五二頁、中西・前掲注8五四頁～六〇頁も参照。

（注10）　中西・前掲注8七六頁～七七頁も参照。

（注11）　中西・前掲注4七九七頁～七九九頁も参照。

（注12）　加藤正治『破産法講義〔第九版〕』二四六頁以下〔旧破産法の草案の解説〕、同『破産法要論〔第一六版〕』一六四頁以下。遠藤武治『破産法』一一四頁、青木徹二『破産法説明』一八七頁など、他の立法関与者の説明も、同様である。

（注13）　中西・前掲注4八〇七頁。

（注14）　Bは、Aに普通自動車・甲を売り渡し、代金債権（B・A債権）が全額弁済されるまで甲の所有権を留保し、その旨登録することを合意したが、その七日後にAは支払を停止し（Bはこれを知っていた）、その七日後に登録がなされ、Bは本件留保所有権を実行して、B・A債権につき満足を得たが、その後Aは破産手続開始決定を受けた、とする。偏頗行為危機否認肯定説に立てば、Aの支払停止の時点で本件留保所有権は無効となり、Bが得た満足は偏頗行為危機否認に服するが、破産法一六四条によれば、Bの留保所有権は有効であり、偏頗行為危機否認の問題は起きない。

（注15）　Bは、Aに普通自動車・甲を売り渡し、代金債権（B・A債権）が全額弁済されるまで甲の所有権を留保し、その旨登録することを合意し、その一六日後に登録が行われた。Aは合意成立から一〇日後に支払不能に陥り（Bはこれを知っていた）、その一〇日後に支払を停止した（Bはこれも知っていた）。Bが本件留保所有権を実行してB・A債権につき満足を得た後、Aは破産手続開始決定を受けた、とする。偏頗行為危機否認肯定説に立てば、Aの支払不能の時点で本件留保所有権は無効となり、Bが得た満足は偏頗行為危機否認に服するが、破産法一六四条によれば、Bの留保所有権は有効であり、偏頗行為危機否認の問題は起きない。

（注16）　中西正「対抗要件否認の再構成」新堂幸司先生古稀祝賀『民事訴訟法理論の新たな構築（下）』六九四頁以下、中西・前掲注4八〇〇頁～八〇二頁。

（注17）　このことを示す一例として「林原事件」を挙げることができようか。森倫洋ほか「特集＝林原グループの会社更生事件」金法一九五二号六頁以下、とりわけ、高橋洋行ほか「林原グループ案件における否認請求等」同二四頁以下を参照されたい。

事業再生に不可欠な商取引債権者に対する否認権行使

学習院大学教授・弁護士　林　圭介

目次

一　初めに

現在、事業再生を必要とする企業はなお一〇万社はあるとされる（注1）。この現状認識は大変重要である。この現状は差し迫った事態である。最近は「延命だけを図るゾンビ企業の増殖は経済の活性化を妨げる」、「ゾンビ企業を蔓延させるな」という言葉を聞くことが多い。安易な事業再生を図ることにより、本来は淘汰されるべき事業が漫然と生き延びることを阻止すべきである。この提言自体に異論はない。しかし、「ゾンビ企業を蔓延させるな」ということで本来必要とされる事業再生までが抑制されるようなことがあってはならない。抑制することは一〇万社にもなる再生可能な事業の再生の機会を奪うことになる。この現状に対処するためには民事再生手続の利用促進が急務の課題である。「ゾンビ企業を蔓延させるな」という批判の矛先が私的整理に向かっているからである。ただ、民事再生手続の利用促進にも課題が多い。その中でも、最も大きな課題の一つが民事再生手続における商取引債権者の扱いであるとされる。民事再生手続の利用促進には事業再生に不可欠な商取引債権者の保護が必要である。本稿ではこの問題を否認権行使の面から検討する。なお、会社更生手続も事業再生にとってきわめて重要である。しかし、本稿では汎用性のある手続である民事再生手続について論ずることとする。

二　民事再生手続の利用促進の必要性

1　準則型私的整理手続（注2）の現状

事業再生の総取扱件数に占める準則型私的整理手続は民事再生手続と比較して圧倒的に多いのが現状である。準則型私的整理手続としては①私的整理ガイドライン、②事業再生実務家協会による特定認証ＡＤＲ手続、③整理回収機構によるＲＣＣ企業再生スキーム、④地域経済活性化支援機構による手続、⑤中小企業再生支援協議会による支援協議会スキームなどがある。準則型私的整理には、㋐簡易迅速性、㋑柔軟性、㋒秘密保持性、㋓事業価値の棄損防止という法的整理にはないメリットがある。なお、裁判所が実施する特定調停（注3）も司法型ＡＤＲとして位置付けられている。

㋓の関係では、この手続には原則として金融債権者のみが関与し、商取引債権者は手続に関与しない。これにより商取引債権者に対する弁済が許容されて商取引債権者の離反を防ぐことができる。このことは準則型私的整理手続にとって大きなメリットである。

準則型私的整理手続の中で、とくに重要なのは②と⑤である。②の事業再生実務家協会による特定認証ＡＤＲ手続は法務大臣の認証、経済産業大臣の認定を受けた日本で唯一の事業再生ＡＤＲであり、社会的な信用力がきわめて高い。ただ、手続費用が高額であり、手続が煩雑であることからかなりの大企業でないと利用できず、現在では大企業および中小企業を含めてほとんど利用がないのが実情である（注4）。

⑤の中小企業再生支援協議会は、全国で中小企業再生支援業務を適正かつ確実に実施するものとして経済産業

大臣の認定を受けた商工会議所が受託運営する支援機関である。各都道府県に一カ所ずつ設置されている。中小企業再生支援協議会では、事業再生に関する知識と経験を有する専門家（弁護士、公認会計士、税理士、金融機関出身者、中小企業診断士等）が統括責任者、統括責任者補佐として常駐している。これにより中小企業からの相談を迅速に受け付ける体制が整備されている。このため、実施件数もかなり多くあり、年間一五〇〇件から二五〇〇件の実績を上げている（注5）。ただ、中小企業再生支援協議会による支援協議会スキーム案件の八割か九割がリスケジュールによる支援であるのが実情である。超過債務があまりにも過大で五〇年後でも完済できない企業であっても、債権放棄ではなくリスケジュールに応じながら事業の継続を支援する。このような計画が成立する案件も多数あるとされている（注6）。

また、④の政府系ファンドの株式会社地域経済活性化支援機構は、地域経済の再建を図るため、有用な経営資源を有しながら、過大な債務を負っている地方の中小・中堅企業の事業再生を主体とするファンドとして設立された。機構は支援先に直接融資するほか、経営の専門人材を派遣するので支援を受ける企業にとっては関係者との調整や経営ノウハウの取得などで機構を使うメリットがあるとされている。事業再生事業は、年商数十億円単位の企業の利用が中心である。二〇一八年三月末までが期限の支援となっている。しかし、期限までに一一〇件近くの利用が見込まれており、支援決定の延長が議論されている（注7）。

2　準則型私的整理手続の課題

このように、②の事業再生実務家協会による特定認証ＡＤＲ手続のような社会的な信用力がきわめて高い手続であるにもかかわらず、利用は非常に少ない。他方、⑤の中小企業再生支援協議会による支援協議会スキームについては利用件数はかなり多い。このこと自体は十分に評価できることである。しかし、前記のとおりリスケジュールが中心となっている。その意味では、本来あるべき事業再生の支援の実現という面でまだ大きな課題が残されている。このことは否定し得ない現実である。

一般的に私的整理の弊害として、「私的整理は、過剰債務に陥った企業が金融機関に借入金の減額や返済方法の変更などを認めてもらうリスケジュール（リスケ）が中心となる。ただ安易なリスケで再建の兆しが見えないまま利息だけを払って延命する企業もある。その結果、再生が不可能な段階になって清算を迫られる企業が後を絶たず、民事再生法の利用が低迷している一方で、破産申請は依然として多い」と指摘されている（注8）。

3　民事再生手続利用促進の必要性

民事再生手続は二〇〇一年のピーク時と比較するとその利用が約一割に減少している。当然、前記の準則型私的整理手続がさらに効果的により一層利用されるようになることが望まれる。しかし、これだけでは限界がある。やはり、最も手続の透明性と信頼性が高い民事再生手続の利用を積極的に促進することが必要不可欠である。法的倒産手続と準則型私的整理がともにフル稼働しなければならない。そうでないと、事業再生を必要とする数多くの企業の需要をとうてい満たせない。これが現状である。

三　事業再生に不可欠な商取引債権保護の必要性

1　民事再生手続利用促進の阻害要因

事業再生に不可欠な商取引債権者が債務者との取引の継続を中止することは、即座に債務者の事業再生の可能性が消滅することを意味する。したがって、債務者の事業再生のためには事業再生に不可欠な商取引債権者との取引の継続を抜きにしては語れない。

私的整理手続では、原則として商取引債権者は手続に取り込まれない。したがって、商取引債権者に対する弁済について制限がかからない。このことが私的整理のきわめて大きなメリットであるとされている。これに対して、民事再生手続ではすべての債権者が手続の対象となる。債権者平等、手続の透明性の要請からすると商取引債権者のみの特別扱いはできない。すなわち、商取引債権者に対しても、他の債権者と同様に弁済制限がかかる。このことが民事再生手続の利用促進を阻害する要因となっている。しかも、単なる一要因ではなくきわめて大きな要因であり、利用促進のためには、この点の改善が不可欠である。

2　少額債権弁済制度との関係

民事再生手続には他の債権者に先立って弁済を許容する例外的措置がある。「早期弁済による再生手続の円滑な進行確保」か「早期弁済による債務者の事業継続の著しい支障の回避」のための少額債権弁済制度（民再八五条五項前段）である。この制度の利用により商取引債権者について一定の保護がされることになる。このことは評価すべきである。しかし、この制度の利用には裁判所の事前の許可が必要である。したがって、民事再生手続開始前にされた弁済については事後的に許容されない。また「少額」の要件があるため、これを超える額についても弁済が許容されない。その意味では、この制度では事業再生に不可欠な商取引債権者をつなぎ止めることに限界がある。

3　商取引債権に対する弁済が否認権との関係で問題となる具体的事例

商取引債権に対する弁済が否認権との関係で問題となり得るのは、具体的には次のような事例である。

①X社は経営状態が逼迫しており全債権者に弁済することが困難な状況に陥った、②Y社はX社にとり特別な商取引先であり、Y社が取引先から撤退してしまうとXの事業再建は不可能となることがほぼ確定している状況にある、③Y社はX社に対して一〇〇〇万円の商取引債権を有している、④Y社の経営も必ずしも順調ではなく、従業員の給料を確実に支払うためにはこの一〇〇〇万円の速やかな回収を図りたい意向がある、⑤X社はY社の事業経営が苦しいことを聞き及び、Y社が今後とも商取引を継続することをX社に確約したためにX社はY社に対して一〇〇〇万円を支払った、⑥この支払は客観的には偏頗弁済であり、そのことをX社もY社も認識していたので否認権行使の要件を満たしている、⑦しかし、否認権が行使されるとY社の経営が行き詰まる上、Y社がX社との商取引を中止することになりX社の事業再建も不可能となる、⑧このような状況においてX社について民事再生手続が開始した。

四　民事再生法における否認権の行使要件該当性

1　否認権の行使要件該当性

Y社に対する商取引債権に対する弁済は形式的には偏頗弁済として民事再生法一二七条の三の要件を具備している。この条文は破産法一六二条と規定上は同一である。仮に本件が破産手続の否認権の事例であるとすれば否認権が行使される。債権者平等、手続の透明性という点からは再建型の民事再生法と清算型の破産法とで差異はない。また、条文上も、牽連破産の場合の否認権行使の基準時について先行する民事再生手続の開始時とされている（民再二五二条二項）。このことは再建型と清算型の否認権行使が同一であるとする考え方に立脚している。

2　否認権を行使しないことが正当である場合

民事再生法の否認権については形式的に要件該当性があることのみで行使を認めるのは相当でない。民事再生手続における否認権行使については、別個の考慮に基づいて行使要件を検討すべきである（注9）。すなわち、真に事業再生の目的を実現するための選択された行為である場合は、形式的には否認権行使要件に該当する場合でも、否認権の行使を認めるべきではない。

そもそも、客観的には否認対象行為に該当するような行為があっても、結果的に事業再生が功を奏して倒産手続開始の申立てを回避できた場合には否認権は問題とならない。倒産手続が開始しない以上、否認権は発生しないからである。仮に偏頗的な行為であっても、この行為によって確実に倒産を回避できる場合であれば、この行為をすることに問題はない。これは「倒産回避が確実な場合」である。

それでは、「倒産回避の可能性がある場合」はどうか。債務者としては、①否認対象行為をしないで事業再生に不可欠な商取引債権者を失ってもやむを得ないとして座して待つ、②事業再生に不可欠な商取引債権者に弁済をして事業再生が成功する可能性に賭けて否認対象行為であっても思い切って弁済する、という選択肢がある。どちらを選択するか。おそらく大半の事業者は②の行動を選択すると思われる。そして、この選択は具体的な危機場面に遭遇した当事者にとって許されない行為であるのか。そうではなく、状況に応じた危機回避行為である。したがって、この行為を非難することは相当とは言えない。

3　事業再生の可能性を最優先する民事再生法の規定の趣旨

「倒産を回避できる可能性が確実ないし高い」場合ではなく、「倒産を回避できる可能性がある」場合に商取引債権に対して弁済する。その結果、民事再生手続が開始されてしまう場合がある。しかし、民事再生手続の開始は破産を意味するのではない。あくまでも「事業再生の可能性に賭ける機会が与えられた」ということである。民事再生法二五条、三三条によれば、「事業再生の見込みがないことが明らかな場合以外は民事再生手続を開始する」ことになる。事業再生の可能性を最優先する手続構造である。本件事例のような場合に②の行動に対して否認権の行使をしない。この運用は事業再生の可能性を最優先する手続構造に適合するものである。

また、民事再生手続における否認権行使権者は監督委員または管財人に専属している（民再一三五条）。詐害行為取消権の場合は他の一般債権者が権利を行使できる。しかし、民事再生手続では否認権を行使できるのは事業再生の実務に精通した監督委員または管財人のみである。このことも民事再生法が事業再生を優先する手続構造であることを示している。

4　事業再生の可能性を高めるための否認権行使の運用

「倒産を回避できる可能性がある」場合には否認権を行使しない。事業再生を最優先する民事再生手続では否認権の規定をこのように解することが可能である。仮に否認権が行使されると、その商取引債権者は債務者の事業から撤退する可能性がきわめて高くなる。これはすなわち「再生の可能性がなくなる」ことを意味する。民事再生手続の開始要件は「再生の見込みがないことが明らか」な場合以外は「再生の可能性に賭ける」としている。それにもかかわらず、ここで否認権の行使により「再生の見込み」を消滅させることが妥当な措置とは言えない。「事業再生を実現するためにはこの方法しかない」、「これ以外の方法では再生を実現する可能性がなくなる」という真摯な決意をもってする弁済は実際に行われる。そして、弁済を受けた商取引債権者にとっても、仮にこの弁済を受けなければ自分の事業も破綻するしかない。この状況下で、この商取引債権者は債務者と今後もお互いに商取引を継続して、双方の事業が立ち直るために最大限の尽力をし合おうと約束する。このような事業再生に向けた真摯な対応と約束を形式的な法律要件該当性による否認権行使によって遮断することは相当ではない。

5　「債権者平等の理念」に優先する「事業再生実現の理念」

「事業再生の優先」という理念を倒産手続における「債権者平等の原則」との関係で検討する。否認権行使要件に該当する債権者に対して否認権を行使しない。このことは形式的には債権者平等の理念に反することになる。しかし、民事再生手続においては債権者平等の理念は必ずしも徹底されていない。その一例が担保権消滅請求制度（民再一四八条以下）である。これは債務者の事業再生に不可欠な財産を確保するための制度である。事業再生に不可欠な財産を担保の対象とする債権者は、他の債権者よりも不利な扱いを受ける。債権者から見れば、事業再生に不可欠な財産が担保の対象なのかどうかにより保護される内容が異なることになる。しかも、担保取得時には他の債権者と平等扱いであったものが事後的に不利な扱いになることもある。担保を取得した時点では債務者にとって遊休の建物であった。しかし、事後的にこの建物が事業再生に不可欠な製品を製造する工場になった。このような場合にも担保権消滅請求制度が適用される。債権者の保護の内容は「債務者の事業再生に不可欠」かどうかという偶然性に左右される。つまり、「事業再生」の目的のために「債権者平等の原則」が修正されている。

すなわち、民事再生手続において担保権は別除権として手続の外に置いて保護される（民再五三条）。しかし、事業再生に不可欠な財産が担保権の対象となる場合には、担保権者の換価時期選択権（債務者の収益力や市場の価格動向などを判断して担保権の実行時期を自ら選択できる権利）を喪失させる。その上、担保権の不可分性を制限して現在の処分価格の限度での満足しか得られないようにする（民再規七九条一項）。これが担保権消滅請求制度である。

6　保護の必要がない商取引債権者

商取引債権者が形式的には否認権行使要件に該当する弁済を受ける。しかし、前記のとおり、この商取引債権者は債務者と今後もお互いに取引を継続して、双方の事業が立ち直るために最大限の尽力をし合おうと約束をする。このような商取引債権者の例を検討してきた。

しかし、必ずしもこのような商取引債権者のみではない。弁済を受けたものの、その後、時期を見計らって債務者との商取引継続の危険性を考慮して商取引関係を解消する。また、この商取引債権者が債務者と何らかのつながりがあり、他の債権者と比較して特別な優遇措置を受ける。このような債権者は債務者の事業再生にとって不可欠ではない。否認権を行使して返還を求めるのが相当である。

また、具体的事例のケースで一〇〇〇万円のうち、五〇〇万円の弁済を受けることで債権者の事業に対する影響を最小限にとどめることができる。このような場合もあり得る。こうした場合は一〇〇〇万円全額の弁済について保護する必要まではない。

前記は、①債務者の事業再生にとって有用性がなく、②他の債権者との関係で債権者平等の理念に反する場合である。このような場合、債権者は保護される必要がない。

五　否認権規定における「事業再生に不可欠」の要件の理論的位置付け

1　否認権行使の形式的要件

既に述べたとおり、条文上は民事再生法と破産法とで否認権の規定に差異はない。否認権行使の形式的要件は両法で同一である。「事業再生に不可欠」であるかどうかにかかわりなく、形式的な要件は満たしている。「事業再生に不可欠」の要件を「否認権行使の形式的要件」と解することについては問題もある。仮に、ある時点で「商取引債権者が債務者との商取引の継続を約した」場合に、「否認権行使要件がない」ことに確定したとする。しかし、事後的にこの商取引債権者が債務者との商取引の継続を解消する場合がある。このように商取引契約が解消された場合には、「不可欠性の消滅」となるために、この時点で否認権の行使を可能とすべきである。
このためには、特定の時点で「事業再生に不可欠」の要件を満たしたとしても、直ちに「否認権を行使しない」ことに確定させるべきではない。すなわち、「事業再生に不可欠」の要件を「否認権行使の形式的要件」としては取り込むべきではない。

2　流動的な「事業再生に不可欠」の要件

特定の商取引債権者が「事業再生に不可欠」かどうかは時間の経過とともに流動的である。流動的であることは一面やむを得ないことでもある。債務者は破綻状態から再生に向けての手続が進行中である。債務者の経営状態にも当然大きな変動があり波がある。このことが商取引の相手方にも理解される。このような債務者との商取引関係を継続することについては当然リスクも伴う。商取引債権者が自己の保身を考慮して債務者との商取引関係を解消する。このような商取引債権者を非難できない面があることは否定できない。

しかし、本来は否認権行使要件を満たしている商取引債権者である。否認権を行使しない正当化根拠は「事業再生に不可欠」であることに尽きる。「事業再生に不可欠」の要件が消滅する。それにもかかわらず否認権を行使しない。このような対応をすることは、「否認権を行使される」ことを避けるために「商取引の継続」を宣言し、その後に「商取引の継続解消」を誘発するようなことにもなりかねない。これでは事業再生の可能性を低下させ、他の債権者や手続に対する信頼を低下させる結果となる。「事業再生の実現」にとって最も避けるべきことである。

3 「事業再生の可能性を高める」ための否認権行使の運用

「事業再生に不可欠」の要件は流動的である。この流動性に対応した「事業再生の可能性を高める」ための否認権行使の運用をする。これが課題である。そのためには、特定時点における「事業再生に不可欠」の要件を「具備する」と判断しても、この認定判断を確定的なものとしない。「事業再生に不可欠」の要件を「具備する」と判断している間は「事業再生の可能性を高める」ために否認権の行使はしない。しかし、この認定判断を確定的なものとしない。事後的に「具備しない」と判断の変更をする余地を残しておく。

この運用は、「否認権行使」の「確定的判断」の「認定留保」である。このような運用が、「事業再生の可能性を高める」ために実効性のあるものとなる。

六 否認権行使要件の認定を留保する運用

1 認定留保の運用

「認定留保」の運用について具体的に検討する。否認権行使要件に形式的に該当する場合、否認権の行使が相当であるかどうかの判断はいつの時点で可能であるか。一般的には速やかに判断することが望ましい。客観的に否認権行使をすべき場合、債務者から逸出した財産は速やかに返還を求めるべきである。このような弁済を受ける商取引債権者は資金繰りに窮している場合も多い。そのために返還請求が遅れる場合には返還不能となる可能性が高いからである。

しかし、商取引債権者が債務者の事業再生に不可欠かどうかの判断には一定の時間が必要である。不可欠性の判断に時間を要するのみではない。当初は事業再生に不可欠な商取引債権者であることが確実と判断したものの、その後、この商取引債権者が債務者との商取引を終了する場合がある。この場合は事後的に否認権行使を相当とする判断をする。商取引債権者の事後的な行動を見極めるためには一定の時間がどうしても必要となる。

2　認定留保の運用の具体的方策

認定留保の運用は、あくまでも債務者の事業再生の可能性を高める目的のためである。認定留保の運用にあたっての判断事項は、①商取引債権者との商取引継続が債務者の事業再生に不可欠であるか、②商取引債権者に債務者との商取引を継続する意思があるか、③現実的にも商取引が継続しているか、④商取引債権者に対する弁済が商取引債権者にとって必要以上に過大なものとなっていないかである。

①については、債務者の事業再生の可能性を高めるために当該商取引債権者がどのような位置付けなのかの判断となる。

②については、この意思がないと民事再生手続中に商取引関係が解消される可能性が高い。そこで、商取引債権者に対しては、「形式的には現時点で否認権行使要件に該当していること、今後とも商取引関係を継続する限りにおいて否認権行使を留保する」ことの伝達が必要である。否認権行使の要件は満たしている以上、商取引の継続があることが否認権行使をしない唯一の理由である。このことについて情報提供することが必要である。このことが事業再生の可能性を高める。そして、事後的な否認権行使をすることになった場合に起こり得る新たな紛争予防にもなる。

③については、流動的な状況の変化を把握しておくことである。

④については、他の債権者との平等を考慮する必要がある。①と②の要件を満たすからといって、無条件に全額弁済についての否認権を行使しないことまでは正当化されない。商取引債権者にとって全額の弁済までは必要不可欠ではない場合がある。このときは、交渉により一部弁済について任意で返還を求めることになる。また、この交渉の際に必要なことも、商取引債権者に対する②と同様の情報提供である。

3　牽連破産の場合の対応

民事再生手続から牽連破産となった場合の対応が問題となる。破産手続に移行すると破産法の債権者平等原則が前面に出る。商取引債権者を「事業再生に不可欠」という債権者平等原則を超える理念によって他の債権者より保護すべき理由が消滅する。したがって、否認権が行使されることになる。

民事再生手続において認定留保の運用をした商取引債権者に対しては、このことに関する情報を提供しておくことが望ましい。商取引債権者は、債務者の事業再生の成功が自己の権利に影響することを自覚する。この自覚は破産を回避して事業再生の可能性を高めることに資することになる。

七　すべての商取引債権者に対する弁済を保護すべきであるとする立法提案

「すべての商取引債権者に対する弁済を保護すべきである」とする立法提案は倒産事件を取り扱う有力な弁護士から数多くなされている。最近では、多比羅誠弁護士が積極的な提案をしている（注10）。民事再生手続の使い勝手をよくするための決め手となるべききわめて重要な提案である。しかし、商取引債権についてのみ無条件に全額弁済を認めるべきであるとする提案に対してはかなり強い反論もある。すべての商取引債権者が、類型的に他の債権者との比較で債務者の事業再生にとって不可欠であるとまでは言えない。また、民事再生手続が法的手続である以上、債権者平等の原則に適合することが必要である。前記のとおり、「事業再生に不可欠」の要件がある場合はこの原則に優先する。しかし、すべての商取引債権者に「事業再生に不可欠」の要件があるわけではない。したがって、他の類型の債権者と区別して、商取引債権者に対してのみ一律に特別の保護を与えることには問題がある。このことが立法提案に対する反論の要点である。

ただ、事業再生に不可欠な弁済かどうかの選別にはかなりの困難が伴う。形式的には否認権行使要件があるときの対応に苦慮する場合があることは否定できない（注11）。したがって、すべての商取引債権について弁済を認める法改正があればこの困難から解放される。そして、商取引債権者は民事再生手続が選択されることについて強い安心感が得られるようになる。この法改正が実現することがあれば民事再生手続の利用の活性化につながる。このことは確実性の高い予測である。

しかし、この立法提案が実現するためには前記のとおり多くの課題がある。現在のところ速やかな法改正が実現する可能性は高いとは言えない。そうすると、現時点においては否認権行使の運用改善の定着を優先することが現実的な対処法である。

八　終わりに

事業再生を必要とする企業は一〇万社はある。これはきわめて深刻であり緊急な対処を必要とする事態である。それにもかかわらず、現在の再建型倒産手続はこれらの企業の事業再生に十分に対応できる状況ではない。この事態を少しでも改善する必要がある。このことが本稿執筆の最大の理由である。法改正には時間がかかる。まず必要なことは現行法のもとでの運用の改善である。この改善方法に関する一提案が本稿の目的である。

事業再生についての深刻な状況を改善するためには、私的整理がさらに順調に機能することが必要不可欠である。しかし、最も透明性と信頼性が高い民事再生手続の利用が促進される必要がある。促進というよりは現在の利用状況を踏まえると急速な利用の増加が望まれる。

このためには抜本的な法改正が必要であるとする意見も有力である。この認識は有している。そして、本稿の提案は法改正と異なり抜本的な問題解決ではない。しかし、現実的に可能なことから実行することが必要である。この運用の定着により新たな課題や問題点が浮き彫りにされる。このことにより実効性のある本格的な法改正につながることを期待したい。

最後に

木内道祥先生には、私が大阪地裁倒産部に在籍した当時から大変お世話になりました。木内先生は、倒産部に係属した大型会社更生事件、民事再生事件など幾多の難事件についてきわめて適正・迅速かつ的確な進行管理をされて、このことに定評がありました。裁判所との連携を大変重視されていて、幾度となく解決困難と思われる課題についても議論を重ねつつ無事に難局を乗り越えてきたことが忘れられません。また、木内先生は、これらの事件を通じて若手の倒産処理弁護士の育成という面で大変尽力されてきました。本論文集の編集事務局として中心的に活躍された野村剛司弁護士をはじめ数多くの有能かつ有力な実力者を育て上げてこられました。このご功績はとりわけ大きく称賛されるべきものです。最高裁判事ご退官後もご健康に留意されつつ、「倒産の未来を拓く」ためにますますご活躍されることを祈念いたします。

（注1）　二〇一七年二月二〇日付日本経済新聞朝刊によれば、「リーマン・ショックなどで事業不振に陥った企業を支えるため、二〇〇九年施行の中小企業金融円滑化法で金融機関から返済条件の見直しなどを受けた企業は三〇万社～四〇万社に上る。しかし同法は一三年に終了。事業再生が必要な企業はなお一〇万社程度あるとの試算もある。民事再生法の機能向上は、こうした企業の再建による景気底上げのために求められている」とされる。

（注2）　私的整理は純粋に私的な手続である。そこで、関係者に対する透明性や公平性に問題が生じないように準則・ルールが定められた。この準則・ルールに従って進められる手続が準則型私的整理手続である。

（注3）　特定調停は司法型ＡＤＲと位置付けられている。裁判所が作成した計画案に対する同意は、積極的同意は必要ではない。一部の債権者の積極的同意が得られていない計画案があるとする。この場合、この計画案の内容について裁判所が特定債務等の調整の促進のための特定調停に関する法律二〇条が準用する民事調停法一七条決定をして債権者から異議が出されないとその計画案が確定する。消極的同意で足りる点で特徴のある制度である。事業再生のためには裁判所の手続である特定調停も大変重要ではあるが、本稿では検討対象としていない。

（注4）　中島弘雅ほか「《シンポジウム》事業再生のツールとしての倒産ＡＤＲ―挑戦するＡＤＲ」仲裁とＡＤＲ一一号一一六頁における事業再生実務家協会理事の富永浩明弁護士発言を要約すると、「事業再生ＡＤＲについては手続が厳格であるとはよく言われる。ただ、これが準則型私的整理の一つの悩みどころである。私的整理で全員同意であれば割合緩い手続運用でもよいのではないかと言われる。それは利用者にとって柔軟性という点で、使いやすいものにはなる。ただ、他方で準則型ということで一定のルールに基づいて行っている。この点をしっかり行っていることで、衡平性とか公正性の点で、金融機関、債権者から信頼を得られている。衡平性・公正性と

柔軟性のバランスが重要である」となる。

（注5） 中島ほか・前掲注4 一〇三頁（中小企業再生支援全国本部プロジェクトマネージャーである加藤寛史弁護士発言の要約）。

（注6） 中島ほか・前掲注4 一〇五頁の加藤寛史弁護士発言。

（注7） 日本経済新聞二〇一七年五月九日（電子版有料会員限定記事）「地方企業再生100件超に 政府系ファンドの地域支援機構」参照。

（注8） 日本経済新聞二〇一七年二月二〇日（電子版有料会員限定記事）「民事再生法を使いやすく 多比羅誠弁護士に聞く」を参照。

（注9） 藤田広美『破産・再生』二八八頁は「債権者に対する弁済の最大化という観点にたつならば、仮に取引継続によって得られる利益が否認権によって回復される利益を上回り、否認しないことによって債権者が得られる利益が向上するのであれば、否認権を行使しないことも正当化されると考えられます」としている。

（注10） 前掲注8（「民事再生法を使いやすく 多比羅誠弁護士に聞く」）において、「商取引債権の弁済 改正議論不可欠」とするテーマで、「延命だけを図る〝ゾンビ企業〟の増殖は経済の活性化を妨げる」という私的整理の活用による弊害の面もあるとする現状認識を踏まえて、「民事再生法の使い勝手をよくし、再建型の法的整理を敬遠されなくする工夫が必要だ。現行法では、弁済率に差をつけることができるのは少額債権に限られている。実務では弾力運用しつつあるが、法改正して商取引債権の弁済を認めることを規定すべきだ」としている。

（注11） 監督委員が商取引債権者のうちどの債権者が債務者の事業再建に不可欠であるかの選別をすることは確かに負担が重いことは事実である。

倒産法における債権者平等原則の意義
―アメリカ法の沿革を手掛かりに―

大阪大学教授
藤　本　利　一

目　次

一　はじめに

いわゆる債権者平等原則は、我が国の倒産法において、その全般を規律する最重要原理の一つであると考えられている（注1）。債権者平等原則は、同じ地位にある債権者について、等しく取り扱うことを要請する。例えば、ある債権者が、破産配当において、自己の破産債権額の一〇％の配当を受ける場合、他の債権者にも、一〇％の配当がなされるべきである、という案分弁済（pro rata）の形で説明される（破産一九四条二項参照）（注2）。

もっとも、倒産手続において、とりわけ、再建型の倒産手続では、かかる平等原則を形式的に貫徹させることによる問題点が意識されるようになっている。例えば、商取引債権の保護を法的整理手続において実現する必要性が従来から指摘されてきた（注3）。確かに、民事再生法八五条五項後半によれば、「少額の再生債権を早期に弁済しなければ再生債務者の事業の継続に著しい支障を来すとき」に、裁判所は、当該債権の弁済を許可することができる、と規定されている。しかしながら、いわゆる「少額」要件の存在による制限とともに（注4）、実務上、当該「少額」部分については、すべての債権者に弁済をする運用がなされているようである。つまり、債権者Aには再生債権全額を弁済しつつ、債権者Bには計画による弁済にとどめるということは許されていない。これが、債権者平等原則を適用する帰結とされる。

しかし、果たしてそうであろうか。現在、再建型手続を中心に、法的整理事件が著しく減少している。単に好況であるといった経済的要因の帰結であるとは考えにくい。実際上、中小企業再生支援協議会などによる裁判所外での事業再生事件は増加傾向にある（注5）。このことは、事件の掘り起こしとして貴重な役割を担っていると考えられる。さはさりながら、裁判所で事業再生を実施する意義そのものの見直しが必要とされているように思えてならない（注6）。今こそ法的倒産手続の機能を高め、現実の社会に適合させることが求められている。

本稿は、かかる問題意識から、倒産法における重要なピースの一つである、債権者平等原則の意義を再考する。以下では、伊藤眞教授の問題提起を起点としつつ、我が国の再建型手続の母法とも言えるアメリカ法を対象として、債権者平等原則の沿革とその適用の現状を俯瞰する（注7）。アメリカ法の知見を踏まえて、若干の検討を行うけれども、債権者平等原則に対する既存の見方に一石を投じることを主たる目的とする。すなわち、高橋宏志教授が従前の債権者平等原則をめぐる議論から言わば「切り出した」鈴木禄弥教授のご指摘「破産法は債権者平等原則を徹底した制度である」に対し、多様な見方が存在することを提示したい（注8）。倒産法において、それは、あまねく妥当する天与のもの（God-given）ではない、ということである。

なお、中田裕康教授は、債権者平等原則について、その位置付けが明確でなく、民法、民事執行法、倒産法におけるそれぞれの内容と相互関係を明らかにすることで、その例外が許容されるのではないか、という問題意識（注9）を示され、中西正教授がそれを受けた注目すべき論考（注10）を近時発表された。本稿は、差し当たり、倒産法における債権者平等原則の意義をアメリカ法の沿革に求め、一つの資料を提供することを目的とするにとどまることをお断りさせていただく（注11）。

二　問題の所在—秩序ある小宇宙かブラック・ホールか（注12）

伊藤眞教授は、かつて、債権者平等原則につき、商取引債権者の処遇を例に、次のような問題意識を示された。

「たとえば、A海運会社が更生会社になって、Bとの用船契約の継続を希望したとする。このときに、船舶を所有し、それを更生会社に用船に出している相手方Bの立場を考えよう。Bとしては、まず、将来の用船料の支払いに不安を感じる。その問題は、管財人との交渉によって解決したとしても、もう一つの問題がある。かりに、更生手続が開始される前に用船料の未払いがあったとしたら、その支払いはどうなるだろうか。通常の契約関係であれば、過去の用船料が未払いであれば、将来の用船を拒否することができる。いいかえれば、将来の用船を希望するかぎり、A海運会社としては、過去の未払い用船料を支払わざるをえない。Aが更生会社であるときにも同様にいえるだろうか。」（注13）。

この例（注14）で、支配的な考えによれば、Bに対する過去の未払い用船料を管財人が弁済することは、債権者平等の原則に反することになる。他の債権者の権利が更生計画の中で切り捨てられるにもかかわらず、同じ地位にあるBの債権のみが優遇されたことになるからである。しかし、伊藤教授は、この考えを批判し、平等原則は、確かに、同じ性質の権利の間で働くものであるけれども、「そもそも権利の性質が異なれば、そこに平等原則は適用されない」と示唆される（注15）。

もし債権者平等原則をこの場合に貫徹すれば、Aは破産清算せざるを得なくなる可能性が高まる。こうした処理が予想されれば、Aは自己の窮境からの脱出手段として法的整理手続を選択するであろうか。再建型手続は、重要な取引債権者に対する弁済の可能性を保持する必要がある。現行法では、一定の場合に格差処理を認める民事再生法八五条や同法一五五条が採用されており、上記問題意識が立法の中にある程度取り込まれていると言える。しかし、同法八五条五項後半に顕著であるが、「少額」要件による限定があり、また少額の限りですべての債権者に弁済がなされている。しかも、このことは、その後の再生計画の弁済にも影響を与えている（注16）。

かかる規律は、なお変更の余地があるのではないか。そのためには、当該条文の基礎にある、あるいは、倒産法全体の根幹とも言える債権者平等原則と向き合い、その意味を再考する必要がある。伊藤教授が示唆される「そもそも権利の性質が異なれば、そこに平等原則は適用されない」という命題を今後も継続的に分析するための一資料を提供したい。そのための一つの試みとして、以下では、David Skeel, Jr. 教授によるアメリカ倒産法における債権者平等原則の位置付けに関する最新の研究成果をもとに、その史的変遷を概観し、日本法への示唆を概括的ながら検討する（注17）。

なお、本稿が対象とするのは、同一のプライオリティを有する一般債権者間の取扱い、言わば水平関係（horizontal）に関わる問題であり、結果的に、同じ地位にある債権者の一部に優先性が認められる点について、倒産法の目的を踏まえつつ検討がなされる。これは、様々に組分けされ異なった地位を有する債権者の処遇や、順位上昇の問題（vertical）ではない（注18）。また、かかる分析において、倒産実務家の果たした役割にもとくに注目していきたい。

三　アメリカ倒産法における債権者平等原則の淵源と展開

1　問題の所在―債権者平等原則の退潮

本章では、David Skeel, Jr. 教授の論考（注19）に従い、アメリカ倒産法における債権者平等原則の沿革と現状の問題点を素描する。主要なテキストで、債権者平等原則は次のように説明される。例えば、ある債権者が破産配当に対し優先権を有しない場合、管財人はそうした債権者を平等に扱う。すなわち、配当可能な価値は案分比例で分配され、倒産法はそうした債権者平等原則の目的を強化するものである（注20）。また、全米倒産法会議（National Bankruptcy Conference）（注21）の一九九七年倒産法改正提案においては、破産免責と並び債権者平等が重要な法原則であることが確認されている（注22）。

しかし、現在の実務で、かかる原則は限定的にしか適用されなくなっている。例えば、Chrysler の倒産事件では、退職者用健康保険給付金、取引債権、不法行為債権、社債権の無担保部分の取扱いが問題となった。債権者平等原則を前提にすれば、これら一般債権者は同じように処遇されなければならないはずである。しかし、実際上、退職者用健康保険給付金、取引債権は全額弁済されたのに、不法行為債権、社債権の無担保部分にはほぼ何も与えられなかった（注23）。そして、かかる現象は、他の事件でも一般的に見られるとされる。さらに、多数の事件において、債権者が再建計画案に賛同することに同意し署名する Restructuring Support Agreements が締結されている（注24）。同意した債権者には、一定の金銭の支払などがなされることもある。

もはやアメリカ倒産法の実務において、債権者平等原則は絶対的なものではなくなっている。こうした退潮をどのように評価するべきか。その答えを探すために、Skeel 教授は、債権者平等原則の沿革を探訪する。

2　アメリカ倒産法における債権者平等原則の沿革

(一)　イギリス法の継受

アメリカ倒産法は、イギリスの一五四三年、一五七一年法、および初めて恒久的な免責を認めた一七〇四年法に由来するとされる（注25）。債権者平等原則については、例えば、Worsely v. DeMattos における、Mansfield 卿の判示が注目される。「倒産法の目的は、満足を得られなかったり、債務者から提供され、有効に存続する担保を有しない債権者を平等に扱うこと」である、と（注26）。

イギリス法および初期のアメリカ倒産法の目的は、債務者の逃亡や、債務者の親族やその好ましい債権者に資産を秘密裏に移転することを防止することにあった。この目的は、最初の連邦倒産法である一八〇〇年法（注27）でも採用され、債務者（商人）が債権者を欺罔したり、身を隠したり、資産を隠匿したりする場合に、債権者は倒産手続の申立てができる。

アメリカの判例に債権者平等原則が登場するのは、Locke v. Winning においてである（注28）。これは、倒産手続開始の効力が生じる前に、債務者が特定の債権者に担保として約束手形を交付したことが問題となった事案である。マサチューセッツの裁判所は、債務者が倒産手続開始を予定しながら、かかる交付を行ったことを理由に、それを無効と判示した。その中で、債務者の資産が手続開始により譲受人に移転し、その価値が債権者に平等に案分されなければならないとしている。

(二)　イギリス法からの独立と独自の発展

当時、申立て前の偏頗的な資産の移転を規律するルールは存在しなかったが、初めて債務者申立てを認めた連邦倒産法一八四一年法は、手続申立て前の二カ月以内に限定して、偏頗的な目的でなされた資産の移転を無効とした（注29）。このような規律の趣旨は、不正な行為を行ったこと（fraud）に求められ、債権者平等はそれに劣後するものとして理解されていた。かかる偏頗的な行為は、当時の商慣習上、すなわち、独立後、数十年にわたり発展した信用取引制度において、広く許容されていたからである。例えば、利息なしに貸し付けられた債権や保証人が弁済した場合の求償権には、他の債権者に優先して弁済してよいとされていた（注30）。けだし、それらは、公平無私な債権だからとされる。

一八六七年法について、連邦地方裁判所は、たびたび債権者平等原則が当該法の目的であると判示した（注31）。また、北東部の倒産実務家は、連邦倒産法が全米の商取引の発展にとって重要なものであり、かつ、債権者平等原則が当該法を適切に機能させる鍵となるものだと考えていた（注32）。これに反対し、特定の債権者への偏頗的な弁済の適切さを訴えていたのが、Thomas Jefferson などの南部および西部の倒産実務家であり、債権者平等原則を内包する連邦倒産法など不要であると激しく主張していた（注33）。実際上、一九世紀を通じて、連邦倒産法が施行されていた期間は、二〇年を超えていない。一八六七年法のもとで、連邦地裁の中には、平等原則を守るため、債務者が債権者から提訴され、勝訴判決とそれに基づく執行が予想される場合に、債務者には破産申立義務が生じるとした裁判例もあったが、連邦最高裁は、これを否定した（注34）。

一八九八年法の立法を主導した George Hoar 連邦下院議員は、債権者平等原則を遵守することは、債務者の利益にかなうと主張した（注35）。平等に取り扱われることを債権者が確信すれば、債務者に対する信用供与が増大するとの認識からである。これに対し、テキサス州の Bailey 連邦下院議員は、すべての債務が同じ性質を持つという命題を批判し、そう解することは、法においても、道徳においても、正しくないとした（注36）。例えば、五〇〇〇ドルの債務をAに、二五〇〇〇ドルの債務をBに負担する場合、債務の全額を弁済することができないとき、Bailey 議員は、億万長者のBでなく、その債権以外に財産を有しないAに対しまず弁済をすることに躊躇しない、と述べた。また、ある実業家が窮境にあるとき、その友人が純粋に彼を助けるために融資をしてくれた場合、実業家はその友人に偏頗的であっても弁済をし、彼を保護しようとするであろう、とも主張した。Kyle 連邦下院議員によれば、こうした、いわば「誠実な偏頗弁済」は、多くの州で認められているとされる（注37）。かかる論議は、主として、南部および西部の民主党議員に支持されていた。

しかし、一八九八年法は、偏頗弁済を否認する規定を含んで立法された。これは、債権者平等原則を推進する北東部の倒産実務家の勝利であり、しかも、従前の制定法と異なり、この法は施行期間を限定しないものであった。その結果、債権者平等原則に対する批判は下火となり、ほぼすべての人に支持されるようになった。また、偏頗弁済の否認が問題となった一九一三年の Clarke v. Rogers において、連邦最高裁は、債権者平等が当該倒産法の目的であると判示した（注38）。

㈢　鉄道会社再建における「公正かつ衡平」要件

かかる展開は基本的に「伝統的な倒産事件」を前提になされたものである。すなわち個人債務者や小規模個人事業者を念頭に置いた議論であった。これとは別の形で、鉄道会社の再建がウォールストリート・バンクとその代理人である法律事務所の主導で進められていた（注39）。鉄道会社は当初、各地域に存在した小規模な会社であったが、一九世紀にそれらが合併を繰り返すことで爆発的に巨大化した。その資産は各州に散らばり、その個々の財産上に設定された担保権は様々な種類の社債権と組み合わされたため、鉄道会社の財務構造は誰も経験したことがないほどの複雑なものとなった。その結果、担保権者ですら清算でなく再建を希望したと言われる（注40）。

鉄道交通網の維持という公益が認識されていたにもかかわらず、連邦議会や州は有効な対策を取ることができなかった。その理由として、一つには、アメリカ合衆国憲法において、連邦政府の倒産権限が会社に及ぶのか疑義があったこと、またその州際通商条項が当時限定的に解釈されていたため、複数の州にまたがって存在した鉄道会社の財産に対し、州政府は手を出せなかったことが挙げられている（注41）。

こうして鉄道会社の再建は、裁判所に委ねられることになった。レシーバーが選任され、複数の譲渡抵当実行手続（foreclosure proceedings）が開始された。かかる手続が係属している間に、鉄道会社の社債や株式を販売したウォールストリート・バンクは、これら社債権者や株主を代表する委員会を組織し、再建案について、鉄道会社の経営者と交渉した。これがまとまったところで、単一の再建委員会が組織され、それが上記競売手続における唯一の入札者となった。当該委員会に預託された既存の社債や株式などは入札の原資となり、これを拒否した者には、現金が支払われた。こうした倒産法に基づくことなく、裁判所で行われたスキームは、連邦倒産法に規定されることとなった一九三三年頃まで行われた（注42）。

鉄道会社の再建は、様々に組分けされる債権者をどのように処遇するかという問題（vertical）であり、同じ地位にある債権者間で異なった処遇を検討する債権者平等原則の問題（horizontal）ではなかった（注43）。Northern Pacific Railway Company v. Boyd（注44）で争われたのは、社債権者に劣後するけれども、株主に優先する権利を持つ債権者を、株主の利益を保全しつつ、レシーバーシップの手続から排除できるか、という論点であった。連邦最高裁は、先述のClerk判決と同じ一九一三年に、かかる排除を否定した（いわゆる絶対優先原則の問題）。

裁判所は、既にFosdick v. Schall（注45）において、取引債権者に全額を支払うことの可否を論じていたが、鉄道会社の財産にはすべて担保権が設定されていたため、債権者平等原則の問題ではなくプライオリティの問題（vertical）として処理された。連邦議会は、再建計画認可の要件について、一九三三年に鉄道会社に関する七七条を、翌年にはそれ以外の大企業に関する七七条Bを制定した。一九三八年には、かの有名なチャンドラー法第一〇章手続が導入され、計画認可について「公正かつ衡平で、遂行可能性があること」が要件とされた（注46）。かかる文言からは、同じ地位にある債権者の処遇を問題とするように見えるけれども、一九三九年、Douglas連邦最高裁判事は、この要件が絶対優先原則の問題であると判示し、プライオリティの問題として処理した（注47）。

では、鉄道会社のような大規模企業に債権者平等原則が適用されるようになったのはなぜか。一つには、一九三〇年代に、既存の連邦倒産法の適用対象として、鉄道会社およびそれに匹敵する大企業が加えられたことによる。偏頗行為の否認のような個人ないし小規模事業者向けの諸規定が、これらの企業に対して、適用されるようになった。言わば法の「接ぎ木」が行われた結果である。次に、一九三〇年代以降、鉄道会社に対する倒産手続の利用は減少し、代わって、それ以外の大企業への適用が多くなった。これらの企業は、鉄道会社ほどの複雑な財務構造を持たず、その結果、債権者の組分けは少なくなり、一般債権者が増えた（注48）。その結果、かかる債権者間の争いが顕在化したのである。

一方、連邦議会は、一九三三年法と一九三四年法において、再建計画認可のために「不公正な差別」要件を設けていたが、一九三八年法はこれを削除した。当初、この要件がプライオリティの問題（vertical）に関わるものだと理解され、「公正かつ衡平」要件に吸収され得ると考えられたからである（注49）。ただ、興味深いことに、自治体倒産に関する手続では、存置された。その結果、Douglas 判事は、一九四〇年代に、American United Mutual Life Insurance Co. v. City of Avon Park（注50）において、自治体の債権者の多数が賛成した計画を認可しなかった。なぜなら、この計画は債権者平等原則に反するものであり、それは、「不公正な差別」に当たるからであった（注51）。一方、Mason v. Paradise Irrigation District（注52）では、他より優遇された社債権者が存在した場合でも、「不公正な差別」に当たらないと判示した。Douglas 判事によれば、この社債権者は、再建手続にある債務者企業に新規融資を行ったものであり、従来から、こうした債権者には、再建計画において、その貢献に匹敵する地位が付与されてきたからである、とされた（注53）。

現行法（一九七八年法）でこの「不公正な差別」要件が復活した。そこでは、計画認可要件だけではなく、計画案に反対する組に対するクラムダウンの要件の一つとして、かかる文言が採用された（一一二九条（b））（注54）。

「公正かつ衡平」要件が、組相互間のプライオリティの問題（vertical）を画するために適用されるのに対し、「不公正な差別」要件は、反対する組の債権を平等に扱うこと（horizontal）を指示するものと理解されている（注55）。

二〇世紀半ば頃までに、案分比例での配当や、不公正な差別を禁じるものとしての債権者平等原則は、倒産法の重要原理であるとの認識が拡がったようである。Robert Jackson 連邦最高裁判事は、連邦憲法第一修正との関係で、倒産法に指導原理があるのなら、それは債権者平等原則であると述べた。こうして、いまや、法理論上、債権者平等原則はアメリカ倒産法における不変の原理であり、出発点であり、重要な課題となったのである。

四　アメリカ倒産法実務における債権者平等原則の処遇

1　偏頗行為否認

債権者平等原則は、倒産法のコアとなったけれども、現在のアメリカの実務では、潜脱の対象になっている。例えば、債務者企業Fに対して、Aが五万ドル、Bが同じく五万ドルの債権を有していたとする。Fがその倒産手続開始の申立て直前に、Aに五万ドルを弁済した場合、Fの管財人は、偏頗行為としてその弁済を否認することができ、それによりA・B間の債権者平等は維持される（五四七条（b））。しかし、実際には、管財人が否認権を行使して、当該弁済を取り消すことは困難とされる。例えば、FのAに対する弁済が、申立ての九一日前であれば、否認の対象範囲から外れる（同条（b）（4）（A））。また、その弁済が、「通常の取引（ordinary course of business）」としてなされた場合（注56）にも否認はできない（同条（c）（2））。さらに、Lehman Brothers の破綻に見られたように、デリバティブのような金融取引は否認権から保護されている（同条（e）、（f））。これら以外にも、連邦倒産法は、偏頗行為否認の例外を多数規定している（同条（c））（注57）。これら否認権行使を免れる諸規定を活用しつつ、債権者平等原則の適用は回避されている。現行連邦倒産法制定時に連邦議会がより簡易に申立て前の弁済を取り消すことを管財人に許容しようとしたことからすれば皮肉である。

2　双方未履行契約の解除選択

申立て前の弁済がなくとも、債権者平等原則を免れることはできる。例えば、Fに倒産手続が開始されたときに、A・BとFの間に未履行契約（注58）が存在し、かつ、A・BはそれぞれFに対し、五万ドルの売買代金債権を有しているとする。このとき、Fは、当該契約の履行を選択することも、拒絶することもできる（三六五条）。Fが履行を引き受ける場合、未払いの債務があれば、それとともに、相手方であるAの債権は全額弁済される（同条（b）（1））。これに対し、Fが履行を拒絶する場合、そこから生じる相手方の債権は、申立て前に発生した債権、つまり倒産債権と同じ扱いとなる（五〇二条（g）（1））。これらの規律を前提にすれば、Fは、Aとの間の未履行契約を引き受け、Bとの間の未履行契約を履行拒絶することで、AとBの間に格差を生ぜしめることができる。カリフォルニア州にある地方公共団体が破綻したとき、地方債と未積立年金債務があり、どちらも無担保債権であった。倒産裁判所は、双方の債務をリストラするように強く勧めたが、当該自治体は、年金債務が労働契約に基づくものであり、それが未履行契約であるとして、契約を引き受け、全額給付することとした。これに対し、地方債は権利変更され、減額された（注59）。

3　商取引債権の保護

ＡとＢがそれぞれＦに対して五万ドルの商取引債権を有しているとする。Ａの債権を全額弁済しない場合、Ａとの取引が継続できなくなることを理由に、Ａが事業継続に不可欠な債権者（Critical Vendor）であるとして、優先的な弁済の許可を倒産裁判所に求めた場合、裁判所はこれを認めてきた。かかる扱いは、伝統的に、債権者平等原則の例外とされ、その起源は鉄道会社の再建手続における「必要的弁済の原則」に遡る（注60）。しかし、倒産裁判官は、Ａが代替不可能な取引債権者であることや既存債務を弁済しないと取引を打ち切ることについて証拠を求めないことが多く、濫用が懸念された（注61）。Easterbrook 判事は、Kmart 判決において、かかる実務を否定したけれども、その後もかかる弁済は継続しているとされる。なお、二〇〇五年改正において、申立て前二〇日のうちに商品を提供した取引債権者には優先的な弁済がなされることとなったが（五〇三条（b）（9））、債務者の負担となっていると言われる。

4　事業譲渡

Ｆは、三六三条に基づきその全資産を売却し、Ａに対する既存の債務をその買受人に引き受けてもらうことで、債権者平等原則を回避することができる。このスキームは Chrysler の倒産事件（注62）で利用された。Chrysler は、政府の調整のもと新会社（New Chrysler）に対し、代価二〇億ドルでほぼ全資産を売却した。このとき新会社は、取引債権と退職者に対する保険給付金全額の支払を約束した一方で、同じ無担保債権者である不法行為債権のほとんどをカットした。このスキームはそれまでにも三六三条セールとして行われてきたものである。

5　再建計画での取扱い

これまでにも、優先権者に対する弁済の一部をそれに劣後する組の債権者らに譲り渡すこと（gifting）が行われてきた。この方式はデトロイト市の倒産事件で用いられ、優先権を持つ地方債の二四％を市の年金受給者に譲渡する再建計画が作られ、倒産裁判所がこれを認可した（注63）。たとえこのスキームが利用できなくても、Fは、再建型手続を利用して、一般債権者Aを一般債権者Bより有利に処遇することができる。まず、Fは、AとBを組分けし、Aの組に優先弁済をする。これがデトロイト市の倒産事件でも用いられ（注64）、年金受給者と不法行為債権者を別の組にして、前者には七〇％の弁済、後者には一三％の弁済を行う計画案が立てられた（注65）。このとき、計画認可要件として「不公正な差別」の適用が問題となり、当該事件の倒産裁判官は、その基準として、裁判官の良心を挙げつつ、裁判官には債権者平等原則に従う義務はないとした（注66）。

五　アメリカ倒産法における債権者平等原則の意義再考

1　偏頗行為否認

Skeel教授によれば、偏頗行為否認は債権者平等原則を生み出した起点であったが、現行法およびその実務では当該原則が潜脱されているという。債権者平等原則をあくまでも重視するのであれば、こうした事態を改善しなければならなくなる。その一つの方法として「通常の取引」要件を廃止する考えを紹介される（注67）。この見解の利点は、否認権行使を前提に「通常の取引」該当性をめぐって争われる訴訟費用を低減させる効果にある。Skeel教授は、これに対し、否認権規定の廃止を提案される。沿革から考えれば、一九世紀の否認権法の存在意義は、債務者が特定の債権者、具体的には、その家族や友人にのみ倒産手続の開始前に弁済することを禁止することにあった。しかし、今日、信用情報システムの発達による債務者の財務状況へのアクセスは向上している（注68）。債務者に融資する者が、友人であったり家族であることも少なくなり、倒産法が全米に適用される結果、債務者が他州に逃亡するメリットはなくなった（注69）。また、債務者の財産に対する担保設定も一九世紀と比べて容易になり、範囲も拡大している。例えば、かつては売掛債権に担保を設定することができなかった（注70）。

Skeel 教授は、これらを前提に、会社法上のいわゆる自己取引禁止のルールで代替できるのではないか、あるいは、否認権をかかるルールの射程に限界付けて理解するべきと示唆される。そもそも、初期の否認権ルールは、債務者の身内や親しい友人に対する弁済を規律するものであって（注71）、これは、自己取引の禁止と類比できるものである、と。現行法制定時に、起草者は、債権者平等原則を強く支持し、債権者の主観的態様に依存する否認権ルールを批判し、倒産手続開始前の弁済をすべて否認対象とした。しかし、その現行法の適用をめぐる混乱は、既に指摘されたとおりである。一方、偏頗行為否認は、「早い者勝ち（grab race）」（注72）となる裁判所への競争を防止し、債務者の財団の価値を高めるという主張もある（注73）。かの有名な Jeseph Story 連邦最高裁判事は、控訴審判事の折に、債権者が仮差押えの後金銭給付判決を取る行動に対し、一八四一年法の否認権規定を適用し当該仮差押えを取り消した（注74）。これは、仮差押えに倒産手続に対する優先権が生じるためであるが、オートマティックステイが存在しない時代に、言わば執行手続の取消しを行っているものと言える。ただ、いずれにせよ、これは、債権者平等原則とは無関係であり倒産財団の価値を保全しているにすぎない、と Skeel 教授は強調される。

2　未履行契約の解除

未履行契約については、管財人がその履行を拒絶した場合に、相手方の損害賠償債権が倒産債権となるのに、それを引き受けた場合には、特定履行が相手方に認められる（三六五条）。例えば、Westbrook 教授は、債権者に対する平等な配当が履行拒絶権を基礎付けるものとされる（注75）。しかし、Skeel 教授は、契約の解除権等の問題は、債権者平等原則ではなく、公示のない担保（secret lien）の問題であるとする。例えば、自治体倒産において、未履行契約の処理として、年金債務の弁済を地方債の償還に優先させることは、後者の予測可能性を害しているからである（注76）。しかし、議会が年金債務についてその優先性を立法すれば、この問題は解消される。また、George G. Triantis 教授（注77）や Jesse M. Fried 教授（注78）は、未履行契約の処理について、債権者平等原則を中核に置きつつ、解除した場合の相手方の損害賠償債権を共益債権ないし財団債権とすることを主張される。これに対し、Skeel 教授は、契約を引き受けた場合の相手方の債権を倒産債権とすることを提示される。しかし、いずれにせよ、これらの議論に、債権者平等原則は無関係であるという。

3　商取引債権の保護

事業継続に不可欠な債権者が誰かについて、例えば、サプライチェーンの観点から、自動車製造会社などにとっては、それは、比較的、明らかであるとも言われる。しかし、アメリカの倒産法実務上、債務者の選択によって、その対象は広くも狭くもなっており、倒産裁判官の中には、無批判にこうした選択を許容するところもあると言われる。Skeel 教授が強調されるのは、商取引債権を弁済しなかった場合に、取引の継続が絶たれ、かつ、債務者が代替するベンダーを見つけられないかどうかということが重要なのであり、もしそうなら、裁判所は、当該弁済を認めるべきであって、そうでないなら、認めるべきでないとされる。Kmart 判決で、Easterbrook 判事の論旨もそこにあったと評価される（注79）。そして、このことは、債権者平等原則とは無関係であり、要は、債務者の財団の価値が最大化される否かということにつきる、と主張される。

4　三六三条セール

三六三条セールは商取引債権の保護と類似した問題を孕む。Chrysler 事件を例とする。すなわち、債務者（old Chrysler）は、その資産のほぼすべてを新会社（new Chrysler）に二〇億ドルで売却し、二つの一般債権者の組には全額の弁済を約束しつつ、優先的権利を持つ組には、債権額六九億ドルのうち二〇億ドルのみを弁済することとした。このとき、この優先的権利を持つ組や他の一般債権者の組は、これは「公示のない担保」を認めたものだと異議を述べた。この異議は正当であろうか。ポイントは、買受人である新会社が当該資産を適正な価格で購入したかということである。もし当該資産の価値が二〇億ドル程度しかないのであれば、破産清算をして優先権者に配当されるのは二〇億ドルであり、上記異議に正当性はない（注80）。清算価値保障は充たされている。しかし、その資産価値が二〇億ドルを超えるのであれば、その超過部分は二組の一般債権者に弁済されたとも言え、かかる異議は正当性を帯びる。Skeel 教授曰く、この二つの可能性をいかにして区別するかが重要であり、この点について債権者平等原則が貢献することはない、と。

5　再建計画における不公正な差別

そもそも、計画における組分け自体は許容されているけれども（一一二二条（a））、債権者平等原則を厳密に適用すれば、初期の連邦倒産法と同様に、一般債権者の組は一つとなり、債権の性質に応じて配当率を変えることはできない。一つの組に対し、債権の一部につき、優先権を付与することは許される。例えば、未払いの賃料債権については、一二、四七五ドルまでは、優先的に取り扱われることができる（五〇七条（a）（4））。もっとも、かかる優先的地位の付与については、法律上明示されているため、「公示のない担保」問題は生じない。問題とされるのは、例えば、同じ地位にある組の一つには現金で弁済し、他の組には、株式を交付する計画を立てる場合である。これは、弁済された現金に相当する価値の株式が交付されたのであれば、「不公正な差別」要件を厳密に解釈しても、正当であるとされる。他にも、倒産手続外で優先的地位にあることが示されている場合には、一般債権者の組相互間で差を設けても、「不公正な差別」には当たらないとされる。例えば、先のデトロイト市が破綻した事件で、ミシガン州憲法は、年金債務を保護することを規定していた（注81）。これらの対応は、完璧なものではないにせよ、「公示のない担保」の問題への一つの対応として成立している。

六　まとめと展望――「秩序ある小宇宙」再論

1　アメリカ法の要旨

イギリス法を継受したアメリカ法において、債権者平等原則は、倒産手続申立て前の偏頗弁済という限られた局面を規律する原則として用いられたけれども、決して主たる論拠として活用されたわけではなかった。そもそも、「誠実な偏頗弁済」という商慣行が存在しており、倒産手続開始を予定しながら、特定の債権者に弁済するという不正（fraud）が主たる問題とされていたのである（注82）。一九世紀に連邦倒産法の定立が幾度も試みられたが、それは、債権者平等原則の採用とそれに対する異議の歴史でもあった。かかる背景には、今述べた、特定の債権者に弁済し、同じ地位にある債権者を異別に取り扱うことを許容する商取引上の文化があったようである。しかし、全米を単一の自由市場とする野望を推進した北部の指導層および倒産実務家は、その手段としての倒産法の重要性に気付き、債権者平等原則の採用を強く働きかけた。これは、南部の事業家が、(州内の)友人にのみ全額弁済し、アウトサイダーである北部の投資家・事業家(州外の債権者)にリスクを負担させることを回避したかったからであろう。一八六七年法には連邦議会での激しい論争が存在したが、これはもう一つの南北戦争である(注83)。これも北部の勝利に終わり、債権者平等原則を内包する永続的な一八九八年法が制定された。とはいえ、かかる原則は、伝統的な倒産債務者、すなわち個人や個人事業者にしか適用されないものであったけれども、二〇世紀初めに、鉄道会社等の巨大企業が当該改正法の適用対象となったため、その一般化が急速に進んだ。理論上は、これで決着がついたとも言える。しかしその後、法実務は債権者平等原則を限定したり回避したりする方向に進んだ。この問題が理論研究者の注目を集めるようになったのはごく最近のことである。Skeel教授の論考はその嚆矢であり、一貫して倒産手続における債権者平等原則の無価値性を論じられた(注84)。

2　民事再生法八五条五項後半に関する試論

伊藤眞教授の言明「そもそも権利の性質が異なれば、そこに平等原則は適用されない」を民事再生法八五条五項後半の解釈に応用することを試みる。問題は「少額」要件の存在であり、その枠内にとどまりすべての一般債権者に弁済する現在の日本の実務である。

「少額」要件は、債権者平等原則に対する誤った理解から導入されたように思われる。破綻したアメリカの鉄道会社が支払った燃料代と水代は、その事業規模からすれば、きわめて「少額」であった。特定の取引債権者になぜ弁済ができるのかは当時も謎とされたが、少額性が債権者平等原則違反を糊塗したとも言える。しかし、この原則の由来や位置付けを確認することで、その呪縛から自由になる可能性が高まる。伊藤教授の例を借りれば、A海運会社ないしその管財人が、Bに対する過去の未払用船料を弁済し、他の取引債権者とは異なった取扱いが許されることになる。条文文言を無視することになるが（注85）、「少額債権に対する弁済」というルールを支える法原理に着目すれば、そうした法解釈論も成り立ち得るように思われる。民事再生法八五条五項後半を基礎付ける法原理には、債務者財産の価値最大化原理と、債権者平等原理が混在しており、現在の実務は少額要件の存在もあって、後者を優先して運用しているようにも見える。両原理は原理間衝突の関係にあり、アメリカ法の知見をもとに原理間衡量を行えば、価値最大化原理が、債権者平等原理に対し、優先するものと解すべきである。こうした解釈は、民事再生法一条の目的とも整合性を持ち、かつ、道徳などの社会的価値や実務からの要請に対する適切な応答にもなっている。法システムの内外の均衡を模索するかかる法解釈は、ルールと原理を区別することを端緒として、法的整理手続の持つダイナミズムへの一つの展望を示しつつ法の支配を貫徹するものである（注86）。民事再生法八五条五項後半の解釈を実践レベルに高めるには、「事業の継続に著しい支障を来すとき」の分析がさらに必要であり（注87）、その場合、山本和彦教授の提示した理論（注88）の検討が必須となるが、紙数が尽きた。また、債権者平等原則の適用場面を網羅的に取り上げることもできていない。他日を期したい。

木内道祥先生の個別意見は法律家として優れたバランス感覚を体現したものであり、筆者にはDworkinの法原理解釈を想起させた。本稿の拙い法解釈を先生の退官と古稀のお祝いとさせていただければ幸いである。

（注1） 伊藤眞教授は、債権者平等が、破産手続を貫く理念として尊重されていることを指摘される（伊藤眞『破産―破滅か更生か』一六一頁以下、とくに一九八頁）。また、高橋宏志教授は、「破産法は、…債権者平等を徹底した制度だとされている（〔旧〕破産四〇条）」（高橋宏志「債権者の平等と衡平」ジュリ一一一一号一五六頁）と述べられた。なお、その引用する鈴木禄弥「「債権者平等の原則」論序説」曹時三〇巻八号一一八一頁は、債権者平等は実体法の原則というよりも、破産法で貫徹せしめられているものと説く。

（注2） 民事再生法については、一五五条一項本文、会社更生法については、一六八条一項本文参照。

（注3） アメリカ法における商取引債権保護の法理をいち早く我が国に紹介した貴重な文献として、杉本純子「事業再生とプライオリティ修正の試み― Critical Vendor Orders にみる商取引債権優先化プロセスの透明性」同志社法学六〇巻四号一四一三頁。また商取引債権保護の沿革について、藤本利一「民事再生手続における保全処分の機能と展開（二）」阪大法学六四巻一号五一頁参照。

（注4） ＪＡＬの会社更生事件において、少額債権の弁済が問題となった（山本和彦「企業再生支援機構とＪＡＬの更生手続」ジュリ一四〇一号一二頁、一九頁、同「ＪＡＬ更生手続に関する若干の法律問題」債管一二八号四頁、六頁等参照）。

（注5） 近時の注目すべき研究成果として、中島弘雅「倒産ＡＤＲの現状と課題」銀法八二〇号二五頁、中井康之「民間型倒産ＡＤＲの意義と問題点」銀法八二一号二八頁、山形康郎「行政型ＡＤＲ手続（再生支援協議会手続）についての意義と課題」同三一頁、増市徹「司法型倒産ＡＤＲとしての特定調停―その意義と問題点」同三四頁、また、高木新二郎「民間主導の事業再生の活用化」金法二〇七七号一頁参照。

（注6） 倒産法改正後いち早く問題提起をした先駆けとなる文献として、山本和彦「倒産法改正と理論的課題―利害関係人の法的地位を中心として」ＮＢＬ七五一号二三頁。近時の動向として、伊藤眞「法的倒産手続の利用を促すために」金法二〇六九号三六頁、中井康之ほか「特集　事業再生と倒産手続の現在と将来」法時八九巻一二号四頁以下、山本和彦ほか「《座談会》事業再生と倒産手続利用の拡充に向けて」同三七頁以下、松下淳一＝中井康

之「これからの倒産・事業再生実務」ジュリ一五〇〇号六八頁、園尾隆司「破産者への制裁の歴史と倒産法制の将来」民訴六一号五一頁、同「債務者の破産申立義務の歴史からみた倒産法制の課題」金法二〇一二号六頁。筆者の問題意識として、藤本利一「倒産法の世界のこれから」法学セミナー七一七号二六頁、また藤本利一ほか「《座談会》民事再生手続の再活性化に向けて（上）（下）」NBL一一〇九号二七頁、一一一〇号五〇頁も参照。

（注7）とくに、Douglas G. Baird 教授（シカゴ大学）によれば、現在、アメリカ倒産法では、「静かな革命（quiet revolution）」が起きているとも言われる（Douglas G. Baird, *Bankruptcy's Quiet Revolution*, COASE-SANDOR INSTITUTE FOR LAW AND ECONOMICS WORKING PAPER NO. 755 (2016).）。この議論の前提として、川畑正文「アメリカ合衆国における倒産手続の実務（三）」NBL七一〇号四六頁、五一頁以下参照。

（注8）井上治典教授は、いち早く、「債権額に応じた案分配分がはたして実質的平等に資するといえるのか」という問いを示唆されていた（井上治典「債権者平等について」法政研究五九巻三＝四号七三頁）。

（注9）中田裕康「債権者平等の原則の意義」曹時五四巻五号一頁以下。

（注10）中西正「破産法における『債権者平等原則』の検討」伊藤眞先生古稀祝賀『民事手続の現代的使命』九七三頁以下。

（注11）民事執行法における平等主義と優先主義の関係を起点に、コモンローにおける金銭給付判決の執行力に関するdormant 法理（執行力の時的限界を画するもの）の沿革を検討したものとして、藤本利一「アメリカ債権回収法における執行力の研究序説―コモンローの Dormant 法理を手がかりに」池田辰夫教授＝小嶌典明教授退職記念号・阪大法学六七巻三＝四号四三九頁参照。

（注12）この用語は、伊藤・前掲注1一六二頁による。

（注13）伊藤・前掲注1一七六頁。なお、用船契約に関連して、伊藤眞教授の最新の問題意識については、伊藤眞「船舶共有制度と会社更生法上の双方未履行双務契約性」今中利昭先生古稀記念『最新倒産法・会社法をめぐる実務上の諸問題』二頁以下参照。この見解に対しては、山本和彦『倒産法制の現代的課題―民事手続法研究Ⅱ』二一

二頁以下（初出、関西法律特許事務所開設四五周年記念論文集『民事特別法の諸問題』第五巻（上巻）二七一頁以下）が有益である。

（注14） 用船契約をめぐる最新の倒産事例研究として、進士肇「更生会社ラムスコーポレーション（株）及び更生会社ＳＰＣ三八社の会社更生手続（売船方法を中心に）」第九回東アジア倒産再建シンポジウムエッセイ集八九頁に接した。

（注15） 伊藤・前掲注１一七七頁。

（注16） 再生計画前に少額弁済がなされた場合、当該額については、再生計画において等しく弁済するという実務がある（鹿子木康編著『裁判実務シリーズ（４）民事再生の手引〔第二版〕』四七頁参照）。

（注17） David A. Skeel, Jr., *The Empty Idea of "Equality of Creditors"*, Public Law and Legal Theory Research Paper Series Research Paper No. 17-7 (2016). この文献は正式公表前のものであるが、Skeel 教授のご厚意により引用することをお許しいただいた。感謝申し上げる次第である。

（注18） いわゆる priority jump につき、近時、注目するべきものとして、Mark J. Roe & Frederick Tung, *Breaking Bankruptcy Priority: How Rent-Seeking Upends the Creditors' Bargain*, 99 Va. L. Rev. 1235 (2013).

（注19） Skeel, *supra*, note 17.

（注20） ELIZABETH WARREN, JAY LAWRENCE WESTBROOK & JOHN POTTOW, THE LAW OF DEBTORS AND CREDITORS, at 58, 133 (7th ed. 2014).

（注21） この団体については、http://nbconf.org/our-mission/ を参照。

（注22） この提案は、二〇〇五年の連邦倒産法改正に結実したとされる。

（注23） 第二会社方式を利用したこの点の詳細については、Mark J. Roe & David A. Skeel, Jr., *Assessing the Chrysler Bankruptcy*, 108 Mich. L. Rev. 727, at 733 (2010). 参照。

（注24） Baird, *supra* note 7, Kenneth Ayotte, Anthony Casey, and David A. Skeel, Jr., *Bankruptcy on the Side*, 112

NW. U. L. REV. 255 (2017). 興味深い合意であるが、この点については、別稿を予定する。

（注25） Charles Jordan Tabb, *The History of the Bankruptcy Laws in the United States*, 3 Am. Bankr. Inst. L. Rev. 5 (1995).

（注26） 31 Geo. 2 at 467, 483, 96 Eng. Rep. 1160 (K. B. 1758). この判例につき、Robert Weisberg, *Commercial Morality, the Merchant Character, and the History of the Voidable Preference*, 39 Stan. L. Rev. 3, at 46-47 and n. 148 (1986). 参照。

（注27） Bankruptcy Act of 1800, § 1. もっともこの法律は、三年後に廃止された。かかる経緯について、PETER J. COLEMAN, DEBTORS AND CREDITORS IN AMERICA: INSOLVENCY, IMPRISONMENT FOR DEBT, AND BANKRUPTCY, 1607-1900 at 19-20 (1974).

（注28） 3 Mass. 325, 326 (Mass. 1807).

（注29） Bankruptcy Act of 1841, ch. 9, 5 Stat. 440, 442, § 2 (1841). これは、二年後に廃止された。この制定法の重要な起草者に、Jeseph Story 連邦最高裁判事がいる（EDWARD J. BALLEISEN, NAVIGATING FAILURE: BANKRUPTCY AND COMMERCIAL SOCIETY IN ANTEBELLUM AMERICA 114 (2001)）。なお、オートマティック・ステイが導入されるに至った沿革とそれに対する Story 判事の貢献について、藤本利一「申立て直後の取引の継続」今中利昭先生傘寿記念『会社法・倒産法の現代的展開』五〇五頁、とくに五一八頁以下参照。

（注30） BALLEISEN, *Id.* at 92.

（注31） *See, e.g.*, In re Hunt, 12 F. Cas. 900, 902 (D. N. J. 1871); Harrison v. McLaren, 11 F. Cas. 654, 657 (S. D. Miss. 1874).

（注32） *See, e.g.*, DAVID A. SKEEL, JR., DEBT'S DOMINION: A HISTORY OF BANKRUPTCY LAW IN AMERICA at 3, 26 (2001). この文献について、高田賢治「書評」アメリカ法二〇〇三ー一号一三四頁参照。

（注33） *Id.*

（注34） Wilson v. City Bank of St. Paul, 84 U.S. 473, 484-85, 487 (1873).

（注35） 15 Cong. Rec. 2963 (1884).

（注36） 26 Cong. Rec. 103 (1893).

（注37） *See also* 25 Cong. Rec., 53d Cong. 1st Sess. 2874 (1893).

（注38） 228 U.S. 534 (1913).

（注39） Skeel, *supra* note 32, at 56-69.

（注40） 鉄道会社の合併が進む中で展開された最も有名な主導権争い（The Erie Railway Wars）と後にウォールストリート・バンクと呼ばれる強大な金融機関の誕生を描いたエンターテイメントとして、JOHN STEELE GORDON, THE SCARLET WOMAN OF WALL STREET: JAY GOULD, JIM FISK, CORNELIUS VANDERBILT, THE ERIE RAILWAY WARS, AND THE BIRTH OF WALL STREET (1988).

（注41） Skeel, *supra* note 32, at 52-56.

（注42） 当時の主導的な倒産実務家による文献として、Paul D. Cravath, *Reorganization of Corporations: Certain Developments of the Last Decade*, in 1 SOME LEGAL PHASES OF CORPORATE FINANCING, REORGANIZATION, AND REGULATION 153, 204-205 (1917).

（注43） Albro Martin, *Railroads and the Equity Receivership: An Essay on Institutional Change*, 34 J. Econ. Hist. 685, at 699.

（注44） 228 U.S. 931 (1913).

（注45） 99 U.S. 235 (1878).

（注46） Amendments to the Bankruptcy Act of 1898, Act of June 22, 1938, ch. 575, § 221 (2), 52 Stat. 840, 897.

（注47） Case v. Los Angeles Lumber Products, 308 U.S. 106, at 115-16 (1939).

（注48） Herbert R. Northrup, *The Failure of the Teamsters' Union to Win Railroad-Type Labor Protection for Merg-*

ers or Deregulation, 22 TRANS. L. J. 365 (1995).

（注49）See S. REP. NO. 75-1916, at 35-36 (1938). 絶対優先原則につき、松下淳一「再生計画・更生計画による債権者と株主との利害調整について」新堂幸司先生古稀祝賀『民事訴訟理論の新たな構築（下）』七四九頁。栗原伸輔「会社更生法における『公正かつ衡平』について（一）～（四）」法協一三〇巻七号一頁、八号八三頁、一三二巻二号九五頁、三号一一一頁も参照。

（注50）311 U.S. 138 (1940).

（注51）*Id.* at 147. この中で、「不公正な差別」要件と債権者平等原則を結び付けた Clarke v. Rogers, 228 U.S. 534 (1913). が引用されている。

（注52）326 U.S. 536 (1946). この判決も、Clarke v. Rogers を引用していた。

（注53）*Id.* at 541-42.

（注54）「公正かつ衡平」要件を含むクラムダウンについて、差し当たり、福岡真之介『アメリカ連邦倒産法概説［第二版］』三三五頁以下参照。

（注55）Bruce A. Markell, *A New Perspective on Unfair Discrimination*, 72 AM. BANKR. L. J. 227, at 227-228 (1998).

（注56）福岡・前掲注54一五四頁以下。

（注57）福岡・前掲注54一五三頁。

（注58）未履行契約の概念については、Vern Countryman, *Executory Contracts in Bankruptcy: Part I*, 57 MINN. L. REV. 439, at 460 (1973). 参照。

（注59）In re City of Stockton, California, 526 B. R. 35, 36 (Bankr. E. D. CA. 2015).

（注60）*See* Fosdick v. Schall, 99 U.S. 235 (1878). 差し当たり、藤本利一「中小企業再生における商取引債権の保護」銀法八〇二号三八頁、藤本・前掲注3五一頁参照。

（注61）特定の商取引債権者への弁済がフォーラムショッピングを引き起こしていること、債権者平等原則の観点から

問題あることを示唆するものとして、LYNN M. LOPUCKI, COURTING FAILURE, at 163 (2005). がある。筆者は、かつて、LoPucki 教授にこの問題についてインタビューを行ったことがあるけれども、その際に、とくに債権者平等原則の侵害を強調しておられた。

（注62） *See In re* Chrysler LLC, 405 B.R. 84 (Bankr. S.D.N.Y. 2009), aff'd 576 F.3f 108 (2d Cir. 2009), vacated by 78 U.S.L.W. 3359 (Dec. 14, 2009).

（注63） *In re* City of Detroit, 524 B. R. 147, 171, 189 (Bankr. E.D. MI. 2014).

（注64） 524 B. R. at 255-59.

（注65） 524 B. R. at 253.

（注66） 524 B. R. at 256.

（注67） *See, e.g.*, Bryan Kotliar, *A New Reading of the Ordinary Course of Business Exception in Section 547 (c) (2)*, 21 AM. BANKR. INST. L. REV. 211 (2013).

（注68） *See* Mark Furletti, An Overview and History of Credit Reporting, PHILA. FED. RES. DISCUSSION PAPERS (June 2002).

（注69） もはや裁判所書記官が、被告債務者が他州に逃亡した際、債権者の訴状に、「GTT」（Gone To TEXAS）というスタンプを押すこともなくなったとされる（BALLEISEN, *supra* note 29, at 170）。

（注70） *See, e.g.*, 1 G. GILMORE, SECURITY INTERESTS IN PERSONAL PROPERTY (1965).

（注71） 一八九八年法では、管財人は、倒産手続開始前四カ月以内にされた偏頗行為を否認できるが、受益者の悪意を証明しなければならなかった。

（注72） 藤本・前掲注11二二一頁以下参照。

（注73） *See, e.g.*, Brook E. Gotberg, *Conflicting Preferences in Business Bankruptcy: The Need for Different Rules in Different Chapters*, 100 IOWA L. REV. 51 64 (2014).

（注74）Ex parte Foster, 9 F. Cas. 508 (C. C. Mass. 1842). かかる判決およびオートマティックステイが形成された沿革について、藤本・前掲注29五一八頁以下参照。

（注75）Jay Lawrence Westbrook, *A Functional Analysis of Executory Contracts*, 74 Minn. L. Rev. 227, at 252 (1989).

（注76）この問題については、*see, e.g.*, Douglas G. Baird, *Notice Filing and the Problem of Ostensible Ownership*, 12 J. LEG. STUD. 53 (1983).

（注77）George G. Triantis, *The Effects of Insolvency and Bankruptcy on Contract Performance and Adjustment*, 43 U. TORONTO L.J. 679 (1993).

（注78）Jesse M. Fried, *Executory Contracts and Performance Decisions in Bankruptcy*, 46 DUKE L.J. 517 (1996).

（注79）Matter of Kmart Corporation, 359 F.3d 866 (2004).

（注80）倒産裁判官が強調した点であった（*In re* Chrysler LLC, 405 B. R. 84, 97 (2009), aff'd, 576 F.3d 10 (2d Cir. 2009), vacated by 78 U.S.L.W. 3359 (Dec. 14, 2009).）。

（注81）*In re* City of Detroit, 524 Bankr. 147, 257 (Bankr. E. D. Mich. 2014).

（注82）かかる点につき、伊東俊明「偏頗行為否認の主観的要件に関する覚書」臨床法務研究一五号一頁、一四頁注(51)は、イギリスのコモンローにおいて、詐害行為（the fraudulent conveyance）とは異なり、偏頗行為（preference）は違法な行為ではなかったと指摘し、後者の規律の根拠を検討すべきであるという。

（注83）一八六七年法に対する批判につき、藤本利一「アメリカの倒産手続と裁判所―未完の裁判所・裁判官に映るあるべき司法像の変遷」佐藤鉄男＝中西正編著『倒産処理プレーヤーの役割―担い手の理論化とグローバル化への試み』三二四頁、三二八頁以下参照。

（注84）例えば、年金債務の保護を批判し平等を叫ぶのはより強い社会的地位を持つ社債権者だということ、「不公正な差別」要件は債権者平等原則より緻密に同じ地位にある債権者間の差異を分析できることなどが指摘される。

（注85）伊藤眞「新倒産法制一〇年の成果と課題―商取引債権の光と陰」伊藤眞＝須藤英章『新倒産法制一〇年を検証

する』二二頁、二九頁、山本・前掲注4ジュリ一四〇一号二〇頁注48参照。なお、杉本純子「事業価値を毀損しない倒産法制の可能性―商取引債権保護とＤＩＰファイナンスの優遇」法時八九巻一二号二四頁は、数億円規模の弁済がなされる実務を少額要件の存在から批判する。少額要件を厳格に解するものとして、園尾隆司＝小林秀之編『条解民事再生法〔第三版〕』四三五頁〔杉本和士〕、これを弾力的に解釈する可能性を示唆するものとして、山本和彦ほか編『Q＆A民事再生法〔第二版〕』一九一頁〔中井康之〕参照。

（注86） 法実証主義的な「ルールとしての法」概念を批判したRonald Dworkinの法解釈理論について、内田貴「探訪『法の帝国』―Ronald Dworkin, LAW'S EMPIREと法解釈学―（一）（二・完）」法協一〇五巻三号一頁、四号二〇頁、また、近時の研究として、平野仁彦「法的正当化における法原理の位置」立命館法学二〇一〇年五＝六号一一七七頁参照。

（注87） その方向性につき、藤本・前掲注60三九頁参照。

（注88） 山本・前掲注4ジュリ一四〇一号一九頁、同・前掲注4債管一二八号四頁。

＊本稿は科研費【16K03402】、【24402007】の成果である。

破産手続における放棄に関する諸問題
―とくに法人の場合を念頭に―

弁護士　黒木和彰

目次

一　初めに

二〇一五年（平成二七年）一一月七日に全国倒産処理弁護士ネットワークの全国大会（以下「全国大会」という）が福岡で開催され、そのテーマが「破産手続における放棄に関わる諸問題」であった（注1）。

破産法上、破産管財人の「権利の放棄」（破産七八条二項一二号）は、裁判所の要許可事項との規定があり、破産規則五六条後段には、破産管財人が不動産を放棄する場合の担保権者への通知義務を規定している。この破産管財人による破産財団からの「権利の放棄」とは、債務免除や共有持分の放棄などの実体法上権利の放棄という意味の絶対的な放棄と、特定の財産について破産管財人の管理処分権を放棄し、破産者の管理処分下に戻す行為を意味する相対的放棄を意味する（注2）。本稿は、破産管財人の管理処分権を放棄し、破産者の管理処分権に戻す相対的放棄について、破産者が法人の場合を念頭に論じるものである。

すなわち、破産法上の上記の各規定では、相対的放棄について、どのような法的意味があるのか、どのような場合に相対的放棄が認められるのか、破産財団から相対的に放棄された後に当該財産はどうなるのかについては全く触れられていない。他方、森山善基ほか「「破産財団の管理又は換価が困難な案件に関するアンケート」結果報告」債管一五二号一五〇頁では、八二・一％の破産管財人経験者が法人の場合の相対的放棄を行ったと回答している（注3）。

このように、破産財団からの相対的放棄は、実務上は重要な破産手続上の手法として定着しているにもかかわらず、具体的な規範が明示されておらず、破産手続上の「密教化」していると思われる。

そこで、本稿は、全国大会の結果を踏まえて、破産手続開始決定により、解散し、破産手続が終了するまで存続が擬制される（破産三五条）、換言すれば、破産手続が終了すれば法人格も消滅することになる法人において相対的放棄の問題を考えていきたい。

この問題は、実体法上の放棄の可否を超えて、破産管財人に管理処分権が専属する（破産七八条一項）ことを介して、私人間の権利義務をめぐる争いを相対的に解決する訴訟手続とは異なる、多数の権利義務を最終的に解決する破産手続の意味を検討することになると考えられる。

二　法人の清算（株式会社を前提として）

1　通常の清算手続

まず、株式会社は清算の開始原因（会社四七五条）がある場合には、清算をしなければならず、清算株式会社は清算の目的の範囲内で清算が結了するまで存続する（会社四七六条）。そして、清算人は、現務を終了させ、会社の財産を確定した後、残余財産を分配する（会社四八一条）のであるが、清算株式会社の財産がその債務を完済するのに足りないことが明らかになった場合、直ちに破産手続開始の申立てをしなければならない（会社四八四条）とする。

2　特別清算手続

次に、清算株式会社に、清算の遂行に著しい支障を来すべき事情や債務超過の疑いといった特別清算開始の原因（会社五一〇条）がある場合に行われる特別清算について検討する。

清算株式会社の清算人は、債務超過の疑いがある場合には、特別清算の申立てが義務付けられている（会社五一一条二項）。さらに、会社法は、裁判所に対し、特別清算手続で協定の見込みがない場合や協定の実行の見込みがない場合等に、職権での破産手続開始決定（会社五七四条一項）を義務付けている。

以上から、会社法の清算手続と、破産手続による会社清算手続との間では、会社法上の清算手続が完了しない場合には、破産手続を利用して、当該会社を清算することがあらかじめ想定されているのである。

3　特別清算手続における「権利の放棄」

会社法五三五条一項五号では、「権利の放棄」について、裁判所の要許可事項としている。では、清算会社についてどのような場合に権利の放棄が可能とされているのか。

同条の「権利の放棄」とは、実体法上の権利放棄や訴訟法上の権利放棄が考えられるとして、①回収困難債権、②管理費用、保管費用が嵩む物、③オーバーローンの担保物件等が対象となる。その上で、公法上の義務がある物の放棄はできないとし、また不動産（とりわけ土壌汚染等の存する不動産（注4）や賃借人の存する不動産）のように、その所有権の放棄によって、管理処分の主体が不明確になり、あるいは第三者に不測の損害を被らせる場合には原則として放棄は許されないとする（注5）。

このように、会社の清算を目的とする手続である特別清算においては、不動産の放棄は認められないとされている。他方、会社法上の手続で会社が清算結了に至らない場合に想定されている破産手続では、上述のように、「権利の放棄」（破産七八条二項一二号）により、財団からの相対的放棄が認められる解釈と実務運用がなされている。この結果、最終的な法人格の消滅手続であると考えられる破産手続でありながら、相対的放棄を認めることで、結果的に破産手続という清算手続でも清算されていない財産とその帰属主体である清算法人の存在を認めるということになっている。

そこで、以下、このような相対的放棄が許容されるか否か、また、何故このような相対的放棄が実務上定着したか、そして、あるべき手続はどのようなものとすべきかについて検討したい。

三　法人破産における自由財産

まず、破産者が法人の場合に、そもそも自由財産が認められるかが問題となる。仮に、自由財産が認められないということになれば、法人破産の場合、破産財団以外の財産を認識することができず、相対的放棄の可能性がなくなるからである。

この点、現行破産法が普及主義を採ったこと、財産関係に関係しない法人の活動を理由に自由財産を認める必要がないこと、同時破産廃止の場合を一般化する必要はないことを理由に、法人の自由財産を否定する見解も有力である（注6）。

他方、破産規則五六条の後段が、破産管財人が当該不動産を放棄する際に担保権者に対して通知をする規定を設けたことを理由に、自由財産を認めたものと解する見解がある（注7）。

実務上は、破産規則五六条後段が、「破産者が法人である場合において、破産管財人が当該不動産につき権利の放棄をしようとするとき」という文言が規定されていること（注8）や、後述の最決平一二・四・二八（金法一五八七号五七頁）や最決平一六・一〇・一（金法一七三一号五六頁）が、破産管財人が別除権付不動産を放棄することを前提とした決定であるから、法人であっても自由財産があるとする相対的放棄がなされている。

そこでこの相対的放棄が実務上定着していった背景を探り、この相対的放棄の限界を検討していきたい。

四　破産管財人と別除権者

破産手続開始決定により、破産財団に属する財産の管理処分権が専属する破産管財人（破産七八条一項）と、破産財団に属する財産に存する担保権を有する別除権者（破産六五条）は、鋭い利害対立をもたらす。そして、別除権が物の交換価値を把握するのみならず、その収益（果実）についても把握することになると、破産管財人と別除権者との利害対立はきわめて深刻となる。

この点、抵当権者が抵当不動産について物上代位を行うことが可能かについては、争いがあったところ、最判平元・一〇・二七（民集四三巻九号一〇七〇頁）が「抵当権の目的不動産が賃貸された場合においては、抵当権者は、民法三七二条、三〇四条の規定の趣旨に従い、目的不動産の賃借人が供託した賃料の還付請求権についても抵当権を行使することができるものと解するのが相当である」、「目的不動産に対して抵当権が実行されている場合でも、右実行の結果抵当権が消滅するまでは、賃料債権ないしこれに代わる供託金還付請求権に対しても抵当権を行使することができる」と判示し、いわゆる競売権と物上代位権の重畳的行使を認めた。この平成元年最判を受けて、平成一五年の民法・民事執行法の改正で、民法三七一条を改正するとともに、民事執行法に不動産収益執行手続（民執法一八〇条二号）を新たに制定するなどした。

この結果、破産財団との関係では、抵当権が設定されている不動産が破産財団を構成している場合、別除権者が賃料に対し物上代位を行うと、破産財団は賃貸人としての義務や固定資産税の負担を免れない一方、賃料収入もないという状態が継続することになる。この場合、破産債権者の負担で、別除権者の利益を擁護することになり、また、別除権者が物上代位は行いながら競売申立てを行わないとなると、破産手続そのものが終結しないことになる。この実務上の隘路を解決するために、旧破産法一九七条一二号による「権利の放棄」として、破産財団からの放棄を認めることになったのである。

五　実務上放棄を認めるようになった時期

現在確認できる実務書で、最も早く法人破産の場合の不動産放棄を認めたものは、東京地裁民事第二〇部発行「管財業務ニュース」第三号（平成八年二月一日）（注９）と同第五号（平成八年三月一五日）（注10）であろう。

しかし、当時の裁判所の見解は、「法人が破産者の場合には放棄後の権利関係の混乱が予想されるため、別除権者が別除権の実行をせず、任意売却にも応じない状況が続き、しかも、右固定資産税等の負担により当該不動産が財団組成に寄与しないとしても、それだけで放棄することは相当でない。放棄後の権利関係の混乱を防止するため、さらに、①予定される抵当権の実行等により清算が事実上完了することになり、②権利放棄によって利害関係人に著しい不利益を与えることがないような事情があるときに、はじめて放棄を許容し得るものと解するのが相当である」（注11）としていた。これは、実務に相対的放棄が定着した時期の放棄に関する見解（注12）とはかなり異なると言うべきであろう。

この点、豊富な破産管財経験を有する多比羅誠弁護士が、上述の全国倒産処理弁護士ネットワークの福岡大会の大会資料をもとに報告された破産財団からの放棄の実態によると、昭和五五年～平成九年までの管財事件一三件のうち、平成六年の破産事件が、不動産の放棄を行った最初の事例であるということである（注13）。

実際に、最高裁判所が、破産財団からの相対的放棄を認めたと考えられる前掲最決平一二・四・二八は、「破産財団から特定の財産が放棄された場合には、当該財産の管理及び処分について、破産管財人の権限は消滅し、破産者の権限が復活する。したがって、右の場合に、当該財産を目的とする別除権につき別除権者がその放棄の意思表示をすべき相手方は、破産者であると解するほかはない。このことは、破産者が株式会社であっても、異なるところはない」と判示しており、破産管財人が放棄した不動産には別除権者（先順位と別除権の放棄の意思表示をした後順位抵当権者）がいた事例である。同様に、前掲最決平一六・一〇・一も、「破産者が株式会社である場合において、破産財団から放棄された財産を目的とする別除権につき、別除権者が旧取締役に対してした別除権放棄の意思表示は、これを有効とみるべき特段の事情の存しない限り、無効と解するのが相当である」と判示しており、破産管財人が放棄した不動産には別除権者（先順位と別除権の放棄の意思表示をした後順位抵当権者）がいた事例である。

つまり、最高裁判所の両決定は、破産管財人と別除権者との鋭い利害対立を背景にしてなされたものである。

六　現行破産法における破産管財人の権限と別除権者

現行破産法の制定時に、破産手続と別除権者との関係をどのように規律するかについて多くの議論がなされた。

1　無剰余取消規定の排除

その結果、実体法上の担保権不可分の原則（民法二九六条、三七二条）を反映した手続規定である民事執行法の無剰余取消し（民執法六三条、一二九条、一八八条、一九二条）の適用を排除した破産法一八四条二項・三項を規定した。これにより、破産管財人は、仮に破産財団帰属財産が無剰余である場合でも、保管料や固定資産税等の財団債権の増加を防ぐために民事執行手続を利用した換価が可能となった（注14）。同時に、非典型担保について、その実行時期の指定を定めた破産法一八五条を規定した。しかし、実務上、破産管財人がこの手続を利用することはほとんどないままに推移している（注15）。

2　担保権消滅許可制度（破産一八六条以下）

同様に、破産管財人が、担保権の目的財産を任意売却する際に、裁判所の許可を得て、当該財産について存在するすべての担保権を消滅させると同時に、任意売却により取得できる金銭の一部を破産財団に組み入れることができる担保権消滅許可制度が創設された。しかし、この制度は、任意売却を促進する効果があるとはいえ、実際の利用件数はきわめて少ない（注16）。

そこで、現行破産法で、当初想定された担保付不動産の破産財団からの相対的放棄を減少させるための制度が創設されたにもかかわらず、これらの制度が実務上あまり利用されていない現状を考えると、今後も「密教」としての相対的放棄が行われていくと考えられる。そこで、この相対的放棄の限界を検討したい。

七　相対的放棄と破産手続をめぐる利害関係人

1　破産財団をめぐる利害関係人（注17）

破産手続の開始決定により、破産債権者は、別除権等を理由とする場合等以外は、破産手続によらない権利行使は否定される（破産一〇〇条一項）。同時に、破産手続の開始決定により破産財団の管理処分権は破産管財人に専属する（破産七八条一項）。そして、破産法は、破産手続の遂行過程で発生する債権その他の債権を、財団債権として破産財団を債務者とする債権としている（破産一四八条）。

このように、破産手続の開始決定を境に、破産者をめぐる法律関係は、従前の法律関係から一変し、多数の利害関係人が破産手続に関与することとなる。そこで、これら利害関係人と破産管財人および破産財団との関係を分析することが必要となる。

2　破産管財人が負う善管注意義務の相手方

破産管財人は、職務上の善管注意義務を負っている（破産八五条一項）。この善管注意義務の相手方をめぐって、破産法一条と同義であると解する広義説（注18）と財団債権者や破産債権者を善管注意義務の相手方とする狭義説（注19）がある。

このように破産法八五条二項の善管注意義務の対象者を限定したとしても、破産管財人が、破産財団の管理処分権を有することから、破産者の契約上の義務を承継することは否定できず、同時に、法令上の義務が賦課されていること、不法行為法上の注意義務があることも否定できないと考えられる。

では、破産管財人が、これら様々な利害関係人の利益を調整するとした場合、どのような基準でこれらの利害関係人相互の関係を検討すればよいだろうか。換言すれば、破産管財人が管理処分権を有する破産財団をもって、どのような利害関係人を保護すべきであろうか。

3　相対的放棄をめぐる利害関係人

前述のように、破産手続開始決定前後で、破産財団に関する管理処分権は、破産者から破産管財人に専属するに至る。したがって、破産財団からの相対的放棄を検討する際に、その利害関係が破産手続開始決定前の利害関係なのか、破産手続開始決定後なのかを考えることが必要である。

次に、破産手続開始決定前の利害関係人内部については、当該財産について、担保権を設定しているように密接な利害関係を有しているか否かがメルクマールとなろう。

最後に、開始決定前後を問わず、その利害関係が、破産者との契約関係（意思表示）によって生じたものか否かを検討する必要がある。

八　破産管財人が負う義務の相互関係と調整の視点

1　破産手続開始決定前の利害関係人か否か

まず破産手続は、破産手続開始決定の前後で、従前の破産者の法律関係を切り離し、破産手続開始決定前の債権者は、原則として破産手続によってのみ権利行使を認め（破産一〇〇条一項）、破産手続開始決定後の債権者は、財団債権者とする（破産一四八条）。

よって、破産手続開始決定前後により、破産手続の利害関係人のプライオリティルールを決定するというのが大前提となる（注20）。そして、破産手続開始決定前に具体化している債権者は、例えば工作物責任による人身損害（民法七一七条）であったとしても、破産手続開始決定前に債権者として具体化している場合は、破産債権者となり、破産手続開始決定後に具体化すれば開始後の債権者として財団債権者（破産一四八条一項四号）となると考えられる（注21）。

破産手続開始決定後には、破産財団の管理処分権は、破産管財人に専属する以上、従前の破産者をめぐる法律関係とは異なる法律関係が形成されてしかるべきであるからである。

2　破産管財人の行う財産評定の意味（担保権者の実質的権利）

次に、破産管財人は、破産手続開始決定後遅滞なく、破産財団に属する一切の財産について、破産手続時における価格を評定する（破産一五三条一項）。この財産評定の目的は、①配当財源となるべき財産とその価額を把握することにより破産管財人の換価業務の基礎資料となり、②別除権者の権利の範囲を画する資料となり、③配当率予測の資料ともなり、④破産管財人の換価業務に対する裁判所の監督のための資料となるとされる（注22）。

したがって、仮に破産手続開始決定時に、財産評定で、化学物質による汚染等によりこれを除去しないと市場で売却できないと評価された不動産等について、破産財団で除去費用を負担し、その結果当該財産の価値が破産手続開始決定後に増加した場合、別除権者は、担保不可分の原則により、増加分まで自らの権利の対象とすることは、権利の範囲を超えるものと評価できよう。このような場合、別除権者に対する不当利得や、民法三七〇条ただし書が詐害行為（民法四二四条）の場合はこの限りではないとする法意を利用し、増加分は別除権者に帰属しないと解すべきであろう（注23）。

3　契約等の意思表示により利害関係人となったか否か

第三に、これら利害関係人が、どのような法律原因によって破産財団との間で利害関係を形成したかも重要である。

すなわち、契約等の意思表示を前提として法律関係を形成した者は、破産者の責任財産についても一定の調査をした上で、破産者との取引に関するリスクを把握して法律関係を結んでいる。さらに、担保権者は、法定担保権を除くと、担保目的物の状況を把握し、破産者について手続開始決定がなされた場合のリスクも検討の上で、担保権を設定しているのであるから、担保目的物をめぐる問題についてよりリスクを取るべきであろう。

これに対し、破産財団帰属財産について法令上の義務の賦課がなされていることにより破産手続に関与することになった行政庁とその背後にある公共的利益や、破産財団帰属財産の危険性等を理由に生命・身体・財産の安全を害される危険のある者は、自ら意思表示によってリスクを負担した者ではない。

このような破産財団をめぐる利害関係人のうち、意思表示を媒介として破産財団と法律関係を形成した内部者と、意思表示を媒介としていない外部者の利益を調整検討することについては、自らの意思でリスクを取ることが困難であった外部者の利益を優先すべきであろう。

すなわち、内部者の利益を拡大するために、コストを外部者に負担させるというコストの外部化はできないということであり（注24）、破産管財人は、破産財団に関するコストを内部者に分担させる権能と義務を負っていると言うべきである（注25）。

九　破産財団からの相対的放棄の各論点について

以上の破産管財人や破産財団をめぐる利害関係人の立場を前提として、全国倒産処理弁護士ネットワーク第一四回全国大会で議論された破産財団からの相対的放棄をめぐる複数のケース（注26）を検討したい。

1　管理・換価困難不動産（原野・山林等）の放棄

このような場合、シンポジウムでは破産管財人が、合理的な期間、合理的な方法で買手を探しても買主が見つからない場合には、周辺の環境などに負担がないことを前提として破産手続の迅速な処理のために相対的放棄することもやむを得ないという理解がほとんどであった。

他方、近時いわゆる所有者不明土地についての議論がなされており、一説では、所有者不明土地は既に四一〇万ヘクタールに達しているとのことである（注27）。法人の破産財団からの相対的放棄は、破産手続により管理機構である法人の法人格の基礎が解体され、事後はいわゆる所有者不明土地と同じ状態が生じることとなる。したがって、相対的放棄のみならず、土地の絶対的放棄も検討することが必要となるのではないか（注28）。

2　別除権の対象不動産の放棄

このような場合についても、上述のように、担保権消滅請求制度は活用されておらず、相対的放棄がなされているとのことである。この問題は、破産債権者の満足の引当てとなる破産財団と、当該担保物の価値を把握している別除権者との利害調整の問題であるが、現行破産法で一八四条三項や一八六条以下の規定を設けたのは、別除権付不動産を破産手続内で換価することであった。

アンケート結果報告では、放棄前に破産法一八四条三項の申立てを検討した者はわずか九・六％であり、担保権消滅請求を検討した者も二六％にとどまっている（注29）。この制度を実務上定着させることがまず必要なのではないかと考えられる。

3　承継する契約上の地位と担保権等との調整

パネルディスカッションでは、賃貸中の不動産の財団放棄、借地権付建物の放棄、転貸中の建物の財団放棄といった問題について検討がなされている。いずれも、破産手続開始決定により、賃貸人や賃借人という契約上の地位を破産管財人が承継するという問題と、別除権者の利害調整の問題である。

これは、解決が困難な問題であるが、開始決定前に形成されている意思表示を媒介とした利害関係人相互の利益調整の問題である。そして、破産法は前記の担保権消滅請求等の制度に加え、双方未履行双務契約の解除の制度等を利用することで解決することも全く不可能ではないと考えられる。

4 破産手続開始決定後の外部者と破産手続決定前からの内部者との利益調整

パネルディスカッションでは、周辺住民の生命身体に具体的危険のある危険物（それを含む不動産）の放棄の問題や、環境法等に基づき適切な管理処分が求められている物質（それを含む不動産）の放棄の問題が検討された。これは、破産管財人に管理処分権が専属する破産財団帰属財産について破産手続開始決定後に発生する外部者との費用をどこまで外部化できるかという問題である。この点、パネルディスカッションでは、破産管財人の報酬を除外するまですべて使うことを認める発言がなされた（注30）。また、アンケートでも物理的な危険性がある不動産の処理に関し、破産管財人の費用を含む破産財団全額で処理したという回答が二件、破産管財人の費用を除く破産財団全額で処理したという回答が三件ある（注31）。

一〇 結びに代えて──相対的放棄か、破産手続の異時廃止か

前記のように、破産手続開始決定の効果として、破産財団の管理処分権は破産管財人に専属する（破産七八条一項）。相対的放棄は、裁判所の許可（破産七八条二項）を媒介させることで、破産管財人に専属した管理処分権を「権利の放棄」（同条二項一二号）を利用して解除するという手法である。

しかし、破産者が株式会社の場合、放棄された財産は清算株式会社の自由財産となるため、この財産の清算をめぐって、清算人を選任する必要がある。しかし、選任された清算人は、破産財団から放棄された財産につき特別清算が遂行されることは考えられないことから、破産の申立義務が課せられる（会社四八四条一項）。ところが、再度開始された破産手続で破産管財人が当該財産を放棄すると、再び同様の問題が生じることになり、法的には

無限ループに陥る。とすると、法制度全体として、このような状態を予定していたとは考え難い（注32）。

さらに、相対的放棄は、本来破産財団にプラス資産として、あるいはマイナス資産として帰属すべき財産を、破産管財人の判断と裁判所の許可により、破産財団と破産者のそれぞれの責任財産に分離することを許すことになり、チェリー・ピッキングを認めることとなる（注33）。

他方、破産手続の終結事由として、破産財団をもって破産手続の費用を支弁するに不足すると認めるときは、異時廃止として破産手続廃止をする（破産二一七条一項）。前記のように、破産管財人の報酬を除くすべての財産を使って汚染物質を除去した場合には、異時廃止手続を取ることも可能なのである。この場合、清算できなかった財産は、破産手続それ自体が終結した結果であるので、法人の自由財産となることはやむを得ない（最判昭四三・三・一五民集二二巻三号六二五頁参照）。

法的効果として、相対的放棄と異時廃止は結果的には異ならないが、破産手続それ自体が終結した結果であるのか、破産管財人が自らの権能と責任を一部放棄した結果であるのかは破産手続全体を検討する上で大きな差異があると考えられる。

したがって、実務の中で「密教」と化している「権利の放棄」について本稿の分析により再度検討し、この放棄をできるだけ回避することが求められるのではないかと考える（注34）。

（注1）　全国倒産処理弁護士ネットワーク全国大会の詳細は、債管一五一号四頁以下に収録されている。

（注2）　田原睦夫＝山本和彦監修『注釈破産法（下）』二五九頁〔黒木和彰〕、伊藤眞ほか『条解破産法〔第二版〕』六三六頁、相対的放棄と絶対的放棄については、高木新二郎＝伊藤眞編集代表『講座　倒産の法システム（二）』六

六頁〔印藤弘二〕参照。

（注3） なお、放棄対象財産としては、不動産が最も多く二四一件、債権が次いで多く一一三件、動産が一〇四件であったとのことである。

（注4） 松下淳一＝山本和彦編『会社法コンメンタール（13）』一一一頁〔三木浩一〕では、化学物質で汚染された工場の敷地や産業廃棄物が投棄された土地などについては、汚染等を除去して第三者の利益や公的な利益を害しないようにする義務が清算株式会社にあると考えられ、その義務を果たさずに所有権等を放棄することは認められないと解するのが多数説および実務の立場であるとする。

（注5） 江頭憲治郎＝中村直人編著『論点体系会社法（四）』二六四頁〔早川学〕。松下＝山本編・前掲注4一一一頁〔三木〕。田原睦夫＝山本和彦監修『注釈破産法（上）』八八頁〔多比羅誠〕によると、「『財団からの放棄』に相当する『権利の放棄』は破産手続以外には認められていない。オーバーローンで売却困難な不動産を所有しているなど、財団からの放棄が必要となりそうなケースは、特別清算より破産手続が適している」とする。

（注6） 伊藤眞『破産法〔第三版〕』二四七頁、石川明＝三上威彦編『破産法・民事再生法』一四三頁。

（注7） 中島弘雅『体系倒産法1破産・特別清算』一三四頁。

（注8） この規定の趣旨については、最高裁判所事務総局民事局監修『条解破産規則』一三七頁。

（注9） 東京地裁破産・和議実務研究会編『破産・和議の実務（上）』二二三頁。

（注10） 東京地裁破産・和議実務研究会編・前掲注9二三五頁。

（注11） 東京地裁破産・和議実務研究会編・前掲注9二三六頁。

（注12） 例えば、中山孝雄＝金澤秀樹編『破産管財の手引〔第二版〕』一六〇頁では、「不動産を破産財団から放棄するにあたっては、債権者に対してより多くの配当を実現させるという要請と迅速な換価によって破産手続を速やかに終了させるという要請とを調和させながら、様々な事情を総合考慮して判断することが求められます」とする。

（注13） 多比羅誠「体験的『破産財団からの放棄』論」債管一五一号五三頁以下。

（注14）立法当初は、この規定により破産財団の放棄が減少するという意見があった（伊藤眞ほか編『新破産法の基本構造と実務』二二七頁〔田原睦夫発言〕）。
（注15）沖野眞已ほか「《パネルディスカッション》破産事件における管理・換価困難案件の処理をめぐる諸問題」債管一五一号二六頁〔中山孝雄発言〕、二七頁〔森純子発言〕、同〔岩木宰発言〕。この理由について、手続費用の予納が必要であること、手続期間がかかること、破産財団の増殖が見込めないことが挙げられている。
（注16）沖野ほか・前掲注15二六頁以下〔中山、森、岩木発言〕。
（注17）破産法一条に定める利害関係人について田原＝山本監修・前掲注５八頁〔開本英幸＝吉川武＝馬杉栄一〕。
（注18）竹下守夫編集代表『大コンメンタール破産法』三六〇頁、伊藤ほか・前掲注２六六八頁、田原＝山本監修・前掲注５五九七頁。
（注19）伊藤眞ほか「破産管財人の善管注意義務──「利害関係人」概念のパラダイム・シフト」金法一九三〇号七一頁。
（注20）伊藤眞「破産管財人の職務再考─破産清算による社会正義の実現を求めて」判タ一一八三号三五頁以下では、人身損害等に基づく損害賠償債権者の取扱いについて、これらの債権者を保護するために、信託財産を設定する目的で破産財団帰属財産を活用することを提案している。しかし、このような解釈は現行法の解釈としては困難ではないか（同旨、岡伸浩ほか編『破産管財人の財産換価』六一八頁〔山本和彦〕）。
（注21）沖野眞已「所有権放棄の限界─「財団放棄」をめぐる議論の整理のために」債管一五一号一五頁。
（注22）田原＝山本監修・前掲注２六四頁〔小島伸夫〕。
（注23）沖野ほか・前掲注15四四頁〔沖野発言〕。
（注24）沖野・前掲注21一六頁。
（注25）岡ほか編・前掲注20六二七頁〔山本〕。
（注26）各ケースの詳細は、沖野ほか・前掲注15一六頁以下にある。
（注27）所有者不明土地問題研究会最終報告（http://www.kok.or.jp/project/pdf/fumei_land_171213_03.pdf）等。

（注28） 沖野ほか・前掲注15五頁〔沖野発言〕、田處博之「土地所有権は放棄できるか―ドイツ法を参考に」論究ジュリ一五号八一頁、加藤雅信「急増する所有者不明の土地と、国土の有効活用」星野英一先生追悼『日本民法学の新たな時代』二九七頁等参照。

（注29） 森山ほか・前掲（本文一）一五六頁。

（注30） 沖野ほか・前掲注15四二頁〔橋本千尋発言〕。東京地裁破産再生実務研究会編著『破産・民事再生の実務〔第三版〕破産編』二二四頁以下では、「土壌汚染の場合はその点の鑑定を行って土壌の改良をするなど、可能な限り危険物を除去するように努力するべきであり、安易に放棄すべきではない。破産管財人は、事前に破産裁判所と協議をした上で、破産管財人報酬見込額を控除した破産財団全てを投入してでも危険物の除去に努めることが求められる」とする。

（注31） 森山ほか・前掲（本文一）一六二頁。

（注32） この点、高木＝伊藤編集代表・前掲注２八九頁以下〔印藤〕では、清算人選任事件について、非訟事件手続法一九条を利用した「スポット運用」が定着していることを指摘する。しかし、この運用について、転用の域に達していると評価しているところである。

（注33） 沖野・前掲注21一一頁。

（注34） 多比羅・前掲注13五七頁以下で「私の好みではない（中略）破産管財人はその任務を放棄するような後ろめたい気持ちになるからである。（中略）「財団からの放棄」の道はないと覚悟すると、それなりの手法を思いつくものである」とされている。至言である。

消費者裁判手続特例法に基づく手続中の事業者の破産

大阪地方裁判所判事　森　純子

目　次

一　消費者の財産的被害の集団的な回復のための民事の裁判手続の特例に関する法律の概略

1　法の趣旨および特徴

消費者の財産的被害の集団的な回復のための民事の裁判手続の特例に関する法律（以下「法」という）は、平成二五年一二月一一日に公布され、平成二八年一〇月一日に施行された。立法の背景には、消費生活相談の件数が高水準で、取引に関する相談件数が多く、同種の被害が拡散的に多発する状況がある一方で、消費者と事業者との情報の質および量ならびに交渉力の格差等により、消費者は被害回復のための行動を取りにくく、最終的な被害回復手段である訴訟においても、相応の費用、労力を要することや、少額の請求の場合が多いことなどから、消費者が訴えを提起するのは困難な状況にあり、泣き寝入りをすることも少なくないことがあった（注1）。

そして、このような消費者被害においては、消費者が事業者の金銭支払義務の根拠となる共通の事実上および法律上の原因の存在を明らかにすることには困難が伴うことが多い反面、支払義務が確認されれば個々の消費者ごとに判断すべき個別の事項は比較的判断が容易であり、かつ、消費者ごとに大きな差がないことが多いという特性があることから、まず、個々の消費者の利益を代弁できる適切な者に、事業者が共通の原因により支払義務を負うか否かの判断をする手続を追行させ、次に、事業者が支払義務を負うことが確定した場合には、消費者が自己の請求権についての審理判断を求める手続を行う二段階型の制度とした（注2）。

2　特定適格消費者団体

立案過程では、個別の対象消費者および当該消費者によって組織された団体にも当事者適格を認める可能性も議論された（注3）が、法は、「被害回復裁判手続を追行するのに必要な適格性を有する法人である適格消費者団体（消費者契約法（…）第二条第四項に規定する適格消費者団体をいう。…）として第六十五条の定めるところにより内閣総理大臣の認定を受けた者」（法二条一〇号）である特定適格消費者団体のみに当事者適格を認めている。今のところ、特定非営利活動法人消費者機構日本および特定非営利活動法人消費者支援機構関西が認定を受けている。

特定適格消費者団体は、被害回復関係業務を行うことができる（法六五条一項）。被害回復関係業務とは、①被害回復裁判手続に関する業務、②①の遂行に必要な消費者被害に関する情報収集に係る業務、③①に付随する対象消費者に対する情報提供に係る業務および金銭その他の財産の管理に係る業務をいう（同条二項）。

特定適格消費者団体は、法の定める手続の段階に応じて、簡易確定手続申立団体（法二一条）、債権届出団体（法三一条七項）と呼ばれる。

3　二段階の手続

㈠　第一段階　共通義務確認訴訟

第一段階の手続は、特定適格消費者団体が、事業者に対し、個々の消費者の権利とは無関係に、「消費者契約に関して相当多数の消費者に生じた財産的被害について、事業者が、これらの消費者に対し、これらの消費者に共通する事実上及び法律上の原因に基づき、個々の消費者の事情によりその金銭の支払請求に理由がない場合を除いて、金銭を支払う義務を負うべきことの確認を求める訴え」を提起する（法二条四号）。訴えが認容された場合には、第二段階の手続に進む。請求の認諾や訴訟上の和解の場合も同様である。共通義務確認訴訟で特定適格消費者団体が敗訴した場合には、第二段階の手続は行われないが、個々の消費者にはその判決の効力は及ばないため、個々の消費者は別途訴訟を提起することができる。

㈡　第二段階　簡易確定手続および異議後の訴訟

第二段階の手続は、個々の消費者の債権を確定する手続である。

まず、簡易確定手続が行われる。この手続は、①第一段階で勝訴（認諾、和解を含む）した特定適格消費者団体は、裁判所に対し、簡易確定手続開始の申立てをし、裁判所は簡易確定手続開始決定をする、②特定適格消費者団体（簡易確定手続申立団体）は、対象となる消費者に手続参加を求めるため、被害回復裁判手続の概要、事案の内容等について通知・公告等の情報提供を行う、③参加する対象消費者は、簡易確定手続申立団体に授権をする、④簡易確定手続申立団体は、授権に基づき対象債権の届出を行う、⑤これに対して事業者が認否をし、事業者が認めた債権はそのまま確定する、⑥事業者が認めない債権については、特定適格消費者団体（債権届出団体）の認否を争う旨の申出に基づき、裁判所は、届出債権の存否および内容について簡易確定決定をする、という過程を経る。

次に、簡易確定決定に不服のある債権届出団体、事業者または届出債権者は、法定の期間内に異議の申立てをすることができ、適法な異議の申立てがあったときは、債権届出に係る請求については、債権届出団体または届出消費者を原告として訴えの提起があったものとみなされ、異議後の訴訟として係属することになり、この訴訟により、届出消費者の権利の存否および内容が確定する。

㈢　保全手続および強制執行手続

法は、第一段階および第二段階の手続のほか、対象債権を保全するための特定適格消費者団体による仮差押えの手続（法五六条から五九条まで）および債権届出団体が対象債権に関して取得した債務名義による民事執行の手続（法四二条五項、四七条二項等）を含めて被害回復裁判手続としている（法二条九号）。

二　事業者が破産した場合の規律

法には、被告、相手方となった事業者について手続中に破産手続開始決定があった場合の特則は定められておらず、破産法四四条一項が適用あるいは準用されることになる。被告、相手方となった事業者には、もともと経営状態が悪い者もいるであろうし、また、そうでなくても多くの消費者被害を出した場合には、信頼を喪失して事業の継続が困難となる者も出てくるであろうから、事業者が破産することは十分に可能性があり、その場合の法律関係について整理しておくことは有益である。

三　共通義務確認訴訟係属中に被告が破産した場合

1　手続の中断

共通義務確認訴訟は、破産者を当事者とする破産財団に関する訴訟であるから、破産法四四条一項により、訴訟手続は中断する。

2 破産管財人による受継の可否

破産管財人は、中断した訴訟手続のうち、破産債権に関しないものは受継することができる（破産四四条二項）。共通義務確認訴訟は、個々の消費者の有する債権そのものを訴訟物とするものではないから、破産債権に関しないものと言うことができよう（注4）。もっとも、破産管財人が受継し、特定適格消費者団体が勝訴したとしても、破産法一〇〇条一項により、個々の消費者の債権は破産債権として破産手続において確定させる必要があり、簡易確定手続を行うことはできないため、訴訟手続を続ける意味は乏しいと言わざるを得ない（注5）。また、理論上は破産手続終了後に被告が受継することがあるものの、そのような場合に被告に財産が残っている可能性は低い。したがって、多くの場合には、原告である特定適格消費者団体は訴えを取り下げ、受継した破産管財人が同意することにより、訴訟が終結するものと思われる（注6）。

破産管財人としては、共通義務確認訴訟において特定適格消費者団体に敗訴すれば、破産手続において届出のある個々の消費者の債権について個別事情によって否認するほかは認めることになろうが、現状の特定適格消費者団体の財政状況（注7）や、当該手続を行うことによる報酬は簡易確定手続について個々の消費者から授権を受けないと受け取れないこと（法七六条参照）に照らすと、後述するとおり個々の消費者に代わって破産債権の届出をすることはできないと解される特定適格消費者団体に対して、破産管財人が受継した後の共通義務確認訴訟の続行を求めることは相当でないように思われる。

なお、共通義務確認訴訟は破産債権に関しないものと言えず、破産管財人において受継できないとすると、共通義務確認訴訟は、その取下げの効力は生じず、破産手続において届け出られた対象消費者のすべての債権が確定した時点で目的を達して当然終了する。破産債権が確定しないまま破産手続が終了した場合には、破産法四四条六項により、破産者が受継することになる（注8）。被告が法人であれば、破産手続終結決定が公告されたとき（破産二二〇条）または破産手続廃止決定が確定したとき（破産二一六条から二一八条まで）に、法人格が消滅する（破産三五条）から、当事者の消滅により、共通義務確認訴訟は当然に終了すると解される（注9）。もっとも、法人に破産手続終結後も残余財産がある場合には、法人は清算法人として残るため、清算法人が当然に受継することになる。

四　共通義務確認訴訟の認容判決確定等の後、簡易確定手続申立て前に事業者が破産した場合

1　簡易確定手続申立ての可否

破産債権は、破産手続によらなければ行使することはできない（破産一〇〇条一項）から、特定適格消費者団体は、簡易確定手続の申立てをすることはできない。共通義務確認訴訟で勝訴等した特定適格消費者団体は、正当な理由がある場合を除き、認容判決確定の日または請求の認諾等によって共通義務確認訴訟が終了した日から一カ月以内に、簡易確定手続開始の申立てをしなければならない（法一四条、一五条一項）が、事業者の破産は、正当な理由に該当する。

破産手続開始決定が抗告審で取り消され、確定した場合には、共通義務確認訴訟で勝訴等した特定適格消費者団体は、正当な理由が消滅したものとして、民事訴訟法の中止の規定（民訴法一三二条二項）を参照し、取消決定の公告の日から一カ月以内に簡易確定手続の申立てをする義務があると解することになろうか。また、破産手

続が廃止等により中途で終了した場合には、破産者を相手として簡易確定手続の申立てができることになるが、通常、このような場合には、対象消費者の被害を回復するに足りる財産が残っていることはほとんどなく、なお正当な理由があるものと解するのが相当であろう。

2　破産手続における破産債権の届出

対象消費者は、事業者の破産手続において、手続に参加するために債権届出をしなければならない。

特定適格消費者団体は、法六五条一項により、被害回復関係業務を行うことができるとされるが、同条二項に被害回復関係業務が列挙されていることに照らすと、被害回復関係業務に破産債権の届出を行うことは含まれていないと解さざるを得ない（注10）。したがって、以下の各段階においても、対象消費者は、事業者の破産手続において、手続に参加するために債権届出をする必要がある。

五　簡易確定手続開始決定後に事業者が破産した場合

1　簡易確定手続が終了している債権

㈠　手続の終了

簡易確定手続は、前記一3㈡のとおりの経過をたどるため、個々の消費者の債権ごとに、簡易確定手続の終了時期が異なることになる。簡易確定手続開始決定後に事業者が破産しても、それまでに簡易確定手続が終了した対象債権に関する部分については、簡易確定手続の中断の問題は生じない。該当するものとしては、次のような場合がある。

① 債権届出の取下げがあった場合には、当該部分について簡易確定手続が係属していなかったものとみなされる（法四〇条二項、民訴法二六二条一項）。

② 簡易確定手続において、和解が成立した場合には、当該部分について簡易確定手続は終了する（法五〇条、民訴法第二編第六章）。

③ 届出債権の一部が簡易確定手続において確定した場合には、当該部分について簡易確定手続は終了する。届出債権が確定するのは、i届出債権について相手方が全部認めた場合（法四二条三項）、ii相手方が認否期間内に認否をしない場合（同条二項、全部認めたものとみなされる）、iii相手方の認否について債権届出団体から適法な認否を争う旨の申出がされなかった場合（法四七条一項、認否の内容により確定する）、iv簡易確定決定に対して一カ月以内に適法な異議の申立てがなかった場合（法四六条六項）が挙げられる。

㈡　破産債権の確定手続

㈠の②または③により債権が認められた場合、対象消費者は、事業者の破産手続において、債権届出をすることになる。

破産手続の債権調査において、破産管財人が対象消費者の届出債権を認め、かつ、届出をした他の破産債権者が異議を述べなかった場合には、当該債権は破産債権として確定する（破産一二四条一項）。

破産手続の債権調査において、破産管財人が対象消費者の届出債権を認めず、または届出をした他の破産債権者が異議を述べた場合には、債権を確定するための手続を取ることになる。前記㈠②または③により簡易確定手続においてて債権が認められた場合には、②においては和解調書、③のiからiiiまでにおいては確定した債権に係る届出消費者表、ⅳにおいては確定した簡易確定決定は、いずれも確定判決と同一の効力を有する（民訴法二六七条、法五〇条、四二条五項、四七条二項）から、破産法一二九条一項の適用がある。

2 簡易確定手続中である債権

㈠ 手続の中断

破産法四四条一項は、破産手続開始決定があったときは、破産者を当事者とする破産財団に関する訴訟手続は中断すると規定している。簡易確定手続は、訴訟手続ではないものの、事業者に対する金銭の支払請求権の存否および内容を確定するための手続である（法二条五号・七号）ところ、当該債権の存否および内容は破産手続内で集団的に確定すべきものであることから、破産法四四条一項の準用により、係属中の簡易確定手続は中断すると解される（注11）。

㈡ 中断した簡易確定手続の受継

⑴ 破産手続の債権調査において争われなかった場合

破産手続の債権調査において、破産管財人が対象消費者の届出債権を認め、かつ、届出をした他の破産債権者が異議を述べなかった場合には、当該債権は破産債権として確定する（破産一二四条一項）。したがって、この時点で係属していた簡易確定手続のうち、その対象消費者の届出債権に関する部分は、その目的を達したことにより当然終了すると考えられ、中断した簡易確定手続の受継は問題とならない。

⑵ 破産手続の債権調査において争われた場合

破産法一二七条一項、一二九条二項の趣旨は、破産債権の存否や内容に争いがある場合、改めて破産債権査定等の手続を行うよりも、破産手続開始決定前に係属していた訴訟手続を受継する方が訴訟経済上合理的である上、破産管財人および破産債権者は、破産者が破産手続開始決定前に行っていた訴訟行為に拘束されるべきであるという点にあると解される。そこで、相手方の破産手続開始決定前に簡易確定手続が係属し、個々の対象消費者の債権の存否および内容について審理が行われている以上、中断中の簡易確定手続を受継させるべきではないかとも思われる。他方、前記のとおり、破産債権の届出を行うのは、個々の対象消費者であるから、届け出た破産債権について争われた場合には簡易確定手続に個々の対象消費者が関与することになるが、そもそも法は、簡易確定決定までは個々の届出消費者が手続に関与することを予定していない（法四六条二項、六一条一項二号により、簡易確定決定後には個々の消費者が手続に関与することを予定している）こととの整合性が問題となる（注12）。

前者の観点から見ると、少なくとも債権届出団体により認否を争う旨の申出がされた後の手続は、申出が不適法であれば却下され（法四三条二項）、適法であれば、裁判所は、例外的な場合を除き当事者双方を審尋して簡易確定決定をする（法四四条一項・二項）などと、破産手続における債権査定手続（破産一二五条三項・四項）とよく似た手続が行われることから、認否を争う旨の申出がされた後に相手方が破産した場合には、簡易確定手続を受継する方が新たに破産債権査定手続を行うより合理的であるように思われる。しかし、後者の観点からすると、受継により個々の消費者が当事者となるという、法が制度として予定していない手続を認めることになり、無理があると言わざるを得ない。したがって、受継は認められないと解するのが相当である。

これに対し、簡易確定決定後確定前（適法な異議申立てがされる前、かつ、当事者が決定書の送達を受けた日から一カ月の不変期間内）に破産手続開始決定がされた場合には、既に対象消費者の相手方に対する債権の存否および内容について裁判所の判断が出されている。したがって、前者の観点からすると、これとは別個に債権査定手続から破産法上の債権確定手続を行うのに比べて、簡易確定手続を受継することが訴訟経済上合理的であることは明らかであり、また、裁判所の判断が示されるに至った手続に届出消費者、破産管財人または異議を述べた債権者が拘束されるのが相当である。後者の観点からしても、法は、簡易確定決定に対しては届出消費者にも異議の申立権を認め（法四六条二項）、特定適格消費者団体の特定認定の失効等により中断した手続のうち、簡易確定決定があった後の簡易確定手続については届出消費者にも受継を認めている（法六一条一項二号）ことに照らし、簡易確定決定前と異なり、届出消費者が簡易確定手続に関与することを予定していると言える。加えて、迅速に権利を実現する必要性が高いことや、濫用的な異議申立てを防ぐ必要性があること（注13）から、通常、届出債権の支払を命ずる簡易確定決定には、仮執行宣言が付されると思われるが、その場合には、執行力のある債務名義となり、破産管財人や異議を述べた債権者は、破産者がすることのできる訴訟手続によってのみ破産手続上の異議を主張することができる（破産一二九条一項）ため、結局、簡易確定決定に対する異議の申立てによることになる。したがって、簡易確定決定後は、受継を認めるのが相当である。

3　中断した簡易確定手続の受継のないまま破産手続が終了した場合

中断した簡易確定手続について、受継されないまま破産手続が終了した場合には、破産者が当然に受継する（破産四四条六項）。上記2(二)(2)のうち、簡易確定決定前に破産手続開始決定がされた場合や、破産手続が債権調査が行われないまま廃止により終了した場合に生じる。もっとも、簡易確定決定前に破産手続開始決定がされた場合には、破産手続においてすべての届出債権について確定すれば、簡易確定手続は目的を達して当然終了する。なお、相手方が法人である場合は、共通義務確認訴訟の場合（前記三2）と同様である。

4　破産手続開始決定が抗告により取り消された場合

破産財団に関する訴訟は、破産手続開始決定により中断する（破産四四条一項）が、抗告により破産手続開始決定が取り消されると破産手続は終了するから、破産管財人が受継していないものについては、破産者が当然受継することになる（同条六項）。したがって、中断していた簡易確定手続は、相手方が受継して手続を進めることとなる。前記2(二)(2)のうち、簡易確定決定後に破産管財人が受継したものについては、破産管財人を当事者とする簡易確定手続が中断し、相手方が受継することになる（同条四項・五項）。

5　中断中の簡易確定手続等の取下げ（注14）

(一)　問題意識

前記3のとおり、受継されないまま中断した簡易確定手続は、破産手続終了後に相手方が受継するとしても、多くの場合には、相手方に残余財産はほとんどなく、受継後に手続を続行する実質的な意味に乏しい。そうであるにもかかわらず、当事者を手続に拘束しておくのは相当ではなく、債権届出団体は、簡易確定手続の中断中であっても、確定した届出債権がなければ簡易確定手続開始の申立て自体を取り下げ、届出債権の一部が確定していれば未確定の届出債権について債権届出を取り下げることができ、これにより、簡易確定手続は終了すると解することが合理的であるように思われる。

(二)　民事訴訟法一三二条一項との関係

法は、簡易確定手続についてその性質に反しない限り、民事訴訟法一三二条一項の規定を準用するとしている（法五〇条）。民事訴訟法一三二条一項の反対解釈として、手続の中断中は判決言渡しを除く訴訟行為は、裁判所も当事者もすることができないと解されている（注15）。したがって、この規定からすると、債権届出団体による簡易確定手続開始の申立ての取下げおよび債権届出の取下げも、裁判所による簡易確定手続開始の申立ての取下げに対する許可も、中断中はできないことになる。

手続の中断中に訴訟行為ができないとされているのは、中断事由が生じた当事者の手続権を保護するためであり、訴えの取下げに関しては主として被告の同意行為についての手続権の保障が問題となる。しかし、簡易確定手続開始の申立ての取下げには裁判所の許可が必要ではあるが、相手方の同意は要件とされていない（法一八条一項）。裁判所の許可が必要とされるのは、簡易確定手続開始の申立てをした後に簡易確定手続申立団体による取下げが自由にできるとすれば、簡易確定手続開始の申立てを特定適格消費者団体の義務として対象消費者の被害回復の実効性を確保した趣旨が失われることとなり、また、対象消費者の地位を不安定にして手続に対する信頼を損なうことになるからである（注16）。簡易確定手続が開始されれば、相手方にも請求棄却決定を得る利益が生じるにもかかわらず、相手方の同意は要件とされていないが、これについては、裁判所が許否の判断をするにあたって相手方の手続権保護の点についても考慮することができるからであると解される。相手方の手続係属による利益を裁判所の許可により保護するという点で、これを相手方の同意により保護しようとする民事訴訟とは、制度設計を異にしている。また、法の趣旨は、相当多数の消費者に生じた被害について、特定適格消費者団体に当事者適格を認めることにより、簡易迅速かつ集団的に回復を図るというものであることに照らすと、破産手続終結後に簡易確定手続を遂行しても、相当多数の消費者に生じた被害を回復するに至ることはほとんどないように思われる。確かに、個人である相手方が免責されなかったり、法人である相手方に残余財産があったりするなどの場合には、中断中の簡易確定手続を相手方が受継し、続行することにより、対象消費者に利益になる場合が全くないとは言えないが、そのような事情は、裁判所が許否の判断をするにあたって考慮すれば足りるし、その段階で予期できなかった場合には、個々の消費者が訴訟を提起するなどして請求することができる。例外的な場合を想定して、特定適格消費者団体を中断したままの簡易確定手続に拘束することは、前記の法の趣旨に反するように思われる。

以上の制度設計の相違や法の趣旨、法五〇条にいう簡易確定手続の「性質に反しない限り…準用する」との文言に照らすと、破産手続開始決定による簡易確定手続の中断中であっても、簡易確定手続開始の申立ての取下げおよび裁判所による許可は行うことができると解するのが相当である。

㈢　債権届出の取下げ

簡易確定手続開始の申立てが取り下げられると、簡易確定手続は最初から係属しなかったものとみなされる（法一八条二項、民訴法二六二条一項）から、届出債権の確定の効力も失われる。したがって、届出債権の一部でも確定している場合には、裁判所が簡易確定手続開始の申立ての取下げを許可するのは相当でない。このような場合には、未確定の債権につき、債権の届出を取り下げる（法四〇条一項）ことになる。簡易確定決定前の取下げであれば、相手方の同意は不要とされており（同項ただし書）、㈡において検討したのと同様、中断中であっても行うことができると解する（簡易確定決定後の中断は、前記２㈡⑵の受継の問題となる）。

六　異議後の訴訟の係属中に被告が破産した場合

異議後の訴訟の係属中に被告である事業者が破産した場合は、通常の民事訴訟と同様、破産法四四条一項により中断する。

破産手続において、届出消費者の破産債権の届出について争われた場合には、破産法一二七条一項あるいは一二九条二項の受継によって中断は解消される。受継後の異議後の訴訟は、破産手続における債権確定手続と言うことができ、債権届出団体が原告であったものについても、破産債権を届け出た届出消費者が受継すべきものと考えられる（注17）。

（注1） 消費者庁消費者制度課編『一問一答消費者裁判手続特例法』一頁。
（注2） 消費者庁消費者制度課編・前掲注1四頁。
（注3） 山本和彦『解説消費者裁判手続特例法〔第二版〕』一一五頁。
（注4） 伊藤眞『消費者裁判手続特例法』五九頁。
（注5） 山本・前掲注3一五〇頁。もっとも、山本は、直接には破産債権を訴訟物とするものではないものの、明らかに破産債権である対象債権の確定のための手続であり、「破産債権に関しないもの」とは言えず、受継の対象にはならないとする。
（注6） 消費者庁消費者制度課編・前掲注1五九頁、後藤健ほか「共通義務確認訴訟と異議後の訴訟について」判タ一四二九号三〇頁。
（注7） 山本・前掲注3三二二頁。
（注8） 山本・前掲注3一五〇頁、後藤ほか・前掲注6三〇頁。
（注9） 島岡大雄ほか編『倒産と訴訟』一五〇頁〔住友隆行〕。
（注10） 中山孝雄ほか「簡易確定手続」判タ一四三〇号三六頁、消費者庁消費者制度課編・前掲注1一〇七頁、山本・前掲注3二〇三頁。これに対し伊藤・前掲注4一〇二頁は、少なくとも、対象消費者による簡易確定手続申立団

体に対する授権がなされた以降は、簡易確定申立団体による破産債権の届出を認めるべきであるとする。

（注11）　中山ほか・前掲注10三六頁、伊藤・前掲注4一〇二頁。なお、伊藤眞ほか『条解破産法〔第二版〕』三六〇頁は、非訟事件手続法制定後は、同法の適用、準用等のある非訟手続については、同法三六条により、中断はなく、当然受継になるとするところ、簡易確定手続について、法は非訟事件手続法を準用等していない。

（注12）　この点については、中山ほか・前掲注10三九頁に詳しい。

（注13）　山本・前掲注3二六七頁参照。

（注14）　この点については、中山ほか・前掲注10三七頁に詳しい。

（注15）　秋山幹男ほか『コンメンタール民事訴訟法Ⅱ〔第二版〕』五八一頁。

（注16）　消費者庁消費者制度課編・前掲注1六四頁。

（注17）　後藤ほか・前掲注6三六頁。

民事再生における二、三の問題
―保全管理人の経験から―

弁護士　森　恵一

目　次

一　はじめに

私は、高齢者から預託金を預かりみまもりサービスを行っていた公益財団法人（以下「公益法人」という）に関し、管理型の再生事件（以下「本件」という）の保全管理人（手続開始決定後は管財人、破産移行後は破産管財人）

を経験する機会を得た。具体的には平成二八年二月一日、大阪地方裁判所に公益法人に対する再生手続開始申立てがなされ、同日に保全管理命令が発令された。そして私が保全管理人に選任された。本件の特色としては、債務者が営利企業ではなく公益財団法人であった点である。この事件は現在破産事件として継続中であるため、以下必要に応じて紹介するが、それはあくまでも概要にとどまる。本件を素材として主に再生手続の保全管理人として考えた二、三の点（手続の選択、スポンサーの選定、預託金の処理）について紹介し、若干の検討を行うことにしたい。

二　手続の選択（再生手続の利用可能性）

1　問題の所在—倒産手続の選択—

債務者についてどのような倒産手続がふさわしいかを見極めることは、手続に関与する者にとって最も困難な判断を要求される問題と言ってよいであろう。

すなわち、当該債務者を、再建させるか清算させるかの選択については、まずは再建ができないかを検討し、再建が無理な場合に清算を選択することになることが一般と言える（注1）。

ただ、最終的には清算になる場合であってもまずは再建をめざし、その後に清算するという手順を踏む場合もある。その意味では実際に再生手続を申し立てる案件には、まさに再建にふさわしい案件（いわば本来型）と、再生手続を利用し、その後清算するという案件（いわば借用型）があると言える。

再生手続については、清算のために利用できるかが立法当時から議論されたところである（注2）が、事業の全部または一部を譲渡し、その後再生債務者を清算する目的で、再生手続の申立てをすることは適法であるとされ、実務上も行われている。これに対して事業の継続を前提とせず、事業を停止して事業資産を解体して清算するために再生手続の申立てをすることは違法とされている。

ここでは再生手続の申立てを選択することが相当であるかどうかが問題になった一事例として本件を紹介したい。

2　本件の紹介

本件では、以下のとおりの経過を経て申立てがなされた。

㈠　事前相談

本件の申立てについて、申立て前に裁判所に事前相談がなされた。申立人は当初は破産を予定していた模様である。最も大きな理由は、大半を占める預託金債権者（会員）に対する配当率を高めるためには、速やかに事業を停止し、資金の流出を止めるべきであるという判断があったものと推察される。

㈡　民事再生の申立て

その後、事前相談で再生手続を検討することを示唆され、最終的に申立人において再生手続の申立てがなされることになった。

㈢　資金流出の壁

一般に（とくに自力再建型の場合）、再生手続を開始するためには、資金繰りが確保できることが必要であると言われている。

しかしながら、例外として、資金繰りができるが収支がマイナスの場合であっても再生手続の開始が認められる場合があるのではないか。自力再建型の場合には、通常は資金繰りができなければ事業の継続ができない。したがって、スポンサーの支援が得られない場合には、再生手続の開始は困難であろう。これに対してスポンサーの支援を得る（例えばＤＩＰファイナンスを得る）ことによって事業継続が可能であれば、再生手続開始が可能となる場合もあろうかと思われる。

翻って、このような資金繰りに窮する債務者に、いわば、「ラストチャンス」としての再生手続を利用することを許容することが必要かつ相当と言えるかを検討することになる。

㈣　本件での処理

本件では後記三で紹介するとおり、再生手続の保全管理段階でスポンサーを選定し（ただし資金流出を最小限とするため、一カ月以内にスポンサーを選定することとした）、スポンサーに「資金流出」の一部を補填してもらうことを考えた。

同じ方向を目指して、再生手続ではなく、破産による事業譲渡を検討することもあり得るところである。破産手続開始後に裁判所の許可により事業を譲渡するという手法である。しかしながら、本件のようなサービス業では、「破産」ということによる信用毀損が大きいので、破産手続開始後に事業を継続して破産管財人が事業譲渡を行うことは困難ではないかと思われる。その理由として、①取引先からの取引を打ち切られて事業の毀損が深まるおそれがある、②破産手続開始に伴って新たに選任された破産管財人が、当該会社の事業の状況を把握して譲渡先を選定するには、それなりの時間を要するという問題もある（注３）と言われている。私もこのような指摘を念頭に置いて検討を重ねた。その過程で、例えばスポンサーが理事を派遣し（理事の交替）、資金を注入することによって、公益法人といういわば「器」を残しながら、再生手続を進めるという方向性・可能性についても検討の余地があるのではないかと思われた。ただ、本件では、申立て当時から公益認定の取消しがなされるのではないかということが一応予測されていた。したがって、本件では実際にこの手法を採ることはできなかった。

3　若干の検討

㈠　実務上の必要性を踏まえて

これまで、事業の継続を前提とせずに事業譲渡のために再生手続が利用できるかについては、消極的な見解が支配的であったと思われる。すなわち、「再生計画案の作成もしくは可決の見込みがないことが明らかな場合」または「事業の再生の見込みがないことが明らかな場合」には民事再生の申立ては許されないということになる。

⑴　富永弁護士の見解

この点に関しては、富永浩明弁護士の示唆に富む論文（注４）がある。富永弁護士は、「再生計画案の作成もしくは可決の見込みがないことが明らかな場合」または「事業の再生の見込みがないことが明らかな場合」であっても、「再生手続を利用する必要性が高い場合」または「再生手続を利用した方が債権者らに有利となる場合」があるとして以下の三つの場合分けの上、再生手続が利用できないかを検討されている。

①　ケースⅠ　事業自体の再生の見込みはあるが、再生計画案の作成もしくは可決の見込みがない場合　事業譲渡により事業の再生自体は可能であるが、再生計画案の作成が困難なケースが想定されている。

②　ケースⅡ　事業自体の再生の見込みはないが、再生計画案の作成および可決の見込みはある場合

③　ケースⅢ　事業自体の再生の見込みもなく、再生計画案の作成もしくは可決の見込みもない場合

そして、ケースⅢについては、原則として再生は開始できないが、「事業の性質上、当面の事業継続がどうしても必要であり、債権者が再生債務者の社会的意義や破産による社会的影響を考慮して、再生手続を利用することを許容しているような特段の事情がある場合は、再生手続で当面の間、事業継続をして社会的な混乱と被害を軽減するために、再生手続の転用（発展的利用）として再生手続の開始決定を認める余地はあるのではないか」、「実務的には、再生手続の発展的利用がなされている場面も、一定程度存在していると考えられる」とされる。

(2) 小林弁護士の論文

また、小林信明弁護士も、富永弁護士の論文について紹介しつつ、「他方で、法人格として清算することはやむを得ないと判断していても、事業譲渡等による事業再生や、（それが実現できなくとも少なくとも）一定期間の事業継続を目指して再生手続を選択する場合もある（①今後事業を継続することとした場合と、②事業を直ちに停止した場合とのキャッシュフローの比較が重要となる。これが①＞②となることが明らかである場合には、特段の事情がない限り、①を選択すべきではないといえ、その場合は再生手続や、破産手続における事業継続を選択すべきではないことに注意すべきである）」とされる（注5）。

(3) 鹿子木判事の論考

鹿子木康判事は、事業譲渡を検討しているものの、再生手続開始の申立ての時点ではどの程度の譲渡対価が得られるか不明な場合において、再生計画案策定の見込みについてどの程度の蓋然性が必要かについて以下のとおり述べられる。「結論から言えば、公租公課など膨大な金額の一般優先債権が存在するために再生債権に対する弁済ができないことが明らかな場合はともかく、今後のスポンサー選定の結果如何によっては事業譲渡の対価による再生債権に対する弁済の可能性があるというのであれば、再生手続の開始は可能」とされている（注6）。

（4）　若干の検討

富永弁護士の見解は、実務家として言わば「緊急避難的な」再生手続の利用を肯定するという、かなりチャレンジングなものといえるが、本件を体験した筆者としては、同弁護士の検討の方向性について賛同したい。ケースⅢの例として、破綻した学校法人の事業譲渡先を見つけるにあたって直ちに事業活動を停止させると授業も止まってしまって学生生徒が卒業も進学もできなくなって混乱が生じる場合が挙げられているが、本件も、このケースⅢに当たるものと言えよう。

実務上の必要性のほかに、このような利用が許容される理論的な根拠としては、このような利用は民事再生法一条の趣旨に反しないという点を指摘できると思われる。今後は再生手続の合目的的な利用が認められる要件として挙げられている「事業の性質上、当面の事業継続がどうしても必要であり、債権者が再生債務者の社会的意義や破産による社会的影響を考慮して、再生手続を利用することを許容しているような特段の事情」についてさらに事例での修正が必要であると思われるものの、その方向性については認めることが妥当ではなかろうか。

そして、この問題は個別の事案ごとに判断することとなろうが、実務上は以下の課題があることを留意しつつ、当該事案の特殊性を斟酌して判断することとなるように思われる。

（二）　残された課題

具体的には以下の課題についてさらに検討が必要であろう。

（1）　事後的に譲渡代金などにより「資金流出」が補填されたことで合理化できるのか（一種の「瑕疵の治癒」と言えようか）。仮に事業譲渡が成功しなかった場合でも、一定限度の資金流出はいわば「必要な経費」としてこれを許容することができないか。

(2) 結果としてスポンサーの支援が得られなくなった場合には、再生手続は廃止されることとなろうが、そのような場合に再生債務者（代理人）に何らかの責任はあるか。

この場合の問題意識としては、最低限度の人件費などの事業継続に必要な運転資金について、一定の資金流出は、許容範囲内であれば「必要な経費」として合理化できないであろうか。というのも、平常時の企業であっても、月単位の赤字が黒字転換するまでは数カ月程度かかることがあるのではなかろうか。そうであれば、(1)についてはこれを許容することとし、(2)については、善管注意義務違反はないとして再生債務者（代理人）には責任はないものと解したい。

いずれにしても個別のケースにおいて具体的な事実関係を前提とした判断とならざるを得ないところであろう。ここでは解決の方向性を示すしかできないことをご容赦いただきたい。

4　手続の工夫—事前相談などの場を通した申立人代理人と裁判所、申立代理人と破産管財人の協働・連携—

裁判所においては、申立て前に事前相談がなされている。このような機会を利用して手続の選択を含め、当該事案の問題点の把握、検討のため意見交換をすることが重要である。

すなわち手続の進行は申立て後開始までは裁判所が中心となる。その際、申立て前からの裁判所、申立代理人、さらには監督委員候補者などの関係者が一堂に会し意見交換をする機会を設けて、協働・連携を図ることは意味のあることであり、実務の知恵として重要ではなかろうか。このような協働と連携により、限られた時間内ではあるものの、当初予定していた手続選択が正しい選択であったのかということを含め「他者の目」で当該事案にとって何が最適な手続であるかを検討し、このような検討を経て最終的な手続を決定することがよりよい手続選択を担保することになると考えるからである。

なお、上記の「特段の事情」の有無の判断についてもこのような機会を利用して意見交換することによって裁判所の判断をより安定的なものとし得るように思われる。

このような意味において、まだ試みがなされていない場合には、その試験的な運用を、既に実務上の工夫がなされている場合には、さらに深化されることを期待したい。

三　スポンサーの選定（事業譲渡の準備）

以上のとおり、再生手続が選択され、申立てがされたこと伴い、本件では、保全管理人として短期間にスポンサーを募集することが必要であると考えた。

実際にも、事業を継続すれば月数千万円程度の赤字が見込まれるので、最長でも一カ月以内にスポンサー候補を見付ける必要があった。

短期間でスポンサーを選定しなければならないということについては、一つは公益法人の事業に魅力を抱く候補者がどれだけいるかが問題となった。

1　募集と選定の概要（事案の簡単な紹介）

①　募集期間　平成二八年二月四日から、「支援のお願い」を送付した。

②　対象者は、公益法人の職員の意見を聴いて、同業他社などを含め約一一〇社に送付した。その後問合せが

あった検討希望者に検討資料を送るという方法を採った。

③　選定の経過（概要）　提案書の提出期限を平成二八年二月一八日とする。その後面談の上、候補者を一者（正確には、一者に優先交渉権を与え、もう一者には、次順位の優先交渉権者とした）に絞った。面談の結果を裁判所に報告する。裁判所に報告した翌日にスポンサー候補者を決定、二月二六日に事業承継に関する契約（または基本合意）を締結した。

④　なお、費用をかけることができない状況にあったので、フィナンシャルアドバイザーには依頼しなかった。

2　スポンサーの選定（事業譲渡に限定して）

以上のとおり、保全管理人としてスポンサーを募集し、一カ月間で選定を終了する必要があった。本件においては、債務者が公益財団法人であったこともあり、スポンサーの支援方法として実際に利用できる手法としては事業譲渡が考えられた。これに関連して、保全管理人としての事業譲渡はできるのかを検討することとなった。

(一)　保全管理人として事業譲渡が可能か

事業の劣化を避けて早期に事業譲渡を図りたいところであるが、早期に再生手続が開始されれば民事再生法四二条に基づき裁判所の許可を得て事業譲渡をすることができる。この場合保全管理期間中はあくまで現状を維持することを中心に考えるのが通例である。ただ、手続開始を待たずに保全管理人として事業譲渡あるいはその準備に着手することが必要な事案もあると思われる。

(1)　保全管理人が事業譲渡をなし得るかについては、消極説と積極説がある。消極説はすなわち、営業・事業の全部または重要な一部の譲渡については、法は、その重要性にかんがみ、再生手続開始後に限り許容したものであるとして、保全期間中の営業等の譲渡を否定する見解（注7）である。他方、保全期間中は民事再生法四二条の適用対象外であるとして、再生債務者の財産管理処分権は手続申立てにより当然に制限されるものではないなどとして、保全期間中に再生債務者が事業を譲渡することは妨げられないとする見解（注8）がある。

(2)　若干の検討

確かに、営業・事業の譲渡が利害関係人に及ぼす影響の大きさを考慮して、民事再生法四二条が再生債権者等の意見聴取の手続を定めた趣旨に照らすと、保全期間中に営業等の譲渡を行うことは望ましくないと言える。そこで、実務運用としては、営業・事業の価値の劣化を防ぐために早期に営業等の譲渡を行う必要がある場合には、早期に再生手続開始決定をして再生債権者の意見聴取手続を経た上で営業等の譲渡を行うことが望ましいとされている（注9）。このような実務運用はいわば実務の知恵によるものであって評価されてよい。以上のとおり事業譲渡の実行ができるかという点での見解の相違はあるが、事業譲渡の着手ができないとの見解はないように思われる。

本件においても、事業譲渡を迅速に行うために、保全管理人として事業譲渡を行う（その後は、破産手続に切り替える）ことを検討した。

しかしながら、以下の事情により保全管理人としては、見解について争いのある事業譲渡をすることは選択せず、手続開始後の事業譲渡を選択することとなった。

第一に本件では高齢者、施設入居者が多数存在するという特徴があり、手続を速やかに進めることが必要とされた。第二に公益法人が全国一八の事業所で事務所を賃借していたところ、賃料が高額のためこれを民事再生法四九条一項に基づいて解除する必要があった。ところが保全管理人が上記解除をなし得るかどうかについて疑義があった。これらの事情から保全管理段階では事業譲渡ができるように準備を行い、その実行は再生手続の開始後に行うことが安定的な手続運用と思われた。

(二) 関連問題（立法論）

(1) 一般財団法人の場合、事業譲渡を行うときは、評議員会の決議が必要である（一般社団財団法人法二〇一条）。管理型の場合は、評議員会決議が得られる保障はない。他方、民事再生法四三条のような代替許可（評議員会決議に代わる裁判所の許可）も用意されていない。そこで、事業譲渡を実行するには理事や評議員を説得し、その納得を得ることが必要不可欠となる。

これらの法人に関する再生事件はそれほど多くもない状況からして、この問題が表面化しているわけではない。ただ、実際に管財人としての経験を踏まえ、評議員会決議が得られないことから事業譲渡ができず、破産に移行した例があるのではないかとの問題点が指摘されている（注10）。確かに、本件では、評議員会の協力を得るべく努力したが、私の経験からしても、このような指摘は実感できる。

(2) 立法論

そこで、将来的には、立法による解決が望まれるところである。そして、立法論としては、①「事業の継続に必要不可欠であること」、②「当該法人の設立目的を維持承継するものであること」、③「所定の監督官庁の手続を経ること」等を要件として当該法人の内部手続を不要とし、裁判所の許可による事業譲渡か再生計画による事業譲渡を承認することが検討されてよいとの提案がある（注11）。

私も、立法論として、計画外の事業譲渡の場合には裁判所の代替許可を認めるべきではないかと考える。そして、その要件は民事再生法四三条と同様に①実体的な要件としては「事業の継続に必要であること」とし、②手続的な要件としては「監督官庁の手続を経ること」という要件が必要ではないかと考える。それとともに裁判所の許可を得るということでよいのではないか。中井説が要件として挙げている「当該法人の設立目的を維持承継するものであること」という点は必ずしも必要な要件としなくともよいのではなかろうか。

四　預託金の処理―黙示の信託の成否―

1　問題の所在

㈠　公益法人は、一部の会員から、病院代、暮らしのサポート費用その他日々の生活に必要な費用の支払に充てるために、現金を預かり、それを各事務所内で現金のまま、または事務所ごとに開設している預り金専用口座にて保管していた。そこで上記現金または預金を出金して上記費用の支払に充てたり、会員に返還することが、弁済禁止の保全命令の対象となるかどうかが問題となった。

これらの現金または預金が信託財産となる場合には、公益法人の再生債務者財産に属しないことになり（信託法二五条四項）、弁済禁止の保全命令の対象外となる。そこで、黙示の信託の成否が問題となる。

㈡　次に、公益法人は、全会員から、万一の時の支援費用、葬儀費用等に充てるための預託金を受領していた。そこで、この預託金を信託財産と見ることができるかどうかも問題となった。

2　預り金の種類

公益法人が会員から預かっていた「預り金」は、大別して以下のように三種類に分けることができる。

㈠　現　金

会員の一部から、日々の生活に必要な費用の支払に充てるために、各事務所内にて、会員ごとのファイル内や会員の財布で現金を保管していた。また会員ごとに出納帳を作成して入出金管理がされていた。

㈡　事務所ごとに開設した預り金専用口座の預金（以下「概算金」という）

また会員の一部から、上記現金と同様の使途のために、事務所ごとに開設した預り金専用口座にて預金としていた。また上記現金と同様に入出金管理がされていた。

㈢　二者契約の預託金

契約時ないし追加の契約時に全会員から預託金（万一の支援費、葬儀費用、支援精算費、予備費などに使用される）を受け取り、会計帳簿（データ）等によって、会員ごとに管理されていた。しかし、この預託金は、入会金等とともに通常の銀行口座に振り込まれた後、一部が公益法人の経費の支払に充てられていたために、その残部が預託金口座に振り替えられていたにすぎなかった。また、預託金口座に振り替えられた後も、その一部を通常の口座に振り替えて経費の支払に充てられたりして不足額が生じていた。

3　本件での処理

㈠　現金と概算金の処理

現金、概算金はいずれも、前記のとおり計算上の分別管理にとどまらず、現金は、会員ごとのファイルや会員の財布によって、また、概算金は、各事務所の概算金専用口座にて、それぞれ外形上も分別管理が行われていた。このような実態からして、委託者・受益者が会員、受託者が公益法人、現金・概算金を（当初）信託財産とする黙示の信託が成立するものと考えた。

したがって、信託財産であり再生債務者財産に属しないものとして、現金、概算金はいずれも会員に全額返還することにした。

㈡　二者契約の預託金

二者契約の預託金は、計算上は分別管理はなされていたものの、前記２㈢のとおり、外形上の分別管理が不徹底であった。また、公益法人の経費の支払に充てられるなどして不足額が生じていた。

仮に信託財産と見た場合には、再生債務者財産についての再生手続と並行して信託財産の破産手続を進めることとなることが予想された。しかしながら、再生債務者財産と信託財産の区分けが困難である上に、会員の預託金債権以外の債権は二％未満とわずかであったため、並行した破産手続を取ることにメリットが少ないと思われた。そこで二者契約の預託金には黙示の信託は成立せず、再生債務者財産に属するものと考えた。

４　黙示の信託の要件について

㈠　二つの見解

⑴　黙示の信託が成立するかどうかについては、①外形上の分別管理を要求する見解と、②計算上の分別管理（信託法三四条一項二号ロ「その計算を明らかにする方法」）で足りるとする見解とがあり得る。

⑵　本件では、現金、概算金、二者契約の預託金はいずれも、計算上の分別管理が行われていたと言える。したがって、②の見解によれば、公益法人が会員から預かっていた現金、概算金、二者契約の預託金のいずれについても、黙示の信託が成立し得ることになる。

(3)　これに対して、①の見解の場合には、金銭が使途に関する何らかの合意を伴って交付された場合に、信託契約の成立が認められるか否かは、その合意が単なる目的設定の合意にとどまるのか、それとも目的拘束の合意に当たるのかによって決定される。そして、両者の区別は、合意に使途限定を保障するための措置を含むか否かが重要な判断要素となるという佐久間教授の指摘がある（注12）。

例えば、弁護士が依頼者から金銭を預かる場合については、日本弁護士連合会において「預り金等の取扱いに関する規程」、各単位弁護士会において内規が制定されており、そこでは一般に、流用の禁止、自己の金員との分別管理、一定額を超える場合の専用口座での管理、入出金記録の作成保管等が定められている。また、弁護士会の照会調査権と弁護士の回答協力義務、弁護士会の措置権等が定められている。このような内規の定め（使途限定を保障するための措置）を前提に預り金の授受がされている場合には、目的拘束の合意があるとして、黙示の信託の成立が認められてよいとされる（注13）。

本件では、現金と概算金については、日々の生活に必要な費用の支払に充てる目的という、また、二者契約の預託金については、万一の支援費や葬儀費用に充てる目的という使途に関する合意はなされている。

しかしながら、使途限定を保障するための措置は存在せず、その意味で目的拘束の合意まではあったとは言えない。そこで、この佐久間教授の見解によれば、現金、概算金、二者契約の預託金のいずれについても、黙示の信託が成立しないことになる。

㈡　若干の検討

以上のとおり㈠では二つの見解を紹介したが、本件の処理について若干の検討をすることとしたい。

2　記載の三種類の「預り金」のうち、「二者契約の預託金」は、現金、概算金と比較して以下のような特徴が指摘できる。

①　会員自身が選択の上三者契約ではなく二者契約を選んでいること

公益法人が作成したパンフレットには、「法律事務所等が契約に入ることで安心したい方」へとして三者契約が記載されていた。この記載を読めば、三者契約によれば対象財産が確保されるものと受け取ることが可能ではないかと思われる。これに対して二者契約では、そこまでの保護がなされないものと理解することができる。

②　会員と公益法人との間で預託金の管理方法に関する取決めがないこと

最高裁判決で信託契約が認定された事案では、請負人が地方公共団体から前払金を受領し、保証会社との間で保証契約を締結していた場合において、保証契約に適用される保証約款には前払金の取扱いについて細かな取決めがなされていた（注14）。これが信託契約を認める要素となっている。このように信託契約が認定された事案と比較すると、本件では同程度の細かな取決めがあったとは言えない。

③　預託金は「預り金口座」等の名前ではなく、単なる公益法人名の口座で保管されていること

弁護士の預り金口座の預金債権の帰属に関する最判平一五・六・一二（民集五七巻六号五六三頁）の補足意見（注15）では、弁護士と依頼者との間の信託契約の可能性について言及されているが、本件では「預り金口座」を明示した預金にはなっていなかった。

以上の点からすれば、やはり、「二者契約の預託金」は、信託契約として取り扱うことはできないように思われる。

これに対し現金と概算金は、いわば「財布を預けた」というように当事者の意思（とくに会員の意思）が推認され、佐久間説のいう合意に「使途限定を保障するための措置」があるとまでは言えなくとも、「黙示の信託」

として認定できる余地はあるのではなかろうか。すなわち佐久間説のいう「使途限定を保障するための措置」というといわば厳格な要件がなくとも、黙示の信託の意思があったとの事実を認定することが可能ではないか。言い換えれば「計算上の分別」と「外形上の分別」のとの間にあるものをすべて信託契約の認定外とすることには、実務家として躊躇を覚えるのである。

本件の実務処理としては、具体的妥当性を考慮して対応することは許されるのではないかと考える。理論的な詰めは不十分であることは認識の上、以上のように解したい。

（注1）清水直編著『企業再建の真髄』五五頁〔池田靖〕が詳細な分析をされている。
（注2）深山卓也ほか『一問一答民事再生法』三〇頁。
（注3）伊藤眞ほか編集代表『倒産法の実践』五四頁〔鹿子木康〕。
（注4）事業再生研究機構編『民事再生の実務と理論』五一頁以下〔富永浩明〕。
（注5）園尾隆司＝多比羅誠編『倒産法の判例・実務・改正提言』一二頁〔小林信明〕。
（注6）伊藤ほか編集代表・前掲注3七三頁〔鹿子木〕。
（注7）才口千晴＝伊藤眞監修『新注釈民事再生法［第二版］（上）』二二四頁〔三森仁〕などを参照。伊藤眞ほか編著『注釈民事再生法［新版］（上）』一三九頁〔松嶋英機〕、門口正人＝西岡清一郎＝大竹たかし編『会社更生法・民事再生法』四四七頁〔宮川勝之〕。
（注8）園尾隆司＝小林秀之編『条解民事再生法［第三版］』二二九頁〔松下淳一〕。
（注9）園尾ほか編・前掲注8二二九頁〔松下〕、伊藤ほか編著・前掲注7一三九頁〔松嶋〕、西謙二＝中山孝雄編『破産・民事再生の実務［新版］（下）』一二八頁〔中山孝雄〕、伊藤ほか編集代表・前掲注3七四頁〔鹿子木〕。

（注10）事業再生研究機構編・前掲注4二八頁〔中井康之〕。
（注11）事業再生研究機構編・前掲注4二八頁〔中井〕。
（注12）佐久間毅「信託法をひもとく　第1回　金銭の預託と信託」NBL一〇九〇号二〇頁以下。
（注13）佐久間・前掲注12二四頁。
（注14）最判平一四・一・一七（民集五六巻一号二〇頁）。
（注15）深沢裁判官と島田裁判官の共同補足意見。

ファイナンス・リース契約の担保目的物と実行手続
―平成二〇年最判のいうリース物件の必要性に応じた対応を踏まえて―

弁護士　中嶋勝規

目　次

一　初めに

いわゆるフルペイアウト方式によるファイナンス・リース契約（注１）中のユーザーに、民事再生手続開始の申立てがあったことを契約の解除事由とする特約の効力につき、最判平二〇・一二・一六（民集六二巻一〇号二五六一頁。以下「平成二〇年判決」という）は、無効とするのが相当と判断したが、その理由として、「担保としての意義を有するにとどまるリース物件を、一債権者と債務者との間の事前の合意により、民事再生手続開始前に債務者の責任財産から逸出させ、民事再生手続の中で債務者の事業等におけるリース物件の必要性に応じた対応をする機会を失わせることを認めることにほかならないから、民事再生手続の趣旨、目的に反する」と判示した。

ファイナンス・リース契約の法的性質については、後述の平成七年判決、そして平成二〇年判決において、その実質を金融取引と考え、未払リース料債権を担保権付きの金融債権であるとする判例法理がほぼ確立していると考えられる。

ただし、担保権付きの金融債権であるとしても、担保の目的物を何と捉えるかが種々の議論に影響する（注2）。また、その実行方法についても、そもそも担保権であるかに争いがあることから、議論の一致を見るところではない。さらに、民事再生手続においては、担保権は別除権として扱われるが、民事再生法上認められた債務者側の対抗手段が実効的に機能して初めて事業再生という目的の達成が可能であることは、平成二〇年判決も指摘するところである。

そこで、本稿では、リース契約の法的性質、担保目的物が何かを検討した上で、別除権とされるリース契約において、債務者側の対抗手段がどのように実効的に機能すれば、平成二〇年判決のいう民事再生法の趣旨目的に合致するのかを検討したい。

二　ファイナンス・リース契約の法的性質

ファイナンス・リース契約の法的性質については、従来、双方未履行双務契約の規定の適用の有無について争いがあり、賃貸借類似の契約として双方未履行双務契約の規定の適用を肯定する見解と、その金融取引的側面を重視して、双方未履行双務契約の規定の適用を否定し、担保権付きの金融債権として理解する見解との対立があった。

この点、最判平七・四・一四（民集四九巻四号一〇六三頁。以下「平成七年判決」という）は、フルペイアウト方式のファイナンス・リース契約についてリース物件の引渡しを受けたユーザーに会社更生手続が開始した事案において、リース契約の「実質はユーザーに対して金融上の便宜を付与するものであるから、右リース契約においては、リース料債務は契約の成立と同時にその全額について発生し、リース料の支払が毎月一定額によることと約定されていても、それはユーザーに対して期限の利益を与えるものにすぎず、各月のリース物件の使用と各月のリース料の支払とは対価関係に立つものではない」とし、既に引渡しを終えたリース会社は未履行債務を負担していないと判示して、双方未履行双務契約の規定（会社更生法旧一〇三条、現六一条）の適用を否定した。

上記の論理は、再生手続においても当てはまるため（注3）、民事再生法四九条一項に基づく再生債務者等の解除権は否定され、リース料債権は、契約成立時に全額が発生していることから、開始前の原因に基づく請求権として、全額再生債権となる（民再八四条一項）。

なお、平成七年判決は、リース料債権の法的性質について判示したのみであるが、以後倒産実務では担保権付きの倒産債権としての取扱いが定着している（注4）（注5）。

三　ファイナンス・リース契約の担保目的物

1　担保目的物に関する学説

上記のとおり、リース料債権を担保権付きの倒産債権としたとしても、その担保目的物をどのように解するかについては争いがある。

すなわち、①所有権留保類似の構成と理解し、リース物件そのものを担保目的物と解する所有権説（注6）と、②ユーザーのリース物件に対するリース期間中の利用権を担保目的物とし、リース会社はこれに質権あるいは譲渡担保権を有するという利用権説である（注7）。

所有権説は、フルペイアウト方式のファイナンス・リースにおいては、リース期間満了時のリース物件の残存価値はほとんど存在しないことを前提に、リース会社は投下資本の全額回収が可能なようにリース料金を設定しており、このような契約全体の趣旨から、リース期間中は目的物の実質的所有権がユーザーに帰属し、ユーザーは、目的物が持つ使用価値の本質的部分を費消する物的権利を有するとし、リース会社は、リース債権の弁済を確保するため、債務不履行に際して目的物を引き上げ、換価し、優先弁済を受けるという担保目的物に対する権利を持つのみであるとの理論構成をする。

一方、利用権説は、リース会社の所有権は単なる形式のみではなく、また、ユーザーはリース期間中の目的物利用権のみを取得するのであるから、担保の対象となるのはユーザーが把握する利用権であり、当該利用権の上に質権あるいは譲渡担保権が設定されていると理論構成する。

所有権説に対しては、リース物件を担保目的物とすると、目的物の所有権はユーザーに移転していると解する必要があるが、リース物件の所有権は終始リース会社に帰属しており、リース物件を担保目的物とする基礎に欠ける（担保を受け戻したとしても、目的物件の所有権がユーザーに帰属するものではない）、との批判があり、利用権説に対しては、リース会社に所有権が帰属することとの整合性は取り得るが、技巧的にすぎる、契約締結時に当事者に利用権について担保設定する意思が見出し難いという批判がある。

2　ファイナンス・リース契約の清算義務

ファイナンス・リース契約において、リース期間の途中でリース会社がリース物件の返還を受けた場合について、最判昭五七・一〇・一九（民集三六巻一〇号二一三〇頁。以下「昭和五七年一〇月判決」という）は、清算に関する特約がなくても、「いわゆるファイナンス・リース契約において、リース業者は、リース期間の途中で利用者からリース物件の返還を受けた場合には、その原因が利用者の債務不履行にあるときであつても、特段の事情のない限り、右返還によつて取得した利益を利用者に返戻し又はリース料債権の支払に充当するなどしてこれを清算する必要があると解するのが相当である」と判示し、清算義務を肯定した。

そして、清算の対象となる利益については、「リース物件が返還時において有した価値と本来のリース期間の満了時において有すべき残存価値との差額…であつて、返還時からリース期間の満了時までの利用価値…ではなく、したがつて、清算金額を具体的に算定するにあたつては、返還時とリース期間の満了時とにおけるリース物件の交換価値を確定することが必要であ」るとする。

このように、昭和五七年一〇月判決は、清算の対象を、返還時においてリース物件が有した価値とリース期間満了時の残存価値との差額であって、返還時からリース期間満了時までの利用価値ではないと判示しており、同判決はリース会社が把握している交換価値（担保目的物）が、利用権ではなく、リース物件の価値そのものであるとの考え方に親和的であると考えられる（注8）。

3　下級審の担保目的物に関する判断

下級審においては、大阪地決平一三・七・一九（金法一六三六号五八頁）が、民事再生手続において、リース会社はリース物件についてユーザーが取得した利用権について担保権を有するが、リース会社が解除権留保特約に基づいてリース契約を解除し、リース会社は利用権による制限のない完全な所有権を有することになるので、再生手続開始時に既に再生債務者の財産ではなくなったとして、利用権説に立った上で、担保権消滅請求の申立てを却下した。また、東京地判平一五・一二・二二（金法一七〇五号五〇頁）は、ユーザーについて民事再生手続が開始された事案において、当該リース契約には、借主であるユーザーの信用状態が悪化した場合には、貸主であるリース会社は催告を要しないでリース物件の返還を請求することができる旨の特約があり、リース会社が契約を解除せずに取戻権の行使によりリース物件の返還を請求したところ、リース会社の請求を認容した。同判決は、フルペイアウト方式のファイナンス・リース契約においてリース業者はリース料債権を被担保債権とする担保権（別除権）を有することを前提として、担保目的物については、「リース会社が有する担保権は、ユーザーの有するリース物件の利用権を目的とするものであり、右担保権の実行（別除権の行使）は担保目的物である利用権をユーザーからリース会社に移転させることによって行うものと考えることが相当である。右の利用権はリース会社に移転すると混同により消滅するから、これにより、リース会社には何ら制限のないリース物件の所有権が帰属する」として所有権に基づく返還請求を認めた。

さらに、平成二〇年判決の第一審である東京地判平一六・六・一〇（民集六二巻一〇号二五八六頁）も、「リース業者は、リース物件を所有しつつ、同物件に対してユーザーが有する利用権について、リース料債権を被担保債権とする担保権を有するものと解され、リース業者による契約の解除は、その担保権の実行であるということができる」と判示し、原審である東京高判平一九・三・一四（民集六二巻一〇号二六〇〇頁）も同様に利用権説の立場に立っていた。

なお、平成二〇年判決は、いずれの立場に立つかを明示的には示していない。

４　私　見

利用権説からの批判のうち、リース物件の所有権がユーザーに移転していないのに、リース会社がリース物件に対する担保権を取得することはないという点については、そもそも所有権留保においても同様の点が問題となるが、最判平二二・六・四（民集六四巻四号一一〇七頁）は、所有権留保について別除権が成立することを前提としており、リース契約においても同様に所有権留保類似の法律構成が認められるべきである。

また、ファイナンス・リース契約においては、ユーザーの選択で目的物が選定され、リース期間中にリース会社が投下資本の全額を回収することを前提としてリース料が設定されていることからすると、実質的な所有権はユーザーに移転していると考えることには違和感はない。確かに、ユーザーがリース物件を利用できるのは、リース期間満了まではあるが、リース期間満了後にも従前リース料の一二分の一程度で再リース契約が締結されることが慣行とされており、再リース請求権を認めた裁判例も、実質的な所有権がユーザーに帰属すると見ることもできると判示している（注9）。

さらに、昭和五七年一〇月判決が、清算の対象をリース物件の返還時の価値とリース期間満了時の残存価値の差額としていること、平成二〇年判決も、「ファイナンス・リース契約におけるリース物件は、リース料が支払われない場合には、リース業者においてリース契約を解除してリース物件の返還を求め、その交換価値によって未払リース料や規定損害金の弁済を受けるという担保としての意義を有するものである」と判示していることからすると、最高裁は、リース物件の交換価値をリース会社が担保として把握しているとの立場に立っていると考えられる。

当事者がリース契約を締結した際の合理的な意思としても、リース料が未払いの場合に、リース物件を処分して（担保対象として）の回収が予定されていたのであって、利用権を担保とするような合意は存在せず、リース契約書の文言からもこのような意思は読み取れない。

以上の点から、私見は、リース物件そのもの（ただし、リース期間満了時の残存価値を除く）が担保目的物となっていると考える。なお、リース会社は、リース期間中はリース料債権の弁済を確保するために、債務不履行に際して目的物を引き上げ、換価し、それについて優先弁済を受けるという担保権を持つことになるが、リース期間が満了すれば、実質的所有権はリース会社に復帰するとの当事者の事前の合意に従い、リース物件も返還されることになる（注10）。

四　ファイナンス・リース契約の実行手続

1　裁判例

前掲大阪地決平一三・七・一九および東京地判平一五・一二・二二は、いずれも担保目的物について利用権説の立場に立ちつつ、リース会社の解除によってユーザーから利用権の移転を行うことによって実行手続は終了していると判断している。

平成二〇年判決は、ユーザーに法的倒産手続の申立てがあったとき（注11）は、リース会社は催告をしないで契約を解除することができる旨の特約が定められており、ユーザーに民事再生手続の開始申立てがなされ、開始決定を経た後、リース会社が当該特約に基づいて契約を解除し、目的物の返還とリース料相当額の損害金の支払を請求した事案である。一方、ユーザー側からは、当該特約のようないわゆる倒産解除特約は、最判昭五七・三・三〇（民集三六巻三号四八四頁。以下「昭和五七年三月判決」という）が、所有権留保特約付売買契約の買主に更生手続開始の原因が生じたことを契約解除の事由とする特約は無効であると判断しており、当該特約の有効性についても昭和五七年三月判決の考え方が妥当するものとして無効とする主張がなされた。

第一審である東京地判平一六・六・一〇は、利用権説の立場から、リース契約の解除は担保の実行であり、民事再生法が再生手続によらないで別除権の行使を認めていることからすると、別除権の行使の方法を定めたものと言える倒産解除特約を無効と解することはできないとした。さらに、原審である東京高判平一九・三・一四も利用権説に立った上で、民事再生法においては、担保権は別除権として再生手続によらずに行使できるが、同時に担保権実行手続中止命令（民再三一条）や担保権消滅許可の制度を設け、事業に必要な物件等については、担保権の行使についてもこれを制約することを認めており、倒産解除特約による解除が実質担保権の行使であるとしても、無制約に行使できるとなると、民事再生法の趣旨、目的に反すると判断し、倒産解除特約を無効とした。なお、同判決理由中で、リース会社は民事再生手続開始の前後を問わず、弁済期の到来したリース料債権の支払が遅滞している場合には、リース料の支払遅滞を理由としてリース契約を解除し、リース物件を取り戻すことができると解されるから、リース会社の利益も相応に保護されると判示し、このことは民事再生手続開始前にリース料債権を含めた弁済禁止の保全処分が出されたような場合にも妥当すると付言している。

そして、平成二〇年判決は、「民事再生手続開始の申立てがあったことを解除事由とする特約による解除を認めることは、このような担保としての意義を有するにとどまるリース物件を、一債権者と債務者との間の事前の合意により、民事再生手続開始前に債務者の責任財産から逸出させ、民事再生手続の中で債務者の事業等におけるリース物件の必要性に応じた対応をする機会を失わせることを認めることにほかならないから、民事再生手続の趣旨、目的に反することは明らかというべきである」と判示して、倒産解除特約を無効とした。

さらに、田原睦夫判事の、次のような補足意見がある。すなわち、ユーザーたる再生債務者が、弁済禁止の保全処分を得ている場合には、その保全処分の効果として、リース料金についても弁済をなすことが禁じられ、その反射的効果として、リース業者も、弁済禁止の保全処分によって支払を禁じられた民事再生手続開始の申立て以後のリース料金の不払いを理由として、リース契約を解除することが禁止されるとして、昭和五七年三月判決を引用されている。また、民事再生手続が開始された場合、その開始決定の効果として、再生債権の弁済は原則として禁止されるが（民再八五条一項）、弁済禁止の保全処分は開始決定と同時に失効するので、再生債務者はリース料金について債務不履行状態に陥り、リース業者は別除権者としてその実行手続としてのリース契約の解除手続等を取ることとなり、再生債務者は、必要であれば、担保権の実行手続の中止命令を得て、リース業者の担保権の実行に対抗することができる、とされる。

2　弁済禁止保全処分が発令されている期間の債務不履行解除の可否

ファイナンス・リース契約を担保権付金融取引であると構成したとしても、非典型担保であることから、その実行手続はリース契約の約定によることとなり、一般的にはリース契約を解除した上で、ユーザーの利用権を奪い、リース物件の返還を求めるという手続が取られる（注12）。

田原判事の補足意見は、民事再生手続申立て後、保全処分の段階では、保全処分の効果としてリース料の弁済が禁止されることの反射的効果として不払いを理由とした解除が禁止されるが、民事再生手続開始後には保全処分の効力が失われるため、解除が可能となるとして昭和五七年三月判決を引用される。同判決は、所有権留保売買の買主が会社更生手続を申し立てた事案において、弁済禁止の保全処分が発令された後、売主が売買契約上の倒産解除特約に基づき、売買契約を解除したところ、「更生手続開始の申立のあつた株式会社に対し会社更生法三九条の規定によりいわゆる旧債務弁済禁止の保全処分が命じられたときは、これにより会社はその債務を弁済してはならないとの拘束を受けるのであるから、その後に会社の負担する契約上の債務につき弁済期が到来しても、債権者は、会社の履行遅滞を理由として契約を解除することはできないものと解するのが相当である」と判示したものである。

この点、前掲平成二〇年判決の原審東京高判平一九・三・一四は、前記のとおり保全処分段階でも解除を認めており、抵当権の被担保債務について弁済禁止の保全処分が発令されていても、履行期が到来している限り、抵当権の実行は可能であることとパラレルに考え、担保実行手続である解除に債務者の帰責事由は不要と考える立場も有力である（注13）。

昭和五七年三月判決は、解除の実質が担保実行手続であるとしても、契約上は債務不履行あるいは更生手続開始申立ての原因となるべき事実が生じたことが売買契約の解除事由となっていることから、債務不履行の有無について検討し、保全処分が発令されている場合には、履行遅滞を理由とする契約解除は認められないと判断しており、債務不履行解除が認められないことから、倒産解除特約による解除を検討した上で、これを否定している。同様に、ファイナンス・リース契約の解除手続が担保実行手続であろうとも、非典型担保である以上、その実行手続は当事者の合意に拘束されるはずであり、実行手続としての解除に債務不履行が必要とされていれば、帰責事由が必要と考えるべきであり、田原判事補足意見の指摘は妥当である（注14）（注15）。

3　担保権実行手続の終了時期

上記のとおり、保全処分期間中のリース契約の解除が禁じられるとしても、民事再生手続における保全処分期間はわずかな間であり、また、保全命令の効力が生じるのは開始決定が出るまでなので（民再三一条一項）、開始決定後は、リース契約の解除は可能となる（注16）。

ここで、ファイナンス・リース契約において担保権者であるリース会社の担保実行手段に対し、債務者であるユーザーが行い得る対抗手段は、担保権実行手続中止命令の発令を求め、別除権協定を締結できるよう交渉し、リース会社と合意に至らない場合には、担保権消滅許可の申立てを行うことである。なお、非典型担保であるファイナンス・リース契約に中止命令の規定（民再三一条）の類推適用が可能かは、争いがあるが、前記田原判事補足意見が類推適用を認めているように、肯定する見解が多く、また、事業再生に必要な物件の担保実行を防ぐ必要性は典型担保と同様であり、類推適用を認めるべきである。

そして、ファイナンス・リース契約の担保実行手続について、解除のみでユーザーの利用権はリース会社に移転し、利用権は混同により消滅するので実行手続は終了する、との下級審判例が示されたことから、中止命令が可能な時期を画するために、その終了時期が議論されるようになった。

この点、所有権説の立場からは、実質的には所有権留保売買と同様の担保権付売買と考えられ、実行手続については、譲渡担保と同様に考えられる（注17）。すなわち、譲渡担保においては、実行方法には帰属清算方式と処分清算方式の二種類があるが、帰属清算型の譲渡担保においても処分清算を行うことは可能とされており、帰属清算方式の場合には、清算金の提供もしくは清算金が生じない旨の通知があった時点で、処分清算方式の場合には第三者に目的物が譲渡された時点で、実行手続が終了する（最判昭六二・二・一二民集四一巻一号六七頁）（注18）（注19）。

一方、利用権説の立場からは、上記のとおり解除によって実行手続が終了すると解する見解もあるが、利用権が担保目的物であっても、債権譲渡担保とパラレルに考えれば、清算義務の履践を行うまでは実行手続が継続していると考えることも可能であり、目的物の引上げまでを含め実行行為と考える見解もある（注20）。

また、担保実行を防ぐ観点から、実行終了時期を遅らせるべく、リース物件の引渡しを受けるときまでを実行手続と解する見解、仮登記担保契約に関する法律二条一項を類推し、清算金の見積額の通知後二カ月間は中止命令の発令を可能とする見解、一応の合理性のあるリース物件の評価額と債権額を具体的に記載した清算通知があるまで実行手続は終了しないとする見解、等様々な見解がある（注21）。

なお、このように種々の見解の対立があるが、平成二〇年判決の原審が指摘しているように、中止命令の発令には、債務者となるリース会社の審尋が必要であり（民再三一条二項）（注22）、審尋の呼び出しを受けたリース会社が、中止命令の発令を阻止すべくリース契約を解除し、清算通知を行うことは可能である。

このような場合に、中止命令の発令の余地を残すには、物件の返還までを実行手続に含めるしかないが、当事者が約定するリース契約には、処分清算のほかに帰属清算の方式の定めがあり、これを無視することは困難であると考える。また、そもそもリース物件の返還自体は事実上の実行行為にすぎず、中止命令の対象となる実行行為を観念できないとの指摘もある（注23）。

そうすると、リース契約を解除した上で（注24）、帰属清算方式を選択して清算通知を行うことで、実行手続は終了してしまい、中止命令の発令の余地がなくなってしまう。

五　平成二〇年判決のいうリース物件の必要性に応じた対応をする機会とは

1　問題の所在

平成二〇年判決は、倒産解除特約の効力を無効としたが、民事再生手続開始後のリース料の不払いにより（倒産手続開始の申立てを期限の利益喪失事由とする条項の効力によって未払リース料全額の期限が到来するため（注25））、民事再生手続開始後、すみやかに解除および清算通知が可能となる。

この点、倒産解除特約の効力を否定するだけではなく、倒産申立てを期限の利益喪失事由とする特約が有効であれば、なお、リース契約の債務不履行解除は可能であって、倒産手続の開始申立てがあったことを解除権発生原因とする特約に基づく解除を無効とする意味が存在しないとの指摘があり（注26）、この指摘はもっともであると考えられる。

2　対応の機会の確保の方法

そこで、ユーザーである再生債務者が、リース物件について、①必要性があるか否かの判断をする機会、②必要性があると判断した場合に別除権協定の申出をする機会、③別除権協定で合意できない場合に担保権消滅許可申立てをする機会、を検討している場合は、これに要する通常の期間内（開始後二カ月程度）は、債務不履行解除は民事再生法の強行法規部分に違反するとして、無効と解される余地があるとする見解がある（注27）。

また、保全期間中の解除は保全処分の効果により否定し、再生手続開始後は対応の機会を確保する相当の期間は、期限の利益喪失特約の効果を制限し、債務不履行解除ができないとする見解、無催告解除特約は対応機会を失わせるものだから、解除には相当な催告期間を要するとする見解、等がある（注28）。

この点、平成二〇年判決は、「担保としての意義を有するにとどまるリース物件を、一債権者と債務者との間の事前の合意により、民事再生手続開始前に債務者の責任財産から逸出させ、民事再生手続の中で債務者の事業等におけるリース物件の必要性に応じた対応をする機会を失わせることを認めること」が民事再生手続の趣旨・目的に反すると判示しており、必要性に応じた対応をする機会を失わせるような事前の合意は、無効とされる余地を残すものと評価できる。

そして、このような事前の合意とは、倒産手続開始申立てを期限の利益喪失事由として債務不履行解除を可能ならしめる特約による解除権を発生させる合意だけではなく、対応をする機会を確保するのに必要な期間に到来する本来の弁済期を徒過したことによる履行遅滞に基づく債務不履行解除権を発生させる合意をも含むものである必要がある（注29）。

とすれば、必要に応じた対応をする機会を確保するために、一定の期間は、解除権（別除権の行使）の発生原因となる合意の効力が制限されるべきと考える。この期間については、開始後二カ月程度、あるいは少なくとも債権届出期間までと示唆するもの等がある。ユーザーである再生債務者が、リース物件を評価した上で、別除権協定の申出を行うには、財産評定（民再一二四条）の過程を経ることが相当であり、標準的スケジュールでは同期間が開始後一カ月程度とされていることからすると、必要に応じた対応をする期間としてはその後の交渉期間を考慮して二カ月程度が相当と解される。

3　別除権協定

ユーザーとしては、上記のような期間、リース会社との交渉が可能になるので、別除権協定の締結に向けた交渉をすることになる。

この点、別除権の協定は、別除権の目的物の受戻しを内容とする契約と考えることができるが（注30）、担保目的物を所有権と考える立場からは、手続開始時のリース物件の評価額から、リース期間満了時の残価を除いた評価額が担保目的物の評価額と考えられ、利用権と考える立場からは、利用権の評価は市場のリース料相当額に近い金額の残リース期間の総和、と考えることに親和的であるが、私見は、担保目的物を手続開始時のリース物件の評価額からリース期間満了時の残存価値を除いたものと考える。実務上は当事者の柔軟な協議において、別除権協定が締結されているが、リース期間満了時の残価が低廉あるいは評価できない物件が多いため、目的物の評価額を担保目的物の価格として協定を締結していることが多い。

なお、別除権協定において、ユーザーが協定に基づく弁済を継続している限り（リース期間中）は、ユーザーのリース物件の利用を認めるだけでなく、即時にあるいは期間満了時に所有権をユーザーに移転する別除権協定が締結されることもある。担保目的物をどのように解する立場であっても、リース会社に残存する権利を含めて別除権協定の対象とすることは可能であり、担保目的物の受戻しに加えて、リース会社に残存する権利の処分の合意がなされているものと考えられるが、担保目的物の評価について、リース期間満了時の残価を含めて（控除せずに）別除権協定が行われていることが多いこと、実際にはリース期間満了時の残価が存在しないことが多いこと、リース契約の実質は担保付売買と考えられることからすると、所有権の移転まで含めた合意を行うことがより実質に即した処理であり、リース期間満了後のリース物件の使用継続を可能にする点からも、再生債務者としてはこのような処理を志向すべきである。

4　担保権消滅請求の類推適用の可否

では、上記のような期間において、ユーザーが別除権協定の申出をしたにもかかわらず、合意に至らなかった場合、ユーザーは対抗手段として担保権消滅請求（民再一四八条一項）を行うことができるのであろうか、同規定の類推適用の可否が問題となる。

この点、裁判所への目的財産の価額の納付、配当という同制度に定められたスキームによって処理できるのかという問題に加え、ファイナンス・リース契約においては、リース期間が満了してもその目的物の所有権はリース業者に留保されていること、担保権を消滅させた場合の所有権と利用権の帰属をどのようにするのか等の問題があり、類推適用を否定する見解もある（注31）。

しかしながら、非典型担保であっても担保権消滅請求制度を利用する必要はあること、平成二〇年判決のいう再生債務者の対抗手段としては、同制度の利用も想定すべきであることから、類推適用は肯定すべきである。なお、担保目的物をいかに考えるかによって、評価額にも争いがあり、利用権説の立場からは、市場性のある物件については、市場におけるリース価額が基本となるとの指摘もある（注32）。

しかしながら、私見の立場からは、担保目的物はあくまでリース物件（ただしリース期間満了時の残価は除く）であると考えるべきである。ただし、この場合でもリース期間が満了すれば、リース物件の所有権はリース会社に残存することから、再生債務者はリース物件の返還義務を負うこととなる。これは、リース期間満了時の所有権の帰属に関する合意が、倒産手続に入ったことのみで変容されるべきではなく、私的自治の原則からの帰結である。

したがって、再生債務者の立場からは、担保権消滅請求制度は協定が締結できない場合の次善の策であり、あくまで別除権協定の項で指摘したような所有権の処理も含めた柔軟な和解的処理を目指すべきであって、協定の締結の機会を得るため担保権実行手続中止命令の発令を求めることを検討すべきである。

ただし、私見の立場では、一定の期間別除権の行使が制約されている点で、既に担保権実行手続中止命令が発令されているのと同様の効果が生じているため、裁判所が担保権実行手続中止命令の発令をするにあたっては、従前の再生債務者の提案の内容・交渉状況等を勘案して、発令の可否および相当の期間（民再三一条）について判断することで、早期解決を求めるリース会社の利益との調和が図られると考える。

（注1）社団法人リース事業協会発行の「プログラム・リース標準契約書の解説」によれば、①投下資本の全額回収（フル・ペイアウト）、②中途解約禁止（ノン・キャンセラブル）の二つの特徴を有するリース契約を意味する。

（注2）遠藤元一「リース契約における倒産解除特約と民事再生手続（上）」ＮＢＬ八九三号一七頁は、担保権の目的物をめぐる対立を論じる実益は、①担保権の評価対象、②評価基準、③リース期間満了後の目的物の返還義務（会社更生手続）の帰趨、④中止命令・担保権消滅請求制度の適否、⑤実行行為概念等に関連する、と指摘する。

（注3）遠藤・前掲注2一五頁。

（注4）リース会社からは、倒産手続において共益債権説が主張され、本来は共益債権であるから債権届出の必要はないという趣旨で、債権届出を予備的に行うという対応が取られることもいまだにあるが、実務的には一貫して担保権としての取扱いがなされている（大阪地裁の運用として、井田寛「民事再生手続におけるリース料債権の取扱い」判タ一一〇二号四頁）。

（注5）下級審では、大阪地決平一三・七・一九（金法一六三六号五八頁）、東京地判平一五・一二・二二（金法一七〇五号五〇頁）、東京地判平一六・六・一〇（民集六二巻一〇号二五八六頁）、東京高判平一九・三・一四（民集六二巻一〇号二六〇〇頁）において別除権付再生債権と判断されている。

（注6）田原睦夫「ファイナンス・リース契約と会社更生手続」（金法一四二五号一四頁）、伊藤眞「ファイナンス・リース・ユーザーの会社更生手続における未払リース料債権の法的性質」金法一四二八号六五頁。

（注7）福永有利「ファイナンス・リース契約と倒産法」判タ五〇七号四頁、山本和彦「倒産手続におけるリース契約の処遇」金法一六八〇号八頁、巻之内茂「ユーザーの民事再生申立てとリース契約の解除・継続についての法的考察」金法一五九七号二九頁。

（注8）福永・前掲注7一一頁は、昭和五七年一〇月判決について、リース契約が実質的には金融であり、清算義務の根拠はリース物件がリース料債権の担保であるとの判断を示したものであるとの評価をされつつ、所有権留保構成には批判が強いとして、利用権担保説に立たれる。

（注9） 名古屋高判平一一・七・二二（金判一〇七八号二三頁）。
（注10） 伊藤・前掲注6六五頁。
（注11） 「整理、和議、破産、会社更生などの申立てがあったときは」との特約であるが、原審では、民事再生手続も含むと判示されている。
（注12） 社団法人リース協会・前掲注1。リース標準契約によれば、期限の利益喪失型、契約解除型、折衷型の三方式があり、必ずしも契約の解除が前提とはなっておらず、解除を行わずに返還請求を行うことも可能である。
（注13） 山本・前掲注7一二頁。井田・前掲注4六頁は、昭和五七年一二月判決の事案は、会社更生手続開始の申立てがなされ、その手続開始前の保全として弁済禁止の保全処分がなされた事案であり、手続が開始されると担保権の実行が禁止される手続を前提としている一方、民事再生手続は、担保権の行使は民事再生手続によらずに自由に可能であるように、開始決定の効果が全く異なる以上、その前段階における弁済禁止の保全処分がなされた場合の効果も異なると考えるのが合理的であるとする。小林信明「ファイナンス・リースの倒産手続における取扱い」ジュリ一四五七号八五頁。
（注14） 巻之内・前掲注7二七頁。
（注15） なお、弁済禁止の保全処分発令前に、リース料の不払いがあるときは、保全処分の前に履行遅滞に陥っており、解除は可能と考えられる。
（注16） 弁済禁止の保全処分の効力は、開始決定による倒産債権の弁済禁止（民再八五条一項）の効力の前倒しと考えれば、開始決定後の不払いを理由とする解除もできないこととなる。松下淳一「再生手続における倒産解除条項の効力」金判一三六一号一〇七頁。
（注17） 道垣内弘人『担保物権法［第四版］』三七二頁。
（注18） リース標準契約書は、昭和五七年一〇月判決の趣旨を入れて清算義務の規定を採用しており、清算の方式として、処分清算と評価清算（物件を相当の基準に従ってリース会社が評価する）が規定されている。

（注19）　印藤弘二「ファイナンス・リースに対する民事再生手続上の中止命令の類推適用について」田原睦夫先生古稀・最高裁判事退官記念論文集『現代民事法の実務と理論（下）』五六八頁。
（注20）　藤澤治奈「民事再生手続におけるリース目的物返還請求権の法的性質」ジュリ一二九〇号一三八頁。
（注21）　詳細は、印藤・前掲注19五六六頁以下に詳しい。
（注22）　民事再生法三一条二項を類推適用しないという見解もあるが（進士肇「いわゆるフルペイアウト方式のファイナンス・リース契約における、民事再生手続開始の申立てがあったことを解除事由とする旨の特約は、民事再生手続の趣旨・目的に反するものとして無効であるとされた事例」金判一三二四号一〇頁）、債権譲渡担保の場合に、譲渡担保権者への意見聴取を経ずに発令された中止命令が、民事再生法三一条二項の要件を欠くとして無効と判示された例がある（最決平一九・九・二七金判一二七七号一九頁）。
（注23）　遠藤・前掲注２一九頁。
（注24）　リース標準契約では、解除についても必ず必要とはされていないが、少なくともリース料全額の請求あるいはリース物件の返還請求は行われる。
（注25）　平成二〇年判決の田原判事補足意見も期限の利益喪失条項は有効であると解している。
（注26）　井田・前掲注４九頁。
（注27）　岡正晶「いわゆるフルペイアウト方式によるファイナンス・リース契約中の、ユーザーについて民事再生手続開始の申立てがあったことを契約の解除事由とする旨の特約の効力」金法一八七六号四七頁。印藤・前掲注19五八八頁。
（注28）　学説の詳細は、印藤・前掲注19五八一頁以下に詳しい。
（注29）　印藤・前掲注19五八五頁。
（注30）　民事再生法八五条一項の特別の定めとして、再生債権の弁済が可能となる。
（注31）　田原睦夫「ファイナンス・リース契約の民事再生手続上の扱い」金法一六四一号五頁。

（注32）山本・前掲注7一四頁。

集合債権譲渡担保についての民事再生手続上の中止命令について

弁護士　宮本圭子

目次

一　初めに

民事再生法三一条はその文言上、典型担保権を対象とした中止命令を予定している。しかしながら、民事再生手続における非典型担保の重要性、中止命令の制度趣旨およびその必要性などから、実務上は裁判所において中止命令は非典型担保権についても発令されており、裁判例においても、非典型担保権に対しても中止命令が発令し得ることを前提に、様々な判断がなされている（注1）。それらの非典型担保権の中でも、申立代理人、監督委員、そして担保権者にとってその取扱いが難しく様々な立法提言（注2）も行われている集合債権譲渡担保権について、現行法の解釈を検討してみたい。

中でもとくに解決が困難な問題が発生するのは、再生債務者の有する将来の一定期間にわたる特定の取引関係を原因として生ずる売掛債権などの将来債権について、債権者に対して担保のために一括して債権譲渡が行われている場合である。

ここでは、再生債務者が将来発生する多数の債権のうちの一定の範囲を債権者に対して担保目的で譲渡し、動産及び債権の譲渡の対抗要件に関する民法の特例等に関する法律に基づく対抗要件が具備され、譲渡人が債務不履行に陥らない限りは譲渡人が債権を回収し、回収金を利用することを認めるが、債務不履行に陥った場合には譲受人が取立権限を得るというタイプ（注3）、債権累積型でなく循環・流動型の集合債権譲渡担保を取り上げる。

二　将来債権の譲渡について

1　将来債権譲渡についての裁判例

将来債権の譲渡については、従前その有効性（譲渡担保化の可能性）が問題とされたが、以下のような判例が集積している。

(一)　最判平一一・一・二九（民集五三巻一号一五一頁）は、期間の始期と終期を明確にするなどして、債権が特定されている限り将来債権を有効に譲渡できるが、債権譲渡の期間の長さなどの契約内容が譲渡人の営業活動等に対して社会通念に照らし相当とされる範囲を著しく逸脱する制限を加え、または他の債権者に不当な不利益を与えるものであると見られるなどの特段の事情の認められる場合には、その将来債権譲渡は公序良俗に反し、無効となることがあると判示した。

㈡　最判平一二・四・二一（民集五四巻四号一五六二頁）は、債権譲渡の予約について、譲渡の目的となるべき債権が、債権者、債務者および発生原因により他の債権から識別できる程度に特定されていれば、既発生および将来の債権を一括して譲渡できると判示した。

㈢　最判平一三・一一・二二（民集五五巻六号一〇五六頁）は、発生原因となるべき取引の種類、発生期間などで特定される既発生および将来生ずべき債権を一括して譲渡するいわゆる集合債権譲渡担保契約は有効であり、民法四六七条二項の指名債権譲渡の方法により、譲渡担保契約締結時点で対抗要件を具備することができると判示した。

㈣　最判平一九・二・一五（民集六一巻一号二四三頁）は、将来発生すべき債権を目的とする譲渡担保契約が締結された場合には、債権譲渡の効果の発生を留保する特段の付款のない限り、譲渡担保の目的とされた債権は譲渡担保契約によって譲渡担保設定者から譲渡担保権者に確定的に譲渡されているのであり、この場合において、譲渡担保の目的とされた債権が将来発生したときには、譲渡担保権者は譲渡担保設定者の特段の行為を要することなく当然に、当該債権を担保の目的で取得することができると判示した。

2 平成一六年の民法改正とそれに伴い発生した問題

平成二九年の民法改正により新設された民法四六六条の六第一項は、これらの判例を明文化したものとされており（注4）、将来債権が発生時に譲渡人から譲受人に移転するのか、譲受人のもとで発生するのかはともかく、発生時に譲受人に帰属することとなる。

また、債権譲渡の対抗要件に関する民法の特例等に関する法律の平成一六年改正により、債権譲渡登記ファイルへの登記によって、債務者名を特定することなく、一〇年間を超えない存続期間の将来債権を譲渡し、対抗要件を具備することが可能となった。

そのため、債務者が、第三債務者を特定することなく、自らの営業分野に係る全売掛債権の一〇年分を、債権者に譲渡担保として提供しているような事例も見受けられる。新規融資に際して融資額に応じた担保提供をする場合であれば、全売掛債権の一〇年分というような回収可能性に疑問のある担保は債権者の判断として適切な担保としては認められないこととなると思われる。しかしながら、債務者が弁済期限の延長などのリスケジュールを申出し、債権者が追加担保を要求しているような事案においては、債権者としては金銭消費貸借契約上の追加担保提供義務を履行させるという趣旨で、その担保価値に疑問があり、価値評価が困難な担保目的物であっても担保提供として認めることとならざるを得ないこともある（注5）。

このような債務者が民事再生手続を利用しようとする場合、将来発生する売掛債権のほぼすべてが、担保権者に提供されていることとなる。通例、民事再生手続開始の申立てによる期限の利益の喪失（このような期限の利益喪失特約が有効であるかについては、リース契約と同様、争いの余地のあるところであると思われる）あるいは弁済禁止の仮処分に基づいて発生することになる履行遅滞により、債権の譲受人たる担保権者が譲渡人に委任していた取立権限を解除して自ら行使することが予想され、そうなると、再生債務者は資金繰りに窮することとなり、事業の再生は非常に困難となる。

そのため、債務者としては被担保債権についての取立権限を失い、その旨の第三債権者への通知が行われる前に、できれば民事再生手続開始の申立てから民事再生手続開始決定前までの段階で、担保権者と別除権協定を締結することが望ましい。そこで、申立人としては、民事再生手続開始の申立てとともに、再生裁判所に対し、譲渡担保権の実行手続の中止命令の申立てを行うこととなるが、その手続については様々な問題が存在する。

三　問題点

1　中止命令の対象は、非典型担保権に及ぶか

民事再生法三一条の文言上、担保権に対する中止命令の対象は、特別の先取特権、質権、抵当権、または商事留置権とされる。また、同条二項の競売申立人という文言の文理解釈上、中止命令の対象は、民事執行法第三章に定められた手続を予定しているものとされる。

しかしながら、民事再生手続における非典型担保の重要性、中止命令の制度趣旨である一時的に担保権の実行手続を中止して、債務者が被担保債権の弁済方法等について担保権者と交渉する時間的余裕を与えることにより別除権協定締結を促進するという目的は非典型担保権にも及ぶこと、また、別除権協定締結の必要性はその実行手続に時間的に余裕のある不動産競売手続などの典型担保権よりも、実行手続がより簡易な集合債権譲渡担保や集合動産譲渡担保のような非典型担保権についてその必要性は高いことなどから、類推適用を認める見解が多数

を占めている（注6）。また、実務上も各地の裁判所において、非典型担保権に対する中止命令は発令されている（注7）。

民事再生手続を実効性のある意義あるものにするためには、中止命令は非典型担保権に及ぶと解すべきであろう。ただし、多数説が述べるとおり、各非典型担保権の性質に応じた民事再生法三一条各要件の解釈適用についての検討が必要であると思われる。

2 「再生債務者の財産についての担保権」の要件該当性

民事再生法三一条においては、民事再生手続開始の申立て時に、再生債務者の財産につき存する担保権があることが要件とされているところ、前記二1㈣の平成一九年判例や改正民法からは、集合債権譲渡における譲渡対象の債権は譲渡契約時に担保権者に確定的に移転したのか、担保権者のもとで発生するのかはともかく、発生時には譲受人に帰属することとなる。したがって、譲渡担保の目的物たる債権は債務者の財産に帰属していないと評価することになることから、中止命令の対象たり得ないのではないかとの指摘もある（注8）。

しかしながら、典型的な担保権と非典型的な担保権との違いはまさにこのような点にあるのであり、集合債権譲渡担保においては、債権はいったん債権者に債権譲渡されているものの、債権譲渡という権利移転が担保目的で行われているがゆえに、債務者に対する取立委任に伴い、債務者が取り立てた金員は、債務者の財産に組み入れられることが予定されている。債権者としても、債権が契約締結によって自らに帰属することになっているとはいえ、換価終了、弁済充当までは、その回収は不確実なものであることを予想している。集合債権譲渡担保が、このような法的には債権者の財産であるが、外形的には債務者の財産として処理されており、実質的には担保目的で財産が債務者の管理下にあるという特徴を有する権利であるからこそ、典型担保と同様に担保権の実行を中止する必要があるのであり、この要件については類推適用を認め、担保権として中止命令の対象としてよいと思われる。

中止命令手続における担保権の存在やこれが設定されている財産の帰属は、中止命令の発令の前提事実に相当するものであり、非訟事件という裁判手続の性質から客観的・外形的事実によって容易に認識できるような明確なものであることを要するとの指摘もある（注8）。形式的には債権譲渡契約が締結されているが、その実態は、譲渡担保権の設定であるというような契約の内容について判断を要する場合でなく、集合債権譲渡担保契約としての契約書が存在しているような場合は、それが担保権の趣旨であることは明確であり、担保権の存在は客観的・外形的に明確である。民事再生法三一条の債務者の財産に帰属する財産について中止命令は発令できるという文言が、担保目的物が債務者の財産に帰属しているタイプの典型担保（質権、抵当権等）を前提にしていること、実行手続が簡易な、非典型担保権の方が中止命令の必要性は高いことなどからすれば、この表現が、担保目的物が債務者の財産に帰属しないタイプの非典型担保権への中止命令を否定しているとまで評価することはできず、当該債権譲渡が担保目的の譲渡担保権であることが疎明できれば、類推適用は可能であるとすべきであると思料する。

3　担保目的物たる債権の範囲

㈠　学説の状況

債権譲渡担保についての中止命令を検討する際に、次に問題となる点としては、集合譲渡担保権の効力の及ぶ将来債権の範囲をどのように把握するか、具体的には実行行為着手後に発生した債権に担保権の効力が及ぶのかが挙げられる。

集合動産譲渡担保の場合、担保権者から債務者に対する実行通知により権利行使がなされ、実行通知により、担保目的物たる集合動産の流動化が停止されてその時点で所在場所に存在している動産が譲渡担保権の目的となることが確定し、担保権設定者は当該動産の処分権を喪失するとされる（集合物の固定化）（注9）。

将来債権譲渡担保契約の集合性をどのように考えるのかについては、集合動産と同様に、将来債権譲渡担保も一つの集合物と同様に観念する見解（注10）と、個別債権についての個別譲渡の束が将来債権譲渡担保であるとする見解（注11）に二分される。

前者の見解は、①将来債権譲渡担保の効力は、譲渡担保権の実行によって固定化が生じるとし、実行後に発生した債権には担保権の効力は及ばないとする（注12）。

固定化という概念を採用しない後者の見解による場合、将来債権譲渡担保の効果は、担保権の実行後に発生した債権に及ばないとする見解と及ぶとする見解（注13）に分かれる。

実行後に発生した債権に担保権の効力が及ばないとする見解には、②会社更生手続について、法的主体の相違に着目し、債権譲渡担保契約の実体法上の効果は管財人に及ばないとする説（注14）（この見解を民事再生手続において展開すれば、再生債務者の第三者性から、担保権の効力が及ばないという結論を導くことも可能と思われる）、③集合債権譲渡担保契約の意思解釈として、担保権者が把握しているのは、担保権実行時点での債権額であるとする説（注15）などがある。

実行後に発生した債権に担保権の効力が及ぶとする見解には、④それに伴って発生する問題を回避するために、集合債権譲渡担保設定契約の評価の問題として、固定化と同様の結論、倒産手続開始後に発生した債権には担保権の効力が及ばないという結論を導くことを示唆する説（注16）、⑤被担保目的物たる債権の循環・流動性に着目して、ＤＩＰファイナンスを原資とする取引に基づく債権には譲渡担保の効力が及ばないとする説（注17）などがある。

㈡　集合債権譲渡担保の実行の着手とは

㈠の各説について、検討する前に、まず、集合債権譲渡担保についての実行概念について確認しておきたい。

集合債権譲渡担保権における担保権の実行の着手たる実行通知とは、担保権者から債務者に与えた取立権限の解除の意思表示あるいは第三債務者に対する債務者対抗要件の具備とともになされる「担保権者への支払を求める」旨の通知のいずれもであると考える。担保権者が債務者に対してのみ意思表示をした場合でも、債務者は取立権限、処分権限を喪失し、担保権者は債権発生時から有している所有権を完全なものとして、自ら権利行使することになるのであるから、仮に第三債務者に対する実行通知が行われなくとも、担保権の実行着手に該当する。第三債務者に対する実行通知は担保権者による直接の取立権の行使と考えられ、仮に債務者に対する取立権限解除の通知が未到達であっても、実行の着手に該当すると考えられる。

㈢　各説の検討

担保権の効力の及ぶ範囲、内容については、担保権設定契約から検討すべきであると考える。被担保債権が担保権の実行により固定化するのかどうか、固定化という概念を採用しないとしても被担保債権はいつ特定するのか、担保権の実行行為をどう捉えるのかなどは、実際の集合債権譲渡担保契約の解釈の問題として、その合致した意思内容から判断すべきであろう。

実際の案件においては、多数の第三債務者との間の様々な取引債権が担保目的物となっていても、主要な取引先のうちのいくつかの第三債権者についてのみ実行通知を発送したり、第三債務者への実行通知も債務者への実行通知も発送せずに状況を見守るケースも見受けられる。その要因としては、担保権者が第三債務者名を具体的に把握していないケースもあること、小口の債権や抗弁付債権について回収に着手して費用倒れになることを回避しようとしていること、債務者への実行通知の前に第三債務者への通知を行う方が回収に有利であるとの判断等、様々なものが考えられる。

担保権者が一部の第三債務者のみへの実行通知を実施した場合に、債務者や再生裁判所から他の第三債務者も含む集合債権のすべてが固定化した、あるいは全債権が特定したということを前提とした取扱いがなされることは想定できず、このような実態は、契約当事者としては、債権を一つの集合体として考えているのではないということを示していると思われる。したがって①の固定化説は採り得ないと考える。

集合債権譲渡担保の実行手続について、個別債権の譲渡担保の実行手続が複数あるのではなく、一括した実行手続の構築が必要とする見解（注18）もあるが、契約当事者としては、集合債権譲渡担保を個別の債権の束であると認識しているため、そのような一括した実行手続、一括した債権の特定を予定しておらず、個別の実行通知による実行が行われることを契約の内容としていると評価してよいと思料する。

集合債権譲渡担保の特徴は、債務者と各第三債務者との間にそれぞれ多数の債権が継続して成立し、それらの債権について、各第三債務者が担保設定者である債務者に弁済し、その債権が消滅して、新陳代謝を繰り返して、循環・流動していくことにある。そうであれば、各第三債務者への実行通知や債務者に対する取立権の解除通知の実行行為によって、各第三債務者に対する債権のその循環・流動を断つことを債権者たる担保権者が選択した時点に、債務者と各第三債務者の間で継続して発生する債権が特定し、固定される内容の契約であることになるという③の説の理解でよいのではないだろうか。担保権実行の時期によって、担保物の価値は変動するので、担保権者にその実行の時期の選択権は与えられるべきであるが、各第三債務者ごとの束になった債権については、いったん実行した以上、担保の対象はその時点の債権に限定され、実行後の時点における債権以上のものを把握することは認められないものと考える。

④の説のように契約の評価の問題とする見解もあるが、評価よりも前の契約の内容の問題であると思われる。担保権者が仮に一〇年分の全売掛債権を担保対象として把握して債権の譲渡を受けているとしても、契約内容の解釈としては、一〇年間に発生する債権の価値すべてを把握する内容の契約であると判断することはできない。つまり、循環・流動型の場合、倒産時か通常の平時かにかかわらず、担保権者は、登記から一〇年までの間の時点において成立している債権を把握しているだけであって、一〇年分の累積した債権の価値を把握しているものと評価することはできないはずである。一〇年分の全売掛債権が担保提供されている場合でも、売掛金の回収なく一〇年間分の経費の支払が可能となるはずもなく、事業が担保期間のすべての期間中存続することは想定し得ない。結局、債権者たる担保権者も債権者が実行を選択した時点に発生していた債権が最小限の対象となるにすぎないことを想定しているはずである。

二1㈣の平成一九年の判例や民法四六六条の六第二項からすれば、将来債権については発生時に債権の帰属は決定していることになるが、発生した債権がその原資によって譲渡担保権者に帰属するか譲渡担保設定者に帰属するかを一義的に判断することは困難であると考えられ、⑤の説は採り得ないと考える。また、同判例や同条が、将来債権は発生時に譲渡担保設定者たる債権者から譲渡担保権者に移転するという構成を採用しているとすれば、管財人（民事再生では再生債務者）の管理下で発生した権利の移転であるという意味において管財人・再生債務者と担保権者とは対抗関係に立たず、将来債権は担保権者のもとで発生するという構成を採用しているのであれば、そもそも権利移転がないという意味で、対抗問題たり得ず、②の説は採り得ないと考える。

4　実行着手後の中止命令の発令の可否

非典型担保のうち、集合債権譲渡担保が中止命令の対象たり得るかについては、法文上、中止命令の対象は担保権の実行行為であるとされているにもかかわらず、譲渡担保については、実行通知によりその実行即時に終了するので、実行通知後の債権の取立は中止の対象たる実行行為ではないとして、中止命令の対象たり得ないとする見解もある（注19）。

他方、中止命令の発令を認めるものとして、①仮登記担保契約に関する法律を担保権実行についての通則と解して同法二条一項を類推適用し、清算期間内（通知到達後二カ月）は中止命令を認めるべきとする見解（注20）、②担保権者には清算義務が課せられていることとの関係で適切な清算通知がなされるまでは担保権実行は終了しないと解する見解（注21）、③担保目的物の換価回収により担保権実行が終了すると解する見解（注22）、④実行通知を実行に準ずる行為と解釈する見解（注23）などがある。

債権者としては、第三債務者からの相殺などの様々な抗弁の主張や、第三債務者の資力の欠如により、担保対象の債権の回収ができない場合のリスクを債権者が負担することは、想定しておらず、債務者の第三債務者に対する債権を実際に回収して弁済充当した時に、担保権の実行が終了すると捉えている。債務者としても、回収や弁済充当がなされる前に、担保権の実行手続が終了していて、債務者として何らの関与もできなくなったとは捉えていないと思われる。それにもかかわらず、実行の着手により実行が即時に終了するという構成は、実行通知に代物弁済の効力を認めたと同様の結果となり（注24）、妥当でないと思われる。非典型担保権である集合債権譲渡担保においても、典型担保における競売手続での売却許可決定の確定などと同様に、換価の終了により受戻しができなくなる時、具体的には債権を回収して弁済充当した時に、債務者としても債権者としても実行が終了する内容の契約であると考えていると思われる。したがって、③の見解のとおり、担保目的物が債権の場合、弁済充当まで中止命令の発令は可能であると考える。

5　実行着手前の中止命令の可否

担保権者による債務者への取立権限の解除通知の到達前かつ第三債務者への実行通知の到達前に決定される中止命令は、担保権の実行の着手前になされるものである。したがって、その時点での担保権者の行為を止めるという行為は実行行為の中止でなく、実行行為そのものを止めるという意味で、禁止命令にほかならず、担保権について禁止命令を認めていない民事再生法の規定に反することになるのではないかという問題がある。

この点については、民事再生法は、禁止命令と中止命令を明確に区別して規定しており、実行着手前の中止命令は認められないと考える。

6　債権者の意見聴取

(一)　実務における運用

民事再生法三一条二項においては、中止命令発令前の債権者に対する意見聴取が必要とされている。実務においては、意見聴取のための審尋期日への呼出しを行うことにより債権者に実行通知の実施を促進することになりかねないことへの配慮から、意見聴取を行うことなく、債務者に対して、取り立てた債権を運転資金等に費消せず分別管理する旨の上申書の提出等を求めた上で、短期間で中止命令を発令し、その後直ちに債権者の意見聴取を行う取扱い（いわゆる二段階方式）（注25）が、東京地裁においても、大阪地裁においても採用されている。

この取扱いが、債権譲渡担保権における実行通知が実行の終了であるという見解を採用することと関連付けられるのかは明確ではないが、債権者の意見聴取なく命令を発令するための工夫として、認められているようである。しかしながら、債権者保護のために法律上要求されている手続を実施せずに、明文規定に違反した中止命令を発令することが、適切であるかについては、疑問を抱かざるを得ない（注26）。

㈡　運用の問題点

実務上は意見聴取を行うことなく中止命令を発令することに伴い発生する問題を最小限に抑えるために、上申書の利用などが行われているが、債務者がそのような上申に拘束力を認めていないような悪質な事案の場合、上申書記載のとおり債務者が取り立てた債権を適切に分別管理して資金繰りに利用していないのかどうかを、監督委員は早期には確認できず、偽りの報告をされれば、それが虚偽であることを確認するため一定の時間を要し、その結果、担保権者が害されることがあり得ることは一定程度予想されることである（注27）。

さらに、債務者が害意を有しているような場合でなくとも、民事再生手続から破産手続に移行するような場合には、代替の担保権が設定されているケースでなければ、債務者によって回収された金員が債務者の責任財産に組み入れられるため、担保権者でなく、破産債権者の配当の対象になるということとならざるを得ない。上記取扱いは、結果的に担保権の中止期間中は、担保権の効力を失効させるという効果を認めたこととなる（注28）。

抵当権に基づく物上代位による賃料債権の差押手続や動産売買の先取特権の物上代位としての債権差押手続に対する中止命令のような、典型担保権に対する中止命令の場合、債務者が債権を回収して、資金として利用できるわけではないにもかかわらず（注29）、非典型担保権についてのみ、債務者が利用できるのは不均衡である（注30）。

中止命令の発令に際して、事前の意見聴取は必要であると考える。担保権の実行の着手がない場合でも、担保権者たる債権者としては裁判所から問われれば、債務者に委ねていた取立権を一定範囲で解除して自ら行使すると回答することが通例と思われ、そのような回答により、その範囲の第三債務者に対する債権について実行の着手はあると認定することができるはずである。

裁判所は、意見聴取に際して担保権者に、担保目的たる集合債権のうち、いかなる第三債務者に対する債権について、担保権を実行したのか、あるいは、いかなる第三債務者への実行通知により実行する予定で債権者への取立権限を解除するのかなどを問い、実行された担保権の対象範囲は、実行時点に発生していた債権に具体的に特定される。担保権者が実行すると述べれば、その対象債権については、実行の終了である換価・弁済充当までは、中止命令の対象となる。担保権者が担保権を実行しないと述べた第三債務者に対する債権は、実行の着手がなく債務者が取り立てて利用可能なのであるから、中止命令の対象となし得ないため、申立ては取下げあるいは却下となろう。

意見聴取において、担保権者がいかなる債権について担保権を実行するのか、実際に実行された対象債権の債権額はいくらになるのか、実行予定の債権の債権額はいくらなのかなどが明らかになるはずである。それにより、債務者としては、担保権消滅請求を予定しているのであれば、その対象が明確となり、引いては別除権協定の促進にもつながると思われ、担保権者としても、特段の不利益もないものと思われる。

債務者としては、このような取扱いは、意見聴取が中止命令の発令に先行するため、第三債務者への実行通知により、現場の混乱、信用低下が予想され、望ましいものではない。しかしながら、民事再生手続開始により現場が混乱したり、信用が低下することはやむを得ないことであり、すべて予想の範囲内の事柄であるのであるから、民事再生手続の選択を決定した時点において、様々な対応を取っておくべきである。本来債権者が負担すべきリスクを回避するために、担保権者の手続保障が軽視されるべきではないと考える。

また、前項3㈢記載のとおり、担保権の実行により、実行後に発生した債権は債務者に帰属するとの説に立てば、債務者にとっては、信用回復のための説明も容易になるはずであり、この程度の負担はやむを得ないものと考える。

7 「競売申立人に不当な損害を及ぼすおそれがないこと」の要件該当性

民事再生法三一条一項が定める担保権者に不当な損害を及ぼすおそれがない場合という要件の意味については、二説がある。

通説的見解は、緊急に債権執行をしなければ債権者が倒産するおそれが多いような場合のように、中止によって受ける債務者の利益に比して、債権者側の損害が異常に大きい場合を指すものとする説（注31）であり、もう一つは、担保権者の担保権の価値が確保されるという基準によるものである（注32）。この説は、具体的には、①新規債権取得の高度の蓋然性、それが認められない場合は、②代替担保の提供、あるいは③設定者に目的債権の取立を認めないことを条件とすることにより、この要件の充足が可能となるとする。

民事再生手続上、担保権は別除権として取り扱われており、民事再生手続とは別に権利の実行をすることにより、担保権者は被担保債権の満足を得ることが予定されているのであるから、本来担保権者に保障されていた担保権の価値が損なわれることは、それだけで不当と評価すべきであると考える。

ただし、後説は、不当な損害の要件の具体的な検討に際しては、被担保債権が固定化しないことを前提に、循環して発生する新規債権取得の高度の蓋然性を一つの判断基準としているようである。また、同様の基準を採用していると思われる裁判例もある（注33）。しかしながら、既に3㈢で述べたとおり、担保権の実行により、各第三債務者ごとに被担保債権が特定するという立場に立てば、中止命令の対象たる債権は、すべて特定しているはずであるので、①の事実の存在は不当な損害の認定と関係しないこととなろう。また、③については、6で述べた問題があると考える。

担保権の実行後に発生する債権には担保権の効力は及ばないとする見解を前提にすれば、この要件については中止命令の発令によって担保権者が実行着手時に把握していた担保物の価値が担保権者に確保されることになるのかどうかという観点から、判断がなされるべきであると考える。民事再生法上、担保権者に対しては手続開始決定時の清算価値が保障されるのであるから、担保権者に対しては最低限その価値が担保権者に確保されていれば、足りると考える。

取立委任の解除通知あるいは実行通知により担保債権が特定する以上、当該債権の取立は債務者には許されないが、それ以降に発生した債権は担保権の対象たり得ないこととなる。また、実行の着手のない被担保債権は中止命令の対象たり得ないとすれば、中止命令により担保権者を不当に害するという状況は、通常はないということになろう。

四 結論

集合債権譲渡担保に対する中止命令における種々の問題についての結論は以下のとおりとなる。

集合債権譲渡担保権への民事再生法三一条の類推適用は認められる。

民事再生法上、担保権に対する禁止命令は認められていない以上、担保権の実行の着手があることについては、中止命令の手続の中で疎明する必要がある。

譲渡担保権の実行の着手により第三債務者ごとに債権は特定し、その後に発生した債権に担保権の効力は及ばない。

意見聴取のための審尋は、担保権者に保障された権利であり、中止命令の発令前に実施が必要である。意見聴取において、担保権の着手の有無やその他の要件の具備が明確となり、中止命令の可否も明らかになると思われる。

当該中止命令が担保権者を不当に害することになるかどうかの判断は、担保権者が担保権の実行によって把握している価値を、保障できているかどうかという基準による。したがって、中止命令の対象たる債権についての債務者による債権の取立や利用は担保権者の同意あるいは代替担保権の設定がなければ許されない。

（注1） 最決平一九・九・二七（金判一二七七号一九頁。原審＝東京高判平一八・八・三〇金判一二七七号二一頁）、大阪高決平二一・六・三（金法一八八六号五九頁）、福岡高裁那覇支決平二一・九・七（判タ一三二一号二七八頁）。

（注2）倒産実務研究会編『倒産法改正への30講』六九頁以下〔新保勇一〕、園尾隆司＝多比羅誠編『倒産法の判例・実務・改正提言』三三五頁以下〔三枝知史＝清水靖博〕。

（注3）内田貴『民法Ⅲ〔第三版〕』二一七頁において、取立権限留保型集合債権譲渡として整理されている。

（注4）潮見佳男『民法（債権関係）改正法の概要』一五六頁、債権法研究会編『詳説改正債権法』二六一頁〔小野傑〕。

（注5）中森亘ほか「《パネルディスカッション》再生手続における担保権の取扱い」債管一四〇号三〇頁〔赫高規発言〕、事業再生研究機構編『ＡＢＬの理論と実践』二二七頁〔蓑毛良和〕。

（注6）伊藤眞『破産法・民事再生法〔第三版〕』七八五頁以下、松下淳一『民事再生法入門』一〇〇頁、山本和彦ほか『倒産法概説〔第二版〕』四〇六頁〔笠井正俊〕、福永有利監修『詳解民事再生法〔第二版〕』二一二頁〔三木浩一〕、園尾隆司＝小林秀之編『条解民事再生法〔第三版〕』一四八頁以下〔高田裕成〕、才口千晴＝伊藤眞監修『新注釈民事再生法〔第二版〕（上）』一五一頁〔三森仁〕など。

（注7）鹿子木康編『民事再生の手引』八八頁〔片山健〕、中森ほか・前掲注5三五頁〔小野憲一発言〕、三六頁〔鈴木義和発言〕、注1の裁判例。

（注8）西謙二「民事再生手続における留置権及び非典型担保の扱いについて」民訴五四号七〇頁。

（注9）我妻榮『新訂担保物権法』六六八頁、田原睦夫「集合動産譲渡担保の再検討」金融法研究・資料編（5）一五〇頁、道垣内弘人『担保物権法〔第三版〕』三二八頁など。

（注10）伊藤眞「集合債権譲渡担保と事業再生型倒産処理手続再考—会社更生手続との関係を中心として」曹時六一巻九号一二頁。

（注11）角紀代恵「債権非典型担保」別冊ＮＢＬ三一号八四頁、道垣内・前掲注9三五三頁、椿寿夫『集合債権担保の研究』一六六頁、伊藤進「集合債権の譲渡担保と権利の実行」金判七三七号七九頁など。

（注12）伊藤眞「集合債権譲渡担保権と民事再生手続上の中止命令」谷口安平先生古稀祝賀『現代民事司法の諸相』四五四頁、田原睦夫「倒産手続と非典型担保権の処遇」別冊ＮＢＬ六九号六三頁以下、須藤正彦「ＡＢＬの二方面

での役割と法的扱い」ＮＢＬ八七九号三三頁。

（注13） 山本和彦「倒産手続における集合債権譲渡担保の扱い」ＮＢＬ八五四号六五頁、須藤英章編著『民事再生の実務』三〇二頁〔須藤英章〕。

（注14） 事業再生研究機構編『更生計画の実務と理論』一二五頁〔岡正晶＝富永浩明＝服部敬＝三森仁〕。

（注15） 角紀代恵「流動債権譲渡担保をめぐる混迷」別冊ＮＢＬ三一号二〇四頁、中村廉平「再建型法的倒産手続におけるＡＢＬの取扱いに関する考察」ＮＢＬ九〇八号三四頁、事業再生研究機構編・前掲注5二三三頁〔蓑毛〕。

（注16） 山本和彦「債権法改正と倒産法（上）」ＮＢＬ九二四号一八頁。

（注17） 鹿子木康「東京地裁における会社更生事件の実情と課題」ＮＢＬ八〇〇号一四一頁、伊藤達哉「ＡＢＬの有事における実務対応上の課題」債管一二四号二四頁、西岡清一郎ほか編『会社更生の実務（上）』二六七頁〔真鍋美穂子〕。

（注18） 角・前掲注15二〇六頁の注（16）。

（注19） 西・前掲注8七〇頁。ただし、この見解も担保権者が担保権の実行を行わず、協議に応じる場合は中止命令の対象とし得るとする。中森ほか・前掲注5三七頁〔山宮慎一郎発言〕、三八頁〔小野憲一発言〕、五〇頁〔小野発言〕。

（注20） リースについて、安木健ほか編『一問一答民事再生の実務〔新版〕』三〇四頁〔木内道祥〕、譲渡担保について、柚木馨＝高木多喜男編『新版注釈民法（9）物権（4）』八六〇頁〔福地俊雄〕。

（注21） 事業再生研究機構編『民事再生の実務と理論』四五頁〔小林信明〕。

（注22） ファイナンスリースについて、才口＝伊藤監修・前掲注6一五四頁以下〔三森〕。集合債権譲渡についての適用には言及がない。

（注23） 山本克己「集合債権譲渡担保と再生法上の実行中止命令：解釈論的検討」債管一四〇号二一頁。

（注24） 山本・前掲注23二二頁。

（注25）鹿子木編・前掲注7八八頁〔片山〕。
（注26）違法とした裁判例として東京高判平一八・八・三〇（金判一二七七号二一頁）。
（注27）筆者もこのような事案を経験している。
（注28）島岡大雄ほか編『倒産と訴訟』三七二頁〔池上哲朗〕。
（注29）西謙二＝中山孝雄編『破産・民事再生の実務〔新版〕（下）』七九頁〔中山孝雄〕。
（注30）島岡ほか編・前掲注28三七三頁〔池上〕。
（注31）兼子一監修『条解会社更生法（上）』三三三頁、才口千晴ほか編『民事再生法の理論と実務（下）』四二頁。
（注32）伊藤・前掲注12四五五頁、伊藤・前掲注6七八三頁。
（注33）前掲大阪高決平二一・六・三、前掲福岡高裁那覇支決平二一・九・七。

米国におけるプレパッケージ型チャプター11の実務（注1）

弁護士　小林信明
弁護士　大川友宏

目次

一　初めに

日本においても経営不振企業の事業価値の毀損を最小化し、事業再生を早期に図る観点から申立て前からスポンサー選定を行い、申立て後速やかに事業再生を図るような工夫が従前から検討されている。その検討にあたっては、米国におけるプレパッケージ型チャプター11の実務が一つの参考とされている（注2）。日本におけるプレパッケージ型事業再生においては申立て前のスポンサー選定に焦点が当たっているが、迅速な事業再生において重要なもう一つの側面は、主要債権者との申立て前時点での協議・交渉である。米国におけるプレパッケージ型チャプター11においては、申立て前のスポンサー選定（ストーキングホースの選定）もさることながら、主要債権者との間でチャプター11の計画案を協議・交渉し、申立て前に合意しておくというプラクティスが定着している。日本においても、私的整理の協議から法的整理の申立てへ連続的に移行するような事例では、私的整理の対象となる債権者との間であらかじめ協議していた内容を法的整理のもとでもできる限り利用するような検討がなされているが（注3）、主要債権者との申立て前の合意という観点からも、また、今後の立法論への示唆としても、米国のプレパッケージ型チャプター11の実務は日本の実務においても参考となり得る（注4）。そこで、本稿においては、米国のプレパッケージ型チャプター11の実務の概要を紹介したい。

二　米国におけるリストラクチャリング手法の概要

米国における主要なリストラクチャリングの手法は、私的整理（out-of-court workout）と法的整理（chapter 11）に大きく分かれるが、法的整理の中でも、プレパッケージ型チャプター11、プレアレンジ型（またはプレネゴシエイティッド型）チャプター11および伝統的なチャプター11に分かれる。

1　私的整理（out-of-court workout）

私的整理は、日本と同様、法的整理を申し立てることをせず、対象となる債権者（ときには株主も対象となる）との間で、債務者のバランスシートのリストラクチャリングを行うものである。私的整理は、対象債権者・株主との間で個別に合意する方法か、またはエクスチェンジ・オファーを通じて実現する。銀行債権のみならず、社債や手形等の有価証券についても、要項上、重要な変更（元本、利息、満期の変更など）をするためには全員の同意が必要とされるのが通常である。金融市場を通じて調達した負債（public debt）の場合には、債権者全員の同意を取得することが困難であることに加え、そもそも債券保有者を特定するのが困難であるという問題があり（証券業者名義（street name）で保有されているのが通常である）、エクスチェンジ・オファーにそもそも反応してもらえるかという問題がある。また、エクスチェンジ・オファーにおいては、社債（bond）や手形（promissory note）等の有価証券の発行者である債務者が既存の債券保有者に対して、既存の有価証券と引換えに、新たな有価証券を発行する。債務者が経営不振に陥っているときは、新たに発行する有価証券の券面額は、既存の有価証券のそれよりも低く、実質的には債権カットになる。エクスチェンジ・オファーに同意した債権者のみが新たな有価証券を取得することになるため、エクスチェンジ・オファーに応じない債権者は既存の有価証券の条件（金利・満期）のもとで全額の返済を受けることになる。

その結果、債券保有者にエクスチェンジ・オファーに応じないインセンティブが生ずるという問題（いわゆるホールドアウト問題）が起きる。そのため、エクスチェンジ・オファーでは、少なくとも券面額の九〇％〜九五％を占める既存の債券保有者が応じなければエクスチェンジ・オファーは成立しない、という形でエクスチェンジ・オファーの成立に条件を付するのが通常である。また、エクスチェンジ・オファーに応じない債券保有者に対して応じるためのインセンティブを提供するという観点から、①多くの債券保有者が応じない場合には法的整理（チャプター11）を申し立てること（チャプター11のもとでの弁済率は新たに発行される有価証券の条件よりも低いことが予想されるため、新たに発行される有価証券の取得に応じた方が経済合理性がある）、②既存の有価証券の要項の内容を要項に規定された手続に従って変更し、債券保有者を保護するためのコベナンツを取り除くこと、③いくつかの点において新たに発行する有価証券の条件を良くすること（例えば、金利、満期までの期限、債券保有者の保護条項等）をエクスチェンジ・オファーの条件に併せて規定する。もっとも、少額しか保有していない債券保有者（前述の例でいえば、五％〜一〇％の債券保有者）からすれば、自らが応じなくともエクスチェンジ・オファーが成立することから、エクスチェンジ・オファーに応じないインセンティブを完全に払拭することはできない。少額の債券保有者がエクスチェンジ・オファーに応じないだろうと多額の債券保有者が見込んでしまうと、エクスチェンジ・オファーがそもそも成立しないおそれに発展してしまう。

2　プレパッケージ型チャプター11（prepackaged chapter 11）

㈠　概　要

米国におけるプレパッケージ型チャプター11は、チャプター11を申し立てる前に、債務者が一定の主要債権者との間でチャプター11計画案について協議・交渉し、かつ、一定の主要債権者に対してチャプター11計画案の議決を勧誘（solicit）するという手法である。債務者は、チャプター11計画案の可決に必要な議決をあらかじめ確保した後にチャプター11を申し立てる。また、債務者は、チャプター11の申立てと同時にチャプター11計画案を提出し、チャプター11計画案の投票判断に資するべく議決権者に提供されるディスクロージャー・ステイトメント（disclosure statement）とともに議決勧誘手続（solicitation procedure）の承認を倒産裁判所に求める。

プレパッケージ型チャプター11の事例が多くなったのは、二〇〇五年の破産濫用防止・消費者保護法（The Bankruptcy Abuse Prevention and Consumer Protection Act of 2005）の制定・施行以降である。同法によって、チャプター11計画案に係る申立て前からの勧誘、債権者集会の省略等、ファスト・トラック（fast track）の手続を認める改正がなされた結果、二〇〇五年までのプレパッケージ型・プレアレンジ型チャプター11案件のチャプター11の案件数全体に占める割合は三五％であったところ、二〇〇五年から二〇一五年までの間では五八％まで上昇するようになった（注5）。

㈡　プレパッケージ型チャプター11の種類

プレパッケージ型チャプター11は、以下のとおり三つの種類に分類される。

(1)　シングル・トラック・プレパック（Single Track Prepack）

これは、プレパッケージ型チャプター11の中で最も典型的な方法である。シングル・トラック・プレパックでは、債務者は、チャプター11を後に申し立てることを念頭に、チャプター11計画案において権利毀損（注6）の対象となるクラス（impaired class）の主要債権者との間で、チャプター11計画案を協議・交渉し、チャプター11計画案の可決に必要な議決の勧誘を行うが、同時にはエクスチェンジ・オファーの申入れはしない。

(2) デュアル・トラック・プレパック（Dual Track Prepack）

これに対して、デュアル・トラック・プレパックでは、債務者は、債権者に対してエクスチェンジ・オファーの申入れをする一方で、シングル・トラック・プレパックのように、チャプター11計画案の協議・交渉を行い、チャプター11計画案の可決に必要な議決の勧誘も行う。別の言い方をすれば、デュアル・トラック・プレパックは、私的整理の交渉をする一方で、法的整理に入った場合に備えてチャプター11計画案の交渉を同時に行うものである。債務者は、エクスチェンジ・オファーの成立に必要な同意数を確保できた場合には私的整理のもとでエクスチェンジ・オファーを実施し、必要な同意数を確保できなかった場合にはチャプター11計画案の可決に必要な議決を確保した上でチャプター11を申し立てる。

(3) パーシャル・プレパック（Partial Prepack）

上記のシングル・トラック・プレパックおよびデュアル・トラック・プレパックでは、債務者がチャプター11の申立て前に、権利毀損の対象となるすべてのクラスの債権者からチャプター11計画案の可決に必要な議決を確保することが想定されている。これに対して、債務者が、チャプター11の申立て前に一定の主要債権者（銀行や社債権者等の金融債権者）から必要な議決を確保するものの、申立て後にその他の債権者（商取引債権者等の一般債権者）から必要な議決を確保するという形態もあり、これはパーシャル・プレパックと呼ばれている。もっとも、後述する理由により、プレパッケージ型チャプター11では、金融債権者以外の債権者（商取引債権者等）の権利を毀損させるような事例は実際には少ない。

3　プレアレンジ型チャプター11（Prearranged or Prenegotiated chapter 11）

プレアレンジ型チャプター11（プレネゴシエイト型チャプター11とも呼ばれる）では、債務者は、チャプター11を申し立てる前に一定の主要債権者との間でチャプター11計画案を協議・交渉するが、申立て前の時点では可決に必要な議決の勧誘（solicitation）までは行わない。もっとも、チャプター11の申立てと同時または申立て後速やかに、ディスクロージャー・ステイトメントとともにチャプター11計画案を提出し、議決の勧誘を始めることが多い。プレアレンジ型チャプター11のメリットは、申立て後に議決権行使の勧誘をするため、プレパッケージ型チャプター11ほどは迅速な事業再生を実現できないものの、後述するようなプレパッケージ型チャプター11に必ずしも適していない会社についても伝統的なチャプター11に比べてより迅速な事業再生を図ることができる点にある。

4　伝統的チャプター11（traditional chapter 11）

以上のプレパッケージ型チャプター11およびプレアレンジ型チャプター11とは異なり、伝統的には、債務者は事前にステークホルダーと協議・交渉することなくチャプター11を申し立てていた。これは、伝統的チャプター11（traditional chapter 11）と言われるが、債権者等のステークホルダーからは突然の申立てに映るので、フリー・フォール（free fall）型チャプター11とも呼ばれる。

三　プレパッケージ型チャプター11のメリット

プレパッケージ型チャプター11は、伝統的なチャプター11および私的整理に比べて、いくつかの重要な点においてメリットを有している。

1　伝統的なチャプター11との比較

まず、伝統的なチャプター11との比較で言えば、第一に、倒産手続に要する時間が短く、また、倒産手続の帰結もより確実になる点が挙げられる。前述のとおり、プレパッケージ型チャプター11では、チャプター11の申立て前にチャプター11計画案の協議・交渉を行い、かつ、可決に必要な議決を確保するので、フリー・フォール型チャプター11よりも計画認可までに要する期間はより短くなるし、また、倒産手続の帰結についてもより不確実性がなくなるのが一般的である。

第二に、倒産手続に要する時間がより短く、また、倒産手続の帰結の確実性も高まる結果、債務者の事業価値に対する悪影響を最小限に抑えることができる。プレパッケージ型チャプター11では、債務者は、取引先に対して、倒産手続がチャプター11申立て後速やかに終了することを伝達することができるし、また、ニュースメディアもフリー・フォール型チャプター11に比べてネガティブな報道にならないのが通常である。さらに、プレパッケージ型チャプター11では短期間で手続が終了するため、債務者の競合他社としても、債務者のチャプター11申立てを顧客奪取のための機会として利用しづらいということも事業価値毀損の最小化につながっている。加えて、プレパッケージ型チャプター11においては、商取引債権はしばしば毀損しないが、多くの商取引債権者はこの点を理解している。商取引債権がしばしば毀損しない理由としては、まず、多数にわたる商取引債権者の議決を申立て前に勧誘することが現実的ではないことが挙げられる。また、チャプター11計画においてデット・エクイティ・スワップが規定される場合には、デット・エクイティ・スワップにより債務者の新株主となる既存債権者からすると、商取引債権を毀損させずに良好な関係を保った方が債務者の事業価値にとってはプラスであることも挙げられる。

第三に、チャプター11手続に係るコストおよび各種事務手続が最小化できる点が挙げられる。チャプター11では、債務者は、自らのプロフェッショナル費用（弁護士や投資銀行等）のみならず、債権者委員会のプロフェッショナル費用も支弁する必要がある。これに対して、プレパッケージ型チャプター11では一定の場合には、債権者委員会が設置されないので、債権者委員会のプロフェッショナル費用を支弁する必要はない（もっとも、複数の債権者を一つのグループにまとめて交渉することは債務者にとっても有益なので、申立て前のリストラクチャリングの交渉において債権者のグループ側で要したプロフェッショナル費用の支払に同意することもしばしばある）。そして、債権者委員会が設置されないため、債権者委員会およびその専門家（弁護士および投資銀行等）への対応（各種質疑応答や情報提供要求、定期的な報告等相当の負担を要する）をしなくて済む。また、債務者は、チャプター11上、各種の報告義務が課されているが（連邦倒産法五二一条に定められた各種報告（注7）、USトラスティから要求されている定期的な財務報告など）、これらの報告義務は省略できるか、または手続期間が短期間であるため定期的報告も頻度も低い。さらに、伝統的なチャプター11の場合にはUSトラスティが実施する三四一条ミーティング（注8）も省略することができる。加えて、債務者は、常務に属する取引以外のものについては倒産裁判所に対して許可を申し立てなければならないところ、利害関係者はかかる申立てに対して異議を申し出ることができ、倒産裁判所は審尋期日を経て許可を決定する（一ヵ月程度はかかるため、事業運営が遅延する）が、プレパッケージ型チャプター11では、債務者が申立て後に常務に属する取引以外を行う頻度は低い。

第四に、債務者の経営陣が申立て後も引き続き倒産手続をコントロールしやすい点が挙げられる。債務者にはチャプター11計画案を排他的に提出できる期間が法定されているが、既にチャプター11計画案への債権者の同意を確保していることから、この排他的計画案提出期間が徒過する可能性は低い。また、債権者は、債務者の経営陣の資質に疑義がある場合には、チーフ・リストラクチャリング・オフィサー（Chief Restructuring Officer）や管財人（Chapter 11 Trustee）の選任を求める申立てをすることもできるが、プレパッケージ型チャプター11ではその可能性も低い。

2　私的整理との比較

次に、私的整理との比較で言えば、第一に、前述したホールドアウト問題を解決できる点が挙げられる。すなわち、後述するとおり、チャプター11においては、チャプター11計画案を可決するために全員の同意は必要とされておらず、クラス別に法定の要件（債権額の三分の二以上、かつ、債権者数の過半数）の議決を満たせば、チャプター11計画案を可決させることができる。また、デュアル・トラック・プレパックの場合のように、エクスチェンジ・オファーに対して十分な同意が得られなかった場合にはチャプター11を申し立てる可能性を示すことにより（エクスチェンジ・オファーが成立しなかった場合に提出するチャプター11計画案も添付する）、エクスチェンジ・オファーに応じないインセンティブを減少させることができる。すなわち、チャプター11のもとでの弁済率は新たに発行される有価証券の条件よりも低いことが予想されることに加え、チャプター11の申立てが債務者の再建に与え得る不確実性や悪影響も併せて勘案すると、新たに発行される有価証券の取得に応じた方が経済的には合理性があるという判断に誘導できる可能性がある。

第二に、税務上のメリットも挙げられる。米国税法上、チャプター11を通じた債務の削減または免除は課税所得として扱われない（26U.S.C.§108）。また、繰越損失（net operating loss）も利用可能である（26U.S.C.§382(l)(5)）。

四　プレパッケージ型チャプター11に適した事案

1　持株会社（Holding Company）

プレパッケージ型チャプター11は、前述のとおり、申立て前の段階で、債務者がチャプター11計画を立案し、チャプター11計画上権利毀損の対象となるすべてのクラスの債権者に対して議決を勧誘し、チャプター11計画の可決に必要な議決を確保する（だからこそスピーディな手続終了が実現できる）という点に大きな特徴がある。申立て前に銀行や社債権者等の金融債権者以外の商取引債権者等の一般債権者についてまで必要な議決を確保することは現実的には困難なのが通常であることから、プレパッケージ型チャプター11では、前述したパーシャル・プレパックの場合を除き、これら一般債権者の権利を毀損させない形のチャプター11計画を立案するのが一般的である。

そのため、プレパッケージ型チャプター11が利用される最も典型的な例は、外部に金融債務以外の債務をあまり抱えておらず、また、自らは事業活動をしておらず、事業活動を子会社を通じて行うような持株会社のチャプター11である。持株会社が多額の金融債務を抱えており、バランスシート上のリストラクチャリングを実施したい場合には、金融債権を効率的に処理するための方法として（しばしば私的整理におけるエクスチェンジ・オファーの代替として）プレパッケージ型チャプター11が利用される。

2 事業会社（Operating Company）

これに対して、プレパッケージ型チャプター11は、次に掲げる事情が当てはまる事業会社の事業再生には必ずしも適していないと言われる（注9）。

第一に、プレパッケージ型チャプター11においては、スピーディな手続終了のために、債権届出期限（bar date）を設けず、債権届出・確定プロセスを省略するのが一般的である（注10）。そのため、債務者としては、すべての債権者およびその額を特定することができないことから、申立て前に権利毀損に合意した一定の債権者以外の債権者の権利についてはチャプター11計画において毀損させることなく、当該債権者がチャプター11計画の議決権を有しないようにする。事業会社であれば金融債権以外にも商取引債権等の一般債権を抱えているのが通常であるものの、プレパッケージ型チャプター11の場合にはこれら一般債権を毀損させることができないため、商取引債権等の一般債権も含めて毀損させる必要がある事業会社にとっては利点が乏しい。また、商取引債権者との間で申立て前に権利毀損の交渉をすれば、信用収縮が急速に進むおそれが高く、プレパッケージ型チャプター11の内容が利害関係者の間で合意できる前に資金繰りがショートしてしまうリスクがある。債務者としては、商取引債権の弁済許可（連邦倒産法一〇五条a項に基づくクリティカル・ベンダー・オーダー）を申立て初日に取得する意向である旨を商取引債権者に伝えることも可能であるが、連邦倒産裁判所は近年、クリティカル・ベンダーの申立てを厳格に審査する傾向にあることから（注11）、商取引債権者からすれば必ずしも申立前債権の弁済が確約されるわけではなく、申立て前のプレパッケージ型チャプター11の協議期間の間の信用収縮を止められる有効な手段とは言い難い（ただし、一方で、連邦倒産法五〇三条b項九号上、申立て前二〇日以内に製品を納品した取引先の当該納品に係る債権は共益債権として保護されるので、買掛サイトを二〇日以内にするという方策もある）。

第二に、上記第一に関連して、事業会社がチャプター11を申し立てる場合の私的整理に比べた重要な利点の一つとして、双方未履行双務契約に関する連邦倒産法三六五条の規定を利用したオペレーション上のリストラクチャリングを実施することができる点が挙げられる。すなわち、同条は、債務者は双方未履行双務契約（executory contract）および期限未了のリース（unexpired lease）の履行を選択または拒否することができる旨規定しているところ、債務者は、チャプター11の申立てにより、同条を通じてオペレーション上必ずしも必要ではない契約や契約条件が債務者にとって望ましくない契約の履行を拒否することにより、契約関係を整理することができ、これは私的整理に比べたチャプター11の重要な利点の一つとなっている。債務者がこの種の契約を履行拒否した場合には、かかる履行拒否は契約の解除や終了ではなく、契約の不履行とみなされ（連邦倒産法三六五条g項）、契約相手方は債務者の契約不履行に基づく損害賠償債権を一般倒産債権として有することになる。しかし、前述のとおり、申立て前に商取引債権者を含む一般債権者との間で権利毀損の交渉をするのは現実的ではないため、プレパッケージ型チャプター11では、連邦倒産法三六五条を通じたオペレーション上のリストラクチャリングを実施できる、というチャプター11の重要な利点を活用できなくなる。

第三に、事業会社が新たなスポンサーを探索する場合には、日本の計画外事業譲渡に相応する連邦倒産法三六三条に基づく資産譲渡（いわゆる三六三条セール）を利用することがしばしばある（注12）。連邦倒産法三六三条

b項は、利害関係者に対する事前の告知および裁判所の許可により、通常の業務過程外で財産の売却をすることができる旨規定しており、同項の規定により、チャプター11を申し立てた債務者は、(ゴーイング・コンサーンとしての)事業の全部またはその重要な一部であっても、チャプター11計画の策定を待たずに売却することができる。典型的な三六三条セールでは、暫定的な買主候補(ストーキング・ホースと呼ばれる)を申立て前に選定した上で、債務者財団にとって最高かつ最良の提案(highest and best offer)を確保するために、申立て後にマーケティング・テスト(通常はパブリック・オークション)を実施し、ストーキング・ホースの提案を上回る提案が出るかを確認する。マーケティング・テストの実施には最短でも一カ月半程度は要するのが多く、また、マーケティング・テストの結果、誰が最終的なスポンサーになるか不確実なので、プレパッケージ型チャプター11とは必ずしも適合するわけではない(注13)。

第四に、債権者との間に否認行為(詐欺的譲渡または偏頗行為)に該当する取引があるような場合には、本来であれば申立て後にこれを是正して財団の最大化を図ることになるが、否認の争訟手続には相応の時間を要するため、プレパッケージ型チャプター11のスケジュール感にそぐわない(なお、チャプター11計画が一般倒産債権を毀損させせないのであれば、否認することのメリットも見出せない)。

第五に、不法行為に基づく損害賠償債務等の偶発債務(環境債務等を含む)を多額に抱えるような事業会社も、そもそも債権者を特定することが困難である場合が多く、また、前述のとおり、広範な範囲に渡り得る偶発債務の債権者との間で申立て前に協議をすることは困難であることから、プレパッケージ型チャプター11は必ずしも有効な手立てにはならない(注14)。

以上からすると、翻って言えば、商取引債権を毀損させる必要がない場合であって、かつ、新たなスポンサーからのニュー・マネーの投入ではなく、権利毀損の対象となる既存の金融債権者がデット・エクイティ・スワップにより新株主になる形での（言い換えれば、金融債権を中心としたバランスシートのリストラクチャリングを実施することにより）事業再生を図ろうとする事業会社にとっては、プレパッケージ型チャプター11は有力な選択肢になると言える。

3　その他早期の申立てを要する場合

プレパッケージ型チャプター11では、前述のとおり、チャプター11計画において権利が毀損されることとなる債権者との間で事前に協議・合意し、チャプター11計画の可決に必要な議決を確保した上でチャプター11を申し立てることになる。チャプター11申立て後の手続期間は伝統的なチャプター11やプレアレンジ型チャプター11よりも短期間になるが、申立て前の期間に特段の縛りはないため、権利毀損の対象となる債権者との交渉が長引く可能性がある。資金繰りが既に逼迫している、または近い将来逼迫することが予想される会社の場合、申立て前の協議に時間をかけることが許されないため、速やかにチャプター11を申し立てて、申立て後にＤＩＰファイナンスを受ける対応もあり得る。また、債権者による差押え等の権利行使が予期されている場合も同様に、速やかにチャプター11を申し立てて、連邦倒産法三六二条に基づくオートマティック・ステイのメリットを享受したほうがよい。さらに、債権者との協議が難航し、申立て前の協議に目途がつかないような場合も、チャプター11を速やかに申し立てれば、後述する排他的計画提出期間もあるため、チャプター11手続の中で合意に向かうモメンタムを醸成しやすい状況を作り出すことができる。

五　プレパッケージ型チャプター11におけるチャプター11計画の内容

1　チャプター11計画案を提出できる者

伝統的なチャプター11において、チャプター11計画をめぐって債務者に非常に重要な交渉レバレッジを与えるのがいわゆる排他的計画提出期間（exclusivity period）である。債務者は、小規模倒産の例外を除いて、申立て後一二〇日間、チャプター11計画案を提出する排他的な権利を有する（連邦倒産法一一二一条b項）。債務者が申立て後一二〇日以内にチャプター11計画案を提出したときは、その間に議決権者を勧誘しチャプター11計画の決議を得るために自動的に申立て後一八〇日間まで排他的計画提出期間が延長される（連邦倒産法一一二一条c項3号）（注15）。債権者や株主等の利害関係人は、この期間が過ぎない限り、チャプター11計画案を提出することはできない（連邦倒産法一一二一条c項）。排他的計画提出期間（exclusivity period）は、債務者に対して、債務者の再建内容を決める権利を排他的に与えるものにほかならず、そのため、債務者は、この間に、債務者の企図するチャプター11計画案に賛成する必要な議決を確保さえすれば、仮に一部の反対があったとしても、後述するように、クラス分けやクラムダウンといった方法を利用することにより、チャプター11計画案を通すことができる。

プレパッケージ型チャプター11でも、債務者が申立て前に権利毀損の対象となるクラスの債権者にチャプター11計画を提示し、議決を勧誘し、可決に必要な議決を確保した上で、申立てと同時にディスクロージャー・ステイトメントと一緒にチャプター11計画を提出することが想定されている。

2　チャプター11計画におけるクラス分け（classification）

チャプター11計画案を立案するにあたって、債権および株式のクラス分けはきわめて重要である。チャプター11では、日本の倒産実務とは異なり、クラス分けの自由度がかなり高い。かなりテクニカルな色彩を帯びるが、一般的なルールはおおむね以下のとおりである。

・各クラスの議決は、実際に議決権を行使した債権者について、債権額の三分の二以上（at least two-thirds in amount）、かつ、債権者数の過半数（more than one-half in number）の賛成によって可決される。

・権利毀損がなされないクラス（unimpaired class）は、議決権を有しない。

・一方、権利毀損がなされるクラス（impaired class）は、議決権を有する。ただし、権利がすべて毀損するクラスは、反対の議決がなされたとみなされる。

・権利毀損がなされるクラス（impaired class）のうち、少なくとも一つのクラスが賛成の議決をすれば、チャプター11計画案が「不公正な差別」（discriminate unfairly）がなく（注16）、かつ、「公正かつ衡平」（fair and equitable）である限り（注17）、反対するクラスを押し切って、チャプター11計画案を通すことができる。これをクラムダウン（cram down）という。

・各クラスに対して清算価値は保障されなければならない（best interests rule）。

以上のルールに従えば、チャプター11計画案を提出する者は、少なくとも一つの権利毀損クラス（impaired class）の議決を確保すれば、あとはクラムダウンを利用して計画案を通すことができる。そのため、どのようにクラス分けをするかが非常に重要となるが、権利の内容が実質的に類似（substantially similar）してさえいれば同一のクラスにすることができる。ただし、権利毀損クラス（impaired class）を創出することを目的としてクラス分けを意図的に操作すること（ゲリマンダリング）は許されない。したがって、それぞれの債権の性質等にかんがみつつ、権利毀損クラス（impaired class）創出のために意図的に操作したと言われないように、慎重にクラス分けをすることとなる。

3 プレパッケージ型チャプター11の計画内容

プレパッケージ型チャプター11の計画に規定される各クラスの処理は事案によって異なるが、以下では典型的な事例に沿って計画案の内容を例示する。

㈠ 証券保有者（社債権者等）のクラス

私的整理においては、前述のとおり、エクスチェンジ・オファーにおいてホールドアウト問題が不可避的に生じてしまうため、エクスチェンジ・オファーが成立するかはわからない。これに対して、チャプター11においては、クラス別の議決（class voting）で足りるため、証券保有者の一部がチャプター11計画案に反対であっても、法定の議決権を確保さえできれば、一部の反対を押し切って、クラスの承認を得ることが可能となる。

㈡ 銀行のクラス

銀行債権についても、社債権等と同様、クラスの議決で足りるため、一部の反対があってもクラスの承認を得ることは可能である。申立て前にすべての銀行と合意している場合には、債権カットを内容とする既存のローン契約の変更契約を申立て前に締結し、プレパッケージ型チャプター11の計画の認可決定を停止条件とする方法という方法もある（この場合には、銀行債権はチャプター11計画による権利毀損がないものとして、クラスの議決は不要となる）（注18）。

㈢　一般債権者のクラス

前述のとおり、一般債権者のクラスはしばしば、プレパッケージ型のチャプター11計画上、その有する権利が毀損されない。そのため、このクラスは議決権を有しないことになる。なお、債権者を特定できない偶発債務等がある場合も、議決の勧誘をすることが困難であるため、権利毀損の対象とはならない。また、前述のとおり、連邦倒産法三六五条を用いて双方未履行双務契約の履行を拒否した場合に生じる契約相手方の損害賠償請求権についても、個別の合意がない限りは、権利毀損の対象にすることは困難である。

㈣　再建可能性（feasibility）について

チャプター11計画の認可要件として、後に清算手続に移行するおそれがなく、また、さらなる財務上の再建の必要に迫られるおそれがないこと（再建可能性）が要求されている（連邦倒産法一一二九条a項一一号）。上述のとおり、プレパッケージ型チャプター11においては、スピーディな手続終了のために、偶発債務や係争中の訴訟債務はパススルーして権利毀損の対象としないようにするのが通常であるが、プレパッケージ型チャプター11の計画案に反対する者からは、このような債務が手続終了後に残存する以上、再建可能性の要件を満たさないと主張される可能性がある。そのため、権利毀損の対象とならず、手続終了後もそのまま残る債務をどれ位残すかという点については十分に検討が必要である（注19）。

六　プレパッケージ型チャプター11のスケジュール例（例示）

プレパッケージ型チャプター11は、伝統的なチャプター11の事例に比べて、申立て後の手続遂行に要する時間が短期間に終わる。二〇〇五年以降の事例を確認したある統計によれば、伝統的なチャプター11が四三〇日間を要したのに対し、プレパッケージ型チャプター11およびプレアレンジ型チャプター11は一三七日間しか要していない（なお、当該日数はプレアレンジ型チャプター11の事案を含む日数であることに留意されたい）（注20）。このようにプレパッケージ型チャプター11は迅速な手続遂行に大きな利点があるが（もっとも申立て前に権利毀損の対象となる債権者との間で交渉がなされており、その交渉に要する時間も念頭に置く必要がある）、ここでは典型的なプレパッケージ型チャプター11のスケジュール感覚を例示してみたい（注21）。

㈠　チャプター11計画案の内容について権利毀損の対象となる債権者との間で交渉が終わった後に、債務者が、おおむね三〇日後を議決権行使期限として、議決勧誘（solicitation）を開始する。

㈡　チャプター11計画案の可決に必要な議決を確保した後、債務者は、申立書、可決されたチャプター11計画案、ディスクロージャー・ステイトメントおよび申立て初日に行う各種申立て（first day motions）をもってチャプター11を申し立てる。

㈢　申立てから数日内に連邦倒産裁判所が初回の期日（first day hearing）を開く。かかる期日において、連邦倒産裁判所は、ディスクロージャー・ステイトメントの内容の許可、可決されたチャプター11計画案の認可（confirmation）を判断するための審理期日（combined hearing）を設定するスケジューリング・オーダー（scheduling order）を発する。審理期日前にディスクロージャー・ステイトメントおよび可決されたチャプター11計画案について あらかじめ異議を申し立てる期限は、初回の期日（first day hearing）から少なくとも二八日後に設定される（連邦倒産規則二〇〇二条b項）。異議申立期限から少なくとも一週間後には審理期日が設定されるのが通常である。

㈣　連邦倒産裁判所が審理期日を開き、ディスクロージャー・ステイトメントの内容を許可するとともに、認可決定を出す。認可決定は、連邦倒産裁判所が別途の命令を発しない限り、一四日間は効力発生が停止（ステイ）されるものとされている（連邦倒産規則三〇二〇条e項）。もっとも、連邦倒産裁判所がこのステイ期間を短縮するか、またはステイさせない命令を発することもしばしばある。

㈤　認可決定のステイ期間が満了後に、債務者は、認可されたチャプター11計画を実行することができる（申立てから約四五～五〇日程度）。

七　終わりに

事業再生の実務の変化、発展はめざましいものがあるが、それに大きな影響を与えるものの一つは、米国の実務である。それは、米国の実務が先駆的な内容ということに加え、事業再生を行う企業がグローバルで活動している場合には、米国にある資産などを保全するためや、米国の実務を経験した債権者対応をするためには、米国の実務を意識せざるを得ないからである。また、日本においても、近年、私的整理の協議から法的整理の申立てへの連続的移行の議論が活発化しているが、そこでも米国の実務が参考になる。本稿は、そのような観点から米国のプレパッケージ型チャプター11の実務の概要を紹介したものである。本稿についてご批判を賜り、米国の実務の紹介がさらに深みを増し、少しでも今後の事業再生の実務に役立つことができれば、望外の慶びである。

木内道祥先生には、先生が弁護士時代、日本弁護士連合会の倒産法制等検討委員会、全国倒産処理弁護士ネットワークなどの活動を通じて、様々な面でご指導をいただいた。先生は、いつも、幅広く、かつ深い知識・識見に裏付けられた、バランスのとれたご意見を唱えられ、まさしく倒産・事業再生分野のリーダーであられた。その先生の知識・識見は、最高裁判事としても十分に発揮されている。まさしく、我々後輩の弁護士の憧れの存在である。

先生の最高裁判事の退官に際し、十分な内容とは言えないが本稿を捧げることができるのはまさに光栄の至りである。

（注1）本稿に記載されている米国における実務の多くは、筆者の一人である大川友宏が Weil, Gotshal & Manges LLP 法律事務所（ニューヨークオフィス）に勤務していた頃（二〇一四年～二〇一五年）に、同事務所の事業再生部門の故 Harvey R. Miller 弁護士、Marcia L. Goldstein 弁護士、Ronit J. Berkovich 弁護士らから教示を受けたものである。この場を借りて、同弁護士らに改めて感謝の意を示したい。もっとも、本稿における一切の内容および意見については、筆者らの個人の責任に属するものであり、一切の誤りはすべて筆者ら個人の責任である。

（注2）事業再生研究機構編『プレパッケージ型事業再生』第1編参照（商事法務、二〇〇四年）。

（注3）「倒産と金融」実務研究会編『倒産と金融』第3章参照（商事法務、二〇一三年）。

（注4）なお、米国において申立て前の主要債権者との協議・合意が重要な比重を占めるのは、チャプター11計画において デット・エクイティ・スワップ（debt-for-equity swap）を規定し、チャプター11計画に従って権利が毀損することとなる債権者が債務者の新たな株主となることが多いためという事情もある。

（注5）Foteini Teloni (2015), *CHAPTER 11 DURATION, PREPLANNED CASES, AND REFILING RATES: AN*

EMPIRICAL ANALYSIS IN THE POST-BAPCPA ERA.

（注6）　連邦倒産法一一二四条上、①債権者もしくは持分権者の法律上、衡平法上もしくは契約上の権利を変更しない場合、または②チャプター11債務者につき債務不履行が生じた後、(i)債務不履行を治癒（cure）する、(ii)債務を期限の利益喪失前の状態に復活させる（reinstate）、(iii)債権者もしくは持分権者が被った損害を補償する（compensate）、もしくは(iv)その他の方法により債権者もしくは持分権者の法律上、衡平法上もしくは契約上の権利を変更させない場合を除いて、チャプター11計画における債権または持分権者の権利は毀損されることになる（impairment）。

（注7）　同条に基づく報告には、債権者一覧表、債務者の財産・債務、財務状態（a statement of the debtor's financial affairs）、財務予想等が含まれる（連邦倒産法五二一条a項）。

（注8）　チャプター11債務者、債権者および／または持分権者を参加者とするUSトラスティが主宰する集会であり、USトラスティがチャプター11債務者に対して各種の質問（事業運営、事業存続の望ましさ、計画を実行するためにチャプター11債務者が取得し、または取得することとなる金銭または財産の出所、金銭または財産を供給する者が取得し、または提示を受けた対価、チャプター11事案もしくは計画立案に関連するその他の事項）について照会することができる（連邦倒産手続規則二〇〇四条b項参照）。

（注9）　George E.B. Maguire & Jasmine Ball, *Prepackaged Bankruptcy Cases, The Collier Guide to Chapter 11: Key Topics and Selected Industries (2016)*, ¶5.04[2][b] 参照。

（注10）　プレパッケージ型チャプター11の申立てについて、ニューヨーク州南部地区連邦倒産裁判所（U.S. Bankruptcy Court for the Southern District of New York）は、手続に関する実務的なガイドラインを作成している。同ガイドラインには、申立ての方法、申立書に記載すべき内容等の実務上の対応に関する記載がある。なお、同ガイドラインは諮問的なものであり、法的な拘束力を有するものではなく、また、同裁判所への申立案件に適用されるものであるが、他の管轄裁判所に対する申立案件を含め実務家にとっては参考になるものである。

詳細はニューヨーク州南部地区連邦倒産裁判所のホームページ（http://www.nysb.uscourts.gov/sites/default/files/pdf/Prepackaged_Chapter_11_Guidelines.pdf）にてダウンロード可能である。債権届出・確定プロセスについては同ガイドライン IX.A 参照。

（注11）In re Kmart Corp. 359 F.3d 866 (7th Cir. 2004) の判決を受けたその後のチャプター11実務である。

（注12）大川友宏「M&A実務におけるリスク対応の潮流Ⅱ（2・完）米国ディストレストM&Aと日本への示唆」旬刊商事法務二一四四号四二頁。

（注13）ただし、*In re Dallas Stars L.P.*, Case No. 11-13925 (PJW) (Bankr. D. Del. 2011) のように、プレパッケージ型チャプター11計画案において、三六三条セールに類似した、裁判所監督のもとでのマーケティング・テストを通じた資産売却を定め、これを実施する事案もある。

（注14）前掲注9 ¶5.04[2][a][i] 参照。

（注15）また、理由がある場合には、裁判所の裁量により、上記の一二〇日間は最長で一八カ月間まで、上記の一八〇日間は最長で二〇カ月までそれぞれ延長することが可能であり（連邦倒産法一一二一条d項）、また、短縮することも可能である。

（注16）「不公正な差別」（discriminate unfairly）がないという要件は、異なるクラスに区別された同一の優先性を有する債権（実際上は無担保一般債権）を、合理的な理由なく異なる取扱い（異なる弁済率や弁済方法）にしてはならないことを意味する（異なるクラスにクラス分けすること自体が禁じられているわけではない）。差別すること自体が禁じられているわけではなく、無担保一般債権であっても、少額債権のクラスは法文上例外として許容されているし、また、再建に協力が必要なクラス（商取引債権など）を優遇することは不公正ではないとして通常許容されている。

（注17）「公正かつ衡平」（fair and equitable）の要件は、一般に「絶対劣後原則」（優先する権利がすべて満足しない限り劣後する権利への満足は認めない原則）（absolute priority rule）を意味している。単純化して言えば、

担保付債権の担保価値相当額の弁済が全額なされない限り、無担保一般債権の弁済は認められず、無担保一般債権の弁済が全額なされない限り、株主への配当は認められない、というものである。

（注18）　前掲注9 ¶5.07[7] 参照。

（注19）　Rafael X. Zahralddin-Aravena, Michael J. Roeschenthaler & Jonathan M. Stemerman, *Prepackaged Chapter 11 Case Considerations and Techniques, Reorganizing Failing Businesses: A Comprehensive Review and Analysis of Financial Restructuring and Business Reorganization* (Third Edition, 2017), p43 参照。

（注20）　前掲注5参照。

（注21）　*In re Elec. Components Int'l, Inc.*, Case No. 10-11054 (KJC) (Bankr. D. Del. 2010); *In re Pamolam Holdings Co.*, Case No. 09-13889 (MFW) (Bankr. D. Del. 2009); *In re Lazy Days' RV Ctr., Inc.*, Case No. 09-13911 (KG) (Bankr. D. Del. 2009) 等。

裁判手続のＩＴ化と倒産手続
―アメリカにおける倒産手続のＩＴ化を参考に―

日本大学准教授　杉　本　純　子

目　次

一　初めに

二〇一三年に発表された「日本再興戦略―Japan is Back―（注１）」以降、日本は世界銀行が毎年発表するビジネス環境ランキング“Doing Business”において（注2）、ＯＥＣＤ加盟国三五カ国において三位以内を目指すことを目標としているが、いまだその目標は達成できていない。このランキングは、世界約一九〇の国と地域を対象とし、事業活動規制に係る一〇分野を選定して順位付けしたものであるが、ＯＥＣＤ加盟国三五カ国で見ると、日本の順位は決して高いとは言えない。とくに、契約執行の項目は三五カ国中二三位であり、その中の「裁判手続の質の指標」のうち、「事件管理」のポイントが六・〇中一・〇、「裁判の自動化」のポイントも四・〇中一・〇と大変低い（注3）。このような状況に対して、経済界からは日本の裁判手続のＩＴ（Information Technology）化が遅れていることを懸念する声が出されていた。

それを受け、二〇一七年六月、政府は「未来投資戦略２０１７」を発表し、「迅速かつ効率的な裁判の実現を図るため、諸外国の状況も踏まえ、裁判における手続保障や情報セキュリティ面を含む総合的な観点から、関係機関等の協力を得て利用者目線で裁判に係る手続等のＩＴ化を推進する方策について速やかに検討し、本年度中に結論を得る」（注4）との目標を掲げた。我が国も、ついに裁判手続のＩＴ化の検討に本格的に着手することになったと言える。もっとも、これまでにも日本の民事訴訟はＩＴ化に取り組んでいた時期があった（注5）。しかし、その試みは成功したとは言えず、現在でも日本では従来からの書面を用いた裁判手続が続いているのが現状である。もちろん現在の裁判手続でも十分に機能しており、ＩＴ技術の導入は不要だとの考えもあろう。しかし、ビジネス等において国際化が進んでいる現代において、裁判所や当事者間の情報共有や伝達手段の観点からも、裁判手続のＩＴ化は避けられないように思われる。

中でもとくに、倒産手続はＩＴ化の必要性が高いと考える。利害関係人の多い大型倒産事件や国際倒産事件においては、債権者への通知や債権調査などにＩＴ技術を導入することによって、より迅速に手続を進行することができるのではないか。倒産実務の利便性の観点からも、倒産手続のＩＴ化は資するものと考える。

先の「未来投資戦略２０１７」は、裁判手続のＩＴ化検討において諸外国の状況を踏まえると述べる。したがって、本稿では、倒産手続のＩＴ化について、既にＩＴ化が徹底されているアメリカ連邦倒産裁判所の状況を紹介したい。その上で、日本の倒産手続ないしは裁判手続のＩＴ化に際して、検討すべき課題について若干の考察を行う。

二　日本における裁判手続のＩＴ化への取組み

日本において裁判手続のＩＴ化について初めて言及されたのは、二〇〇一年に公表された「司法制度改革審議会意見書―21世紀の日本を支える司法制度―」（注6）であった。これは、司法制度改革の全体像を具体的に示す広範な内容のものであるが、民事司法制度の改革として、裁判所の利便性の向上のために「裁判所へのアクセスの拡充」を図ることが提言され、その中に「裁判所等への情報通信技術（ＩＴ）の導入」が盛り込まれていた。当時、日本は「すべての国民が情報通信技術（ＩＴ）を積極的に活用し、その恩恵を最大限に享受できる知識創発型社会の実現に向け、早急に革命的かつ現実的な対応を行わなければならない」として掲げられた「e-Japan戦略」に基づいて、公的局面でのＩＴ化を急速に進めようとしていた（注7）。もっとも「e-Japan 戦略」は、電子政府の実現を目標に行政手続のＩＴ化には力を入れていたものの、裁判所のＩＴ化や訴訟手続のＩＴ化に関しては具体的に言及していなかった。

「司法制度改革審議会意見書」公表後、その内容を具体化するために、二〇〇一年一二月に司法制度改革推進本部が設置され、二〇〇二年には「司法制度改革推進計画」（注８）が閣議決定された。そして同年、最高裁判所は「司法制度改革推進計画要綱」（注９）を公表し、その中で、「裁判所の訴訟手続、事務処理、情報提供などの各側面での情報通信技術（ＩＴ）の積極的導入を推進する計画を策定・公表するための所要の措置を講ずる」ことを挙げていた。

その後、民事訴訟法の領域に関しては、二〇〇四年に「民事関係手続の改善のための民事訴訟法等の一部を改正する法律」（以下「改正法」という）が成立した。この改正法は、社会のＩＴ化に対応するための民事訴訟等の申立て等のオンライン化を目的の一つとしており、その表れとして、民事訴訟法一三二条の一〇を新設して、民事訴訟手続等において、法令上書面によりすることとされている申立て等のうち、最高裁判所規則で定めるものであって、最高裁判所が定める裁判所に対するものについては、インターネットを利用して、これを行うことができるようにした（注10）。さらに、督促手続については、民事訴訟法三九七条ないし四〇一条を設けて、インターネットを利用して支払督促の申立てをする場合の管轄の範囲を拡大するほか、支払督促の作成自体を電子データにより行うことや債権者に対する処分の告知もインターネットで行うことを認めるなど、手続全体のオンライン化を図った。

この改正法を受けて、二〇〇四年からは札幌地方裁判所本庁において、民事訴訟における一部申立て等についいて、インターネットを利用した申立て（裁判所オンライン申立てシステム）の試験的運用が開始された。利用できる申立ては、民事の期日指定や期日変更の申立て、証拠申出書、鑑定申出書、調査嘱託申出書等であったが、訴状の提出は含まれていなかった（注11）。また、このシステムを用いてなされた申立ては「書面に出力しなければならない」ものとされ（民訴法一三二条の一〇第五項）、この書面を原本として取り扱うものとされ、訴訟記録の閲覧若しくは謄写又はその正本、謄本若しくは抄本の交付及び送達又は送付に関する事務は、原本の書面で行うものとされた（民訴法一三二条の一〇第六項）。すなわち、インターネットによる申立ては認めるが、訴訟記録の作成とその原本は、あくまで書面によるものとし、閲覧も書面で行うものとされている。したがって、オンライン申立てシステムを作成したものの、それが利用できる申立ては限定され、かつ、結局はすべて出力して書面を用意しなければならないため、従来の裁判手続とほとんど変わらなかったのである。その結果、やはり札幌地裁においてもこの裁判所オンライン申立てシステムはほとんど利用されず、二〇〇九年三月に運用は停止されてしまった。

さらに、改正法が制定された二年後の二〇〇六年に「民事訴訟法第百三十二条の十第一項に規定する電子情報処理組織を用いて取り扱う督促手続に関する規則」が定められ、督促手続オンラインシステム（注12）が作られた。督促手続オンラインシステムは、債権者の使用するコンピューターと裁判所のコンピューターとをオンラインで接続することにより、債権者が支払督促事件のうち同システムでフォーム化されているものについて、インターネットを利用して各種申立てや照会等を行うことができるシステムである（注13）。このオンラインシステムは、東京地方裁判所管内の簡易裁判所の支払督促事件を対象に運用を開始し、段階的に地理的範囲を拡大し、二〇一〇年一一月から全国の支払督促事件の処理を行えるようになった。現在もシステムは稼働しており、全体の約三割程度の支払督促事件でオンラインシステムが利用されている（注14）。

以上のとおり、これまで日本は裁判手続のＩＴ化に取り組んだ時期はあったものの、民事裁判手続においては、支払督促オンラインシステムを除いて、その取組みは失敗に終わってしまった。それ以降、日本の裁判手続は変わらず、従来の書面を用いた裁判手続が続いている。それは倒産手続においても同様である。

三　アメリカにおける裁判手続のＩＴ化と倒産手続

１　アメリカ連邦裁判所と州裁判所

アメリカにおける裁判手続のＩＴ化を論じるにあたっては、アメリカ連邦裁判所（Federal courts）と州裁判所（State courts）を区別して述べなければならない。アメリカ合衆国は五〇の州および連邦区から成る連邦共和国であるため、連邦裁判所と州裁判所が独立して併存している（注15）。州裁判所は、各々の裁判制度を有しているため、裁判手続の運用に関しても各州に委ねられている。裁判手続のＩＴ化に関して、連邦裁判所においては、以下に述べるように、現在ではすべての連邦裁判所において統一されたシステムが導入され、ＩＴ化が徹底されている。一方、州裁判所においては、二〇〇七年時点では州全域または州内の一部で裁判手続のＩＴ化を導入していたのは二六州であったとの調査結果が残っており（注16）、使用しているシステム等も州によって異なっている。

アメリカにおける倒産手続はアメリカ連邦倒産法に基づき、連邦裁判所である倒産裁判所に係属する。したがって、以下では、連邦裁判所における裁判手続のＩＴ化に焦点を当てて紹介することとする。

２　アメリカ連邦裁判所における裁判手続のＩＴ化の経緯

(一)　第一段階：事件一覧表の電子化

アメリカ連邦裁判所における裁判手続のＩＴ化は、倒産裁判所から始まった（注17）。それは、一九八〇年代初め、事件一覧表（docket sheets）を電子化することから始まった。この取組みは、当初は各倒産裁判所において各々の裁判所職員の手で始められ、いわゆる裁判所自家製のフォーマットとして作成されただけであった。その後、公的に二種類の事件一覧表の電子化されたフォーマットが認められて利用されていたが、自家製の事件一覧表の使用を継続している裁判所もあった。早期に取り組まれたこの電子化システムは、次第にその価値を示すこととなり、一九九〇年から二〇〇〇年までの間に、全倒産事件の申立件数はそれまでの倍になったが、倒産裁判所の全職員の人数は平均して従来と同じであった。ＩＴ技術の導入による人的コストの軽減がうかがえる。

このように、初期の裁判手続のＩＴ化とは、事件一覧表とその他多少の機能だけが電子化されただけであり、倒産手続をはじめ裁判手続の申立てはすべて書面で行われていた。ＩＴ化されたこのシステムは、手書きやタイプライターで打たれた事件一覧表よりは格段に優れていたものの、連邦裁判所は進化したＩＴ技術を活用することができていなかった。さらに、当時はまだ連邦レベルで統一された基準が構築されていなかったため、これらの電子システムを作動させ維持するための費用負担が大きくなっていた。しかし、最終的に一九九〇年代までには、従来のハードウェアとソフトウェアが廃れてしまったため、旧式の電子システムは使用されなくなっていった。

㈡　第二段階：裁判記録の電子化

次の取組みは、紙媒体での事件記録を電子化することであった。多くの連邦裁判所においては、一九九〇年代から紙媒体の申立書面等をスキャンして電子化するシステムを独自に採用していた。例えば、ハワイ倒産裁判所では、一九九八年一月一日申立ての事件から、商業的に構築された民間のＲＡＣＥＲ（Remote Access to Court Electronic Records）を使用して、事件記録を電子化していた。二〇〇一年以降は、公的データベースであるＰＡ

CER（Public Access to Court Electronic Records）（注18）がオンラインで利用できるようになったため、PACERを利用して事件記録を電子化している。PACERとその前身のシステムによって事件記録の電子化が可能となり、それによって裁判所の事件記録が公に、かつ容易に閲覧できるようになった。

PACERは、連邦裁判所に係属する裁判の事件記録が閲覧できるウェブサービスである。利害関係人でなくとも、一定の登録手続を行えば誰でも利用することができ、利用料を支払えば、判決を含めたすべての事件記録にアクセスし、またダウンロードすることができる（注19）。PACERの開発は、事件記録の開示や閲覧という点において非常に有意義であった。しかしながら、このシステムはあくまで事件記録の電子化を行うものであり、PACERを利用して裁判手続の申立て自体を電子的に行うことはできなかった。したがって、当時は、電子的な書面を用いて申立てをするのではなく、すべての裁判手続の申立ては従来どおり紙媒体の書面で行ってもらい、それをスキャンして電子化するにとどまっていた。

㈢　第三段階：申立ての電子化（e-ファイリング）

PACERが徐々に普及していく中で、連邦裁判所は次に、裁判手続の電子申立て（e-ファイリング）の構築に着手しようとしていた。その最初の取組みは一九九〇年代最初に開始され、一九九六年までに、オハイオ州において（注20）、裁判所の事務を容易にする目的のもとで民事訴訟手続の電子申立てについて試験的な取組みが開始された。倒産手続においては、ニューヨーク州倒産裁判所が一九九六年一一月から類似の電子申立てシステムの使用を始め、続いて一九九七年にニューメキシコ州倒産裁判所も電子申立てを開始した。

裁判手続の電子申立てシステムは非常に利便性に富んでおり、システム構築には多額の費用がかかるものの、裁判手続の電子申立てシステムの構築には価値があることが示された。その結果、一九九六年後半、CM／EC

F（Case Management/Electronic Case Files）と呼ばれる連邦裁判所全体で使用できる電子申立てシステムの構築が始まった。そして、一九九七年後半から五つの倒産裁判所と四つの連邦裁判所でCM／ECFの試作品が導入された。試験的導入を行ったこれらの連邦裁判所での経験と、さらに何カ所かの裁判所での試験的導入をもとに、CM／ECFは改良されていった。倒産裁判所のために構築された倒産手続のCM／ECFは二〇〇〇年後半に公にされ、その後数年にわたって徐々に各倒産裁判所に導入されていった。ハワイ倒産裁判所にCM／ECFが導入されたのは二〇〇三年六月である。その後、二〇〇六年六月までに、アメリカにおけるすべての倒産裁判所でCM／ECFが使用されるようになった。

現在、倒産手続を含む連邦裁判所管轄の裁判手続の申立ては、すべてオンラインで行うようになっており、申立てに係る添付書面等もPDFファイルをアップロードする方法で提出することができる。弁護士が代理人として付いている場合には、このCM／ECFから手続の申立てを行うことが強制されている（注21）。一方、弁護士を付けずに本人が裁判手続の申立てを行う場合には、従来どおり書面を用いた申立てが認められている。倒産手続においても、消費者破産手続（アメリカ連邦倒産法第七章手続）と個人再生手続（同第一三章手続）については、債務者本人による書面での申立てが認められている（注22）。

3　PACERとRECAPプロジェクト

先に紹介した事件記録のデータベースであるPACERは、記録をダウンロードする場合は有料である。これに対してアメリカでは、従前から無料での事件記録の取得を求める声が研究者やジャーナリスト、NPOなどから強く出され、二〇〇七年一一月から一七の図書館とのコラボレーションにより、PACERへの無料でのアクセスを提供する試験的プロジェクトが始まった。これにより、利用者は参加図書館の特定端末から、この無料サービスが受けられることになった。ところが、このプロジェクトは二〇〇八年九月に突然停止されることになってしまう。その理由は、アーロン・シュワルツ（注23）という若者がＰＡＣＥＲの全データの二〇分の一に当たる二〇〇〇万頁もの事件記録をＰＡＣＥＲから一挙にダウンロードしたためであった。

当時アメリカでは、カール・マラムドという技術者により、公的情報（Public Records）である事件記録に対する無料での自由なアクセスを保障する活動が起こっていた。マラムドは、自らが設立した非営利団体 Public.Resource.Org において、あらゆる公的情報や政府情報を市民が自由にダウンロードできる環境を提供しようとしていた（注24）。彼の活動はニューヨーク・タイムズ紙などが報じ、それまでの連邦政府が行うＰＡＣＥＲによる情報頒布の適否が論じられていた。先のシュワルツによる大量ダウンロードは、このようなマラムドの運動に共鳴して行われたものであった。

その後二〇〇九年に、ＰＡＣＥＲと情報の公開に関して新たな動きが生じる。それがＲＥＣＡＰというプロジェクトである（注25）。プリンストン大学情報技術センターから提供されたこの技術は、ある人がＰＡＣＥＲにアクセスして有料にてダウンロードした事件記録のデータを共有化できるようにしたものである。ＲＥＣＡＰの正当化根拠は、ＰＡＣＥＲはその保有する事件記録を公的情報だと称していることから著作権の保護が及ばないこと、また、ＰＡＣＥＲは料金を支払わないダウンロード行為を禁じて刑事罰の対象になると警告するが、ＲＥＣＡＰを利用するユーザーは、ＰＡＣＥＲにはアクセスしていないので刑事罰には当たらないというものである。したがって、社会的な関心が高い裁判やその事件記録については、既に誰かがＰＡＣＥＲからダウンロードして共有化されている場合があるため、そのような記録は自分でＰＡＣＥＲから有料でダウンロードしなくとも、ＲＥＣＡＰから無料でダウンロードして情報を取得することが可能である。これは、倒産手続の記録に関しても同様であり、債権者等の利害関係人はもちろん、それ以外の者も、主要な倒産事件に関する情報や記録を自由に入手することができる。情報の自由を尊重するアメリカ独自の興味深いプロジェクトである。

4　アメリカ倒産実務におけるＡＩの導入

現在、社会における様々な場面においてＡＩ（Artificial Intelligence：人工知能）の導入が検討され、その功能が検証され始めている。これは法分野においても同様であり（注26）、既に中国の浙江省杭州では二〇一七年より裁判手続にＡＩを導入したｅ-裁判所が稼働している（注27）。

倒産手続との関係では、二〇一六年五月より、アメリカ大手法律事務所のニューヨークオフィスの倒産部門において倒産実務を行うＡＩが導入され、世界初のＡＩ弁護士として話題となった（注28）。Rossと名付けられたこのＡＩ弁護士は、自然言語を理解し、人間に対して接するのと同じように質問を投げることが可能である。もっとも、Rossは人間の倒産処理弁護士と同等の仕事をするわけではなく、現時点では判例検索システムとしての役割を担うにとどまっている（注29）。すなわち、人間が投げかけた法的論点について裁判例を検索し、その中から判例の傾向等を抽出した上で、当該論点に対する回答を導き出すというものである。したがって、Ross自身が自分で考えて法的な問題を解決することができるわけではない。しかし、幅広いテーマに対応することができ、膨大な裁判例の中から、投げられた質問や事案と事実関係が類似した判例を探し出すことができる。さらにRossは、与えられた質問から導き出された回答を自身で書面として作成することができる（注30）。現時点では検索対象データが限定的であり、裁判例以外の学術論文や雑誌記事などを検索することはできないが、今後さらに対象データの範囲が広がることによって、より詳細な検索が可能になろう。今後、さらに技術が発展すれば、裁判例の検索にとどまらず、倒産手続における債権調査や債権者の取引履歴調査などの倒産実務も担えるＡＩ弁護士が登場することが期待される。

四　日本における裁判手続のＩＴ化の課題

これまで、アメリカにおける裁判手続ないし倒産手続のＩＴ化について、その経緯と現状を紹介してきた。以下では、これらを踏まえて、日本の裁判手続にＩＴ技術が導入される場合の課題について、とくに倒産手続に焦点を当てながら若干の考察を行う。

１　利便性としてのＩＴ技術の導入

現在、アメリカだけでなく多くの諸外国において裁判手続はＩＴ化されているが、裁判手続のＩＴ化が促進する理由の一つは、利便性にある。例えば、アメリカではＰＡＣＥＲの普及により事件記録を電子的に保管することができるようになったため、裁判所の物理的なスペースや備品ないし人的コストの削減が可能となった。また、各事件についてメールでのやり取りも可能であるため、裁判所と当事者代理人間のコミュニケーションや情報共有が迅速かつ容易となっている（注31）。

とくに倒産手続に関しては、ＣＭ／ＥＣＦを利用した手続の申立ては二四時間三六五日可能であり、急を要する申立て等にも迅速に対応することができる。また、膨大な量に及ぶ添付書面も紙で提出する必要はなく、ＰＤ

Ｆ化した書面を自己のパソコンからアップロードできるため、実務的にはかなり便利かつコスト削減にもなると思われる。債権届出や再建計画における議決権の行使がインターネット等を利用して行えるようになれば、債権者にとっても便利になるであろう（注32）。さらに、昨今はビジネスの国際化が進み、国際倒産事件の申立ても定期的に見受けられる。国際倒産手続においては、日本国内だけでなく海外にも債権者や利害関係人が多数存在することが多い。先のインターネット等を利用した債権届出や再議決権の行使は、国際倒産手続においてより導入の必要性が高いと思われる。さらにその先には、テレビ会議システムやインターネットを利用した債権者集会や債権者説明会の開催が考えられる。諸外国においては、既にこれが実現されオンライン債権者集会が開始されている国がある（注33）。日本でもオンライン債権者集会が実現すれば、国内でも債権者集会に参加することが難しい遠方の債権者や国外の債権者たちが債権者集会に参加できる機会となり、倒産手続の透明性や公正性に資するのではないかと考えている。

もっとも、裁判手続のＩＴ化は、確かに裁判所や実務家にとっては利便性に優れていると思うのだが、一般の消費者にとっては必ずしもそうでないかもしれない。日本では、一般の民事訴訟ないし破産手続の申立て等において、本人訴訟や本人申立ての事案が相当程度存在している。ＩＴ化実施にあたっては、法律家でない一般の消費者にもe－ファイリングや書面の電子化を強制するのかが大きな問題となろう。この点においては、諸外国でも対応が分かれているところである。アメリカにおいては、一般の民事訴訟において、本人訴訟の場合には紙での申立てを認めている。倒産手続においては、消費者破産手続（チャプター七）と個人再生手続（チャプター一三）の本人申立ての場合に、紙での申立てを認める（注34）。

したがって、裁判手続のＩＴ化実現の一つの可能性として、すべての司法手続について同時にＩＴ化を実施するのでなく、段階的にＩＴ化の要請が高い手続から導入を検討してはどうだろうか。そして、その要請が高い裁判手続の一つが倒産手続であると考えている。とくに、会社更生手続や民事再生手続の再建型倒産手続は、前述のとおり、ＩＴ技術の導入によって手続の迅速性や透明性が促進すると考えられる点が多く、事業再生の早期実現にも資するのではないだろうか。したがって、利便性を追求した裁判手続のＩＴ化は、とくに倒産手続において有意義だと考える。

2　事件記録の電子化と情報開示

アメリカにおける裁判手続のＩＴ化において、特徴的な制度がＰＡＣＥＲである。連邦裁判所に係属する事件記録がすべて公開され、利害関係人以外でもそれらにアクセスし情報を入手することができるＰＡＣＥＲのようなシステムは、アメリカを除いてその他の諸外国では見られない。連邦政府が国民の裁判記録を世界に向けて公開するだけでなく、それらを無料化して広く共有するＲＥＣＡＰプロジェクトも現在まで続いている。

日本において裁判手続のＩＴ化を検討するにあたって、ＰＡＣＥＲのようなシステムを導入することは現状大変困難であろう。個人情報保護法の観点からも、一般の民事訴訟等の事件記録を広く公開することには躊躇を覚える。しかしながら、本来裁判手続は公開で行われ（憲八二条一項）、訴訟記録に関しては、何人も閲覧を請求することができるはずである（民訴法九一条一項）。現在は、訴訟記録の閲覧を望む者は自分の足と費用を使って裁判所まで出向くというハードルを課した上での閲覧制度になっているが、法律上は誰でも訴訟記録にアクセスすることが認められているのであるから、ＰＡＣＥＲのように電子的に事件記録を公開して閲覧の対象にする可能性は考えられてしかるべきであろう。ただし、個人情報や秘密情報については、閲覧を当事者に制限することが認められており（民訴法九二条）、電子的に記録を公開した場合にも、当該秘密情報等にはアクセスできないようなシステムを構築することができよう。この点は、実はアメリカのＰＡＣＥＲにおいても同様である。閲覧制限したい情報等については、当事者が裁判所に対して閲覧制限の申立て（motion to seal）を行うことによって公開を制限することができ（注35）、個人情報については氏名や住所等について公開を禁止する旨法律で規律されている。これらをかんがみると、ＰＡＣＥＲのようにダウンロードを有料として、事件記録を電子的に公開する可能性も検討の余地があるようにも思われる。

もっとも、この点について、倒産手続は一般の民事訴訟と区別して考える必要がある。倒産手続は原則として非訟手続であり、公開を前提とされていない。事件記録の閲覧についても、民事訴訟とは異なり、閲覧の対象は利害関係人に限定されている。したがって、ＰＡＣＥＲのように広く一般に事件記録を公開することは法律上認められないと考える。しかし、事件記録を電子化し、利害関係人が事件記録にアクセスできるようなシステムを構築する可能性については検討すべきである。現在は、倒産手続の利害関係人が記録の閲覧を求める場合でも、裁判所に出向いて閲覧請求をする方法しか認められていない。したがって、国際倒産事件において、国外の債権者等が事件記録の閲覧を望む場合には、かなりハードルが高いと言わざるを得ない。実際、国際倒産事件の国外の債権者が、利害関係人でありながら、なかなか事件の情報開示がなされず、かつ自分で日本から事件記録を入手することも難しいとの声を聞くことがある。日本では債権者委員会制度の活用もなされていないことから、債権者への情報開示が困難であり、従前から議論がなされているところである（注36）。したがって、債権者への情報開示の一手段として、事件記録を電子化し利害関係人を閲覧対象とする方法は有益であると考える。

五　終わりに

「未来投資戦略２０１７」の発表により、ついに日本も本格的に裁判手続のＩＴ化に着手することとなった。過去に一度失敗に終わってしまった司法のＩＴ化が、時代を経てどのように実現されていくのか大変興味深いところである。もっとも、考察にて述べたように、裁判手続のＩＴ化を実現するには検討すべき課題が数多くある。とくに、記録の電子化と個人情報保護の観点からは、裁判記録の電子化と情報公開をどのように実現するのか慎重な検討を要する問題である。しかし、利便性のためのＩＴ化には、早急に検討に着手すべきだと考える。かつてアメリカにおける裁判手続のＩＴ化のスタートが倒産手続であったように、日本においても、手続の迅速性が求められ、ＩＴ技術導入の必要性と利便性が高い再建型倒産手続から検討を始めることは実現可能性があるのではないだろうか。近い将来、日本の裁判手続にＩＴ化が導入され、当事者ないし利害関係人にとってより利用しやすい手続が実現するよう、諸外国の状況を研究調査しながら、今後も日本における裁判手続のＩＴ化を模索していきたい。

木内先生には、大学院在籍時から大変お世話になり、様々なご指導をいただきました。先生の古稀および最高裁判事ご退官をお祝いするとともに、改めて感謝申し上げます。

【追記】　本稿脱稿後、二〇一七年一〇月三〇日、内閣官房日本経済再生本部は「裁判手続等のＩＴ化検討会」を発足さ

せた。筆者はその委員の一員として、現在、まずは民事訴訟手続のＩＴ化実現に向けて議論に参加しているところである。当検討会の会議関係資料については、https://www.kantei.go.jp/jp/singi/keizaisaisei/saiban/index.html を参照されたい。

（注1）　http://www.kantei.go.jp/jp/singi/keizaisaisei/pdf/saikou_jpn.pdf#search=%27%E6%97%A5%E6%9C%AC%E5%86%8D%E8%88%88%E6%88%A6%E7%95%A5+japan+is+back%27（二〇一七年一二月三〇日確認）。

（注2）　http://www.doingbusiness.org/（二〇一七年一二月三〇日確認）。

（注3）　世界全体のランキングは四八位である。http://www.doingbusiness.org/data/exploreeconomies/japan#enforcing-contracts（二〇一七年一二月三〇日確認）。

（注4）　「未来投資戦略２０１７」一一二頁。http://www.kantei.go.jp/jp/singi/keizaisaisei/pdf/miraitousi2017_t.pdf#search=%27%E6%9C%AA%E6%9D%A5%E6%8A%95%E8%B3%87%E6%88%A6%E7%95%A52017%27（二〇一七年一二月三〇日確認）。

（注5）　川嶋四郎「「民事訴訟のＩＴ化」のための基本的視座に関する覚書（一）」法政研究七二巻二号二九九頁。

（注6）　司法制度改革審議会「資料　司法制度改革審議会意見書―21世紀の日本を支える司法制度―」自正五二巻八号一八四頁。

（注7）　川嶋・前掲注5三〇一頁以下参照。

（注8）　http://www.kantei.go.jp/jp/singi/sihou/keikaku/020319keikaku.html（二〇一七年一二月三〇日確認）。

（注9）　http://www.courts.go.jp/about/kaikaku/kaikaku_keikaku/kaikaku_gaiyou/index.html（二〇一七年一二月三〇日確認）。

（注10）　小野瀬厚＝原司編著『一問一答平成一六年改正民事訴訟法・非訟事件手続法・民事執行法』一三頁以下参照。

（注11）　笠原毅彦「サイバーコート―ＩＣＴを利用した裁判手続―」人工知能学会誌二三巻四号五一五頁。

（注12）　http://www.tokuon.courts.go.jp/AA-G-1010.html（二〇一七年一二月三〇日確認）。

（注13）小林宏司「「民事訴訟法第一三二条の一〇第一項に規定する電子情報処理組織を用いて取り扱う督促手続に関する規則」の解説」判タ一二二七号四頁。
（注14）平成二八年は、督促手続全体は約二七万五〇〇〇件あり、そのうちの約三分の一に相当する九万件余りがオンラインで行われている（「裁判手続等のＩＴ化検討会第1回議事要旨」二頁。https://www.kantei.go.jp/jp/singi/keizaisaisei/saiban/dai1/gijiyousi.pdf（二〇一七年一二月三〇日確認））。
（注15）アメリカの民事裁判制度について、浅香吉幹『アメリカ民事手続法［第三版］』。
（注16）吉岡大地「アメリカ民事訴訟における電子化の状況について」判タ一二四七号一〇九頁。
（注17）以下は、ハワイ倒産裁判所ロバート・ファリス裁判官へのインタビュー調査（二〇一五年三月実施）ないしファリス判事の公刊物未登載の論稿である Robert J. Faris, *"Electronic Filing in the Federal Courts: Past, Present, and Future"*: に基づいている。
（注18）https://www.pacer.gov/（二〇一七年一二月三〇日確認）。
（注19）料金は一頁当り一〇セントで、一文書の料金上限が二ドル四〇セントとなっているので三〇頁以上の文書でもそれ以上の料金はかからない。
（注20）当時オハイオ州北部裁判所において、船員のアスベスト被害に関する民事訴訟が多く係属したことがきっかけとされる。
（注21）ＣＭ／ＥＣＦの利用にあたって、多くの裁判所では、弁護士にシステムの使い方についての講習を裁判所で受講することを求め、当該講習を受講した弁護士に自己のアカウントの作成を許可している。
（注22）もっとも、連邦裁判所は本人申立てに対して、弁護士を代理人として付けることを推奨している。
（注23）天才プログラマーとして知られ、論文データベースＪＳＴＯＲから数百万もの学術論文をダウンロードして公表する計画的な犯行に関与したとして連邦当局に逮捕された。情報の自由と法規制についてアメリカ社会に疑問を呈した人物として、その生涯は広く知られている。

（注24）https://public.resource.org/（二〇一七年一二月三〇日確認）。

（注25）http://www.recapthelaw.org/（二〇一七年一二月三〇日確認）。

（注26）法分野でのＡＩ（人工知能）の可能性を検討しているものとして、吉野一ほか『法律人工知能―法的知識の解明と法的推論の実現―』。

（注27）中国の杭州では、二〇一七年よりｅ-裁判所が開始された。オンラインシステムを用いて訴えの提起を行うことができ、当事者の顔認識での照合や、動画撮影されたヒアリングが記録となり、必要であれば音声認識システムが自動で裁判記録を作成、裁判官がＡＩを利用して判決を書くといった最先端のＩＴ技術が取り込まれた裁判所である（https://www.netcourt.gov.cn/portal/main/en/index.htm?spm=a1z8s.8020632.0.0.30ed8d924S2jFF（二〇一七年一二月三〇日確認））。

（注28）例えば、http://www.prnewswire.com/news-releases/ross-intelligence-announces-partnership-with-bakerhostetler-300264039.html（二〇一七年一二月三〇日確認）。

（注29）Rossを雇っているBaker & Hostetler法律事務所ニューヨークオフィスJoseph Esmont氏へのインタビュー調査より（二〇一七年九月一四日実施）。

（注30）アメリカのロースクールの学生が作成する位のレベルの書面を作成することが可能とのことである（Esmont氏へのインタビュー調査・前掲注29より）。

（注31）ＣＭ／ＥＣＦを利用する場合には、当事者の一方が裁判所に書面を提出した場合、相手方代理人には書面が提出された旨と当該書面のＰＡＣＥＲリンクがメールで通知されるようになっている。ＰＡＣＥＲリンクには一度のみ無料でアクセスできる。

（注32）既に中国では実現されている。中国では倒産手続についてもＩＴ化を積極的に進めており、既に倒産手続のためのプラットフォーム（pccz.court.gov.cn/pcajxxw/index/xxwsy）を完成させ、利用されている。

（注33）シンガポールや中国、オランダ等で既に導入が始まっている。ＥＵでは、二〇一六年に発表したＥＵ指令案に

おいて、ＥＵ加盟国に対し、債権調査や再建計画の決議、債権者集会の開催においてＩＴ化の導入を検討するよう推奨している。

（注34） 申立てに際しては、倒産裁判所のホームページに掲載されている所定のフォーマットを使用することが求められている。申立てを受理した裁判所は、すぐに紙の書面を電子化してＰＡＣＥＲに掲載するとのことである。ちなみに、消費者に対して裁判所は可能な限り代理人を付けることを推奨している。

（注35） 閲覧制限の申立てが許可された場合でも、当該秘密情報を掲載した書面はＰＡＣＥＲのシステム上には保管されており、裁判官や裁判所職員はこれにアクセスすることができる。しかし、外部からＰＡＣＥＲを利用する場合には、当該書面にアクセスできないようになっている。

（注36） 拙稿「債権者機関―日米の比較にみる債権者委員会の役割と位置づけ」佐藤鉄男＝中西正編著『倒産処理プレーヤーの役割―担い手の理論化とグローバル化への試み』二四九頁。

★本稿は、科研費課題番号17H02473の研究発展成果の一部である。

裁判所が選任した清算人の選任取消し
―余剰金が生じる場合の取扱いについて―

弁護士　阿多博文

目次

一　問題の所在

1　裁判所による清算人の選任および選任取消し

株式会社が解散すると（会社四七一条）、合併または破産の場合等を除き、清算手続が開始され（会社四七五条）、取締役はその地位を失い、清算人が清算事務を行う（会社四七七条一項）（注1）。定款に別段の定めがある場合または株主総会において取締役以外の者を清算人に選任した場合を除き、取締役が清算人になるが（法定清算人、会社四七八条一項）、いずれの方法によっても清算人になる者がいない場合には（注2）、利害関係人の申立てにより裁判所が清算人を選任する（会社四七八条二項、八六八条一項）（注3）。（いずれの方法によるとしても）、清算人にいったん選任されると、任期が法定されていないことから（会社三三二条の準用がない）、定款または株主総会の清算人選任決議で任期を定めない限り清算結了まで在任すべきと解されている（注4）。

ところで、裁判所への清算人選任申立事件（事件記録符号（ヒ）の商事非訟事件である）の多くは、破産財団から放棄（破産七八条二項一二号）された不動産についての任意売却（破産手続が終了しているか否かは問わない）（注5）、公売処分に係る各種通知の受領、債権譲渡通知の受領、境界画定のための立会等特定の事務の処理を目的とするもので（注6）、清算会社の清算結了（その結果として法人格の消滅）までを意図しているわけではない（注7）。選任された清算人にしても、みなし解散された株式会社（会社四七二条）や破産手続が終結し長期間経過している株式会社が職務の対象であれば、財産や債権者・株主等関係者の把握もできず、清算事務を終了し決算報告株主総会（会社五〇七条一項・三項）での承認を得ること（清算人の責任解除の効果を生じる。会社五〇七条四項本文）も困難であることが多い。そこで、裁判所は、申立人の求める特定の事務以外に清算人が行うべき職務が事実上ないと認められる事案では、弁護士等を清算人に選任して特定の事務を処理させ、その終了後は非訟事件手続法五九条一項に基づき職権で選任決定を取り消し、清算手続を打ち切る運用を行っている（スポット運用、スポット型の手続運用と呼ばれる）（注8）（注9）（注10）。

2　余剰金処理の必要性について

裁判所が選任した清算人は特定の事務を処理すれば足りるとしても、事案によっては事務処理過程において金員を取得し、後日清算人に支払うべき報酬予定額を差し引いても余剰金が清算人の手許に残ることがある（注11）。清算人の手許に余剰金が生じている場合、清算人は余剰金をどのように管理しまたは引き継ぐのか、そもそも裁判所は、余剰金を未処理のまま選任決定を取り消し得るのか、かかる問題が本稿で採り上げる論点である（注12）。

二　他の財産管理制度における余剰金の処理

1　参考とされる財産管理制度

裁判所が関与する財産管理制度は諸々存在するが、第三者が成年被後見人に与えた財産の管理に関する処分の審判事件において選任された管理者（民法八六九条、八三〇条二項、家事法一二五条一項・二項）、不在者の財産の管理に関する処分の審判事件において選任された不在者財産管理人（民法二五条一項、二六条、家事法一四六条一項・二項）、相続人の不存在の場合における相続財産の管理に関する処分の審判事件において選任された相続財産の相続財産管理人（民法九五二条、九五三条）等（以下、裁判所が選任する財産管理者を管理者と略称する）では、財産の管理の必要性や財産の価値に比して管理の費用が不相当に高額であり、管理者に財産の管理を継続させることが相当でない場合など財産の管理を継続することが相当でなくなった場合に、家庭裁判所に一般的・包括的な取消制度を認めている（家事法一二五条七項、一四七条、二〇八条による一二五条の準用）（注13）。本人（被後見人、不在者、相続人）の財産の保護の観点から、家事事件手続法（平成二三年法律第五二号）制定の際に導入されたもので（注14）、本人や利害関係人のほかに、財産状況を把握し得る管理者も申立権者に加え、管理者にも財産管理から離脱する機会を与えている。

2 「管理すべき財産がなくなったとき」

(一) 家庭裁判所による選任その他の財産の管理人に関する処分の取消し（家事法一二五条七項等）は、物理的に「財産」がなくなったときだけではなく、物理的には存在しても管理者による管理を継続することが相当でないと判断できる事情が認められれば、「『管理すべき財産』がなくなったとき」として、認められる（「管理すべき財産がなくなったとき」は、財産の管理を継続することが相当でなくなったことの例示である）。管理すべきか否かは、財産の管理の必要性、財産の価値（注15）、管理の費用等を総合して判断することになるが、管理の方法は財産の種類により異なる（注16）。財産を現金に限定すると、不在者財産管理人が選任目的である特定の事務を終えて手許に余剰金が残る事例では（注17）、管理者は適当な引継先があるか（推定相続人が存在するか否か、当該推定相続人に引き継いだ場合に費消されるおそれがないか等を考慮）、適当な引継先を見つけられない場合には供託の可否を検討し、裁判所は、管理者以外への引継ぎ・供託が可能と認められる場合は「管理すべき財産がなくなったとき」に該当するとして、管理者の選任処分を取り消すという運用を行っているようである。

(二) 供託を選択する場合、供託者、被供託者は誰か、供託の根拠について検討しておく必要がある。管理者は委任終了時に受取物等の引渡義務（民法六四六条、家事法一二五条六項、一四六条六項、二〇八条）を負うから、管理人の選任処分が取り消された場合の受取物等の引渡義務を根拠に、元管理者個人を供託者、不在者を被供託者とする弁済供託（民法四九四条）による方法が考えられる（その際、供託者は供託金取戻請求権（民法四九六条）を放棄することも必要である）。なお、管理者名義での供託も検討に値するが、取消し前は供託の根拠が観念できず（管理が職務（債務）であって、弁済の基礎となる債務が見当たらない）、取消し後は管理者名義での供託は認められないので、理論的に困難である。

㈢　職務の執行に伴い余剰金が生じると、管理者は本人（被後見人、不在者、相続人）の債務の全部または一部の弁済が可能な状況にあるが、管理者は引継ぎ・供託前に弁済しておくことが必要か。裁判所が選任する管理者の職務内容から考える必要がある。

まず、管理者も財産目録の作成義務を負い、裁判所から命じられれば、財産の状況の報告および管理の計算をしなければならない（民法二七条一項、八三〇条四項、八六九条、九五三条、家事規八二条、八七条、一一二条等）。財産目録の記載対象には負債も含まれるので（注18）、管理者が事務処理の過程において債務の存在を認識した場合は、負債を含めた財産目録を作成することになる（実務では、選任の審判告知後一カ月ないし二カ月以内に財産目録を提出させている）（注19）。

次に、管理者が事務処理の過程において認識した債務の弁済期が到来している場合に、これを弁済することは保存行為（民法二八条、一〇三条、九五三条等）に該当し、裁判所の許可なく許される。しかし、管理者の義務と言えるかは個別事案によるであろう（善管注意義務（民法六四四条、家事法一四六条六項、二〇八条、一二五条六項等）の問題である）（注20）。

さらに、管理者は積極的に債権調査を実施したり弁済する義務を負うか。管理者により期待される職務が異なる。管理者のうち、不在者財産管理人は管理事務を担い、清算事務は職務外である。したがって、不在者財産管理人が選任目的である特定の事務を了した時点で余剰金が生じているとしても、積極的に債権調査、弁済（按分弁済を含む）等をする必要はなく、余剰金を引き継ぐまたは供託することができるのであれば、裁判所は「管理すべき財産がなくなったとき」に該当するとして選任処分を取り消すことができる。

他方、相続財産管理人は、選任公告後二カ月を経過しても相続人が出現しなかった場合、清算手続に着手し、相続債権者・受遺者に対する請求申出の公告・催告を行う（民法九五二条二項、九五七条）。請求申出公告は相続財産の清算着手の公告も意味し、相続財産管理人の義務である（九五七条二項、九三四条参照）。相続財産管理人は、請求申出期間満了後は配当弁済を実施する（民法九五七条二項、九二九条本文）。これが原則である。しかし翻って考えると、請求申出の公告・催告が清算着手を意味するなら、配当弁済の原資の存在を前提にせざるを得ないところ、相続財産管理人の選任が職務全般の遂行ではなく特定の事務処理を目的とするスポット運用で、特定の事務処理を了した時点で相続財産管理人の手許に財産が全く残っていない場合、もしくは余剰金が残っているとしても配当弁済に供するには不足している場合（弁済配当事務処理に係る相続財産管理人報酬や公告・催告費用を控除すると財産が残らない場合等）には、請求申出の公告・催告を実施する実益がない（弁済配当も受けられない債権者には、公告・催告を怠ったことによって被る損害も観念できない）。きわめて例外的な場面かも知れないが、相続財産管理人は債権調査を実施せず、それらに要する報酬・費用相当分も含めて余剰金として引き継ぐことで、裁判所は「管理すべき財産がなくなったとき」に該当するとして選任処分を取り消すことができると考える（注21）。

3 小括

家事事件手続法は、管理者に期待される職務によるが、手許に余剰金が残っていても引継ぎまたは供託するこ事件で裁判所が選任する清算人にも同様な処理が可能かについて検討する。

三　清算手続における余剰金の処理について

1　余剰金を残したままでの清算人選任決定取消しの合理性

㈠　清算人の職務は、会社の現務を結了し、債権を取り立て、債権者に対し債務を弁済し、株主に対し残余財産を分配することにあるから（会社四八一条）、債権者への弁済・株主への分配の原資となる財産が存在しないのであれば各別、法は余剰金を未処理のまま清算人の職務が終了することを想定していない。裁判所が清算事務の終了前に清算人の選任決定を取り消すことは、清算人不在の場合に清算人を通じて清算事務を終了させ法人格を消滅させることを企図する法の趣旨に適合するとは言えない。

㈡　しかし、スポット運用の対象となる株式会社は、事業を廃止後長期間経過し会計帳簿等や株主名簿が散逸している等のため債権者や株主を把握すること自体が困難なものが大半であるが、清算人の責任解除は決算報告株主総会での承認が前提であるから（会社五〇七条四項本文）（注22）、債権者・株主の不明な清算会社について特定の事務の処理を目的として清算人を選任し当該事務を処理したにもかかわらず、その後も余剰金の管理だけを継続させること（その間、余剰金は清算人の報酬名目で費消される）が、スポット運用の目的に適うとは考えられない（注23）。

申立人も特定の事務の処理を期待し、余剰金の管理のため清算事務を継続することまで想定していないこと

（申立人は予納金の未精算分を選任取消しまで返還されない）、清算人も特定の事務を処理した時点で開放されることを期待していること、さらに、（清算人に清算事務を継続させ）余剰金を清算人の報酬で費消するのではなく清算会社財産として引き継ぐことができれば、（将来、弁済分配に供される原資を残すという意味で）会社債権者・株主の利益に資することになる。選任取消しの根拠である非訟事件手続法五九条一項の趣旨は、裁判所が公益的性質を有する事項につき合目的または後見的な立場から事案に応じて裁量権を行使してあるべき法律関係を形成することにあるが（注24）、選任決定を取り消すことで余剰金を引き継がせることが可能であれば、会社債権者・株主の利益に資するという意味で裁判所の合目的・後見的立場からの裁量権の行使と言えよう（注25）。選任を取り消す方途を検討すべきである。

2　清算人として処理しておくべき事項（債権調査・弁済の要否等）

㈠　清算人は清算事務が本務である。株式会社では、会社財産だけが会社債権者への責任財産となる関係上、清算は厳格な手続により行う必要があるとの趣旨から法定の手続に従い行うことが要求され（法定清算）（注26）、債権者への弁済も公告・催告の手続（会社四九九条一項）を経ることが必要で、債権申出期間内は債務の弁済が禁止されている（会社五〇〇条一項本文。過料の対象となる。会社九七六条二九号）。後述の弁済の可否との関連でも、清算人は債権申出の公告・催告を実施しておくべきであり（注27）、清算人に係る事務を求めたとしても負担が著しく増加するわけでもない。

ただし、次の場合は債権申出公告・催告は不要であると考える。

まず、破産手続が先行し、その手続の中で債権調査が実施されている場合である（注28）。破産手続での債権調査（破産三一条一項等）は清算手続のそれよりも厳格なルールを定め、確定した破産債権について破産債権者表の記載は確定判決と同一の効力を有する（会社一二四条一項・三項）（注29）。それゆえ、後行の清算手続で債権申出公告・催告を実施し債権者に申出を求める実益は乏しいし、破産債権者表に記載されている破産債権者が債権申出期間内に申し出ないことをもって除斥されるのは不合理である（債権者一覧表に記載されている債権者はむしろ「知れている債権者」に該当する）（注30）（注31）。

次に、実務上同一清算会社に複数回にわたり清算人が選任されるスポット運用の事例はよく見られるが、法律上清算手続での債権申出公告・催告は一度しか要求されていないから（会社四九九条一項）、過去に実施済みであれば、重ねて実施する必要はない（注32）。

さらに、余剰金が弁済原資に供するには少額な場合（弁済配当事務処理に係る清算人報酬や公告・催告費用を控除するとほとんど残らない場合等）には、債権申出の公告・催告を実施する実益がない。

(二)　債権申出期間内に申出をしなかった債権者は、知れている債権者を除き清算から除斥され（会社五〇三条一項）、清算人は、知れている債権者および申出債権者の債権を弁済することになる。余剰金が債権全額を弁済しても残余があれば、清算人は債権者全員に弁済し、株主への分配に進むことになるが、債権全額に足りない場合の扱いは慎重に検討する必要がある（破産手続が先行し破産債権者表が作成されている案件はほぼ後者に当てはまる）。

まず、スポット運用は、特定事務の処理を目的とするものであって、知れている債権者および申出債権者の債権への弁済は選任目的ではない（任意売却等特定債権者への弁済を目的とすることはあり得る）。特定事務の処理過程で生じた余剰金を原資とする新たな事務である。次に、破産手続が先行している事案では、余剰金の原資が破産手続終了後に発見された財産である場合には、当該破産事件で選任された(元)破産管財人に引き継ぎ、同人において処理されるべきであって(注33)、破産管財人に代わって按分弁済することは清算人の事務の範疇を超えている。原資が財団から放棄された財産(破産七八条二項一二号)の場合には、(元)破産管財人は管理処分権を失っているので、清算人が対処することになるが(注34)、(元)破産管財人が清算人に選任されている事案であれば各別、破産手続終了後に清算人が按分弁済すべき義務を負うのかは疑問がある(清算には配当弁済(民法九二九条本文)や特別清算における按分弁済(会社五三七条一項)のような規定はない)。破産債権者は確定した破産債権について、破産債権者表に基づき強制執行ができるのであって(破産二二一条一項)、回収(弁済)の当否は債権者の判断に委ねざるを得ない。

かように余剰金が債権全額に足りない場合、清算人は信義則上特定債権者だけに優先して弁済することを回避すれば足りるのであって、後は債権者の自主回収に委ねるべきである。むしろ、(一)記載のとおり破産手続での債権調査が先行している場合には、清算手続での調査は不要としつつ、清算人が特定債権者だけに弁済することは清算人の善管注意義務(会社四七八条八項、三三〇条、民法六四五条)違反にもなりかねない(裁判所に許可(会社五〇〇条二項)を求めても、許可に基づく弁済は債権申出公告期間中に限定されるし、「他の債権者を害するおそれがない債権」と言えるのか疑問がある)。清算人が債権者の自主回収を可能とする状況を提供するという意味での引継ぎについては、3で説明する。

(三) 清算人は債権者全員への弁済後は、株主へ残余分を分配することになるが(会社五〇二条)裁判所が清算人を選任する清算会社は、株主名簿が散逸し株主名義自体が不明なものも多い。残余財産の分配は定款に定めがない限り株式数に応じて割り当てるので(会社五〇四条三項)、一株当りの分配額を算定し(発行済株式数は登記情報から知り得る（会社九一一条三項七号））、所在判明株主には分配ができるが、名義不明の株主には分配もできない（会社法は所在不明株主への手当てについては規定するが（会社一九六条、一九七条）、名義が不明な株主への手当ての規定はない）。債権者不確知での供託も認めないのが供託実務のようである（注35）。それゆえ清算人の清算事務は、名義不明株主への分配分が手許に残ったまま停滞することになる。そこで、清算人を解放し、余剰金を引き継ぐことが必要である。引継方法については後述する。

㈣　小　括

⑴　1㈡で説明したとおり、清算人の選任取消しの根拠である非訟事件手続法五九条一項は、裁判所が公益的性質を有する事項につき合目的または後見的な立場から事案に応じて裁量権を行使して、あるべき法律関係を形成することにあるが、裁判所が選任した清算人が選任目的である特定の事務に続けて手許の余剰金を原資にさらに清算事務を進めることは、放置されている清算会社の清算事務を終了させるという意味では公益的性質を有することになる。しかし、清算事務を継続しても清算の目的である債権者への弁済・株主への分配ができないのであれば、合目的または後見的見地からは、清算人の選任決定を取り消して余剰金を弁済・分配の原資として残す方向で検討すべきである。

⑵　具体的には、清算人をして、先行する手続での債権調査の有無、余剰金の額、債権申出公告・催告に要する費用、そしてこれら事務に伴う清算人の報酬額等を考慮して、債権申出公告・催告の実施の要否を判断させ、手許の余剰金が申出債権者または知れている債権者の債権全額を上回るのであれば、これらを弁済させるが、下回る場合には、その時点で清算事務を止めて、選任を取り消し、余剰金は各債権者による回収に委ねるべきである。債権者は、別途、裁判所に清算人・特別代理人（民訴法三五条）の選任を申し立て、新たに清算会社を名宛

人として債権回収に努めればよい。

申出債権者または知れている債権者の全員にしても残余分が残る場合には、株主へ分配することになるが、名義不明株主への分配分は供託もできないので、結局清算事務は終了せず、法人格を消滅させることもできないことになり、清算事務を継続する実益はない。

(3) かように、裁判所は、清算人の手許の余剰金が残っているとしても、余剰金の額等諸事情を考慮し、弁済・分配原資の確保、清算人の早期開放の観点から、非訟事件手続法五九条一項に基づき、清算人の選任決定を取り消すべきである。

3 裁判所が選任した清算人が余剰金を引き継ぐ相手方とその方法

裁判所が選任した清算人は、余剰金を誰に引き継ぐのか。選任経緯に照らし、清算会社の取締役等関係者への引継ぎは想定できない（注36）。では、誰に引き継ぐのか。他の法令を参考にいくつかの試案が示されている。

まず、一般法人に準じて国庫帰属によるべきとの案が示されている（一般社団財団法人法二三九条三項類推適用）（注37）。しかし、株式会社と一般法人（一般社団法人・一般財団法人）とは本質的に異なる。一般法人は、社員・設立者が持分を有しない非営利法人として設計され（社員・設立者に剰余金または残余財産の分配を受ける権利を与える旨の定款の定めは無効である（一般社団財団法人法一一条二項、一五三条三項二号））、残余財産は社員・設立者に分配されない。それゆえ残余財産の帰属先が定まらない場合を規律すべく一般社団法人及び一般財団法人に関する法律二三九条三項が設けられた。しかし、株式会社では分配先が予定されているから（会社一〇五条一項二号）、帰属不明な場合を想定する理由がない。名義不明株主対策かも知れないが、株主自らが名乗り出て分配を受ける機会を奪う必要はない。また、債権者への按分弁済を義務付けずに自主回収に委ねるのであれば、国庫帰属は、債権者の自主回収の途を塞いでしまう。

また、民法二三九条二項、九五九条の規定の趣旨を援用するとの考えもある（注38）。しかし、会社財産の換価に伴う余剰金が「無主物」（民法二三九条二項）とは認められないし、九五九条は相続財産法人が清算手続終了後に国家帰属させる規定であるから（通説）（注39）、清算途中の段階で国家に帰属させる理由もない。

したがって、余剰金を国庫に帰属させる案にはいずれも賛成できない。むしろ、清算手続が未了であることを前提に会社債権者への弁済、株主への分配に供する方向で考えるべきであり、そのためには供託の可能性を検討すべきである。

では、誰を被供託者とするか。先行手続も含め債権調査をしながら債権者不確知として弁済供託するのは自己矛盾である。他方、名義不明株主について債権者不確知での供託は認められていない。発想を切り替え、清算会社を被供託者とすべきである。清算人は裁判所から選任を取り消された時点で清算会社に受取物等の引渡義務（会社四七八条八項、三三〇条、民法六四六条）を負う。しかし、清算会社は余剰金を受け取る機関が存在しないので受領できない。そこで、受領不能を理由に弁済供託（民法四九四条）することになる（供託者は供託金取戻請求権（民法四九六条）を放棄することも必要である）。

四　結　論

実務では、裁判所が選任する清算人が選任目的の事務を了した時点で、余剰金が手許に残る事案も多いが、これまで必ずしも統一した処理がされていなかった。他方、家事事件で裁判所が選任する管理者には「管理すべき財産がなくなったとき」に選任処分を取り消す旨の規定が設けられ、さらにかかる要件を満たすための工夫が見られるようである。

そこで、裁判所が選任する清算人についても、選任取消しの根拠が異なるとしても、家事事件の管理者と同様の処理が可能であることを説明すべく試論を述べた。実務の参考になれば幸いである。

（注1） 平成二六年度以降再開された休眠会社・休眠一般法人のみなし解散では、解散登記から一〇年を経過すると登記記録が閉鎖されるが（商登規八一条一項一号）、法人格を消滅させるには、清算事務を結了させ清算結了登記をする必要がある（阿多博文「成年後見と株主権の行使」金法二〇三一号四頁）。

（注2） 選任が必要な場面としては、みなし解散された株式会社において取締役が死亡し不在の場合、取締役自身も破産手続開始決定を受けている場合等がある。なお、株式会社が破産手続開始と同時に廃止決定を受けた場合（破産二一六条）、破産手続が進行しないので別途清算手続が必要であるが、従前の取締役が清算人になることは適当ではないので、定款または株主総会決議により取締役以外の者を清算人と定めていない限り、利害関係人の申立てにより裁判所が清算人を選任することが必要である（最判昭四三・三・一五民集二二巻三号六二五頁）。

（注3） 解散命令（会社八二四条）・解散判決（会社八三三条）では、清算の公正を期するため、裁判所による職権での選任を認めている（会社四七八条三項）。設立無効の訴え（会社八二八条一項一号）または株式移転無効の訴え（同項一二号）を認容する判決が確定した場合は将来効が生じ（会社八三九条）清算手続が開始されるが（会社四七五条二号・三号）、これらの場合、裁判所は、定款の定めの有無等にかかわらず利害関係人の申立てにより清算人を選任する（会社四七八条四項）。

（注4） 江頭憲治郎『株式会社法〔第七版〕』一〇〇一頁。

（注5）　会社法四七五条一号かっこ書は破産手続が終了していない場合を清算手続から除外しているが、財団から放棄された財産の限りで破産手続が終了したと解し、破産会社はその限度で清算株式会社に該当し、裁判所は、その財産の処分に限定して会社法四七八条二項の清算人を選任することになる。実務の見解である（伊藤眞ほか『条解破産法〔第二版〕』六二九頁、竹下守夫＝藤田耕三編集代表『破産法大系Ⅰ破産手続法』四二五頁〔石田明彦〕）。ただし、伊藤眞ほか『条解破産法〔第二版〕』同頁は、取締役に権限を認める余地を示唆する。伊藤眞『破産法・民事再生法』三八九頁参照。

（注6）　別除権者が破産財団から放棄された財産に設定を受ける別除権を放棄する際の意思表示の相手方は、清算人とされる（最決平一二・四・二八金法一五八七号五七頁、最決平一六・一〇・一金法一七三一号五六頁）。

（注7）　西村欣也「大阪地裁における商事事件の概況」商事法務二一四四号一二頁、櫻井進「東京地裁民事第八部（商事部）の事件の概況」曹時六八巻一〇号四三頁、東京地方裁判所商事研究会編『類型別会社非訟』四四頁〔徳岡治〕、松田亨＝山下知樹編『実務ガイド新・会社非訟―会社非訟事件の実務と展望〔増補改訂版〕』八四頁〔松田亨＝中矢正晴〕。

（注8）　制度導入当時の議論を紹介するものとして、針塚遵「最近における東京地裁商事部の事件の概況」民事法情報一九二号三五頁、池田光宏「清算人選任事件」金判一一四一号二頁、永井裕之「続・清算人選任事件」金判一一八二号一頁。

（注9）　金子修編著『逐条解説非訟事件手続法』二二七頁注（一）。畑瑞穂ほか「《研究会》非訟事件手続法（七）」論究ジュリ一七号一七四頁〔金子修発言〕。東京地裁はスポット型運用、大阪地裁はスポット運用と呼んでいるようである（西村・前掲注7一二頁、櫻井・前掲注7四三頁）。

（注10）　会社法四七九条一項の株主総会決議での解任の対象には裁判所が選任した清算人は含まれないが、同二項・三項の解任請求の対象には裁判所による清算人も含まれる（江頭・前掲注4一〇〇〇頁、落合誠一編『会社法コンメンタール（12）』一八四頁〔畠田公明〕。ただし、二項の解任は少数株主権で、裁判所による解任には「重要な

事由」（清算事務の公正を欠き会社・株主および債権者の利益を害する場合等が挙げられる）が要求される（会社八六八条一項、八七〇条一項二号、八七二条四号）。本稿で採り上げる清算人の開放は「重要な事由」による解任には該当しないし、他の手法（非訟法五九条一項等）によらざるを得ない。

（注11）　破産財団から放棄された担保付不動産を任意売却する場合に、売却価格によっては被担保債権を弁済しても余剰が生じる事例、休眠地が道路予定地に含まれ取得収容に伴い、高額な対価が提供される事例等がよく経験する事例である。

（注12）　平成二九年一月三一日に開催された大阪高等裁判所・大阪地方検察庁および大阪弁護士会での「平成二八年度司法事務協議会」では、大阪家庭裁判所から、同所財産管理係では不在者財産管理人、相続財産管理人のスポット運用（管理業務を選任する者の有する目的に対応した範囲に限定することとして選任する運用）を行っていること（賃貸借契約を解除して建物の収去や明渡しを求めること、遺産中の不動産を任意売却すること、境界画定の際に現地で立ち会って同意すること、被相続人を相続人とする遺産分割協議に出席することが例示された）、その際、相続財産が残っていても家事事件手続法二〇八条、一二五条七項、一四七条に基づき職権で選任取消しを行っていることの説明がされた（大阪弁護士会『平成二八年度司法事務協議会・協議結果要旨』五一頁）。本稿の問題意識は、家庭裁判所の上記説明を契機に清算人のスポット運用で余剰金が生じている場合も同様の処理ができないかというものである。

（注13）　家事事件手続法一二五条は、家庭裁判所が財産管理人を改任等する際の基本的条文として全部または一部が準用されている（金子修編著『逐条解説家事事件手続法』三九九頁（注））。家事法一二五条七項の処分の取消しを準用するのは、一七三条、一八〇条、一九四条八項、二〇一条一〇項、二〇二条三項、二〇八条が定める管理者の場合である）。

（注14）　旧家事審判規則三七条は管理すべき財産がなくなったときを取消事由として明示していなかったが、解釈上、管理終了事由となると解されていた（伊東正彦ほか『財産管理人選任等事件の実務上の諸問題』一四六頁、金子

編著・前掲注13四〇二頁（注）、四七七頁（注））。

（注15）片岡武ほか『家庭裁判所における成年後見・財産管理の実務〔第二版〕』二一七頁は、不在者管理人の管理財産が僅少になったことは「管理すべき財産がなくなったこと」には当たらないとする。概念が不明確であることが理由である。なお、同書は、報酬付与の審判をすることで管理財産がなくなれば取消事由になるとするが、無理に不在者財産管理人の報酬を増額して解決すべき問題ではない。

（注16）例えば、不動産は本人名義（相続財産管理では相続財産法人名義）に変更することで公的に存在を確認できるので、「管理すべき財産がなくなったとき」に該当するとして選任を取り消すことも考えられる。

（注17）実例としては、不在者所有地が道路用地として国や地方公共団体等に買収されることになり、不在者財産管理人が選任され売買代金を取得したが、不在者には推定相続人が見当たらない場合や、被相続人の遺産分割協議に出席するために不在者財産管理人が選任され、他の相続人との間で不在者財産管理人が法定相続分の代償金を取得する場合がある。相続財産管理人では、債務超過事案や国庫引継事案のいずれにおいても余剰金（現金・預貯金）を残したまま管理者選任処分を取り消すケースは想定が難しい。金子編著・前掲注13六五五頁も、相続財産管理の場合、未精算の相続財産の価格が僅少になったことを理由に処分を取り消すのではなく、管理者としては国庫へ引き継ぐべきで、それをしないまま相続財産の管理人の選任等の処分を取り消すことは相当ではないとする。

（注18）片岡ほか・前掲注15一七四頁。

（注19）片岡ほか・前掲注15一七二頁、三四三頁。

（注20）相続財産管理人は、申出期間満了前は事実上・実質上弁済拒絶の義務を負う（民法九五七条二項、九二八条参照）。谷口知平＝久貴忠彦編『新版注釈民法（27）』五三二頁〔岡垣学〕。

（注21）金子編著・前掲注13六五五頁は、相続財産管理の場合、未精算の相続財産の価格が僅少になったことを理由に処分を取り消すのではなく、管理者としては国庫へ引き継ぐべきで、それをしないまま相続財産の管理人の選任

権者等への配当弁済にも不足する余剰金が相続財産管理人の手許に残ることはあり得る。

(注22) 清算会社が会社法五〇二条ただし書に基づく財産を留保することなく残余財産を分配し、これを内容とする決算報告書を承認する株主総会決議は、無効事由があるとされる(東京地判平二七・九・七金法二〇四一号八八頁)。

(注23) かつては、清算人が清算事務を一定期間継続し、結果として余剰金を報酬として費消し、余剰金を消滅させて選任を取り消すといった処理が存在していたようであるが、清算人を継続することは必ずしも報酬を手にできるというメリットだけではない。清算人のまま課税年度を超えると、復活した登記記録から情報を入手した地方公共団体等から清算人に対し、新年度の法人税、固定資産税や納期限が到来した過年度の法人税、固定資産税、消費税等公租公課の納付を求められることも多い(裁判所が選任する清算人は、清算会社の財務業務内容を知らないため、未納付額等も把握できない)。

(注24) 金子編著・前掲注9二二五頁。

(注25) 平成二三年の非訟事件手続法改正の際には、関係法律の整備等に関する法律(平成二三年法律第五三号)において会社法における非訟手続に関する部分も改正されたが、清算人の選任取消しには触れられなかった。立法論としては他の財産管理制度と同様、清算人の選任の取消制度を導入すべきである。

(注26) 江頭・前掲注4九九七頁。

(注27) 松田=山下・前掲注7九八頁〔松田=中矢〕は、会社に対する債権を有する者に申出の機会を与えることが、清算人の善管注意義務を果たす観点から望ましいとする。なお、同書は清算会社の債務のすべてが時効消滅していることが明らかな場合等は公告等の手続が不要な場合もあるとするが、私債権だけではなく、公債権にも配慮する必要がある。清算法人が存続する限り、毎年度公租公課等が賦課される。

(注28) 破産手続の側から、破産手続終了後に残余財産が発見された場合の処理を説明する文献として、重政伊利=大林弘幸『破産事件における書記官事務の研究—法人管財事件を中心にして—』三〇六頁以下、竹下=藤田編集代

表・前掲注5四二一頁以下〔石田〕、森純子ほか編『はい6民です　お答えします（倒産実務Q＆A）』三五八頁等参照。

（注29）　破産手続開始決定がされても、同時に破産廃止決定（破産二一六条）がされた場合、債権届出期間および債権調査期日の指定（破産三一条一項一号・三号）が留保されたまま（同二項）異時廃止決定（破産二一七条）がされた場合（留保型）には、債権調査手続は実施されない。なお、破産管財人自身が清算人に選任されるのであれば各別、清算人は先行する破産手続で債権調査手続が実施済みかを把握できるとは限らない（閉鎖登記情報には記載はないし、破産裁判所も保存期間を経過し記録を廃棄していることもある）。

（注30）　知れている債権者とは、債権者は誰であり、その債権がいかなる原因に基づくいかなる内容のものかの大体を会社が知っている債権者を意味し（江頭・前掲注4七〇五頁注二）、清算人の認識が基準ではない。

（注31）　会社法上知れている債権者への個別催告は省略できないが（江頭・前掲注4一〇〇六頁注三）、債権者一覧表に記載されている債権者に個別催告を不可欠とすると、事案によっては個別催告費用で余剰金を超えることもあり得る。

（注32）　松田＝山下・前掲注7九八頁〔松田＝中矢〕は、清算会社の債務のすべてが時効消滅していることが明らかな場合等は公告等の手続が不要な場合もあり得るとするが、法人格を有する限り公租公課は賦課されるし、公債権の存在を考えればすべての債務が時効消滅している状況は考え難い。なお、破産手続での追加配当では、時間の経過に伴い破産手続でも任務終了から三年以上経過している場合には、破産管財人が債権者の事情の有無を調査し備考欄に整理した破産債権者表を作成している（森ほか編・前掲注28三五八頁）。

（注33）　最判平五・六・二五（民集四七巻六号四五五七頁）は、「破産管財人において、破産手続の過程で破産終結後に当該財産をもって破産法二八三条一項後段の規定する追加配当の対象とすることを予定し、又は予定すべき特段の事情」がある場合には、破産管財人の任務は終了していない旨を判示する。

（注34）　竹下＝藤田編集代表・前掲注5四三〇頁〔石田〕。

（注35） 松田＝山下・前掲注7九八頁〔松田＝中矢〕。
（注36） 理論的には清算結了までに株主総会の特別決議によって会社の継続を決定し、新たに（代表）取締役を選任すれば当該取締役が会社財産を管理することができるが（会社四七三条）、裁判所が清算人を選任するような案件では想定できない。同様に清算人に就くことが相当でない元代表取締役等に会社財産を預託することも適切ではない（前掲最判昭四三・三・一五参照）。
（注37） 松田＝山下・前掲注7九七頁〔松田＝中矢〕。
（注38） 松田＝山下・前掲注7九七頁〔松田＝中矢〕。
（注39） 谷口＝久貴編・前掲注20七三五頁〔久貴貴彦〕。

後輩への温かいまなざし

東京高等裁判所長官（前最高裁判所首席調査官）林　道　晴

目　次

一　はじめに

木内道祥先生は、平成三〇年一月二日に古稀を迎えられるとともに、最高裁判事を退官された。

本稿執筆時点では、筆者は、最高裁調査官の責任者としてなお木内最高裁判事からご指導をいただいている身であり、無事退官されるまでお支えをしなければならない立場にあった。そのような立場で、木内先生の古稀の祝意を述べることには畏れ多い思いが強いところであるが、本書の編集中やむを得ないことであり、以下親しみを込めて木内先生と呼ばせていただくことについてもご理解をお願いしたい。また、木内先生は、大法廷や所属された第三小法廷で多数の重要な最高裁判決・決定に関与され、注目される個別意見も少なからず表明されたが、そうした最高裁の裁判例について論評することは、筆者の能力不足に加え、最高裁調査官の職務により知り得た秘密に関わる部分もあり、避けざるを得ない。そうした制約から、本稿は、木内先生とのご縁に関わる想い出を紹介するにとどまるものであり、木内先生を慕う気鋭の実務家、研究者から学術的な論説が多く寄せられるであろう本書の趣旨に沿わない面があることは否定できない。それにもかかわらず本書に参加させていただいたのは、本書の編集委員でかねてよりお世話になっている中井康之弁護士からお声掛けをいただいたこともあるが、何よりも木内先生のご指導への感謝の気持ちを少しでも表すことができればとの考えからであり、その点についてもご容赦をお願いしたいところである。

二　「全倒ネット」とのこと

私が木内先生の知己を得たのは、最高裁事務総局民事局の課長として執務していた当時のことであり、平成八年にスタートした倒産法改正作業に関連してである。木内先生のお名前は、倒産事件に熟達した弁護士として有名であった。倒産事件の処理の在り方を論ずるために、日弁連の関係委員会のメンバーと民事局の関係者が意見交換の機会を定期的に持っていたが、その席に日弁連側のメンバーとして参加された木内先生とお会いしたのが初めてである。当日も被られていたテンガロンハットが印象に残っている。筆者と倒産法改正作業との関わりについては、既に、伊藤眞＝須藤英章監修・著『新倒産法制10年を検証する』二八〇頁の「倒産法改正作業に関与して〜一層の実践と研究成果の蓄積を」で詳しく紹介しているが、法制審議会での改正事項に係る議論もさることながら、当時は破産事件が激増する一方、破産管財人のなり手となる弁護士が不足していたことから、改正を控えて倒産事件に関与する弁護士側のマンパワーをどのように確保するかが喫緊の課題であった。倒産事件の経験が豊富で中核的な存在となっていただける弁護士を集めた組織を作り、そこに属する弁護士が核となって各地の裁判所の倒産事件を担当する裁判官、書記官等と連携して倒産事件を担うことができる弁護士の裾野を広げていくために、「全国倒産処理弁護士ネットワーク」（以下略称である「全倒ネット」という）が平成一四年一一月に設立されることとなるのであるが、そこに至る経過は、前記拙稿のとおりである。木内先生は、一連の過程において中心的なメンバーとして活動していただいていたが、一昨年惜しまれながら亡くなられた田原睦夫先生（以下親しみを込めて「田原先生」という）が最高裁判事になられてからは、関西圏の中核的存在として全倒ネットの常務理事、副理事長を経て、最高裁判事になられる前までは理事長をされ、まさしく全倒ネットの責任者として全国レベルで倒産事件に関与する弁護士の底上げ作業にご尽力いただいた。

前記拙稿二八八頁で述べたとおり、全倒ネットは、創立時のメンバーは四四六名であったが、その後、爆発的に弁護士の参加者が増加し、平成二二年時点で四〇〇〇名を超えている。創立時のメンバーは、いずれも各地の倒産事件処理のベテラン弁護士として自他ともに認める方々が中心であったが、倒産法の改正作業の進展と倒産事件の増加、さらには法曹人口の増加も相まって、倒産事件への新規参入を目指して、倒産事件の経験が必ずしも豊富でない者も倒産事件のノウハウを身に付けることを目的として参加することになったと推察される。そうした新規参加者の質をいかに維持し向上させていくかが新たな課題となってくる。そうしたニーズに応えていたのが、全倒ネットのメーリングリストの質問コーナーであり、メンバーの質問に対し、倒産事件の処理に造詣の深い弁護士が回答をし、事件処理の参考にしてもらうという活動の重要性が高まることとなったが、木内先生は、忙しい時間を割かれてこの質問に対する回答にも熱心に取り組まれた。中には、倒産法と家裁の家事手続が関係する複雑な法律問題に関する質問もあったが、倒産法と並んで家裁の家事手続にも造詣が深い木内先生が対応することもあった。こうした質疑応答は、筆者も関与させていただいた伊藤眞ほか『条解破産法』の記述にも生かされている。一例をあげれば、財産分与請求権者が破産した場合の財産分与請求権が破産財団に属するか、すなわち、破産者の一身専属的な権利で破産財団に属しないかという問題に関する同書［第二版］六四五頁の記述は、木内先生の議論が参考にされており、同書六四五頁（注7）で、木内先生の論説を二つも引用しているのは、そうした経緯も踏まえてのものであったと記憶している。倒産法の大家である木内先生が若手の弁護士の質問に誠実に対応している姿自体、感銘を受けたところである。

三　大阪大学法科大学院生の最高裁訪問

木内先生の前任の最高裁判事は、田原先生であったが、田原先生が最高裁判事として在職されていた頃から、大阪大学法科大学院生が最高裁を訪問するという企画が始まっていた。同企画は、同法科大学院で民事手続法を担当されている教員である下村眞美先生や、本書の編集事務局の一翼を担われている藤本利一先生等に引率されて、法科大学院の授業に余裕があった九月頃に、一泊二日の予定で、一〇数名の学生がまさに手弁当で上京され、最高裁や東京地裁、先生方がアテンドした政府関係機関等を訪問するものであった。最高裁では庁舎見学をした上で田原先生の最高裁判事室を訪ねお話を伺い、夕刻には田原先生も参加され簡単な立食のパーティーをすることとなっていた。筆者は、田原先生からご指導をいただいていた関係から声をかけていただき、法曹養成に関わっていた司法研修所事務局長時代はもちろん、最高裁の建物で執務をしていた民事・行政局長、経理局長時代、さらに、現職に就いてから参加させていただいている。大阪大学法科大学院に派遣教員として出向していた裁判官が最高裁調査官として執務していることも少なくなく、そうした最高裁調査官も企画のお手伝いをしている。参加している法科大学院生は、自らの負担で東京に出てきていることから、おおむねしっかりした考えを持った者が多く、懇談会でお話ししていても、それなりの手応えのある受答えがされることとなる。木内先生は、最高裁判事になられる前から、忙しい合間を縫って引率者としてこの企画に参加されることもあったが、最高裁判事となられてからは、法科大学院生にお話をする役目を田原先生から引き継がれてこの企画に関与されていた。ところで、田原先生をご存知の方なら想像できるように、田原先生からは、新法曹養成制度が落ち着かない状態が続いていたこともあり、自分の法曹としての将来についてしっかり考え行動するよう促す厳しいお話をされていたようであるが、木内先生に代わられてからは、同様なことを優しく諭すようなお話をされていたようにうかがわれる。それなりの経験を積んだ法律実務家の特徴の一つとして、後輩の育成につながることには前向きに取り組む遺伝子を受け継いでいる点であると思っているが、半日程度とはいえ、最高裁判事自らから種々のことを語りかけてもらうことは、法曹を志す者にとってプラスの影響があることはいうまでもない。多忙な中、このような企画に参加され後輩のために実践を続けていた木内先生の姿勢には、筆者自身多くのことを学ばせていただいた。

四　おわりに

以上、筆者の印象に残ったエピソードの例を二つほど紹介させていただいたが、最高裁判事としての木内先生の筆者をはじめとする最高裁調査官へのご指導が懇切なものであったことは言うまでもなく、本稿をもっても改めて感謝申し上げたいところである。今後も後輩に向けた温かいご指導をいただけることをお願い申し上げ、木内先生の古稀等の祝意とさせていただければと思っている。

木内道祥先生　主要執筆文献一覧

Ⅰ　書　籍

- 大阪・在日朝鮮人の人権を守る会編『在日朝鮮人の在留権―強制送還といかに闘うか』（大阪・在日朝鮮人の人権を守る会、一九七八年）
- 近畿弁護士会連合会編『地震に伴う法律問題Q＆A』（商事法務研究会、一九九五年）
- 「災害と借地」稲葉威雄＝内田勝一＝澤野順彦＝田尾桃二＝寺田逸郎＝水本浩編『新借地借家法講座2紛争解決手続・借地編』（日本評論社、一九九九年）
- 「災害と借家」稲葉威雄＝内田勝一＝澤野順彦＝田尾桃二＝寺田逸郎＝水本浩編『新借地借家法講座3借家編』（日本評論社、一九九九年）
- 木内道祥＝片山登志子＝増田勝久編著『Q＆A新人事訴訟法解説』（日本加除出版、二〇〇四年）
- 「再建手続における倒産犯罪―偏頗弁済との関係を中心にして―」清水直編著『企業再建の真髄』（商事法務、二〇〇五年）
- 全国倒産処理弁護士ネットワーク編『論点解説　新破産法（上・下）』（金融財政事情研究会、二〇〇五年）（編集委員および執筆）
- 伊藤眞＝田原睦夫監修・全国倒産処理弁護士ネットワーク編『新注釈民事再生法（上・下）』（金融財政事情研究会、二〇〇六年）（編集委員および執筆）

- 大阪地方裁判所・大阪弁護士会個人再生手続運用研究会編『事例解説個人再生─大阪再生物語─』（新日本法規出版、二〇〇六年）
- 木内道祥＝小松陽一郎編『破産法の法律相談』（青林書院、二〇〇七年）
- 全国倒産処理弁護士ネットワーク編『破産実務Q＆A１５０問　全倒ネットメーリングリストの質疑から』（金融財政事情研究会、二〇〇七年）（編集委員および執筆）
- 全国倒産処理弁護士ネットワーク編『個人再生の実務Q＆A１００問　全倒ネットメーリングリストの質疑から』（金融財政事情研究会、二〇〇八年）（編集委員および執筆）
- 「労働債権と破産」山本克己＝瀬戸英雄＝山本和彦編『新破産法の理論と実務』（判例タイムズ社、二〇〇八年）
- 大阪地方裁判所・大阪弁護士会破産管財運用検討プロジェクトチーム編『破産管財手続の運用と書式［新版］』（新日本法規出版、二〇〇九年）
- 才口千晴＝伊藤眞監修・全国倒産処理弁護士ネットワーク編『新注釈民事再生法［第二版］（上・下）』（金融財政事情研究会、二〇一〇年）（編集委員および執筆）
- 軸丸欣哉＝野村剛司＝木村真也＝山形康郎＝中西敏彰編著『民事再生実践マニュアル』（青林書院、二〇一〇年）（監修）
- 全国倒産処理弁護士ネットワーク編『通常再生の実務Q＆A１２０問　全倒ネットメーリングリストの質疑から』（金融財政事情研究会、二〇一〇年）（編集委員および執筆）
- 全国倒産処理弁護士ネットワーク編『私的整理の実務Q＆A１００問』（金融財政事情研究会、二〇一一年）（編集委員）

- 日本弁護士連合会倒産法制等検討委員会編『個人の破産・再生手続～実務の到達点と課題』（金融財政事情研究会、二〇一一年）（編集委員および執筆）
- 木内道祥監修『家事事件手続法のポイント』（日本弁護士連合会、二〇一二年）
- 全国倒産処理弁護士ネットワーク編『破産実務Q＆A200問　全倒ネットメーリングリストの質疑から』（金融財政事情研究会、二〇一二年）（編集委員および執筆）
- 「倒産手続における事業譲渡と株主総会決議の要否」田原睦夫先生古稀・最高裁判事退官記念論文集『現代民事法の実務と理論』（金融財政事情研究会、二〇一三年）
- 「破産法における寄託について」倒産法改正研究会編『続・提言　倒産法改正』（金融財政事情研究会、二〇一三年）
- 「平成二三年の民法（親権法）・家事事件手続法の改正─小さな改正と大きな改正─」日本弁護士連合会編『日弁連研修叢書　現代法律実務の諸問題［平成24年度研修版］』（第一法規、二〇一三年）
- 「申立て直後にするべきこと」日本弁護士連合会倒産法制等検討委員会編『倒産処理と弁護士倫理　破産・再生事件における倫理の遵守と弁護過誤の防止』（金融財政事情研究会、二〇一三年）
- 「理由提示の瑕疵による取消判決と処分理由の差替え─提示理由の根拠と手続的適法要件」石川正先生古稀記念論文集『経済社会と法の役割』（商事法務、二〇一三年）
- 「破産と租税─破産者の税務についての破産管財人の地位」竹下守夫＝藤田耕三編集代表『破産法大系Ⅲ破産の諸相』（青林書院、二〇一五年）

Ⅱ 論文

・「在留権訴訟の実際―法務大臣裁決・退去強制令書発付処分に対する取消訴訟・無効確認訴訟―」自正三四巻一号（一九八三年）
・「「エホバの証人」と輸血拒否―自己決定権の新しい局面」自正三四巻七号（一九八三年）
・「「エホバの証人」と輸血拒否―その対応策」救急医学一〇巻二号（一九八六年）
・「「エホバの証人」と臨床医」外科治療六四巻一号（一九九一年）
・「臨床医にとってのインフォームド・コンセント」呼吸と循環三六巻一二号（一九九八年）
・「新再建型手続と担保権評価（消滅）制度」銀法五六二号（一九九九年）
・「新再建型手続における担保権の取扱―担保権に対する「評価」制度の導入―」判タ九九一号（一九九九年）
・「家庭裁判所に移管される人事訴訟の課題―家庭裁判所は人事訴訟法の改正によってどう変わるのか」法律のひろば五七巻二号（二〇〇四年）
・「人事訴訟と家庭裁判所の今後」自正五五巻八号（二〇〇四年）
・「人事訴訟の家庭裁判所移管を生かすための審理改善」家月五六巻四号（二〇〇四年）
・「破産法が変わる　第三三回　再建型手続の倒産犯罪」金法一七三六号（二〇〇五年）
・「詐害的民事再生に対抗する手段」銀法七四五号（二〇一二年）
・「破産管財人のＯＪＴ」金法一九四一号（二〇一二年）
・「家事事件手続法の理念」自正六四巻一号（二〇一三年）
・「弁護士の仕事と裁判官の仕事―争点整理について―」金法一九七三号（二〇一三年）

- 「暗中模索の判決」金法二〇一八号（二〇一五年）
- 「国王の裁判と弁護人」法曹七七五号（二〇一五年）
- 「新破産法の施行前夜―「留保型」の登場」債管一四七号（二〇一五年）

Ⅲ　座談会等

- 「《座談会》外国人の人権と差別の実態」自正三四巻一号（一九八三年）
- 「《座談会》民事集中審理について」判タ八二八号（一九九四年）（座談会メンバーおよびアンケート集約者として参加）
- 「《シンポジウム》新民事訴訟法のもとでの審理のあり方」判タ九三八号（一九九七年）
- 「《座談会》大阪地裁における個人債務者再生手続の運用方針と実務」銀法五八九号（二〇〇一年）
- 「《座談会》最近の大阪地裁の倒産実務について」銀法六〇五号（二〇〇二年）
- 「《研究会》人事訴訟法の基本構造」高橋宏志＝高田裕成編『新しい人事訴訟法と家庭裁判所実務』（ジュリ臨時増刊一二五九号）（二〇〇三年）（研究会メンバーとして参加）
- 「人事訴訟の家裁移管に関するシンポジウム」判タ一一四三号（二〇〇四年）
- 「《シンポジウム》倒産法制の再構築に向けて」金法一九七一号（二〇一三年）（閉会挨拶）

木内道祥先生　年　譜

一九四八年一月二日生
一九七三年　東京大学法学部卒業
一九七三年　司法修習生
一九七五年　弁護士登録（大阪弁護士会）
一九八一年　大阪弁護士会広報委員会副委員長
一九八二年　日本弁護士連合会編集委員会委員
一九八五年　日本弁護士連合会外国弁護士問題担当本部委員
一九八八年　日本弁護士連合会会館建設問題特別委員会副委員長
一九八八年　近畿弁護士会連合会広報委員会副委員長
一九八八年　大阪弁護士会広報委員会副委員長
一九九〇年　大阪弁護士会総合法律相談センター運営委員会副委員長
一九九三年　日本弁護士連合会司法制度調査会委員
一九九四年　大阪弁護士会司法委員会副委員長
一九九五年　大阪弁護士会阪神大震災問題対策協議会副委員長
一九九六年　日本弁護士連合会代議員

一九九六年　大阪弁護士会民事裁判改善に関する協議会副座長
一九九七年　大阪弁護士会新民事訴訟法の運用に関する協議会副座長
一九九七年　日本弁護士連合会倒産法改正問題検討委員会委員
一九九七年　大阪弁護士会倒産法改正問題検討特別委員会副委員長
一九九八年　大阪弁護士会司法委員会副委員長
二〇〇〇年　大阪弁護士会日弁連法務研究財団推進委員会副委員長
二〇〇〇年　日本弁護士連合会倒産法改正問題検討委員会副委員長
二〇〇一年　大阪弁護士会倒産法改正問題検討特別委員会委員長
二〇〇一年　法制審議会民事・人事訴訟法部会人事訴訟法分科会委員
二〇〇三年　最高裁判所人事訴訟規則制定諮問委員会委員
二〇〇四年　日本弁護士連合会家事法制委員会副委員長
二〇〇六年　日本弁護士連合会倒産法改正問題検討委員会（日本弁護士連合会倒産法制等検討委員会に名称変更）委員長
二〇〇七年　大阪弁護士会家事事件審理改善に関する協議会座長
二〇〇七年　大阪弁護士会家族法改正問題に関する検討プロジェクトチーム座長
二〇〇九年　日本弁護士連合会法制審非訟事件手続法・家事審判法部会バックアップチーム座長
二〇一〇年　日本弁護士連合会家族法改正プロジェクトチーム座長
二〇一〇年　大阪弁護士会ハーグ条約問題検討プロジェクトチーム座長

二〇一二年　大阪弁護士会司法委員会委員長
二〇一三年四月二五日～二〇一八年一月一日　最高裁判所判事

木内道祥先生 古稀・最高裁判事退官記念論文集
家族と倒産の未来を拓く

平成30年3月17日　第1刷発行

編集代表　松　川　正　毅
発 行 者　小　田　　　徹
組　　版　株式会社 径 創
印　　刷　奥村印刷株式会社

〒160-8520　東京都新宿区南元町19
発 行 所　一般社団法人 金融財政事情研究会
編 集 部　TEL 03(3355)1758　FAX 03(3355)3763
販　　売　株式会社 き ん ざ い
販売受付　TEL 03(3358)2891　FAX 03(3358)0037
URL http://www.kinzai.jp/

ISBN978-4-322-13251-9